추의 미학

나남
nanam

나남신서 1310

추의 미학

2008년 7월 31일 발행
2017년 9월 5일 3쇄

지은이   카를 로젠크란츠
옮긴이   조경식
펴낸이   趙相浩
펴낸곳   (주) 나남
주소   10881 경기도 파주시 회동길 193
전화   031) 955-4601 (代)
FAX   031) 955-4555
등록   제 1-71호 (1979. 5. 12)
홈페이지   http://www.nanam.net
전자우편   post@nanam.net

ISBN   978-89-300-8310-2
ISBN   978-89-300-8215-0 (세트)
책값은 뒤표지에 있습니다.

추의 미학

카를 로젠크란츠 지음 | 조경식 옮김

나남
nanam

철학자로서 헤겔의 계승자인 로젠크란츠의 《추의 미학》은 수천 년
간의 서구 예술사에서 금기시되어 거의 다루어지지 않았으면서 추로
통칭되는 현상을 가장 체계적으로 분석한 최초의 글이다. 추가 금기시
되고 다루어지지 않은 까닭은 극히 자명한 것으로, 추가 정신적 악과
형태적 기형을 포함하여 어긋나고 비정상적인 모든 부정적 정신현상과
물질적 형태를 지칭하기 때문이다. 오늘날에도 추에 관한 논의가 그다
지 심도 있게 이루어지고 있지 않은 까닭은 이런 부정성에 기인한다.

《추의 미학》에서 추는 미의 부정성으로서 파악된다. 그런 까닭에
이 글을 이해하고 번역하기 위해서는 아름다움/미에 대한 이해가 전제
되며, 아름다움/미에 대한 이해가 다시금 로젠크란츠 당시까지 진/선
과 연계되어 있는 까닭에 추에 대한 이해는 결국 인식과 도덕론과 자
유론에 대한 철학적 이해까지 요구한다. 이런 철학적 개념들을 이해하
기 쉽게 한국어 표현으로 옮기기에는 어려운 점이 많았다. 뿐만 아니
라 철학적 미학으로서의 《추의 미학》은 다양한 추의 범주들을, 예술
에서 수많은 예들을 빌려와 설명하고 있다. 건축, 음악, 회화, 문학에

서 기원하는 엄청난 수의 예들은 한편으로는 추상적 개념에 대한 이해를 돕지만 다른 한편으로는 역자의 번역작업에 엄청난 수고와 오류 가능성을 초래한 원인이기도 하다.

역자가 《추의 미학》에 관심을 갖게 된 까닭은 칸트, 실러, 슐레겔, 헤겔에 이르러 아름다움에 관한 미학이 그 정점에 도달한 후 서구 근대와 현대 예술의 경향성은 슐레겔이 《그리스 문학의 연구에 관하여》에서 밝힌 바대로, 그리고 실제의 예술생산에서도 흥미로움 내지는 추를 지향하고 있는 데 반해, 추 자체는 그 중요성에 비추어볼 때 학계에서 논의의 중심이 되기는커녕 극히 지엽적인 연구대상이었다는 인식에서 비롯한다. 특히 한국에서 추에 관한 논의는 지금까지 거의 없다고 해도 과언이 아닐 정도이다. 그러나 동서양을 막론하고 근대와 현대의 예술, 나아가 문화의 이해를 위해서 추는 반드시 고려되어야 할 대상이다. 근대와 현대의 예술이 미의 코드로만은 파악될 수 없는, 더불어 추와의 연관을 고려하여 이것을 긍정적으로 다루고 표현한 역사를 가지고 있음을 보여주기 때문이다. 그러므로 한국에서 《추의 미학》의 번역/소개는 누군가가 반드시 해야 할 작업이었고 그 결과가 이 책으로 나온 것이다.

이 글을 한국어로 번역/소개하는 시도는 무척 떨리는 작업이었다. 그 까닭은 앞에서 언급한 이유 이외에도 추의 범주들을 한국어로 옮기는 데 있어서 그 표현이 가장 적절한 것인지에 대해서는 확신이 없기 때문이다. 분명히 있지만 역자의 눈에는 잘 보이지 않은 역자의 실수나 보다 나은 표현에 대해서 독자 제현의 거리낌 없는 지도 편달을 부탁드린다. 끝으로 이 번역은 한국학술진흥재단의 지원에 의해 가능하게 되었다는 점을 언급하고 싶고, 이 책의 출판을 위해 수고하신 나남 출판사 편집진께 고마움을 전하고 싶다.

2008년 7월
조 경 식

추(醜)의 미학이라고? 왜 있어서는 안 되는 것인가? 미학이란 것은 개념들의 커다란 그룹을 지칭하는 집합 이름이 되어버렸고, 이는 다시 세 범주로 나뉜다. 그 중 첫 번째 범주는 미의 이념과 관련 있고, 두 번째 범주는 미의 생산 개념, 즉 예술과 관련 있으며, 세 번째 범주는 예술장르의 체계와, 즉 예술을 수단으로 미의 이념을 특정한 매체로 표현하는 것과 관련 있다. 우리는 첫 번째 범주에 속하는 개념들을 미의 형이상학(形而上學)이라는 이름 아래 통합하곤 한다. 그러나 미의 이념을 분석하게 되면 그것과 추에 대한 연구는 분리될 수 없다. 따라서 부정적 미로서 추라는 개념은 미학의 일부를 이룬다. 이런 추의 개념이 속할 수 있는 다른 학문분야는 존재하지 않는다. 그러므로 추의 미학이라고 언급하는 것이 옳다. 어느 누구도 생물학에서 질병의 개념을 다룬다고 해서 놀라지 않으며, 윤리학에서 악의 개념을, 법학에서 불법의 개념을, 종교학에서 원죄의 개념을 다룬다고 해도 놀라지 않는다. 추의 이론이라고 말한다고 하여 이 개념이 속한 학문의 계보학을 그다지 규정적으로 표현해내는 것은 아니다. 이 일을 수행해내는 작업

자체가 그 명칭을 정당화시켜야 한다.

　나는 노력을 기울여 미의 개념과 코믹의 개념 사이의 한가운데에 위치하는 추의 개념을 그 최초의 시작단계로부터 사탄의 형상으로 나타나는 완벽한 형태에 이르기까지 전개시켰다. 나는 이 추의 우주(宇宙)를, 그 최초의 혼돈과 안개 지역인 무정형(無定形)과 비대칭에서 시작하여 풍자화에 의해 미가 무한히 다양하게 훼손되는 데서 나타나는 극도의 형태화에 이르기까지 펼쳐놓았다. 형태 없음, 부정확성, 그리고 기형화의 형태파괴는 그 자체로 초지일관한 순차적 변형의 여러 단계를 형성한다. 보여주려고 했던 것은 어떻게 추가 미를 실제로 전제하고 있으며, 미를 어떻게 왜곡시키는지, 그리고 어떻게 숭고함 대신에 비열함을, 만족 대신에 역겨움을, 이상 대신에 풍자를 생산해내는지였다. 이 개념들의 전개를 알맞은 예로 설명하기 위해서 극히 다양한 민족의 예술장르와 예술시기 전부를 고려하였다. 이 예들은 미학의 이 어려운 부분을 앞으로 다룰 사람들을 위해서도 계속해서 소재와 (주장의) 근거가 되어줄 것이다. 나 자신이 이 작업의 불완전한 부분들에 대해 가장 잘 알고 있다고 생각하므로, 나는 이 작업을 통해서 지금까지 아주 분명하게 느꼈던 부족한 부분을 채울 수 있기를 희망한다. 추의 개념이 종래까지 때로는 산만하게 부수적으로만 다루어졌거나 때로는 아주 일반적으로 다루어져서, 일반적으로 다루어졌을 경우 추의 개념은 곧 아주 편협된 규정으로 굳어졌기 때문이다.

　이를 실제로 알아보려고 하는 호의적인 독자가 이 모든 것을 사실이라고 인정한다고 하더라도, 그렇게 불쾌하고 혐오스러운 대상을 그렇게 철저하게 연구해야 하는가 하는 의문을 품을 수 있다. 연구를 해야만 한다는 것에 대해서는 의심의 여지가 없다. 왜냐하면 이 학문이 얼마 전부터 그 문제를 계속해서 새롭게 건드리고 있고, 그 결과 그 문제의 해결을 요구하고 있기 때문이다. 나는 물론 문제해결을 완수했노라고 주장할 생각은 없다. 그저 사람들이 다른 영역에서처럼 여기서도 적어도 한 발자국은 앞으로 전진했다고 인정해주면 만족할 것이다. 인간 각자는 이 대상에 대해서 다음과 같이 생각할 수 있다:

> ─ 그러나 저 아래쪽은 무시무시하다,
> 그리고 인간은 신들을 시험해서는 안 된다,
> 그러니 신들이 자비롭게 밤과 전율로 뒤덮은 것을
> 결코, 결코 보기를 원해서는 안 된다![1]

인간 각자는 이렇게 생각할 수 있으며, 그래서 추의 학문을 읽어보지 않고 내버려둘 수 있다. 그러나 학문 자체는 자신의 필연성만을 따를 뿐이다. 학문은 전진해야 한다. 샤를르 푸리에(Charles Fourier)는 노동의 분화라는 여러 장(章)에서 희생적 노동(*travaux de devouement*)이라고 명명한 장(章)도 설정해놓았다. 이런 종류의 노동을 위해서 천부적으로 타고난 개인적 성향이란 것은 존재하지 않는다. 그러나 인간은 체념을 하면서도 그런 노동을 하기를 결심한다. 왜냐하면 인간은 그런 노동이 인류 전체 행복을 위해서는 필연적인 것임을 인식하고 있기 때문이다. 그와 같은 의무를 충족시키려는 시도가 여기서도 행해지고 있다.

---

1) 역주: 괴테와 더불어 독일문학의 고전주의시대를 대표하는 시인이자 희곡작가이며 미학에 관해 수많은 글을 남긴 프리드리히 실러(Friedrich Schiller)의 담시(譚詩) 〈잠수부〉(*Der Taucher*, 1798)의 한 연이다.

그러나 이 사안(事案)이 실제로 그렇게 무서운 것인가? 이 사안은 무엇인가를 밝혀주는 관점 또한 갖고 있지 않는가? 철학자, 예술가를 위한 어떤 긍정적 내용 역시 이 안에 숨겨져 있지 않은가? 나는 그런 점들이 있다고 생각한다. 왜냐하면 추는 미와 코믹 사이의 중간자로서만 파악될 수 있기 때문이다. 코믹은 추라는 요소가 없다면 불가능한 것이고, 추의 요소는 코믹에 의해서 해소되어 미의 자유로 되돌아간다. 우리 연구 어디에서나 나타나는 이런 즐거운 결말은 이 글의 일부가 담고 있는 부인할 수 없는 난처한 내용을 상쇄시켜줄 것이다.

이 논문을 쓰는 와중에 많은 것을 예(例)를 통해서 생각한 데 대해서 나는 언젠가 한 번 분명히 용서를 구한 적이 있다. 하지만 전혀 그럴 필요가 없었다는 점을 인식하고 있다. 왜냐하면 모든 미학자들이, 즉 빙켈만, 레싱, 칸트, 장 파울, 헤겔, 피셔도, 그리고 예(例)를 절약하며 사용할 것을 권했던 실러조차도 그렇게 하고 있기 때문이다. 말이 나왔으니 말이지만 이 목적을 위해 몇 년간 모아놓았던 자료 중에서 나는 단지 절반을 약간 넘어선 정도만 사용했다. 그런 한 내가 정말로 절약했다고 주장해도 지나친 말은 아니다. 예(例)를 고를 때 중요했던 점은 그것이 다양한 면을 가져야만 한다는 점이었다. 모든 학문의 역사가 보여주듯이, 보편타당한 것이 예로 인해서 한정적인 것으로 파악되지 않도록 하기 위해서였다.

이 자료들을 다루는 방법에 있어서 나는 아마도 약간 고루하고 지나치게 정확한 모습을 보여줄지 모른다. 현대의 글쓴이들은 이상한 인용 방식을 만들어냈다. 이를테면 이른바 "인용부호"를 수단으로 아주 비밀스런 글을 만들어놓은 것이다. 그들이 인용문을 어디서 따왔는지는 어둠 속에 머물러 있다. 그들이 하나의 이름이라도 덧붙인다면 그것은 이미 대단한 것이다. 저자의 이름에 책 명칭까지 덧붙인다면 그것은 그들에게 이미 고루한 것으로 비춰지는 것 같다. 일반적으로 알려져 있거나 관계가 없는 사안들을 항상 특별한 인용을 통해서 입증하려는 태도도 분명히 유치하다. 그러나 덜 일반적이며 거의 다루어지지 않았고, 아주 멀리 떨어져 있으며, 여전히 논쟁의 대상이 되는 사안들에 대해서는 독자가 원할 경우 스스로 원전을 찾아보고 스스로 비교하고 판단내릴 수 있도록 제시내용을 보다 훨씬 정확하게 해주어야 한다는 것이 내 생각이다. 우아함은 결코 학문적 표현의 목적이 될 수 없고, 단지 하나의 학문적 표현수단, 그것도 아주 아래쪽에 위치한 학문적 표현수단일 수밖에 없다. 철저함과 명확성이 항상 그보다 위에 위치해 있어야 한다. 인쇄가 끝나버린 지금 내가 경악을 하며 알아차린 것은 예(例) 중에서 상당히 많은 양이 지근(至近)한 현재시점에서 유래한다는 점이다. 왜냐하면 그런 예들은 당연히 내 기억에서 가장 생생하게 머물러 있고, 게다가 저자(著者)들에 대해 갖고 있는 관심으로 인해 내가 열심히 몰두한 것이기 때문이다. 이 저자들이, 나와 개인적으로 우정을 맺은 사람들이 속해 있는 이 저자들이 이 점을 악의로 해석하지 않을까? 그래서 앞으로도 계속해서 내게 화를 내지 않을까? 화를 낸다면 나로서는 대단히 고통스러울 것이다. 그러나 존경하는 이분들은 무엇보다도 먼저 내가 말하고 있는 것이 진실인지 아닌지 자문해보아야 할 것이다. 내가 말하는 것이 진실이라면 내가 그들의 마음을 상하게 할 것은 없다. 그때 그들은 나의 절제된 비판방식에서나, 내가 다른 자리에서 그들이 받아 마땅한 정당한 호평을 할 때, 내가 그들에게 똑같이 우정 어린 태도를 취하고 있다는 점을 알게 될 것이다.

　말이 나왔으니 말이지만 기억하건대 나는 공식적인 내 입장을 이들

대부분에게 편지로 전달했다. 그러므로 내가 동일한 견해를 출판했다 할지라도 그들은 놀라지 않을 것이다. 현대 사상가들이 자극에 얼마나 예민하고, 이의제기를 견뎌낼 능력이 얼마나 모자라는지, 가르침보다는 칭찬받기를 얼마나 원하는지, 다른 사람들에 대한 비판에서만 얼마나 날카로우며, 자신들이 가한 그런 비판에 대해 무엇보다도 정향적인 자세와 굴복, 즉 경탄을 얼마나 요구하는지를 나의 몇몇 경험에 비추어 알지 못했더라면 분명히 나는 이 모든 해명을 하지 않았을 것이다.

  내가 밝히고 있는 내용은 학교 영역에서뿐만 아니라 보다 일반적인 사람들 사이에서도 읽혀질 수 있다고 생각한다. 그러나 소재의 특성으로 인해 독서는 어느 정도 한계를 갖게 될 것이다. 나는 혐오스러운 재료들을 건드리지 않을 수 없었고, 특정한 사태의 명칭을 거명하지 않을 수 없었다. 이론가로서는 때때로 하수구로 내려가는 일을 중단하고 암시하는 것으로 만족해야 했는데, 구체적으로 말하자면 소타드2) 풍의 시작(詩作)처럼 했다. 역사가로서는 그렇게 해서는 안 되지만 철학자로서는 내 방식대로 가능했다. 그리고 내가 극도로 조심했음에도 불구하고 몇몇 사람은 내가 그 정도로 솔직할 필요는 없었다고 비판할 것이다. 장담하건대 그렇게 하지 않았더라면 이 전체 연구는 수행될 이유가 없었고, 수행될 수도 없었을 것이다. 우리 학문의 경우에도 특정한 사춘기가 슬며시 끼어들고 있다는 점은 서글픈 일이다. 이는 동물적 천성과 예술이라는 대상을 다룰 때 조신한 태도를 유일무이한 척도로 삼은 데서 생겨난 것이다. 오늘날 사람들은 이 조신한 태도를 어떻게 가장 훌륭히 보여줄까? 사람들은 특정한 현상에 대해서 전혀 언

---

2) 역주: 소타드는 시 형식의 일종으로서 고대 그리스 시인인 소타데우스 (Sotadeus)에서 기원한다.

급하지 않는다. 사람들은 그런 것이 존재하지 않는다고 결정을 내려버린다. 우아한 처신을 위해서 그런 현상을 양심의 가책 없이 배제해버린다. 예컨대 사람들은 나무의 단면을 통해서 — 왜냐하면 나무 단면의 그림이 없으면 현대의 학문성 역시 근본적으로 가능하지 않기 때문에 — 그것을 현미경을 통해 발견함으로써 형태학을, 생명에 대한 이론을 도출해낸다. 이에 대해 수도(首都)에서 일단의 신사와 숙녀 군중 앞에서 강연이 행해진다. 그러나 생식기관 전반과 모든 성 기능에 대해서는 단 한마디도 언급되지 않는다. 이는 분명히 아주 조신한 것이다. 우리 독일문학의 역사는 기숙사 여학교와 상급 여학교를 위해 정비됨으로써 이미 완전히 거세되어 버렸다. 이는 처녀와 기혼부인의 부드러운 영혼을 위해서 오직 항상 고상한 것, 순수한 것, 아름다운 것, 고양시키는 것, 새롭게 하는 것, 아늑한 것, 사랑스러운 것, 품위 있게 만드는 것 등을 이끌어내기 위한 목적에서였다. 이렇게 해서 문학사에서 믿을 수 없을 정도의 왜곡이 진행되었고, 이와 같은 문학사의 왜곡은 이미 교육적 고려의 차원을 넘어서 문학사에 대한 입장도 왜곡시켰는데, 이러한 왜곡은 극도로 편협하게 선택된, 전통적인 아름다운 독서에 의해 강화되었다. 한 가지 다행스러운 점은 이제 쿠르츠 (Kurz)의 작품 같은 것이 나오고 있다는 사실이다. 이런 작품은 그 자율성을 통해서 공장노동자로 하여금 한 번쯤은 다시, 구역질날 정도로 익숙한 것에서 벗어나 그와는 다른 판단력을 가지고, 그와는 다른 질서에서 그와는 다른 대상들을 접하게 만든다. 통찰력 있는 자라면 누구나 내가 제아무리 고상하게 표현한다 하더라도 창백한 아름다움을 추구하는 여기숙사학교의 문체로 글을 써서는 안 된다는 사실을 이해하게 될 것이며, 이와 같은 경우에는 아마도 레싱의 다음과 같은 말이 대체로 적용된다는 점도 이해하게 될 것이다.

> 나는 선생들도 이해하지 못하는
> 오비드의 작품을 손에 들고
> 아주 자랑스러워하며 학교에 다니는
> 어린아이들을 위해 글을 쓰지 않는다. 3)

1853년 4월 16일
쾨니히스베르크에서 카를 로젠크란츠

---

3) 역주: 독일 계몽주의시대의 문학을 대표하는 희곡작가이자 이론가인 레싱
   (Ebrahim Lessing)의 시 〈나는 누구를 위해 노래하나〉(*Für wen ich singe*)
   에서 유래한다. 원래 첫 줄은 "나는 어린아이들을 위해 노래하지 않는다"
   (*Ich singe nicht für kleine Knaben*)로 시작한다.

추의 미학

차 례

추의 미학

> … 그리고 이 조언을 듣고서,
> 해를 너무 좋아하지 말고 별도 너무 좋아하지 마라,
> 이리 와라, 나를 따라 저 어둠의 제국으로 내려가자![1]
> ― 괴테

1. 들어가는 글

웅장한 감정의 선포자들은 밤에 전율이 일어나는 악의 심연으로 내려가서 자신들이 조우하는 무시무시한 형상들을 묘사했다. 단테 같은 위대한 작가들은 이런 형상들을 계속 특화시켰으며, 오르카냐, 미켈란젤로, 루벤스, 코르넬리우스 같은 화가들은 그 형상들이 우리들의 감각적 현재성에서 나타나도록 표현했고, 스포어 같은 음악가는 사악한 자가 정신분열을 소리치고 울부짖는 저주의 추악한 음을 우리들에게 들려주었다.

지옥은 종교적·윤리적인 것일 뿐만 아니라 미적인 것이기도 하다. 우리는 악과 범죄의 한가운데에 있지만 또 추(醜)의 한가운데에 있다. 기형, 괴상한 형태, 비열함과 혐오의 공포가 피그미족 같은 초기단계부터, 지옥의 사악함이 이빨을 내보이며 우리에게 미소 짓는 저 거대한 기괴함에 이르기까지 무수히 많은 형태로 우리를 에워싸고 있다.

---

1) 역주: 괴테의 《타우리스의 이피게니에》(*Iphigenie auf Tauris*) 3막 1장 V. 1232~1234에서 오레스테스의 말.

우리는 여기서 이런 미의 지옥으로 내려가보겠다. 그러나 악의 지옥으로, 현실의 지옥으로 내려가지 않고 그렇게 하기란 불가능하다. 왜냐하면 본래 가장 추한 추(醜)는 늪이나 뒤틀린 나무, 두꺼비, 도마뱀, 퀭한 눈을 한 물고기 괴물, 엄청난 두께의 표피를 지닌 것들, 쥐, 원숭이에 있으면서 우리에게 구역질을 불러일으키는 것이 아니기 때문이다. 가장 추한 추는 교활하고 뻔뻔한 동작과 열정의 고랑, 꾸짖는 시선, 범죄에서 자신의 미친 증세를 드러내는 자기저주이다.

이와 같은 지옥은 우리에게 충분히 잘 알려져 있다. 우리 각자는 그 같은 지옥의 고통을 자신의 몫으로 가지고 있다. 감정과 눈과 귀는 다양한 방식으로 지옥과 만난다. 연약하게 태어난 사람과 보다 섬세한 교양을 쌓은 사람은 지옥에 의해서 종종 말로 형언하기 힘든 고통을 받는다. 왜냐하면 거칠음과 비열함, 기괴한 형상과 추한 형상은 수천 가지의 다른 모습으로 보다 고귀한 감각을 공포에 떨게 만들기 때문이다. 그런데 사안은 충분히 알려져 있을 수 있지만, 완전한 의미와 그 전체 범위가 아직도 정당하게 인식되지 않은 것이 있다. 이것이 추의 경우이다.

미적 예술장르의 이론과 훌륭한 취향의 규범과 미학은 1백 년 전부터 유럽의 문화민족이 광범위한 정도까지 속속들이 완성시켜왔다. 그러나 추(醜)의 개념은 사람들이 어디에서나 건드리긴 했지만 상대적으로 아주 뒷전에 머물러 있었다. 우리는 이제부터 병리학의 질병이나 윤리학의 악처럼 미(美)라고 하는 빛나는 형상의 어두운 측면 역시 미적 학문의 한 계기가 되는 방식으로 추를 발견하게 될 것이다. 이미 언급했듯이 미적이지 않은 추의 개별적 현상들이 충분히 알려져 있지 않은 것은 아니다. 자연과 삶과 예술이 매순간 우리에게 그것을 상기시키고 있는데 이것이 어떻게 가능하겠는가? 그러나 추의 연관관계에 대한 보다 완벽한 설명과 추의 구성에 대한 보다 확실한 인식은 지금까지 시도되지 않았다.

그러나 먼저 용기를 내서 추를 미의 부정적 개념으로, 그래서 미학에 내포된 계기로 인식하고 미가 추를 통해서 코믹으로 넘어간다는 점을 인식한 공로는 마땅히 독일철학에 귀속되어야 한다.[2] 부정적 미가 자신의 권리를 되찾은 이 발견을 우리는 다시 부인할 수는 없다. 그러나 추의 개념에 대한 작업은 지금까지 간단하게 거의 일관성 없이 일반적으로 이루어졌거나, 너무나 편협한 견해에 빠져 있었다. 그 작업은 오직 셰익스피어와 괴테, 바이런과 칼로호프만(Callo-Hoffmann)에게서 나타나는 몇 가지 형상을 설명하는 식이었다.[3]

---

[2] 생각을 해보면 다른 경우와 마찬가지로 여기서도 레싱이 본격적으로 시작하였다. 상술하자면 23장에서부터 25장까지 추한 것과 구역질나는 것을 다루고 있는《라오콘》(Laokoon)에서이다. 추의 개념을 미의 이념의 유기적 계기로서 의식적으로 학문에 도입했던 공(功)은《미학의 체계》(System der Ästhetik, 1장, 라이프치히, 1830, 163~207쪽)를 쓴 바이쎄(Chr. H. Weiße)에게 있다.

[3] 그러나 바이쎄는 추의 부정적 이념을 너무 정신적인 것으로 파악했다. 그 정신적 계기를 특히 유령적인 것과 사악한 것과 악마적인 것의 속임수로 생각한 그의 편협성은 그의 후계자들에게도 이어져 내려온다. 후계자들 중에서《미학의 새로운 예비교육》(Neue Vorschule der Ästhetik, 할레, 1837, 88~107쪽)을 쓴 아르놀트 루게가 앞장서고 있다. 적극적인 학자인 루게는 헤겔의 저서에서 자극받아 자신이 숙성시키려고 한 순수한 몇몇 생각에 몰두해 있었고, 몇 가지 예증을 통해서 성공을 거두었지만, 명증성의 관점에서 볼 때 많은 아쉬움을 남겼다. 그는 93쪽에서 다음과 같이 말하고 있다. "만일 유한한 정신이 그의 유한성 속에서 진리와 절대정신에 대항하는 입장을 고집하고 이런 입장을 통용시킨다면, 자기만족적인 이런 정신은 인식으로서는 진리가 아닌 것이 되고, 해방되어 오직 유한성 속에서만 자신을 고려하는 의지로서는 악이 되며, 그리고 이 두 가지가 현상으로 나타나면 추가 된다." 이렇게 협소한 경계짓기의 결과가 나온 까닭은 그가 추를 기술하려고 했을 때 오직 호프만과 하이네의 문학작품을 생각했다는 점에서 기인한다. — 그 다음으로는《코믹한 것과 희극에 대하여》(Ueber das Komische und die Komödie, 괴팅겐, 1844, 28~51쪽)를 쓴 보츠(Bohtz)가 있다. 그는 추의 개념을 보다 자유롭고 일반적으로 다루고 있다. 하지만 그는 마찬가지로 계속해서 추를 "역전된 정신"으로, "물구나무를 선 미"로 파악했다.

추가 미와는 정반대인 것이기 때문에 추의 미학은 몇 사람에게 마치 나무로 된 철과 같은 느낌을 줄 수 있다. 그러나 추는 미의 개념에서 분리될 수 없다. 왜냐하면 미는 그 자신이 전개될 때 종종 약간의 과다(過多)나 과소(過小)로 인해 빠져들 수 있는 그런 혼란으로서의 추를 항상 가지고 있기 때문이다. 모든 미학은 미에 대한 긍정적 규정을 기술함으로써 추라고 하는 부정적 규정도 어떤 방식으로든 기술하지 않을 수 없다. 적어도 이 규정들이 요구하는 대로 하지 않으면 미는 잃어버리고 그 대신 추가 생산된다는 경고와 마주치게 된다. 추의 미학은 추의 근원과 가능성과 종류를 묘사해야 하며 이를 통해서 예술가에게 유용할 수 있다. 물론 추에 힘을 쏟는 것보다 흠 없는 미를 표현하는 것이 예술가에게는 항상 보다 교육적일 것이다. 악마 같은 흉측한 얼굴을 그리는 것보다 신의 형상에 대해 생각하는 것이 끝없이 고양을 시켜주며 보다 많은 즐거움을 준다. 그러나 예술가는 추를 항상 피해갈 수는 없다. 그가 생각을 형상으로 만들 때, 심지어는 종종 추를 통과점으로, 포장으로 필요하게 된다. 결국 코믹한 것을 만들어내는 예술가는 추를 전혀 피해갈 수 없다.

그러나 예술장르의 관점에서 보았을 때 이 연구는 오직 자유예술로서 자기 자신이 목적인 예술장르와 이론예술로서 시각과 청각에 작용

—《디오티마 혹은 미의 이념》(*Diotima oder die Idee des Schönen*, 포르츠하임, 1849, 236~259쪽)을 쓴 쿠노 피셔(Kuno Fischer) 역시 루게와 바이쎄를 철저하게 추종한다. 그에게 추는 숭고함의 이면(裏面)으로서 감각적 현존이 이상적인 것에 대항하여 제기하는 결정적 항의이다. 그의 견해에 따르면 오직 윤리적 정신만이 추의 능력을 갖고 있으며, 그리고 인간세계에서만 추가 미적 진리치를 소유하고 있다는 것이 그의 입장이다. 259쪽의 내용은 다음과 같다. "후안무치한 로마인들과 완고한 유대인들은 영혼이 사라진 전(前) 세계에 대한 최후의 표현이고, 마찬가지로 욕심 많은 수사(修士)들과 여성화된 칼리프들은 추가 신실한 가톨릭과 용감한 이슬람의 이상에 승리를 거둔 것이다. 이렇듯 추는 미의 개념에서, 그리고 인간의 역사에서 순간적으로 숭고함의 운명이 된다."

하는 예술장르만을 고려하였다. 감정과 취향과 후각의 실용적 의미를 위한 다른 예술장르들은 여기에서 배제하였다. 폰 루모(von Rumohr) 씨는 《요리의 정신》이라고 하는 자신의 저서에서, 안투스(Anthus)는 식사예술에 관한 흥미로운 강연에서, 폰 베어스트(v. Vaerst)는 무엇보다 인종학적 관점에서 일정한 평가를 요구할 수 있는 조리법에 관한 재치 있는 저서에서 식도락의 미학을 높은 수준으로 올려놓았다. 이러한 저작에서 우리들이 확신할 수 있는 바는 미와 추에 통용되는 보편적 법칙이, 많은 사람들에게 가장 중요한 미학인 훌륭한 식사법의 미학에도 통용된다는 점이다. 그러나 우리는 여기서 이것을 다루지는 않을 것이다. — 추의 미학 같은 학문은 정신이 완전히 진지해질 것을 요구한다. 만일 식탁 미학의 연약한 우아함을 미학의 척도로 삼아서 냉소적인 것과 혐오스런 것을 점잖게 피해가려 한다면, 미학을 철저하게 할 수 없음은 자명하다. 왜냐하면 이와 같은 경우에는 사안(事案) 자체가 배제될 수 있기 때문이다. 추의 미학은 보통 언급한다거나 입에 올리기만 해도 훌륭한 처신에 반하는 것으로 간주될 수 있는 그런 개념들도 다루어야 한다. 병리학이나 질병을 치료하는 사람은 구역질 나는 것에 대해서도 마음의 준비를 한다. 여기서도 그러하다.

추가 상대적인 것으로서 다른 개념과의 관계에서만 파악될 수 있는 개념이라는 점은 통찰하기 어렵지 않다. 이 다른 개념은 미라는 개념인데, 왜냐하면 추는 그의 긍정적 전제조건을 이루는 미가 존재하는 한 존재하는 것이기 때문이다. 미가 존재하지 않는다면 추는 전혀 존재하지 못할 것이다. 그도 그럴 것이 추는 단지 미의 부정으로서만 존재하기 때문이다. 미는 신적이고 근원적인 이념이며, 그의 부정인 추는 바로 그러한 것으로서 기껏해야 부차적 존재성을 가질 뿐이다. 추는 미에 기대어 미로부터 형성된다. 미가 존재함으로써 미가 추하게 될 수 있다는 말이 아니라, 미의 필연성을 이루는 동일한 규정들이 정반대의 것으로 뒤집어지는 경우에 의해서이다.

　그렇기 때문에 미와 미의 자기파괴인 추가 갖고 있는 이러한 내적 관계는 다시금 추가 스스로를 지양하고 부정적 미로 존재하면서 미에 대한 반항을 다시금 해소하면서 미와 하나가 되는 가능성도 근거 짓는다. 미는 이 과정에서 추의 저항을 다시 자신의 지배에 예속시키는 힘으로 드러난다. 이 화해에서 우리로 하여금 웃고 미소 짓게 만드는 무한한 명랑함이 생성된다. 추는 이 운동에서 자기중심적이고 잡종교배적인 본성에서 해방된다. 추는 자신의 무기력함을 인정하고 코믹하게 된다. 코믹한 것은 모두 순수하고 단순한 이상(理想)에 대항하여 부정적으로 관계하는 계기를 자신 안에 포함한다. 그러나 여기서 나타나는 부정은 이상 속에서 가상(假像)이나 무(無)로 가치절하된다. 이렇게 그 부정적 현상이 사라지기 때문에, 그리고 그것이 그렇게 사라짐으로써 긍정적 이상은 코믹에서 그 존재가 인정된다.

　그렇기 때문에 추에 대한 관찰은 추의 본질에 의해서 한계가 정확히 그어진 관찰이다. 미는 추의 존재를 위한 긍정적 조건이며 코믹은, 추가 그것을 통해서 미에 대해 부정적이기만 한 특성으로부터 다시 벗어나는 형태이다. 단순한 미는 추 전반에 대하여 부정적으로 관계한다. 왜냐하면 미는 추하지 않는 한에서만 미이며, 추는 그것이 미가 아닌 한에서만 추이기 때문이다. 미가 미로 되기 위해서 마치 추를 필요로 한다는 식으로 생각해서는 안 된다. 미는 그런 포장 없이도 미이다. 하지만 추는 자신으로 인해 자초한 위험이며, 자신의 본질로 인해서 자신에 내재하는 모순이다. 추는 상황이 다른 것이다. 미의 본질이 무엇인지는 경험적으로 미가 자유로이 스스로의 힘에 의해 그렇게 결정하지만, 추가 존재하고 있음은 오직 미와의 자기연관성을 토대로 해서만 가능한데, 추가 자신의 척도를 미에서 가져오기 때문이다. 그러므로 미는 선(善)처럼 그 어떤 절대적인 것이고 추는 악과 같이 단지 상대적인 것이다.

　그러나 추에 대한 규정이 특정한 경우에 애매모호해질 수도 있다는 뜻은 결코 아니다. 미의 필연성이 자체적으로 규정되기 때문에 추의 규정은 애매모호해질 수 없다. 그러나 추라는 것은 자기 자신에 의해서가 아니라 오직 미에 의해서만 재단될 수 있기 때문에 상대적이다. 일상적 삶에서 개개인은 자신의 취향에 따라 다른 사람에게는 추하다고 생각되는 것을 자신에게는 아름다운 것으로 생각할 수 있고, 다른 사람에게는 아름다운 것을 자신에게는 추하다고 생각할 수 있다. 그러나 이런 우연적인 경험적·미적 판단으로부터 불확실성과 불명료성을 제거하려면 바로 비판이 필요하고, 판단의 최고 원칙이 분명해져야 한다. 관습적 미의 영역, 즉 유행은 미적 이념의 시각에서 판단해보면 단지 추하다고 명명할 수 있는 현상으로 가득 차 있다. 그럼에도 불구하고 유행은 시대에 따라 아름다운 것으로 인정된다. 하지만 그 자체가 아름답기 때문이 아니라 시대의 정신이 바로 그와 같은 형태에서 자신의 독특함이 적절하게 표현되었다고 간주하고 그 형태에 익숙해졌기 때문이다. 시대정신이 유행에서 무엇보다 중요하게 보는 것은 자신의 분위기가 적절하게 표현되었냐는 점인데, 이를 위해 추 역시 적합한 표현수단으로 이용할 수 있다. 지난 유행, 특히 가장 최근의 유행은 추하다거나 혹은 코믹하다는 낙인이 찍힌다. 분위기의 변화는 오직 정반대 방향으로만 진행될 수 있기 때문이다. 세계를 정복한 공화제의 로마인들은 면도를 했었다. 시저와 아우구스투스도 턱수염을 하고 있지는 않았다. 밀려오는 야만인들에 의해 제국이 점차 정복되기 시작했던 하드리안(Hadrian)4)의 낭만주의시대 이후에야 비로소 마치 자신의

---

4) 역주: 하드리아누스(Hadrianus, Publius Aelius, 76. 1. 24~138. 7. 10). 오현제(五賢帝)의 한 사람. 로마 출생. 트라야누스 황제의 조카. 군사·정치의 요직을 거쳐 트라야누스의 파르티아 원정 때는 시리아 지사(知事)로 있었는데, 트라야누스가 임종 시에 그를 양자로 삼자 현지에서 즉위하였다. 선제(先帝)의 대외 적극 정책에서 수세(守勢)로 전환하여 방위를 강화하는 한편, 국력의 충실에 힘썼다. 치세의 반쯤을 속주(屬州)의 순유(巡遊)시찰에 소비하고, 브리타니아에는 장성(長城)을 구축(하드리아누스 성벽), 게

연약함을 느끼고 턱수염을 통해 남성성과 용감성을 소유하려는 듯이 풍성한 턱수염이 유행하였다. 프랑스혁명 초기의 역사는 우리에게 미학적으로 생각해볼 가치 있는 유행의 변형들을 보여준다. 그것들은 하우프(Hauff)에 의해서 철학적으로 분석되었다. 5)

그러니까 미는 추가 시작하는 경계이고, 코믹한 것은 추가 끝나는 경계가 된다. 미가 스스로부터 추를 배제하는 반면에 코믹한 것은 추와 우애가 좋지만 미와 비교해보면 추의 상대성과 무가치함을 인식하게 함으로써 추에게서 구역질 나는 것을 제거한다. 그러니까 추의 개념에 대한 연구, 즉 추의 미학은 이런 길의 밑그림을 정확하게 보여준다. 추의 미학은 미의 개념에 대한 기억에서 시작해야 한다. 그러나 추의 미학은 미의 형이상학의 과제처럼 미의 본질의 전체 내용을 드러내기 위해서가 아니라 단지 미의 기본규정만을 진술하는 한에서, 그래서 추가 이 기본규정의 부정으로부터 생성되는 한에서만 조사의 대상이 된다. 그러나 이 연구는 추가 겪게 될 변화로 끝나야 하는데, 변화는 추가 코믹의 수단이 됨으로써 겪게 된다. 물론 코믹한 것도 여기서는 전체를 상세히 다루지 않고, 단지 추의 전이(轉移)를 증명하기 위해 필요한 만큼만 다룰 것이다.

르마니아의 방벽(防壁)을 강화하였으며, 파르티아와 화의를 체결, 아르메니아를 보호국 지위로 되돌려놓았다. 또한 속주 여러 도시의 건설·육성, 공공시설의 충실에도 진력하고, 아테네와 로마에 각종 신전을 건조하였다. 이렇듯 속주 통치조직, 제국 행정제도, 관료제도, 군사제도의 정비에 힘써 이후 제국 제반 제도의 기초를 닦았다. 또한 로마법의 학문연구도 촉진시키고, 문예·회화·산술을 애호하고, 학자들을 우대하였다. 안토니누스피우스를 양자로 삼았는데, 사후에는 그에 의하여 신격화(神格化)되었다.

5) 하우프(Hermann Hauff), 《유행과 의상. 복식사에 대한 단편》(*Moden und Trachten. Fragmente zur Geschichte des Costüms*, 튀빙엔과 슈투트가르트, 1840, 17~23쪽).

2. 부정적인 것 전반(全般)

추가 부정적인 것임은 위의 언급한 내용에서 충분히 밝혀진다. 그러나 부정적인 것이라는 보편적 개념이 추의 개념과 갖는 관계는 오직 추가 부정적인 것을 표현한다는 점뿐이다. 순수하게 추상적인, 부정적인 생각 전반은 아예 감각적 형태를 띠고 있지 못하다. 감각적으로 표현될 수 없는 것은 또한 미학의 대상이 될 수 없다.[6] 논리적 추상개념인 무(無), 타자(他者), 지나침, 비본질적인 것, 부정적인 것의 개념 전반에 대해서는 그 어떤 보편적 관찰이나 표상이 주어질 수 없다. 왜냐하면 그것들은 그 자체로서 결코 감각적으로 포착될 수 없기 때문이다. 미는 감각적 요소로 조화로운 총체성을 자유롭게 형성하게 하는 이념이다. 추는 미의 부정성으로서 미의 감각적 요소를 공유한다. 그렇기 때문에 추는 오직 이념적인 것만이 존재하는 영역에서는 나타날 수 없다. 이 영역에서 존재는 존재라는 개념으로서만 존재할 뿐이며, 그것의 시공간을 채우는 실재성(實在性)은 배제된다. 그리고 부정적인 것의 개념 전반을 추라고 명명할 수 없듯이, 불완전한 것이라고 하는 저 부정적인 것도 매한가지이다.

3. 불완전한 것

미가 본질적으로 이념이라는 의미에서 미에 대해서 또 진술할 수 있는 내용은 미가 완전하다는 것이다. 그러므로 완전성(完全性)의 개념

---

[6] 역주: 미학은 감각적으로, 즉 오감을 통해서 인지될 수 있는 것을 대상으로 한다. 따라서 순수히 사변적인 것은 미학의 대상이 아니다. 이는 바움가르텐의 미학 정의에서도 잘 나타나 있다.

은 아주 종종 미의 개념과 동일한 것으로 받아들여졌다. 이는 이름을 거명하자면 지난 세기의 바움가르텐(Baumgarten)[7]의 미학에서도 매한가지였다. 그러나 완전성은 미의 개념과 직접적으로 관련이 없는 개념이다. 가령 동물은 아주 합목적적인 유기체, 그러니까 살아 있는 개체로서 아주 완전한 유기체일 수 있지만, 바로 그런 이유로 인해 낙타나 나무늘보, 오징어, 두꺼비처럼 아주 추할 수 있다. 주관적 생각에서의 실수, 올바르지 않은 개념, 착오, 잘못 내려진 판단, 전도된 결론은 지성(知性)의 불완전함이지만 미적 범주에 속하지 않는다. 그러나 먼저 획득해야 할 대상이기에 아직은 습관적인 행동능력으로 발전하지 못한 덕성(德性)은 윤리적 관점에서 보면 불완전성의 인상을 심어주지만, 미적으로 보면 그 형성과정의 즐거움에서 무한히 매력적인 그 무엇을 가질 수 있다. 그러니 추한 심성은 악한 심성이나 다름없다고 해야 할 것이다.

불완전함이라는 개념은 상대적인 것이다. 이 개념에서 중요한 것은 항상 불완전함이라는 판단을 정하는 척도이다. 이를테면 식물의 평범한 실존인 열매로부터 꽃잎의 가치를 재단해보면 나뭇잎은 꽃잎에 비해서 불완전하고 꽃잎은 열매에 비해서 불완전하다. 식물학적 혹은 더 좋게는 경제적 의미에서 불완전한 꽃잎은 미적으로 볼 때는 보통 과일보다 더 위에 위치한다. 이런 관계에서 볼 때 불완전함은 추와 거의 동일할 수 없다. 그러므로 추는 심지어 실재성과 총체성의 관점에서 보다 불완전한 것을 넘어설 수 있다. 불완전한 것에서 진정함과 진리

---

7) 역주: 바움가르텐(Baumgaren, Alexander Gottlieb, 1714. 6. 14~1762. 5. 27). 유년기에 양부모를 잃고 독학으로 할레대학에서 신학, 철학, 수사학, 시학 등을 공부하고 예나대학에서 크리스티안 볼프에게서 합리주의철학을 배운다. 1735년 최초로 미학(Ästhetik)이라는 새로운 학문분과를 만든다. 1737년 할레대학 철학강사를 지내고 1740년 프랑크푸르트 안 데어 오더 대학의 철학교수로 임용되어 많은 저작을 남겼고, 1762년 병으로 사망한다.

와 미를 향한 충동이 작용하고 있다면 그 불완전함이란 것도 아름다울 수 있다. 비록 완성된 형태에서 가능할 정도로 그렇게 아름답진 않지만 말이다.[8] 예컨대 진실한 예술가의 초기작품들은 다양한 흠을 가질 수 있지만, 보다 뛰어난 솜씨를 드러낼 소명을 받은 천재성[9]을 알아보게 한다. 실러나 바이런 같은 작가의 청소년기 시(詩)들은 그때까지는 불완전하지만, 그럼에도 불구하고 바로 그 불완전함의 양태에서 이미 그 원저자의 미래를 종종 드러내주고 있다.

그렇기 때문에 시작단계라는 의미의 불완전함은 나쁨이라는 개념과 혼동되어서는 안 된다. 물론 우리가 나쁨이라는 개념 대신에 불완전함이라는 단어를 즐겨 완곡하게 사용하고 있지만 말이다. 필연적 발전단계로서의 불완전함은 어쨌든 완전성을 향한 노정에 있다. 반면에 나쁨은 무엇인가 바라게 만들고, 보다 커다란 완성을 향한 요구를 일깨울 뿐만 아니라 불완전함의 개념과는 실제로 모순관계에 있는 실재성(實在性)이다. 실제적 의미에서의 불완전함은 자체로 이미 존재하고 있는 것을 완전히 드러내려는 계속된 형상화가 모자랄 뿐이다. 그렇지만 나쁨은 부정적 의미에서의 불완전함인데, 이것은 그 어떤 다른 것, 존재해서는 안 되는 것을 포함한다. 스케치는 여전히 불완전하지만 아름다울 수 있다. 그러나 나쁜 스케치는 미학적 법칙에 모순되는, 잘못 그려진 것이다.

우리 연구를 위해서는 특히 예술 자체 내에 존재하는 미의 '비교급'을 올바로 이해해야 한다. 이는 다음과 같이 표현할 수 있다. 즉, 어

---

8) 역주: 플라톤의 《향연》에서 에로스 혹은 미의 본질은 부족한 것을 채우고 완전해지려는 노력으로 표현된다.

9) 역주: 여기서 천재성은 genius를 번역한 것이다. 원래는 genie가 천재 내지는 천재성을 뜻하지만, 이렇게 번역한 까닭은 genie가 genius에서 유래하기 때문이다. genius는 로마의 반신으로 인간개체가 태어나면서부터 그의 수호신이 되어 그의 사고, 행동을 이끄는 주체이다. 그것은 근대에 이르러 천재(*genie*)라는 개념으로 변형된다.

떤 것이 다른 것보다 더 아름답다는 이유에서 보다 덜 아름다운 것이 추하다는 결론이 도출되지 않는다는 것이다. 정도의 차이가 미의 질(質) 자체를 변화시키지 않는다.

무엇보다도 모든 종(種)들이 서로 비록 수직적 관계에 있을 수 있지만, 속(屬)과의 관계에서는 수평적이라는 점을 기억해야 한다. 모든 종들은 속과의 관계에서 동등하다고는 하나, 이 점은 하나의 종이 다른 종과 비교했을 때 객관적으로 보다 높이 위치해 있다는 점을 배제하지는 않는다. 건축, 조각, 회화, 음악, 문학은 예술의 종(種)으로서 서로 완전히 동등하지만, 이것들이 동시에 여기서 매겨진 순서대로 서열을 나타내고 있음은 분명한 사실이다. 바로 다음 예술은 항상 이전 예술보다 정신의 본질인 자유를 보다 적절하게 표현해내는 가능성에서 앞선다.

개별예술 안에서도 동일한 규정이 통용된다. 왜냐하면 하나의 예술에서 나타나는 질적 차이들은 다시 그 예술에 대해 종(種)의 관계를 갖기 때문이다. 이 점을 염두에 두면 어떤 종이 특권을 갖고 있느냐는 물음을 둘러싼 모든 싸움은 중지된다. 왜냐하면 수직적 관계로 인해서 수평적 관계가 결코 망각되지 않기 때문이다. 예컨대 연극문학은 객관적으로 완성되어 있다. 그러는 한에 있어서 서정문학과 서사문학은 연극문학보다 밑에 위치해 있다. 그러나 이로부터 문학의 필연적 형태인 서정문학과 서사문학이 그와 같은 절대성을 갖고 있지 못하다는 결론이 도출되는 것은 아니다. 상대적으로 보면, 그러니까 건축은 조각보다 불완전하며, 후자는 회화보다 불완전하다는 식으로 계속 이어진다. 그러나 개개의 예술은 자신의 독특한 소재와 형태에서 절대성에 도달할 수 있다. 다른 식으로 말하자면 수직적 관계는 그 자체로 추와 아무런 연관도 없다는 점을 뜻한다. 그러므로 우리가 피치 못하게 하나의 예술을 혹은 어떤 예술의 특정장르를 보다 열등하다거나 불완전한 것으로 표현할 때, 여기에는 예술의 미적 차별화가 존재하지 않는다.

그 말은 단지 상대적으로 말한 것일 뿐이며, 이런 서열관계로부터 필연적으로 나올 어떤 추의 개념도 내포하지 않는다.

사람들은 개별 예술작품의 경우에 미의 비교급을 종종 단순히 양(量)을 나타내는 명칭을 사용해서 표현하곤 한다. 예컨대 사람들은 《뮌히하우젠》을 임머만(Immermann)[10]의 최고의 대작이라고 말하고, 이 표현을 수단으로 그것이 가장 아름다운 작품이라고 말하고자 한다. 그러나 그렇다고 해서 보다 덜 아름다운 것이 결코 추와 동일한 것은 아니다.

4. 자연의 추(醜)

시간과 공간에서의 실존이 본질적 이념인 자연에서 추는 이미 무수히 많은 형태로 형성될 수 있다. 자연의 모든 사물이 예속되어 있는 성장은 그 자유로운 진행과정에 의해서 매순간 정도를 넘어서거나 정도에 못 미치게 할 수 있고, 그럼으로써 본성 자체에 의해서 지향되는 순수한 형태를 파괴할 수 있고 추하게 만들 수 있다. 자연의 개별적 존재들은 다채로운 혼돈상태에서 아무것도 고려하지 않고 생존해나가려고 하기 때문에 종종 자신의 형태를 이루어가는 과정에서 자신을 방해한다.

기하학적, 입체기하학적 형태들인 삼각형, 사각형, 원형, 각주(角柱), 사방면체, 구형 등은 그 단순성에서 비례관계로 인해 본래 아름답다. 이것들은 추상적 순수함을 띤 보편적 형태로서는 단지 정신의 표상 속에서만 이념적으로 존재한다. 왜냐하면 그것들은 구체적으로는 오직

---

10) 역주: 임머만(Immermann, Carl Leberecht, 1796. 4. 24~1840. 8. 25). 중류층 출신의 법률가이며 작가이다. 수많은 시와 희곡, 소설, 수필을 발표하였으며, 특히 모험과 기행으로 점철된 《뮌히하우젠》이 유명하다.

특정한 자연형상의 형태로 수정(水晶)과 식물, 동물에서 나타나기 때문이다. 자연은 여기서 직선과 평면의 굳어 있는 관계가 곡선의 유연성으로, 직선과 곡선의 놀라운 융합으로 전이하는 과정이다.

　단순하고 조야한 질량 덩어리는, 중력법칙에 의해서 지배받는 한 우리에게 심미적으로 마치 중립상태처럼 보인다. 그것은 반드시 아름답지도 않지만 반드시 추한 것도 아니다. 그것은 우연적인 것이다. 예컨대 우리 지구를 예로 들어보면 지구가 질량 덩어리로 아름답게 존재하기 위해서는 완벽한 구형이 되어야 할 것이다. 하지만 지구는 그렇지가 못하다. 지구는 극지방에서 평평하고 적도에서는 부풀어올라 있으며 그밖에도 표면의 융기(隆起)는 극도로 상이하다. 지구껍질의 단면은 단순히 입체기하학적으로 보면 전혀 예상할 수 없는 윤곽을 띤 융기와 홈의 가장 우연적 혼란상태를 우리에게 보여준다. 그러므로 우리는 융기와 홈을 지닌 달의 표면이 아름답다고 말할 수 없다. 멀리서 보면 순수한 발광체(發光體)로 보이는 달의 은빛 나는 면은 아름답다. 그러나 원추형과 고랑, 계곡들이 혼재한 상태는 그렇지 못하다. 천체가 움직이면서 나선형태의 다양한 타원곡선으로 그려내고 있는 선들을 우리는 미적 대상으로 간주할 수 없다. 왜냐하면 그것들은 우리들의 스케치에서만 선으로 나타나기 때문이다. 그런데 무한히 많은 별들은 질량 덩어리가 아닌 빛으로 우리 시각에 작용한다. 별자리의 명칭은 빛나는 밤하늘에 경탄하는 몇몇 사람에게 특정한 환상을 마음속에 떠올리게 한다. 사다리 자리, 백조 자리, 베레니케의 머리카락 자리, 헤라클레스 자리, 페르세우스 자리 등의 이름은 얼마나 아름답게 들리는가? 비교적 최근의 천문학이 60도 측정기, 망원경, 공기펌프, 인쇄공장, 그리고 이와 비슷한 중요한 발명품들을 성좌의 이름으로 예찬함으로써 별자리 명칭은 아주 산문적인 것이 되어버렸다.

　밀침, 던짐, 낙하, 진동 같은 기계적 움직임이 아름다울 수 있음은 그 운동의 형태뿐만 아니라 속도와 대상의 속성에 의해 조건 지워져 있

다. 예컨대 그네의 움직임은 곧바로 추하지는 않지만 그렇다고 아름답
지도 않다. 하지만 어린 소녀가 우아한 태도로 그네를 타고 밝은 봄하
늘에서 이리저리 움직이는 것을 상상해보면 이것은 명랑하고 아름다운
광경일 것이다. 대담하게 쏘아올린 폭죽은 밤하늘을 밝게 비추고 최고
의 정점에서 비산하면서 별들이 가득 찬 하늘과 우정을 맺는 것처럼 보
인다. 이 폭죽은 기계적 움직임뿐만 아니라 빛과 속력도 아름답다.

　자연의 역동적 진행과정은 그 자체로 아름답지도 추하지도 않다. 왜
냐하면 그것의 형태는 결코 어떤 것도 표현하고 있지 않기 때문이다.
응집력, 자기장, 전기현상, 전기도금, 화학반응의 작용 자체는 단순
하다. 그러나 그것의 결과물들은 전기불꽃의 산개나 전기번개의 지그
재그 형태, 천둥의 장엄한 울림, 화학반응에서의 색채변화처럼 아름
다울 수 있다. 여기에서 가스가 유연한 운동으로 만들어낼 수 있는 환
상적 형상들은 넓은 지평을 열어놓는다. 이런 형상들이 갖는 커다란
자유는 아름답고 추한 형태를 만들어낸다. 가스폭발의 기본적 형태는
사방으로 뻗어가는 균일한 구면체의 형태이다. 그러나 가스는 측량되
지 않는 범위로 퍼져나간다. 그렇기 때문에 그 구면체의 모양은 때로
는 고체가 대립적으로 설정해놓은 경계로 인해서 때로는 다른 가스들
에 의해서 없어져버리고, 원래의 가스는 그것과 섞여서 무질서하게 흩
어져버린다. 구름은 모든 것을 기억시키는 황혼의 형상들로 얼마나 무
한히 다양하고 끝없는 유희를 우리에게 보여주고 있는가![11]

---

11) 하워드(Howard)의 이론에 의하면 구름의 덧없는 형상조차 특정한 기본형
　　태로 소급된다. 우리가 여기서 살펴보고자 하는 것은 여행자와 작가들에 의
　　해서 아주 빈번하게, 다양하게 묘사된 구름에 대한 미적 인상들인데, 무엇
　　보다도 노발리스의 《하인리히 폰 오프터딩엔》(*Heinrich von Ofterdingen*,
　　전집 1권, 3쇄, 1815, 238쪽)에 다음과 같이 쓰여 있다. "그것들은(구름들
　　은) 밀려와서 우리에게 시원한 그늘을 씌워주고 또 그늘을 빼앗아가며, 그
　　형상이 우리 내면이 발한 소원처럼 사랑스럽고 다채롭게 될 때면 그후 지상
　　을 지배하는 그것의 밝음, 밝은 빛도 말로 표현할 길 없고 알지도 못하는 멋

유기체의 자연에서 형상의 완결성은 그 형상의 존재법칙을 이루고 있다. 이로부터 도출되는 결론은 미가 비유기체적인 자연의 미에 달라 붙어 있는 몽환적 우연성으로부터 떨어져 나온다는 것이다. 유기체의 형상은 그것이 현실적 개체이기 때문에 곧 특정한 미적 특성을 갖는 다. 그러나 바로 이런 이유 때문에 추 역시 이제 훨씬 더 특정한 방식 으로 가능하게 된다. 자연미를 특별하게 관찰하기 위해서는 이런 관점 에서 자연의 진행과정을 추적해보아야 한다. 우리는 여기서 이 점을 특별하게 다룰 수는 없고 다만 베르나르댕 드 생삐에르(Bernardin de Saint-Pierre), 외르스테트(Oersted), 피셔(Vischer)의 훌륭한 저작들 을 읽어보라고 권할 수 있을 뿐이다.[12] 자연에서 나타나는 율동적 움

진 것의 예고자같이 된다. 그렇지만 하늘이 구름으로 뒤덮여 음울하고 진지 하고 무시무시한 경우도 있는데, 그 속에서는 지난밤의 모든 공포가 위협을 하고 있는 듯하며, 하늘은 두 번 다시 빛을 발하려 하지 않는 듯하고, 명랑 한 푸른빛은 지워지고, 회색빛의 근원을 배경 삼아 나타나는 적동(赤銅)의 붉은빛은 모든 사람의 가슴속에 전율과 공포를 불러일으킨다."

12) 여기서 거론된 이름들 중에서 외르스테트의 이름은 지난 몇 년간 우리나라 에서 독자들에게 가장 많이 충분히 알려졌다. 왜냐하면 낯선 것에 열광하는 독일인들의 병적 성향으로 인해서 그의 유명한 저작들이 경쟁적으로 번역되 었기 때문이다. 베르나르댕 드 생삐에르의 이름은 우리들에게 충분히 알려 져 있긴 하다. 왜냐하면 그는 오래 전부터 《폴과 비르지니》(*Paul und Virginie*)라는 소설로 대중문학권에 속해 있었고, 동판화와 발레도 이 소재 와 작가의 이름을 광범위하게 유포시켰기 때문이다. 그러나 우리가 여기서 언급하고 있는 책은 《자연에 관한 연구》(*Etudes de la nature*, 3 Tomes) (우 리가 목전에 갖고 있는 것은 파리 판본으로 1838년에 chez Desbleds 출판 사에서 간행되었다)인데, 한대지역을 다루기 때문에 신빙성 없는 가설들이 실려 있지만, 그밖에도 아주 다양한 관찰과 아주 아름다운 자연의 그림을 싣고 있으며 소수만이 읽고 이용한 듯한 책이다. 자연미에 대한 피셔의 논 문은 1847년에 출판된 그의 미학 II권 1부에 실려 있고, 우리가 이 분야에 서 소유하고 있는 글 가운데 가장 뛰어난 것 중 하나이다. 독일인들이 이 논 문이나 혹은 칸트의 《판단력 비판》에서 합목적론을 다루고 있는 부분을 기 억해본다면 외르스테트를 통해 아주 새로운 무엇인가를 체험한다는 망상은

직임, 비례, 형태의 조화는 단순한 수정(水晶)의 형상에서부터 식물계의 직선과 곡선 투쟁을 거쳐, 극도로 다양한 변형과 혼합을 이룬 곡선형태가 우세함을 보이는 동물세계의 수없이 많은 형상들에 이르기까지 일반적으로 나타난다. 이와 같은 자연의 진행과정은 화강암의 무한한 변형과 단계도 포함한다.

개개의 수정(水晶)은 그 자체로 보면 아름답다. 그것들은 다른 것들과 합쳐진 상태에서는, 종종 아름다운 표본이 실려 있는 슈미트의 《광물도감》(*Mineralienbuche*)에서 볼 수 있는 것 같은 환상적 조합을 보여준다. [13]

지구표면에 있는 대규모의 혼합물 덩어리들은 종종 정의 내릴 수 없는, 가장 다양한 형태를 띠고 있다. 산들은 부드러운 융기를 이루며 순수한 선으로 뻗어 있을 때 아름답게 보일 수 있고, 고래처럼 엄청나게 큰 벽의 형태로 하늘을 찌를 듯한 원추형 거인의 모습으로 몸을 일으켜 세울 때에는 장엄해 보일 수 있으며, 황량한 절곡과 특성 없는

하지 않게 될 것이다.

13) 슈미트(F. A. Schmidt), 《광물도감 혹은 광물에 대한 일반적이고 특수한 기술》(*Mineralienbuche oder allgemeine und besondere Beschreibung der Mineralien*, 44개의 화보가 실려 있음, 슈투트가르트, 1850, 4쇄). 동물과 식물들에 대해서는 종종 충분할 정도의 그림이 있지만 광물들에 대한 것은 별로 없다. 그렇기 때문에 이 책은 반가운 발전모습을 보여주고 있다. 편집자는 당연히 다음과 같이 말하고 있다. "광물의 그림을 싣는 것은 쉬운 일이 아니다. 심지어 그런 일을 착수했던 능력 있는 예술가들은 그렇게 시작한 저작을 중도에서 그만둔다. 생명 없는 고정된 형태들이 예술가적 감각에 반기를 드는 것이다. 위치의 변화는 다른 생각과 다른 색조를 불러일으키고, 광택의 정도를 묘사한다는 것은 전적으로 불가능하다. 이런 작업과 관련하여 그 어떤 내적 동기도 촉발되지 않은 진실한 화가의 인내심은 그다지 크지 않으며, 이런 난쟁이(광물의 세계는 신화나 동화에서 주로 난쟁이 세계로 표현돼 있다: 역주) 세계의 몇 가지 색채는 제아무리 정성을 다해도 표현하기가 완전히 불가능하다. 이러한 상황에서 대상을 골라내는 일만 해도 얼마나 어려운 것인지는 쉽게 생각해볼 수 있다."

혼란으로 시선을 분산시킬 때에는 추해 보일 수 있고, 기괴하고 그로
테스크한 돌출형태로 환상을 자극하면 코믹해 보일 수 있다. 직접적
현실에서 이러한 형태들은 조명으로 인해 독특한 매력도 획득한다. 중
국의 아우마투나 오마두(五馬頭), 보헤아테 구릉이나 치친 혹은 칠성
산맥의 놀라움은 달빛에 의해서 얼마나 강화되는가!14) 그러나 화학적
속성과 형태 사이에 어떤 연관관계가 존재하고 있고, 이 연관관계가
대지형태와 동식물세계와의 관계도 나타냄은 하우스만(Hausmann)의
고전적 논문에서 이름이 언급되며 입증되었다. 언젠가 불타올랐던 지
구표면의 냉각과, 물과 공기의 유희가 지구형상의 대지각구역15)을 표
시해놓았다. 16)

---

14) 이런 기이한 지역에 대한 그림은 칼스루에(Karlsruhe)에서 출판된 철판화로
    찍은 책, 《중국. 역사적, 낭만적, 회화적》(*China. Historisch, Romantisch,
    Malerisch*)에서 볼 수 있다. 제목도 서론도 발행 연도를 기록하고 있지 않기
    때문에 우리도 발행 연도를 제시할 수 없다.

15) 역주: 지구표면에서 단층작용으로 인해 반복적으로 갈라지는 지역.

16) 우리가 여기서 다루고 있는 하우스만의 논문의 제목은 "무생물 자연의 합목
    적성"(*Die Zweckmäßigkeit der leblosen Natur*)이며, 다음과 같은 겸손한 제
    목의 책, 즉 《다채로운 순서로 본 사소한 것들》(*Kleinigkeiten in bunter
    Reihe*, 괴팅겐, 1839, 1권, 20~226쪽)에 실려 있다. 그 앞에 실려 있는 논
    문 "생물과 무생물의 자연미에 대하여"(*Über die Schönheit der belebten und
    unbelebten Natur*)도 훌륭하다. 이 두 논문은 모범적으로 쓰여졌고, 오늘날
    대량생산방식으로 우리 "민족학문"의 역사에 대해 수십 권씩 출판하고 있는
    우리 학자들이 비록 그것에 대해서 알고 있진 못하지만, 우리 민족학문을
    진실하게 장식하고 있다. 훌륭한 하우스만이여, 자네가 만약 외국인이었더
    라면, 자네는 먼저 좋지 않은 번역을 통해서 우리나라로 이주해왔을 것이
    네. ─ 그렇다. 그렇게 되었더라면 사람들은 이 아름다운 연구서에 대해서
    알게 되었을 것이다. 훔볼트(A. v. Humboldt)의 《자연의 견해》(*Ansichten
    der Natur*)에 의해서 우리에게 기초가 마련된 풍광지리학의 미학은 그후 비
    상한 발전을 이룩하였다. 그러나 이 분야에서도 의식의 부족은 한탄스러울
    지경인데, 그로 인해서 우리 독일인들은 보다 차원 높은 연관관계를 발견하
    지 못하고 모든 것을 수백 번씩이나 반복하였다. 미학자뿐만 아니라 지리학

식물은 거의 전부가 아름답다. 시대에 뒤떨어진 신학에 따르면 독성
식물은 추해야 할 테지만, 바로 그것들이 우리에게 아주 풍부한 장식
적 형태와 귀한 색채를 제공한다. 물론 그것의 마취력은 생명체에게
죽음을 가져다줄 수 있다. 하지만 이 죽임의 작용이 그 식물과 어떤
관련이 있다는 것인가? 도대체 죽인다는 것이 식물의 개념 안에 포함
되어 있는가? 마취는, 그것이 치명적으로 작용할 수 있듯이, 그것이
만들어내는 도취로 매혹시킬 수 있다. 그렇다. 마취는 병으로부터 생
명을 구해낼 수 있다. 독은 아주 상대적인 개념이고, 그래서 그리스어
의 약(*Pharmakon*)이란 말은 독과 치료제를 동시에 지칭한다. 17)

자들에게도 너무나 알려져 있지 않은, 미학적 지리학에 관한 아주 훌륭한
논문이 있다. 이것은 표현기술의 관점에서 보았을 때 우리가 소유하고 있는
것들 중에서 가장 훌륭한 논문의 범주에 포함시켜야만 한다. 그러나 그것은
논문모음집에 실려 있고, 그런 까닭에 충분한 주목을 받지 못했다. 우리가
말하는 논문은 크리크(G. L. Kriegk)의 "일반 지리학에 대한 글들"(*Schriften
zur allgemeinen Erdkunde*, 라이프치히, 1840, 220~370쪽)이다. 지구형상
미학의 범주에 포함되는 훔볼트(Humboldt, "우주"(*Kosmos*)), 슐라이덴
(Schleiden, "식물과 그것들의 삶"(*Die Pflanze und ihr Leben*)), 마시우스
(Massius, "자연연구"(*Naturstudien*))의 글들은 보다 잘 알려져 있다. 브라
트라넥(Bratranek)의 "식물계의 미학에 관한 기고문"(*Beiträge zu einer
Aesthetik der Pflanzenwelt*, 1853)도 여기에 속한다.

17) 식물형태의 미학은 원래는 유시외(Jussieu)가 가족형(家族型)의 발견을 통
해서, 그런 다음 훔볼트의 《식물의 형태학에 관한 생각들》(*Ideen zu einer
Physiognomik der Gewächse*, 튀빙엔, 1806, 6권)에 의해서 근거가 마련되
었다. 가장 멋지고 부분적으로는 매혹적 형태와 색채를 조망할 수 있는 독
성식물의 동판서는 다음의 것이다. 베르게(Berge)와 리케(Riecke)의 《독
성식물도감》(*Giftpflanzenbuch*, 슈투트가르트, 2쇄, 1850, 4권). 무엇이 독
성식물인지는 그것이 내는 좋지 않은 냄새를 통해서 알 수 있다는 사실 역시
아주 제한적인 경우에서만 옳다. 그러나 아주 강한 독을 품고 있는 제비꽃,
버찌, 월계수 등은 냄새가 훌륭하다. 원시세계를 고려하면 그 세계의 동식
물간에는 식물도 아름답고 장엄하다는 차이가 있다. 웅어(Unger)의 원시세
계(*Urwelt*)와 쿠바섹(Kuwassegk)에 의해서 서술된 저작을 비교해보라. 후

그러나 식물은 살아 있는 것이기 때문에 추해질 수도 있다. 식물은 자유로운 형상화로서의 삶을 필연적으로 이런 가능성 속에 집어넣는다. 식물은 군락형태의 경우 과도하게 성장할 수 있고, 그래서 이렇듯 스스로 기형(奇形)으로 추해질 수 있다. 식물은 외부로부터 강한 공격을 받아 자의적으로 형태가 변화되어 망가질 수 있다. 그것은 또 내부의 질병으로 인해 성장이 위축되어 변종이 될 수 있다. 형태의 기괴한 변화와 색채의 변화 역시 질병으로 인해 진행되고 더 나아가 추해질 수 있다. 이 모든 경우에 추의 자연적 원인은 아주 분명한 것이다. 생명과 식물에 이질적인, 악마적인 원칙이란 것은 존재하지 않는다. 바로 식물 자신이 살아 있는 채로 병들어서 그 질병의 결과로 혹이 나고 말라비틀어지며 왜소하게 되고 기이한 형태로 자라나서 정상적 형태를 잃어버릴 수 있으며, 마찬가지로 색이 바래거나 변함으로써 정상적 색채도 상실할 수 있다. 식물에게 이질적인 것 자체는 폭풍과 물, 태양의 열기, 동물과 인간에 의해서 식물에게 가해질 수 있는 폭력이다. 이 폭력은 식물을 추하게 할 수 있지만 또 아름답게 할 수도 있다. 그것은 보다 세세한 영향에 달려 있다. 폭풍우는 떡갈나무의 잎을 모두 떨어뜨리고 가지를 산산조각 내어서 자부심 강한 그 나무를 기형으로 만들어놓을 수 있다. 그러나 폭풍은 또한 리드미컬한 충격으로 잎이 많은 가지를 흔들어 움직이게 하여 나무의 힘있고 기운찬 모습을 아름답게 보이도록 할 수 있다. 식물의 형태가 변화되는 과정에서 정상적 변화란 추와 아무 관계도 없다. 왜냐하면 그 변화란 것들은 필연적인 것으로서 결코 병적인 것이 아니기 때문이다. 꽃봉오리가 꽃으로 전이하고 꽃이 과일로 전이함은 조용하고 말할 수 없는 매력을 동반한다. 가을에 나뭇잎에서 엽록소가 없어지고 이제 잎이 수천 가지의 노란색, 갈색, 빨간색 잉크로 물들면, 이로써 회화적으로 무한한 효과가 나타

자에 대해서는 내가 프뤼츠(Prütz)의 《독일 박물관》(*Deutschem Museum*, 1852, 62~69쪽)에서 대략적으로 조망한 바 있다.

난다. 퍼져가는 목초들이 성숙해서 노랗게 되면, 즉 시들게 되면 그 금빛 씨앗들의 광경은 얼마나 아름다운가! 동물세계에서 추의 가능성은 식물계에서보다 훨씬 더 크다. 왜냐하면 전자의 경우 형태의 다양함은 무한히 커지고 삶은 보다 기운차고 자기중심적으로 되기 때문이다. 동물형태의 추를 올바로 이해하기 위해서는 자연이 우선 생명과 종족을 보전시키려고 하며 이와 같은 목적을 위해 미와 개체에 대해서는 냉담하게 처신하는 방향성을 가질 뿐이라는 점을 고려해야 한다. 자연이 왜 실제로 추한 동물도, 즉 형태훼손이나 나이 혹은 질병으로 인해서 추해질 뿐만 아니라 추한 형태를 타고난 동물도 나타나게 하는지에 대한 이유가 여기에 있다. 이 점에서 우리들의 미적 판단에 수많은 착각이 끼어든다. 착각의 일부는 하나의 형태에 익숙해진 나머지 이것을 아름답다고 여기고 그 형태에서 벗어난 것을 추하다고 여기는 경향에 의해서, 일부는 동판화의 그림이나 수집해놓은 것 중에서 하나의 표본이 우리에게 그 동물을 보여주는 방식인 추상적 방법으로 그 동물을 고립시킴으로써 끼어든다. 천연의 환경에서 살고 있는 동물은 얼마나 다른 모습으로 나타나는가! 물속의 개구리나 풀밭 혹은 갈라진 바위 틈새의 도마뱀, 나무를 기어오르는 원숭이, 빙판의 북극곰처럼 말이다.

수정은 자신의 형태를 만드는 행위에 방해를 받으면 그 고정된 규칙성에서 실제로 불완전한 형태를 띨 수 있지만, 입체기하학적 형태의 미는 수정의 개념 속에 자리하고 있다. 식물은 형태가 훼손되거나 내부적 원인으로 시들어서 기형으로 될 수 있지만, 그 개념에 따르면 아름다운 것이다. 식물이 몇몇 형태에서 추해지는 것처럼 보일 때 그것들은 그 기이한 형태를 선인장, 무, 완상용 호박종(種)처럼 곧바로 코믹한 윤곽으로 완화시키는데, 완상용 호박은 이미 회화에 의해서 보다 빈번히 그 이름이 거명되면서 환상적으로 코믹한 형태를 만들어내는 데 이용되었다. [18] 반면에 전율적 모습이 코믹한 윤곽에 의해서 명랑하게 되지 않는 근원적 추의 형태들이 동물에게서 만들어진다는 점은 부인할 수 없다. 그런 형태의 실제원인은 동물의 유기조직을 상이한 원소들이나 지역, 토양형태에 적응을 시켜서 지구의 상이한 시대 내내 이끌고 온 자연의 필연성이다. 자연은 이런 필연성에 예속되어 동일한 정형(定型)을, 예컨대 개의 정형을 무한히 변모시키지 않을 수 없다. 특정한 해파리, 오징어, 애벌레, 거미, 가오리, 도마뱀, 개구리, 두꺼비, 설치류, 후피류(厚皮類),[19] 원숭이들은 실제로 추하다.[20] 이 동물 중 몇몇은 우리에게 중요하며 그렇지 않다 하더라도 전기메기처럼 적어도 흥미롭긴 하다. 하마, 코뿔소, 낙타, 코끼리, 기린 같은 다른 동물들은 추에서 그 크기와 강함을 통해 우리에게 경탄을 불러일으킨다. 동물형상은 때때로 몇 종의 왜가리, 혹부리오리, 펭귄, 몇 종의 쥐나 원숭이의 경우처럼 코믹하게 바뀌기도 한다. 몇 종의 조개, 나비, 딱정벌레, 뱀, 비둘기, 앵무새, 말은 얼마나 아름다운가! 우리는 추한 형태가 동물왕국의 전이과정에서 주로 만들어짐을 보고 있다. 왜냐하면 이 과정에서 상이한 정형 사이에서 생기는 특정한 모순, 불안정한 상태 역시 형태로서 드러나야만 하기 때문이다. 예컨대 양서류는 육지동물이면서 수중동물인 까닭에 추하다. 이것들은 어류 같으면서

---

18) 그랑빌(Grandville)은 저서 《살아 있는 꽃들》(Fleurs Animees)에서 먼저 사료용 무와 사탕수수에 코믹한 윤곽이 있다고 강조했고, 그후 바랭(Varin)이 완상용 호박과 무에 코믹한 윤곽을 적용하였지만, 우리가 받은 인상에 따르면 그 성공여부는 동일하지 않았다.

19) 역주: 코끼리, 하마같이 피부층이 두터운 동물을 지칭한다.

20) 동물에 관한 미학적 관찰은 식물의 관찰에 비교해보았을 때 아직 한참 뒤져 있다. 나는 위에서 언급한 피셔의 논문 외에는 이 분야에서 보다 보편적 관점으로 발전한 별다른 논문은 알지 못한다. 샤이틀린(Scheitlin)의 《완벽한 동물영혼연구를 위한 시도》(Versuch einer vollständigen Thierseelenkunde, 1840, 전 2권)가 그나마 지금까지 자연연구자들이 쓴 것 중에서 가장 훌륭한 것으로 보이며, 그래서 나는 거슬러 올라가서 아리스토텔레스의 동물의 역사까지 읽어야 했다.

도 더 이상 어류가 아니고, 내적으로나 외적으로 구조와 행동양태에서 드러나는 수륙양용형인 것이다. 선사시대의 엄청난 형상들은 주로 거대한 유기조직이 토지형태와 기온의 극단적 상황에 적응해야만 했기 때문에 생겨났다. 수룡과 익룡, 지느러미가 달린 거대한 공룡들만이 끝없는 늪지대와 열로 달아오르고 증기가 뿜어져 나오는 환경에서 버텨낼 수 있었다. 당시 지구상태의 이중성은 동물형상의 이중성으로 나타나야만 했다. 우리는 지금도 토양형태가 성숙하지 않고 처녀림이 존재하는 곳에서 이를테면 오스트레일리아의 오리너구리 같은 그런 이중적 존재들을 분명히 발견한다.

그러므로 동물은 자신의 정형에서 추할 수 있다. 그러나 정형이 원래 아름답다고 할지라도 추해질 수도 있는데, 왜냐하면 외부로부터의 훼손이나 내적 질병으로 인해서 형태가 일그러지는 식물처럼 될 수 있기 때문이다. 이 두 경우에 동물의 추는 식물의 추를 훨씬 상회한다. 왜냐하면 식물은 불특정한 방향으로 자라는 까닭에 그 형상의 윤곽에 있어서 어느 정도 우연성에 예속되어 있는 반면, 동물의 유기조직은 훨씬 더 통일적이고 훨씬 더 완결되어 있기 때문이다. 동물의 신체부위는 그 자체로 특정한 신체부위이다. 그러므로 동물의 신체부위 하나가 다치거나 떨어져나가면 그로 인해서 동물은 곧바로 추하게 된다. 동물은 신체조직에 있어서 아무것도 부족해서는 안 되며 예외는 새롭게 자라날 수 있는 머리카락이나 뿔 같은 식물적인 것들이 넘쳐날 경우이다. 우리는 식물 자체에 해를 입히거나 형태를 추하게 만들지 않고 장미덤불에서 장미 한 송이를 꺾을 수 있다. 그러나 새에게서 날개를 잘라내거나 고양이에게서 꼬리를 잘라내면 반드시 형태를 기괴하게 만들거나 이들이 향유하는 삶에 피해를 입히게 된다. ―동물형상은 선험적으로 자체에서 완결된 형태 때문에 이제 거꾸로 그 형태개념 안에 존재하지 않는 과도함으로 인해서 추하게 될 수 있다. 동물적 유기조직의 신체부위는 숫자와 위치가 분명히 정해져 있다. 왜냐하면 이것들은 상호간에 조화로운 영향관계 속에 있기 때문이다. 신체부위 하나가 더 많다거나 개념에 따라 마땅히 있어야 할 곳과는 다른 곳에 위치해 있을 경우 이것은 기본형상에 모순이 되고 기본형상을 추하게 만든다. 예컨대 발이 8개 달린 양이 태어날 경우 그에게 반드시 있어야 할 숫자가 두 배가 된 것이 괴물 같고 추한 것이다.

바로 이 내부에서 전개된 동물형상의 정확한 비례치는 다음과 같은 결과도 초래한다. 즉, 각각의 신체부위는 이른바 조직의 균형상태에 있는 정상적 크기를 지니고 있는데 이 크기가 정도를 넘어서 커지거나 작아질 경우에 필연적으로 추의 종류가 되는 불균형관계가 생긴다는 것이다. 그러나 이런 과대화나 과소화는 보통의 경우 질병의 결과이며 이 질병의 근원은 가장 독자적인 삶에서 발전한 유전적 기질일 수 있다. 기형은 이미 알, 씨앗, 태아기 동안에 자궁에서 시작될 수 있다. 질병은 유기조직을 처음에는 부분적으로 끝에 가서는 모조리 파괴하고 탈색과 기형은 보통 이와 같은 파괴와 관련이 있다. 동물이 원래 아름다우면 아름다울수록, 그 형태가 훼손되고 말라비틀어지고 부풀어오르며 늘어지거나 심지어는 혹으로 뒤덮인 형상의 모습은 더 추하게 보인다. 말은 이론의 여지없이 가장 아름답지만 바로 그런 이유로 인해서 병들고 늙어서 눈물자국이 생긴 눈을 하고 뼈가 튀어나오고 배가 늘어지며 갈비뼈가 분명히 보이고 부분적인 탈모가 생기면 그야말로 역겹게 보이는 동물이기도 하다.

지금까지 언급된 것으로부터 도출되는 결론은 동물형상의 추란 그것이 본연적인 것이든 아니면 우연과 질병에 의해 생겨난 것이든 간에 우리에게 충분히 설명될 수 있으며, 다웁(Daub)이 쓴 《유다의 이샤리오트》[21]처럼 자연 속에 존재하는 비자연적인 것이 원인이라는 식으로

---

21) 다웁(Daub, Karl), 《유다의 이샤리오트 혹은 선(善)과의 관계에서의 악 (惡)》(*Judas Ischarioth oder Das Böse in Verhältnis zum Guten*, 1권 2책, 하이델베르크, 1818, 350~352쪽). 352쪽의 주요부분은 다음과 같다. "예

가설을 설정해서는 안 된다는 것이다. 유기조직 내의 대립부분을 서로 연계시켜서, 고래와 물개 같은 포유류는 물속에 집어넣고, 박쥐 같은 포유류는 하늘로 날리며, 바다거북이, 파충류와 양서류를 물과 뭍에서 동일하게 머물게끔 조직한 자연의 필연성은 외부로부터 동물에 폭

컨대 언젠가 홍수로 인해 몰락한 어떤 동물세계 전체의 폭력적인 죽음은 이 동물세계가 시험적으로 생겨났다는 이유로, 그래서 그와 같은 죽음이 다른 동물세계와 인류 자신을 위해서 마치 의도적으로, 계획적으로 지상에서 터전을 마련해주었다는 이유로 보다 덜 폭력적이고 보다 덜 반자연적인 것은 아니다. ―이 점은 하지만 저 태곳적 동물의 뼈에 대한 당신들의 호기심을 충족시키고 그 치아로 유머를 날카롭게 다듬는 기회를 당신들에게 부여했다. 이 동물들이 자신의 삶을 사는 대신 물에 빠져 죽고, 질식해 죽고 혹은 다른 식으로 죽었다는 점에서 당신들의 생각은 옳을 수도 있다. 그러나 이 동물들의 폭력적인 말살은 자연 스스로에 의한 것이 아니며 신성(神性)에 의해서는 더더욱 아니고, 자연 내에 있는 비자연적인 것에 의해서 일어난 살해와 진배없다. 그곳에서(누가복음 8장 33절을 보라) 한 무리의 돼지를 물로 내몰아서 물에 빠져 죽게 한 그와 같은 악의적 폭력이 여기서는 당신들의 맘모스와 빙하시대의 굴오소리, 홍적기의 대포유류와 다른 종류의 짐승들을 물에 잠기게 한다. 그리고 바로 이 폭력이 모든 원소에 마치 함정처럼 숨어 있다. 그러나 원소 자체가, 예컨대 지진과 지역적인 홍수와 그밖의 곤경이 가르쳐주듯이, 동물의 생명, 인간의 위업, 자유와 이성으로 무장한 지상의 왕인 우리들의 생명 자체를 계속해서 지속적으로 위협하는 것은 아니다. 그도 그럴 것이 작가의 말로 표현하자면 폭풍우 속에서 어떤 왕의 이름을 소리쳐 부르는 파도물결이 무엇을 요구하겠는가? 자연은 공포스러운 계기를 가지고 있지만, 자연에서 공포를 야기하는 원인자는 자연 자체, 영원한 사랑의 작품인 자연이 아니고, 영원한 사랑 자신인 초자연도 아니다. 당신들에게 신의 권능에 대한 믿음이 없다면 바람과 바다에게 조용해지도록 하는(마태복음 8장 26절) 이른바 물리적인 악의 물리적인 필연성에 대한 당신들의 생각이 그런 믿음을 대신할 것인가? 아니면 위에서 말한 공포가 당신들에게는 공포가 아니라는 점을 확실히 알고 있는가?" 나는 이와 같은 이론에 대한 반박을 나의 논문 "자연의 변용에 관하여"(*Über die Verklärung der Natur*, 연구 1권, 1839, 155~157쪽)에서 시도하였고, 여기서 나타나는 추에 관한 것은 185~192쪽에서 다루었다.

력을 가하여 형태를 일그러뜨리거나 내부의 질병을 통해 기괴한 형상으로 만드는 우연의 필연성만큼이나 분명하다. 육식동물의 피에 대한 욕구와 동물 몇 종이 자신을 보호하기 위해 퍼뜨리는 악취를 포함한 몇몇 동물의 독은, 식물 몇 종의 독이 그 형태와 아무 관계가 없듯이 미나 추와 관련이 없다는 점은 굳이 언급할 필요가 없을 것이다. 자연을 타락시키는 악으로 인해서 추가 비롯한다는 초자연적 가설이 사실이라면 독사와 야수들 역시 원칙적으로 추한 것임에 틀림없을 터이지만 이는 거의 경우에 맞지 않고, 그 반대로 독아(毒牙)를 지닌 뱀과 사나운 고양이과 동물은 미로 인해서, 화려함으로 인해서 두드러져 보인다. 비자연적이란 것은 본질적으로 자연과 아무런 연관이 없다. 왜냐하면 의식과 의지의 자유가 없는 존재로서의 자연은 자의에 의해서 법을 위반할 능력을 갖고 있지 못하기 때문이다. 동물의 경우에는 자존(自尊)과 경건(敬虔)의 법칙이 존재하지 않으며 따라서 그런 것을 위반할 범죄도 없다. 자신을 더럽힌다거나, 근친상간, 영아살해는 단지 영적 세계에 속한 개념들이며, 전혀 그런 것이 아닌 동물세계의 그릇된 행위에 대해 놀란다는 것은 잘못된 성찰행위이다.

자연의 미와 추에 대해서 언급하게 될 때 우리는 일반적으로 이런 개별적 경우에 대해서는 전혀 생각하지 않고 보통 자연의 모든 형상들이 하나의 특징적인 미로 모여 있는 풍경의 미를 눈앞에 둔다. 풍경은 자연형상 중의 하나가, 즉 산이나 강, 숲, 사막 등이 단순하게 지배적일 경우에 단조로우며, 두 개의 형태가 서로 대립할 때 풍경은 대조적이고, 대립적인 것이 보다 차원 높은 통일성으로 해소될 때 풍경은 조화롭다. 각각의 이런 기본형태는 하루의 변화나 계절의 변화로 인해서 무한한 단계의 다양성을 거칠 수 있다. 풍경이 어떤 미적 인상을 심어줄 수 있는가는 무엇보다도 조명에 달려 있다. 열대지방의 해가 사막을, 저지대에 위치한 사하라 사막처럼 벌겋게 달아오르게 할 때 그 사막은 장엄해질 수, 무시무시할 정도로 장엄해질 수 있으며, 온대지방의 달이 그 사막을, 고원에 위치한 고비 사막처럼 도처에서 은빛으로 빛나게 할 때면 그것은 멜랑콜리해질 수 있다. 그러나 경치의 개개의 기본형태는 아름다울 수도 있고 추해질 수도 있다. 추하다고 판단되는 단조로움은, 회색빛 하늘 아래 완전히 바람이 불지 않아 파도 없이 정체되어 있는 납 색깔의 바다처럼 절대적 무형(無形)의 무차별성에 의해서 비로소 그렇게 판단되어야 한다.

5. 정신의 추(醜)

이제 자연에서 정신으로 넘어가면, 유기적 자연이 절대적 목적인 삶에 예속되어 있는 것처럼 미도 매한가지로 정신의 절대적 목적인 진(眞)과 선(善)에 예속되어 있는 것임을 먼저 말해야겠다. 자유의 이상인 그리스도를 우리는 바로 추하다고 생각하지 않지만, 그리스 방식으로 미라고도 생각하지 않는다. 우리가 영혼의 미라고 부르는 것은 선과 의지의 순수함에 대한 개념이다. 그런 미는 볼품없고 정말이지 추한 육체에서도 거주할 수 있다. 자신의 신성함[22]에 대해 진지한 태도를 취하는 의지 자체는 미적 요소를 넘어선다. 자신의 내용이 유용함을 알고 있는 정신의 태도는 먼저 자신을 드러내는 방식인 형태에 대해 묻지 않는다. 사랑스러운 심성의 내면은 행동하는 자의 모난 행실과 의복의 초라함, 언어적 실수와 같은 것들을 잊어버리게 한다. 하지만 의지의 진과 선은 품위 있는 인격적 태도라는 결과를 수반하며, 이것은 겉으로도 일관되게 감각적 현상에 나타나고, 그러는 한, 정신에는 다음의 리히텐베르크(Lichtenberg)[23]의 문장이 적용된다. 즉, 모

---

22) 역주: 인간이 정신적 존재로만 있는 한, 그의 의지는 법칙적이고 도덕적이며 따라서 신적인 존재와 동등하다. 이런 의미에서 신성함이 언급되었다.

23) 역주: 리히텐베르크(Lichtenberg, Georg Christoph, 1742. 7. 1~1799. 2.

든 도덕은 아름답게 하며 모든 악은 추하게 한다는 것이다.

우리는 그 자체로 올바른 이 문장을 다음과 같은 방식으로 보다 보편적으로 표현할 수 있다. 자유의 모든 감정과 의식이 아름답게 하며 모든 부자유는 추하게 한다는 것이다. 우리는 여기서 자유를 단지 그 자체로 무한한 자율의 의미로 받아들이고 그 내용의 진리적 성격은 차치하기로 한다. 유기체는 그 자체로서는 아무 의미도 없고, 정신의 도구로서 정신 자체를 드러나게 하는 소명을 가졌다. 우리는 인종과 신분계급에서 이 개념이 진리임을 관찰할 수 있다. 자유가 신장함에 따라 현상의 미도 자라난다. 귀족들은 자신들이 보다 자유롭게 느끼기 때문에, 자연의 속박으로부터 점차 해방되기 때문에, 보다 많은 한가로움을 갖고 이 한가로움을 유희와 사랑과 무기연습과 문학으로 채우기 때문에 점점 더 아름다워진다. 지중해의 섬주민들은 그들이 사랑과 춤, 전투와 해수욕을 즐기는 한 아름다웠다. 다호메이와 베냉의 흑인들은 전사로서의 용기와 상업적 사업의 즐거움을 감각적 행복과 연계시키기 때문에 아름답다. 그렇기 때문에 그들은 이미 미에 대해서도 관심을 갖고 있다. 왕은 정말로 아름답고 용감한 소녀들로 이루어진 수천 명의 아마존 호위병을 거느리고, 부에(A. Bouè)[24]는 우리에게 이들의 스케치를 그려주었다. 왕으로부터 선물을 받는 사람은 누구나 감사한 마음을 춤으로, 그러니까 아름다운 행위로 모든 국민들 앞에서 공공연하게 표현한다. 그러나 특정한 측면을 도덕적으로 관찰해볼 때 나쁘거나 심지어는 악한 인간도 도덕적 결함이나 악덕 외에 덕성이나

---

[24]. 다름슈타트 출생. 괴팅겐대학에서 자연과학을 전공, 1775년 이 대학 자연과학 교수가 되었다. 계몽사조기의 대표적 사상가로서 레싱과 병칭되었다. 전통과 인습에 구속되지 않는 오성(悟性)과 인간의 심리(心理)를 꿰뚫어보는 눈과 풍자ㆍ유머 등의 재능을 겸비하였다.

[24] 역주: 부에(Ami Bouè)는 오스트리아 출신의 지질학자이며 광물학자이다. 여기서 부에의 어떤 저작을 일컫는지는 확실하지가 않다.

그런 정신적 태도를 가질 수 있다면 미를 보여줄 수 있다. 이를테면 그는 형식적 자유, 영리함, 주의력, 사려 깊음, 자기억제, 인내심을 가질 것이며, 이것을 통해서 범죄자들은 심지어 어느 정도의 기사도적인 경쾌함과 기품으로 두드러져 보인다. 이 영역에서는 기이하고 놀라운 일이 일어난다. 니농 드 렝클로(Ninon de L'enclos)25) 같은 여자는 분명히 아름답고 그에 못지않게 우아하기도 하였다. 하지만 그녀는 천박한 관심사에서 벗어난 여자였다. 그녀는 감정과 우아함을 가지고 그렇게 했으며 그렇기 때문에 지속적으로 아름다웠다. 그녀는 자유롭게 기분 나는 대로 자신의 호의를 선사했지만 그것을 대가를 받고 팔지는 않았다.

　육체가 정신과의 관계에서 단지 상징적 가치만을 가지고 있기 때문에 다음과 같은 것이 어떻게 가능한지 설명된다. 즉, 한 인간이 기형으로 자라서 불규칙적인 얼굴 윤곽을 하고 부스럼의 흔적이 생길 정도로 육체적으로 아주 추해질 수 있지만, 육체가 상징적 가치만을 가짐으로 인해서 이 모든 것은 망각될 수 있을 뿐만 아니라 이 불행한 형태들은 내면의 표현을 통해서 생명력을 가질 수 있고 그 매력은 우리가 저항할 수 없을 정도로 빠져들게 만든다. ― 가장 아름다운 여성들이 미라보에게 말만 하도록 허락하지만 그 추한 미라보가 그녀들을 어떻게 열정적으로 사로잡을 수 있는지, 셰익스피어에게서 리처드 3세가 하인리히 4세의 관 옆에서 처음에는 자신에게 저주를 퍼부은 안나의 사랑을 어떻게 정신적으로 압도적인 방식으로 획득할 수 있는지, 플라톤의 향연에서 어떻게 알키비아데스가 소크라테스에 대해 그가 말

---

25) 역주: 니농 드 렝클로(Ninon de L'enclos, 1615~1705). 귀족가문 출신으로 파리에서 태어났다. 17세기의 프랑스를 대표하는 여성 철학자이자 문인이며, 특히 형이상학적 근거설정에서 벗어난 현재적 삶에 바탕을 둔 도덕론을 주장하였다. 그녀는 그뿐만 아니라 실제의 삶에서도 남자와의 관계에서 인습에 얽매이지 않는 자유분방함을 드러냈다.

이 없으면 추하지만 말을 하면 아름다웠는지에 대해 진술했는지가 그로부터 설명된다.

정신의 추인 악이 습관적인 것이 될 때 인간의 외형을 반드시 추하게 만든다는 점은 악의 본질이다. 왜냐하면 악이란 것은 진정한 자유를 자유롭게 부정하는 데서 비롯하는 그런 부자유이기 때문이다. 행복한 미개민족들의 전체 모습과 외형은 아름다울 수 있다. 왜냐하면 이들이 비록 당분간이긴 하지만 자연의 자유를 누리고 있기 때문이다. 악을 악으로서 알고 있으면서도 악을 원하는 데에 본질이 있는 부자유는 의지가 이념에 대해 갖는 가장 깊은 모순을 내포하고 있다. 이 모순은 바깥으로도 자신을 드러내야 하는 그러한 모순이다. 개개의 부조리와 악덕은 인간의 특정한 형상으로 표현된다. 질투, 증오, 속임수, 인색함, 욕망은 독특한 형태를 만들어낸다. 이렇게 해서 우리는 여자도둑들에게서 불안해 하고 옆으로 벗어나는 시선을 알아채는데, 프랑스인들은 이 시선의 움직임을 라틴어로 '은밀한 여도둑'이라고 부르고, 이 시선은 언뜻언뜻 날카롭게 은밀히 노골적으로 주변을 둘러보는 어떤 무시무시함을 가진다. 규모가 큰 형무소를 방문해서 종종 60명에서 100명까지의 여죄수들이 모여 방적일을 하는 회랑에 들어서면, 무엇인가를 노리는 미묘한 눈이 가지고 있는 이런 특별한 시선을 거의 이들의 공통된 시선으로 인지할 수 있을 것이다. 악 자체가 원하는 대상이면 추는 당연히 더 심해진다. 그러나 이율배반적으로 들릴지도 모르겠지만, 이 경우에 악이 체계적 총체성으로 고착됨으로써 다시금 의지와 어느 정도 조화를 이루고, 이로써 현상도 어느 정도 조화를 이룸으로써 형태들은 미적으로 완화된다. 개별적인 악의 혼란스러움은 종종 그 부정성에 있어서 전체인 절대악보다 훨씬 더 불쾌하고 눈을 자극하는 표현형태를 드러낸다. 거친 악은 그 편협함으로 인해서 눈에 뜨이고, 절대악의 깊이 혹은 그 끝 모를 깊이는 강력하게 외관과 용모 전체에 동일하게 꿰뚫고 들어가서 범죄재판소에 특별한 소재를 제공하지 않고서도 존재할 수 있다. 살롱 인간들은 문화의 온갖 것에 오염돼 있고 자신의 고집 속에 빠져 있으며 극히 섬세하게 세련된 이기주의에 심취해 있고 장난삼아 여자를 유혹하며 자신이 갖고 있는 권태감의 고통으로 인해 하인들에게 고통을 주는 존재가 되어버렸다. 이런 살롱 인간들은 종종 끝없는 악의 본질 속으로 빠져든다. 과거로 거슬러 올라가서 원시인들과 비교해보면, 우리는 여기서 발전과정을 인식하게 된다. 즉, 자연은 몇 종의 동물에게서 추를 자연스럽게 직접적이고 실제적으로 생산해내지만, 인간은 자신에게 주어진 자연의 미를 내면에서 악을 통해 훼손하고 왜곡할 수 있다. 이것이 바로 동물에게는 없는 자기 자신을 파괴하는 자유의 작품이다.

그러므로 악과 악에 의해서 매개되어 인간의 외양에서 나타나는 추의 원인은 인간의 자유이지 결코 그의 바깥에서 존재하는 초월적 존재가 아니다. 악은 인간의 고유한 행위이며, 그러므로 악의 결과도 인간에 귀속된다. 인간이 자연의 측면을 본질적으로 자신 안에 갖고 있기 때문에 우리가 유기적이고 특히 동물적인 자연에서 발견한 바 있던 그런 모든 추의 규정들도 인간에게 적용될 수 있다는 결론이 여기서 도출된다. 인간의 정형(定型)은 인간의 이념에 따르면 당연히 외형적으로 아름답게 나타나야 했다. 그러나 경험적 현실은, 우연과 자의가 그것의 필연적 요인이기 때문에, 우리에게 추한 형상들도 보여주며, 더욱이 개별적 개체들의 형태에서뿐만 아니라 보다 광범위한 범위로 퍼져가는 유전적 확장에서도 보여준다. 하지만 이런 형태들은, 그 개념 안에 이미 추, 왜곡, 모순 덩어리가 내재해 있고, 태어날 때부터 추한 동물이 존재한다는 식의 의미로 종(種)적인 것이 아니다. 그 형태들은 인간의 이념과 비교해보면 경험적으로 단지 상대적 필연성만을 갖고 있었던 우연의 소산물들이다. 그 형태들은 부분적으로는 일회적 종류이고 부분적으로는 특수한 종류의 것들일 수 있다. 일회적 종류란 인간 유기체가 개인적 병에 의해서 예컨대 종양, 척추기형, 골절 등에 의해서 형태가 훼손되는 경우이며, 특수한 종류란 유기체가 특별한 공간에 적응해야만 함으로써 형태의 훼손이 나타나는 경우이다. 특정한 지형형태와 특정한 기후에 대한 적응이라는 후자의 경우에 인간은 동물, 식물과 동일한 과정을 거쳐야 한다. 지질조건의 상이함은 전체 외관과 외형의 상이함으로도 표현되며 특히 생활방식의 상이함도 야기한다. 산에 사는 사람과 평지에 사는 사람, 숲의 사냥꾼과 어부, 목동, 그리고 농부와 극지방에 사는 사람과 적도에 사는 사람은 필연적으로 서로 다른 인류학적 특성을 받아들인다. 크레틴병도 여기에 포함된다. 그도 그럴 것이 크레틴병은 특정한 공간, 구체적으로 말하자면 석회가 녹아 계곡물을 이루는 곳과 밀접히 연관 있는 듯이 보이기 때문이다. 크레틴병 환자는 흑인보다 더 추하다. 왜냐하면 그는 외관상 기형에다가 지적인 아둔함, 정신의 박약성까지 더하고 있기 때문이다. 둔한 눈과 낮은 이마, 늘어진 아랫입술, 아무것도 가리지 않는 먹성과 성적으로 난폭한 성정(性情)으로 인해 그는 흑인들보다 아래에 위치하고 원숭이와 가깝다. 원숭이는 인간은 아니지만 미적으로 크레틴병 환자보다 우월하다.

따라서 인간의 개념 안에는 추가 내재해 있지 않다. 인간의 개념은 이성과 자유의 개념으로서 이성과 자유가 형상의 조화에서, 다리와 팔의 상이성에서, 곧게 선 자세와 외적 형상에서 현실화되기를 요구한다. 인간이 부시맨이나 크레틴병 환자처럼 천성적으로 추하다면 지역적인 부자유와 상대적으로 유전적인 부자유도 그런 기형의 형태로 표현될 것이다. 병은 골격과 뼈, 근육의 기형을 결과로 수반할 때, 예컨대 매독에 걸려 뼈가 늘어나고 괴저병에 걸려 살이 썩는 것 같은 모든 경우에 추의 원인이 된다. 병은 황달병처럼 피부의 색깔을 변화시키는 모든 경우에, 즉 성홍열, 페스트, 특정한 형태의 매독, 문둥병, 태선(苔蘚), 두발병(頭髮病)처럼 피부를 발진으로 뒤덮는 모든 경우에 또한 추의 원인이 된다. 가장 추악한 변형은 의심의 여지없이 매독에 의해서 야기된다. 왜냐하면 이것은 구역질 나는 발진뿐만 아니라 살을 썩게 하고 뼈를 망가뜨리는 작용을 하기 때문이다. 피부발진과 부스럼은 피부 밑에서 도랑을 파는 옴벌레와 비교될 수 있다. 피부발진과 부스럼은 기생적 개체들인데, 그것들의 존재는 통일체인 유기체의 본질에 모순되며, 유기체의 본질은 그것으로 해체되어버린다. 그런 모순의 모습은 단연코 추하다. ─ 수종(水腫), 고창(鼓脹) 등이 속해 있는 종류의 병이 형상을 비정상적으로 바꾸는 경우에 그 병은 전반적으로 추의 원인이 된다. 신체위축증과 결핵과 발열상태에서 병이 유기체에게 보다 아름답게 보이게 하는, 그런 초월적 색채를 부여하면 그것은 추의 원인이 아니다. 신체의 위축, 불타는 듯한 시선, 창백하거나 열로 인해 붉게 달아오른 뺨은 심지어 정신의 본질을 직접 보여줄 수 있다. 그럴 때 정신은 이미 흡사 자신의 육체에서 벗어난 것과 다를 바 없다. 계속해서 정신은 육체에 거주하고는 있지만, 단지 그 육체를 실제로 순수한 표식으로 삼기 위해서일 뿐이다. 투명하게 보이는 부패상태에 놓인 몸 전체는 그 자체로는 아무 의미도 없고, 단지 몸으로부터 이미 벗어나고 있는, 자연과 무관한 정신의 철저한 표현일 뿐이다. 신체위축증의 희생자로서 임종 병상에 누워 진실로 변용된 모습을 보여주는 처녀나 청년을 보지 못한 사람이 누가 있겠는가! 그러한 것은 동물에게서는 불가능하다. ─ 동일한 이유에서 다음과 같은 결론도 도출된다. 즉, 죽음은 결코 예외 없이 얼굴 윤곽을 추하게 만드는 것이 아니라 아름답고 행복한 모습을 남겨준다는 것이다.

병이 특정한 상황하에서 인간을 아름답게 만들어줄 수 있다면, 그것이 사라질 때 그것은 더 많은 경우에 미의 원인이 될 수 있다. 건강이 점차로 회복되면 눈에 자유로운 명증성이 생겨나고 뺨은 부드러운 선홍색을 띤다. 혈관과 근육이 다시 부풀어오르고 힘이 만족을 갈망하며 다시 움직이기 시작하면, 이것들은 특별하고 강화된 미를 퍼뜨리며 말로 표현할 수 없는 매력을 형상에 부여한다. 이 형상에서 회춘의 매력은 계속해서 연약함이란 대립물을 갖고 있고, 생명은 여전히 자체에 죽음을 가지고 있다. 완치된 자의 모습이란 정말 대단한 것이다!

하지만 이 지점에서 우리는 아직 정신을 떠날 수는 없다. 왜냐하면 정신은 단지 일반적이기만 한 병과는 다른 방식으로 추를 생산해낼 수 있기 때문이다. 자세히 말하자면, 정신은 스스로 병이 들어서 정신인 그 자신이 빠져 있는 모순을 자신의 외적 형상으로도 표현할 수 있다. 더 정확하게 말하자면, 영혼의 장애는 본래 정신 자체의 추인 악과 매한가지이다. 그러나 이런 내면의 추는 또 외부적인 것으로 옮아갈 수 있다. 어리석음, 정신착란, 광증, 광란은 인간을 추하게 만든다. 즉각적이고 인위적으로 만들어진 정신의 자기소외인 술 취한 상태 역시 그런 범주에 속한다. 사려 깊음은 깨어 있는 정신이 자신의 모든 상황을 종합하는 수단이자 동시에 자기 자신이 개별적이면서 보편적인 이성적 존재임을 아는 수단이다. 이 사려 깊음은 정신에 올바른 현존을 부여하며 그에 따라 정신이 자신의 유기체를 올바로 통제하도록 만든다. 그러나 영혼의 장애에 빠져 있는 인간은 어리석은 자로서 자아의식을 상실하거나 정신착란자로서 자아의식의 유한성을 드러내거나 혹은 미쳐버린 자로서 모순의 힘에 의해 자신이 파괴되었음을 느끼고 단지 또 다른 모순을 허구로 만들어내거나 광란의 행위를 통해서 이런 모순으로부터 빠져나온다. 이 모든 경우에 병자는 실재의 세계와 상상의 세계에 그릇된 가치를 부여한다. 어리석은 자는 점점 더 동물 같은 무감각증에 빠져든다. 정신착란자의 경우에는 현재의 대상과 인간들이 실재하는 현실에서 벗어나 불특정한 것으로 방향을 잃어버린 특유의 시선, 구역질 나는 미소, 거부감을 일으키는 움직임 혹은 고집이 생겨난다. 정신적 능력이 보다 심하게 분열됨으로 인해서 병이 든 정신분열자의 경우에서도 우리는 이들의 자아의식이 망가져 있다는 점을 알아차리게 되는데, 이들이 비교적 빈번하게 보여주는 거창한 행위에 열정이 없다는 점과 그 열정이 아무 연관 없이 나타남으로 인해서 그렇다.

6. 예술의 추(醜)

추의 제국은 우리가 보다시피 감각적 현상의 제국만큼이나 광대하다. 감각적 현상이라고 한 까닭은 악과 정신의 불행한 자기소외가 외형적 표현이라는 중개를 통해서 비로소 미적 대상이 되기 때문이다. 추는 미에 근거를 두고 있기 때문에 모든 미의 형태의 부정인 추는 자연의 필연성과 정신의 자유를 수단으로 스스로를 생산해낼 수 있다. 자연은 미와 추를 우연에 따라 아리스토텔레스 식의 표현에 따르면, 우연적으로 함께 섞어놓는다. 정신의 경험적 현실도 마찬가지이다. 그렇기 때문에 아름다운 것 자체만을 향유(享有)하기 위해서는 정신이 그것을 생산해내어 그 자체로 완결된 하나의 독특한 세계로 만들어야만 한다. 이렇게 해서 예술이 탄생한다. 외적으로 보면 예술은 인간의 필요에 맞닿아 있지만, 예술의 진실한 토대는 순수하고 혼합되지 않은 미에 대한 정신의 동경이다.

이제 예술의 과업이 미를 생산하는 것이라면 예술이 추 역시 생산해내고 있음을 우리가 볼 때, 그것은 가장 큰 모순이지 않을까? 이런 질문에 대해 예술은 추를 생산하지만 아름답게 생산한다고 대답하고자 할 때, 우리는 명백히 먼저 언급한 모순에 두 번째 모순을 덧붙이는 셈이 되며, 이것은 겉으로 보기에 앞의 것보다 더 큰 모순이다. 그도 그럴 것이 추가 아름답게 될 수 있다는 것이 어떻게 가능하다는 것인가?

이런 질문들로 인해 우리는 새로운 어려움에 빠져든다. 이 질문들은 자체적으로 제기되는 것이기 때문에 우리는 이에 대해서 관습적으로 다음과 같은 진부한 문장으로 자구책을 마련한다. 즉, 미는 훨씬 더 아름답게 나타나기 위해서 추를 필요로 하거나 적어도 추를 이용할 수 있다는 것이다. ―사람들이 악을 덕성의 조건으로 만드는 것과 유사

하게 말이다. 미의 순수한 모습은 추의 어두운 껍질로 인해서 더욱 빛
나며 두드러져 보인다는 것이다.

　하지만 우리는 이런 문장으로 안심할 수 있을까? 다음과 같은 진실,
즉 미가 추와 대립하는 경우 더 아름답게 느껴지는 필연성이 있다는
진실은 그저 상대적인 것일 뿐이다. 이 진실이 절대적인 것이라면 모
든 미는 추의 동반을 희구해야 할 것이다. 그렇게 되면 아킬레스 같은
자의 미는 단지 테르시테스(Thersites)[26] 같은 자 옆에서만 완전하게
된다. 그러나 이와 같은 주장은 틀린 것이다. 미는 이념이 감각적으로
나타나는 표현으로서 그 자체로 절대적이며 자신 외부의 어떤 지지대
를, 자기와 대립적인 것에 의한 강화를 필요로 하지 않는다. 아름다운
것은 추한 것에 의해서 더 아름다워지지 않는다. 미에 추가 함께하고
있음은 미 자체가 아니라 그 향유의 매력만을 고양시켜줄 수 있을 뿐
인데, 추와 대면함으로 인해서 미의 특출함을 더욱 생생하게 느낄 수
있음으로써 그렇게 된다. ― 예컨대 많은 화가들이 달콤한 욕망으로
인해 황금의 비를 아름다운 자기 품안에 받아들이는 다나에(Danae)[27]
의 배경이나 혹은 그 옆에 주름이 가득하고 뾰족한 턱을 한 노파를 그
렸던 것처럼 말이다.

　그러나 절대미와 숭고함은 오히려 우리로 하여금 그 자체만의 현존

---

26) 역주: 호메로스의 《일리아드》에 나오는 인물로 비천한 출생이며 모습도 추
　　악하고 정신도 저열한 인물이다. 그가 아가멤논에게 욕을 하며 집으로 돌아
　　가라고 요구했을 때 오디세우스가 그를 채찍으로 벌한 적도 있었다. 훗날
　　아킬레스의 펜테질리아에 대한 사랑을 조롱했기 때문에 아킬레스의 손에 생
　　을 마감한다.

27) 역주: 다나에는 아크리시오스 왕의 딸이며 페르세우스의 어머니이다. 그녀
　　가 아이를 낳지 못하도록 아버지가 그녀를 탑에 가두게 했지만, 그녀에게
　　반한 제우스가 황금의 비로 변하여 그녀의 침실에 들어가고 그녀는 페르세
　　우스를 임신하기에 이른다. 그러나 아크리시오스가 나무상자에 그를 넣어
　　바다로 내보낸다.

을 무조건적으로 원하게 만든다. 절대미와 숭고함이 추의 모든 껍질에서 벗어날 수 있을 뿐만 아니라 그런 추에 방해작용을 할 수 있다는 점은 아주 자명하다. 절대미는 마음을 가라앉혀주는 작용을 하며 자신을 통해서 다른 모든 것을 순간적으로 잊어버리게 한다. 무엇 때문에 지복한 충만에서 벗어나 다른 것에 주의를 돌려야 하는가? 무엇 때문에 성찰에 의한 향유에 그 정반대의 것으로 양념을 쳐야 하는가? 신전 성소(聖所)의 신의 흉상 옆에 교활한 악마의 흉상이 놓일 자리가 있는가? 기도하는 자가 신의 형태 외의 다른 무엇에 만족하려고 하겠는가?

그러므로 우리는 예술에서의 추가 미를 위해서 존재한다는 문장의 무제한적 통용성을 버려야 한다. 건축, 조각, 음악, 시에서 그렇게 말하는 것은 대단히 당황스러운 일일 것이다. 예술이 종종 필요로 하는 대조라는 것이 추라고 하는 정반대의 것을 통해서 생산될 필요는 없다. 미라는 것은 자신의 형태로써 스스로 대조를 이룰 정도로 충분히 다양하다. ― 예컨대 괴테의《이피게니아》에서 순전히 아름다운 성격들이 등장하고 있고, 혹은 라파엘로의〈성 시스틴의 성모〉에서는 위엄과 온화함과 우아함과 사랑스러움만을 발견할 수 있으며 이들 작품에서 추라고 하는 것은 결코 발견할 수 없으면서도, 대조가 모자라지 않다. 이 대조라는 것은 아름다운 것으로서 저 무한한 매혹을 마련해주는데, 이 매혹은 모자람이 없는 신적인 것으로서의 그 절대적인 것[28]에 내재해 있다. 추에 대한 합목적적인 견해는 따라서 일관된 정당성을 갖고 있지 못하다. 자연에 대해서 우리는 다음의 사실을 확신했었다. 즉, 합목적적으로 보았을 때 자연에 본질적인 것은 생명이고 두 번째 고려에서야 비로소 미가 중요하다는 점을 말이다. 우리는 정신에서도 진리와 덕성이 모든 미적 요구에 앞선다는 점을 보았었다. 진(眞)과 선(善) 또한 아름답게 나타난다면 멋있을 것이다. 그러나 그

---

28) 역주: 그 절대적인 것은 미를 지칭한다.

것은 필연적이지 않다. 진과 선이 이상적 미의 형태로 나타날 수 없을 경우에 그것이 마치 추하게 표현되어야 한다는 당위성을 띠는 것으로 이해할 필요가 없다는 점을 강조해서 언급해야 하겠다. 중립적인 추는 자연에서도 정신에서도 자기 외적인 목적을 갖고 있지 않다. 자연은 금속과 식물, 동물에 있는 독에 대해서 공포스런 형상과 색채로 우리에게 경고하지 않으며, 가장 사랑스런 정신도 이솝의 혹부리나 바이런의 발 끄는 자에게 어느 시기 동안 만족해야만 하는 치명적 운명을 가질 수 있다.

목적이 미(美)일 뿐인 예술이 이제 어떻게 추를 형상화할 수 있게 된 것인가? 그 이유는 틀림없이 저 피상적인 성찰의 상황보다 훨씬 더 깊은 곳에 놓여 있다. 그 이유는 이념의 본질에 놓여 있다. 예술은 비록―이 점은 진과 선의 자유와 비교했을 때 한계를 뜻하는데―감각적 요소를 필연적으로 가지고 있지만, 예술은 이 감각적 요소로써 미라는 이념의 현상을 총체적으로 표현하려 하며 표현해야 한다. 이념의 현상적 존재를 자유롭게 풀어 놔두고 그럼으로써 그 부정적인 것의 가능성을 설정하는 것이 이념의 본질이다. 우연과 자의에서 유래할 수 있는 모든 형태들은 실제로 그 가능성을 현실화하고 있으며, 그리고 그 이념은 무엇보다도 우연과 우연이, 본능과 본능이, 자의와 자의가, 열정과 열정이 나뉘고 서로 교차하는 현상의 혼란 속에서도 전체적으로 보았을 때 자기 법칙의 통일성을 보존하는 힘을 통해서 자신의 신성(神性)을 증명한다. 그러므로 예술이 그 이념을 단순히 일면적으로 표현하려고만 하지 않는다면 추를 피해갈 수 없는 것이다. 그러나 순수한 이상(理想)은 우리에게 미의 가장 중요한 순간을, 즉 긍정적 순간을 제공한다. 하지만 자연과 정신이 전체적으로 그 극적인 깊이에 따라 표현되어야 한다면 자연스러운 추가, 즉 악과 악마적인 것이 빠져서는 안 된다.

그리스인도 아주 이상적인 세계에 살았지만, 그들에게는 분명히 밤

과 지하의 종족(Hekatoncheiren)과 애꾸눈의 거인들(Kyklopen), 반인
반수족(Satyre), 애꾸눈과 이를 하나 가진 여인네들(Grajen), 당나귀
발과 금속발을 갖고 있는 공포의 정령(Empusen), 새 모양의 바람의
정령들(Harpyien), 앞부분은 사자 모양, 가운데부분은 염소 모양, 뒷
부분은 뱀의 모양을 하고 불을 뿜어대는 여인네들(Chimären)이 있었
고, 절뚝거리는 신이 있었다. 그들이 비극에서는 가장 저열한 종류의
범죄(오이디푸스와 오레스트)와 광증(아약스)과 구역질 나는 질병(필록
테테스의 화농증)이, 그리고 완벽하게도 희극에서는 온갖 종류의 비도
덕적이고 가장 수치스러운 것들이 표현되었다. 기독교로 인해서, 즉
악을 그 뿌리로부터 인식하고 근본에서부터 극복하는 것을 가르치는
종교로서의 기독교로 인해서 추는 이제 완벽하게 예술의 세계로 들어
오기에 이르렀다.

　따라서 미라는 이념의 현상을 총체적으로 묘사하는 한, 예술은 추의
형상화를 피해갈 수 없다. 단순히 미에만 국한시키려 한다면 그것은
그 이념에 대한 피상적 견해일 뿐이다. 그러나 이 결론으로부터 추가
미와 심미적으로 동등한 단계에 있다는 내용이 도출되는 것은 아니다.
여기에서도 추의 부차적 탄생이 차별성을 만들어준다. 이를테면 미는
자신 내에서 머물기 때문에 다른 것과 완전히 아무 연관 없이, 그리고
다른 모든 배경 없이도 예술에 의해서 생산될 수 있는 반면, 추는 심
미적으로 그와 똑같은 자율성을 가질 수 없다. 경험적으로 보면 추 역
시 홀로 나타날 수 있다는 점은 물론 자명하다. 반면에 추를 추상적으
로29) 확고하게 만드는 것은 심미적으로 허락되지 않는다. 왜냐하면
추는 항상 자신이 존재하기 위한 전제조건인 미에 자신을 비추어보아
야 하기 때문이다.

　이제 우리는 앞에서 미를 위해 살펴본 명제를 다시 받아들여 다음같

---

29) 역주: 이는 앞에서 언급한 "홀로"의 의미와 같다.

58

아이크 작, 〈최후의 심판〉

이 말할 수 있다. 즉, 추는 당연히 자신 내에서 머물지 못하기 때문에 자신에게 필요한 껍질을 미에 의존해서 소유한다. 다나에 옆에 있는 그 추한 노파를 아마 우리가 좋아할 수도 있겠지만 화가가 우리에게 그녀 혼자만 그려주지는 못할 것이다. 그렇게 된다면 그것은 상황이 미적 요소가 되는 풍속화이거나 아니면 우선 역사적 사실성의 범주에 속하는 초상화일 것이다. 추가 미에 종속되어 있다는 점을 다시금 아주 당연하게 마치 추가 미를 위한 수단이 되도 좋다는 식으로 이해해서는 안 된다. 이는 불합리하다. 그러므로 추는 미의 곁에서 마치 그의 보호하에 있듯이 우연하게 나타날 수 있다. 추는 미가 활동의 자유에서 항상 처해 있는 그런 위험을 우리에게 드러내줄 수는 있지만 직접적으로, 배타적으로 예술의 대상이 될 수는 없다. 단지 종교들만이 추도 절대적 대상으로 설정할 수 있다. 민족종교들의 수많은 혐오스런 우상신들이 혹은 기독교 종파들도 갖고 있는 우상들이 보여주듯이 말이다. 세계를 총체적으로 바라볼 때 추는 병이나 악과 마찬가지로 단지 사라져버리는 계기일 뿐이며, 이런 커다란 관계와의 얽힘 속에서 그것은 우리에게 인내의 대상일 뿐만 아니라 흥미로울 수도 있다. 하지만 추를 이런 관계에서 빼내면 그것은 미학적으로 향유할 수 없는 것이다.

예컨대 아이크(Jan van Eyck)가 그린 단치히의 최후의 심판 그림에서 그림 중간부분 한 면에 위치해 있으면서 우리에게 지옥의 공포스런 존재, 저주받은 자들의 절망, 이들의 처벌에 몰두하고 있는 악마들의 조롱을 나타내는 날개를 바라보면, 화가가 그 역겨운 얼굴들의 어두운 군상을 단지 그와 마주하고 있는 죄를 용서받은 자들이 하늘의 빛나는 홀에 입장하는 내용을 담은 날개와의 관계에서만 그린 것이 분명해진다. 그리고 화가는 이 두 가지를 다시금 전체 그림 중간부분, 즉 심판 그 자체의 관계에서만 그리고 있는데, 이 심판은 먼저 양쪽 그림의 극단적인 것을 설명하면서, 비례관계에 있는 군상들과 색채의 놀라운 차별화로써 이 두 그림의 전이(轉移) 과정을 형성한다. 하지만 화가는 지옥이나 나아가 악마만을 그리지는 않았을 것이다. 우리가 교화(教化)라는 목적을 위해서 자연스럽게 추도 따로 떼어놓지만, 이런 추를 초상화처럼 그렇게 충실하게 재현하는 예술가는 그렇게 함으로써 예술작품을 만들어냈다고 생각하지는 않을 것이다. 어느 누구라도 그리스도의 머리 그림을 거리낌없이 아무 곳에서나 진열하지만 메피스토의 얼굴은 그렇게 하지 못한다. 그렇게 따로 떼어놓음은 추에 자율성을 부여하는 셈이며, 그것은 추의 개념에 어긋나는 것이다. 반면에 회화에서의 미는 밑으로 내려가 정물화에 이르기까지 따로 떼어질 수 있다. 이런 이유로 해서 절대적으로 추한 것을 대상으로 삼았던 모든 문학작품들 역시 제아무리 정신적 노력을 기울였어도 최소한의 평판조차 얻을 수 없었다. 어느 누구도 그런 것에서 진정한 즐거움을 느낄 수 없다.

프랑스인들에게는 포르노나 심지어는 매독에 대한 교훈시가 있고,

네덜란드인들에게는 뱃속에 찬 가스, 그밖의 것에 대한 시가 있지만, 이런 시를 소유한 자들은 사람들이 자기 집에서 그런 시와 맞닥뜨렸을 때 창피함을 느낀다. 괴테가 서술하고 있는[30] 저 팔라고니아의 왕자는 추 자체를, 그것의 형상화에 가장 진지하게 저항하는 예술을 통해서, 즉 조각을 통해서 어느 정도 체계적으로 완벽하게 표현하려고 했다. 그러나 그는 자신이 들인 모든 노력에도 불구하고 슬플 정도로 하

---

30) 괴테, 전집 28권, 111~119쪽. 우리는 팔라고니아 왕자의 어리석은 행위에서 그가 한—괴테의 표현에 따르면—미친 짓의 요소들을 끄집어보고자 한다. 115쪽: "인간: 남자 거지, 여자 거지, 스페인 남자, 스페인 여자, 아라비아 인종, 터키인, 꼽추, 모든 종류의 기형인, 난쟁이, 음악가, 어릿광대, 고대 복장의 군인, 남신, 여신, 고대 프랑스 복장을 한 인간, 각반을 차고 탄띠를 두른 군인, 흉측한 모습의 신화상의 인물: 아킬레스와 어릿광대를 거느린 샤이론, 동물: 그 일부를 보면, 인간의 손을 한 말, 인간의 몸에 말의 머리를 단 것, 기형의 원숭이, 수많은 용과 뱀, 온갖 형상에 달려 있는 온갖 종류의 발, 이중의 존재들, 머리가 뒤바뀐 것들, 화병: 아래쪽으로 불룩한 부분과 받침에 이르는 괴물과 나선 모양의 모든 종류. —이제 이런 형태들이 충격적으로 완성되어 완전히 아무런 의미나 합리성 없이 튀어나와, 매한가지로 어떤 선택과 의도도 없이 뒤섞여 있음을 생각해보고, 이런 기단과 받침대와 무형태의 것들이 한눈에 알아보기 힘들게 배열되어 있음을 생각해보면, 불쾌한 기분을 느끼게 된다. 이 기분은 광증(狂症)의 날카로운 채찍에 쫓길 때 누구에게나 엄습해오는 그런 기분이다."

"그러나 이렇게 취향 없는 사고방식의 기분 나쁜 부분은 조그만 집들의 처마가 분명히 한쪽으로 혹은 다른 쪽으로 기울어져 있다는 점에서 최고조로 나타나며, 그 결과 우리를 본래 인간으로 만들어주며 모든 율동적 운동의 근원이기도 한 균형감각이 우리 내부에서 산산조각 나고 괴롭힘을 당하게 된다. 그리고 이 지붕선들은 또 그렇게 히드라의 머리 모양과 조그만 흉상, 연주하는 원숭이 합창단과 이와 유사한 미친 형태로 장식되어 있다. 용과 신은 번갈아 나타나고, 아틀라스는 구형의 천체 대신에 포도주 항아리를 들고 있다. —하지만 이 모든 것으로부터 도망쳐서 아버지에 의해 세워진, 비교적 합리적인 외양을 갖춘 성으로 피하려고 생각하면 정문으로부터 얼마 떨어지지 않은 곳에서 월계수관을 쓴 로마황제의 머리가 돌고래에 앉아 있는 난쟁이 형상의 윗부분에 있음을 발견하게 된다."

찮고 혼란스러운 기물(奇物) 외에는 아무것도 만들어낼 수 없었다. 예술은 오직 미와 결합하는 경우에만 추에 현존을 허락한다. 추는 분명히 이 결합관계에서만 커다란 영향력을 발휘할 수 있다. 예술은 세계이해의 완벽성을 위해서뿐만 아니라 무엇보다도 행위를 비극적인 것이나 희극적인 것으로 전환시키기 위해서도 추를 필요로 한다.

이제 예술이 추를 표현할 때 그것을 아름답게 하면 이는 겉보기에 추의 개념에 어긋난 것일 것이다. 왜냐하면 이 경우에 추는 정말이지 더 이상 추한 것이 아니기 때문이다. 추를 아름답게 만드는 것이 미학적인 거짓을 소피스트 식으로 견강부회하는 것처럼 그 내적 모순으로 인해서 추를 하나 더 생산해내는 것이 아닌지의 여부는 완전히 차치해 두더라도 말이다. 내적 모순은 추를, 그러니까 미의 부정성을 그럼에도 불구하고 다시 아름답게 형상화한다는 것이고, 따라서 그런 것은 추에게 거짓으로 어떤 긍정적인 것을 만들어주는 것이며, 이는 그의 본성에 어긋나는 것이고, 결론적으로 추의 캐리커처, 모순의 모순을 생산해내는 것이다. 이는 이미 말한 바 있듯이 겉으로 보기에 그렇다는 것이다.

그러나 예술이 추도 이상화해야만 한다는 점은, 즉 추가 자신의 현존을 통해 위배하는 미의 보편적 법칙에 따라 추를 다루어야만 한다는 점은 사실이다. 그렇다고 해서 예술이 추를 감추고 변장시키며 거짓으로 꾸미고 이질적 장식품으로 장식하듯이 해서는 안 되지만, 진리에 피해를 끼치지 않으면서 추가 지닌 미적 중요성의 정도에 따라 추를 형상화하면 된다. 이는 필연적인 것이다. 왜냐하면 예술은 이런 방식으로 모든 현실적인 것을 처리하기 때문이다. 예술이 우리에게 표현해주는 자연은 현실적 자연이지만 천박하게 경험적 자연은 아니다. 예술의 자연은 그것의 유한성이 완성을 이루어낼 경우에 그렇게 존재할 자연이다. 그러므로 예술이 우리에게 제공하는 역사는 그런 현실적 역사이지, 천박하게 경험적 역사가 아니다. 그것은 본질과 진리에 따른 역

사이며 이념으로서의 역사이다. 천박한 현실에는 극도로 분노하게 하
거나 극도로 역겨운 기분이 들게 하는 추들이 결코 없지 않다. 예술은
이런 것들을 그런 상태로 곧장 받아들여서는 안 된다. 예술은 우리에
게 추의 폐해를 아주 날카롭게 보여주어야 하지만, 미를 다루는 방식
이기도 한 그런 이상적(理想的) 방식으로 그렇게 해야 한다. 이상적
방식에서 예술은 미의 내용으로부터 그것의 단순히 우연적인 현존에
속한 모든 것을 제거한다. 예술은 현상에서 중요한 것을 강조하며 중
요한 것에서 비본질적 요소들은 지워버린다. 예술은 추에서도 똑같이
해야 한다. 예술은 추에게서 추를 추로 만들어주는 그런 규정과 형태
들을 추출해내야 한다. 하지만 단지 우연적으로 추의 현존에 들어와서
그의 특성을 약화시키거나 혼란스럽게 만드는 그런 모든 것을 추로부
터 제거해야 한다. 추로부터 이런 무규정적인 것들과 우연적인 것, 특
성 없는 것들을 정화하는 것이 이상화(理想化)의 행위이다. 이것은 추
에 이질적인 미를 보태주는 것이 아니라 추를 미와 정반대되는 것으로
낙인찍고, 이른바 미적 모순의 근원으로서 추의 근원이 되는 그런 요
소들을 명확하게 드러내준다.

　그러나 그리스인들은 이런 이상화에서 때때로 복수의 여신과 메두
사의 경우처럼 추를 지양해서 긍정적 미로 변화시키기에 이른다.31)
그러나 그리스인들이 이상적 미를 특히 명랑한 안정에서 찾은 나머지
표현의 운동성과 격렬함을 추한 것으로 회피한 듯이 종종 생각했다면,
그것은 개별적 조각작품에서 결론을 도출해서 그리스인들의 예술을 너

---

31) 고르고넨의 이상에 대한 레베초프의 논문에 따르면 이것의 발전에는 3가지
　계기가 있다. 첫째로 동물의 얼굴이 있고, 그 다음 그것은 양의 소리를 내
　는 혀를 가진 가면이 되고, 마지막으로 인간의 얼굴이 되는데, 그러나 이것
　의 미는 점차 특성을 상실하고 머리카락과 날개로 메두사 같은 특성만 부가
　적으로 가리킨다. 우리가 메두사 론다니니에게서 경탄하는 공포스럽고 엄격
　한 우아함은 결국 사라진다.

무 협소하게 생각한 결과일 뿐이다. 문학에서 약간만 생각을 해보면 이 점을 금방 인정하게 된다. 조각에서는 안젤름 포이어바흐(Anselm Feuerbach)가 《바티칸의 아폴로》에 대한 놀라운 글에서 다음의 사실을, 즉 그리스예술이 무시무시한 것과 극적인 생동성을 두려워하지 않았다는 점을 증명했다. 32) 회화에서는 폼페이와 헤라쿨라네움의 벽화에 대한 보다 심오한 연구뿐만 아니라, 아테네와 델피의 신전에 있는 폴리그노트33)의 그림에 대한 언급 역시 이와 같은 점을 알려준다. 괴테 자신도 비록 명랑함과 안정과 적당한 생동성을 찬미하는 자였지만, 그 그림에 대해 말할 때는 특별히 언급해야 할 당위성을 느꼈었다. 34)

---

32) 안젤름 포이어바흐(Anselm Feuerbach), 《바티칸의 아폴로. 일련의 고고학적・미학적 관찰물들》(뉘른베르크, 1833년). 지금은 고인이 된 포이어바흐는 자신의 견해에 대한 외적인 핵심논거를, 그 대다수 작품들이 완벽히 자유롭게 형상화할 수 있는 재료인 부드러운 동(銅)으로 되어 있다는 점에서 취한다. 75쪽: "올림피아에 거주했던 운동선수들과 씨름선수들의 동상들이 아직 남아 있거나 혹은 음각이나 벽화의 그 희미한 그림자들이 여전히 우리들의 눈을 사로잡는 디오니소스 여사제들과 무희들의 대리석조각의 원본만이라도 남아 있다면, 여기서 새로운 놀라움의 원천이 우리에게 개방될 것이다. 완벽한 확신의 감정에서 가장 극단적인 것을 시도해도 되었고, 그래서 실제로도 시도했던 저 예술가들의 훌륭한 솜씨에 대해 우리는 놀라게 될 것이다. 그들이 조용히 사색적으로 모든 자유로운 움직임을 두려워하면서 순수한 조형이라는 집안에서만 머무르지 않은 것에 대해 우리는 감사하게 될 것이다. 예술가가 자기 예술의 최고봉에 이르기까지 그 현기증 나는 길을 걸어가보고 그런 다음 생명 없는 괴물의 기괴한 형상이 그를 거꾸로 놀라게 할 때에야 비로소, 혹은 신들의 형상을 조각하는 자인 그에게 우아미(優雅美)의 여신이, 예술의 복수의 여신이 일을 중단하도록 명령할 때에야 비로소 징을 내려놓는 그때까지 우리는 그 예술가의 뒤를 즐거이 따르게 될 것이다. 그리스예술가의 영역 밖에 있는 것은 단지 이집트 식의 휴식이라는 죽음뿐이다."

33) 역주: 폴리그노트(Polygnot)는 기원전 500년에 태어나 447년에 죽은 그리스의 유명한 화가로서 벽화로 명성이 높다.

34) 괴테는 리펜하우젠 형제의 스케치에 자극받아 아테네와 델피의 신전에 있는

그러므로 추는 자신에게 이질적인 모든 풍요와 방해하는 우연으로
부터 정화되어 스스로 다시 미의 보편적 법칙에 예속되어야 한다. 추
를 독립적으로 표현하는 것이 예술의 개념과 모순이 되는 까닭은 바로
그렇게 하면 추가 자기목적적인 것[35]으로 보이기 때문이다. 예술은
추의 부차적 본성을 보이게 해야 하며, 추란 원래 스스로에 의해서가
아니라 오직 미에 의존해서, 그리고 미로부터 유래해서 미의 부정성으
로 존재하고 있음을 상기시켜야 한다. 이제 이런 부수적 위치에 있는
추를 표현한다면, 조화로운 총체성의 계기로서 추에게 허락된 모든 것
들이 추에서 고려되어야 한다. 즉, 추는 유유자적한 것이 되어서는 안

폴리그노트의 그림들을 정리하려고 많은 노력을 기울였다. 이 그림들은 일
종의 서사적 파노라마를 드러낸다. 우리에게 남아 있는 묘사들이 제아무리
불완전한 상태라고 하더라도 그것에서 우리는 회화의 소재를 항상 식별해내
고, 그래서 그로부터 무시무시한 것이 결코 소재에서 배제되지 않는다는 점
을 인식하게 된다. 빙켈만과 레싱에게서 비롯된, 조형예술이 추를 피해가는
수단이었던 섬세한 감각에 대한 일반적 구상은 여기에 맞지 않는다. 나는
말구유의 여물 밑에 흩어져 있는 산산이 찢겨진 육체 같은 것에 대해서는 언
급하지 않겠다. 나는 델피의 신전에 소장되어 있으며 오디세우스의 하계 방
문을 묘사하고 있는 그 그림에 대한 파우자니아스의 보고에서 무시무시함이
덜한 몇 가지만 인용하고자 한다. "카론(Charon)의 작은 배 밑에서 친부를
살해한 아들이 아버지에 의해서 목이 졸린다. 다음에 어떤 신전 강도가 벌
을 받고 있다. 그를 건네받은 여자는 모든 치료제나 사람을 죽일 수 있는 모
든 독을 아주 잘 아는 듯이 보인다. 여기서 언급된 자들 위에 하계에서 신들
밑에 위치해 있는 악마(Eurynomos)가 보인다. 악마는 사자의 인육을 먹으
며 단지 뼈만 남겨둔다고 한다. 여기서 그는 짙은 청색으로 그려져 있다.
그는 이빨을 보이고 있으며 맹수의 가죽에 앉아 있다 등등."

35) 역주: 칸트는 미에 대한 정의에서 그것이 다른 것을 위해 수단으로 쓰이지
않고 자율적인 존립근거를 갖고 있다는 의미에서 자기목적(Selbstzweck)이
라고 했다. 로젠크란츠는 이 개념을 빌어서 추가 결코 자율성을 지니지 않
았다는 점을, 따라서 예술의 독자적 표현대상이 될 수 없다는 점을 강조하
고 있다. 하지만 이는 잘못된 진술인데, 이는 존재이유와 표현대상의 차별
성을 오해한 데서 연유한다.

베로네제 작, 〈카나에서의 결혼식〉

되고 자신이 필연적인 것임을 증명해야 한다. 추는 적절하게 무리를
이루어 전체를 위해, 그것이 자기형상을 통해서 위반하고 있는 비례와
조화의 법칙에 예속되어야 한다. 추는 비례에 따라 자신에게 적정하게
부여된 정도를 넘어서는 안 되며, 자기의미를 오인하게 하지 않는,
개성적 표현의 힘을 소유해야 한다.

　조형예술의 예를 들어보면 배설을 한다거나 토하는 인간의 모습은
분명히 역겹다. 그럼에도 불구하고 화가들은 손님이 초대되는 커다란
식장에서 그러한 모습을 그려내는 것을 거리껴 하지 않았다. 사람들이
너무 맛이 있을 때 사람들이 도를 넘어서게 되는 것은 언젠가부터 당
연한 일이 되었다. 묘사의 완벽함을 기하기 위하여 예술가는 이런 계
기들을 간과하지 않았지만 표현의 방식을 통하여 그것을 미적으로 완
화하였다. 잘 알려져 있다시피 파울 베로네제(Paul Veronese)36)는

---

36) 역주: 파울 베로네제(Paul Veronese, 본명은 Paolo Caliar)는 1528년 베로
　　나에서 출생해 1588년 베네치아에서 죽은 이탈리아의 마지막 베네치아파 화
　　가이다.

〈카나에서의 결혼식〉을 그렸다. 그는 그림 앞쪽에 어린아이다운 순
진무구한 태도로 오줌을 누는 조그만 어린아이를 그렸다. 그림 앞쪽에
그려진 이런 상황의 어린아이는 참아낼 만하다. 특히 아이가 웃으면서
상의를 걷어올리고 귀여운 종아리와 허리를 보이는 모습이 그러하다.
그러나 훌륭한 음식과 음료를 너무 많이 즐기고 토하는 성인이 그림
뒷배경에 있는 것이 보이는데, 여기서 그는 취기에 젖은 머리를 벽에
기대고 있다.

불협화음은 음악적으로 보면 음악의 파괴이고 음악적이지 않다. 그
러나 음악가는 불협화음을 자의적으로 들어서게 하지 않고 준비된 곳
에, 필연적으로 있어야 할 곳에, 불협화음의 해소를 통해서 보다 차원
높은 조화의 승리가 마련된 곳에만 불협화음이 들어서도록 한다.

우리에게 캐리반[37] 같은 자를 보여주는 작가는 이와 같은 행위를
세계라는 바다의 어떤 섬에서 행하는데, 이 섬은 어떤 마술사에 의해
서 통치되고 있으며 그 결과 캐리반이라는 현상은 이와 같은 관계에서
기이함을 잃어버린다. 캐리반은 본래 이 원시적인 섬의 야만인 거주자
이고, 문명인 외부침입자가 그를 하인으로 삼았다. ─이는 문명화된
민족들과 접촉하는 모든 야만인들의 운명이다. 그래서 캐리반은 프로
스페로와 비교하여 소유에 대한 근원적 권리를 갖고 있으며 이 점 또
한 알고 있다. 그러므로 캐리반은 괴물 같은 존재일 뿐만 아니라 세계
사적 이념을 나타내기도 한다. 그러나 여기에는 더 많은 내용이 있다.
셰익스피어는 천상의 보상으로서 그에게 아리엘을 붙여준다. 이로써
한편으로는 사육된 괴물 같은 존재의 거친 면과 짐승적인 면이 우리에
게 더 분명하게 나타나고, 다른 한편으로 우리는 그의 거친 무거움이
부드러운 공기의 정령과의 대조를 통해서 극복됨을 느낀다.

여기서 건축은 폐허를 통해서 특별한 질문을 제기할 수 있다. 상술

---

37) 역주: 셰익스피어의 희곡 《폭풍》(*Tempest*) 에 나오는 거칠고 조야한 야만인
    Caliban을 지칭한다.

하자면 폐허로 변한 건물은 추를 기대하게 한다. 그러나 이것은 건축물에 대한 경우인지 혹은 폐허의 종류에 대한 경우인지에 따라 좌우된다. 상술하자면 아름다운 건축물은 폐허로서도 여전히 그 설계의 위대함과 비례관계의 대담함, 건축시행의 풍요로움과 장식성을 보여주며 우리의 상상력은 자신도 모르게 이와 같은 암시로부터 전체 건물을 다시 세우려고 한다. 추한 건축물은 파괴를 통해서 획득될 수 있고 그 단편(斷片)들이 환상적으로 뒤섞일 수 있지만, 추의 파괴가 우리에게 심미적 만족감을 주는지의 여부는 이와 관계가 없다. 그러나 또한 문제의 관건이 되는 것은 그 폐허가 어떤 속성을 갖고 있는지, 무너진 것들이 어떻게 뒤섞여 있는지, 어떤 잔해가 남아 있는지 하는 물음이다. 얼마 안 되는 돌더미와 몇 개의 벌거벗은 벽은 결코 그림 같은 광경을 보여주지 않는다. 헛간, 외양간의 잔해는 달빛에 비추어진다고 하더라도 우리의 흥미를 불러일으키지 못할 것이다. 반면에 궁성, 수도원, 기사의 성은 우리에게 낭만적으로 보일 것이다. 폐허가 아름다운 것으로서 보일 수 있다는 점은, 결론적으로 말하자면, 건축물의 근원적 비례관계와 파괴의 종류에 의해서뿐만 아니라, 그 건축물이 주변의 자연과 함께 쇠락해서 스스로가 자연물의 특성을 가지게 되는지에 의해서 결정된다. 지붕과 창문과 문이 열려 있음으로써 모든 폐쇄성이 중단됨으로써 이끼가 돌에 파랗게 끼고 식물이 돌 사이에 뿌리를 내리고 새들이 둥지를 틀고 여우가 깨진 창으로 엿봄으로써, 건축물은 마치 자연이 만들어낸 것처럼 되는데, 현무암으로 되어 있을 때 아주 종종 그러하다.

7. 개별 예술장르와의 관계에서 추(醜)

추(醜)로 빠져들 가능성에 있어서 예술장르 모두는 똑같다. 각각의 예술장르는 추를 생산해낼 수 있는데, 더욱이 견딜 수 없을 정도까지 그러하다. 그럼에도 불구하고 이런 보편적 가능성의 개별적 조율은 각 예술장르의 특성에 따라 실행된다. 각 예술장르의 본성에 따라 내용과 범위와 양상은 달라진다. 우리는 상이한 예술장르를 정신의 미적 자기 해방의 노정으로 간주할 수 있으며 이 길을 걷는 정신은 결국 문학에서 완벽히 자기 자신에 도달한다. 미의 실현을 위해 상이한 재료를 거쳐가는 노정은 우리에게 그와 같은 해방의 특별한 단계들을 보여준다. 소재와 공간과 관찰에서, 즉 조형예술에서 정신은 아직 자기 외부에 있다. 소리와 시간과 느낌에서, 즉 음악에서 정신은 자기 자신 안으로 들어간다. 말과 의식과 표상과 사상에서, 즉 언어예술에서 정신은 완전한 내면성과 형식의 완전한 이상성에 도달한다. 이 단계에서 표현의 자유는 확장되고 표현의 경쾌함이 신장되며 표현이 외적으로 어려움 없이 보임에 따라 추의 가능성 또한 확대된다.

물론 건축에서도 혐오스러운 건물이 지어질 수 있다. 한정된 욕구에서 만들어진 무수한 건물뿐만 아니라 수많은 공공의 건물처럼 말이다. 그렇다, 이런 건물들에 의해서 건축적으로 아주 훌륭한 건물들이 어떤 식으로 지어져야 하는지가 드러난다. 그러나 건축술에서 아주 추해지기란 어렵다. 괴테가 건축상의 실수들은 그 크기와 지속성으로 인해서 미적 감각에 너무 큰 고통을 주기 때문에 건물로 지어져서는 안 된다고 말했을 때, 그는 건축술의 작품들이 그 어떤 방식으로든지 가볍게 받아들이기에는 너무 진지하고 너무 중요하다는 것을 암시한 것이었다. 건축은 무거운 소재라는 재료를 통해서 항상 숙고하도록 도발한다. 건축은 적어도 안전을 보장해주어야 하며 어느 정도 자기목적에 상응해야 한다. 이 두 가지의 유용성에 대한 고려는 이미 항상 정상 맥박처럼 작품 속에 절로 들어 있는 것이다. 건물이 바깥을 향해 비례의 견고함을 안정감 있게 이야기하면 할수록, 그리고 이미 형태로서 건물 자신이 헌정된 목적을 상징적으로 많이 알려주면 알려줄수록 더욱 아름다워진다. 물론 몇 개의 건물들은, 특히 18세기 초반부에 지어진 것들은 마치 먼저 4개의 벽을 세우고 급한 일을 보듯이 생각한 다음 쇠펜 시 사람들이 자기네 시청건물에다 한 것처럼 대칭에 대한 고려 없이 기분에 따라 안에서부터 조그맣고 커다란 창문을 만든 것 같은 외양을 가지고 있다. 그러나 보다 큰 규모의 건물은 항상 몇 가지 우려할 점을 드러내며 상이한 시대의 상이한 건축양식이 혼재된 상태는 추한 인상도 주지 못할 뿐만 아니라 대단히 위엄 있는 인상도 주지 못한다.

　조각 역시 재료의 엄격함과 귀함 때문에 추를 지나치게 제한한다. 가장 명백한 사실들이 알려주고 있듯이 가장 하찮은 입상(立像)조차도 징을 대고 주물로 뜰 수 있지만 귀한 소재와 힘든 노동이 어쨌든 생산의 경솔함에 고삐를 죈다는 점은 자명하다. 입상으로 만들기 위한 카라라산(産) 대리석이나 오래된 정통재료는 그리 쉽게 다룰 수 없다. 대리석조각은 단지 아주 천천히 수천 번의 망치질로 부드러워진다. 광석은 아주 복잡하고도 종종 수년간 걸리는 과정을 통해서만 형태로 주물이 떠지고 그런 다음에도 수개월에 걸쳐 조각된다. 그렇기 때문에 조각에서는 다른 어떤 예술장르에서보다 전통이 강력한 힘을 발휘한다. 새로운 것은 거의 시도되지 않는다. 왜냐하면 실패했을 때 너무나 많은 것을 잃어버릴 위험이 있기 때문이다. 돌로 조각했거나 동으로 주물을 뜬 동상은 조형적인 실재성으로 인해서 단지 스케치되었을 경우나 그림으로 그려졌을 경우보다 훨씬 더 눈에 잘 뜨인다. 게다가 조각의 경우 그 형식의 지속성이 지향하는 이상성으로 인해서 부정적인

것을 병과 고통과 악의로 표현하는 경향성이 다른 어떤 예술장르보다
적다.

　반면에 회화는 조형예술장르들 중에서 가장 심하게 추로 타락한다.
왜냐하면 회화는 개인주의적 생동성과 원근법의 가상을 마치 존재하는
것처럼 보여주어야만 하기 때문이다. 조각은 입상의 형상과 자세, 주
름 모양에서 몇 개의 사소한 혹은 커다란 실수도 할 수 있지만 그럼에
도 불구하고 여전히 아주 존경할 만한 것을 해낼 수 있다. 그러나 회
화는 재료를 쉽게 다루고 작품생산이 쉬운 이유로 인해서 오히려 날림
으로 빠질 가능성을 가지고 있다. 회화에서 가능성의 영역은 조각의
그것보다 무한히 더 크다. 경치, 동물, 인간, 가시화될 수 있는 그 어
떤 것도 회화에서 배제되지 않는다. 동시에 회화는 많은 방면에서 제
한되어 있다. 형상들의 윤곽, 채색, 원근법―여기서 통일성으로 나
타나야 할 이 모든 것에 주의를 기울일 수는 없다! 그렇기 때문에 스
케치의 부정확성, 실제와 채색의 불일치성, 틀린 원근법이 곧바로 끼
어들게 된다. 간단한 처리로 인해 스케치는 얼마나 순식간에 틀린 것
이 되는가! 한 점의 음영이나 빛 반사는 곧 망각된다! 그렇기 때문에
입상보다 훨씬 더 많은 추한 그림이 존재한다는 것은 아주 분명하다.
종교적 원칙으로 인해 추한 인도와 이집트의 입상들을 배제하지 않더
라도 말이다.

　음악으로 인해 생산의 경쾌함은 증가하고 동시에 이 예술에 독자적
인 주관적 내면성과 함께 추의 가능성도 증가한다. 상술하자면 이 예
술은 자신의 추상적 형식과 박자와 리듬에서 대수학에 기초하고 있지
만, 그럼에도 불구하고 이 예술을 영혼을 감동시키는 진실한 이념의
표현으로 만들어주는 멜로디는 가장 큰 불특정성과 우연성에 내맡겨지
며, 그래서 무엇이 아름답고 무엇이 아름답지 않은지에 대한 판단은
음악에서 종종 무한히 어려워진다. 그러므로 추는, 천상적이고 불변
하며 신비적이고 상징적인 소리의 본성 때문에, 그리고 비평의 불확실

성 때문에 회화에서보다는 음악에서 더 많은 영역을 확보하고 있다.

끝으로 가장 자유로운 예술인 문학에서 추의 가능성은 정신의 자유에 의해서, 그리고 아주 쉽게 말해질 수 있고 쓰여질 수 있는 표현수단인 언어에 의해서 최고조에 달한다. 문학은 이념을 충족시키기는 데 있어서 가장 어려운 예술이다. 왜냐하면 문학은 경험적으로 주어진 것을 직접적으로 모방할 수 있는 부분이 가장 적으며 오히려 그것을 정신의 깊이로부터 이념적으로 가공해서 창작해야만 하기 때문이다. 그러나 문학이 일단 존재하면, 그래서 먼저 문학적 생존을 획득하고 먼저 시학적 기법을 만들어내면 문학처럼 쉽게 오용될 수 있는 예술도 없다. 왜냐하면 그렇게 되면 어떤 위대한 작가의 잘 알려진 판단에 따라 언어 자체가 곧 우리를 위해서 창작하고 생각해내기 때문이다. 서사시와 서정시, 희곡과 교훈문학에서 내용과 형식을 위해 생산되는 것은 동일한 재료의 피상적 수정이며 소재의 형상화에는 겉으로 보기에만 변화가 있을 뿐이다. 그렇게 되면 교양 있고 비교적 다양한 경험으로 인해 자체로 폭이 넓어지고 보다 심오한 인식으로 인해 확고해진 취향이 곧 추를 발견하는 심급이 된다. 게다가 이해관계 또한 나타난다. 이해관계는 경향성의 측면에서 문학에 대해 가질 수 있는 것이므로, 우리 시대가 이에 관한 많은 증빙자료를 제공하듯이, 문학적 가치가 아니라 혁명적이거나 보수적인 열정, 합리주의적이거나 경건주의적인 열정이 문학의 운명을 결정하게 된다. 편향적 이상 앞에서 신적 이상은 종종 우리에게 불분명해지거나, 정말이지 사라져버린다. 문학에서 가장 쉽게, 가장 눈치 채지 못하게 죄가 저질러지며 문학에서 분명히 가장 커다란 무게의 추가 생산된다.

8. 추(醜)에 대한 즐거움[38]

추(醜)가 즐거움을 생산해낼 수 있다는 점은 병적인 것과 악한 것이 그런 즐거움을 불러낸다는 것과 매한가지로 모순적인 것처럼 보인다. 그러나 이 즐거움은 가능한데, 한편으로는 건강한 방식으로, 다른 한 편으로는 병적인 방식으로 그렇다.

건강한 방식은 추가 예술작품의 총체성에서 상대적 필연성으로 자신을 합리화하고 미의 대립작용에 의해서 지양되는 경우이다. 그렇게 되면 우리들의 즐거움을 불러일으키는 것은 추 자체가 아니라 함께 나타나는 쓰레기를 스스로 극복하는 미이다. 이는 이미 앞에서 다루었다.

병적인 방식은 어떤 시대가 육체적으로 정신적으로 타락해 있는 까닭에 진실하지만 단순한 미를 파악하기 위한 힘이 없어서 여전히 예술에서 뻔뻔스러운 부패의 자극적인 것만을 즐기려는 경우이다. 그런 시대는 모순을 내용으로 삼는 혼합 감정을 사랑한다. 둔해진 신경을 자극하기 위해서 가장 극단적인 전대미문의 것, 불일치한 것, 어긋나는 것이 뒤섞인다. 정신의 분열은 추에서 풀을 뜯어먹는다. 그도 그럴 것이 그 정신에게는 추가 그의 부정적 상태의 이상처럼 되어버리기 때문이다. 짐승 같은 마음과 검투사의 유희, 욕정 어린 흥분, 캐리커처, 감각적으로 마음을 이완시키는 멜로디, 엄청난 편곡, 문학에서는 (마미에[39]가 말한 바 있던) 똥과 피의 문학이 그런 시대에 속한다.

---

38) 역주: 즐거움(*Wohlgefallen*)은 미학적 판단의 심급으로서 칸트가 도입한 개념이며, 미에 대한 즐거움은 바로 이해관계 없는 보편적인 것이라고 정의된다. 여기서 로젠크란츠는 칸트가 사용한 미에 대한 즐거움과 대조적으로 추에 대한 즐거움을 상정한다.

39) 역주: 크사비에 마미에(Xavier Mamier, 1809~1892)를 지칭한다. 그는 문화사적인 탐험여행을 많이 한 여행가로서 특히 독일과 스칸디나비아문화를 잘 알고 있는 유명한 휴머니스트였다.

9. 구 분

먼저 제기되는 이와 같은 질문들을 해결한 후에 추라는 개념을 구분하기 위해 방향을 선회해보면 우리는 이미 앞에서 그 개념이 미의 형이상학에서 갖는 위치를 일반적으로 설명했다. 추의 개념은 미 자체의 개념과 코믹의 개념 사이에서 부정적 중간을 이룬다고 우리는 말했다. 이런 입장은 추를 미라는 이념의 특별한 계기가 아니라 때로는 단지 공포스러운 것과 소름 끼치는 것의 형태로 숭고함의 하부적·부차적인 규정으로, 또 때로는 익살스러움과 천박한 코믹의 형태로 코믹한 것의 하부적·부차적인 규정으로 다루고 있는 그런 입장과 다르다. 상술하자면 오늘날 수많은 미학자들은 코믹한 것을 숭고함의 반대로 받아들이고 절대미를 숭고함과 코믹의 통일성으로 간주하고 싶어한다. 그러나 코믹은 숭고함의 반대쪽에 있을 뿐만 아니라 단순미 전체의 반대쪽에 있기도 한다. 보다 더 정확히 말하자면 코믹은 이것들에 대해서 대립적으로 존재하는 것이 아니라 추를 유쾌하게 만들어 미로 전환시키는 것이다. 추는 미에 대립적이다. 추가 미에 모순이 되는 반면, 코믹은 미가 될 수 있다. 단순하고 긍정적인 미의 의미에서가 아니라 심미적인 조화, 모순에서 통일성으로 귀환한다는 의미에서이다. 추는 미의 부정성으로서 코믹 내에 함께 설정되어 있으며, 코믹은 이런 부정성을 다시금 부정한다. 그 자체가 가상일 뿐이기 때문에 가상에 의해서 해소되는 모순이 없다면 코믹은 생각될 수 없다. 아리스토텔레스와 이후의 키케로는 이런 연관관계를 이미 그렇게 파악했었다.[40] 숭고함

---

40) (각주 34번과 40번은 원주의 16a와 16b에 해당한다. 원본에서는 16번 주석이 중복표기돼 있다: 역주) 본문에서 언급된 부분은 충분할 정도로 빈번히 인쇄되었지만, 그럼에도 불구하고 우리는 중요하고 권위 있는 그 부분을 여기서 다시 언급하지 않을 수 없다.

74

이란 개념도 미의 개념으로부터 분리될 수 없으며 미의 독특한 형태로 간주되어야 한다. 이제 추가 절대적인 것이 아니고 오히려 상대적인 것이기 때문에 추의 개념 정의를 위해서는 추를 조건 지우는 미의 이념 자체로 되돌아가야 한다.

미 자체는 우리가 오직 추에 전념하는 여기서 그렇게 전제해야 하듯이 자연의 자유와 정신의 자유가 조화로운 총체성을 이루며 감각적으로 나타나는 것이다.

그렇기 때문에 미의 첫 번째 요구사항은 잘 알려져 있듯이 경계에 대한 요구이다. 미는 자기 자신을 통일성으로서 자기 내에 설정하며, 그래서 자신의 차별성들을 통일성의 유기적 계기로서 설정한다. 이와 같은 추상적 형태 규정의 개념은 분명히 미의 논리를 형성한다. 왜냐하면 이런 추상적 형태 규정은 미라는 개념이 지닌 특정내용을 배제하며 완전히 보편적인 것으로 도출되어 나온 것이기에, 어떤 재료로 미가 현실화되는지, 무엇이 미의 정신적 충족인지 간에 모든 미에 대해 동일한 형태적 필연성을 갖기 때문이다.

이와 같은 형태의 보편적 통일성에 대한 부정은 그러므로 형태의 없음이다. 모든 형태가 그저 존재하지 않음은 아름답지 않다. 그러나 추한 것도 아니다. 경계 없는 무한한 확장 속의 공간은 추하다고 말할

아리스토텔레스, 《시학》5(=1449a32~37): 희극은, 이미 말한 바 있듯이 비교적 천박한 것의 모방이지만 온갖 종류의 좋지 않은 것과의 연관에서가 아니라 단지 추의 일부인 우스꽝스러운 것과의 연관에서이다. 우스꽝스러운 것은 상술하자면 실수이고 치욕이지만 고통을 주지 않으며 몰락하게 하는 그런 것이 아니다. 우스꽝스러운 얼굴 모습이 추하고 일그러져 있지만 고통을 주지 않듯이 말이다. 그리고 키케로, 《연사에 대해》(de Oratore), II, 58쪽: 그러나 이 분야는, 이른바 우스꽝스러움의 분야는 — 그럴 것이 이것이 원래의 질문이었다 — 서투름과 형태를 이루지 못한 것이다. 왜냐하면 그 어떤 서투름을 서투르지 않은 방식으로 묘사하고 알아보게 하는 것에 대해서만, 확실히 이에 대해서만 특별히 웃기 때문이다.

수 없다. 형태가 전혀 구분되지 않는 자연의 어두움도 추한 것이 아니며 동일하게 지속적으로 울리는 음 등도 추한 것이 아니다. 형태가 없음은 내용이 형태⁴¹⁾를 가져야 함에도 불구하고 그렇지 못한 곳에서 혹은 이미 형태가 존재하지만 내용의 개념에 상응해야 함에도 여전히 그렇게 형상화되지 않는 곳에서 비로소 추하다. 우리가 무형(無形)이라는 표현으로 경계의 무규정성도 지칭하고 있는 한, 무형태는 어떤 내용의 필연적 형태가 될 수도 있다. 예컨대 공간의 무한함이 그런 형태를 필요로 한다. 왜냐하면 하나의 형태는, 즉 경계를 가진다는 것은 절대공간의 개념에 반하는 것이기 때문이다. 그러나 내용이 형태를 가져야 하는데 형태가 존재하지 않는다면 우리는 그 내용을 위해 전제되고 그 내용에 의해 스스로 전제된 형태와 그 내용을 비교하게 되며, 그래서 이런 모자람을 추로서 느끼게 된다. 형이상학적으로 말하자면 어떤 내용도 그 어떤 형태 없이 존재할 수 없다는 것은 당연히 아주 옳다. 그러나 상대적으로는 형태가 없음도 내용 없음처럼 언급할 수 있다.

예를 들어 어떤 지역을 보고는 시간에 쫓겨서 기억을 위해 대략적 윤곽에다 색만 몇 번 덧칠한 풍경화가를 상상해보면 이 풍경화는 아주 불완전한 형태만 가지게 된다. 이 그림에서 우리에게 제공되는 것이라고는 실제적 색채 대신에 미래의 완성과 연관된 군데군데 칠해진 형태 없는 색일 뿐인데, 이 색 덩어리는 그러는 한, 여전히 형태가 없는 것이며 따라서 추한 것이다. 이제 계속해서 이 그림을 완성된 것이기는 하지만 부족하고 비율이 맞지 않게 완성된 것으로 생각해볼 수 있다면 이러한 완성은, 다시 말해서 완성된 형태는 존재할 터이지만 마땅히 그래야만 했어야 할 것으로서는 아니다. 그 대신에 그 사안의 개념에 다소간 이질적인 형태, 즉 내용에 상응하지 않는 형태가 존재하게 될

---

41) 역주: 내용과 함께 쓰이는 일반적 개념은 형식인데, 여기서는 번역의 통일성을 위하여 형태라는 개념을 사용하였다.

76

것이다. 그 결과 내용과 형태 간의 실질적 모순이 존재하게 될 터이고 그래서 이 형태의 무형은 다시 추한 것이 된다.

그러므로 미는 추상적으로 말하자면 적정한 관계인 특정한 관계 내에서 내용과 형태의 통일성이 있을 것을 요구한다. 그러나 미는 본질적으로 감각적 측면도 가지고 있다. 왜냐하면 미는 바로 형태로서 자연에 속한 것이기 때문이다. 정신적 내용도 아름다워지기 위해서는 감각적 공표(公表)라는 중개를 필요로 한다. 이런 관점에서 보면 자연은 구체적 개체화라는 진실을 포함하며 미의 현존은 이 속으로 들어가야만 한다. 미는 이런 현실에서 그리고 동시에 이념적으로 규정된 것이 되며 이 규정성은 어떤 방식으로든 자연과 관계를 맺는다. 그도 그럴 것이 이념은 자연을 통해서만 자신을 유한하게 할 수 있고, 그래서 독특한 현상으로 실재화할 수 있기 때문이다. 자연이 없다면 아름다운 형상도 결코 존재하지 못하며 그러는 한, 예술은 자신의 형태들을 사용하기 위해 자연에 대한 연구를 필요로 하게 된다.

이런 관점에서 예술은 자연을 양심적으로 충실하게 모방해야 한다. 왜냐하면 예술은 이 점에서 자연에 종속되어 있기 때문이다. — 모방이란 말을 우연적이고 경험적인 대상을 단순히 정확하게 복사한다는 식으로 이해한다면 예술이 자연을 모방해서는 안 된다는 명제도 앞의 명제와 마찬가지로 사실이다. 형식주의(形式主義)가 미를 창조하는 추상적인 적정한 관계에 여전히 못 미치듯이, 추상적 사실주의도 역시 그러하다.[42] 설익은 현상을 모방했다고 해서 그것이 예술이 되는 것은 아니다. 왜냐하면 예술은 이념에서 기원해야 하는데, 자연은 그 실존에 있어서 모든 현상성과 우연성에 내맡겨져 있기에 그 개념에 도달할 수 없기 때문이다. 자연에 의해 추구되지만 시공간 속에 존재하는

---

42) 역주: 형식주의는 형태만을 따로 떼어놓아 절대화하는 경향을 지칭하며, 사실주의는 자연에 대한 모방, 즉 정신의 감각적 표현만을 따로 떼어 절대화한 경향을 지칭한다. 그런 까닭에 "추상적"이라는 표현이 사용되었다.

자연의 실존에 의해 종종 만들기 불가능해져버리는 미를, 즉 자연형상의 이상을 현실화하는 것이 예술의 사안이다. 그러나 이런 이상적인 자연형태의 진리를 가능하게 하기 위해서는 당연히 경험적 자연이 세밀하게 연구되어야 하는데, 이는 많은 진정한 예술가들도 하고 있지만 그릇된 이상주의자들만이 경멸적으로 거부하고 있는 바이다. 자연형태의 진리는 미에 정확성을 부여한다.

그러므로 일반적으로 정확성은 필연적인 자연형태의 묘사에서 결코 실수가 생겨나지 않는다는 점에 기초해 있다. 미는 이와 같은 정확성에서 벗어날 수 없다. 따라서 어떤 형상이 자연의 합법칙성에 반하면 이런 모순에서 틀림없이 추가 생겨나게 된다. 자연이 그 어떤 혼란에 의해서 자기 법칙에서 벗어날 경우 자연 자체도 아름답지 않다. 그러나 예술은 더더욱 아름답지 못하게 된다. 왜냐하면 괴물 같은 것들, 바퀴벌레, 뇌수종 같은 것들을 만들어내는 기존의 연관관계를 피해갈 수 없는 데 대한 핑계가 자연에는 있는데, 예술에는 전혀 없기 때문이다.

예를 들어 젖 빠는 어린것을 데리고 있는 암코끼리를 뮈론(Myron)[43]의 저 젖 빠는 송아지의 대립물로 조각한다고 생각해보자. 그러면 그 무리의 배열에서 추상적인 적정한 관계가 이용되어야 한다. 그러나 정확성의 계기는 어린것이 실제로도 자연의 암코끼리에게 가능한 방식으로 젖을 빨아야 한다는 점에 놓여 있다. 상술하자면 암코끼리의 젖꼭지는 인간의 젖가슴과 유사하게 앞다리 사이에 놓여 있고 어린것은 코끼리가 물을 빨아들여서 식도로 뿌려대는 기관인 코로 젖을 빨지 않고 아래턱의 입술로 빤다. 이 점이 관찰되지 않는다면 부정확성이 생겨날 것이고 그와 함께 추도 발생한다. 왜냐하면 코끼리라는 형상의 모든 관계는 이런 종류의 젖빨기가 계산된 것이기 때문이다. 자연의 이상적 진리를 변화시키는 이른바 자연의 외양적 미화(美化)가 부정확성에 빠

---

43) 역주: 뮈론(Myron). 기원전 5세기경의 그리스 조각가. 동물 조각작품이 많다.

져든다는 점은, 고통스러운 정확성을 넘어서서 이상적 진리를 향해 나아가지 못하는 노예적인 정확성 자체가 미적으로 교정을 필요로 한다는 점과 마찬가지로 자명한 것이다.

그러나 또한 자명한 것은 특별한 미적 효과나 환상적 작품을 만들기 위해 예술이 의식적으로 자연에 의해 주어진 형태로부터 일탈하는 것이 부정확성으로 간주되어서는 안 된다는 점이다. 따라서 정확성에서 하나의 독특한 영역은 관습적 척도에 의해 만들어지는데, 이것은 정신의 형상에 대한 역사적 표현으로 굳어진 것이다. 이와 같은 형태는 그 근원에 있어서 자연의 척도와는 다소간의 관계가 있지만 실제적 욕구와는 분명한 관계를 가지고 있다. 그와 같은 형태는 시간의 흐름 속에서, 인간이 자기자유를 진정 눈에 보이는 대로 실현하고 심지어는 자연에게 종종 폭력을 가함으로써, 자연으로부터도 아주 멀리 떨어질 수 있다.

원시인은 코와 귓불 혹은 입술에 고정시킨 뼈와 반지로 자기 육체를 야만적으로 자해하여 변화시킴으로써 혹은 문신 같은 것을 새겨넣음으로써 자연으로부터 자신을 구분하고자 하는 충동을 보여준다. 그는 동물처럼 주어진 자연에 만족하지 않는다. 그는 인간으로서 자연에 반하는 자신의 자유를 보여주고자 한다. 민족들은 어느 정도 시간이 흐르면 아주 특이한 습관과 확고하게 각인된 행동윤리를 갖게 된다. 그들은 지역적·민족적 성향에 따라 독특한 의복, 집, 가재도구의 독특한 형태들을 만들어낸다. 이제 예술이 역사적 대상을 다루어야 한다면 정확성을 기하기 위해서는 역사적으로 존재하는 실제의 형태에 따라 그것을 다루어야만 할 것이다. 여기에서도 지독한 철저함만을 통용시킬 것이 아니라 분명히 독특성을 증가시킴으로써 형상을, 심미적으로도 개성적인 대상으로 만들 것에 주의를 기울여야 한다.

보토쿠텐인들의 옆으로 벌어지고 아래로 처져 있는 아래턱, 중국 부인들의 뚱뚱한 배와 전족, 알프스 슈타이어 지방 여성들의 남자 같은 얼굴과 짧은 허리 등은 분명히 추하다. 그러므로 이런 형태를 정확하게 표현하지 않는 것은 미적으로 장점이 있을 것이다. 그러나 부인을 바로 중국의 미로 표현하는 것이 문제의 관건이라면 이를 중국식으로 해서 그녀에게 뚱뚱한 배와 전족을 빼놓아서는 안 될 것이다. 예술은 이런 형태를 완화시킬 수 있지만 그 형태를 없는 것으로 무시해서는 안 된다. 그런 것은 역사적 형태의 개별적 특성이다.

예술이 소박했던 시기는 이런 역사적 정확성에 대해서 별로 신경을 쓰지 않고 무엇보다도 보편적으로 인간적인 것을 버팀목으로 삼았지만, 성찰에 이르게 된 예술은 역사적 정확성에 대한 고려를 하게 될 것이다. 루이 14세와 15세 치하의 프랑스 연극계는 잘 알려져 있다시피 가발을 쓰고 장식용 검이 딸린 외투를 입고 그리스와 로마의 남녀 영웅들을 연기했다. 관객이 이런 복장으로 하는 행동을 보다 쉽게 이해하므로 배우들은 그렇게 함으로써 관객에게 보다 가까이 다가갔다. 그러나 이런 특허에 대해서 사람들은 점차 불안해졌다. 사람들은 과거의 것과 낯선 것에 그의 권리를 부여하고자 했다. 루이 16세의 치하에서 나온 독특하고 실로 유익한 정보를 주는 동판화로 무장된 잡지인 〈의상과 파리 대극장의 연감〉은, 켈트족 의상과 그리스의 의상, 로마의 의상, 유대인의 의상, 페르시아 의상, 그리고 중세의 의상을 역사적으로 충실하게 묘사하고 무대 위의 실기와 일체를 이루게 하려는 것을 목적으로 삼았다.

따라서 형태 없음은 추의 첫 번째 주요형태이고 부정확성이 두 번째 형태이다. 그러나 정말이지 원래 이 둘의 토대를 내포하는 형태가 아직 남아 있는데 그것은 외적 부조화나 부자연으로 드러나는 내적 기형화이다. 왜냐하면 이것은 자체로 음울하고 혼란스럽기 때문이다. 상술하자면 미에는 자유가 진실한 내용인데, 이 자유는 의지의 윤리적 자유뿐만 아니라 지성(知性)의 자발성(自發性)[44]과 자연의 자유로운 움직임으로 이해되는 일반적 의미의 자유이다. 형태와 그 형태가 지닌

80

독특함의 통일성은 자율(自律)에 의해서 비로소 완벽한 미가 된다. 이 일반적 자유 개념은 여기서 보편적으로 받아들여야 한다. 왜냐하면 그렇지 않을 경우 미의 영역이 좁아지기 때문이다. 미의 형이상학은 예술뿐만 아니라 자연과 삶에도 통용된다. 미의 영역에서 곧바로 감각적 형태의 정신적 내용에 대해 말하는 것은 비교적 최근에 일상이 되어버렸다. 이 말은 다음과 같은 의미를 가질 수 있다. 즉, 자연 자체 역시 정신에서 기원하며, 창조적 정신의 작품으로서 이 창조적 정신을 자신에게서 다시 보여주고, 그러는 한, 정신이 자연의 관찰에서 자신의 자유를 함께 관찰한다는 것이다.

앞에서 말한 입장은45) 이미 말했듯이 이런 의미를 가질 수 있다. 그러나 자유가 오직 예술에 국한된다면 — 이는 빈번히 일어나는데 — 이로 인해 미의 개념과 추의 개념 역시 근거 없이, 그리고 부당하게 축소된다. 자유의 개념은 필연성이란 개념 없이는 생각될 수 없다. 왜냐하면 자유의 형태인 자율의 내용은 스스로가 결정을 내리는 개별적 주체의 본질에 놓여 있기 때문이다. 우리는 여기서 자유의 근원과 목표에 대한 저 어렵고도 종종 논의되는 연구는 피하려고 한다. 이런 연구는 다른 학문에 맡겨도 된다. 여기서 우리가 미적 관점에 만족하면 이로부터 도출되는 결론은 자유가 스스로 결정을 내리는 필연성으로서 미의 이념적 내용을 이룬다는 것이다. 자유는 자신의 본질에 의해서 이중의 운동 가능성을 갖고 있는데, 현상의 중간적 정도를 넘어서서 무한으로 나아갈 수 있거나, 아니면 그 안에서 유한성으로 들어설 수 있다. 자유는 그 자체로 내용의 무한성과 형태의 유한성의 통일체이고

---

44) 역주: 자발성(*Spontaneität*)은 이성이 판단을 내릴 때 그 어떤 것에 의해 좌우되지 않고, 즉 자연의 인과율에 따라 외부적인 것에 좌우되지 않고 자유의 필연성에 따라 스스로 시작함을 뜻한다.

45) 역주: 자유를 미의 영역에 국한시키지 않고 자연과 삶 전체에 확대하는 입장을 말한다.

그런 통일체로서 아름답다. 그러나 자유가 자기제한의 유한성을 지양한다면 이 행위로써 숭고하게 되며, 반면에 자신을 유한하게 만들어 제한시킨다면 그 파악 가능성으로 유쾌함이 생겨난다. 절대미는 자신의 독자적 무한성에 고요히 머물러 있으므로 무한함으로 뻗어나가려 하지 않고 조그만 것으로 자신을 상실하지도 않는다.

숭고함의 진정한 반대는 루게와 피셔가 말했듯이 추가 아니고, 피셔의 주장대로 코믹도 아니며 유쾌함이다. 미 자체와 숭고함이 부정적인 미인 추와 갖는 대립과, 숭고미가 유쾌미의 귀엽고 장식적인 형태와 갖는 실제적 대립은 미의 이념 속에서 구분되어야 한다. 추가 코믹을 위해 하는 중재를 통해 코믹이 비록 숭고함과 상대적 대립관계에 있다고 할 수 있지만, 또 고려해야 할 점은 코믹이 유머의 능력을 갖추고 있기 때문에 숭고함으로 넘어갈 수도 있다는 것이다. 사람들이 나폴레옹 1세의 몰락 때 말했던 것, 즉 숭고함으로부터 우스꽝스러움으로 가는 것은 단 한 발자국일 뿐이고, 사람들이 나폴레옹 3세 때 말했던 것, 즉 우스꽝스러움으로부터 숭고함으로 가는 것 역시 단 한 발자국일 뿐이라는 것은 보편적 미학 규칙으로 받아들일 수 있다. 아리스토파네스[46]는 종종 모든 비극작가들이 그를 질시할 정도로 너무 숭고했다.

그러나 추에서는 당연히 부자유가 원칙인데, 개별적인 미적 특성 혹은 미적이지 않은 특성이 이 부자유에서 기인한다. 부자유 역시 보편적 의미에서 보면 예술뿐만 아니라 자연, 삶 자체와 관련 있다. 자기결정의 모자람인 부자유 혹은 주체의 필연적 본질에 반하는 자기결정의 모순인 부자유는 자체적으로 추한 것을 생산해낸다. 이것이 현상으로서 부정확성과 무형태가 되는 것이다. 예컨대 병든 상태에 있는 생명체를 관찰해보면, 생명체가 병드는 가능성은 당연히 필연적이지만,

---

46) 역주: 아리스토파네스(Aristophanes, 기원전 445~385). 그리스의 희극작가로 아테네에서 태어났으며, 당시의 어지러운 정치와 사회를 날카로운 필치로 공격했다.

그렇다고 해서 생명체가 실제로 병이 드는 것이 결코 필연적인 것은 아니다. 생명체는 병으로 인해서 운동과 발전의 자유에 방해를 받는다. 그러므로 생명체가 병과 연계되어 있는 점은, 병이 생명체의 안으로 들어간 후 그 후유증이 생명체의 외모에서 기형과 추로 나타날 수밖에 없다는 것이다. ─이것 말고 의지를 관찰해보면 의지가 자신의 필연성을 뻔뻔스럽게 부정하면 실제로 부자유하게 된다. 이 의지는 악한 것이다. 악은 윤리적인 추이며, 이런 추는 또한 미적인 추를 결과물로 가져온다. 이론적 부자유도, 즉 어리석음과 고루함도 바보 같고 축 늘어진 외양으로 표출되지 않을 수 없게 된다.

진실한 자유는 모든 면에서 미의 어머니이고, 부자유는 추의 어머니이다. 그러나 부정적인 또다른 미로서의 추는 부자유를 미처럼 두 방향으로 전개시킬 수 있다. 하나는 부자유가 자유의 개념에 따르면 한계가 결코 있어서는 안 될 곳에 한계를 두는 방향이고, 또다른 하나는 자유의 개념에 따르면 마땅히 있어야 할 곳에 있는 한계를 부자유가 지양하는 방향이다. 부자유는 전자의 경우에 천박함을, 후자의 경우에는 역겨움을 생산해낸다. 마지막으로 부자유는 반박의 여지가 없는 판단의 형태로 자신을 당연히 비본질적인 것으로 역전시키는 자유의 본질과 비교할 때, 자유의 필연성과 비교할 때, 자유와 미의 왜곡, 즉 캐리커처가 된다. 부자유는 그 근원이 추하다. 왜냐하면 부자유는 내용에서나 형태에서 자유와 미에 대한 명백한 모순이기 때문이다. 그러나 추의 힘은 캐리커처에서 자신의 근원적 모습에 대한 특정한 반성으로 인해 붕괴된다. 그 힘은 다시 상대적으로 자유와 미 쪽으로 들어갈 수 있다. 왜냐하면 추가 반대하는 이상(理想)을 추의 힘이 상기시킬 뿐만 아니라 이를 어느 정도의 자기만족감을 가지고 해낼 수 있기 때문인데, 이 자기만족감이란 것은 절대적으로 무가치한 것에 대해 실제로 만족하는 가상성으로 인해 자체도 코믹하게 된다.

따라서 숭고함의 반대는 천박함이며 유쾌함의 반대는 역겨움이고 미의 반대는 캐리커처이다. 후자의 개념은 물론 아주 광의의 개념이다. 그도 그럴 것이 캐리커처의 개념이 추의 모든 전환을 자신 내에 집약할 때 이 개념은 종(種) 개념과 거의 같은 의미로 사용되고 있고, 그래서 그 안에서 역전된 이상과 대립하고 있기 때문이다. 미와의 이런 특정한 관계 때문에 캐리커처는 미를 향한 전이과정을 형성하고 현상의 모든 색조를 거쳐갈 수 있다. 왜냐하면 캐리커처는 얕은 것도 있고 깊은 것도 있으며, 즐거운 것도 음울한 것도 있고, 천박한 것도 숭고한 것도 있으며, 소름 끼치는 것도 아주 사랑스러운 것도 있고, 우스꽝스러운 것도 공포스러운 것도 있기 때문이다. 캐리커처 자체는 아주 철저히 규정되어 있다고 하더라도 항상 자신의 실제적 배후를 지시하고 있어서 자기와 반대되는 것을 곧바로 함께 나타나게 한다. 모든 추에 대해서, 추 스스로가 자신에 의해서 부정하는 그런 미에 대한 관계를 함께 설정한다고 말하는 것은 당연하다. 형태 없는 것은 대자적으로 형태를 도발하고, 부정확한 것은 곧장 정상적 척도를 상기시키며, 천박함은 숭고함에 반대하기 때문에 천박하며, 역겨움은 유쾌함에 반대하기 때문에 그런 것이다. 그러나 캐리커처는 보편적인 미적 규정들에 대한 부정일 뿐만 아니라 숭고하고 매력적이며 아름다운 원래 이미지의 비틀린 이미지로서 원래 이미지의 질과 형태를 개별적 방식으로 자기 안에서 반사시킨다. 그 결과 원래 이미지의 질과 형태는 이미 말했듯이 상대적 의미로 심지어 아름답게 보일 수 있긴 하겠지만, 그 자체가 상실됨으로 인해 더 강한 효과를 불러일으킨다.

세르반테스의 돈키호테를 예로 들어보자. 이 고상한 만차(Mancha)인은 인위적으로 병적인 노력을 기울여 중세의 기사로 행세하려는 몽상가인데, 때는 전체 주변환경이 이미 중세와는 다르고, 그래서 그런 모험적 행동방식과는 모순을 불러일으키는 시점이었다. 거인, 성채, 마술사 등은 이미 더 이상 존재하지 않았고 이미 경찰이 기사들의 의무사항의 일부를 떠맡고 있었으며 이미 국가가 과부/홀아비, 고아, 죄

없는 자들의 법적 보호자였고 개인의 힘과 용감성은 이미 화승총의 무력 앞에서 아무 의미도 없는 것이었다. 그럼에도 불구하고 돈키호테는 마치 이 모든 것이 여전히 존재하지 않는 양 행동하고 그로 인해 필연적으로 수천 가지의 갈등 속으로 빠져들어 그 속에서 캐리커처가 된다. 왜냐하면 그가 자기 행동의 정당화와 강화를 위해 갈렌의 아마디스나 리주아르테 같은 기사들이 비슷한 상황에서 보여준 휘황찬란한 모범사례들을 끌어대면 댈수록 그의 행동의 피치 못할 무능함은 더 분명해지기 때문이다. 그와 같은 기사도의 꽃들이 그 안에서 행동했던 그런 실재적 전제조건들은 이제 더 이상 존재하지 않으며, 이것들이 실존하고 있다는 허구가 우리 히달고의 세계관을 광증에 이르게 할 정도로 변모시킨다. 그러나 이 바보는 그의 몽상적 짓거리에서 실제로도 진정한 기사의 모든 자질을 갖추고 있다. 그는 용감하고 대범하며 동정심 많고 도울 준비가 되어 있으며 억압받는 자의 친구이자 사랑에 빠져 있으며, 충성스럽고 기적을 믿고 있으며 모험에 중독되어 있다. 우리는 주관적 도덕에 빠져 있는 그에 대해 경탄하고, 그의 문학적 언어를, 그것이 이타적 숭고함으로 넘쳐날 때, 흡족한 기분으로 들어야 한다. 그가 중세시대의 인물이었더라면 아르투어 왕의 원탁회의에 마땅히 함께해야 할 동지였을 것이며, 모든 "미친 자"들의 위험한 라이벌이었을 것이다. 그는 바로 자신의 긍정적 요소로 인해서 보다 의미 있는 캐리커처가 된다. 그도 그럴 것이 그 자체로는 훌륭한 자질들이 돈키호테에게서는 정반대의 것이 되어버리기 때문이다. 이것이 자기 자신을 파괴하고, 강력한 거인으로 느낀 풍차에 대해 혼탁한 열정을 가지고 자신의 용감함을 낭비하며, 갈레선의 죄수들을 죄 없이 억압받는 자로 해방시키고, 사자를, 그것이 동물의 왕이라는 이유로 우리에서 풀어주며, 이발소 세면대를 불후의 망브렝의 투구로 섬긴다. 자기열정의 숭고함이 이와 같은 자멸의 지점에 도달할 때 우리는 그에 대해 웃게 되는데, 캐리커처로부터 코믹이 솟아나는 것이다. 다른 경우였

으면 이 캐리커처는 우리에게 심지어 비탄의 심정을 불어넣어 주었을
것이다. 불쌍하고 수척하며 미쳐 있는 돈키호테는 결코 천박하다거나
역겨운 존재가 아니지만 그는 형태가 없는 존재이며, 그의 여윈 말은
아주 부정확한 전투마이고, 그의 근원적 이미지, 즉 이상적 기사도는
바로 그 방법의 실제적 무가치성으로 인해 비틀린 이미지로 변모된다.
이로써 세르반테스는 몽상적인 기사와 그의 이해심 많은 동반자를 통
해서 영원한 인간본성의 방향을 묘사하는 위대한 기술도 이해하고 있
었다. 그는 가장 고귀한 감정들과 가장 귀족적인 정신태도를 역전시키
는 이런 비틀기를 시민사회의 결점에 대한 비판의 기술로 이해하고 있
었다. — 그리고 이 시민사회는 사랑스러운 돈키호테가 그 한복판에서
살았던 스페인 시민사회만을 뜻하는 것은 아니다. 국가가 있고 경찰이
존재하며 계몽이 되고 있음에도 불구하고, 종종 썩어빠진 상태에 있는
사회에 대해 실천력 있고 뜨거운 심장을 지닌 개인의 자발적 간섭이
자선행위가 된다는 점을 우리는 작가에게 고백해야만 한다. 캐리커처
는 — 천재에 의해서 — 이렇게 위대하게, 이렇게 다양하게, 이렇게 의
미심장하게 될 수 있다!

제 1 장

1. 형태 없음

이미 살펴본 바 있듯이 모든 미의 기본규정은 통일성이다. 미는 이념의 감각적 현상으로서 한계를 필요로 한다. 왜냐하면 구분의 힘은 오직 한계 속에만 놓여 있기 때문이다. 그러나 스스로를 구분해내는 통일성이 없다면 구분은 불가능하다. 모든 미는 자신을 통일성으로 표현해야 하지만 외부를 향한 통일성으로서만 자신을 국한시켜서는 안되고 오히려 자기 안에서도 통일성인 자신과 구별되어야 한다. 구분이란, 특정한 구분이란 것은 이분화가 될 수 있는 것이다. 그러나 이분화라는 것은 통일성과 자신과의 투쟁이기 때문에 그 진행과정에서 통일성으로 되돌아올 수 있어야 한다. 실제의 경험적 진행과정에서 항상 통일성까지 다다르지 못하더라도 말이다. 통일성은 자신의 구분을 생산해냄으로써, 그리고 그 구분의 해소를 통해서 자신을 조화로운 통일성으로 드러낸다.

이것이 미의 형이상학에서 유래하는 원칙들이다. 우리는 이 원칙들을 기억해야만 한다. 왜냐하면 그것들로부터 다음과 같은 결론이 도출되기 때문이다. 첫째로 부정적인 미로서의 추는 형상의 비통일성, 비

폐쇄성, 비규정성을 이루며, 둘째로 추가 구분을 설정할 때 추는 그 구분을 잘못된 비규칙성으로 생산해내거나 아니면 잘못된 동일성과 비동일성으로 생산해내고, 셋째로 추는 형상으로 하여금 자신과 다시 통일성을 이루게 하는 대신에 오히려 잘못된 대립의 혼란 속으로 넘어가는 이분화의 과정을 생산해낸다. 무형의 이와 같은 상이한 형태들을 우리는 형상 없음, 흉물, 그리고 기형이라는 독일어식 표현으로 묘사할 수 있다. 그러나 학문적 기술(記述)을 위해서는 우리 독일인들이 라틴계 민족들과 공유하고 있고 그 사용범위로 인해서 보다 커다란 정확성을 지닌 그리스식 표현을 사용하는 것이 더 나을 것이다. 상술하자면 우리는 형상의 반대 전체를 무형(Amorphie)으로, 구분들의 합리적 배열의 반대를 비대칭(Asymmetrie)으로, 그리고 생생한 통일성의 반대를 부조화(Disharmonie)라고 명명할 수 있을 것이다.

1) 무형(無形)

보편적 의미의 통일성은 아름답다. 왜냐하면 통일성은 우리에게 자기준거적인 하나의 전체를 주기 때문이다. 그렇기 때문에 통일성은 모든 형상의 첫 번째 조건이다.

그러므로 통일성의 반대는 추상적 비통일성으로서 먼저 외부를 향한 한계 없음과 내부를 향한 구분 없음일 것이다.

외부를 향한 한계 없음은 어떤 본질의 미적 무형이다. 그런 한계 없음은 공간, 시간, 생각, 의지 자체처럼 한계가 없는 것으로서 생각해야 하는 그 어떤 본질의 필연성 속에 있을 수 있다. 그것은 개념에 따르면 외부를 향한 구분이 있어야 하지만 그렇지 못한 곳에서 비로소 감각적으로 인지된다. 한계 없음 자체는 아름답다고도 추하다고도 할 수 없다. 그것과 비교해볼 때 한계가 설정된 것이 더 아름답다. 왜냐

하면 알다시피 플라톤이 무한보다 한계를 선호했듯이 한계가 설정된
것이 자기준거적인 통일성을 표현하기 때문이다.[1]

한계 없음은 자체로 무(無)에서 한계 설정의 가능성을 제공하고 있
는 까닭에 절대적으로 추하지는 않다. 그러나 이 한계 설정은 실제로
존재하지 않기 때문에 또 아름답지도 않다. 이런 절대적 무형과, 이미
형상은 존재하지만 따라서 통일성과 한계 설정은 존재하지만 이것이
자체 내에서 어떤 구분도 없는 한 우리가 상대적이라고 부르는 그런
무형은 상이하다. 그러므로 그런 형상의 내부는 구분되지 않기 때문에
형태가 없다. 이와 같은 구분 없음은 지루하며 모든 예술로 하여금 자
신과 싸우게 충동질한다. 예컨대 건축은 장식을 하려고 시도하는데,
그렇게 하지 않았을 경우 단순한 평면의 단조로움만이 존재했을 그런

---

1) 이 구분에 대한 플라톤의 주저(主著)는 《필레보스》일 것이다. 그는 다른
   곳에서는 미가 단순히 유용한 즐거움 이상이며 사랑을 불러일으키는 것 이
   상이고 합목적적인 것 이상이라는 점을 보여주지만, 이 대화록에서 그는 그
   것을 실제로 규정하기에 이른다. 그에게 여기서 근본개념이 되는 것은 척도
   이다. 제우스의 본성에는 원인의 힘으로 인해(제우스가 모든 것의 원인이라
   는 뜻: 역주) 제왕의 영혼과 제왕의 이성이 거주하고 있어야 한다고 한다.
   따라서 정신으로부터, 그리고 제우스의 제왕 같은 영혼으로부터 모든 질서
   가 기원하고 있으며, 질서정연하게 만드는 모든 것은 그로부터 근원을 갖는
   다. 그 결과 우리는 척도, 수, 규정, 개념 혹은 사물의 이데아의 고향을 규
   정하는 데 있어서 당황할 이유가 없다. 척도는 여기서 플라톤에게 첫 번째
   것이고, 이 영원한 근거에 토대를 두고 있는 두 번째 것은(플라톤, 《필레보
   스》66b, 1~3) 비례와 미, 완성된 것과 충분한 것, 그리고 이 범주에 다시
   속해 있는 모든 것이다. 그렇기 때문에 그는 다른 한편으로 어디에서나 진
   정한 척도가 부족한 것의 범주에 속하는 모든 것을 추/기형적인 것이라고
   명명한다. 루게(A. Ruge)의 글(《플라톤의 미학》, 할레, 1852, 22~60쪽)
   과 뮐러(Eduard Müller)의 글(《고대의 예술이론의 역사》, 1권, 브레스라
   우, 1854, 58~72쪽)을 비교해보라. 후자는 조화라는 개념 때문에 《필레보
   스》25d. e와 26a에 따라 한계를 설정하는 것, 동일한 것과 이중적인 것, 대
   립적인 것의 통일, 한계 지워진 것과 한계 지워지지 않은 것의 통일을 척도
   라는 단순한 개념과 구분해야만 한다는 점을 특별히 강조하고 있다.

곳에서 지그재그선과 소용돌이선, 장미꼴 장식무늬, 고리 장식, 치아 모양의 장식, 계란 모양의 장식, 안으로 굽게 하고 바같으로 굽게 하는 장식 등으로 구분들을 만들어내기 위함이다. 밋밋하고 구분이 없는 정체성은 아직은 그 자체가 실제로 추하지는 않지만 추해지기 마련이다. 특정한 감정, 특정한 형태, 어떤 색깔, 어떤 음의 순수함은 직접적으로 아주 아름다울 수 있다. 그러나 이 한 가지만이 중단 없이 변화와 대립 없이 계속 반복적으로 우리에게 제공된다면 이를 통해서 생성되는 것은 황량한 궁색함, 형태의 단조로움, 색채의 단조로움, 음의 단조로움이다. 그 어떤 조형(造形)도 존재하지 않는, 비어 있는 무규정성은 여기서 이미 지양됐다. 무(無)는 조형 가능성의 구분 없는 심연으로부터 벗어나 이미 형태, 색, 음, 표상의 현실과 규정에 도달했다. 그러나 무가 이제 이와 같은 한 가지 규정에서 쓰이게 됨으로써, 단순한 정체성의 고착을 통해 또다른 추가 생성된다.

우리는 자체적으로 잘 규정된 인상을 처음에는 호감을 가지고 받아들인다. 왜냐하면 통일성과 순수성은, 특히 역동성과 결합될 때 아주 즐겁게 하는 그 무엇을 가지고 있기 때문이다. 그러나 그 인상이 이런 추상적 통일성에만 머물러 있으면 그 통일성은 구분 없음으로 인해서 추해지고 더 이상 견딜 수 없게 된다. 괴테가 인생 전반에 대해 계속적으로 운이 좋은 날보다 더 견디기 힘든 것은 없다고 한 것이 미적인 내용에도 통용된다. 단지 내적 구분이 없고 외적인 무형의 무에 대항해서 자신의 경계를 설정한 형상, 색채, 음, 표상의 순수주의는 추해지고, 정말이지 견딜 수 없게 된다. 초록색은 아주 아름다운 색이지만 위에 푸른 하늘, 사이에 반짝이는 물결, 바로 위에 흰색의 양떼, 꽃들에게 귀 기울이는 빨간 벽돌지붕이 없는 순전히 초록색만은 지루하다. 병사들의 대열에서 발사한 총소리와 대포의 쿵쿵거리는 소리가 큰길에서의 영원한 마차바퀴 소리를 중단시킨 1830년에 파리의 권태당(Le parti des ennuyés, 倦怠黨)은 환호했다. 그러나 전투가 다음날에 계속되고 셋째 날에도 총소리가 쉬지 않는 양상을 띠자 지루함에서 거의 못 벗어난 이들은 "오, 이 얼마나 지루한가!" 하고 외쳤다.

그러므로 단순한 통일성으로서의 통일성은 추하다. 왜냐하면 자신을 자신으로부터 구분함이 진실한 통일성의 개념 안에 있기 때문이다. 이제 형상은 통일성에 대항해서 자기소멸의 구분을 자기 내부에 대립적으로 설정할 수 있다. 그 형상은 한쪽 면을 향해서, 아니 전체적으로 형상으로서의 자기 자신을 다시금 지양해서 사라질 수 있다. 그러한 소멸은 아름다울 수 있다. 왜냐하면 허무함으로서의 생성이, 즉 구분이 그 소멸과 연계되어 있기 때문인데, 비록 구분이 무로 넘어가더라도 말이다. 이런 현상의 매력은 바로 형상으로 인해서 무형의 진행 과정이, 즉 다른 것으로의 순수한 전이가 일어난다는 점에 놓여 있다.

산맥을 머릿속에 떠올려보자. 숲의 왕관을 쓴 그 정상부는 아득히 먼 곳의 향기 속으로 몽환적으로 사라져버린다. 회오리바람이 급격한 소리를 내며 공중으로 내던져서 사방으로 튀며 흩날리는 물거품을 우리가 머릿속에 떠올려보면, 막 생겨난 물기둥들이 사라져가는 그 전이 과정은 아름답다. 혹은 바로 소리로 있다가 점차 사라져가는 어떤 소리를 머릿속에 떠올려보면, 이 소리의 사라짐은 아름답다. 모든 움직임과 또 사라져가는 움직임은 변화가 없는 동일성의 황무지와 비교해보면 아름답다. 그러나 그런 방식으로 아름다운 것이 소멸되어서는 안 될 곳에서 오히려 형상의 특정성과 폐쇄성이 기대되어야 할 곳에서 그러므로 형상이 그런 지양을 통해서 자신을 획득하는 대신에 방해받고 기형이 되며 색을 잃는 곳에서 형상이 소멸되면 추하다. 그렇게 되면 우리가 예술에서 안개 같은 것, 파상 형태 같은 것이라고 부르는 것이, 즉 특정성과 구분이 마땅히 있어야 할 곳에서 없는 그런 현상이 생겨난다. 그와 같은 것은 서사문학과 연극문학에서는 또 기획 부족으로 드러나며, 음악에서는 완곡한 표현을 통해 거칠음이라고 명명된다. 거칠음은 전쟁음악의 경우처럼 아름다울 수도 있지만, 비난의 표현으로서는 형태 없음을 지칭한다.

　한계 설정의 흔들림과 불안정성은 형상이란 개념과 모순이 되며 이 모순은 추하다. 느낌 없음과 힘이 없음은 종종 느슨한 형태와 단순히 암시만 하는 윤곽을 자신의 배후에 숨기고 있다. 우리는 약하고 단순한 무형의 이런 형태를 스케치와 혼동해서는 안 된다. 실제의 스케치는 그림의 완성을 위한 첫 구상이다. 스케치는 아직 완성된 것이 아닌데, 바로 그림이 완성되어 있지 않은 이유에서이다. 그러나 스케치는 위대한 화가와 조각가의 스케치처럼 이미 준비하는 선의 배열로 가능해질 미를 우리가 완벽하게 느끼도록 해줄 수 있다. 괴테는 《수집가와 소장품》이라는 대화에서 여기에 속한 모든 구분들을 섬세하게 재단하고 분석했다.[2] 따라서 안개 같은 것이라 함은 어떤 형상이 그 안에 자신을 감출 수 있는 그런 아름다운 안개가 아니며, 파상 형태 같은 것은 어떤 형태가 그 안으로 헤엄쳐 들어가는 부드러운 물결선이 아니고, 어떤 음이 그 속에서 요동치는 소리의 줄어듦도 아니다. 그것은 그와는 정반대로 결정적 한계 설정이 필연적으로 나타나야 할 곳에서 한계 설정이 형체 없이 나타나는 것이고, 구분이 나타나야 할 곳에서 구분이 불명료하게 나타나는 것이며, 표현이 명백해야 할 곳에서 표현이 이해되지 않게 나타나는 것이다. 조각과 회화에서는 특히 상징적 ·

---

2) 이 논문, 즉 《수집가와 소장품》, 전집 38권에서 괴테는 근본적으로 이상주의자와 그 당시의 표현에 따라 특징을 다루는 자의 대립을 다루었고, 이들의 치열한 논쟁에 대한 결과물로 다음과 같은 도표를 만들었다.
　　1. 단지 진지하기만 함: 개인주의적 성향과 방식. ① 모방자, ② 특징을 다루는 자, ③ 하찮은 예술가 (혹은 ① 베끼는 자, ② 엄숙주의자, ③ 겉으로만 자연주의자)
　　2. 단지 유희만 함: 개인주의적 성향과 방식. ① 환상주의자, ② 파상을 선호하는 사람, ③ 스케치하는 사람 (혹은 ① 공상주의자, ② 구불구불한 것을 선호하는 자, ③ 기안자)
　　3. 진지함과 유희가 결합됨: 보편성으로 나아가는 교육과 양식 ① 예술적 진리, ② 아름다움, ③ 완성

알레고리적 형상들이 그렇게 되도록 유혹한다. 그리고 예술가들이 조국, 프랑스, 죽음의 콜레라, 파리 같은 그런 추상적인 것들을 표현해야 한다면, 그들이 제아무리 최선을 다한다 할지라도 그것들을 특징적으로 규정할 수 없는 일이 빈번히 일어난다. 이 경우에 그들이 우리에게 그 어떤 아름답고 여성적인 형상이라도 줄 수 있다면 우리는 아주 만족할 수 있을 것이다.

비교적 오래된 뒤셀도르프 유파³⁾는 한동안 그런 무형(無形)으로 인해 병이 들어 있었다. 왜냐하면 옛날 것을 그대로 모방하는 방식이 지배적이었던 관계로 그들이 회화적인 것과 문학적인 것의 구분에서 착각을 일으키고서 작가(作家)들의 경우를 따르면서 이들의 설명조의 말이, 문제가 되는 자신들의 유동적 형상에 도움이 될 거라는 데 지나치게 의존했기 때문이다. ― 문학에서는 위대한 천재들이 등장한 이후 무형이 유행이 되는 모방자들의 시대가 아주 빈번하게 나타나고 있음을 발견하게 된다. 서사문학에서 그런 시대는 슐레겔의 이론에 정향되어 있다. 이 이론에 따르면 줄거리는 보다 커다란 연관관계에서 파생되는 단순한 단편으로서 내적 통일성 없이 무한히 진행될 수 있다. 서정문학에서 그런 시대는 일반적으로 주체를 장식하는 지나친 술어부로 특징지어진다. 어느 한 술어가 항상 뒤이은 술어를 억누름으로써 이 과도한 술어부로 인해 생겨나는 것은 의도된 풍부한 이미지 대신에 비본질적인 것을 본질적인 것과 뒤섞어버리는, 아무것도 말해주지 않는 완벽성이다. 연극문학에서 그런 시대는 이른바 시적 연극을 찬양하는데, 이것은 상술하자면 상연 가능성을 선험적으로 배제한 결과 독자적 줄

---

3) 역주: 이 유파에 속한 사람들은 "나자렛의 사람들"이라는 비난조의 별명을 가졌던 독일 화가 프리드리히 오버벡(Friedrich Overbeck), 페터 코르넬리우스(Peter Cornelius), 율리우스 슈노어 폰 카롤스펠트(Julius Schnor von Carolsfeld) 등인데, 이들은 주제와 형식에 있어서 독일 중세의 기독교예술을 그대로 답습했다.

94

거리, 극중 인물 성격의 완성, 개연성을 원칙적으로 포기하고 느슨히 결합된 일련의 서정적 독백만을 종종 내포할 뿐이다.

우리 독일인들이 자신을 민족으로 느끼지 못하고 그 결과 어떤 국립 극장도 없는 이유로 인해서 우리 희곡작품의 3분의 2가 유감스럽게도 공연이 불가능한 그런 순수한 희곡이기 때문에 여기서 특별히 이름을 거명하며 예를 드는 것은 불필요하다. 《파우스트》를 창작했다는 이유로 괴테를 그런 괴물 같은 것을 출발시킨 자로 의심한다면 그것은 잘못된 것이다. 왜냐하면 《파우스트》는 1부에서 공연이라는 시험을 멋지게 통과했고, 2부도 1부만큼이나 공연을 위해, 그리고 오페라무대에 맞게 만들어진 것이기에 단지 그에 맞는 음악이 작곡되었더라면 그 공연시험을 통과했을 것이기 때문이다.

우리가 지금까지 추한 무형이 어떻게 생겨나는지를 살펴보았다면 그것이 코믹으로 넘어가는 전이과정도 연구해야 할 차례가 되었다. 상술하자면 여기서 코믹의 효과는 때로는 기대해도 될 특정한 구분 대신에 항상 같은 것이 반복되어 나타난다는 점에 의해서, 때로는 어떤 형태가 그 움직임의 처음 부분에서 갑작스럽게 그와는 대립된 완전히 다른 결말로 내던져짐으로 인해서 생겨난다. 형상의 규정이 채워지지 않은 무한(無限) 속에서 아직 수행되지 않는 데서 비롯하는 형상의 미규정성은 실제의 미나 실제의 추로 명명될 수 없다. 왜냐하면 존재하지 않은 것에 대해서는 진술이 불가능하기 때문이다. 우리는 아직 중립지대에 있는 이것들을 코믹하다고도 명명할 수 없다.

반면에 동일한 전환이 끊임없이 반복되는 구분되지 않는 형상의 특정성4)은 코믹한 효과를 생산해낼 수 있다. 구분되지 않는 형상의 특정성은 다른 술어로 나아가는 대신에 항상 계속해서 동일한 술어로 되

4) 역주: 형상의 미규정성은 형상이 아직 그 어떤 형상으로든 규정되어 있지 않은 상태를 의미하고, 구분되지 않는 형상의 특정성이라 함은 형상이 특정한 것으로 존재하기는 하되, 그 내적 구분이 안 돼 있는 상태이다.

돌아온다. 무한히 지속되는 이 단순한 동질성은 우리를 지루하게 한다. 우리가 이에 대해서 이를테면 처음에는 웃지만 그것은 곧 우리를 밀쳐내고, 질이 좋지 않은 소극에서 우리가 경험하고 있듯이, 추하게 된다. 이런 소극의 등장인물들은 작가의 모자람으로 인해서 몰취향적인 어투를 입에 담게 되고 이 어투가 아무 생각 없이 어디에서나 사용되는 까닭에 몇 번은 우리에게 메마른 웃음을 짓게 하지만 곧 용도는 폐기되고, 위트를 노리는 무형(無形)의 가장 비참한 인상을 생산해낸다. 진정한 예술가는 반복(물론 이것이 다른 법칙에 준거하는 후렴을 지시하는 것은 아니다)이 지닌 코믹의 효과를 올바로 사용할 줄 안다. 예컨대 에우리피데스 서극들의 형편없음을 입증하고자 아이스킬로스를 등장시키는 《개구리》에서 서극 처음 부분의 모든 3각율시(三脚律詩)에 숫산양 털, 연고 항아리, 귀리자루 같은 낱말을 붙이고 이를 통해서 그것들을 우스꽝스럽게 만든 아리스토파네스처럼 말이다. 이 시는 시작할 때마다 다른 내용이 나오지만, 굳건한 의지를 지닌 아이스킬로스는 그 다음에 매번 파괴적인 연고 항아리를 갖다 붙여놓는다. 드로이젠은 이를 "보기 좋게 낡은 칠현금 소리를 내며 떨어져버렸네"라고 자유로이 번역했다. 이는 물론 그 의미를 드러낸 것이었지만 아리스토파네스가 의도한 결과를 추상적으로 발음한 것일 뿐이었다. 포스의 번역 Ⅲ권 185~188쪽에 따르면 다음과 같다.

> 에우리피데스: 아이귑토스,[5] 외침은 주변으로 광범위하게 퍼지고,
> 　　　　　　　 50명의 아들과 함께 바다를 노 저으며 쏜살같이
> 　　　　　　　 아르고를 마주보며 방향타를 잡고는 ─
> 아이스킬로스: ─ 자기 연고 항아리를 두 쪽 내었네.
> 에우리피데스: 디오니소스, 담쟁이와 포도잎을 감은 지팡이와 아름

---

5) 역주: 아이귑토스(Aigyptos). 벨로스의 아들이며 다나오스의 쌍둥이 형제로 자기가 난 50명의 아들을 위해 다나오의 50명의 딸과 결혼을 강요한다.

> 다운 얼룩무늬
> 노루 가죽으로 치장하고, 횃불을 들고
> 파르나스 평원을 가로질러 껑충껑충 윤무를 추며 —

아이스킬로스: — 자기 연고 항아리를 두 쪽 내었네.

에우리피데스: 모든 존재가 행복한 곳에서 남자는 살지 못하네,
왜냐하면 출생이 고귀한 자는 곧 영지를 잃고,
천박한 혈통을 지닌 자는 곧, —

아이스킬로스: — 자기 연고 항아리를 두 쪽 내기 때문이네.

에우리피데스: 카드모스, 6) 언젠가 시돈의
높은 산에서 배를 타고 떠난
아게노어 7)의 그 아들은 —

아이스킬로스: — 자기 연고 항아리를 두 쪽 내었네.

    여기서 형상의 변화를 위한 지속적인 붙임과 마찬가지로 이미 존재했던 형상으로의 지속적인 회귀가 코믹의 힘이다. 문학은 이로부터 자신에게 유리하고 강한 장점을 뽑아낼 수 있는데, 그와 같은 점은 서커스단과 곡마단의 모든 어릿광대에서도 관찰할 수 있다. 무형(無形)은 형상화의 초기단계와는 실제로 정반대가 되는 것으로 넘어가는 전이과정에서도 생겨날 수 있다. 어떤 형태가 우리에게 예고되지만 기대했던 것 대신 정반대의 것이 나타나는, 즉 최초의 형상이 정반대의 결말로 해체되는 현상이 나타난다. 그런 결말은 자연스럽게 어떤 현상을 가지지만 최초의 형상과 비교해봤을 때 그 형상은 최초의 형상을 파괴하는 것이다. 예컨대 어릿광대는 장애물을 뛰어넘기 위해 대단히 빨리 달리기 시작한다. 곧 우리는 머릿속으로 대담한 도약을 예감한다. 그때 목

---

6) 역주: 카드모스(Kadmos). 아게노어의 아들로 아버지의 명에 따라 제우스에게 납치된 누이동생 에우로페(Europe)를 찾으러 떠난다. 하지만 그 명령을 이행할 수 없어서 집에 돌아가지 못하는 까닭에 테베를 세운다.

7) 역주: 아게노어(Agenor). 티로스의 왕으로 카드모스의 아버지.

표점에 근접해서 갑작스럽게 멈추고는 몸을 굽혀 아래쪽으로 느긋하게 나오거나 아니면 산책하듯 되돌아온다. 우리가 웃는 까닭은 그가 우리를 속였기 때문이다. 우리가 웃는 까닭은 움직임의 최고의 격렬함과 나태한 느긋함의 가장 완벽한 대립이 우리를 놀라게 했기 때문이다. 혹은 그 어릿광대가 말 타는 법을 배우는 모습을 보여주면서 자신을 바보로 여기게 한다. 누가 그에게 무엇을 해야 하는지 어렵게 시범을 보여주고 그가 말안장에 앉도록 설득한다. 마침내 그는 말 위에 올라탄다. 그러나 ― 거꾸로 타서 고삐 대신에 말꼬리를 손으로 잡는다.

이런 관점에서 보면 주머니 마술도 아무것도 없는 데서 무엇인가를 꺼낼 수 있음으로써 우리를 즐겁게 해줄 수 있다. 오성은 아무것도 없는 데서 아무것도 생겨날 수 없음을 말해주지만, 우리는 마술사가 비어 있는 모자에서 잇달아 화환을 꺼내는 것을 본다. 우리는 경악하지만 우리의 오성이 분명히 반박당하는 동안에도 조용히 자신이 옳다는 것을 말해주기 때문에 우리는 웃는다. 바로 이 반박이 속아넘어갔다고 의식하는 우리를 즐겁게 만든다. ― 술 취한 자의 말이 단순한 주절거림으로 세분화되지 않은 소리로 지성의 혼란에 기인한 반사반응으로 넘어가는 것은 어느 정도까지 코믹할 수 있다. 베를린의 배우 게른 데어 존(Gern der Sohn)은 그처럼 형상을 찾는 소리, 투덜대는 소리, 목메인 소리, 골골대는 소리, 코맹맹이 소리를 개별적으로 단어의 일부와 결합시켜 훌륭하게, 그리고 분명한 작용을 불러일으키게끔 소리 낼 수 있다.

2) 비대칭

무형(無形)은 바로 형상의 미규정성이다. 형상의 미규정성은 형상의 통일성에 의해서 지양되지만 이 형상이 자체 내에 구분이 없고 그 결과 내부적으로 구분되어 있지 않음으로 인해서 무형이다. 혹은 구분이 형상에서 생겨나지만 이 구분이 형상을 해체하는 방식일 때 생겨난다. 형상의 통일성은 단순한 구분 속에서 반복되고 특정한 규칙에 따라 지속될 수 있다. 이것이 규칙성이다. 그러나 규칙성과 통일성 사이에는 존재들의 직접적인 다름이, 즉 상이성이 여전히 존재하는데, 이것의 다채로운 다양성은 미적으로 아주 즐거운 것일 수 있다. 그렇기 때문에 모든 예술도 아주 본능적으로 형태적 통일성의 단조로움을 깨뜨리기 위해서 변화를 추구한다. 따라서 추상적 동일성에 반하는 대립으로 인해 그 자체로 기분 좋게 작용하는 다양성은, 그러나 서로 극단적으로 상이한 존재들이 삭막하게 혼란스러워질 경우에 추로 전환된다. 그런 것들의 덩어리에서 다시금 어떤 특정한 부류가 형성되어 나타나지 않으면 그 다양성은 곧 부담스러워진다. 그렇기 때문에 예술은 예전부터 동일한 관계라는 보편성을 통해서 상이성이 너무 쉽게 빠지곤 하는 혼란을 통제하고자 노력했다.

앞에서 우리는 조형예술에서 민족들의 취향이 예전부터 어떻게 커다란 빈 평면을 생명이 깃든 것으로 만들려고 노력했는지에 대해 상기시켰었다. 취향이 처음에 사용했던 형태들은 기껏해야 원과 점이거나 알록달록한 선과 작은 점들이었다. 그러나 취향은 곧 이것들을 약간 정리하기 시작했다. 사각형, 지그재그형, 나뭇잎덩굴형, 치아형, 얽힌 리본형, 장미형이 모든 장식의 기본형태가 되었으며, 이것들은 아직도 우리 양탄자와 양탄자 바닥에서 힘을 발휘하고 있다.

따라서 상이함 속의 추는 이해되는 연관관계가 없는 경우에 존재하며, 이해되는 연관관계는 개별적인 것들의 덩어리를 하나의 상대적 형태로 한데 묶어준다. 코믹의 관점에서만 보면 규칙 없는 혼란은 다시금 우리를 만족스럽게 해준다. 천박한 현실은 혼란들로 가득 차 있는데, 이 혼란들이 다행스럽게도 우리를 웃게 하지 못할 경우에는 우리 마음에 미적인 모욕을 가할 수밖에 없다. 우리가 그 혼란들을 장 파울

(Jean Paul)이나 디킨즈보즈(Dickens-Boz)⁸⁾ 같은 사람의 눈으로 바라
보면 그것들은 곧 코믹한 매력을 얻는다.

　길을 걸을 때 우리는 그런 유머러스한 관찰의 소재들을 끊임없이 발
견할 수 있다. 그때 우리는 가구운반차와 마주치게 된다. 그 차에는
소파, 탁자, 부엌 집기, 침대, 그림이 서로 이웃하고 있는데, 이런 상
태는 이들의 예전 구분에 의하면 이들 자신에 의해서도 있을 수 없는
것이라고 여겨질 것이다. 아니면 저쪽에 있는 저 집은 1층에서 구두수
선공과 반드시 있어야 할 맥줏집과 담뱃가게를, 그 위층에서 파리풍의
의상실을, 위쪽 맨 위층에서 동양식으로 꽃을 그리는 화가를 우리에게
보여준다. 우연하게 뒤섞인 이 혼란은 얼마나 감각을 풍부하게 해주는
가! 혹은 우리가 책방 안으로 들어가면 늘였다 줄였다 할 수 있는 책
상 위에 고전(古典)과 요리책, 동화책, 서로에게 화내고 있는 팜플렛
들이 가장 웃기는 조합으로 서로 몸을 비벼대고 있는 것을 바라보게
된다. 이러한 조합은 워싱턴 어빙(Washington Irving)이나 구츠코
(Gutzkow) 같은 작가들만이 풍자적 분위기를 만들기 위해 얻기를 원
하는 그런 것과 같다. 그리고 이제 심지어는 벼룩시장까지 있다! 순진
무구한 유머의 거장인 벼룩시장은 색이 바랜 가족 초상화, 좀이 든 모
피, 낡은 책과 환자용 변기, 바닥에 끌리는 검, 부엌 빗자루, 여행가
방, 야생의 뿔들을 순진하게 뒤섞어 놓고 있다! 시장, 여관, 전투장,
우편마차 등은 그런 짓궂은 혼란들의 즉흥적 연주장이다. 다양한 존재
들이 서로 접촉할 때 그것들의 이질성은 우리에 의해 관찰된 연관관계
로 인해 자신들의 관습적 가치를 변화시킨다. 물론 우연은 아주 산문
적이고 비정신적일 수 있지만 아주 시적이고 웃길 수도 있다. 보통의
경우에는 아주 멀리 떨어져 있고, 모여 있으면 품위가 떨어진다고 간
주되는 사물들이 우연에 의해서 놀라울 정도로 가까이 있게 된다. 현

---

8) 역주: Dickens-Boz는 찰스 디킨즈(Charles Dickens)의 가명이다.

대인들은 혼란에 기초한 이런 위트를 아주 광범위하게 아주 종종 성공적으로 만들어냈다. 오늘날의 의식이 소유한 거대하고 충만한 경험의 영역으로 인해 수없이 많은 연관관계를 만들어내는 것이 가능해졌으며, 이 연관관계가 우연하게 공존할 때 서로를 비추어줌으로써 우리를 즐겁게 한다. 영국의 섬민족, 런던, 엘리자베스 시대, 셰익스피어의 상상세계는 특히 이런 상상의 유희를 촉발시켰다. 호가르트(Hogarth)는 이런 상상의 유희를 회화에 끌어들였다. 하지만 특징만을 그려내는 그의 기법이 특히 그의 유형학적인 기법이 제아무리 훌륭하다고 할지라도 어떤 의도가 없다고 할 수는 없다. 그 자신이 계산해서 만들어낸 연관관계를 간과하지 못하게 만드는 그 의도는 아주 과장되고 지속적인 꼼꼼함을 통해서 드러난다. 이보다 비교적 훗날의 문학에 그런 방법을 도입한 사람들은 특히 유머러스한 소설을 쓰는 작가들이었다. 이들은 그 방법을 아주 빈번히 느긋하게 사용했을 뿐만 아니라 비비꼬기를 넘어서서 아주 진부할 정도로까지 사용했다. 단순히 혼란한 표상(表象)은 추하다. 우리들의 억지스런 수많은 유머작가들은 생각이 사라지는 증상으로 인해 고통받는 정신병원 환자들과 종종 똑같다.

자유로운 다양성은 어느 정도 의미 있게 무리 지어 있는 한 아름답다. 상이함이 질서를 띠어가는 경향을, 즉 다양성 속에서 어떤 추상적이고 반복되는 통일성이 되어가는 경향을 생각해보면, 우리는 규칙적인 것의 개념을, 즉 느슨한 차별성을 묶어주는 확고한 규칙에 따른 상이함의 쇄신이라는 개념을 얻게 된다. 박자에서의 동일한 시간 배분, 가로수길에서 나무들의 동일한 간격, 건물에서 같은 부분이 갖고 있는 동일한 크기, 노래에서 후렴의 동일한 회귀 등이 그런 것이다. 이런 규칙성은 그 자체로 아름답다. 그러나 이것이 추상적 오성의 욕구를 먼저 만족시키고 이런 이유로 미적인 조형이 오직 규칙성으로 제한되고 그외에 이념을 표현하는 그 어떤 것도 제공하지 못하는 한, 그것은 추해진다. 규칙성은 위에서 언급한 방식으로 우리에게 구분을 보여주는 그런 획일적 동일성으로 우리를 피곤하게 만들고, 우리는 그 단조로움에서 벗어나 자유를 희구하게 된다. 극단적 경우에서는 혼돈의 자유가 될지라도 말이다.

티크(Tieck)는 《판타수스》(*Phantasus*)의 도입부에서 네덜란드식 정원을 간접적으로 옹호해서 나무울타리와 위가 평평하게 깎인 나무들과 회양목을 두른 화단을 갖춘 네덜란드식 정원이 즐거운 산책자들의 대화에 합목적적이라고 설명했다. 모임 자체가 목적이 되는 장소인 화려한 궁정에서는 부드러운 모래가 깔린 널찍한 길, 초록색의 벽, 행진대열로 진군하는 나무, 인공동굴 모양으로 전지된 작은 나무숲이 아주 잘 어울린다. 이런 방식이 위대한 루드비히 치하에서 바로 르노트르(Lenotre)에 의해 가장 완벽하게 완성되었다면, 모방자들은 르노트르 방식을 쇤부른과 카셀과 슈베칭엔 등지에서 복사했다. 이곳에서 자연은 자유로이 자연스럽게 자라나는 모습으로 나타나서는 안 된다. 제왕을 마주하고 있는 자연은 오히려 자신을 제한해야 하며 마음에 들도록 봉사해서 바람이 통하는 살롱만을 만들어주어야 한다. 이곳에서는 비단 예복과 금장식의 제복이 잘 어울린다. 그러나 궁정의식이 열리는 곳이 아닌 소규모의 장소에서 가위로 구형과 피라미드형으로 전지된 3차원의 나무울타리와 나무들 사이를 지나가노라면, 곧 억압의 느낌과 자로 잰 듯한 정확성의 느낌이 우리에게 스며들고 우리는 이런 삭막함으로부터 벗어나 영국식 정원이나 혹은 자유로운 숲의 비규칙성을 동경하게 된다.

우리는 이 부분에서 이미 순전히 변증법적 규정에 도달했다. 규정을 단순하게 말하고 정하는 것으로는 충분하지 않다. 규정들은 서로 연관을 맺어야 한다. 규칙성은 순간적인 것으로는 정당하고 아름다울 수 있지만 미적 대상을 남김없이 설명하는 절대적 규칙으로서는 추할 수 있다. 그러나 규칙성의 반대가, 즉 비규칙성 자체가 미임에 틀림없다고 결론을 내릴 수는 없다. 비규칙성은 상황에 따라서 아름다울 수 있다. 그것이 적절하지 않은 곳에 나타날 경우나 뒤죽박죽으로 변화하면 마찬가지로 추하게 된다. 건축의 영역에서 매혹적인 비규칙성의 아름다운 예는 쉐르드파르트망에 있는 마일한트 성이며, 이것은 대칭이 전혀 고려되지 않은 채 일종의 르네상스 양식으로 세워진 것이다.[9] 화가들과 작가들은 범례들을 기억하도록 강요하기보다는, 하녀들이 입으면 여주인보다 종종 훨씬 더 매혹적으로 보이는 특별한 네글리제라고 명명되곤 하는 그런 느슨한 비규칙성을 표현하는 데 충분히 만족했다. 지난 세기에 독일에서는 이른바 히브리 문학과 고대의 합창과 북구(北歐) 민요와 오씨안을 모방한 자유롭고 율동적인 노래들이 유행하였으며 이것들은 비규칙적인 거칠음으로 인해 운율의 폐쇄성으로부터 벗어난 것들이었다. 그것들 중 몇몇은 클로프슈토크(Klopfstock)의 바르덴풍 시가와 괴테의 작곡처럼 훌륭한 것들이었다. 그러나 공허하게 울릴 뿐만 아니라 아주 비운율적이고 비음악적이며 뒤죽박죽으로 부대끼는 소리 속에서 움직이는 몇몇의 다른 노래에서 이 비규칙성은 또 얼마나 형편없었던가!

규칙성과 비규칙성은 바로 그런 이유로 인해 서로간의 대립에 의해서 코믹해질 수 있다. 첫 번째 것은 예컨대 꼼꼼함에서, 두 번째 것은 이 꼼꼼함에 대한 조롱에서 그렇게 된다. 꼼꼼함은 삶을 규칙으로 얽

---

9) 이 기이한 성은 가일라보(J. Gailhabauds)의 《건축술의 기념물》에 5페이지에 걸쳐 모사되어 있다. 프란츠 쿠글러(Franz Kugler)와 야콥 부르크하르트(Jacob Bruckhardt)와의 공동작업으로 로데(Lud. Lohde)에 의해 편집된 3권 《중세의 기념물》 6장에 있다. 자체가 진정 유익하고 우아하게 완성된 이 모음집은 유감스럽게도 가장 협소한 프랑스의 관점에서 착수되었다. 켈트족의 건축양식, 로마의 건축양식, 라틴계 중세의 건축양식, 그리고 이탈리아 건축양식이 여기서 과도하게 선호되었다. 반면에 특별히 중요한 예술의 발전 부분들은, 예컨대 독일 기사단의 건축술은 아예 간과되었다. 마일한트 성은 진정 흥미롭다. 그러나 이 성은 이 책에서 찾아도 없는 마리엔부르크 성을 따라갈 수는 없다.

어매고 싶어해서 갑작스런 폭우에도 예정된 시간의 점잖은 예방 외의 다른 것을 허락하지 않는다. 꼼꼼함의 강제(强制)는 일에는 도움이 안 되는 자기준거적인 강제이기 때문에 코믹해진다. 그리고 꼼꼼함이 힘들게 쳐놓은 영역을 교활한 코볼트처럼 방해하는 비규칙성은 삶을 그 개념에 반하여 기계처럼 다루려고 하는 그런 어리석음에 대한 정당한 조롱으로 코믹해진다.

통일성과 구분이 통일되어야 한다면 이는 먼저 다음과 같은 방식으로 통일될 수 있다. 즉, 형(形)이 비록 반복되지만 반복과 동시에 역전(逆轉)으로 회귀하는 방식으로 말이다. 형의 반복은 규칙성의 동일성이고 그 질서의 역전은 비규칙성의 비동일성이다. 비동일성에서도 똑같은 동일성의 형태는 본래 대칭이다. 그래서 고대인들은 두 친구를 아름다운 대칭으로 표현했다. 각자는 몸을 치켜세운 말을 잡고 있는데, 한 사람은 왼손으로, 다른 사람은 오른손으로 잡고 있고, 한 사람은 왼발을, 다른 사람은 오른발을 앞으로 내고, 말머리는 안에서 바깥쪽으로 향해 있다. 여기서는 동일한 것이 양면으로 존재하고 있지만, 그것은 서로 구분되어 있고, 그것은 단순히 다른 것이 아니라, 하나가 다른 것의 역전이며 동시에 동일한 것에 대한 관계이다. 따라서 대칭은 단순한 통일성이나 단순한 상이성, 혹은 단순한 구분, 단순한 규칙성이나 비규칙성을 표현하는 것이 아니라, 동일성 안에 비동일성이 포함된 통일성을 표현한다. 그럼에도 불구하고 대칭 역시 형태가 아직 완전해진 것은 아니다. 보다 차원 높은 미의 조형은 대칭 역시 단지 하나의 계기로 자신에게 예속시키며 이때 대칭은 특정한 조건하에서 그 계기됨을 넘어선다. ─대칭이 기대되는 곳에서 존재하지 않으면 그런 모자람은 우리의 감정을 상하게 한다. 특히 대칭이 이미 존재했지만 단지 파괴되어버린 경우나 구조적으로는 존재하지만 실현되지 않은 경우에 그러하다. 대칭은 추상적 관점에서 보면 균형 자체일 뿐이다. 그러나 그것은 보다 정확히 말하자면 위/아래, 오른쪽/왼쪽, 대/

소, 높음/낮음, 밝음/어둠의 대립을 포함하는 균형, 혹은 더 정확히 말하자면 동일한 것의 반복 속에서 상태의 역전을 자체 내에 포함하는 균형이다. 인간 조직의 눈, 귀, 손, 발이 그런 방식으로 대칭을 이루고 있듯이 우리는 이를 바로 역위(逆位)라고 부른다. 동일한 것의 배가(倍加)는 그 양면에 균등한 점과 연관을 가질 수 있다. 창문의 위치가 문과 맺는 관계에서처럼, 석주의 두 반구형이 그것을 가로지르는 두 통로와 맺는 관계에서처럼, 디스티혼10)에서 올라가고 내려가는 5보격의 반(半)이 6운각의 반과 맺는 관계에서처럼 말이다. 이 모든 것은 대칭적 질서들이며 우리는 이것들을 건축, 조각, 회화, 음악, 문학에서 이들의 독자적 내용에 따라 특화시킨다. 이제 그런 경우에 대칭이 부정된다면 이는 추한 불균형을 만들어낸다.

대칭 자체가 아예 없고 그것이 존재하지 않을 경우에 대칭이 그렇게 존재하지 않음은 대칭을 손상시키는 것보다 견딜 만하다. ─ 본질적으로 대칭으로 있어야 할 관계에서 한 부분이 빠지면 대칭의 현존은 불완전하다. 그러나 그렇게 되더라도 우리의 상상력은 보충적으로 작용하여 이미 존재하는 면으로부터 부족한 면을 머릿속에서 보충한다. 그 결과 개념에 따르면 존재하는 것이지만 실재에 따르면 아직 실현되지 않은 대칭으로서의 이와 같은 반(半)대칭은 견딜 만하다. 우리는 이를 고딕식으로 세워진 수많은 교회에서 느낀다. 이런 교회에서는 하나의 탑만이 세워져 있는 반면, 다른 탑은 아예 없거나 아래층에 이를 정도의 높이를 가질 뿐이다. 탑 부분의 전면(前面)을 볼 때 존재하지 않는 탑은 분명히 미적 결함이다. 왜냐하면 건축의 구조에 따르면 그것은 존재해야만 하기 때문이다. 그러나 숭고함을 요구하는 건물로서 탑의 개념은 특정한 유일성으로 존립할 수 있음을 포함하기 때문에 우리는 그런 모자람을 상당히 쉽게 감내할 뿐만 아니라 그런 모자람이 보다

---

10) 역주: 디스티혼(Distichon)은 6운각(Hexameter)의 시구와 5보격(Pentameter)의 시구로 된 2행시를 뜻한다.

분명히 눈에 보일 경우에는 우리들의 상상으로 그것을 보충하게 된다. ― 대칭이 완벽하게 이루어졌지만 대칭 자체가 모순을 포함하면 우리의 상상력은 활동영역을 상실하게 된다. 왜냐하면 우리 마음이 그 어떤 실제적인 것에 의해서 방해받기 때문이다. 그렇게 되면 우리는 그 어떤 다른 것을 기존의 것의 자리에 설정할 수 없고 존재하는 것을 이념적으로, 이상적으로 보충할 수 없다. 오히려 우리는 경험적으로 존재하는 것에 예속되지 않을 수 없고, 이것을 그 상태 그대로 받아들이지 않을 수 없다. 동일성은 그 자체로는 역전이지만 역위(逆位)적이지는 않은 방식으로 존재할 수 있다. 이렇게 되면 대칭적이고 조화를 이루는 대칭물이 나타나지 않으며, 상응해야만 하는 동일한 것이 질적으로 상이한 방식으로 나타난다. 예컨대 원래의 설계에 따르면 두 개의 탑을 가져야 했는데 그중 하나만이 먼저 세워지고 후에 두 번째 탑이 세워졌지만 이것이 다른 양식으로 덧붙여진 어떤 고딕식의 교회를 상상해보면, 진정 있어야 할 두개의 탑이 있기 때문에 대칭은 비록 존재하지만, 이 대칭은 전체의 개념에 상응하지 못하는 오히려 통일성에 질적으로 모순되는 방식으로 있게 될 것이다. 극장에서는 탈의실의 부족으로 인해서 종종 극히 우스꽝스런 현상이 이런 비대칭 형태로 나타난다. ― 혹은 대칭이 질적으로는 형의 통일성에 상응할 수는 있으나 양적으로는 균형을 망가뜨릴 수 있다. 이렇게 되면 이런 무형태도 추하다. 이런 종류의 실수가 조형예술에서 아주 많이 저질러졌다. 개념에 따르면 나란히 있는 두 개의 탑 중에서 하나가 다른 것보다 더 높아서는 안 되며 건물의 양날개 중에서 하나가 다른 것보다 더 길어서는 안 되고 대문에 의해 양분되는 창문의 열에서 한 열의 창문 숫자가 다른 열의 창문 숫자보다 많아서는 안 되며 어떤 조각에서 하나의 팔은 다른 팔보다 더 길어서는 안 된다. 불구는 특히 이런 종류의 대칭의 모자람을 표현해주는데, 팔이나 발 하나가 줄어들었거나 불구가 된 경우처럼 말이다.

비대칭은 단순한 무형이 아니라 분명한 기형이다. 바이런은 환상적인 회곡작품 《추한 변형》에서 강한 정신을 지닌 꼽추의 고통을 묘사했다. 어머니조차 그를 거부했을 때 바이런은 그로 하여금 자살을 시도하게 만들고 그 시도는 바로 그 순간 낯선 이방인에 의해서 중단된다. 이방인은 그에게 꼽추 외의 다른 모든 형태를 선물로 주겠다고 하면서 그에게 다음과 같이 말한다.

> 내가 네 안짱다리로 황소를,
> 네 혹의 크기로 빠른 단봉낙타를
> 비웃으려 했다면, 이 동물들은
> 칭찬을 들은 양 환호했을 것이다. 그리고 분명히
> 이 두 존재는 너와 네 종(種)의 용감한 자, 아름다운 자 모두보다
> 더 빠르고 더 강하며,
> 힘과 지구력에 있어서 더 세다.
> 네 형태는 자연스러운 것이다.
> 자연의 빗나간 호의가
> 다른 존재들에게 주려고 생각했던
> 그 선물을 인간에게 준 것이다.

그러나 꼽추 아르노는 미의 무게 전체를 느낀다. 그는 계속해서 다음과 같이 말한다.

> 내게
> 그다지 힘이 없지는 않아요. 왜냐하면 추는 대담하기 때문이지요.
> 추의 본질은 감정과 정신에서 인간임을 넘어서고 그래서 다른 존재와 똑같이
> 아니 그보다 더 높이 서는 것이지요.

추는 부정성에서 실제적인 그 어떤 것이다. 그렇기 때문에 추는 자신이 외롭다고 느끼며, 이 감정이 추의 가장 커다란 고통이다. 아르노는 말한다.

> 어떤 힘도 내게
> 변화의 가능성을 제공하지 못한다면, 나는 정신만이
> 해낼 수 있는 그 모든 것을 다해 나의 길을 열었을 것입니다.
> 내 느낌에 마치 산처럼 내 마음과 어깨를 짓누르는,
> 무겁고 구역질 나며, 기운을 쇠잔하게 하는 이 짐 덩어리의
> 추악함에도 불구하고 말입니다 — 보다 운 좋은 자의 눈에는
> 구역질 나고 기형적인 고슴도치의 둔덕처럼 보이겠지요.
> 그렇게 되면 나는 이 종족의 아름다움을 보겠지요.
> 사람들이 아름다운 것으로 알고 있고 꿈을 꾸는
> 그 모든 것들의 근원적인 모습은,
> 사랑이 아닌 절망의 한숨을 통해서 그것을 변용하는
> 세상 이상의 것입니다.
> 나를 그토록 외롭게 만드는 이 굽은 등과 관계없이
> 나를 사랑하는 것을, 비록 완전한 사랑이라 해도
> 저는 얻으려 하지 않겠습니다.

기형의 고통은 이처럼 음울하게 표현된다. 그러나 기형은 코믹을 위해 아주 중요한 수단이 될 수 있다. 존재하지 않는 대칭에서는 그 어떤 코믹도 존재하지 못하지만, 혼란 속에서 대칭은 이미 아름답게 태동하기 시작한다. 왜냐하면 혼란 속에서는 하나의 형태가 다른 형태를 밀어내거나 소멸시키기 때문이다. 반(半) 대칭에서 끝나지 않을 실현을 향한 기초는, 그 내용의 특이함은 아예 제쳐놓더라도, 매한가지로 코믹한 모양을 갖고 있다. 그러나 실제적인 비(非) 대칭은, 즉 일치해야 할 부분에서 일치하지 않고 부분들의 동일함에서도 동일하지 않은

그런 자체로 비대칭적인 대칭은 실제로 이미 코믹한데, 경험적 현실로서 있을 수 없음과 개념에 따르면 반드시 있어야 할 현실 간의 모순이 우스꽝스러움이 되는 한 그러하다. 개념에 따르면 한 팔이 다른 팔보다 길다는 것은 있을 수 없어야 한다. 그러나 이제 실제로 한 팔이 다른 팔보다 길어진다면 이로써 개념에 모순되는, 있어서는 안 될 현실이 실재가 되고 이 모순이 코믹하게 되는 것이다. ― 바로 발과 연관해서 절뚝거림이 자체로 코믹함을 갖고 있듯이 말이다. 팔이 휘어진 까닭에 겉보기에 짧아 보이는 현상이 가져올 수 있는 코믹은 사람들의 주의를 끌어서 대필공, 옷수선공, 구두공 등의 우스꽝스런 움직임을 표현한다.

연극에서 사람들이 특히 애호하는 코믹은 주요사건의 비극적 흐름과 부수적 사건의 코믹한 흐름이 대칭적으로 서로 대립함으로 인해서 생겨난다. 진지한 영역의 모든 실제 사건들은 코믹의 무가치함 속에서 반복되고 이런 대비를 통해서 비장함을 강화한다. 이런 방식은 영국 연극, 특히 스페인 연극에서 지배적이다. 셰익스피어는 고귀한 비극에서 이런 방식을 배제했다. 그러나 칼데론은 도덕적이고 관습적이며 상투적인 틀을 없애야 했기 때문에 그런 방법을 도처에서 사용했다. 그는 《기적을 행하는 마술사》(*El magico prodigioso*)[11] 같은 신학적 연극에서조차 극의 비극적 전개 자체를 코믹의 테두리에서 성찰하게 만들었다.

우리가 추하다고 하는 비대칭의 규정들이 실제적 특징을 요구할 때, 그 규정들은 요구가 단지 가상일 경우에만 코믹하게 된다. 그러나 추를 다루고 있으며, 추가 우스꽝스러움으로 해소되는 과정을 단지 암시만 하는 이 자리에서 우리는 더 이상 코믹을 추적할 필요가 없다. 그럼에도 불구하고 우리는 비대칭이 어떻게 해서 대칭에 반하는 지렛대

---

11) 역주: 칼데론의 희곡으로 1637년에 완성됨.

인 잘못된 대조에 의해서 부조화로 넘어가는지 보여주어야 할 것이다. 비대칭에서나 대칭에서나 역전된 부분들의 관계는 일반적으로 안정적 관계이다. 대립이 긴장관계로 넘어가면 대립은 대조가 된다. 대조는 알려져 있다시피 가장 훌륭한 미적 수단 중의 하나이다. 그것은 질적으로 자체가 모순인 규정에서만 존재할 수 있다. 그러나 대조는 양적으로 정도의 차이가 많을 수 있고, 약하고 강할 수 있으며, 흐릿하고 뚜렷할 수 있다. 주어진 경우에 어떤 종류의 대조가 필연적 대조인지는 주변상황에 달려 있다. 하나의 동일한 본질에는 여러 측면에 따라 상이한 모순들이 가능하다. 그러나 모든 본질은 자신의 독특함으로 인해서 하나의 절대적 모순을 가지고 있는데 이는 자신의 총체적 부정을 내포한다. 삶에는 죽음이, 죽음에는 삶이, 진리에는 거짓이, 거짓에는 진리가, 미에는 추가, 추에는 미 등이 절대적 모순으로 대립해 있다. 반면에 삶에는 병이, 진리에는 오류가, 추에는 코믹이 상대적 모순으로서만 대립해 있으며, 그렇기 때문에 이러한 규정 자체는 자신의 절대적 모순 외에도 또다른 모순들을 갖는다. 물론 병은 삶을 방해하는 것이고 약화시키는 것이다. 병이 삶에 모순이 되는 경우는 상술하자면, 삶이 그 개념에 의거하여 건강해야 할 경우이다. 그렇기 때문에 병의 절대적 모순은 삶에서 건강함이다. 객관적 확실성과 오류의 관계도 그러하고, 비극적인 것은 코믹한 것에 절대적으로 대립해 있다. 이러한 구분 때문에 절대적이든 상대적이든 자체로 모순이 안 되고 서로간의 모순이 단지 인위적으로 만들어져서 때로는 절대적 모순으로 때로는 상대적 모순으로 설정되는 그런 규정들을 서로 대조시키는 것은 가능하다. 절대적인 것과 절대적인 것, 절대적인 것과 상대적인 것, 상대적인 것과 상대적인 것은 형식적으로 모순이 될 수 있다. 이런 관계들은 실재적으로 다양하게 전환될 수 있다.

일부는 형이상학과 논리학에, 일부는 특히 미학적 형이상학에 속해 있는 그런 보편적 개념을 이 자리에서는 보다 상세히 다루지 않겠다.

추한 대조인 거짓된 대조를 아름다운 대조인 진정한 대조와 필연적으로 구분해야만 할 경우에 우리는 그 개념을 기억해야 한다. 먼저, 거짓된 대조는 당연히 설정되어야만 하는 대조 대신에 단순한 상이함이 나타남으로써 생겨난다. 왜냐하면 단순한 상이함은 긴장을 생산해낼 능력이 아직 갖추어지지 않은, 불특정한 차별성에 불과하기 때문이다. 상이함이 갖고 있는 다채로운 다양성은 미적으로 온전한 권리를 가질 수 있지만 대조가 있어야 할 곳에서 제공된다면 그것은 충분하지 않다. 모든 상이성이 제아무리 축적되더라도 특정한 대립이 우리에게 불어넣는 관심을 대체할 수 없다. 장편소설에서 일단의 인물들이 등장하지만 그들과 그들 운명의 대조가 일단의 상황을 관통하여 나타나지 않으면 그런 다양성은 곧 우리를 피곤하게 하며 궁극적으로는 역겹게 한다. 혹은 그림에서 다양한 색채가 화려하게 빛나지만 색채의 결정적 대조가 빠져 있으면 우리 눈은 단순한 혼란함으로 인해서 곧 둔감하게 된다. 그럼에도 불구하고 대립은 상이성의 자극에 의해 손상되지 않고 이로부터 생겨날 수 있다.

실제적 대립과 부정적 대립은 먼저 대조를 만들어낸다. 즉, 동일성은 자기 자신과 비동일적으로 되어야 하며 그래야 갈등과 충돌에 이르기까지 뻗어갈 수 있다. 그러므로 구분된 것은 어떤 방식으로든 동일해야만 하고, 자신의 통일성을 통해서 자신과 상호연관성에 있어야 한다. 구분된 것이 상호작용하는 것으로 많이 나타나면 나타날수록 그것은 더 아름다워진다. 이제 특정한 대립이 있어야 하는데 한쪽 면에 동일한 부정적인 것 대신에 그저 하나의 관계만을 가질 뿐이고 결코 내적 관계를 가질 수 없는 어떤 다른 것이 설정되면, 그런 것은 단순한 상이함일 뿐이다. 예컨대 오페라 《악마 로베르트》(*Robert le diable*)에서 악마는 그렇게 자신의 아들과 상이할 뿐이다. 왜냐하면 그는 악마로서 아들을 증오해야 하지만 그 "이방인"은 악마의 본성에 어긋나게 아버지의 본성에서 출발하여 아들을 사랑하기 때문이다. 즉, 아들에 대한 사랑으로 인해서 악마적인 것의 이념이 지양되어버리는 것이다. 그는 항상 당연히 선과 대조가 되어야 하지만 그럼에도 불구하고 그는 그렇게 될 수 없다. 감상적인 악마라는 것은 우스꽝스럽다. 그것은 잘 못된 대조이다. 마땅히 있어야 할 대치의 자리에 단순한 상이성이 들 어선 것이다. 그런 대조는 창백할 뿐만 아니라 잘못 만들어진 것이다.

그러나 추한 대조로서의 대조는 대립이 지나친 긴장을 야기할 때 생 겨난다. 우리는 대조되는 면의 이런 형태를 효과 이끌어내기라고 부른 다. 예술은 단순한 진리를 신뢰하지 않고 감각과 감정에 자극을 주는 극단적 진리를 강화한다. 예술은 어떤 대가를 치르더라도 영향을 끼치 려 하며 그렇기 때문에 예술을 즐기는 자에게 어떤 자유도 허락해서는 안 된다. 예술을 즐기는 자는 무조건 정복당해야만 하며 그를 패배시 키는 데에는 — 여기서 예술의 승리라는 표현은 잘못된 것이다 — 대조 가 주요도구이다. 그러나 지나치게 만족해서 둔감해진 사람들이 대조 를 간과하거나 흘려들을 수 있다는 우려로 인해서 그런 사람을 오늘날 의 표현대로 사로잡는 작업이 진행된다. 대조는 강렬해지고 소리 지르 듯이 된다. 과도한 자극을 통해 신경을 확실하게 긴장시키기 위해서 자연적 한계를 현기증이 날 정도로 넘어선다. 예술이 그렇게 하는 것 은 추하다. 예술이 특히 우리 현대음악을 기형으로 만들어놓았듯이 말 이다. 볼테르가 셰익스피어의 시저를 프랑스 무대를 위해서 개작했을 때 그는 그렇게 취향[12] 없이 했었다. 그로서는 공화주의자인 브루투 스와 일인 지배를 추구하는 집정관이자 독재인 시저를 대조시키는 것만으로는 충분치 않았다. 그는 브루투스도 시저의 아들로 만들어놓 았고 이 둘로 하여금 그 사실에 대해 알게 했으며 정치적 적대자의 살 해를 아버지 살해로까지 강화시켰고 자기 작품에 화룡점정을 하기 위

---

12) 역주: 취향(Geschmack)은 심미적 판단의 기초이며 그에 따라 미를 만들어 내는 능력이다. 따라서 취향이 없다는 말은 예술적 자질이나 소양이 없다는 말이다.

해서 시저의 그림자[13]가 브루투스에 대항해서 세계사적인 권리를 쟁취한 필리피 전투를 삭제했다.

진정한 대조는 대립을 동일한 것의 비동일성으로 내포한다. 빨간색과 초록색은 그렇게 유채색이란 점에서 동일하고 흰색과 검은색은 그렇게 무채색이란 점에서 동일하다. 선과 악은 그렇게 자유[14]라는 점에서 동일하고 고체와 액체는 그렇게 물성이라는 점에서 동일하다. 잘못된 대조는 그에 반해 질적인 보편성에서 출발해서, 마치 큰 것에 대립적인 것이 작은 것이 아니라 하찮은 것이나 약한 것이라도 되는 듯이, 겉보기에 대립적인 것을 통용시킨다. 왜냐하면 하찮은 것에 대립되는 것은 중요한 것, 고귀한 것, 위엄 있는 것이고, 약한 것에 대립되는 것은 강한 것, 힘있는 것이기 때문이다. 이런 형태들은 또 특정한 연관관계를 가질 수 있고 동일한 의미가 될 수 있기 때문에, 왜 비교적 뛰어난 예술가들의 작품에서도 그런 실수가 끼어들 수 있는지가 설명된다. 우리들의 현대 서정시는 보석 연마처럼 화려한 아나스타시우스 그륀(A. Grün)의 어법이 부여한 언어의 방향에 따라 그런 수많은 잡종형태의 대조들을 생산해냈다. 우리는 그 기원을 그륀의 작품 자체에서, 심지어는 그의 가장 뛰어난 시에서도 발견할 수 있다. 아름다운 까닭에 당연히 사람들이 좋아한 《최후의 시인》이라는 시에서조차 그런 오류들이 끼어들었다. 예컨대

"숲이 계속해서 쏴~ 하고 소리 내어
그래서 피곤한 자를 식혀주는 한,"

---

13) 역주: 여기서 시저의 그림자는 옥타비아누스를 지칭한다.
14) 역주: 선과 악은 자유를 필요조건으로 갖추어야 한다. 그렇지 않다면, 즉 자유가 없다면 본능과 같은 필연적 행동만 있게 된다. 이런 이유로 예컨대 칸트는 도덕적 규범을 자유로부터 도출하려고 시도한 바 있다.

제 1 장 / 113

이라는 구절이 있다면, 피곤함에는 휴식이, 시원함에는 불타오름이 대립적이다. 그러나 피곤함과 식혀줌은 어울리지 않는다. 숲을 도입하는 이유인 쏴~ 하는 소리는 나무가 없는 평지의 침묵과, 그리고 그 자신의 침묵과 대조를 이룬다. 여기서 그륀이 많은 것을 축약하려는 의도가 보인다. 숲은 개활지의 열기로 인해 지친 자를 가지가 내는 쏴~ 하는 소리로 부채질해서 식혀주어야 하지만 이런 생각은 불완전하게 표현되었다.

반면에 강렬한 대조는 자체로 기존의 올바른 대치를 다방면에 적용하여 관심을 불러일으켜서 원래의 의도대로 본질적 관계를 강화하지 못한다. 그 대신에 우리의 주의력을 그 관계로부터 다른 데로 돌리는 수단을 통해서 긴장을 고조시킨다. 이런 대조의 효과는 스스로 스러지고 있다[15]고 할 수 있다. 브루투스가 로마의 필연적 형태로 공화제를 보존하려는 이유에서 시저의 살해를 맹세했다면 이 점에서 그 시대 전체의 커다란 정치적 위기가 우리에게 나타난다. 브루투스는 조국에 대한 의무에 충실하기 위해서 시저에 대한 호감, 개인적 연대감을 희생시켜야 한다. ─ 아들들이 트라크비니우스 사람들과 연대하려고 했을 때 공화국을 위해 아들들을 희생시켜야 했던 공화국 최초의 브루투스[16]처럼 말이다. 하지만 볼테르가 브루투스를 시저의 아들로 만들었을 때 그 브루투스는 도덕적 괴물이 되어버렸다. 도덕적 감정을 그렇게 침해하는 행위는 자체로 너무 전율적이어서 그 행위 하나만도 이미 우리의 피를 굳게 하기에 충분하다. 이때 우리의 주의력을 요구하는 요소는 두 가지로 로마의 국가윤리와 도덕감정이다. 셰익스피어의 작품에서 브루투스의 마음에도 도덕감정이 없지 않아서 시저를 죽이려는

---

15) 역주: mole ruit sua, 호라티우스의 송가에서 따온 인용이다.

16) 역주: 트라크비니우스 수페르부스(Traquinius Superbus) 황제(v. Chr. 재위 기원전 534~509) 때의 사람으로 콜라티누스와 함께 제정을 무너뜨리고 공화제를 세워 그와 함께 최초의 집정관이 된 사람이다.

그의 결심을 어렵게 만든다. 그러나 그 도덕감정이 브루투스의 내면에서 배반자가 생겨나는 것을 필연적으로 방해하지는 못하기에 중심이 되는 강조점은 정치적인 것에 놓인다.

강렬한 대조는 미적으로 특정한 조건하에서 아름다울 수도 있다. 그러나 그것은 자체로 그 대조의 통일성에 의해서 지지되지 않으면 추해진다. 이렇게 동일한 토대를 넘어서는 것은 대조를 자극적으로 만든다. 자극적인 것은 작가 쒸(Sue) 17) 와 스크리브(Scribe)에게 모든 진실한 예술을 타락하게 만드는 기술적 가능성이다. 파리의 정극(正劇)에서는 이질적 대치들의 종합을 통해서 새로운 것을 만들려는 노력이 여전히 지배적이다. 그런 곳에 존재하는 얼토당토않은 것이 거짓으로 오성을 움직이고 상상력을 놀라게 하며 — 여기서 그 수단이 되는 것은 어린아이의 무경험이 실존의 한계와 유희하는 동화의 소박함이 아니라 권태로운 몰상식의 정교함이다. 우린 앞서 작가 들라빈느(Delavigne)의 《악마 로베르트》에서 베르트람을 인용했는데, 그가 아들과 실제적 대조를 전혀 이루고 있지 못하다는 점을 보여주기 위해서였다. 그는 앨리스와도 대조를 이루지 못한다. 그도 그럴 것이 앨리스는 "노르망디 출신의 젊은 여성"이지 그와 같은 악마가 아니기 때문이다. 그러나 자극적인 점은 바로 악마에게 극히 사랑하는 아들이 있어서 그를 사랑하기 때문에 타락시키고 지옥의 동료로 만들려고 노력한다는 점이다. 우리에게 친숙한 헬(Theod. Hell)의 번역에 따르면 악마는 그와 같은 사랑으로 인해 이제 III막 9장에서 다음과 같이 노래한다.

오, 내 아들, 오 로베르트야!
내게 최고의 재화인 너를 위해
나는 이미 하늘을 거역했었고,
나는 지옥을 거역했다.

17) 역주: 쒸(Eugene Sue, 1804~1857). 프랑스 작가.

이제 사라진 명예를 대가로
이제 창백해진 찬란함을 대가로
너는 나의 유일무이한 위로가 되었고,
너에게서 나는 위로를 찾았다!

아주 악마 같지 않은 이 악마는 바로 부성애라는 감상성을 통해서
관심을 불러일으켜야 한다. 아들에게서 위로와 휴식을 찾는 사랑하는
악마는 물론 그때까지 존재하지 않았다. [18)]

비평이 이런 생산물로 인해서 빈번히 당황해 할 수 있다는 점은 이
해할 만하다. 왜냐하면 잘못된 모순은 보이지 않을 수 있기 때문이다.
독일의 경우 헵벨의 《마리아 막달레나》(Maria Magdalena)에 대한 논
쟁은 아주 잘못된 대조들이 어떻게 최고의 미로 간주될 수 있는지를
보여주는 아주 훌륭한 예이다. 연극으로 만들어진 사건은 분명히 아주
슬픈 것이다. 또 그 사건은 유감스럽게도 매일 일어날 수 있는 것이고
우리 신문들은 실상 그런 악취 나는 소재로 넘쳐난다. 헵벨은 서문에
쓴 대로 이 사건을 비극적으로 간주하고 그의 열광적 팬들 역시 그렇
게 간주하고 있다. 그러나 이 사건은 비극적이지 않다. 이 사건에서는
슬픈 것이 비극적 대조로 만들어졌다. 따라서 슬픈 것을 비극적 격조
로 간주해 달라는 요청은 잘못된 것이다. 헵벨 희곡의 현혹케 하는 특
성은 이런 점에서 비롯한다. 무뚝뚝한 남자인 늙은 목공 안톤은 재판

---

18) 우리는 문학적인 것을 가장 혐오스럽고 진부하게 작곡한 것들이나 혹은 작
   곡을 통해 문학을 망가뜨리는 것들을 오페라에서 극히 풍부하게 이삭 줍듯
   주워올 수 있을 것이다. 왜냐하면 "삶의 무지함을 처량하게 즐기는 것"이 분
   명히 요즘 우리 시대의 평범한 연속 오페라의 추세이기 때문이다. 그러나
   리하르트 바그너(Richard Wagner)가 오페라와 희곡에 대한 3권의 저서에
   서 현대 오페라 텍스트가 지니고 있는 반문학적인 추와 나쁜 점을 특히 형편
   없는 각색을 가치가 있는 것으로 인정했기 때문에 우리는 이 단 하나의 예로
   국한했다.

소 정리(廷吏)와 건배하기를 거절하고 그에게 거친 말을 해댄다. 그래서 재판소 정리는 그의 아들이 도둑이라고 중상모략한다. 아들은 감옥에 갇히고 아버지는 그에게 죄가 있다고 믿는다. 어머니는 놀라서 죽는다. 딸 클라라는 젊은 남자를 사랑하고 이 남자는 대학 생활을 하면서 그녀를 잊은 듯하다. 그녀는 감정이 없고 오성만을 가진 비열하고 계산적인 남자 레온하르트와 관계를 맺는다. 스스로를 강제하여 그에게 순종하려는 의식에서 그녀는 처녀성을 그에게 바치고 임신하게 된다. 그러나 레온하르트는 다른 여자와 결혼하면 자신의 물질적 행복을 추구할 수 있기 때문에 그녀를 버린다. 그러는 사이에 아들의 무죄가 밝혀지고 그는 선원의 신분으로 아메리카로 간다. 클라라의 전 애인이 돌아오고 그는 그녀를 여전히 사랑하며 그녀와 결혼하고 싶어한다. 그러나 유감스럽게도 그녀는 임신상태이다.

   "어떤 남자도 그 점을 봐줄 수는 없어!"

   이렇게 그 남자는 자신에게 외친다. 클라라는 레온하르트에게 결혼해 달라고 애원을 하지만 소용없다. 레온하르트는 그녀가 열정에 빠져 자신에게 순종하지 않고 마음속으로 다른 남자를 사랑한다는 이유로 그녀를 조롱하며 거부한다. 박사학위를 딴 전 애인은 서기 레온하르트와 권총으로 결투를 하고 그들은 서로를 쏘아 죽인다. 그러나 가시 돋친 말을 카토 식으로 아주 서슴없이 해대는 늙은 안톤은 딸의 도덕적 엄격함을 믿지 못했음에 틀림없다. 그는 그녀가 자신에게 치욕을 가할 경우 스스로 자신의 목을 베겠다는 위협조의 말을 내뱉는다. 그래서 자신의 불행에 대해 확신한 딸은 아버지를 사랑한 나머지 우물에 몸을 던진다. 시민 비극의 카토 격인 아버지는 사람들이 그에게 기대한 대로 면도날로 자기 목을 베지 않으며 정신착란에도 빠지지 않는다. — 그렇게 하기에 그는 지나치게 오성적이다. — 이 작품은 냉소적으로 아무 내용 없는 다음의 말로 끝난다.

　　"나는 더 이상 세상을 이해하지 못하겠어."

　이 희곡에는 진실로 잘못된 대조들이 모두 모여 있다. 아들과 어머니, 아들과 아버지, 딸과 아버지, 사랑하는 남녀, 모든 이들이 잘못된 관계를 맺고 있다. 관계, 집안의 독재, 절도, 순진무구함의 타락, 불륜, 불명예, 권총 결투, 반드시 영아살해를 동반하는 자살. 여기서 사건을 추하게 전환시키지 않는 것은 없다. 이 전체의 중심은 클라라이어야 했다. 하지만 그녀가 감정 없는 레온하르트 같은 그런 작자의 팔에 몸을 내맡기는데 우리가 어떻게 그녀를 비극적이라고 인정할 수 있겠는가! 그 작자가 고상한 인간이었더라면 그와 박사 사이에는 비극적 대조가 가능할 수 있었을 것이다. 그러나 그들과 클라라의 사이에 그런 통일성은 없다. 아니면 클라라가 레온하르트와 대조될 수 있을 것이다. 하지만 그녀가 진실한 마음의 사랑을 그에게 털어놓고 후안무치한 감정으로 그에게 처녀의 순결을 바쳤는데 어떻게 그녀가 그렇게 되겠는가. 그녀가 이 관계를 소피스트의 궤변으로 제아무리 아름답게 치장한다 해도 그것은 분명히 천박한 것이다. 그녀가 아주 불행하다는 것은 분명하다! 그러나 자신이 마음속 깊이 사랑하지 않는 남자에게 헌신하는 이유가 사랑과 감각적 도취에 있지 않고 원래 사악한 속셈에서 비롯하고 있음을 이야기해주는 소녀가 몰래 우는 소리와 열정적으로 한탄하는 소리를 5막 내내 듣고 있노라면 우리는 안됐다는 감정 외에 다른 어떤 감정도 가질 수 없다. 헵벨은 우리 이웃에게 매일 반복해서 일어날 수 있는 이 불행한 이야기를 장르적 특성에 아주 충실하게 인생을 따뜻이 바라보며 독특한 색조를 띤 언어로 묘사했다. 그는 그렇게 함으로써 우리가 내적으로 이런 비참함에서 빠져나와 숭고하고, 공포와 동정심에 의해 정화된 비극의 전율을 동경하도록 해줄 뿐이다.

잘못된 대조의 추가 아주 쉽게 코믹으로 전이될 수 있다는 사실은 원래 지금까지 이야기된 내용의 행간에서 이미 파악될 수 있는 내용이다. 이질성이 그저 더 계속되고 원했던 효과가 약간만 간과되면 우스꽝스러움이 완성되는 것이다. — 예컨대《악마 로베르트》에서 마이어베어(Meyerbeer)의 음악에도 불구하고 곧 수많은 사람들이 다행스럽게도 악마 베르트람의 고통에 대해 진심으로 웃게 되듯 말이다.

잘못된 대조는 이미 대칭적 관계의 내적 단절이며 모순으로 가득 찬 부조화로의 전이이다.

3) 부조화

대칭이 미의 형태적 규정 중에서 아직 마지막의 것은 아니다. 왜냐하면 반복되는 대칭의 동일성에는 여전히 즐거움을 주지만 자체로 단지 외적이고 단순한 규칙성의 구분처럼 지루한 법칙성이 있기 때문이다. 이집트의 예술은 규칙성과 대칭의 관점에서 보다 자유로운 형태로 승화하지 못한 미적 단조로움에 관한 대단한 그림을 우리에게 보여준다. 예컨대 상형문자의 형태들은 오른쪽에서 왼쪽으로 읽어야 할지 아니면 거꾸로 읽어야 할지에 관한 지침서가 필요하기에 음각문의 경우 그런 형태들은 이 방향 아니면 저 방향으로 모두 일치해야 한다. 그 결과 널찍한 벽 표면에서 모든 형태들은, 종종 수천 종이나 되는 형태들은 모두 옆으로 오직 하나의 같은 방향으로 모습을 드러낸다. 이것은 특히 눈을 피곤하게 하는 광경이고, 이것과 대조를 이루는 것은 문 입구에 정면으로 앉아 있는 거대한 입상(立像)들뿐이다. 그렇기 때문에 자연과 예술은 종종 어느 정도의 폭력을 통해서 대칭의 굳은 형태를 극복하려고 한다. 천재적 대담성은 커다란 관계들의 조화를 만들고 그것을 유지하기 위해서 별생각 없이 그에 예속된 관계들의 규칙성과 대칭을 희생시킨다. 포괄적인 건축 설계에서는 예컨대 놀라운 마리엔부르크 성19)이, 음악에서는 예컨대 베토벤의 몇몇 소나타가, 문학에서는 예컨대 셰익스피어의 역사 드라마가 그렇듯이 말이다. 미는 구분이 모순으로 이분화될 때까지 그 구분을 발전시킬 수 있다. 미가 모순 자체를 다시금 통일성으로 해소하는 한에서 말이다. 왜냐하면 이분화의 해소를 통해서 다시금 조화가 생겨나기 때문이다. 단순한 통일성은 전체를 표현하는 모든 미적 조형의 최초의 조건을 충족시키기에 자체로 아름다울지 모른다. 그러나 단순한 통일성은 아직 부족한 것이며, 때로는 내적으로 구분되지 않음으로 인해서, 때로는 구분이 혼란스럽고 애매모호하게 경계가 없어짐으로 인해서 추하다는 점을 우리는 살펴보았다. 구분은 자유롭고 아름다운 다양성으로 나아가는 상이성이 될 수 있지만 무리 짓지 않은 단순한 상이성은 피상적이고 외적인 구분으로서 거칠음과 황량함으로 넘어갈 수 있다. 미는 상이성을 보편적 규칙에 예속시킴으로써 그런 무형(無形)에 대응하려고 한다. 우리가 살펴보았듯이 규칙성은 이렇게 해서 한 가지 구분의 동일한 회귀로 생겨난다. 그러나 바로 이 규칙성은 어떤 미 전체의 독점적 형태가 되는 한 다시 추해질 수 있다. 왜냐하면 미는 구분을 특정한 구분으로 승화시켜야 하기 때문이다. 실제적인 것과 부정적인 것은 자체로 동일한 계기들의 역위(逆位)를 통해서 본래적인 대칭이 되며, 대칭 자체 내에서 그 계기들의 상호관계는 아름답다. 형(形)의 개념에 따라 반드시

---

19) 마리엔부르크 성은 단순히 대칭적 형태를 넘어서고, 그 모습은 상이한 시대와 다른 종류의 건축양식의 결합을 통해서 설명할 수 있을 정도로 각 부분들이 점차로 세워져 하나로 합쳐진 것이 아니다. 오히려 그 성은 원래 하나의 설계도로 몇 년 만에 세워진 것이다. 따라서 이 사실은 다음과 같은 점을 증명하고 있다. 건축가들의 드높은 예술적 감각이 조화의 충만함에서 마음대로 부차적인 미적 요구들을 수용하고 건축적 이음새를 무시했다는 것이다.

있어야 할 곳에 대칭이 없거나 혹은 대칭적인 형의 반쪽이 부족하거나 혹은 대칭이 비록 존재하지만 잘못된 대칭이고 통일적으로 서로 대립되는 구분들의 전제된 동일성이 내적 모순에 의해 방해요소가 되면 다시 추가 생겨난다. 모순을 설정하는 것이 미에 모순이 되는 것은 아니다. 상대적인 것과 상대적인 것, 상대적인 것과 절대적인 것, 절대적인 것과 절대적인 것의 진정한 대조는 아름답다. 역동적으로 아름다운 모든 것에는 충돌이 발전의 최고점이다. 그러나 잘못된 대조는 추하다. 왜냐하면 그런 대조는 본질의 통일성으로 인해 자체 내에서 모순이 될 수 없는 것을 대립시켜놓기 때문이다. 진정한 모순은 통일성 자체의 이분화를 내포해야 한다. 왜냐하면 그런 이분화가 자기해소의 가능성을 자체에 포함하기 때문이다. 불협화음은 통일성 속의 충돌을 통해서 자신과 모순관계에 있는 통일성으로서 소리를 낸다. 통일성과 상이성, 규칙성, 대칭, 대조로부터 생겨나는 추가 코믹으로 전환될 수 있다는 점은 모든 점에서 입증되었다.

미적인 통일성으로서의 통일성은 구분들이 전체의 살아 있는 계기로 생산되어 서로간에 자유로운 상호작용 속에 있음으로써 완성된다. 통일성은 자신의 구분들과의 관계에서 스스로를 규정하는 통일성으로만 나타나서는 안 된다. 구분들 역시 자기규정이라는 동일한 특성을 가지고 있어야 한다. 이것이 조화로운 통일성이라는 개념이다. 조화는 단순히 추상적이고 자립적인 통일성이 아니고 서로 관계가 없는 외적 구분에서만 깨지는 통일성도 아니다. 그것은 오히려 자신의 구분들을 자유롭게 생산해내고 그것들을 자기 내부로 다시금 소환하는 총체성이다. 그렇기 때문에 우리는 그것을 자연의 모범에 따라 유기적 총체성이라고 즐겨 부른다. 조화는 자신의 구분들이 빠져들 수 있는 모순을 스스로 극복해내는 힘을 가지고 있다. 고대인들에게 이 조화는 구분들의 개성을 전적으로 예속시킬 정도의 높은 위상을 차지하고 있는 반면, 현대인들은 개성적 특성을 위해 조화를 희생시키는 경향을 보여준다. 예컨대 폼페이의 벽화를 보면 색채의 조화는 그 벽화에 너무 본질적인 것이어서 기본 색이 방 하나의 모든 것을 가장 세밀한 부분에 이르기까지 지배하고 있을 정도이다. 헤트너(Hettner)가 《고대인들의 조형예술에 대한 입문》[20]에서 자연의 진리에 반하는 비정상적 부분들은 오직 이런 드높은 조화의 의미에서 설명될 수 있다는 점을 아주 훌륭하게 보여주었다. 비정상적 부분들이란 그 벽화에서 우리가 발견하는 것으로 동물이나 인간들이 부자연스러운 색조로 표현된 것이다. 우리가 좀더 자세히 관찰해보면 자연으로부터의 그런 일탈은 조화에 의해서 조건 지워져 있음을 알게 된다. 즉, 벽과 벽에 그려진 중앙그림의 기본색조는 측면그림과 장식무늬와 그와 같은 조화에서 일치하고 있는 것이다. 고대인들은 벽을 하나의 살아 있는 시각적 통일성으로 만들었고, 그 안에 있는 모든 특수한 것들은 그 통일성으로부터 자신의 색조를 얻어야 했다.

조화라는 표현은 모든 유사한 경우와 마찬가지로 조화에서 계기에 불과한 통일성의 단계들을 위해서 이미 사용되고 있다. 단순한 규정, 즉 하나의 색, 하나의 소리, 한 면의 순수성을 우리는 또 조화롭다고 부른다. 성공한 대칭적 배열의 율동적 움직임도 덜 조화로운 것은 아니다. 그러나 엄격히 말하자면 우리는 오직, 자신의 구분들이 그로부터 발생적인 특성을 획득하는 그런 통일성만을 조화롭다고 명명할 수 있다. 그것은 단순히 관계들의 비례일 뿐만 아니라 조화가 요구되는 관계 내의 행위이기도 하다. 전체의 구분이 다양해질수록, 그 각각의 구분들이 대자적으로, 자립적으로 나타날수록, 하지만 그것들이 전체적으로 하나의 동질성을 지닌 통일성으로 드러나게끔 서로 긴밀하게 연관되어 있을수록 더 조화로워진다는 인상을 받게 된다. 조화로운 작품은 전체의 본질을 각각의 구분에서 반복하지만 이 각각의 구분에 영

20) 헤트너(H. Hettner), 《고대인들의 조형예술에 대한 입문》(올덴부르크, 1848, 1권, 307~339쪽).

혼을 부여한다. 그런 작품은 수많은 구분들로 해체되는 것을 걱정하지 않는다. 왜냐하면 그런 작품은 그 구분들을 계기로서 다시금 전체라는 종합으로 합쳐놓기 때문이다. 계기는 자신의 독자적 삶에서 서로를, 그리고 전체를 필요로 한다. 그러므로 부조화는 조화의 자기역전으로서 조화로부터 파생되는 것이다. 왜냐하면 어떤 형에서 조화를 요구할 수 없다면 부조화에 대해서도 언급할 수 없기 때문이다. 비어 있음, 죽음, 모순 없음, 같기만 한 것은 부조화의 소재가 아니다. 하나와 다수, 본질과 형태, 보편성과 특수성의 상호연관에서 비로소 부조화가 나타난다.

　살아 있는 통일성을 기대한 곳에서 단지 추상적 통일성과 만날 때 우리는 조화가 없음을 아쉬워한다. 그러나 이 경우에 실제적 부조화가 존재하는 것은 아니다. 자유로운 다양성의 부족은 아름답지 않다. 그러나 이런 부족은 통일성의 이분화도 아니다. 통일성이 구분들로 발전하지만 구분들이 서로에게 외적으로만 대립하고 서로 하나로 녹아들지 않으면 우리는 조화의 생명력이 없음을 아쉬워한다. 이 경우에도 아직 실제적 부조화가 존재하는 것은 아니지만 이미 무조화(無造化)는 존재한다. 왜냐하면 조직되지 않고 서로 병존하는 구분들은 통일성을 다수로 해체시키기 때문이다. 구분들은 서로 상호작용을 하지 않는 통일성이 된다. 그렇기 때문에 통일성은 조화롭게 나타나는 대신에 단순한 집적(集積) 상태라는 건조함으로 나타난다. 우리는 이런 기형이 연극에서 협연(協演)의 부족으로 나타날 때 가장 안 좋은 것으로 생각한다. 이렇게 되면 무대의 모든 인물들은 마치 다른 사람들이 자신과 전혀 관계가 없는 듯이 자신만의 본질을 추구하게 된다. 개개인의 연기는 상호간에 침투하지 못하며 사건 전개는 지속적으로 막히게 된다. 연기의 조화가 부족하다는 인상은 특히 관객이 별로 없을 때 황량한 혹은 차가운 인상이 될 수밖에 없다. 때때로 배우들이 프롬프터에 너무 예속되어 프롬프터의 사그라지는 목소리가 내는 허스키한 속삭임으로 이미 들은 것을 그저 더 크게 말한다면, 그로부터 받는 인상은 마찬가지로 저마다 자기 역할만 가차없이 지속적으로 연기하는 정신병원의 병자가 주는 인상과 그다지 멀리 떨어져 있지 않다.

구분들이 모순에 빠지고 통일성으로 회귀하지 못함으로서 구분들의 통일성이 소멸되면 우리가 무엇보다 당연히 부조화라고 묘사하는 그런 이분화가 생겨난다. 그런 모순은 추하다. 왜냐하면 그 모순은 모든 미적 조형의 기본조건인 통일성을 안에서부터 파괴하기 때문이다. 이때 부조화는 자체로 추한 것이다. 그러나 필연적인 것으로서의 아름다운 부조화와 우연적인 것으로서의 추한 부조화는 곧바로 구분되어야 한다. 필연적 부조화는 통일성 속에 있는 이른바 비의(秘義)적 구분들이 마땅히 있어야 할 충돌에 의해 빠져들 수 있는 갈등이다. 우연적 부조화는 통일성에 허락된 흡사 이국적인 것 같은 모순이다. 필연적 모순은 이것이 입을 벌리는 무시무시한 균열로 우리에게 그 깊이를 분명히 보여준다. 이 부조화가 커질수록 그것에 승리하는 조화의 힘은 더 강하게 나타난다. 그러나 이분화는 통일성 같은 요소를 나누어야만 할 뿐만 아니라 통일성 자신과의 부정적 관계도 되어야 한다. 왜냐하면 오직 이런 조건하에서 통일성의 재건이 가능하기 때문이다. 따라서 부정적인 것 자체에 의한 이분화가 아름다운 것이 아니라 이분화에서 내적으로 작용하고 전체를 묶어주며 구원해주고 새롭게 해줌으로써 자신의 힘을 입증하는 통일성에 의한 이분화가 아름다운 것이다.

칸트가 올바르게 지적했듯이 이해관계 없이 보편적으로 마음에 드는 것은 아름답다. 따라서 이해관계 없이 보편적으로 마음에 들지 않는 것은 추하다. 이때 부조화한 것은 아름답지 않으면서 우리들의 이해관계를 아주 잘 불러일으킬 수 있다. 우리는 그것을 흥미롭다고 명명한다. 자체로 모순이 없는 것을 우리는 흥미롭다고 하지 않는다. 단순한 것, 쉬운 것, 투명한 것은 흥미롭지 않다. 위대한 것, 숭고한 것, 신성한 것은 이런 표현을 사용하기에 너무 고상하다. 그것은 단순히 흥미로운 것 이상이다. 그러나 뒤섞인 것, 모순으로 가득 찬 것, 이중적인 것, 그렇기 때문에 자체가 비자연적인 것, 범죄적인 것, 기이한 것, 미친 것은 흥미롭다. 모순이라고 하는 마녀 솥단지에서 끓고 있는 불안은 마력적 매력을 가지고 있다. 흥미로움을 문학적인 것과 혼동해서 흥미로움이 이상(理想)에 가까워지도록 풍부한 정신으로, 그리고 기법으로 그것을 이상화시킬 줄 아는 작가들이 있다. 그런 작가들은 볼테르와 구츠코처럼 항상 무엇보다도 모순을 적절하게 이해하고 있다. 반면에 이들은 모순의 발생과 해체에서는 그처럼 성공적이지는 못하다. 이 점을 통해서 설명되는 것은 그 작가들이 부조화의 소용돌이에 의해서 흔들리지만 곧 조화라는 승리의 흐름을 통해서 운반되려고 하는 감정을 매혹시키는 대신에 오성과 상상력을 더 많이 사용하고 있다는 점이다. 진정한 부조화는 구속(救贖)해주는 통일성의 통과점이며, 잘못되어 추한 부조화는 거짓의 이분화이고 따라서 진실한 본질이 아니라 진실한 비본질의 현상이기도 하기에 우리에게 고통스러운 것이다.

앞서 살펴본 헵벨의 《마리아 막달레나》에서 클라라가 무대 위를 걸을 때마다 우리는 그녀의 실제 본질과 그녀가 원하고 또 당위적이기도 한 본질 사이에 항구적 모순이 있음을 느낀다. 그녀가 고상하고 아름다운 것을 말한다 하더라도 그녀의 모든 말에는 핵심이 제거되고 있다. 왜냐하면 우리는 계속해서 "너는 임신하고 있잖아"라고 반박하지 않을 수 없기 때문이다. ― 그리고 이 임신상태는 그녀가 원한 바였다. 북부 독일 출신의 클라라는 근본적으로 쒸(Sue)의 《파리의 미스터리》에 나오는 플뢰어 드 마리와 구분되지 않는다. 공주로 태어났고 신선한 은방울 같은 목소리를 지녔고 소박한 소녀의 모습을 하고 자연적인 감정과 천사 같은 심성을 지닌 이 여가수(歌手)는 이상적 존재가 되어야 했다. 그러나 바로 그녀의 사랑스러움이 많이 드러날수록 우리는 부조화를 더 분명히 느낀다. 사랑스런 그 소녀는 우선 파리 시의 주점

에서 우리와 만나고 용감하고 순수한 한량의 애인이긴 하지만, 돈을
탕진한 후 일거리가 없어서 방탕하고 나태해진다. 그녀는 주점에서 포
주가 주는 화주에 취해 매춘에 빠져든다. 파리의 슬럼가에서 자는 공
주 신분의 여자! 대단히 흥미롭고 문학적이다. 이 점에서 비롯하는 그
녀의 도덕적 태도가 지닌 흠을 우리는 무시하지 못한다. 그녀 자신도
그렇게 하지 못한다. 최소한의 뛰어난 감각을 지닌 쉬는 그녀로 하여
금 미혼상태로 아버지 루돌프의 궁정에서 결핵으로 죽게 만드는데, 여
기서 아버지는 독일 영주의 비유이다. [21]

진정한 부조화는 잘못 해소되면 추해진다. 왜냐하면 이 경우 분명히
모순의 모순이 생겨나기 때문이다. 모순에서 작용하는 통일성의 합법
칙성은 많은 후속 결과를 가져오는 모순의 발전에서 점차 드러날 수
있고 그 내적 필연성을 보는 것은 우리에게 만족감을 부여한다. 왜냐
하면 부조화한 것이 조화로 해체되고 조화에 의해서 몰락함을 우리가
알게 되기 때문이다. 그 대신에 내적으로 도입부와 상응하지 않는 결

---

21) 여가수가 혼자 말한다: "앞으로 어떻게 살아가야 할지 난 몰랐어요. 그들이
나를 납치했었거든요. 그들은 내게 마시라고 소주를 주었죠! — 그래서 제가
지금 여기 있는 거예요!"
"칼을 든 영웅이 '이해해'라고 대답한다."
유진 쉬는 계속해서 말한다: "여가수의 얼굴 모습은 기이한 비정상적 상
태로 인해서 천사 같고 순진무구한 전형적 형태를 보여주며 심지어는 타락
의 한가운데서도 선택받은 몇 안 되는 자들의 얼굴에 신이 부여했던 그런 고
상한 흔적을, 피조물이 자신의 죄로 지울 수 없는 것 같은 그런 이상성을 간
직하고 있다."
《파리의 미스터리》에서 이런 종류의 궤변은 거침없는 비평을 받아 마땅
하며, 폴렝 리마이라크는 1844년에 출간된 《두 세계의 리뷰》(*Revue des
deux mondes*)의 1권 74~76쪽에서 이 작품에 대해 그렇게 비평을 가했다.
캐리커처의 방식으로 인해 추의 개념에 아주 중요한 이 장편소설에 대한 미
적 비평은 슈벨거의 《현대의 연보들》의 1844년판 655~657쪽에서 보다 날
카롭게 가해졌다. 같은 책에서 침머만(W. Zimmermann)은 이 소설의 문
화사적 중요성을 변호했다.

말부를 이끌어내는 것은 분명히 추하다. 후자는 예컨대 보통의 경우 아주 명료한 프루츠(Prutz)의 《카를 폰 부르봉》(*Karl von Bourbon*)에서 발생한다. 프루츠는 역사에 충실하게 교황과의 전쟁 때 로마 벽 앞에서 그를 벤베누토 셀리니의 총알로 쓰러뜨리는 대신에 그보다 몇 년 전 파비아의 전쟁터에서 독으로 죽게 만든다. 독은 수녀원에서 도망나와 전쟁터에서 유랑생활을 하던 애인 같은 여자가 권해서 그녀의 반지에서 얻은 것이었다. 위대한 총사령관은 부상당하고 지친 상태에서 술로 힘을 북돋우려는 미친 생각에 빠져 짧게 숨을 쉬며 오랫동안 말하면서 천천히 죽어간다. 프랑스 국왕과 대조적으로 프랑스의 번영과 명예를 관철시켰던 처음의 대담한 등장과 비교해볼 때 이것은 얼마나 감상적으로 쓸쓸한 대조인가. 이 얼마나 부조화한가! 불행한 낭만주의적 피조물인 비참한 여인이 자연스럽게 같이 독을 투여하는 것은 얼마나 잘못된 조화인가! 역사가 기술하듯이 치열한 전투에서 용감한 가슴을 관통하는 빠른 총알이 여기서는 조화롭고 문학적인 유일한 방안이다. ― 낭만주의는 종종 객관적이고 자체적으로 진행되는 모순의 해소 대신에 우리의 기대치를 속이는, 주관적이며 환상적인 모순의 해소를 허락할 뿐이다. ― 그러나 자연의 미이든 예술의 미이든, 미에 대한 관찰은 자유주의적으로 행해질 수 없다는 점을 분명히 기억해야 한다. 위대한 미적 기본원칙들이 우리에게 분명해질수록 우리가 그 원칙들의 영원한 진리를 확고히 견지해야 할수록 우리는 예술의 구체적 조형에서 더 조심스럽게 처신해야 한다. 그 조형이 가장 상이한 것과 가장 모순된 것을 자체 내에 뭉뚱그려놓을 때 말이다. 우리는 앞에서 흥미로운 것과 문학적인 것을 구분했었다. 그러나 이에 대한 오해를 예방하기 위해서 진실로 문학적인 것이 당연히 마찬가지로 최고로 흥미로울 수도 있다는 점을 덧붙이고자 한다. 여기 암석군이 있다. 이것은 무시무시하게 균열이 가 있고 기이하게 틈을 벌리고 있어서 순수한 이상의 의미로, 그리고 이에 대한 부정의 의미로 아름답지도 추하지도 않다. 그러나 이것은 아마도 흥미롭다고는 명명될 수 있을 것이며, 그래서 흥미로운 것으로서 거칠고 소름 끼치는 기이한 문학을 숨쉬게 할 수 있을 정도이다. 여기 건축물이 있다. 이것에는 상이한 시대의 양식이 너무 기이할 정도로 녹아나 있지만 특이한 부분들의 이질성에도 불구하고 극도로 흥미롭고 부조화하지만 조화롭게 하나의 전체를 이루고 있다. 여기 문학작품이 있다. 이것은 그 어떤 분명한 장르에 포함되지도 않으며 그렇기 때문에 미적으로 완벽하게 순수한 효과를 가질 수 없지만 광범위한 문학적 풍요로움을 가지고 있다. 바이런의 《해럴드의 순례여행》(*Harold's Pilgerfahrt*)은 결코 서사시도 멜로물도 교훈적/묘사적 시가도 아니며 비가도 아니다. ─그것은 이 모든 것을 흥미로운 통일성으로 묶어놓고 있다.

부조화가 본질의 이분화에 기초해 있고, 그래서 형태적인 추의 모든 요소들을 이 잘못된 기초와 잘못된 해소에 모아두기에, 부조화는 자연스럽게 앞서 언급한 추로의 모든 전이(轉移)들보다 코믹의 생산을 위한 훨씬 더 강한 수단이 된다. 단순한 모든 모순의 제거, 잘못된 모든 모순의 해소, 모순의 내적 자기발전의 필연성 대신에 환상적인 모든 모순의 종결은 이미 코믹하게 되는 과정에 있다. 이런 종류의 작품에서 코믹한 것은 본질적으로 그 자체로 나타나지 않고 속임수로 인해서 자신이 속았다고 판단하는 다른 의식에서 나타난다. 이런 작품에서 모순은 너무 진지한 성격으로 변하고 그의 전도된 혼란과 잘못된 해소로 인해 우리에게 완벽한 즐거움을 불러일으킬 수 없게 된다. 왜냐하면 코믹은 음울하고 좋지 않은 모든 정서를 웃음이라는 햇볕 속으로 사라지게 만들기 위해 모든 생각에서 해방되어야 하기 때문이다. 따라서 그런 작품들은 자신의 경향과는 정반대로 추해진다.

헨네베르거(Henneberger)가 정확하게 묘사한 대로[22] 염세주의와

---

22) 헨네베르거(A. Henneberger), 《현대의 독일 희곡》(1853, 64~66쪽). 이 짧은 글은 우리가 이 의심스러운 대상에 대해서 가지고 있는 가장 이성적이

기괴함의 작가인 헵벨의 《율리아》(Julia)에서 비극적인 것이 모든 모순의 고리를 정당하게 보호하지도 해소하지도 못할 때 어떻게 곧 코믹한 것으로 전도하기 시작하는지 논증해보겠다. 그 이유는 비극적인 것이 너무 진지하고 무거운 까닭에 먼저 추하게 되기 때문이다. 도둑 두목 안토니오는 자신의 복수를 혹은 그와 마찬가지로 도둑 두목으로 처형당한 아버지의 복수를 부자인 토발디에게 하려고 한다. 언젠가 아버지가 도피하지 않을 수 없게 된 일의 원인이 그에게 있다고 간주하기 때문이다. 그는 토발디의 딸에게 불명예를 안겨주겠다고 결심한다. 그녀가 그의 직업이 도둑임을 까마득히 모르는 상태에서 그는 그녀에게 접근한다. 그녀는 이 멋진 청년에게 반한다. 그는 그녀의 아버지가 조롱의 대상이 되게끔 그녀에게 치욕을 안긴다. 그것은 이탈리아식의 악마적인 것보다 더 심한 짓이다! 그러나 치욕을 안겨주는 1막에서 그의 증오는 사랑으로 반전되고 이 사랑의 결과로 그의 사고방식 전체가 바뀐다. 그는 도둑떼에서 나와 정상적인 시민사회의 일원이 되어 율리아와 아메리카로 이주하기 위해 종적을 감춘다. ― 이 점은 전혀 이탈리아적이지 않다. 그에게 불행이 닥쳐와 은닉장소에서 비교적 오랫동안 병들어 누워 있었지만 그는 소녀에게 이와 같은 미래의 모든 계획에 대해 단 한마디의 말도 하지 않아 그녀에게 이해받지 못한다. 시간이 흘러간다. 율리아는 자신이 임신했음을 느낀다. 하지만 그녀는 도시의 경건한 처녀로 성 로잘리아 축제에서 처녀들의 여왕의 역할을 해야 한다. 그녀는 이런 모순을 감내하지 못한다. 그녀는 도망쳐서 지방 곳곳을 헤매고 다니다가 그 어디에선가 죽기를 원한다. 헵벨의 클라라가 《마리아 막달레나》에서 한 것처럼 물로 뛰어드는 대신, 루크레티아처럼 비수로 심장을 찌르는 대신, 비르기니아처럼 아버지로 하여금 자신을 죽이게 하는 대신, 셰익스피어의 줄리아처럼 적어도 수면제를

고 가장 공정하며 가장 내용이 풍부한 글들 중의 하나이다.

마시는 대신 그녀는 강도 한 명을 숲으로 유인해서 — 완전히 홀로 —
그 앞에서 돈주머니를 보여주고 자신이 더 이상 살고 싶지 않다는 것
을 강도가 알아차릴 때까지 기이하게 말을 한다. 그러나 바로 그 순간
전대미문의 파국이 일어난다. 특출난 보편적 인간애를 갖고 있는 부유
하고 면도를 아주 깨끗이 한 젊은 독일 백작이 숲에 숨어 있다. 그는
수학적인 확실성에 따르면 더 이상 살 수 없을 정도로 몸이 망가져 있
는 남자이다. 하지만 그는, 늙은 하인 크리스토프도 증명하고 있듯이,
본래 아주 훌륭한 남자이기 때문에 자신의 여생을 아주 고상하고 이로
운 행위를 위해 사용하고 싶어한다. 영리한 그의 머리는 유감스럽게도
그 방법에 대해서 아는 바가 없다. 그러나 연극의 예정된 수순이 이
어릿광대들을 돌보아준다. 즉, 그는 놀랍게도 원래의 살인현장에 함
께 있고 "자기야!"라고 강하게 외치는 소리로 정직한 강도 피에트로를
도망치게 만들며 곧 율리아에게서 일의 정황을 듣고 자신의 무가치한
인생을 훌륭하게 재활용할 수 있는 멋진 기회를 그녀에게서 발견했다
는 점에 만족한다. 그는 임신한 율리아와 결혼하기로 결정한다. 어떤
"남자"도 봐줄 수 없기에 헵벨의 《마리아 막달레나》에서 클라라의 전
애인이 봐줄 수 없던 것은 쇠약한 백작의 경우에는 존재하지 않는다.
그의 입장은 보다 고상하고 자유롭다. 왜냐하면 그는 적절한 시점에서
타락한 소녀의 명예가 다시 회복되도록 도와준 도덕적 행위 후에 근접
해 있는 죽음을 갈망하고 있기 때문이다. — 이것이 비정상적으로 도
덕적인 행위가 아니라고? 그녀의 늙은 아버지는 그 사이에 딸이 사라
졌음을 아쉬워하고 그녀가 죽은 것처럼 빈 관으로 도시 시민들을 속인
다. 그가 벌이는 이런 소극(笑劇)을 주치의 알베르토가 도와준다. 알
베르토는 처음에 율리아 어머니의 가족의 친구였다가 그후 율리아 어
머니를 항상 점잖게 거리를 두고 사랑한다. 베르트람 백작은 율리아와
함께 도착하고 아버지는 기분이 좋든 나쁘든 귀족 사위에게 축복을 해
준다. 하지만 사랑으로 인해 사회인이 된 멋진 도둑 안토니오 역시 도

130

착해서 당연히 먼저 미친 듯이 달려간다. 금욕적이라기보다는 성불구인 베르트람의 놀라운 의지 표명이 어떤 의미를 지녔는지가 마침내 안토니오에게 분명해진다. 마지막 막에서 우리는 율리아가 티롤의 백작 성(城)에서 남편과 애인이자 플라톤주의자[23]인 안토니오와 평화롭게 함께 있는 것을 본다. 베르트람은 젊은 아내의 무한한 아름다움과 사랑스러움을 절실히 느끼지만 점잖게 처신할 것을 약속한다. 그는 알프스로 산양 사냥을 가려고 한다. ─ 그리고 그 다음은? 에, 그는 조르주 상드(G. Sand)[24]의 《쟈끄》(Jaques)를 마음속에 간직할 것이다. 왜냐하면 남은 수명이 한 달 이상 남아 있지 않을 것이기 때문이다. ─ 그런 다음 그는 율리아와 안토니오에게 몸을 돌리고 말한다. 두 분, 제게 약속해주시오. ─

  율리아: 그 다음엔 ─
  안토니오: 그 다음엔 우리가 행복하게 살아도 되는지 서로 물어볼까?
  율리아: 우리가 행복하게 살아도 되는지를 서로 묻자고요?
  끝.

이렇게 해서 우리가 내용을 간단하게 옮기면서 코믹한 조명을 비추어야 했고, 원인 제공자들의 재능에 의해 극히 사소한 부분까지 비틀린 이 비극은 끝을 맺는다. 우리는 헵벨이 서문에서 그렇게 열정적으로 선포한 도덕적 경향의 주관적 진지함을 결코 의심하지는 않는다. 그러나 우리는 그것에 매수당하지 않고 이 비극이 본래 그 자신의 부조화에 의해서 추악한 코미디에 불과함을, 즉 가상적 대조에 기인한 괴물 같은 것에 불과함을 알고 있다. 이 비극에서 나타나는, 종종 극

---

23) 역주: 여기서 플라톤주의자는 비관능적 사랑을 실천하는 자를 의미한다.
24) 역주: 조르주 상드(George Sand, 1804~1896). 프랑스의 여류문인으로서 극히 자유분방한 삶을 살았으며 젊은 플로베르도 그녀의 친구였다.

도의 코믹한 속성을 띠는 아주 극단적인 동기들에서 시선을 돌려보자. 근본적 관계에서만 머물러보자. 그러면 그 관계들은 비극적이지 않고 코믹하다. 남몰래 임신한 소녀가 축제 때 처녀들의 여왕으로 등장해야 한다는 것은 분명히 코믹하다. 딸이 애인과 갈 데까지 다 갔다고 생각한 아버지가 딸의 거짓 죽음과 가짜 관으로 시민을 속이는 것은 분명히 코믹하다. 독일 백작이 삶을 거칠게 즐길 대로 즐긴 후 정신분열증적으로 도덕적 존재로 변해서 무감각해진 육체에 그 어떤 유용성, 심지어 그 어떤 고상함을 위해 봉사하는 명예를 부여하려고 한다는 점은 분명히 코믹하다. 임신한 소녀가 분명히 경찰관이 있을 법한 나라에서 그렇게 곧장 맨발로 방황을 하다가 어두운 숲속에서 죽음을 동경하며 강도에게 지갑을 보여줌으로써 자신을 죽이고 싶게끔 만드는 점은 분명히 코믹하다. 우리는 그가 그렇게 하는 대신 살인을 저지르지 않고도 지갑을 확보한 다음 아름다운 전리품인 그 소녀를 강압해서 즐기기를 기대한다. 베르트람과 율리아가 결코 결혼 같지 않은 결혼을 한다는 점, 즉 그가 죽기 전에 어떤 선한 일에 헌신하기 위해서 결혼하고 그녀는 남편을 통해서 자기 명예를 구하기 위해서 결혼한다는 점은 분명히 코믹하다. 마지막으로 세 명의 모든 애인들이 각자 자신의 관점에서 다른 연인들을 인정하고 나아가서는 존경하면서 티롤의 성에서 훌륭하게 처신하고, 백작이 안토니오와 율리아에게 멋진 전망을 제공하는 것은, 우선 이들의 안녕을 위해 영원히 사라지겠다는 전망을 제공하는 것은 이제 분명히 코믹하다. 코믹하다고? 그렇다, 아리스토파네스 식의 의미에서 말이다. 단, 그 의미가 도덕적 영점(零點)을 내포하는 한에서 그렇다는 것이지, 보다 넓은 의미에서 아무런 요구사항도 없는 절대적 영점인 즐거운 느긋함이라는 아리스토파네스 식의 의미에서는 아니다. 이 썩어빠진 관계들이 화려한 진지함 속에서 거창한 개념들로 다루어지는 까닭에 지복한 웃음 대신 그저 이상하게 되어버린 비극을 보고 있다는 음울함만이 우리 마음속에 생겨난다.

모순이 이미 내용에서 이상적이지 않아서 그 모순에 사로잡힌 주체가 모순을 모순으로 느끼지 못하고 오히려 모순에 완전히 만족스러워한다면 그런 부조화는 코믹하다. 예컨대 아리스토파네스의 《구름》(Wolken)에 나오는 스트렙시아데스를 기억해보면 존경받는 이 아테네인은 소크라테스에게서 철학을 배우려고 한다. 그런데 어떤 목적으로? 자신을 믿는 사람들을 소피스트적으로 자신으로부터 떼어내기 위해서이다. 그가 철학에 설정하는 이 목적은 철학의 본질과 모순이 된다. 그러나 철학을 그렇게 받아들이면 그것이 바로 코믹한 점이다. 그렇기 때문에 스트렙시아데스는 자기가 진 부채에서 해방되고자 하는 철학에 대한 그런 솔직한 기대에서 우선은 아주 편안함을 느끼지만, 결국 아들이 그를 소피스트적으로 극복하고 변증법적으로 자기 권리, 즉 그를 때려도 된다는 자기 권리를 그에게 증명한다.

제 2 장

1. 부정확성

형태 없음의 추상적 규정들은 추(醜) 전반에 해당된다. 그러나 추는 구체적으로 일부는 자연적인 것이고 일부는 정신적인 것이다. 무형, 비대칭, 부조화의 보편성은 자연에서 혹은 정신에서 개별적 현상이 된다. 이러한 추는 자신의 본질을 이루는 보편적 개념을 자신의 현상에서 실현시킬 필연성에 예속되어 있다. 실재와 개념의 일치, 객관적 합법칙성의 이행이 정확성을 이루어낸다. 그러므로 정확성은 미적 형상이 정상적 개별성에 따라 표현되는 점에 놓여 있는데, 본질적으로 형상에 포함되는 것은 어떤 것이라도 버려지지 않으며, 그 본질에 이질적인 것은 어떤 것도 덧붙여지지 않고, 정상적 상태에 반해서 어떤 것도 변화하지 않는다는 데 정확성이 근거한다. 부정확성의 개념은 이에 대한 부정에 있다.

부정확성은 개개의 예술분야에서 나타난다. 이 분야를 건드리면 우리는 무한히 넘쳐나는 세부사항 속에 빠져든다. 이를테면 우리는 실재적 모든 규정에 그의 위반이 부정확한 것이 되도록 기준을 덧붙여야만 한다. 모든 예술 규칙을 세우고 각각의 규칙에, 그것이 틀리면 부정확한 것이라고 연도(連禱)를 반복하는 것은 얼마나 피곤하고 번거로운가! 그러므로 우리의 맥락을 위해서는 추가 어떻게 부정확성에 놓여 있는지, 어떻게 부정확성이 또 코믹의 원천이 될 수 있는지 보여주는 것으로 충분하다.

그래서 우리는 먼저 부정확의 개념을 보편적 의미에서 설명하게 될 것이다. 그런 다음 우리는 민족과 유파의 독특한 양식과 개별적 표현의 이상형에서 부정확해질 수 있는 특수한 변형들을 검토해야 할 것이다. 그러나 개개의 예술에서 조형(造形)이 부정확하게 되는 경우에는 그것의 보편적 특징을 알아보는 것으로 충분할 것이다.

1) 보편적 의미에서의 부정확성

정확성 자체는 어떤 형(形)이 오직 본질적 내용을 — 이것이 자연이든 역사든 간에 — 바탕으로 자신에 내재해 있는 형태들을 표현하는 올바름에 기초해 있다. 형식논리학의 언어로는 다음과 같이 말할 수 있다. 정확성은 하나의 대상에 다른 모든 대상과 구별되는 모든 특징들을 마련해준다. 또 하나의 형은 그 특정성과 그 특정성의 근본적 올바름의 명백함에 의해서만 미적으로 다른 것들과 구분될 수 있다. 따라서 정확성은 예컨대 다음을 요구한다. 풍경화에서 나무의 종류는 자연의 범주로 구분해야 하고, 건축물에서 석주들은 위로 갈수록 좁아지는 형태와 장식에서 규칙에 따라 배열해야 하며, 시에서는 장르의 성격 등을 지켜야 한다는 것이다. 이런 특정성은 전적으로 요구되는 것인데, 그도 그럴 것이 형의 개별성은 그런 특정성 없이 현상으로 드러날 수 없기 때문이다. 그러는 한, 정확성은 아름다운 것이다. 그러나 정확성이 개별적 형과 그것에 종속된 합법칙성의 형태적 일치에만 국한될 때, 그 정확성 자체는 절대미가 되지 못하고 단지 미를 위해 포기될 수 없는 조건만을 충족시킨 것이다. 보다 고상한 문학으로의 이상적인 비상(飛上)과 신성화는 그것에 놓여 있지 않으며, 그렇기 때문에 그것만으로는 미적인 만족이 부여될 수 없다.

우리가 어떤 예술작품이 완전히 정확하다고 말할 때, 그것은 분명히 칭찬이며 이는 사소한 칭찬이 아니다. 그도 그럴 것이 우리는 그렇게 말함으로써 그 작품이 예술의 규칙에 상응하고 있는 것으로 인식하기 때문이다. 그러나 그 예술품에 대해서 더 이상 아무 말도 하지 않으면 이 칭찬은 거의 비난이 되기 십상이다. 그도 그럴 것이 단지 정확한 것으로서의 예술작품은 무미건조한 것이면서 영혼이 없는 것이며 독창적 창조의 원천이 없는 것일 수 있기 때문이다. 우리는 이 점을 특히 학문적이라고 불리는 그런 예술유파의 작품에서 보고 있다. 이 작품들은 대개 형태상으로 정확하다. 그러나 그 공(功)이 개별적 실수가 없다는 데에 국한되어 있음으로써 그 작품들은 정확성에도 불구하고 우리를 지루하게 만들기에 충분하다. 왜냐하면 이것들은 감동으로 우리를 사로잡지 못하기 때문이다. 감동이란 것은 예술작품을 고전으로 만들어주는 올바른 정도를 넘어 넘쳐나는 신적인 독특성과 이상적 진리와 근원적 자유를 통해서 우리를 매혹시키는 것이다. 그렇기 때문에 잘 교육받은 학문적인 것에 불과한 정확성은 종종 고통스러울 정도의 정확함으로 인해서 천재의 창조적 숨결과 비교해서 차갑고 모자라―따라서 추하게 나타난다. 정확한 것 자체는 추하지 않으나, 아름다운 것이 단순한 정확성의 단계에만 머물러 있고 정확성이 창의적 표현의 수단이 되지 못하는 한 아름다운 것은 추하게 된다. 반면에 개별적 부분에서 틀리고 부정확한 작품이라도 전체적으로 우리에게 세부적인 것의 실수를 잊게 만드는 어떤 이상적 힘에 의해서 지지되면, 스케치, 음, 배열, 운율구조 등의 법칙을 위반할지라도 아름다울 수 있다. 창조의 새로움, 배열의 대담함, 조형의 힘이나 사랑스러움은 우리로 하여금 개개의 비관습적인 것들, 착오들, 실수들을 천재의 이름으로 망각하게 한다. 예컨대 플라텐(Platen)은 그렇게 비정상적으로 정확하지만 덜 개성적이며 창조적이지 못하다. 반면에 하이네(Heine)는 종종 부정확하고 때로는 심지어 의식적으로 부정확하지만, 그의 생산적 힘과 독창성은 비교될 수 없을 정도로 대단하다. 이런 차이의 결과로 인해서 하이네가 우리 문학에 끼친 영향 역시 플라텐의 그것보다 훨씬 더 강도 있고 포괄적인 것이었다.

부정확성 자체가 빠뜨림이나 이질적인 덧붙임 혹은 변화를 통해서 필연적인 형태의 특정성을 부정하기 때문에 추의 범주에 속한다는 점은 의심의 여지가 없다. 예술은 정확성을 요구해야 하며 부정확성에 안 좋은 관용을 결코 베풀어서는 안 된다. 소재를 정확히 다루려는 목적을 위해 예술이 보편적으로 따라야 하는 필연성은 물리적 필연성, 심리적 필연성, 역사적·관습적 필연성이다. 이로써 모방이라는 개념을 언급하게 된다. 왜냐하면 예술은 모방에서 자신이 따라야만 하는 기존의 것과 관계를 맺기 때문이다. 예술은 자연과 정신의 드러난 현상의 형태를 관찰해야 한다. 왜냐하면 예술은 오직 이 형태로만 형상들을 개별화할 수 있기 때문이다. 그러나 모방은 알다시피 우연적인 경험상의 것을 단순히 복사한다는 의미가 아니라 그것에 몰두해서 그 형태를 정확히 모방하여 이상적 형태와 보편적 척도를 인식한다는 의미를 갖는다. 자연과 정신의 현상에는 필연성과 함께 우연성과 자의성이 달라붙어 있다. 자연과 정신은 이런 우연성과 자의성으로 인해서 자기본질에 상응하는 적합한 현상인 그런 형태를 이루는 데 있어서 종종 방해를 받는다. 자연과 정신의 실재성은 종종 자기개념들의 경향성의 배후에 머물러 있다. 왜냐하면 자연과 정신은 자신의 필연성과 자유로 종종 아무런 의도 없이 스스로를 방해하기 때문이다. 예술은 미적인 조형(造形)을 그런 잘못된 관계에서 벗어나게 하고 그것으로부터 타락하고 비본질적인 모든 것을 제거하며 순수한 핵심을 드러내고 결점 없는 이상의 영원성으로 우리를 즐겁게 만든다. 경험적인 모방주의만으로는 이것을 이룰 수 없다. 그도 그럴 것이 그런 모방주의의 생산 품들은 정확해질수록, 밀랍인형이나 자동기계, 금속판 사진 등처럼 이상의 자유와 진리에서 더 멀어지기 때문이다. 금속판 인물사진은 우리에게 인간 전체를 보여주지 못하고 그 인간이 바로 그 순간에 어떤 아주 특별한 상황에 처해 있는지, 그가 어떤 순간적 기분에 사로잡혀 있는지를 보여준다. 결국 예술가는 이상을 정신적 관조에서 생산해내야 하며 경험적인 것에 대한 복종은 예술가에게 단지 그것을 위한 소재만 제공할 수 있을 뿐이다. 프락시텔레스(Praxiteles)[1]가 아테네인들이 연구하도록 제공한 창녀들을 소재로 삼아 단지 그에 충실하게 아프로디테의 특출한 미를 조합해내는 데에만 자신을 국한시켰더라면 이상적인 아프로디테 조각상은 결코 만들어내지 못했을 것이다. 그가 한 여자에게서는 가슴을 다른 여자에게서는 팔을 또다른 여자에게서는 다리 등을 빌려서 이 개별적인 것들을 외형적으로 결합시켰다고 생각해보면 그는 분명히 어떤 아름다운 괴물을 창조했으면 창조했지 결코 숭배의 대상인 미의 여신을 창조해내지는 못했을 것이다. 그는 여성적인 미의 승리를 자신의 내면에서 생산해내었음에 틀림없다. 그러나 그렇다고 해서 창녀들이 그에게 전혀 도움이 안 된 것은 아니다. 왜냐하면 그가 각각의 여자에게서 상대적으로 진실한 이상의 현상을 알아낼 수 있었던 한, 그녀들에 대한 연구가 그에게 정확성을 가능하게 해주었기 때문이다. 그러나 종종 나체의 여성상을 코르셋으로 자연의 이상적 형태를 망가뜨린 천한 계집의 몸에만 맞추어서 만들어내는 우리 현대 조각가와 화가들은 그것을 어떻게 느낄까? 예술은 정확해야 하고, 자연적이고 정신적인 현실의 본질을 자신 내에 받아들여야 한다. 그러나 실물을 그대로 옮기는 방식으로 해서는 안 되고 잘못된 초월성의 의미

---

1) 역주: 프락시텔레스(기원전 390~320). 그리스의 후기 고전파양식을 기초한 조각가 중의 하나이다. 유명한 작품으로는 크니도스의 아프로디테와 올림포스의 헤르메스(기원전 340년에 완성)가 있다.

로 이상화해서도 안 된다. 우리는 예술가에게 단순한 올바름을 상대적
으로 변형시키는 자유를 부여해야 한다. 그가 이상이라는 객관적 진리
를 만들어내기 위해 필요로 하는 한에서 말이다. 그리고 우리는 경험
적 형태를 그렇게 넘어서는 행위를 부정확한 것으로 비난해서는 안 될
것이다. 우리는 개성의 특수한 힘을 추상적 강화에 잘못 투입하는 주
관적 이상화만을 비난해야 할 것이다.

물리적 정확성은 가장 분명히 확인할 수 있다. 여기서 예술의 생산
물과 기존의 것은 가장 쉽게 가장 일반적으로 비교되기 때문이다. 우
리는 '자연에 입각하여'라는 표현을, 그 의미를 전이하여, 직접적인 것
전체라는 보편적 의미로도 사용한다. 예컨대 우리는 건축회화에 대해
서 그것이 정신의 작품임에도 불구하고 자연에 입각하여 그려졌다고
말한다. 우리는 '삶에 입각하여'에 대해서도 마찬가지로 말한다. 그러
나 자연에 대한 관찰이 자연에 대한 올바른 이해를 위한 것이라고 해
도 자연에 대한 정확한 이해가 결코 겉으로 드러나는 대로 그렇게 간
단한 것은 아니다. 순수하게 대상을 보고 듣는다는 것은 결코 보편적
으로 퍼져 있는 능력이 아니다. 그렇기 때문에 보다 정확하게 관찰할
때 우리는 일반적으로 우리 자신이 놀랄 정도로 앞서 생각했을 때보다
부정확성을 더 많이 발견한다. 그러나 다른 부정확성들은 예컨대 비잔
틴 회화의 너무 긴 형상, 손, 발처럼 굳어진 기교에서 유래한다.[2]

심리적인 정확성을 우리는 종종 자연의 진리라고도 부른다. 그것은
욕망과 성향과 열정이라는 심성의 영역을 포함하고 몸짓과 얼굴 표정
과 말로 정확히 표현되며 또 흥분의 올바른 동기도 포함한다. 감정 내
용에 따른 감정들의 연관관계, 몸짓과 병과 외모상으로 나타나는 감정
들의 현상 형태, 소리와 언어를 통한 감정들의 표현은 한없이 객관적
진리를 손상시키는 영역이며 그것의 교정은 물리적인 부정확성의 교정

---

2) 세루 다갱쿠르(Seroux d'Agincourt)의 화집, 《회화 Ⅰ》, 40~42쪽을 비교
해보라.

처럼 그렇게 쉽지 않다.

심리적인 혼란은 조각보다 문학과 음악과 회화에서 보다 분명하게 입증될 수 있다. 왜냐하면 조각은 근원적 표현을 만들어내는 작업을 하면서 특징적인 것의 단호함을 완화시켜 추상적 비유를 드러내야 하기 때문이다. 프랑스인들은 예컨대 경쾌한 문학이라고 불리는 시학 개념을 갖고 있다. 프라디에(Pradier)는 이 개념을 입상(立像)으로 표현했는데, 이에 대해 프랑스 예술평론가들은 극히 열광적인 평을 했고 작가들은 그것에 바치는 열정적인 시를 만들어냈다. 춤추는 아름다운 여인이 왼손에 조그만 하프를 들고 오른손은 머리 위로 쭉 펴고 있다. 그녀는 왼발 발가락으로 서 있으며 오른발은 약간 경쾌하게 들어올려 발끝으로 뒤쪽 땅을 두드리고 있다. 이 형상이 프랑스의 순간 문학의 개념에 따라 특정한 내용을 지니고 있음을 우리는 인정한다. 그러나 하늘을 향해 감동을 표현하는 머리 부분에서도 이 정신적 부분이 향락에 도취된 육체성을 표현해야만 했던가? 눈이 그렇게 작게 마약에 취한 듯이 감겨진 채로 표현되어야 했는가? 외모는 너무 심할 정도로 소아시아의 프리지아인처럼 되지 않았는가? 경쾌한 문학이 비록 선정적 윤곽을 띠겠지만 턱과 눈에서는 정신적인 것을 더 많이 표현해야 한다는 점을 프라디에는 고려해야 하지 않았을까? 이런 의문들은 그 형태가 말장난 치고 재치 있으며 인생을 즐기는 에로틱한 뮤즈라는 개념을 표현했다고 하더라도 그것이 정확하게 표현됐어야 하는 것이 아닌지 하는 생각에서 나온 것이다. 현대 조각가들 중에서 사랑스러움을 가장 많이 표현한 작가는 아마도 프라디에일 것이고 그 다음은 카노바(Canova)일 터인데, 이들은 턱을 조금 더 둥글게 하고 눈을 더 크게 했더라면 너무 고상해지고 너무 아폴로적으로 되었을지 모른다는 식으로 자신을 변호했을 것이다.[3]

---

3) 이 조각은 현재 니메스 박물관에 있다. 그 형상은 기분을 좋게 하는 요소를 많이 가지고 있다. 이에 대해 프랑스의 비평은 그것은 우아함 자체이고, 삶

역사적・관습적인 정확성에는 정신의 자유가 본질적이며 기존의 것에 대한 고려는 이런 정신의 자유에 예속되어야 한다. 심성에 대한 심리적 표현이 정확하고 역사적 진행과정의 본래적인 본질이 정확하게 파악되면 현상의 외적 형태론은 비교적 문제가 안 된다. 그렇기 때문에 여기서 현상의 부정확성에는 비교적 커다란 자유가 허용된다. 역사의 정신은 거주하고 옷을 입는 방식과 도구의 형태와 관습의 특성으로도 자신의 개성을 표출시킨다. 역사의 정신은 이 모든 표현에서 무한하게 달리 규정되지만 그것의 본질에 대한 표현인 규정은 그 본질의 깊이와 비교하면 보다 더 임의적인 것이다. 그런 규정 전체를 관찰하면 개별적인 것이 사소한 것으로까지 내려가는 필연성으로 인해서 우리는 즐거움을 느낀다. 그러나 개별성을 특별한 형태로 해석하는 다양성은 본질적 내용인 자유의 격정에 비해서 단지 부차적 가치만을 요구할 수 있다는 점을 우리는 예술의 경우에 인정해야만 한다. 지나간 것을 세밀하게 다루는 방식이 미적 우선권을 가지려고 해서는 안 된다. 예컨대 모든 민족이, 그리고 같은 민족이 상이한 시대에 칼날과 칼자루를 개별적으로 변화시킨 것이 정확함에도 불구하고 칼은 궁극적으로 항상 칼로 남아 있어야 한다. 의복이 기후와 민족의 관습에 따라, 그리고 나아가서는 유행의 고집에 따라 변화함에도 불구하고 의복은 언제 어디서나 머리를 위한 목덜미 구멍과 팔을 위한 양쪽 구멍 등을 제공해야 하는 필연성을 지닌다. 그렇기 때문에 예술은 역사적인 것의 표현을 위해서 무엇보다도 보편적 인간성, 정신적 내용, 행동의 내면성, 몸짓과 표정, 말에서 나타나는 내면적인 것의 표현을 당연히 드러내야 한다. 왜냐하면 이 진리가 관습적 형태의 올바름과 비교해볼 때 먼저 미가 문제의 관건인 문학의 본질을 이루기 때문이다. 따라서 정신의 현상에 대한 본질적 관심이 충족되었다고 가정하면 우리는 역사

과 청춘과 댄스리듬이라고 말할 수 있고 그렇게 말할 권리가 있었다. 그러나 우리는 머리 부분이나 턱과 눈 부분을 탓하고 있는 것이다.

적 충실함의 객관성을 물리적·심리적 객관성보다 정확하게 수용할 필요가 없다.

역사적 표현에서 학문적 정확성이 결코 예술의 목적일 수 없다. 왜냐하면 예술은 가르치는 것 이상을 요구하기 때문이다. 월터 스코트(Walter Scott)의 작품처럼 과거의 것에 대한 충실함이 문학적 매력과 합쳐지면 이것은 커다란 즐거움을 줄 것이지만, 거꾸로 문학이 가르침으로 몰락해서는 결코 안 된다. 바르텔레미(Barthelemy)의 《그리스 여행》(*Voyage en Grece*)이나 베커(Becker)의 《카리클레스와 갈루스》(*Charikles und Gallus*)처럼 작품들이 바로 그런 교육적 경향에서 쓰여진 것이라면 여기서 중요한 것은 단지 유용성의 쾌적한 포장일 뿐이고 예술작품으로서의 요구는 사라진다는 점을 처음부터 고백해야 한다. 역사적으로 구성된 모든 작품에서 예술가가 우리에게 오직 인간만을 전해준다면 우리는 이런 예술가의 어느 정도의 나태함을 무조건적으로 용인해주어야만 한다. 시대착오적인 것들조차 그다지 불합리하지만 않다면 혹은 스스로를 합리화할 수 있는 예술적 효과를 결코 불러일으키지 않는다면 우리는 그것을 거부하지 않는다.

위대한 예술가들은 이런 자유를 가지고 역사를 다루었으며 우리는 이들이 취하는 자유를 부정확성으로 평가하지 않았다. 셰익스피어는 영국의 역사뿐만 아니라 로마의 역사도 그렇게 다루었다. 그의 로마인들은 어느 정도는 영국인이었지만 무엇보다도 완벽하고 영원하고 진실한 감정과 열정을 지닌 실제의 인간들인 천민이고 귀족들이었다. 쩨쩨함이 그의 작품에서 역사적 부정확성이라고 명명했던 것은 보다 자세한 비평에서 바라볼 때 문학적으로 동기유발된 것임이 드러난다. 그는 《겨울동화》(*Wintermärchen*)에서 보헤미아의 해변에 바다가 인접하도록 만든다. 여기서 고루함은 이 얼마나 무식한 짓인가 하고 외칠 수 있다! 그러나 그것은 그저 동화이고, 그리고 동화의 지형학은 환상적인 것이다. 그 당시의 영국인들에게 보헤미아는 그저 멀리 떨어진 국가였고, 그리고 국가라는 것은 동화에 있어서 그 국가의 임금과 마술사와 마찬가지로 역사적인 것이다. 구츠코의 《리하트르트 사바쥐》(*Richard Savage*)에서 우리는 부정확성이라고 불러 마땅한 시대착오적인 것과 마주친다. 사바쥐는 유명한 기자 스틸과 대화를 나눈다. 스틸은 이 작자의 멜랑콜리(*melancholy*)한 생각을 흩뜨려놓으려고 그에게 다음과 같이 말한다.

> "자네와 내가 너무 불쌍해. 그러니 자네가 우리를 숨막히는 런던에서 빠져나가게 해보게. 하지만 이 친구야(나는 그를 위로해야 한다), 보태니 만(灣)은 실제로 한번 철저히 연구해볼 필요가 있어. 내가 일하고 있는 잡지사를 위해 그곳에 특파원을 파견하는 것은 엄청나게 중요한 일이야."

구츠코 자신은 색인에 이 희곡의 연대를 172*년으로 기록하고 있다. 그는 지나치게 훌륭한 교육을 받은 나머지 대양(大洋)이 당시까지는 아예 발견되지 않았다는 사실을 몰랐다. 나아가 스틸이 말하는 인본주의적 생각을 위해서라면 보태니 만은 전혀 필요가 없는 것이었다. 그러므로 시대착오는 아예 생겨날 이유가 없었고 그런 지나친 의도가 시대착오를 부정확한 것으로 만든 것이다.

이런 것들에서 예술은 정확성에 보다 무관심하게 처신할 수 있지만, 문학의 신경조직이 놓여 있는 그런 정확성에서는 그래서는 안 된다. 줄거리의 진실성을 표현하는 것이면서 그에 상응하는 물리적이고 특징적이며 수사적인 현상의 표현인 그런 정확성에서 벗어난다는 것은 바로 예술작품을 아름다운 예술로 존립할 수 있게 하는 이상적 본질을 파괴하는 짓이다. 회화는 구성의 훌륭함이 어떻게 형태의 역사적 부정확성을 간과하도록 만들 수 있는지에 대한 아주 흥미로운 예를 제공한다. 예컨대 아이크(Eyck) 유파는 마리아를 독일 소녀의 모습으로 그렸는데, 그녀는 벽장식이 잘 되어 있는 방안에서 호두색 같은 갈색의 기도대 앞에 무릎 꿇고 앉아 천사가 전해주는 것을 듣고 있다. 양탄자가 바닥을 장식하고, 백합 화분이 구석에 있다. 우리는 창문을 통해서 성채(城砦)로 장식된 라인 강변을 바라본다. 이 모든 장식을 사실로 간주하는 것은 객관적으로 불가능하다. 왜냐하면 예수 탄생 이전의 팔레스티나는 당연히 중세시대 라인 지방에 있는 성채의 방처럼 보일 수 없기 때문이다. 그러므로 이 모든 환경과 의복과 가죽 허리띠와 금발의 머리와 푸른 눈 같은 독일적 프로필은 비역사적이고 부정확한 것이다. 하지만 이제 물어보자. 기도에 몰두해 있는 이 형상과 이 얼굴 윤곽과 눈의 시선에 복종심과 처녀의 고귀함과 동경하는 경건한 신앙심이 전개되어 있는가? 우리가 그런 점을 발견하고, 그런 점이 자연스럽고 심리적으로 정확하게 표현되어 있다면 역사적으로 관습적인 것은 부차적인 것이 된다. 수태의 처녀성과, 다나에의 육감적 구성과 대립되는 기독교적 구성, 이것이 이 그림의 이념이고, 이 이념이 현실화된 것이다.

　예술가가 미에 대한 관심에서 신화와 역사의 문학적 내용을 보다 이상적으로 드러내고 에우리피데스처럼 그것을 변화시켜 기형을 만들어 내지 않는 한, 그에게 신화와 역사를 개작할 권리를 인정해주어야 한다. 어떤 위대한 예술가도 그런 개작의 책임을 두려워하지 않았다. 왜냐하면 그것은 역사적 전승을 미적으로 교정하는 공(功)을 세우기 때문이다. 셰익스피어와 괴테와 실러가 역사를 바꾸어놓았을 때 이로 인해서 역사적 진리가 그 본질에서 상처를 입은 것은 아니었다. 실러의 《돈 카를로스》(Don Carlos)는 완전히 역사적인 돈 카를로스가 아니면서도 역사적인 돈 카를로스이기도 하다. 왜냐하면 실러는 너무나 불행한 어떤 왕자의 비극적 상황을, 즉 능력과 사상으로 인해 폭군이었던 아버지의 분노를 사고 애초에 자기 신부(新婦)로 생각했던 젊은 계모를 사랑하는 비극적 상황을 표현할 뿐만 아니라 그 비극성을, 스페인의 정신과 궁중예절이라는 개별화로도 표현하고 있기 때문이다. 푸케(Fouqué)는 그의 《돈 카를로스》(*Don Carlos*)에서 — 우리가 그에 대해서 알고 있는 한 — 올바르고 경험적 사실에 충실하여 역사적으로 정확한 돈 카를로스를 우리에게 보여주었다. 그러나 이 스페인 아들은 세상 사람들에게 알려지지 않았다. 왜냐하면 역사의 요소가 되는 것 — 정신 — 이 그의 작품에서는 분명히 빠져 있기 때문이다. 예술이 역사적인 것의 이상적 진리에 도달하는 한, 예술은 역사적인 것에 있어서 어느 정도의 자유를 누린다. 그러나 그렇다고 하더라도 모든 진정한 예술가는 분명히 역사적인 것을 위해서 그것에 충실하도록 노력해야 한다. 왜냐하면 역사적 충실함은 그에게 개별화를 위한 아주 훌륭한 수단이 되기 때문이다. 그는 바로 미적 목적에 방해가 되는 것만을 역사적 충실함에서 배제하며 이상적 진리의 조화를 침해하는 것만을 개작할 것이다. 위대한 대가의 작품이 역사적 측면을 간과했다고 비난할 수 있는지 그 작품을 섭렵해보라. 라파엘로는 《로겐》(*Logen*)에서 근심에 찬 학구적인 철저함이 전혀 없었지만 그럼에도 불구하고 역사적으로 얼마나 정확했는가! 셰익스피어가 로마 비극에서 역사적 진리를 전체적으로 견지했는지, 나아가서 그것을 극히 개별적인 관계에 이르기까지 추적했는지 자문해보라. 예컨대 클레오파트라 같은 이가 단지 아름답고 피가 뜨겁고 육감적이며 지배욕에 불타는 여성인지, 혹은 그뿐만 아니라 이집트 여자, "나일강의 늙은 뱀"도 아닌지 자문해보라. 게르비누스[4] 같은 역사가들이 이 비극들의 역사적 내용에 대해서

---

4) 게르비누스, 《셰익스피어》(4권, 1850, 36쪽). "우리는 오늘날에도 그 견해가 옳음을 인정해야만 한다. 그 견해는 셰익스피어가 로마인들을 영국의 시민과 수공업자로 만든 자라는 빈번히 반복되는 비난에 의해서 반박되는 것이 아니다. 인척관계에 있는 두 국가 민족으로 활동하고 있는 대중들은 어디서나 완전히 서로 같기 때문에 이 비난은 오히려 칭찬일 뿐이다. 우리는 사람들이 다른 한편에서 칭찬하며 말한 내용을 바로 그대로 반복하고 싶지 않다. 이 작품에서 성격, 운명, 조국애, 전투의 명예, 진정한 심성, 이 영

어떻게 말하고 있는지 들어보라. 실러의 《발렌슈타인》(*Wallenstein*)에서 30년 전쟁 당시의 유럽 세계의 분열이 역사를 만족시키는 색채로 그려지지 않았는지 그것을 해체해보라. 쉰켈(Schinkel)이 무대장식을 위한 그림에서 역사적 개별성과 미적 이상과 무대의 특별한 요구를 조화롭게 일치시키지 않았는지 그 그림들을 관찰해보라. — 그러나 우리가 자연과 정신의 예술에 속한 것으로 인정해야 하는 자유로운 처리방식은 항상 말 그대로 객관적 의미의 이상성을 획득하는 조건하에서만 인정되는 것이다. 왜냐하면 본질 자체의 경향성을 분명한 현상으로 드러나도록 해방시켜주는 그런 강화가 없다면 자유로운 처리방식이라는 것은 부정확의 범주에 해당되어야 하거나 아니면 코믹한 것이 되기 때문이다.

언제 어디에서나 그렇듯이 코믹한 것은 여기에서도 원래 불가능한 것이 겉보기에 현실이 되어 그 경험적 실재성을 통해서 우리들의 오성을 조롱하는 점에 놓여 있다. 위에서 언급했듯이 그리스와 로마의 남자 영웅과 여자 영웅들이 어깨까지 내려오는 분칠한 가발을 쓰고 속받침으로 둥글린 치마를 입고 굽이 매우 높은 나무신을 신고 펜싱칼과 부채를 들고 파리의 무대에 등장했을 때, 오늘날 우리는 이런 의상에서 우스꽝스러운 부정확성을 발견한다. 그러나 이런 외적인 것이 본래의 사안(事案)과 얼마나 관련이 없는지는 지금 프랑스 정극에서 코르네이유(Corneille)와 라신느(Racine)와 볼테르의 그런 비극들이 더 이상 절대왕정의 그런 궁중복장이 아니라 실제의 고대 의상 차림으로 연기된다는 점에서 알게 된다. 이런 변화가 내용과 모순을 불러일으키지 않는다면 말이다. 하지만 의도적인 역사적 부정확성을 생각해보면 이

원한 도시의 공적인 삶이 다시금 살아나고 있다고 말이다. 그러나 셰익스피어가 로마의 삶을 특징짓기 위해서 플루타르크에서 얻을 수 있었던 얼마 안 되는 것을 충실히 이어받고 생생하게 각색하는 태도는 고물상 같은 연구가 최고의 노력을 기울여 하는 가장 정확한 분석보다 더 가치가 있다. "

146

것은 코믹한 효과를 가질 수밖에 없다. 그도 그럴 것이 그런 의도적인 역사적 부정확성은 패러디로 나타날 수밖에 없기 때문이다. 글라스브 렌너(Glaßbrenner)의 《천국》(*Paradies*)이라는 인형극에서 예컨대 아담 은 다음의 대사를 하며 무대에 들어선다.

> "내가 창조되어서 아주 기쁘군. 그런데 어느 누구도 내가 창조된 것 이 무엇에 좋은지는 알 수 없지."
> (그는 주위를 둘러본다.) "내가 제일 좋아하는 식물 정원이네! 저 위 의 파란 천장과 하얀 가로등도 쓰임새가 없지는 않지. 우주를 지금 있는 그대로 완성된 것으로 받아들여야만 한다는 점을 제외하면 우 주 창조 역시 상당히 성공적인 것이었어. 완성시킨 자는 관객의 박 수갈채를 요구할 권리가 있지. 그러나 지금은 시작일 뿐이고, 창조 의 주도권도 수중에 있으니 그것을 강력한 통치의 적절한 조처를 통 해서 아주 훌륭한 거처로 키워갈 수 있을 거야."
> (그는 사방을 둘러본다.) "6일만 있으면 모든 것이 실제로 가능해!"
> (그가 머리를 흔들며 부인한다.) "말이 나왔으니 말이지만 이를 완성 했던 존재가 하나라는 점을 나는 믿지 않아. 여럿이서, 즉 연합해서 했을 거야. 어쨌든 라도비츠[5]가 이 일을 도왔어. 왜냐하면 그 없이 는 어떤 창조도 이루어지지 않으니까."

아담이 그렇게 말했다는 것은 불가능하다고 우리는 외친다. 그러나 인형극의 아담은 실제로 그렇게 말한다. 우리는 여기서 창조가 권태로 워하는 베를린의 정치 만담꾼에서 시작되고 있음을 안다. 그래서 우리 는 근원적인 예술의 소재와 사색하는 술꾼의 현실 사이의 그런 모순에

---

5) 역주: 라도비츠(Joseph Maria von Radowitz, 1797~1853). 프로이센의 장 군. 이 극에서 글라스브렌너는 라도비츠가 빌헬름 4세의 충실한 신하로서 여러 분야에서 활동하고 무엇보다도 프로이센의 외교정책에 막강한 영향력 을 발휘했다는 점을 암시하고 있다.

대해서 웃지 않을 수 없게 된다.

정확성은 일반적으로 자연과 정신의 실제적 정상상태를 충실하게 관찰하는 데 있다. 그러나 우리가 이미 살펴보았듯이 예술의 자유는 정확성이라는 제한에서 결코 충분한 만족을 찾을 수 없다. 예술은 미에 모순이 되지 않는다면 일정한 조건하에서는 부정확해도 된다. 미는 의도적인 패러디에서 코믹해질 수 있다. 그러나 미는 상상적인 것과 어떤 관계에 있는가? 물리적으로, 정신적으로 불가능해 보이지만 그럼에도 불구하고 예술의 중재를 통해서 현실 전체의 힘을 가지고 우리 앞에 나타나는 그런 구성을 우리는 어떻게 판단해야 하는가? 이런 상상의 조형들이 추의 개념과는 어떤 관계에 있는가? 예술은 당연히 대자적으로 미 외에 다른 법칙을 갖고 있지는 않다. 그러나 미는 가장 자유로운 예술작품에서도 결코 위배되어서는 안 되는 진(眞), 선(善)과 필연적 관계가 있다. 이와 같은 정체성은 예술의 부정적 한계가 아니다. 그 반대로 미는 그런 정체성을 통해서 비로소 실제로 완성될 수 있다. 그러나 미의 실제적 완성과 정확성은 구분되어야 하는데, 정확성은 상상과의 관계를 통해서 경험적 실재의 형태들과 몽환적 유희를 하도록 허락한다. 상상력은 바로 실재적인 것의 재생산을 통하여 그 실재적인 것에 충성을 맹세해야 하는 복종에서 벗어남으로써 유희 충동에서 오직 자신의 창조력에 속한 형상들의 구속 없는 생산을 통해서 스스로 즐긴다.6) 상상력은 자의(恣意)를 마음껏 즐김으로써 자신의 자유에 대해 확신한다. 그것은 과도한 언행으로 장난을 친다. 그것은 식물계에 결코 나타나지 않는 식물을 창조하며 동물계에 나타나지 않

---

6) 역주: 칸트에 따르면 상상력은 두 가지 기능을 한다. 그중 하나는 재생산적 기능으로서 상상력은 이전의 표상들을 재생산하여 그것을 오성의 판단을 위한 질료로 제공한다. 다른 기능은 실재적인 것의 재생산이 아닌 연상작용을 통해 오성이 범주화할 수 없고 판단할 수 없는 표상들을 창조적으로 생산하는 기능이다.

148

는 동물을 창조하고 역사에 결코 나타나지 않는 사건들을 만들어낸다. 이와 같은 상상의 본질에서도 여전히 정확성에 대해 언급할 수 있을까? 그렇지는 않은 것 같다. 그도 그럴 것이 그런 예술의 조형이 어떤 실제적 · 정상적 형태와 비교되어야 한단 말인가?

우리는 먼저 자연과 역사 자체가 상상력의 산물을 풍부히 가지고 있다는 점을 기억해야 할 것이다. 여기서 오성만이 작용한다면 물론 그런 것들은 나타나지 못할 것이다. 그러나 우연과 자의는 가장 대담한 자유분방함에서 생겨난다. 경험에 따른 결합이 주관적 상상력의 창조물과 경쟁할 수 있다는 것은 말 그대로 사실이다. 오성만을 따르면 외관상 식물과 구분될 수 없고, 커다란 무리를 짓는 식물성 동물 같은 동물은 존재하기 어렵다. 오성만으로는 노아의 홍수 전에 존재했던 저 거대한 물체의 모순적 형태를 만들어내지 못했을 것이다. 생명체가 살고 있는 지구의 현(現) 시대에서도 오성은 날아다니는 물고기, 날아다니는 도마뱀, 날아다니는 쥐, 길고 뾰족한 수저 모양의 주둥이를 한 도마뱀, 물고기 비늘 모양의 꼬리를 한 설치류, 바다의 파도에서 나와 우리를 놀리는 물고기 형태의 온혈 포유류 등을 받아들이지 못할 것이다. 자연은 오성을 넘어서며, 즉 이성적이며, 자신의 자유에서도 겉보기에 모순인 것을 하나로 만들 정도로 변덕과 상상력이 충분하다. 단지 겉보기에 모순이 된다고 말한 까닭은 유기체의 내부에는 모순이 있어서는 안 되기 때문이다. 그렇지 않을 경우 그것은 생명력을 유지할 수 없을 테니 말이다. 그러나 외관상으로는 모순적으로 보일 수 있다. 그러므로 예술의 상상력이 뿔 달린 사자, 독수리 모양의 짐승, 그라이프,[7] 스핑크스, 켄타우르 등을 창조할 때 그것은 대자적으로 자연의 유비관계를 따른 것이다. 역사도 적지 않게 그러하다. 왜냐하면 정신의 자유는 우연과의 연관에서 자연의 상상물을 무한히 넘어서는 가장

7) 역주: 독수리 머리에 사자의 몸을 한 괴수이다.

무시무시하고 동화적인 현상들을 생산해내기 때문이다. 자연은 상상적 조형과 사건들을 무수히 만들어내고, 이것들의 다채로운 현존은 종종 예술가들이 가장 대담한 상상을 통해서도 감히 창작하지 못할 정도의 것이다.

나폴레옹 1세의 삶은 포병부대 중위로서, 장군으로서, 정치가로서, 정복자로서, 추방된 자로서의 삶이다. 어떤 상상력이 이런 기적 같은 작품을 만들어낼 힘이 있겠는가? 캘리포니아와 오스트레일리아의 광산에서 금을 찾는 자들의 삶, 10년 전만 하더라도 누가 그것을 동화라고 설명하지 않았겠는가? 유타 호수를 향해 사막을 뚫고 가는 노부 (Nauvoo)의 모르몬 교도들의 행렬 ─ 늙은 유럽에서 바리케이드가 세워지는 그 시간에 합리적인 북아메리카에서 그런 구약 같은 사건이 일어날 줄을 누가 기대했겠는가? 흑인인 아이러 올드리지(Ira Oldrige)가 실제로 연기한 오셀로 ─ 셰익스피어는 이 점을 어떻게 상상해내었을까? ─ 하지만 사실을 계속해서 열거하는 것은 그만두겠다. 그것들은 현 세기와 우리들의 가장 지근한 현재에 속한 사실들이며, 멀리 떨어져 있다거나 색바랜 고대로 인해서 전통을 넘어섬으로써 비로소 환상적인 것이 된 사실들이 아니다. ─정신은 자신의 독자적 공간 마련이 허락되면 합리적인 합목적성과 단순한 욕구와 순전한 유용성을 아무 근심 없이 간과해버린다. 정신이 자기개성을 표현하려는 충동을 따를 경우 미의 순수한 윤곽도 신경 쓰지 않는다.

민족들의 유행에서 우리는 대단한 기묘함과 조우하지 않는가? 예컨대 저 뾰족하고 다이아몬드로 장식되어 있으며 뿔 모양으로 비스듬히 올라간 형태의 중세 오리주둥이 구두를 기억해보라. 발의 형이 그런 형태를 요구하는가? 아니다. 그 신발이 특별한 편안함을 주는가? 분명히 아니다. 이런 뿔 형태들이 진정 아름다운 것으로 인정되었던가? 있을 수 없는 일이다. 그렇다면 그것은 무슨 목적을 위해 존재했던가? 명백히 방자하게 유희하는 정신의 미친 기분만을 충족시키기 위해서

다. 바티에(Wattier)가 모로 화랑(畵廊)에 있는 그 그림에서 훌륭하게 그려낸 의상발표회의 의상들을 기억해보라. 의상모델 여성들이 투니카[8]의 열린 옆쪽을 통해서 단순히 종아리를 넘어서서 목과 가슴과 팔을 보이게 하여 자연을 드러낸 반면, 의상에 미친 신사들은 분명히 그와는 반대로 탄성을 자아내는 둥근 머리 모양과 뺏뻿하고 폭이 넓은 턱밑 천과 기이하게 뾰족한 형태의 상의 하단부로 마치 자연을 안 보이게 하는 듯한 점이 관찰된다. 이런 형태를 기억하면 자신의 상상적 형태들을 가지고 있는 역사가 햇빛 비치는 밝은 대낮에도 종종 비틀거리며 몽환적 세계로 넘어가는 것 같다고 우리는 고백하게 된다.

예술로 돌아가보자. 그러면 우리는 예술의 상상에 미적인 한계를 인정해야 한다. 이 점은 정확성이 아니라 형상의 진실에 해당되는 것이다. 형상들은 상상을 통해서 우리 마음을 사로잡아야 한다. 그것들은 직접적이고 경험적인 반대상이 비록 결코 있어서는 안 되지만 그럼에도 불구하고 특정한 실재성을 가져야 한다. 이런 관계를 우리는 이념적 개연성이라고 부른다. 예술의 형상들은 우리들의 오성과 모순이 되지만, 자체 모순의 통일성과 비자연성의 자연성과 불가능성의 현실성을 통해서 우리들의 오성에 예속되어야 한다. 키메라, 헤카톤샤이어, 켄타우르, 스핑크스 같은 그런 상상의 피조물들이 해부학적으로, 물리적으로 불가능하다는 점을 우리가 인정하지 않을 수 없지만, 그것들을 바라볼 때 우리에게 그 실재성에 대한 어떤 의심도 전혀 생겨나지 않을 정도로 그렇게 그것들은 분명히 그들 자신과 조화롭게 나타나야 한다. 상이한 것들로부터 떼어낸 것은 그 자신의 진실에 따라 형상화되어야 한다. 상상적인 것이 이런 요구에 순응하지 않으면 우리는 그것을 부정확하다고 설명해야 할 것이다. 이런 통일성과 대칭성과 조화의 정확성은 상상력의 자의(恣意)가 서로 결합시키는 이질적인 것에서

---

8) 역주: 로마의 소매 없는 긴 옷.

존재해야 하며 그렇지 않을 경우 그것은 추하거나 코믹해진다. 이집트의 스핑크스는 인간의 머리와 여성의 가슴을 암사자의 몸통과 하나로 통일시킨 것이다. 해부학적으로, 형태상으로 그런 통일성은 있을 수 없다. 그러나 그 조각은 우리가 바라본 순간 저 자연과학적인 의혹을 떠올리지 못할 정도로 그렇게 분명하고 명확하게 우리에게 스핑크스를 보여준다. 그 몸체는 얼마나 안정되게 앞발에 실려 쭉 뻗어 있고, 목은 얼마나 곧게 치켜져 있으며, 눈은 얼마나 의미심장하게 앞쪽을 바라보고 있는가! 우리가 이런 존재를 우리의 상상에 절대로 허락해서는 안 된단 말인가? 물론 여성의 머리가 암사자의 몸통과 더불어 자연스러운 전이과정에서 하나로 녹아 있지 않다면, 하나가 다른 것에 단지 접합되어 있는 것이라면, 자체로 서로 이질적인 것이 자연스럽게 서로 결합되어 있지 않다면, 우리는 이 스핑크스를 추하게 생각할 것이다. 그와 유사한 반인반수와 상상의 식물들과 아라베스크도 마찬가지이다. 상상의 꽃은 꽃잎 형태와 서 있는 모습과 꽃받침으로 자연적인 진실처럼 보여야 한다. 그것들의 비례는 미적으로 가능해야 한다. ―정신이 제아무리 상상적으로 무절제해질지라도 우리는 그 정신을 위해 이념의 의미에서 개연성을 요구하게 될 것이다. 이념의 의미에서라고 한 까닭은 상상성 자체가 보다 높은 법칙에 위배됨이 없이 오성적이고 경험적인 것에는 모순이 될 수 있기 때문이다. 기이함은 그 소용돌이 내에서 어느 정도의 가능성을 가져야 한다.

상술하자면 오늘날 많은 사람들이 만족해 하는 불합리한 것을 곧바로 상상적인 것으로 착각해서는 안 된다는 말이다. 비교적 오래된 독일 낭만주의의 몇몇 작가들은 자신들의 건강한 초기(初期)를 취향 없는 혼란으로 마감하였다. 그들은 이 혼란을 문학적 심오함의 최고봉으로 간주했지만, 실제로는 그들이 그렇게 함으로써 다만 불합리와 이념 없는 허무주의에 도달했을 뿐이었다. 아르님(Arnim)의 훌륭한 《돌로레스》(*Dolores*)와 브렌타노(Brentano)의 《고트비》(*Godwi* 혹은 어머니

152

의 석상)가 이에 대한 예다. 9) — 현대 화가 중에는 그랑빌(Grandville)
이 상상예술의 거장으로 증명되었다. 그의 〈살아 있는 꽃들〉(Fleurs
animees)에서 소녀들의 형상이 아주 놀랍게도 꽃의 형태로 짜여져서
소녀들이 꽃이 되었는지 혹은 꽃들이 소녀가 된 것인지 모를 정도이
다! 꽃은 장식에 불과하지만 식물학적으로 너무 정확한 나머지 그 자
수는 인간형태와 동일한 특징을 보여준다. 10) 그러나 이론의 여지없이
그의 천재성이 최고로 드러난 작품 〈또다른 세계〉(Un autre monde)에
서 그는 너무 무모한 것을 추구한 나머지 그 모순들은 우리들의 상상
력을 완전히 갈기갈기 찢어놓고 있다. 그런 무모함은 광증의 경계에
걸쳐 있으며, 우리는 그 모습을 견딜 수 없을 정도이다. 이와 같은 몇

---

9) 브렌타노의 《고트비》는 브레멘에서 1802년에 2권으로 출판되었다. 브렌타
노는 표지에서 자신의 이름을 마리아라고 했고, 같은 표지에 "야만적인 장편
소설"이라고 써서 책의 내용을 아주 특징적으로 보여주었다. 브렌타노 전집
에는 《빌헬름 마이스터의 수업시대》에 대한 낭만주의적 대응물인 이 기이한
책이 포함되어 있지 않으며 그중 일부만 4권에 실려 있다.

10) 브라트라넥(Bratranek)의 《식물계의 미학을 위한 기고》에는 살아 있는 꽃
들을 위해 당연히 한 장(章)이 헌정되었고, 브라트라넥은 396쪽에서 다음과
같이 정확하게 말하고 있다. "그랑빌은 이미 동물들의 개체적이고 공적인 삶
의 장면에서 상징을 위한 근원적인 신중함을 어떻게 최고의 성찰에서 불러
낼 수 있는지 이미 보여주었다. 이는 인간에게 나타나는 동물적인 면이든
아니면 동물에게 나타나는 인간과 유사한 상황과의 관계이든 간에 이끌어내
고 동물/인간 세계의 사회에서 기인하는 잘못된 현실들 모두에 대해 충실한
모사를 집약하는 방식을 통해서였다. 그랑빌은 〈살아 있는 꽃들〉에서도 그
렇게 하고 있는데, 전자에서는 전형이 된 표상에서 출발했듯이, 후자에서는
근원적이거나 전통적으로 혹은 관습적으로 확고해진 식물의 의미에서 출발
하여 이제 그 의미를 여성들의 얼굴 표정, 태도, 그리고 의상으로 전이시킨
다. 식물이 인간 내면성에 대한 상징을 통해서 획득하는 생명력을 이제 그
예술가가 식물 종류에서 나타나는 인간적 형상에 부여한다. — 우리가 눈앞
에서 보고 있는 이것들은 인간이 되어버린 꽃들인 반면, 상징은 꽃으로 인
간적인 것을 말해주고 있다. 그랑빌은 언제 어디서나, 그리고 온갖 형태로
그런 인간 식물을 통해서 해당 지역의 개성 자체를 우리에게 보여준다.

그랑빌 작, 〈살아 있는 꽃들〉

몇 그림들의 난감함은 어디에서 기인하는가? 우리는 그랑빌이 상상적인 것에서 미적 개연성에만 충실하지 않고 오히려 창작하는 자의를 절대적으로 풀어놓음으로써 사람을 경악하게 하는 자연적 진실성을 갖고 있다고 생각한다. 악마 같은 브뢰헬(Breughel) 류의 사람들과 테니에(Tenier) 같은 사람들, 그리고 칼로(Callot) 같은 사람들은 성 안토니우스의 유혹을 위해 최고로 상상적인 인물들을 창작했지만 이들은 모든 자연스러움을 상실하고 단지 상상적인 뻔뻔함만을 가지고 있다. 그에 반해 그랑빌은 자신의 기형에서 푸들의 머리를 한 거북이, 뱀의 머리를 한 곰, 앵무새 머리를 한 메뚜기, 기계를 인간으로, 인간을 기계로 그렸을 뿐만 아니라 무엇보다도 짐승 우리도 그렸는데, 노아의 홍수 이전의 괴물들조차도 그것에 경악할 정도이다. 짐승 우리가 이질적 형태의 종합뿐만 아니라 통일성의 상상을 무시무시한 방법으로 해체하는 그런 배타적 형상인 이중적 동물들의 모습을 보이기 때문이다. 예컨대 황소가 보이는데 꼬리는 악어 같은 파충류로 되어 있고 두 발은

154

황소의 발로 앞으로 향해 있고, 나머지 두 발은 악어의 발로 뒤로 향해 있다. 이것은 통일성을 정신 나간 방법으로 방해하는 분열의 경향이다. 혹은 사자가 나무에서 아래로 내려오는 것도 보이는데, 사자의 꼬리는 막 물고기를 삼킨 펠리칸의 목이다. 이것은 실제로 추하며 코믹한 효과를 낼 수 있기에 너무 추악하다. 물론 가장 극단적인 모순이라 하더라도 그것이 코믹하게 전환되면 견딜 만하다. 그랑빌은 같은 작품에서 그렇게 짐승 우리를 그렸는데, 온갖 부류의 호기심 어린 동물 관중들이 우리에 갇힌 것들 앞에서 어슬렁대고 있다. 그때 우리 안에서 영국의 외뿔 레오파드와 그 앞에 선원의 머리를 하고 모자를 쓴, 짧은 파이프로 담배를 피우는 개의 형상이 보인다. 자체가 둘이 된 나폴레옹의 독수리 앞에 스핑크스가 엎드려 있는 모습이 보인다. 이 스핑크스는 엘자스 출신의 유모 머리 모양을 하고 있고 그 머리는 이집트의 칼란티카 대신 잘 알려진 높은 두건으로 장식돼 있다. 저 선원 형상의 개와 이 유모 모양의 스핑크스, 이것들은 추하지 않고 환상적이며 유머러스하다. ― 코믹은 잘못된 상상의 좋지 않은 개연성을 조롱하기 위해 불가능한 것도 만들어내지만 그것을 아주 노골적인 색조로 보여준다. 루키아노스(Lukianos)가 그의 《참된 이야기들》(*Wahre Geschichten*)에서 여행자들의 허풍과 학자들의 고루함을 동시에 조롱하고 있는 방식처럼 말이다. 11)

---

11) 파울리의 번역본에서 루키아노스는 《참된 이야기들》의 서문 마지막 부분에서 다음과 같이 말하고 있다. "철학자라는 칭호가 붙은 남자들 사이에서도 심지어 거짓말하는 것이 일상적이라는 점을 내가 알게 되었을 때, 나와 마주친 그 많은 사람들이 거짓말하는 것 자체를 비난할 수는 없었다. 내가 놀라지 않을 수 없었던 점은 다만, 어떻게 이 작자들이 독자가 자기들의 소설(호메로스, 이암볼로스, 케시아스)에서 참된 말이라고는 단 한마디도 없다는 점을 알아차리지 못할 것이라고 생각할 수 있냐는 것이었다. 나는 내 펜으로 쓴 조그만 작품이라도 하나 후세에 남기고 싶은 욕망이 있었다. 이는 신화를 창작해낼 권리나 자유를 포기해야 한다는 것은 아니었다. 왜냐하면

이제 우리는 동화를 그 본질이 자연과 역사의 정상적 상태와 모순인
장르로 언급할 수 있을 것이다. 동화는 실제의 법칙성에 일격을 가하
는, 따라서 있을 수 없고 부정확한 형상들과 사건들로 넘쳐나지 않는
가? 그러나 진정한 동화는 그 불가능성이 상징적으로 개연성을 띤다는
의미에서 정확한 것이 된다. 동화의 꽃들은 노래를 부르고 동물은 말
을 한다. 인간은 동물로 동물은 인간으로 변신하며 기적과 기적이 연
이어 일어난다. 하지만 이런 상상을 통해서 보다 심오하고 — 다음처
럼 표현할 수도 있는데 — 성스러운 자연과 역사의 진리의 울림이 관통
해 나온다. 문명이 모든 상황을 위장하는 인위적 껍질들은 동화세계의
무조건성에 의해서 파괴된다. 오리엔트와 고대 북구 동화처럼(켈트 동
화는 이보다 덜하다) 상황은 이념 안에서 정확하게 존재하며, 유년기의
상상이 갖는 자연스러운 순진무구함이 견지된다. 동화가 인간을 당나
귀로 변신하게 할 경우 동화는 당나귀로 하여금 인간적으로 사고하고
행동하게 하지만 당나귀로 하여금 볏짚과 엉겅퀴를 먹게 만든다. 동화
는 최근의 창작동화가 우리에게 제공하는 것 같은 그런 부조리로 타락
하지 않는다. 레트비츠(Redwitz)[12]의 동화 《전나무》(*Tannenbaum*)에
서 전나무는 신의 상징이다. 전나무는 마른 모래땅을 좋아한다. 그럼

나는 참된 이야기를 전혀 갖고 있지 못했기 때문이었다(내가 내 삶에서 경
험한 것은 언급할 가치가 없는 것이었다). 그래서 나는 거짓말을 하기로 결
심하지 않을 수 없었다. 그러나 그때 다른 사람들보다는 약간 더 솔직하게
작품을 썼다. 그도 그럴 것이 나는 적어도 내가 거짓말을 하고 있다는 하나
의 진실은 말했기 때문이다. 이런 자유로운 고백을 통해서 나는 내가 하는
이야기의 내용으로 인해 쏟아질 모든 비난에서 벗어나기를 희망한다. 그러
므로 나는 다음과 같이 거창하게 설명한다: 나는 내가 본 적도 경험한 적도
없고 다른 사람들에게서 들은 적도 없으며, 실제적이지도 않고 가능하지도
않은 그런 것들에 대해서 글을 씁니다. 재미를 느끼는 사람이라면 이제 이
점을 믿으시오!"

12) 역주: 레트비츠(Oskar von Redwitz, 1823~1891). 독일 작가로 1851년부
터 빈에서 교수로 활동하다가 자유주의 노선의 뮌헨 시의원으로도 활동함.

156

에도 불구하고 레트비츠는 전나무의 뿌리에서 샘이 솟아나게 만든다. — 이것은 인간을 표상하며, 인간은 자연적인 낙하의 힘에 따라 세계의 방방곡곡으로 퍼져 마침내 정체되어 메말라가는 위험에 처하게 된다. 그때 나무는 그를 구해주는 나뭇가지 하나를 그에게 보낸다. — 그리고 이제 시냇물은 거꾸로 다시금 근원으로 되돌아 흘러간다! 인간의 구세주는 — 후에 던져진 전나무 가지로 상징되고 있다! 이 얼마나 메마른 전나무 문학인가! 거꾸로 흐르는 시냇물이라니! 이것은 어떤 종류의 심오함인가!

2) 특수한 양식에서의 부정확성

예술은 자신이 만드는 형상의 정확성을 위한 보편적 규범을 자연과 역사의 이념에서 찾는다. 그러나 예술은 자신의 필연성을 통해서 자신의 규범을 만들어내기도 하는데, 예술은 작품의 구현을 위해서 이 규범에 예속되어야 한다. 우리는 예술의 전형적 처리방법의 특수한 형태를 양식이라고 부른다. 예술작품은 특수한 양식의 독특함을 완수해낼 경우에만 정확하다. 이 정체성에 대한 무시는 부정확이다. 이상이 양식을 통해서 자기를 현실화하기 위해서 갈라지는 상이한 방향을 이끌어내는 것은 여기서 할 일이 아니다. 우리는 여기서 양식의 개성에 대한 부정에 기인하는 추의 특수한 형태를 설명함에 있어서 필요한 정도만 그 상이한 방향을 살펴볼 것이다.

미의 이념 자체로부터 도출되는 것은 예술작품의 표현이 고귀하고 엄격한 양식 혹은 중간 양식 혹은 간단하고 낮은 양식으로 가능하다는 것이다. 예술가는 이중에서 하나를 결정해야 한다. 각각의 양식은 자체 내에 여러 단계를 포함하고 다른 단계로 넘어가는 전이과정을 형성하지만 오직 자신에게만 해당되는 미적인 질(質)을 가지고 있다. 예술은 작품들이 이런 종류의 양식 중에서 이 양식 혹은 저 양식을 단호히 견지하도록 해야 한다. 만일 이런 종류의 양식들이 특히 소설형태에서 그렇듯이 혼합된다고 하더라도 이 혼합 내에서도 그 구분은 분명히 순수하게 드러나야 한다. 고귀한 양식은 중간 양식에 허용된 형태와 변화들을 배제하고 중간 양식은 낮은 양식이 사용해야 하고 사용해도 되는 그런 것들은 배제한다. 고귀한 양식은 숭고함으로 상승하고자 하며 중간 양식은 품위 있고 우아하게 움직이며 낮은 양식은 일반적인 것으로 넘어가지만 익살스러운 것과 그로테스크한 것으로 더 많이 넘어간다. 따라서 예술작품에서 그 본질에 의해 요구된 양식이 철저히 지켜지지 않으면 그것은 부정확한 것이다. 찬가(讚歌)의 화려함과 디오니소스 송가(頌歌)의 열광과 송시의 활기는 예컨대 단순한 사교적인 노래에 무해하게 걸맞은 그런 어휘와 변화를 배제한다. 거꾸로 후자가 오직 고귀한 양식에 속한 화려한 표현의 거창함을 늘어놓으려 한다면 그것은 마찬가지로 부정확한 것이다. 양식의 순수성에 대한 관점에서 보면 예술의 역사는 학문의 역사가 방법론의 관점에서 보여주는 것과 유사한 현상을 우리에게 제공한다. 학문적 표현의 과반수는 그것이 대상을 분석적으로, 종합적으로 혹은 발생학적으로 다루는 것인지에 대해 스스로 분명하지 않다. 우리는 이와 비슷하게 예술가가 수많은 예술작품에서 처음부터 확정해야 했던 양식과의 관계에 대해서 아무 생각도 없다는 점을 알게 된다. 또 많은 모순들은 미적 동기가 아닌 다른 동기들이 표현을 결정한 결과로 인해 생겨난다. 예컨대 고딕식 교회의 기둥머리에서 보이고, 익히 알려졌듯이 종종 조롱의 대상을 자기 안에 내포하는 흉측한 형상들은 전체의 인상을 약화시키지 않는 한, 상상의 사치로 참을 수 있다. 그러나 그 형상들은 미적 동기에서 유래한 것이 아니라 건축물의 사회적 위상과 전통에 그 일부가 속한 다른 연관관계에서 유래한 것이다. 그 형상들은 전체의 양식에서 도출될 수 없으며, 그래서 그리스인의 조화로운 감각에는 부적절한 것으로 보일 것이다. 규칙위반은 종종 분명히 눈에 띄지는 않지만 느낄 수는 있다. 휠티(Hölty)의 《권주가》(*Trinklied*, 아버지 라인이 우리에게 천국과 같은 삶을 주셨네)는 간단한 양식으로 넘어가는 듯한 중간 양식으로 창작되었다. 그러나 휠티가 마지막으로

> 라인 포도주를 마시는
> 모든 독일 남자 만세,
> 포도주 잔을 들 수 있는 시간 내내,
> 그런 다음 땅바닥에 쓰러질 때까지,

라고 노래할 때 이 마지막의 변화는 중간 양식과 간단한 양식에서 낮은 양식으로 넘어가고 있다. 땅바닥에 쓰러질 때까지 마시는 것 — 이는 잔인하다! 아버지 라인이 우리에게 부여하는 천국의 삶이 그런 결과로 끝나야 한다면 그것은 그다지 권할 만한 것이 못된다. 게다가 그런 술꾼에게 만세까지 불러준다는 것은 호소력이 없다. 같은 구절에서 휠티는 자신이 여왕으로 선출한 포도밭 여주인을 위해 건배한다. 여기서는 노래의 호탕함을 지나치게 독일적으로 끝맺게 하는 저 거친 종결부와 아주 달리 보다 고귀한 종결부로 하는 것이 낫다.

　의도적이지 않은 양식의 혼합이나 생각 없이 하나의 양식에서 다른 양식으로 건너뛰는 것은 추하다. 그것이 코믹하게 될 때는 오직 아이러니를 통해서 패러디로 만들 때이다. 고딕식의 교회와 시청사는 17세기와 18세기에 고대[13] 양식으로 많이 수리되고 보완되고 개축되었는데, 그 양식의 명랑한 미는 독일 양식의 숭고함을 향한 경향과 전혀 조화를 이루지 못했다. 이처럼 보완된 건축물의 대다수가 자체로 자신들이 표현해야 할 양식의 괴물 같은 형태가 되었기 때문에 이것은 단지 추할 수 있을 뿐이지 코믹하다고 할 수 없는 모순이다. 그러나 한

---

13) 역주: 고대(*Antike*)는 항상 그리스·로마시대를 지칭한다.

양식에서 다른 양식으로의 전락(轉落)이 의도적으로 만들어진 것이라면 그것은 코믹의 중요한 수단이 될 수 있다. 위대한 나폴레옹은 이집트에서 병사들에게 피라미드의 40세기(世紀)라는 세월이 그들을 내려보고 있다는 점을 상기시킨다. 우리가 그림에서 보는 것은 파우스틴 1세가 몇 그루의 야자수가 던지는 빈약한 그늘에서 반라(半裸)의 호위병들에게 장광설을 늘어놓는 장면이다. "제군들! 이 높은 야자수에서 내려보는 것은 ─ 40마리의 원숭이들이네!" 연설의 거창한 시작은 끝부분과 모순이 된다. ─ 하지만 코믹하다.

　그러나 미적 이상(理想)의 보편적 법칙은 민족의 양식에 의해서 특징적인 독특함으로 개성화되며, 이 독특함은 인종, 지역, 종교, 그리고 해당 민족이 몰두하는 주요분야에서 유래한다. 민족정신이 행위로 많이 표현될수록, 더 많은 정신적 내용이 민족의 자아의식에 들어서고 민족의 예술양식은 더 많이 개성화될 수 있다. 민족은 자기 운명을 마음대로 좌지우지하지 못한다. 민족은 세계 전체의 삶이라고 하는 엄청난 관계 속에 편입돼 있고, 그래서 특정한 조건들에 의해서 그 실존이 종종 제한된다. 이 조건들은 그들에게 오랫동안 감춰진 상태로 있고 때로는 파멸의 비극적 시기에 비로소 분명해진다. 그렇기 때문에 민족의 양식에서는 다음의 형태들이 발전할 수 있다. 이 형태들은 비록 민족의 개성에 상응하지만 동시에 피할 수 없는 특별한 제한성으로 인해 기형으로 자라나서 이상의 절대적 요구와 일치되지 않으며, 언젠가 예술을 보다 완벽하지 않은 지평에 고착시켜버리는 관습, 보편적 선입견이 된다. 그렇게 되면 민족은 아무 말 없이 예술가들에게 이런 관습적 규범을 따를 것을 조건으로 삼는다. 시대가 자신의 통치를 확고히 함으로써 그런 규범들은 정확성을 측정하는 척도인 경험적 이상이 된다. 그렇게 되면 그와 같은 이상의 한계 내에서 만들어지지 않은 것은 민족에게 부정확한 것으로 통한다. 우리는 아주 올바르게 여기서 유래하는 판단의 문제성을 표시하기 위해서 민족예술의 개성적 전형성에 해당되는 민족적 취향이라는 표현을 사용하겠다.

민족적 취향이 이상의 요구와 일치할 수 있음은 자명하다. 그러나 마찬가지로 그 반대도 일어날 수 있다. 후자의 경우에 예술가는 바로 최상의 의미에서 정확해짐으로써 민족적 취향의 의미로는 부정확해질 수 있다. 예술의 절대적 명령에 충실한 예술가는 바로 이 복종에 의해서 경험적으로 확정된 이상과 모순에 빠지게 된다. 예컨대 중국에서 건축은 목조건축으로 발전했다. 이때 중국인들은 다섯 번째 요소로 받아들인 목재에 기후에 대한 저항력을 갖추도록 하기 위해서 자기로 된 타일을 입히고 니스 칠을 했으며 단조로움을 깨기 위한 알록달록하고 강렬한 색에 익숙해졌다. 금색으로 강화된 빛나는 니스 색은 민족적인 것이 되었고 그때부터 이와 같은 다양한 색에 걸맞은 것만이 중국의 의미로 정확한 것으로 나타난다. 혹은 프랑스인들이 오해해서 연극에서 장소, 시간, 줄거리의 추상적 통일을 아리스토텔레스적인 것이라고 간주하고, 그리고 그들이 이 이론을 자신들의 절대적 규범으로 승화시킨 것을 기억해보면 이 3통일(장소, 시간, 줄거리) 중의 하나에 대한 위배가 이들에게 부정확한 것으로 나타날 수밖에 없다는 점은 이해가 된다. 그들은 그 추상적 통일에 대한 생각에 아주 심취해 있었고 그 속에서 살았던 까닭에 그 원칙에서 벗어남은 그것이 비록 시학적인 것이라고 하더라도 그들에게 추한 것으로 느껴졌다. 볼테르가 민족적 관점에서 영국의 연극을 야만적이라고 판결한 저 잘 알려진 판단들의 하나를 기억해보라. 그 이유는 영국의 연극에서 거꾸로 장소와 시간의 변화와 중심 줄거리가 에피소드적인 부차적 줄거리의 자유로운 다양성으로 전이하는 것이 민족의 이상으로 발전했기 때문이다. ─ 민족양식의 특정성이 종교적 세계관과 결합하면 그와 같은 민족양식의 특정성은 절대적 이상의 의미에서 부정확할 때에도 순수한 미적 조형을 종종 오랜 시기 동안 억압할 수 있다.

예술은 기법에서뿐만 아니라 종교와 직접 관련이 없는 다른 영역에서도 이상적 노력을 통해서 이미 보다 높은 경지에 도달해 있을 수 있지만 종교영역에서는 전형적 형상이 심지어 추해질 수 있다 하더라도 계속해서 재생산하도록 강요받는다. 구츠코가 유머러스한 소설 《마하구루》(*Mahaguru*)에서 보여주고 있듯이 말이다. 그 소설에서 티베트의 할리영 형제는 종교재판에 회부된다. 그 이유는 그들이 신의 석상(石像)을 감히 아름답게 만들었고 자신들의 공장에서 달라이라마 석상의 인증을 신성한 전통의 허용치보다 더 미적인 길로 표현했기 때문이었다. 이슬람 지역에서는 그런 식의 코란 금지명령이 조각과 회화가 영혼이 깃든 형상을 만들지 못하도록 한다. 그러므로 조각과 회화는 장식분야로 제한되고 조형적 생산력을 지나치게 과도한 장식에 쏟아부어야 했다.

상이한 민족양식은 또 미적 이상의 상이한 객관적 형태를 갖고 있다. 그러는 한, 이 형태들은 특정한 상황과 감정과 분위기를 표현하는 데 적합한 수단이다. 그렇기 때문에 특정한 과제에 적합한 양식을 발견해서 그 양식에 내재한 속성에 따라 그 양식을 철저하게 관철시키는 것이 정확성에 속한다. 예컨대 어떤 대상을 중국 양식으로, 혹은 그리스 양식으로 혹은 무어 양식 등으로 표현하는 것은 미적 진리에 따른 것일 수 있다. 이 경우에 해당 민족양식의 올바른 형태를 함께 사용하지 않는 것은 부정확한 것이 될 게다. 페르시아적 형태를 갖춘 몽테스키외의 우스벡과 리카의 서신교환을 기억해보라. 그리고 무슬림 식의 오리엔트 양식이 모두 지배하는 볼테르의 《자디그》(*Zadig*), 레싱의 《나탄》(*Nathan*), 괴테의 《서동시집》(*Westlchöstlicher Divan*), 뤼커르트의 《동방 장미》(*Östliche Rosen*) 등을 기억해보라.

민족 내에서 예술양식은 다시금 유파가 형성되는 상이한 발전시기를 거치곤 한다. 유파는 독특한 취향을 한동안 확정짓는데, 이 취향은 이상의 실현에 있어서 특별한 단계를 이루며 그렇기 때문에 민족양식과 비슷하게 상대적인 미적 규범을 만들 수 있다. 일반적으로 가장 순수한 표현을 지향하는 민족양식의 방향은 유파로 집약되고 민족정신의 이상은 유파의 이상과 일치하게 된다. 동일 민족의 다른 유파들은 핵심 유파에 앞서거나 뒤따르는 발전의 계기로서 나타난다. 그런 양식은 보편성을 띠게 됨으로 인해서 지속적으로 예술의 기관이 될 수 있다. 오늘날 우리가 회화에서 어떤 그림이 네덜란드 양식으로 혹은 이탈리아 양식으로 그려졌다고 하면서 동시에 그것이 플로렌스 유파 혹은 로마 유파 혹은 베네치아 유파 혹은 시에나 유파에서 착수된 것이라고 진술할 때처럼 말이다. 그와 같은 전제조건이 일단 만들어지고 예술가가 해당 유파의 특별한 취향이 갖는 구성적인 그런 특성에 자신을 복속시키지 않을 경우 그의 작품은 부정확한 것이 된다. 그런 몇몇의 특성은 자연적 진리의 의미에서 부정확할 수 있다. 예술가가 유파의 개성과 더불어 유파의 실수도 함께 현실화하지 않는다면 그는 유파의 의미에서 부정확하게 될 게다. 왜냐하면 그는 모든 개연성에 비추어보건대 그렇게 하지 않고서는 그 유파의 양식을 보여주는 단계에 이를 수 없기 때문이다.

이제 괴테가 많이 매달렸던 개념인 딜레탄티즘14)을 언급할 때이다. 괴테는 디드로의 《회화에 관한 시론》(*Versuch über die Malerei*)을 다루었을 때, 디드로가 정확성의 실제적 필연성을 이상의 미적 진실성과 혼동했다는 이유로 그와 대립했다. 지식인의 경직성이 지닌 고루함에 이의를 제기하고 확실한 근거를 댄 논쟁에서 디드로는 자연의 절대적 옹호자였다. 그의 견해에 따르면 자연은 그 어떤 부정확한 것도 만들지 않는다. 왜냐하면 모든 형상은 추하든 아름답든 간에 자기원인을 가지고 있고, 존재하는 모든 것 중에서 마땅히 존재해야 하는 방식대로 존재하지 않는 것이란 없기 때문이다. 규칙에 따라 생산하는 예술의 옹호자인 괴테는 "자연이 결코 정확한 적이 없다!"라고 말하는 편이

---

14) 역주: 딜레탄티즘(*Dilettantismus*)은 전문지식이 없이 학문이나 예술활동을 하는 행위를 지칭한다.

차라리 낫다고 나름대로 주장하기까지 한다.

> "자연은 자신의 피조물이 추하게 혹은 아름답게 보이든 간에 신경 쓰
> 지 않고 그것의 생명과 현존, 보존과 생성에 간여한다. 태어날 때부
> 터 아름다운 것으로 규정된 형상은 그 어떤 우연에 의해서 한 부분이
> 상처 입을 수 있다. 다른 부분들이 곧바로 함께 고통받는다. 왜냐하
> 면 이제 자연은 상처 입은 부분을 원상복귀시키는 힘이 필요하고,
> 그래서 나머지 부분들에게서 무엇인가가 빠져나가고 그로 인해서 나
> 머지 부분들의 발전은 절대적으로 방해받지 않을 수 없기 때문이다.
> 피조물은 원래 마땅히 그렇게 되어야만 했던 것이 더 이상 되지 못하
> 고 그렇게 될 수 있는 것이 된다."

괴테는 유파의 교육과 경험의 중요한 가치를 강조하면서 계속 외친다.

> "세상의 어떤 천재가 전승된 것 없이 단숨에 자연에 대한 단순한 관
> 찰을 통해서 비례를 결정하고 진정한 형태를 파악하며 진실한 양식
> 을 선택하고 모든 것을 포함하는 방법을 스스로 만들어내겠는가!"

괴테는 1799년의 어느 저작의 기획단계에서 이런 경향성을 따랐지
만 유감스럽게도 이것을 완성하지 않았고 괴테의 후계자들도 매한가지
였다. 우리 독일인에게는 무엇인가가 한번 완성되면 그것을 다 낡아
해질 때까지 반복하지만 한 걸음 앞으로 나아가는 것과 스스로 계속해
서 작업하는 것은 훨씬 드문 현상이다. 단편을 모아서 책으로 펴내고,
그리고 이런 식으로 성과를 거둠으로써 문학적 명성을 날리는 편안한
방법이 우리 민족처럼 유행인 민족도 아마 없을 게다. 우리가 말한 그
논문은 전집 44권《이른바 딜레탄티즘 혹은 실용적인 예술 애호행위
에 대하여》(*Über den sogenannten Dilettantismus oder die praktische
Liebhaberei in den Künsten*) 에 실려 있다. 이 논문은 아주 상세하고 완

164

벽한 기획을 구석구석에 포함하고 있는데, 우리는 보다 젊은 연구자들이 이 부분을 발전시켜줄 것을 제안하고 그것을 마음에 담아두게 하고 싶다. 괴테는 먼저 일반적인 딜레탄티즘이라는 개념을 상정하고 그것을 공예의 서투름과 비교하며 개별적 예술분야에서 그것을 전문적으로 다루고 그 유용성과 폐해를 논증한다. 우리는 그와 같은 진술에서 추의 생성과 관계된 것을 끄집어내고자 한다.

예술은 시대에 명령을 내리고 딜레탄티즘은 시대의 경향을 따른다. 딜레탄트는 예술의 장인들이 잘못된 취향을 따를수록 더 신속하게 예술의 경지에 도달한다고 생각한다. 딜레탄트는 자신과 같은 것을 생산해내는 직업을 기껏해야 예술작품의 영향에서 받아들이는 까닭에 예술의 영향을 객관적 원인과 동기로 착각해서는 그가 빠져 있는 감정상태를 생산적인 것으로, 실용적인 것으로 삼는다. 마치 꽃 냄새를 가지고 꽃 자체를 만들어낼 수 있다고 생각하듯이 말이다. 모든 기법의 투입을 전제하는 문학적 구성물의 궁극적 작용인 감정의 호소를 딜레탄트는 예술의 본질로 간주하고, 그래서 그것을 수단으로 자신과 같은 것을 생산해내려고 한다. ─그에게서 본래 부족한 점은 최고의 의미에서 건축, 즉 만들어내고 형성해내며 구성하는 그런 실천적 힘이다. 그는 이것에 대해서 일종의 예감만 가지고 있고 질료를 지배하는 대신 자신을 전적으로 질료에 내맡긴다. 마지막으로 딜레탄트는 무엇보다도 철저함을 지향한다. 이는 기존의 것을 완성하는 행위이고, 이로써 마치 기존의 것이 존재할 가치가 있다는 듯한 착각이 생겨난다. 주도면밀함과 형태의 최종적인 모든 조건들의 경우도 사정은 마찬가지인데, 이것들은 무형을 이끌어올 수 있다. 딜레탄트는 단계들을 뛰어넘고 그가 목표로 삼는 특정한 단계들을 고집하며 그로부터 전체를 판단할 권리가 자신에게 있다고 간주하고 그 결과 자신이 지닌 완성능력을 방해한다. 그는 잘못된 규칙을 추종하는 필연성에 빠진다. 왜냐하면 그는 그 규칙이 없으면 딜레탄트적으로 영향을 끼칠 수 없고, 그리고 객관적이고 진실한 규칙은 알지 못하기 때문이다. 그는 대상의 진실에서 점차 더 많이 벗어나서 주관적 혼란의 길에서 헤맨다. 딜레탄티즘은 예술에서 그 요소를 제거하고 예술의 관객의 질을 저하시켜서 이들에게서 진지함과 엄격함을 빼앗는다. 모든 편애는 예술을 파괴하고 딜레탄티즘은 관용과 호의를 예술에 끌어들인다. 딜레탄티즘은 진정한 예술가들을 희생시키는 대가로 자신에 가까이 있는 그런 예술가들을 존경받게 한다. ─ 문학적 딜레탄티즘은 포기되어서는 안 되는 기법적인 것을 무시하고 정신과 감정을 보여줄 경우 할 것을 충분히 다 했다고 생각하거나 아니면 공예적 능력을 얻을 수 있는 기법적인 것으로만 문학을 추구해서 정신과 내용을 갖추지 못한다. 이 두 가지는 해롭다. 전자는 예술에, 후자는 주체 자체에 보다 많은 해를 끼친다. ─ 모든 딜레탄트들은 표절하는 자들이다. 그들은 원본에 따라 말하고 그것을 모방하여 자신의 빈 상태를 임기응변식으로 채워넣음으로써 곧 모든 원본의 언어와 사상을 병들게 하고 파괴한다. 그렇게 해서 언어는 약탈해서 합쳐놓은, 더 이상 아무것도 진술할 수 없는 구문과 양식으로 점차 채워지고, 사람들은 전체가 아름다운 양식으로 만들어졌으나 아무 내용도 없는 책을 읽게 된다. 간단히 말해서 진정한 문학의 모든 진실한 진리와 미는 만연하는 딜레탄티즘에 의해 세속화되고 이리저리 끌려다녀서 품위를 잃는다.

3) 개별 예술에서의 부정확성

그러므로 우리가 살펴본 바와 같이 부정확성은 보편적으로는 올바르지 않음에, 즉 자연과 정신에 내재하는 법칙성으로부터의 일탈에 근거해 있다. 특수한 경우에 부정확성은 양식의 이상적인 특정성, 민족양식, 유파양식에 반하는 불복종과 모순에 근거한다. 만일 이상과 일반적 현존에 대한 칸트의 구분15)을 부정확이라는 개념에 적용하면, 미적 이상이란 것은 민족과 유파의 취향 안에서 특별한 일반적 현존으로 발전하고 굳어진다고 말할 수 있다. 그렇게 되면 민족이나 유파는 역사적 경과를 통해서 경험적으로 생성된 일반적 현존을 절대적 이상과 동일시한다. 그러는 한, 정확성은 우리가 확인한 대로 미적 생산의 부정적16) 한계가 된다. 그러나 다행히도 개개의 예술은 이미 표현수단의 속성을 통해서 고유한 추동력을 갖고 있고 이 추동력이 그런 협소함을 다시 깨뜨리고 관습적 양식의 의미에서 피할 수 없는 부정확한 것들을 만들어낸다. 그렇지 않을 경우 추동력은 특수한 필연성, 즉 자신의 예술에서 요구되는 정확성을 만족시킬 수 없기 때문이다. 보편적 방향들이 입법의 권위를 갖는다고 하더라도 예술적 생산을 결코 완전히 황량하게 만들 수 없는 비밀이 여기에 놓여 있다. 개별적 예술의 고유한 정확성에서 최고의 객관적 영향력이 흘러나온다.

모든 예술은 미를 표현해야 하지만 개개의 예술은 오직 자신의 특수한 매체 내에서만 그렇게 할 수 있다. 미학은 개별적 예술의 체계에서 이로부터 도출되는 방법상의 규칙들을 발전시켜야 한다. 여기서 이 점을 세부적으로 다루는 것은 이미 전에 언급한 바 있듯이 우리 쪽에서 보면 졸렬한 작업이다. 왜냐하면 모든 실제적 규정에다 요구된 정확성

---

15) 칸트는 《판단력 비판》(*Kritik der Urteilskraft*), 미의 분석론, 이상에 관한 17장에서 이상과 일반적 이념을 구분하고 있다. "이념은 경험에서 획득된 비례관계인 특정한 규칙에서 도출되지 않으며 무엇보다도 먼저 판단의 규칙이 이념에 의해서 가능해진다. 이념은 개별적이고 다양한 방식으로 서로 상이한 모든 개체들의 모습 사이에서 움직이는 전체 종(種)의 이미지이며, 이 이미지는 자연에 의해 같은 종의 생산에서 근원 이미지로 삼아졌지만 결코 개별적으로는 완전히 도달될 수 없어 보이는 것이다. 이념은 종에서 미의 근원 이미지가 아니라 단지 모든 미의 포기될 수 없는 조건을 이루는 형태이며 단지 종을 표현함에 있어서 정확성일 뿐이다."

16) 역주: 여기서 부정적(*negativ*)이란 긍정적(*positiv*)에 반대되는 의미이다. 따라서 여기서 부정적 한계는 넘어서는 안 되는 경계를 뜻한다.

을 위배하는 일탈이 어떤 것인지 덧붙이는 것은 오로지 반복적 방법을 통해서 행해질 수 있는 것이기 때문이다. 그러므로 우리는 다음과 같은 부정확성을 눈에 띄게 하는 일반적 요점 몇 가지만을 언급하는 것으로 만족해야 한다. 그것은 바로 개개의 예술의 고유성에서 유래하여 독특하게 추하게 만드는 부정확성이다.

조형예술은 우리에게 미를 말없는 물질로 공간적으로 나타나게 한다. 건축은 물질을 물질로 들어올리고 받치는 임무를 가지고 있다. 그렇기 때문에 건축은 무엇보다 무게중심에 신경을 써야 한다. 이것이 잘못되면 건축은 부정확해지고, 장식적인 혹은 그림 같은 다른 모든 종류의 미는 건축의 이런 근본적 실수를 되돌이킬 수 없다. 이렇게 되면 무게가 실수를 스스로 교정한다. 즉, 세워진 것이 쓰러지는 것이다. 이것은 큰 대가를 치르는 종류의 교정이지만 현대가 아주 애호하는 것이다. 무게중심은 겉보기에 잘못 위치할 수 있지만 사실은 그렇지 않다. 피사의 사탑은 건축의 기본법칙과 단지 겉보기에만 모순이 된다. 그것은 기술적인 자부심의 걸작이다. 하지만 어느 누구도 이것을 아름답다고 생각하지 않을 것이다. 왜냐하면 건축은 부분들의 관계를 가장 과감하게 처리한다 하더라도 안정감과 지속성을 생산해내야 하기 때문이다. 이런 원초적 요구가 충족될 때야 비로소 다른 건축적 철저함도 만족시킬 수 있다. 건축은 땅을 기반으로 해야 하지만 땅에 붙어 있지 않은 경우에는 땅을 넘어서 공중으로 뻗어야 한다. 왜냐하면 물질은 바로 물질을 ─ 벽이든 천장이든 ─ 받쳐야 하기 때문이다. 어머니 땅에서 공중으로 올라가는 지탱하는 힘은 모든 건축물에 그의 특징적 활력과 자유를 부여한다. 그러므로 무게중심에 신경을 쓰는 것은 내적이고 구심적인 정확성이며, 땅으로부터 솟구침에 신경을 쓰는 것은 외적이고 원심적인 정확성이라고 말할 수 있다. 그러므로 예컨대 다음의 점을 빼면 훌륭한 뮌헨의 클렌체 조각미술관에서 부정확한 점은 기초에서 거의 아무것도 위로 올려지지 않은 것이다.

조각의 경우 그것의 고유한 부정확성은 살아 있는, 특히 인간적 형상의 자연스런 척도가 잘못된 데서 연유한다. 조각작품은 우리에게 지속적 형상으로 온갖 종류의 공간을 채운 것으로 나타나며, 그렇기 때문에 척도가 없거나 척도를 넘어설 경우, 잘못 만들어질 경우, 있을 수 없는 자세로 되어 있는 경우에 우리의 감정을 극도로 예민하게 손상시킨다. 저 유명한 폴뤼클렛(Polyklet)[17]의 규범은 인간형상의 정상적 비례를 기준으로 확정하려는 예술의 요구에서 유래한다. 그러나 우리는 경험적 관점으로만 보더라도 부정확성이라고 부를 수 있는 실제적이고 자연적인 관계로부터의 일탈들도 바로 조각에서 발견하게 된다. 그것들은 이미 부정확이라고 하는 보편개념에서 언급된 바와 같이 보다 차원 높은 조화의 욕구에 의해서 합리화되는 일탈들이다. 본질적 척도는 당연히 위배해서는 안 되지만, 자연의 올바름에서 부드럽고 조용하게 벗어나는 그런 일탈은 허용된다. 이런 일탈이 비로소 정신적 내용의 독특함을 완전히 실현할 수 있다. 예컨대 바티칸의 아폴로의 복부가 잘 알려진 대로 해부학적으로 아주 정확하지 않듯이 말이다. 그러나 우리는 이것을 실수로 인식하지 않는다. 왜냐하면 형상의 날씬함은 요부(腰部)의 가냘픔으로 인해서 땅으로부터 하늘로 치솟아오르는 독특한 탄력성을 얻고 두부(頭部)의 흥분과 조화를 이루기 때문이다. 거대한 형태들 역시 경험적 올바름의 의미에서 정확하지는 않을 게다. 그러나 그것들은 특정한 목적을 위해 숭고한 효과를 일으키려는 예술에 정확한 것이 될 수 있다. 그럼에도 불구하고 그것들에게서 중

---

17) 역주: 폴뤼클렛(기원전 480~5세기 후반). 그리스의 유명한 조각가로 그의 가장 걸출한 작품은 기원전 430년에 완성된 〈디아두메노스〉(*Diadumenos*)이다. 그는 또한 인간육체의 가장 이상적 비례관계를 기술한 이론서도 후세에 남겼다. 그에 따라 이상적 인간육체의 비례관계는 폴뤼클렛의 규범이라고 불린다. 이 책은 원본으로 전승되지 않고 그 규범에 대해 입장을 표명한 로마인들에 의해서 그 내용이 간접적으로 전해질 뿐이다.

요한 것은 척도의 정도와 대상의 독특함이다. 척도가 중요한 까닭은 형상의 통일성에 대한 이해가 방해될 정도로 형상이 그렇게 커서는 안 되기 때문이며, 대상이 중요한 까닭은 대상이 아름답기 위해서는 자체로 고귀한 형태를 띠어야 하기 때문이다. 니느웨 궁성의 거대한 황소와 사자들은 아름답다. 왜냐하면 황소와 사자들은 자체로 아름다운 형태를 표현하기 때문이다. 그러나 예술가가 뒷발로 앉아 있는 들쥐를 조각품으로 제아무리 완벽하게 만든다 하더라도 그와 같은 것은 어떤 상황에서도 혐오스러울 것이다. 그와 같은 점은 형태의 축소화에도 통용되는데, 축소화도 마찬가지로 크기와 대상에서 한계가 있다. 조각은 형상의 개별적 지체(肢體)에서도 자연적 정상성을 조절할 수 있다. 그러나 그런 조절은 그때 비정상적인 것으로 과도하게 방황해서는 안 된다. 조절은 특별한 관계에 있는 근육을 강조하기 위하여 그것을 자연적으로 가능한 것보다 더 어느 정도 경직되게 부풀어오르게 할 수 있거나 더 부드럽게 쪼그라들게 할 수 있지만 근육에 올바른 위치와 형태를 부여해야만 한다. 왜냐하면 해부학적 기본진리를 위배하면 미적으로 곧바로 보복당하기 때문이다. 그리스인들은 잘 알다시피 안구뼈를 조형하는 데 있어서 자연의 일반적인 형을 과장한다. 그러나 단지 조각에서만 그렇게 하는데, 깊숙이 자리잡은 눈을 통해 색깔 없는 조각에 시선의 힘을 부여하기 위해서이다. 시각적 가상은 그렇기 때문에 골학(骨學)의 부정확성을 다시금 제거해준다.

　회화의 경우 그것의 특수한 힘은 색채와 조명에 있다. 반면에 조각의 요소인 스케치는 뒷전으로 물러난다. 형상의 윤곽은 물론 정확해야 한다. 회화는 개별적 형상을 그 특징적 색채의 생동성과 빛과 그림자의 상호유희, 그리고 관점주의적 가상의 정도 변화에서 드러내야 한다. 그렇기 때문에 스케치상의 실수는, 색을 직접 자체적으로 갖고 있고 조명을 외부에서 받는 완벽한 그림으로 형상을 표현하는 조각에서보다는 회화에서 차라리 감내하기가 더 쉽다. 거꾸로 조각에서는 색이 비본질적이다. 왜냐하면 조각에서 중요한 것은 형상 그 자체이기 때문이다. 개별화시키는 색은 조각품의 경직성과 모순의 관계에 있다. 색의 사용은 우리가 색칠해진 입상과 밀랍인형에서 느끼듯이 조각에는 부정확한 방법이다. 수도원과 이른바 예수의 수난의 단계들과 칼바리아 언덕[18]에서 우리는 때때로 입상들이 단순한 채색보다는 실제의 머리카락과 의복을 사용함으로써 자연스러움에 더 근접해 있음을 발견하고, 입상은 그런 직접적 생명의 가상을 통해 그 어떤 유령과 같은 면을 획득하게 된다. 예컨대 선한 목자에 이르는 잘츠부르크 카푸친 언덕의 단계들을 올라가보면 유대인들과 전투용병들, 바위 감방의 쇠창살 뒤에 있는 고문받는 예수의 강렬한 형상들은 얼마나 소름 끼쳐 보이는가.

정확함은 원래 배울 수 있는 그런 미이면서 미적 기법이다. 이 점은 특히 음악에서 드러난다. 왜냐하면 이 예술이 비록 심성의 내적 움직임을 표현할망정 그것은 분명히 바로 소리의 본성에 의해서 대수학의 엄격한 규칙과 연계되어 있고, 그렇기 때문에 그것의 부정확성은 가장 정확하게 통제될 수 있기 때문이다.

문학에서 정확성은 보다 불분명하다. 왜냐하면 여타 다른 예술에서보다 문학에서 정신적 내용의 심오함이 더 중요하며 그 내용으로 인해서 부정확성이 다른 곳에서보다 더 많이 용서되기 때문이다. 아리스토텔레스, 호라티우스, 부알로(Boileau), 바또(Batteux)는 문학의 규칙과 이와 연계된 문학적 부정확의 개념을 규정지으려 시도했다. 언어의 순수성, 운율의 정확성, 수사의 완벽성과 장르의 구분은 모든 문학작품에 요구되어야 할 것들이다. 우리 시대에 고통을 주는 그런 부정확성은 특히 맨 마지막의 사항에 토대를 두고 있다. 우리에게 전투 없는 서사시, 감정 없는 노래, 줄거리 없는 희곡이 지나치게 많고, 특히 특

18) 역주: 칼바리아 언덕(Kalvarienberg)은 가톨릭 순례지에 골고다 언덕을 재현하여 세운 언덕이다.

성 없는 혼합물을 위해 단편소설이라는 제목이 애용되기 때문이다.

독자적 부정확성은 예술의 부당한 혼합으로 인해 생겨난다. 예술은 서로를 도울 수 있고 도와주어야만 한다. 왜냐하면 예술은 사교적 본성을 갖고 있기 때문이다. 그래서 오페라는 자신의 비할 데 없는 힘을 모든 예술의 종합적 작용에서 끌어온다. 그러나 개별 예술이 자신의 영역을 앞으로 혹은 뒤로 넘어서고 자신의 고유성으로 인해서 실패할 수밖에 없는 효과를 불러일으키려 할 때 그것은 다른 무엇이다. 개개의 예술은 오직 자신의 질적 특정성 안에서만 힘을 가진다. 예술이 이런 특정성을 떠나 자신의 매체가 아닌 다른 예술의 매체를 통해서 가능한 작용을 일으키려고 한다면 그것은 자신과 모순이 되고 그로 인해 추로 타락한다. 예술작품이 정확할 수 있는 경우는 오직 예술의 그 특별한 매체 내에 있는 한계성에 머무는 한에서이다. 왜냐하면 예술이 이 한계를 넘어설 경우 바로 그런 과감함을 통해서 물론 효과를 내고, 자신이 생산해서는 안 되는 그 무엇과 기이한 현상으로서 흥미로울 수 있는 그 무엇을 생산하지만, 어쨌든 진실한 예술의 법칙을 어기기 때문이다. 이 점을 올바로 이해하기 바란다. 어떤 예술이 다른 예술을 도와주는 것은 아름답다. 그러나 하나의 예술이 다른 예술의 개성을 지워버리는 것은 추하다. 예컨대 건축은 조각과 회화로부터 도움을 받을 수 있다. 그러나 이는 건축예술이 자신의 독자성을 획득하지 못하는 식으로 되어서는 안 된다. 조각과 회화가 그 작품에 첨가하는 것은 오직 장식의 위상만을 가져야 한다. 고대인들의 다색(多色) 구성은 젬퍼(Semper)와 쿠글러(Kugler)[19]가 보고한 바에 따르면 이 한계를 조심스럽게 지켰다. 건축은 조각과 회화에 일터를 마련해준다. 그러나 이때 조각과 회화의 행위들이 건축의 질감에 눌리지 않도록 건축은 그것들을 특별히 고려해야 하며, 그래서 입상에 주각(柱脚)을, 그림에

---

19) 프란츠 쿠글러, 《그리스 건축술의 다색 구성과 그 한계에 대하여》(베를린, 1835, 4쇄).

172

벽면을 마련해주도록 건축구조를 변화시켜야 한다. 음악과 문학도 서로 도울 수 있다. 그래서 문학은 심지어 노래로 불릴 수 있지만 여기서도 문제의 관건은 보조수단인 음악이 말을 완전히 들을 수 없게 해서, 몇몇 현대 오페라의 경우처럼, 가수들로 하여금 소리 높여 외치고 소리치게 해서는 안 된다는 것이다. 이런 외침에서는 물리적 힘만이 경탄의 대상이 될 수 있을 뿐 사랑할 만한 그 어떤 미도 없다.

레싱은 잘 알려져 있다시피 《라오콘》(Laokoon)에서 회화와 문학의 경계를 규정하려고 했다. 그는 회화가 자신의 근본조건인 병존(竝存)을, 문학이 자신의 조건인 경과(經過)를 망각함으로써 생겨나는 부정확성들을 지적했다. 이와 같은 망각에서 기인하는 실수들을 레싱은 문학의 경우에는 묘사 중독증으로 회화의 경우에는 비유 짓거리로 지칭했다. "그릴 수 있고 그려야 할 대상이 무엇인지 모른 채 문학을 말하는 그림으로 만들려고 함으로써, 그리고 자신의 본래적 규정에서 멀어지지 않고 자의적인 글쓰기 방식이 아니면서 어느 정도로 보편적인 개념들을 표현해낼 수 있는지에 대해 숙고해보지 않고 회화를 말없는 문학으로 만듦으로써" 말이다. 이 연구의 33장부터 35장까지에서 레싱은 회화에서 추(醜)를 배제하고 문학에 그것을 반환하도록 했다. 그러나 이 점은 틀렸고, 레싱 자신도 섬세한 성격으로 인해서 혹시 회화가 우스꽝스러운 것과 무시무시한 것에 도달하기 위해 추한 형식을 사용해도 되는 것이 아닌지 스스로 의문을 품기에 이르렀다. "나는 이에 대해 감히 곧바로 아니라고 대답하지 못하겠다." 그는 이때 우스꽝스러운 것을 무해한 추로 무시무시한 것을 해로운 추로 구분하고, 회화에서 처음에 느끼는 우스꽝스러운 것과 무시무시한 것에 대한 인상은 곧 사라지고 단지 불쾌함과 무형적(無形的)인 것만이 남는다고 주장한다. 그러나 그는 이 설명에서 증빙자료를 항상 문학에서만 취하고 회화에서 취하지 않으며 그런 까닭에 그는 우리가 이 연구의 후반부에서 역겨움의 개념에서 보다 깊게 알게 되듯이 회화의 영역을 너무 좁게 설정해놓는다.

예술 사이에는 내적 연관관계가 나타난다. 이것은 우리에게 한 예술에서 다른 예술로 넘어가는 내적 전이과정을 보여준다. 건축은 자신의 가장 고상한 요소인 기둥에서 이제 조각을 알려준다. 그러나 그런 이유로 기둥이 조각은 아니다. 조각은 릴리프에서 이미 회화를 알려주지만 릴리프 자체에는 아직 회화의 법칙이 없다. 왜냐하면 릴리프에는 아직 관점이 없고 우연한 조명에 의해서 생기는 음영 외에는 다른 어떤 음영도 아직 없기 때문이다. 회화는 우연히 소리가 빠져 있는 듯한 그런 힘을 가지고 개별적 삶의 따뜻함을 표현한다. 그러나 빛의 유희와 색채의 느낌은 실제적 소리가 아니다. 음악이 비로소 소리로 우리들의 감정을 묘사한다. 우리는 소리 구성물의 상징성에서 감정을 느낀다. 하지만 음악이 우리의 내면을 더 많이 표현할수록 우리는 음악의 신비적 깊이에서 나와 문학을 동경하는데, 특정한 표상과 특정한 말로 명백함에 이르기 위해서이다. 예술이 서로에게 주는 저 친근한 도움과 건축에서 문학에 이르기까지의 예술의 내적 전이과정은 예술의 그릇된 간섭과는 아주 다른 무엇이다. 왜냐하면 후자는 자연적 발전에 기초해 있는 것이 아니라 예술이 자기 구성요소의 특화된 질(質)로서는 이룰 수 없거나 이루어서도 안 되는 그런 작용을 찬탈이나 하향화를 통해 억지로 불러일으키려는 점에 기초해 있기 때문이다. 예술이 아무 권리 없이 그것을 선점한다면 이는 찬탈을 하는 것이고 예술이 자기본질에 따라 서 있는 위치보다 비천하게 처신하면 이는 하향화이다. 그러나 찬탈과 하향화는, 이념의 학문이 보편적 법칙으로 보여주듯이 괴물 같은 속성을 결과로 가져온다. 이를 설명하기 위해 예를 몇 가지만 들어보겠다.

건축의 경우 그 뒤에 있는 다른 예술을 점유하는 것은 불가능하며, 앞쪽으로 가서 조각이나 회화를 통해서 자신의 커다란 규모를 약화시켜서는 안 된다. 조각은 뒤쪽으로 가서 건축의 기둥이 맡고 있는 역할

174

을 넘겨받아서는 안 된다. 거대한 건축물의 아틀라스[20]가 비록 과일 바구니를 든 장식적 여인상보다 기둥으로 쓰기에, 대들보와 천장을 지탱하는 데 더 적격이지만, 건물을 지탱하는 이런 것들은 결코 건축의 결정적 요소가 아니며 이것들은 항상 대들보만을 지탱하는 데 쓰이기에는 지나치게 고상한 인간형상에 대한 하향화이다. 거대한 아틀라스가 지구 전체를 어떻게 지탱하고 있는지는 문학적 의미를 갖는다. 왜냐하면 그것은 절대적으로 무한한 힘을 전제하기 때문이다. 그러나 석주가 똑같이 혹은 더 훌륭하게 할 수 있는 것을 인간이 한다는 것은 인간형상의 품위에 반하는 것이다. 거꾸로 실제의 기둥이 수많은 이집트 기둥처럼 기둥머리 대신에 비록 이시스의 머리라고 하더라도 인간의 머리로 되어 있다면, 그것은 기둥의 형태를 만드는 관점에서 보면 찬탈인데, 즉 미적으로 부당하게 조각을 선점하는 짓이다. 음악이 눈으로만 볼 수 있는 것을 그리려고 한다면 음악은 자기 수단으로 헛된 노력을 하는 셈이다. 빛이 있어라 하니 빛이 생겼다! 라는 하이든의 〈천지창조〉(*Schöpfung*)의 저 유명한 악장은 결코 빛을 빛으로 묘사할 수 없고 항상 우주에서 자신의 형상을 만들어내는 저 엄청난 움직임만 묘사할 수 있을 뿐이다. 〈사계〉(*Jahreszeiten*)에서 스스로 소리를 내는 다양한 자연의 현상과 인간의 활동은 하이든이 소리로 그림을 그리는 데 도움을 준다. 뿔나팔의 외침은 사냥꾼을 나타내고, 나무피리의 부르는 소리는 목동을, 플루트의 댄스 스텝은 농부를 나타내며, 음악은 폭포의 쏴~ 하는 소리, 폭풍의 바람소리, 천둥의 우렛소리를 모방할 수 있다. 그러나 감정은 단지 상징적으로 표현될 수 있을 뿐이다. 회화적 음악을 위해 모차르트의 〈피가로의 결혼〉에서 "불행한 작은 바늘"을 찾는 부분이 비교적 종종 인용된다. 이 부분을 인용할 때 생각해야 할 점은 앞의 낱말들과 얼굴 표정에 의한 표현이 없다면 '외견상

20) 역주: 아틀라스(Atlas)는 지구를 떠받치고 있는 거대한 신이다.

이 부분에서는 잃어버린 바늘을 찾고 있다'라는 생각을 음악에서 떠올리기가 어려울 수 있다는 것이다. 거꾸로 회화는 오직 음악으로 혹은 문학으로, 나아가서 오직 아주 산문적으로 표현될 수 있을 뿐인 그런 것을 그려낼 수 없다. 물론 문학은 낱말이라는 매체를 통해서 모든 것을 표현할 수 있다. 그 어떤 것도 그의 서술적 힘에서 벗어날 수 없다. 반면에 회화는 가시적인 것의 영역으로 들어올 수 있는 것만 표현할 수 있다. 보편적으로 이에 대해 그 무엇인가를 궁극적으로 확정한다는 것은 매우 어렵다. 회화가 자신의 한계를 이미 넘어섰는지 아닌지에 대해 특정한 판단을 내리기 위해서는 구체적 경우를 따라야 할 것이다. 절대적으로 내적인 것, 서정적인 것, 아주 지적인 것은 그림으로 그리지 못한다. 회화는 주관적인 것을 그림으로 그리기 위해서 그것을 어떤 상황에 집어넣어야 한다. 파리의 화가인 드 르뮈(De Lemud)는 우리에게 어떤 화가를 그려주고 있다. 그는 목발 앞쪽에 있는 벤치에 앉아 음울하게 쳐다보고 있고, 목발은 땅이 약간 올라온 쪽에 붓과 다른 그림도구 옆에 놓여 있다. 그의 옆에는 손에 열쇠를 든 채 용기를 북돋우는 몸짓을 하고 있는 늙은 여자가 서 있다. 이 둘은 중세시대의 복장을 하고 있다. 이 그림은 도대체 무엇을 그린 것인가? 카탈로그를 통해서 영감이 떠오르지 않으면 우리는 그것을 결코 알아내지 못할 게다. 그 그림은 요한 폰 아이크(Johann von Eyck)와 그의 누이 마르가레테(Margarethe)가 많은 고민 후에 어떻게 유화(油畵)를 만들어냈는지 보여준다고 한다. 드 르뮈가 레싱의 《라오콘》을 읽어보았더라면! 폭약의 발명이나 발견은 그림으로 그릴 수 있다. 왜냐하면 수도사 슈바르츠(B. Schwarz)가 폭탄을 쏘는 박격포 앞에서 어떻게 놀라며 뒤로 물러서는지 그릴 수 있기 때문이다. 여기서 그 장면은 폭발을 분명하게 드러낸다. 그러나 유화의 발명은 그림으로 그릴 수 없고 단지 쇼펜하우어[21]가 했던 대로 서술할 수 있을 뿐이다.

개별 예술 안에 있는 부정확성은 추의 모든 규정과 마찬가지로 예술

176

가에 의해서 의도적으로 만들어질 때 곧바로 코믹한 것으로 바뀔 수 있다. 그러나 건축과 조각에서는 이 예술들의 엄격함과 단순성 때문에, 음악에서는 대수학의 토대 때문에 그것은 거의 가능하지 않지만 회화에서는 가능성이 더 많고 문학에서 가능성이 가장 많다. 문학은 언어로 표현하기 때문에 언어의 부정확성이 훌륭한 코믹수단이 된다. 말실수와 은어(隱語)와 언어의 혼합은 미의 관점에서 보면 분명히 부정확한 것이다. 그러나 이것들을 의도적으로 사용하면 정신과 정신의 모순을, 그리고 또 정신이 그 모순을 유머러스하게 넘어서는 것을 아주 유쾌하게 표현해낼 수 있다. 그렇게 되면 추는 보통 극도로 우스꽝스러운 것이 되며 그런 이유로 희곡은 이런 부정확한 형태를 많이 사용한다. 셰익스피어는 엄청난 스펙트럼을 가진 언어의 실수를 거의 모든 소리를 통해서 무한한 위트로 추구했다. 22) — 실수는 말더듬도 포함할 수 있으며, 이탈리아인들은 그것의 코믹한 생산물을 아주 특별하게 즐긴 나머지 나폴리의 가면 뒤에는 항상 말더듬이가 있을 정도다. 사투리는 그 자체가 정확한 것일망정 교양풍의 문어체와 비교하면 부정확한 것으로 나타날 수 있다. 그렇기 때문에 코믹작가들은 사투리를 아리스토파네스와 셰익스피어와 몰리에르처럼 대조수단으로 이용한다. 셰익스피어가 사투리를 사용하는 선장 플루엘렌과 목사 에반스를 얼마나 재미있게 표현하고 있는가! 후자의 목동의 노래는 티크(Tieck)의 번역본으로도 웃긴다:

조용한 냇가에 내려앉으며
새가 마드리갈로 소리를 낸다,

---

21) 역주: 쇼펜하우어(Johanna Schopenhauer, 1766~1838). 철학자 쇼펜하우어(Arthur Schopenhauer)의 어머니이다.
22) 다음을 보라. 울리치(H. Ulrici), 《셰익스피어의 희곡 예술》(할레, 1939, 146쪽과 174쪽).

우리 같이 침대에 장미를 뿌리자,
온갖 향이 나는 꽃도!23)

  은어는 사투리와는 다르다. 은어는 상이한 언어에서 조합되어 만들
어졌지만 자체로 어느 정도의 통일성을 갖춘 언어이다. 예컨대 좀도둑
들의 은어, 죄수들의 은어, 대도시 천민들의 혼란스런 언어처럼 말이
다. 불위(Bulwer)와 쒸(Sue) 등의 작가는 이 수단을 때로는 무시무시
한 것을 표현할 때 풍부히 사용했다. 왜냐하면 이런 이상한 언어는 우
리를 윤리적이고 교양 있는 시민사회로부터 떨어져나오게 만들기 때문
이다. 우리 한가운데에서 친근함의 어둠 속에서 살아 있는 우리에게
적의 언어인 야만의 언어를 들으면 우리에게 소름이 돋는다. 베를린의
은어는 그 자체를 친목수단으로 만들어주는 명랑한 자기 아이러니적
요소를 어느 정도 내포하고 있기 때문에 이삼십 년 이래로 아주 폭넓
게 퍼져갔다. 베를린 은어의 거장은 글라스브렌너이다. 그는 예전에
보이어를레(Bäuerle)24)가 빈의 사투리를 사용하여 슈타베를 씨를 유
명하게 만들었던 만큼 난테 슈트룸프, 부파이 씨, 마담 피제케, 부파
이의 아들, 빌렘 등을 유명하게 만들었다. 은어가 잘못된 언어를 만들
어낸다는 점도 자명하다.
  은어, 말실수와 다른 것으로는 언어의 혼합이 있다. 개개의 모든 언
어는 조화로운 하나의 전체를 이루어야 하기 때문에 엄격히 말하자면
다른 언어에서 유래하는 모든 낱말들은 비난받아야 할 게다. 그러나
순수주의를 그 정도로까지 몰고 가서는 안 된다. 오늘날의 라틴계 언

---

23) 역주: 원본에서는 단어의 유성자음이 모두 파찰음으로 바뀌어 있다. 예컨대
   b는 p로, g는 k로. 그 결과 냇물(*Bach*)은 Pach로, bei는 pei로, Matrigal
   은 Matrikal로, Bett은 Pett으로, Blume는 Plume로 바뀌었으며 이로부터
   웃음이 발생한다.
24) 역주: 보이어를레(Adolf Bäuerle, 1786~1859). 오스트리아 극작가로서 당
   시 페르디난트 라이문트와 더불어 희극의 2대 거장 중 하나였다.

어처럼 혼혈언어가 만들어지는 곳이나 유럽과 아메리카처럼 문명 전체
의 세계주의가 민족들의 마음속에 스며들어 이들이 가장 내적으로 상
호작용을 하도록 하는 곳에서 언어의 순수성은 불가능하게 되어버렸
다. 정말이지 심지어는 어떤 사건이 발생할 때 모든 사람들이 이해하
는 외래어를 사용하지 않음은 실수가 될 수 있다. 언어의 혼합이 17세
기 중반의 우리 독일문학처럼 미적 통일성을 지양할 때 그것은 추한
것이다. 그것은 실스필드(Sealsfield)가 상이한 민족들의 특징을 그들
의 가장 관습적인 구문들의 혼합을 통해서 과장되게 표현할 때 비교적
종종 범하는 실수이기도 하다. 하지만 언어의 혼합은 그뤼피우스(A.
Gryphius)의 《호리빌리스크리브리프락스》(Horribiliscribrifrax)에서처
럼 내적 모순을 표현하는 데 사용될 때, 아니면 이른바 마카로니어의
경우처럼[25] 두 언어에서 아주 새로운 또다른 독립적 언어를 자의적으
로 만들어내려고 하는 가소로운 시도를 할 때 곧 코믹하게 된다. 그러
나 그와 같은 것은 언어들이 이탈리아어와 라틴어처럼 특정한 친척관
계를 맺고 있는 곳에서만 운 좋게 만들어질 수 있다는 점을 바로 마카
로니어가 그 자신의 역사를 통해 보여준다. 테오필로 폴렌고(Teofilo
Folengo)[26]가 가장 위대한 마카로니어 작가라는 점은 그런 이유에서
연유한다. ─《정체가 불분명한 사람들의 편지》(Epistolae obscurorum
virorum)에서 보이는 언어의 혼합은 마카로니어가 아니라 단지 게르만
적 라틴어라고 명명하곤 하는 일반적인 혼합 라틴어에 불과하다.

---

25) 겐테(Genthe)의 《마카로니 문학의 역사와 최고 작품들의 모음》(할레,
   1829)의 서문을 참조하라.
26) 역주: 테오필로 폴렌고(Teofilo Folengo). 이탈리아의 작가로서 1491~
   1544년까지 생존했다. 1517년에 수도사들을 해학적으로 공격한 서사시
   *Macarone*가 출판되었다. 마카로니 문학이란 개념은 코믹한 라틴어 시를 뜻
   하며, 이 시에서는 다른 언어권의 낱말들이 라틴어로 바뀌어 구조에 맞추어
   진다.

제 3 장

1. 형태의 파괴 혹은 기형화

추(醜)는 단순히 미가 없다는 것이 아니라 미에 대한 실제적 부정이다. 개념에 따라 미의 범주에 속하지 않는 것은 추의 범주에 속하지 않을 수도 있다. 수학문제와 그 풀이는 아름답지 않지만 또 추하지도 않다. 길이와 폭을 전혀 갖지 않는 수학의 점은 아름답지 않지만 추하지도 않다. 추상적 사고 등도 마찬가지이다. 추가 미를 실제로 부정하기 때문에 추를, 많은 미학자들이 근시안적으로 정의 내리고 있듯이, 단순히 정신적인 것에 대한 감각적인 것의 우위로 간주할 수도 없다. 감각적인 것 자체는 자연적인 것이기 때문이다. 자연적인 것은 우리가 이전에 살펴보았듯이 개념에 따라 무엇보다도 합목적적으로 존재하고자 하며 미적 형태를 자신의 합목적적인 통일성 밑에 위치시키는 까닭에 필연적으로 아름답지 않지만 개념에 따라 필연적으로 추하지도 않다. 자연적인 것은 오히려 자신의 개념에 모순이 되지 않고서 아름다울 수도 있다. 마치 비유기적인 자연이 자신의 단순한 형태로 보여주듯이 말이다. 산, 바위, 호수, 폭풍우, 폭포, 구름은 얼마나 아름다울 수 있는가! 감각적인 것이 추의 원칙을 이룬다는 명제가 옳다면 자연스럽기만 한 것은 추해야 한다는 의미를 지닐 것이다. — 그러나 거꾸로 정신적인 것 자체가 미의 원칙이라고 주장할 수도 없다. 왜냐하면 미에는 감각적인 것이 그것의 구성적 계기로 속해 있기 때문이다. 자연으로부터 추상적으로 유리된 상태에 있고 감각적인 것에 대해 부정적인 내적 상태에 있는 정신적인 것은 결코 미적 대상이 아니다. 정신적인 것은 자연 혹은 예술의 중재에 의해서 유한하고 감각적으로 인지가 가능한 현상의 영역으로 들어오는 곳에서 비로소 미적 대상이 된다. 그렇기 때문에 악과 이에 대한 저주의 감정이 추의 원칙이라고도 말할 수 없다. 왜냐하면 악과 죄책감이 비록 추의 원인이 될 수는 있지만 이 점이 무조건적으로 필연적이지는 않기 때문이다. 종교적 표상이 이 점을 대중적으로 표현하고 있는데, 악마가 — 근본적으로 자기 자신이었던 — 빛의 천사로도 변모할 수 있다고 말할 때 말이다. 추는 악이 없어도 생산될 수 있다. 처벌에 직면해서 머리칼이 치솟는 두려움이 아닌 진정한 후회로서의 죄책감은 얼굴 표정에 속세를 초월한 미를 부여할 수 있다. 화가들이 참회하는 막달레나를 그렇게 표현했듯이 말이다. 조각가가 질이 나쁜 조각을, 음악가가 질이 나쁜 오페라를, 시인이 질이 나쁜 시를 만들 때 이런 작품들의 추는 이 예술가들 심성의 추에서가 아니라 작품들의 질이 나쁨에서 유추될 필요가 있다. 이들은 세상에서 가장 선한 사람일 수 있지만 능력과 솜씨에서 실패한 것이다. 선 자체가 힘들고 위험하며 더러운 수많은 일에서 보이는 추의 원인이 될 수 있는가. 비소 탄광, 납 공장, 화장실에서 일하는 자들과 굴뚝청소부 등은 분명히 자기 일에서 최고의 존경을 받을 만하다. 그러나 이들이 이 일을 통해서 아름답게 되는가?

우리는 추(醜)의 가능성이 우선 통일성과 구분과 조화의 보편적 기준규정을 위배함에 근거하고 있음을 확인했다. 추는 그 자체로 자연과 정신, 선과 악의 대립과는 아무 관계가 없는 부정성이다. — 우리는 나아가서 자연적인 것과 정신적인 것이 필연적으로 갖는 특별한 형태의

규정을 부인함으로써 추가 어떻게 생겨날 수 있는지 확인했다. 현상의
정확성은 개체와 종(種)의 방해되지 않은 일치에, 현상이 자기본질에
상응하는 완벽성과 올바름에 근거하고 있다. 이 기준이 위배되면 부정
확성이, 즉 추의 한 종류가 생겨나며 이것은 많은 제한을 감수해야 한
다. 단순한 올바름은 이상적 진리에 속해야 하기 때문이다. ― 미의 최
후의 근거는 상술하자면 자유에 의해서 비로소 마련된다. 이 낱말은
여기서 단지 윤리적 의미뿐만 아니라 자발성이라는 보편적 의미에서
받아들인 것이다. 자발성은 자신의 절대적 완성을 당연히 윤리적 자기
결정에서 찾지만 삶의 유희에서도, 즉 역동적이고 유기적인 진행과정
에서도 미적 대상이 된다. 그러나 통일성, 규칙성, 대칭, 질서, 자연
의 진실성, 심리적이고 역사적인 올바름은 아직 미의 개념을 완전히
충족시킬 수 없다. 이 충족은 미에서 흘러나오는 생명과 자유를 통해
서 혼(魂)이 불어넣어지기를 요구한다. 이런 자유는 미적 관점에서 보
면 우리가 인정해야 하는 진리일 수 있고 현실적 관점에서 보면 단순
한 가상일 수 있다. 미학은 가상을 토대로 삼아도 된다. 분수의 물줄
기가 솟아오를 때 이 현상은 이전에 물을 흘려서 지나가게 해야 하는
높이의 차이라는 단순히 기계적 생산물이지만 그것을 솟아오르게 하는
힘은 그 물줄기에 자유로운 운동이라는 가상을 부여한다. 꽃은 꽃대를
이리저리 흔든다. 위아래로 이쪽저쪽으로 방향을 바꾸는 것은 꽃 자체
가 아니다. 그것을 왔다갔다 하게 하는 것은 바람이다. 그러나 가상으
로 인해서 꽃은 스스로 움직이는 것처럼 보인다.

　　그러므로 자유가 없다면 진실한 미는 없다. 그러므로 부자유가 없다
면 진실한 추도 없다. 무형과 부정확성은 부자유에서 비로소 자신의
최고점에, 자신의 발생학적 토대에 도달한다. 형상의 기형화는 부자
유에서 전개된다. 미 자체는 특별한 상황에서 숭고미와 유쾌미의 대립
이 되며 이 대립은 절대미 안에서 품위와 우아1)의 결합으로 스스로를
지양한다. 우리에게 자연스럽게 보이는 이런 구분에서 숭고함은, 칸

트 이후 일반적 견해였던 것처럼, 미와 대립하는 것이 아니라 자체로 미의 한 형태로 무한성으로 넘어가는 그런 극단적인 미의 현상으로 간주된다. 바로 그런 까닭에 이 구분은 유쾌함 역시 미의 실제적이고 본질적인 하나의 형태로, 현상의 다른 극단적 형태로, 현상이 유한으로 넘어가는 전이과정으로 설정한다. 숭고함과 유쾌함은 아름다운 것이고 아름다운 것으로써 서로 대립적·등위(等位)적이다. 이것들은 절대미에 예속되어 있는데, 절대미는 이것들의 구체적 통일성으로서 숭고하기도 하며 유쾌한 것이기도 하다. 왜냐하면 절대미는 상술하자면 단편적으로 숭고함도 유쾌함도 아니기 때문이다. 그래서 미의 부정인 추는 숭고함, 유쾌함, 절대미를 실제로 역전시켜야 한다. 추는 이런 역전을 통해 생겨난다. 사람들은 패러독스하게 다음과 같이 말할 수 있을 게다. 숭고함, 유쾌함, 품위, 우아는 아름답지만 추하게 될 수 있다고 말이다. 그러나 이런 패러독스한 견해는 올바른 이해에 아주 위험한 것이다. 왜냐하면 그런 견해는 간단히 무조건적으로 수용되기 때문이다. 우리 경우에는 숭고함과 유쾌함이 마치 아름답지 않은 것처럼 절대미가 모든 추를 자신에서 배제하지 않는 것처럼 여기게 된다.

　바이쎄는 미학에서 변증법적 논리전개[2]에서 "직접적인 미가 추다"라고까지 대담하게 말했다. 이론적 오성은 그리스 철학자들에게서 전혀 드물지 않게 나타났던 이런 대담함에 대해 지금은 단지 비난으로

---

1) 역주: 품위(Würde)와 우아함(Anmut)은 숭고함(das Erhabene)과 유쾌함 (das Gefällige)의 다른 표현이다. 품위는 자신의 감각적 면을 극복함으로써, 즉 숭고함을 통해서 드러나고, 우아함은 유쾌함이라는 미적 현상으로 나타나기 때문이다.

2) 바이쎄(Weiße),《미학의 체계》(Ⅰ, 177쪽, 178쪽)에서 그는 다음과 같이 말한다. "미, 추 등과 같은 추상적 규정들이 완전히 내용이 없지 않고 무엇인가 의미하는 한, 그것들은 서로 모순되는 상황에 있어야 하는데, 그런 추상화(抽象化)에 의해서 그것들의 변증법적 진리와 생명력을 잃지 않도록 하기 위해서이다."

응대할 따름이다. 왜냐하면 바이쎄는 사물의 심오함 속으로 침잠하지 않고 파우스트처럼 모든 것의 형성을 자신의 어둠 속에 품고 있는 어머니들에게로 내려가지도 않기 때문이다. 추를 이해하기 위해서는 추를 단순히 현존하는 것으로서뿐만 아니라 형성되는 것으로서 이해해야 한다. 자유의 무한성 대신에 부자유의 유한성을 보여주면 숭고함은 부인된다. 유한한 것의 부자유는 아니다. 유한한 것의 부자유는 미적으로 무해하기 때문이다. 그러나 부자유의 유한성은 본질이 무한성인 자유에 대한 모순이다. 이와 같은 대조에서 우리는 부자유의 유한성을 천박하다고 명명한다. 천박함은 존재해서는 안 되는 한에서만 의미를 지닐 뿐이다. 왜냐하면 천박함은 상술하자면 자유롭게 존재해야 하는 본질과 모순이 되기 때문이다. 숭고함이라는 개념은 천박함이라는 개념의 조건이다. 우리는 예컨대 어떤 사람의 용모가 그 사람이 악에 종속되어 있음을 드러낼 때 그 용모를 천박하다고 부른다. 그 종속성이 악을 극복해야 하는 인간의 개념에 반하기 때문이다. — 유쾌함은 종속된 규정과 유한한 관계에서 자유가 드러나도록 한다. 유쾌함은 자유의 자기제한이라는 매력으로 우리를 사로잡는다. 그렇기 때문에 유쾌함은 원래 사교적 미이며, 그래서 가장 사교적인 민족, 더 옳게 표현하자면, 가장 사회적인 민족인 프랑스 민족도 무엇이 아름답다고 인정할 때 아름다운(beau)이란 술어보다는 예쁜(joli)이라는 술어로 말한다. 자유를 유한하게 하는 자유의 부정은 자체가 모순인 부자유에 의한 자유의 지양이다. 그런 지양은 역겹다. 왜냐하면 그것은 자유의 필연성에 따라 있어야 할 한계를 부인하고 바로 그 필연성에 따라 있어서는 안 되는 한계를 설정하기 때문이다. 부자유한 상태에 있는 자유는 역겨우며 따라서 역겨움은 유쾌함과 대립한다. 왜냐하면 역겨움은 자유가 자기 운동의 계기이면서 수단일 뿐인 유한한 것에서 스스로 지양해야 하지만 그렇게 하지 못하는 모순 속에서 나타나게 하기 때문이다. 예컨대 생명체가 썩어가는 것이 왜 눈에 역겨운 모습인가? 논란의

184

여지없이 생명체가 썩어가면서 살아 있던 동안 자신을 존재하게 한 형태의 힘이 근원적 힘으로 되돌아가기 때문이다. 생명체는 썩어가면서 우리에게 여전히 형태를 보여주는데, 우리는 그 형태 속에 있는 생명체를, 자기 자신을 규정하고 자신의 기본적 전제조건을 통제하는 본질로 바라보는 데 익숙해 있었다. 그러나 바로 이 형태가 해체되면서 살아 있는 동안 생명체에 의해 통제되었던 바로 그 힘들에게 종속되어가는 것을 우리는 본다. 이 점이 역겨운 것이다. 왜냐하면 개념에 따르면 자유로운 것이 이제부터 부자유한 상태로 빠져들기 때문이다. 이 부자유한 상태는 생명체인 그것에 필연적이었던 한계를 지양하는 죽음으로 분해된다. 썩어가는 것은 떨어져 산산이 흩어진다. 이런 경과는 제아무리 필연적인 것이라 하더라도 역겹다. 왜냐하면 우리는 형태가 아직 생명력을 갖고 있다는 미적 허구를 만들기 때문이다.

천박함과 역겨움은 당연히 서로 관련 있지만 또한 다른 것이기도 하다. 천박함도 보통은 역겹다. 누군가가 먹고 마실 때 토하면 그것은 천박함이다. 그가 마구 먹고 마신 결과로 토했다면 천박함은 역겨움으로 넘어간다. 부자유의 유한성이 유한한 것의 부자유한 상태가 되는 것이다. 과도함은 자연의 질서정연한 진행을 뒤집고 입을 항문으로 하향화시킨다.

절대미에서 숭고함은 품위가 되고 유쾌함은 우아함이 된다. 숭고함의 무한성은 절대미 안에서 자기결정이라는 힘이 되고 유쾌함의 유한성은 자기 한계설정이라는 부드러움이 된다. 그렇기 때문에 절대미와 유사한 추는 부자유의 유한성을 다음과 같이 표현하는 미적 조형이다. 즉, 유한성의 부자유한 상태에서 부자유가 자유의 가상을 띠도록, 그리고 유한성이 무한성의 가상을 띠도록 표현하는 그런 미적 조형이다. 이런 형상은 추하다. 왜냐하면 진실로 추한 것은 자유로운 존재인 자신을 자신의 부자유로 반박하고, 존재해서는 안 될 한계를 유한성에 설정하기 때문이다. 그러나 추는 자유의 가상에 의해서 완화된다. 추의 이상적 반대상(像)인 형태들과 추를 비교해보자. 이 비교는 추한 현상을 코믹한 것으로 넘어가게 한다. 자유와 무한성의 가상에 의한 추의 자기파괴는 바로 이상의 비틀기에서 시작되며 이것이 코믹한 것이다. 우리는 추의 이런 독특한 형태를 캐리커처라고 부른다. 이탈리아말로 캐리커처는 과적(過積)을 뜻하며 그렇기 때문에 우리는 캐리커처를 보통 특징적인 것의 과장으로 정의한다. 이 정의는 일반적으로 옳다. 그러나 개별적으로 보면 정의는 그 현상이 속해 있는 연관관계를 통해서 보다 정확하게 규정되어야 한다. 특징적인 것은 개체화의 요소이다. 개체화가 개체적인 것을 과장하면 보편적인 것은 사라져버린다. 상술하자면 개체적인 것이 종(種)으로 확장되기 때문이다. 하지만 바로 이런 이유로 대립하는 과도한 개체화와 필연적 보편성의 기준을 비교하라는 요구가 생겨나며, 캐리커처의 본질은 바로 이런 성찰에 놓여 있다. 절대미가 숭고함과 유쾌함이라는 극단적인 것을 자체 안에서 실제로 균형을 맞추는 반면 캐리커처는 천박함과 역겨움이라는 극단적인 것들을 강화시킨다. 하지만 캐리커처가 그것들을 강화하는 방식은 숭고함과 유쾌함을 동시에 통찰하도록 해서 숭고함을 유쾌함으로, 유쾌함을 숭고함으로, 천박함을 숭고함으로, 역겨움을 유쾌함으로, 특징 없는 공허함을 절대미로 만드는 방식이다.

이로부터 캐리커처라는 개념이 지닌 엄청난 다양성이 추의 개념 자체로까지 확장되는 가능성이 밝혀진다. 그렇기 때문에 단순한 형태 없음이나 부정확성은 단순한 천박함이나 역겨움과 마찬가지로 아직 캐리커처가 아니다. 예컨대 비대칭적인 것은 아직 캐리커처가 아니다. 그것은 대칭의 단순한 부정이다. 그러나 전혀 걸맞지 않는 곳에서의 대칭의 과장은 대칭의 비틀기로서 희화화가 되며, 해당 대상의 개념에 따라 요구되는 대칭의 기준을 넘어선다. 혹은 어떤 사람이 자신의 말에 속담을 섞는 것은 아직 부정확한 것이 아니다. 하지만 어떤 사람이 산쵸 판사처럼 결국 속담으로만 말한다면 그런 속담 덩어리는 비틀기가 되고 적시에 사용된 속담의 함축적 힘은 과장으로 인해 사라진다. 천박한 용모는 그 자체로 아직 캐리커처가 아니다. 그러나 어떤 얼굴의 어느 한 부분이 완전히 커진 듯하면, 얼굴이 그저 아래턱, 코나 이마가 되어버린 듯하면 비틀기가 생겨난다. 이를테면 주먹코를 가진 사람은 우리로 하여금 흡사 얼굴의 나머지 부분을 찾아보게끔 만든다. 역겨움 자체도 아직 캐리커처는 아니다. 역겨운 상태가 어떤 인간을 강제해서 무기력하게 토하도록 만들면 이것은 예컨대 간질병처럼 우리의 가장 진심 어린 동정심을 불러일으킬 수 있다. 그러나 아리스토파네스의 《의회의 여자들》에서 블레퓌로스가 새벽 여명에 용변을 보기 위해 앞이 벌어진 아내의 옷차림으로 서둘러 집에서 나오는 것을 우리가 볼 때 그 역겨움은 블레퓌로스가 아무도 알아채지 못할 거라고 생각함으로 인해서 캐리커처로 회화화된다.[3]

아리스토파네스 같은 위대한 예술가는 이런 방식과 암시의 과도함을 결합시킨다. 이 점은 블레퓌로스의 이른 기상(起床)이 포스가 번역한 대로 "마이스터 코티오스의 욕구"에 의해서 자연스럽게 동기유발되는 것과는 완전히 무관하다. 여기서 특별한 회화화는 어디에 있는 것인가? 분명히 그것은 성실하고 고루한 아테네 시민의 아내인 프락사고라가 남편의 옷차림으로 시장에서 열리는 여자들의 모임에 가서, 블레퓌로스가 천박한 욕구의 해소와 투쟁하는 동안에, 그곳에서 또다른 공동체의 설립을 조직하려는 데 있다. 이곳에서 남자들은 더 이상 남자

---

3) 포스(Voß)보다 더 얌전하게 번역한 드로이젠(Droysen)의 책에서 그 구절을 옮겨보겠다:

— 정말이지 벌써 대부(代父) 대변이 화를 내며 뒷문을 두드리고 있네 —
빨리 아내의 치마를 입고 페르시아 슬리퍼를 신어야겠다!
(일어나서 여자 옷을 입는다.) 하지만 들키지 않은 채
어른을 모실 장소는 어디지? 참, 밤에 고양이 모두가 회색빛이야.
(앞으로 해서 무대 앞쪽으로 간다.)
여기서는 어느 누구도 내가 쬐끄만 덩어리를 누는 것을 보지 못할 거야!

가 아니고 여자들이 남자이다. 그렇기 때문에 블레퓌로스 역시 아내의 작은 외투를 입고 그녀의 페르시아 신발을 신고 나타난다. 이웃집 남자가 그에게 다가오고—성실한 이 두 명의 시민은 이제, "어제 먹은 배로 인해 자양분 통로가 막힌" 블레퓌로스의 용변에 대해 담소를 나눈다. 이는 재치 있는 대화의 소재이다. 그러나 아리스토파네스는 이 것을 곧바로 풍자적으로 전환시켜서 이 장면과 정치에 대한 암시를 결합시킬 뿐만 아니라 희극에서 아주 강한 냉소주의를 지나치게 사용함으로써 부족한 재치 있는 익살을 대체하려는 그런 작가들을 조롱한다.

캐리커처는 특별한 것을 과도하게 몰아가며 이로써 잘못된 관계를 만들어내고 이것에 이상적으로 반대되는 것을 기억시킴으로써 코믹해진다. 이로써 캐리커처는 코믹하게 된다. 왜냐하면 모든 캐리커처 자체가 필연적으로 코믹하게 작용하지 않고, 그저 추하거나 무시무시하게 될 수도 있기 때문이다. 예컨대 정상적 크기를 넘어서는 같은 정도의 확대나 축소는 캐리커처를 생산해내지 못한다. 왜냐하면 기준을 그렇게 넘어설 때나 기준에 못 미쳐 있을 때에도 분명히 모든 비례의 통일성이 보존될 터이기 때문이다. 방돔 석주(石柱)의 나폴레옹 입상은 거대한데 이것을 둘러싸고 있는 건물군과 석주군 자체의 비례관계에 따라 그렇게 되지 않을 수 없었다. 그 입상을 모방하여 손가락 크기로 주물 떠서 우리가 책상 위에 놓아둔 것은 캐리커처가 아니다. 그러므로 4피트 정도의 크기에 불과하지만 완벽하게 비례가 맞는 라플란드인은 목장의 가축 통로에 있는 난쟁이 자작나무와 마찬가지로 캐리커처가 아니다. 난쟁이 크기는 라플란드인의 정상적 신장(身長)이다. 반면에 머리가 크고 허벅지가 가냘프며 다리는 거의 종아리 부위가 없는 부시맨은 이미 원숭이 형상과 맞닿아 있고 이로써 인간형상의 캐리커처가 된다. 이미 상기한 바 있듯이 우리가 추(醜) 전체를 미의 비틀기로 파악하는 경향이 있더라도 한 부분을 과도하게 크게 하는 특별한 요소는 캐리커처라고 불러 마땅한 분열을 그 형상에 만들어놓는다. 예컨대 우리는 일상생활에서 이를테면 포르키아스를 캐리커처라고 부르지 않는다. 왜냐하면 그녀는 아름다운 헬레나와 비교되어 우리에게 추자체를, 심미적 악을 대표하기 때문이다. 하지만 좁은 의미에서 그녀의 치아가 없는 턱과 주름살, 깡마른 팔, 평평하고 시든 가슴, 서두르지만 느린 몸짓은 그저 추할 뿐이고 거의 소름 끼치는 것으로 넘어간다. 포르키아스가 캐리커처가 되려면 그녀의 기형적인 특별한 부분이 비정상적으로 변해야 할 터이지만, 그런 부분이 그녀에게는 없다. 기껏해야 그녀의 뼈만 남은 듯한 극단적인 깡마름이 있을 뿐이다. 이와는 반대로 커다란 시장(市場)의 거녀(巨女)들은 신장의 크기에 의해서가 아니라 무형의 살집에 의해서 우리에게 비틀린 형상으로 보이곤 한다. 형상에서 깨진 부분이 캐리커처가 되기 위해서는 부자유를 내용으로 유한성을 형태로 가져야 하지만 동시에 그 부분은 자유의 가상을 지녀야만 한다. 왜냐하면 자유의 가상이 없다면 그 현상은 때로는 단순한 천박함으로, 때로는 단순한 역겨움으로 다시 하강하기 때문이다. 자유의 가상이 커질수록 캐리커처는 더 희극적인 열광을 불러일으킨다. 특징적인 것의 과장과 과잉의 과적(過積)은 독자적 행동으로 나타나야 한다. 그렇기 때문에 소극(笑劇)은 인간들 자신의 실제적 품성·상태와 이에 대한 자신들의 견해 사이에 놓여 있는 모순을 즐겨 이용한다. 왜냐하면 이 인간들이 자신의 진실한 모습을 알지 못한다는 점을 보여주는 자유를 통해서 우스꽝스러움의 매력이 강화되기 때문이다. 예컨대 등이 굽은 사람은 추할 수 있다. 하지만 그는 아름답게 처신할 수 있다. 그렇다. 등이 굽은 많은 사람들에게서 관찰한 견해에 따르면 등이 굽은 자는 자기 등이 굽었다는 점을 거의 알 수 없다고 한다. 그 결과 그는 부당하게 자신이 아름답고 정상적인 형상이라고 주장하게 되며 그렇게 함으로써 그는 비로소 캐리커처, 나아가서 코믹한 캐리커처가 된다. 왜냐하면 그의 처신 자체가 이제 우리에게 그런 그와 그의 정상적 형태와 비교해 달라고 요구하기 때문이다.

이런 임시적인 설명은 이제 충분히 했다. 이 설명은 형태의 파괴와 천박함과 역겨움으로서의 추의 최종적 토대가 오직 부자유에 있음을 인식하도록 한 것이다. 부자유는 자유의 단순한 부재가 아니라 현실적 자유의 실제적 부정이다. 그러나 이제 부자유와 이로부터 기인하는 미적으로 부정적인 형태가 자유의 생산물로 설정되면 이로써 — 겉으로 보기에 — 부자유는 지양된다. 이 어려운 변증법을 보다 정확하게 다음과 같이 표현할 수 있을 것이다. 천박함, 역겨움, 비어 있음은 그 상태에서 자기 자신을 부자유로 생산해내는 자유의 소산물이다. 그러나 이런 부자유가 진실한 자유와 자신과의 모순을 망각하면, 그래서 그것이 자족적 안온함에서 탐닉하고 있다면, 그것이 천박함과 역겨움과 비어 있음에 만족하며 그 속에서 이상의 현존을 무시하면, 그로 인해서 그런 현상은 단지 형식적 자유로만 채워지고 이 자유가 캐리커처를 코믹하게 만든다. 부자유는 천박하지 않고 역겹지 않은 것으로도 생각될 수 있다. 노예 에픽테트, 감옥에 있는 후스(Hus), 콜럼버스, 갈릴레이는 극도로 부자유한 상태에 있었지만 그와 같은 상태가 이들을 천박함으로 더럽히지는 않았다. 그들이 내면에서 자유에 충실한 까닭에 이들의 상황은 우리에게 천박하지도 역겹지도 않고 슬프고 숭고하다. 현실적 부자유의 지양은 마찬가지로 추해지지 않으면서 가능할 수 있으며, 현실적 자유로의 전이에 의한 현실적 부자유의 지양은 그 반대로 아름답게 되면서 가능할 수 있다.

그러나 우리가 여기서 묘사하고자 하는 자유는 자신 속에 함몰되어 있는 부자유의 자발성이다. 이런 자유로운 부자유는 특징적인 것을 개성의 유한한 측면으로 절대화하고 그럼으로써 이상과 분열되지만 가상적 실재와는 화해를 이룬 상태로 있고 이런 모순을 통해서 관찰자에게 웃음거리를 제공한다.

1) 천박함 (*Das Gemeine*)

추(醜)에 대한 학문적 기술이 논리적 주요논거를 오직 미(美)라는 실제적 이념에서만 빼내올 수 있다는 점을 결코 망각해서는 안 된다. 왜냐하면 추는 단지 미 자체에서, 그리고 미로부터 이것에 대한 부정으로 생겨날 수 있기 때문이다. 여기서 미와 추의 관계는 바로, 그 논리 역시 건강과 선의 본성에 의해 주어져 있는 병 혹은 악의 관계와 마찬가지이다. 이때 학문이 필요로 하는 것은 가장 근본적으로 논리적 정확성을 통해서 마련되는 것 같다. 왜냐하면 인식의 분야에서 뭔가를 이루고자 하는 자는 실러가 말한 바대로 깊숙이 들어가서 날카롭게 구분하고 다양하게 서로 연계시키며 굳건하게 지켜나가야 하기 때문이다. 어느 누구도 이 점을 부인하지 않을 것이다. 그러나 작가는 개념을 예를 통해서도 설명해야 한다. 특히 거의 손이 닿지 않았던 영역에서 말이다. 그는 비로소 예를 통해서 추상적 규정에 계속해서 붙어 있을 수 있는 의혹을 제거한다. 그러나 그는 예로 인해서 새로운 위험 속으로 들어간다. 왜냐하면 특별한 경우인 예는 진리의 보편성을 제한하고 우연적인 것과 필연적인 것을 섞어놓는 위험이 있기 때문이다. 그런 이유에서 실러는 정당하게[4] 말하기를 학문적 엄격함을 중요시하는 작가는 예를 가급적 사용하지 말고 아주 제한적으로 사용하라고 했

---

4) 실러는 피히테와 논쟁을 벌였다. 피히테는 실러의 잡지에 정신과 철자에 관한 논문 한 편을 보냈다. 실러는 이 논문을 그 상태 그대로 인쇄하려 하지 않았다. 왜냐하면 서론에서 빼야할 내용을 발견했기 때문이다. 피히테는 커다란 자부심을 가지고 자신을 변호했고 실러는 미적으로 만족할 만한 표현을 위해서는 개념과 이미지가 상호작용의 관계 속에 있어야 한다고 고집스럽게 요구했다. 이제 인쇄되어 우리 앞에 있는 서신교환에 실려 있는 이 논쟁에 실러는 자극을 받아 "아름다운 형태의 사용에 있어서 필연적 한계에 관하여"라는 논문을 썼고, 내가 본문에서 인용한 표현은 물론 각주의 형태로 이 논문에 실려 있다.

다. 그럼에도 불구하고 우리는 이 논문을 진행하면서 보편적으로는 올바른 이 규칙을 어기지 않을 수 없다. 그 까닭은 여기서 우리가 다루는 대상이 관찰해야 하는 것이고 그 추상적 개념규정을 위해서는 예를 통해서 그 진실성을 검토해보아야 하기 때문이다. 보편적인 것을 조급하게 특수한 것에 적용하려는 인간의 성급함과 대부분의 독자들이 순수하게 개념적인 규정에 오래 머무는 데 미숙하다는 점으로 인해서 오늘날의 작가는 학계보다 더 큰 독자층을 위해서 설명을 하려는 즉시 어쩔 수 없이 많은 것을 예를 통해서 하게 된다. 전통적 교육이 개념의 특별한 의미를 인식하게 하기 위해서 얼마나 예에 매달려 있는지는 그 개념의 역사를 보는 것만으로 충분하다. 레싱은 분명히 개념을 정확하고 날카롭게 규정하는 남자이다. 그러나 이 분야에서 수없이 인용된 다음의 그의 견해를 살펴보라. 즉, 우리는 테르지테스를 호메로스에 의해서 문학적으로 창작된 인물로 머릿속에 표상할 수 있지만, 그림으로 그려진 그를 바라볼 수는 없다는 것이다. 이는 레싱 자신이 카일루스 백작에 의해 영향을 받고 비로소 갖게 된 생각인데, 백작은 호메로스 작품에 대한 스케치에서 테르지테스를 빼버렸다. 실러는 논문 "예술에서 천박함과 비천함의 사용에 관하여"에서 레싱의 모범을 따르면서 한 발자국 더 나아가서 호메로스에 의해서 거지로 표상된 오디세우스를 그림으로 그리면 우리는 그것을 감내할 수 없다고 주장했다. 왜냐하면 너무 많은 비천한 동반 표상들이 그 관찰과 결합되어 있기 때문이라는 것이다. 이것은 완전히 근거 없는 견해이며 다행히도 회화는 결코 단 한 번도 그런 견해를 따른 적이 없다.

　진정한 미는 숭고함과 유쾌함 사이의 행복한 중심으로 숭고함의 무한성과 유쾌함의 유한성으로 균등하게 자신을 채우는 행복한 중심이다. 숭고미는 그 자체가 특정한 미의 형태이다. 칸트는 《판단력 비판》에서 숭고함의 정의를 완전히 주관적인 것으로 해놓았다. 왜냐하면 그에 따르면 숭고함이란 그 자체를 그저 생각할 수 있기 위해서도 모든 감각적인 것을 초월하는 심성의 힘을 가져야 하기 때문이다. 그렇게 되면 이 이론은 실러가 저 유명한 디스티혼으로 주장한 무한한 공간의 숭고함을 부인할 정도로 확장될 뿐만 아니라 결국 루게(Ruge)와 피셔(K. Fischer)의 경우처럼[5] 자연에는 숭고함이 아예 없다고까지 말하게 된다. 이 점은 틀렸다. 왜냐하면 자연은 무엇보다 그 자체로도 숭고하기 때문이다. 우리는 숭고함이 자연의 어느 곳에 현존하고 있는지 잘 알고 있다. 우리는 그것을 즐기기 위해서 숭고함을 찾는다. 우리는 숭고함을 고된 여행의 목적지로 삼는다. 우리가 연기를 내뿜는 에트나의 눈 덮인 정상에 서서 시칠리아가 칼라브리 해안과 아프리카의 해안 사이에서 바다의 파도에 휩쓸리는 것을 볼 때 이 광경의 숭고함은 우리들의 주관적 행위가 아니라 오히려 자연의 객관적 작품이다. 우리는 이 광경을 정상에 오르기 전에 이미 기대하고 있었다. 혹은 나이아가라 폭포가 하늘까지 물안개를 내뿜고 거품을 일으키며 진동하는 바위를 지나 수 마일의 폭을 이뤄 아래로 우레 같은 소리를 낼 때 인간은 이러한 장관의 목격자가 될 수 있거나 그렇지 못하다. ― 그러나 감각적인 것에 관한 한, 그것이 숭고함에 반하는 대립적 근거는 결코 아니다. 자연과 예술도 감각적인 것으로부터 벗어날 수 없다. 칸트 역시 모든 감각적인 것을 초월하는 심성의 힘에 대해서만 언급했을 뿐이다. 후세 사람들이 비로소 감각적인 것을 전적으로 숭고함에서 배제하고 숭고함을 오직 도덕적인 것과 종교적인 것에 집어넣었는데, 이는 잘못된 것이다. 숭고함은 유한적인 것, 감각적인 것을 넘어서면서 자체에 그것들을 가지고 있다. 무한한 것은 우리가 단지 생각해내는 것이 아니라, 무한한 것이 스스로를 현실화하며 이것에 대한 관찰이 우

---

5) 루게, 《미학의 새 입문》(75~77쪽). 그 뒤로 피셔는 《디오티마》(198~200쪽). "우리가 자연에서 일반적으로 숭고함이라고 부르는 것은 미적 확신을 넘어서는 흥분에 대한 표현이다. 자연은 우리를 승화시키지 않고 단지 우리의 감탄을 불러일으킬 뿐이다."

리를 유한한 것의 한계로부터 벗어나게 한다. 객관적으로 존재하는 것만이 우리의 심성을 반복적으로 승화시킨다. 우리가 얼음으로 뒤덮인 에트나에서 하늘과 땅과 바다를 아주 커다란 연관관계로 바라보고 그 결과 보통의 경우에는 지평선과 수평선의 경계를 이루었던 것이 우리 밑 깊숙이 놓여 있게 되면 이런 거시적 전경은 우리를 모든 주관적 협소함으로부터 해방시키고 횔덜린이 《엠페도클레스의 죽음》(*Tod des Empedokles*) 에서 아주 훌륭히 묘사했듯이 우주를 주재하는 신들의 위치로 우리를 승화시킨다.

우리가 숭고함의 구분에 주의를 기울이고 그중 하나의 구분을 보편적 개념과 동일시하지 않는다면 우리는 숭고함의 개념에서 수많은 오해를 불식시키게 될 것이다. 왜냐하면 숭고함은 관념적으로든 혹은 실재적으로든 자유의 부정을 그 한계의 지양을 통해서 현실화해서 그 무한성을 우리의 대상으로 만드는 그런 미의 현상인 위대함6)이기 때문이다. 그렇게 되면 위대함은 창조나 파괴의 힘으로 자유의 무한성을 표현하며, 조용한 자기확신성을 가지고 창조나 파괴의 위대함으로 자신을 지속시키는 그 힘은 결국 위엄이다. 자유는 자신을 이런 위대함으로 승화시켜 자기한계를 넘어선다. 자유는 이런 힘으로 실재적으로든 부정적으로든 강한 자신의 본질을 전개시켜나간다. 자유는 그런 위엄에서 위대하고 강하게 나타난다. 이로부터 다음과 같은 결론이 도출된다. 천박함은 숭고함의 부정으로서 첫째로 실존을 실존에 포함된 한계 밑으로 내려뜨리는 그런 형태, 즉 하찮음이다. 그것은 둘째로 실존의 본질에 상응하여 그 실존에 내재하는 정도의 힘보다 더 못 미치는 힘을 실존에 부여하는 그런 형태, 즉 연약함이다. 그것은 셋째로 제한성과 무기력과 부자유로의 자유의 종속을 하나로 통일시키는 그런 형태, 즉 비천함이다. 그러므로 서로 상호적인 개념인 숭고함과 천박함

---

6) 역주: 위대함은 Größe를 번역한 것이며 따라서 그것은 커다람, 크기의 의미도 포함한다.

194

으로부터 위대함과 하찮음이, 강함과 연약함이, 위엄과 비천함이 성립한다. 이것들은 구체적으로 자신의 섬세한 음영(陰影)에 따라 수많은 다른 이름들로 지칭되는 그런 대립들이다.

(1) 하찮음 (*Das Kleinliche*)

커다람 자체가 숭고한 것은 아니다. 2천만 탈러7)는 그것을 소유하는 것이 아마도 진정 기분 좋은 일인 그런 커다란 재산이다. 그러나 어떤 숭고함이 그 안에 분명히 있지는 않다. 작음 자체 역시 아직은 천박하지 않다. 단지 10탈러뿐인 재산은 아주 작지만 그것은 항상 어떤 경멸의 요소가 없는 재산이다. 버찌씨에 아주 작게 쓰여진 "우리 주(主)"는 그렇기 때문에 추하지 않다. 작음은 알맞은 장소와 알맞은 시간에 커다람만큼이나 필연적인 것일 수 있다. 너무 작음 역시 너무 커다람과 마찬가지로 기존의 경우에 있어서 합리화될 수 있다. 그러나 하찮음은 있어서는 안 될 작음이라는 개념인데, 상술하자면 실존을 필연적 한계 밑으로 하락시키는 그런 작음이다. 숭고한 위대함은 자신의 무한성을 통해서 시간과 공간의 한계, 삶과 의지의 한계, 교육 정도와 신분 차이의 한계를 지양한다. 그런 숭고함은 그 속에서 자유를 현실화시킨다. 반면에 하찮음은 그 한계를 그것에 내재하는 필연성보다 더 심한 정도로 고착시킨다. 하찮음은 자신을 절대화시킴으로써 위대함의 역전이 된다. 실러는 정신에 말을 걸지 않고 감각적 이해관계만을 가질 수 있는 모든 것을 천박하다고 말하고 있다. 그는 이 말로 천박함의 특징이 되는 요소인 부자유를 암시하려고 했다. 하찮음은 실존의 자유에 대한 제한이 아직은 전혀 필연적이지 않은 곳에서 그렇게 제한하는 까닭에 천박하다. 예를 들어 우리는 삶에서 비본질적인 것에 고

7) 역주: 탈러(*Taler*)는 독일의 구 화폐단위이다.

루할 정도로 매달림으로써 본질적인 것의 실현을 방해하는 사람을 하
찮은 존재라고 부른다. 그런 사람은 비본질적인 것에서 부자유하고 자
신을 그 너머로 승화시킬 수 없다.

자연의 개별적 형상에서 자연의 하찮음은 거의 나타나지 않으며 상
대적인 것이라고 할 수 있다. 그러나 경치에서 자연의 하찮음이라는
개념은 지나치게 빈번히 적용될 수 있을 정도이다. 즉, 부자유의 낙인
이 찍힌 지역들이 있는 것이다. 그곳의 암석들은 무게감이나 높이를
통해 우리의 경탄을 불러일으키지 못한다. 그곳의 폭포는 너무 조용한
나머지 물레방아를 돌리는 데도 힘이 부칠 정도이다. 그곳의 나무와
숲은 작고 듬성듬성하게 심어져 있다. 그곳의 계곡들은 본디 단지 자
그마한 동산 사이에 있는 팬 구멍 형태에 불과하다. 그곳에 강 하나가
흐르고 있고 섬까지 있지만 이 섬은 단지 작고 녹지가 별로 없는 모래
밭일 뿐이다. — 이 모두는 얼마나 하찮은가!

예술에서 하찮음은 대상 안에 있거나 혹은 대상을 다루는 방식에 놓
여 있다. 내용이 전혀 없음으로써 대상을 표현할 가치가 없을 때 하찮
음은 대상 안에 있는 것이고, 대상을 다루는 방법이 부차적 규정들을
광범위하게 관철시키는 데 몰두하여 그로 인해 본질적인 것의 강조를
망각하거나 심지어는 자체로 위대한 것을 그 개념에 반하여 하찮게 처
리할 때 하찮음은 대상을 다루는 방식에 있는 것이다. 예술의 대상이
하찮은 것이어서는 안 된다. 그렇다고 이 말이 이를테면 많은 상황에
서 발생하듯이 단순한 것을 표현해서는 안 된다는 뜻은 아니다. 절대
로 그렇지 않다. 풍경화와 문학의 전원시는 예술이 어떻게 가난한 자
들의 오두막에서도 미를 발견할 수 있는지 보여준다. 조르주 상드
(George Sand)는 비교적 최근의 단편소설 《쟌느》(Jeanne), 《악마의
늪》(La mare au diable), 《꼬마소녀 파데트》(Petite Fadette)에서 베리
지방의 농부들을 묘사했다. 극도로 단순한 인물성격과 상황, 현실에
대한 극도로 충실한 모방적 묘사에도 불구하고, 그녀는 인간 심성의

풍요로움 전체를 아주 놀랄 정도로 심오하게 묘사하는 데 지장을 받지
않았다. 그 결과 사람들은 이와 같은 단편소설의 결말부에서 자신도
모르게 실제로 그저 소박한 농부들에 대해서만 읽은 것은 아닌지, 부
분적으로 심지어는 이들의 단순한 언어로 쓴 것을 읽은 것은 아닌지 자
문하기에 이른다. 겉보기에 천박한 소재는 이렇듯 다루는 방식에 의해
서 고귀하게 된다. 잔느 같은 양치기 여자, 마리 같은 여자 농군, 파데
트 같은 거위치기 소녀는 마을 상황을 억지스럽게 꾸미지 않고도 그녀
들 영혼의 순수성과 드높은 정신으로 인해서 우리에게 진실로 위대해
보인다. 그러나 자체가 아무래도 상관없는 소재를 작가가 축소형으로
만들어 표현대상으로 삼으면 그것은 하찮아지고, 그리고 그것이 계속
되면 심지어 역겹기까지 하다. 1836년에 발간된 뤼케르트의 시집, 2권
145쪽, 38번의 시에서 우리는 예컨대 다음의 시구를 발견한다:

> 어제 나는 사랑하는 이의 집에 밤에 방문했다가 오는 길에
> (이 사랑의 기념품은 얼마나 갉아대는 종류인지!)
> 아, 조그만 벼룩을 함께 집으로 데려왔네, 그것은 이제
> 처녀에게 있던 시절을 아쉬워하면서
> 폴짝폴짝 뛰며, 몸속으로 파고들며 나를 괴롭히네, 하루 종일
> 내내.
>
> 저녁 무렵 소파에 누워,
> 그곳에 가려고, 조그만 벼룩을 그곳에 데려가려고
> 생각했던 시간에,
> 바깥에서 빗방울이 튀는 소리를 듣네,
> 그리고 이제 나는 오늘은 외출할 수 없다고 말하네!
> 그 작은 벌레는 몸속에서 아주 무시무시하게 미쳐 날뛰네.[8]

---

8) 역주: 사랑하는 이, 벼룩, 벌레들은 모두 보다 작은 형태를 지칭하는 축소
형으로 되어 있음.

　이런 것들은 그저 하찮을 수밖에 없다. 사랑하는 이의 조그만 벼룩을 노래하는 남자애인, 비로 인해서 사랑하는 이에게 가지 못하는 남자애인, 정말이지 소파에 편안하게 누워 이제 친애하는 조그만 벼룩의 횡단여행과 종단여행을 관찰하는 흥분상태의 남자애인은 ― 너무 산문적이다. ― 그러나 하찮음은 대상을 다루는 방식에도 있을 수 있다. 예술이 너무 부차적인 것에 빠져서 그로 인해 본질적인 것에서 멀어질 때 그런 실수에 빠진다. 그렇게 되면 예술은 그 상황에서 주된 것이 아니라 자체가 하위적인 것을 장황하게 늘어놓게 된다. 예컨대 서사시가 장소와 의상과 무장 같은 것도 그려주긴 하지만 비교적 최근의 소설처럼 식물을 학문적으로 정확하게 심지어는 라틴어 이름까지 덧붙이면서 묘사할 경우 그것은 문학의 목적을 넘어서는 것이다. 서사시가 의복을 의상잡지처럼 세부적으로 묘사하고 가구와 가재도구를 기술적으로 시시콜콜히 묘사하면 그런 자세함은 하찮음이 되고, 그래서 추해진다. 프랑스인의 발자크나 단편소설 《자연에 따라》(Nach der Natur) 초판본을 쓴 우리 막스 발다우(Max Waldau) 같은 훌륭한 작가들조차 종종 이런 하찮음이란 병을 앓고 있다. 문학이 감정을 너무 광범위하게 분석해서 객관적 정당성 없이 극도로 섬세하게 구분해서 실제의 심리상태를 밝히는 것으로 발전할 때 문학은 마찬가지로 정신의 내면에서 하찮아질 수 있다. 대상을 이렇게 다루는 방식은 아주 세밀한 분해로 인해서 기본성향이 위대한 감정조차도 떠내려가게 만든다. 이것은 리처드슨(Richardson)이 《클라리스와 파멜라》(Clarisse und Pamela)에서 범한 실수였다. 이것은 ― 오늘날에는 파문당하지 않고도 이렇게 말할 수 있는데 ― 루소가 그의 《신(新) 엘루와즈》(Neue Heloise)에서 범한 실수였다. 그러나 대상을 다루는 방식의 하찮음은 자체가 커다란 주제를 처음부터 너무 하찮게 처리해서 모든 상황에서 원래 개념에 반해 난쟁이처럼 왜소해지는 데서도 생겨날 수 있다. 위에서 이미 언급했듯이 작은 것은 알맞은 장소와 알맞은 시간에 정당화될 수 있다. 하지만 커다란 내용이 완성의 개별적 측면에서 축소될 뿐만 아니라 처음부터 너무 작게 시작된다고 생각해볼 때 그것은 필연적으로 추한 현상이 된다. 그렇게 되면 그런 커다란 내용을 표현하는 형태의 작음은 그 본질의 커다람과 모순이 된다. 예컨대 교회를 건축할 때 그 건축은 이 건물이 바쳐진 커다란 목적을 분명히 말하고 있어야 한다. 그 건축은 신앙공동체의 통일성을 표현해야 하고, 따라서 이 건축이 개인적 삶을 넘어서고 있다는 점을 우리에게 곧바로 벽과 문과 창문으로 보여주어야 한다. 우리가 그 대신에 마구간, 정자, 저장창고가 될 수 있는 특성 없는 건물을 보게 되면 그것은 신전의 개념에 있는 숭고함과 비교할 때 하찮은 것이며 그렇기 때문에 천박하다. 교회는 당연히 작을 수도 있다. 기도실은 정말이지 작은 교회다. 그러나 양식은 고상해야 하며 그 규정의 커다람을 총체적으로 표현해야 한다. 공장이나 기차역, 기타의 건물도 될 수 있는 그런 교회를 우리 시대는 폴카 교회라고 부른다.

하찮음이 커다람, 위대함의 패러디로, 특히 잘못된 커다람, 위대함의 패러디로 코믹하게 전환될 수 있다는 점은 분명하다. 왜냐하면 그렇게 되면 하찮음은 자체의 과장을 통해서 스스로를 파괴하기 때문이다. 구츠코는 《블라제도우》(Blasedow)에서 이런 방식으로 노인을 훌륭하게 묘사했다. 그에게 부족한 10 탈러에 대한 생각이 그의 의식 전부를 이루고 모든 것이 그에게 10 탈러를 상기시키며 마침내 10 탈러가 자신의 환상에 의해서 어떻게 괴물처럼 부풀어오르는지를 묘사함으로써 말이다. 뤼케르트의 시에 나오는 조그만 벼룩은 우리에게 하찮은 대상일 수밖에 없었다. 이 작은 벌레가 서사적으로 서술된 시의 대상이 될 때 그것은 다음같이 시작하는 저 마카로니풍의 《벼룩 찬가》(Floia) 9) 처럼 우리를 웃게 만든다:

---

9) 역주: 《벼룩 찬가》는 독일에서 가장 유명한 마카로니풍의 시이다. 이 시의 특징은 바로 두 개의 언어가 섞여 있다는 점인데, 독일어 낱말에 라틴어 어

나는 이 작은 벌레들을 노래하고 싶네,
이것들은 잘 뛸 수 있고…

대상을 다루는 방식에서 디킨즈 보즈 같은 유머작가는 아무 거리낌 없이 아주 개별적이고 세부적인 내용을 강조할 수 있다. 예컨대 《코퍼필드》(*Copperfield*)에서 거창한 의전(儀典)에 대한 아주 장황한 묘사처럼, 즉 어떤 카이카버 펀치가 준비됐는지 혹은 키가 작은 부인이 가계부를 적는 데 기울이는 노력이 어떤지에 관해서 말이다. 이것은 우리에게 그다지 장황해 보이지 않는다.

자체가 커다랗고 위대한 대상은 처음부터 의식적으로 작게 다룰 수 있다. 그러면 커다랗고 위대한 대상은 블루마우어(Blumauer)의 에네이데(Aeneide)에서 피우스 에네아스(Pius Aeneas)처럼 트라베스티[10]가 되거나 아니면 볼테르의 《오를레앙의 처녀》(*Pucelle D'Orleans*)[11]에서 영웅적인 잔 다르크의 열광이 순전히 하찮고 진정 치욕스러운 동기로 환원되듯이 악의적으로 조롱된다.

미가 붙는다.

10) 역주: 트라베스티(*Travestie*). 잘 알려진 시가 형식을 풍자적으로 우스꽝스럽게 개작한 장르이다.

11) 볼테르는 《푸첼르》(*Pucelle*)의 서곡에서 이 시에서 그가 추구하고 있는 전체 방향을 단 한 줄로 드러내고 있다. 그는 잔이 이루어낸 용감함과 신앙심의 기적을 찬양한다.

잔 다르크는 사자의 심장을 가졌었네:
이 작품을 읽으면 당신은 그것을 볼 것이네.
그녀의 새로운 영웅행위에서 당신은 몸을 떨게 될 것이네
그리고 그녀의 비범한 공로(功勞) 중에서 가장 위대한 것은
일 년간 자신의 처녀성을 보존한 것이었네.

(2) 연약함 (*Das Schwächliche*)

연약함이 보통 하찮게 되듯이 하찮음도 연약함이 될 수 있다. 그럼에도 불구하고 이 둘 사이에는 차이가 있다. 하찮음은 지양해야 할 한계에 실존을 예속시킨다. 연약함은 실존이 지닌 힘을, 본질에 따라 자기 안에 내재해야 하는 정도보다 못 미치게 만든다. 역동적 숭고함으로서의 숭고함은 창조와 파괴에서 자신의 무한성을 드러낸다. 그 무한성은 힘, 폭력으로 나타나고 또 무시무시하고 추악할 수 있다. 반면에 연약함은 창조의 무기력에서 인내와 고통의 수동성에서 자신의 유한성을 드러낸다.

약함 자체는 작음 자체가 추하지 않듯이 아직 추한 것이 아니다. 약함이 추하게 되는 경우는 힘이 기대될 때 약함이 나타나는 경우이다. 모든 진실한 미의 영혼인 자유는 자기의 힘을 창조와 파괴 혹은 힘에 대한 대항에서 공표한다. 약함은 자신의 무기력을 자기 행위의 무생산성으로, 폭력에 대한 복종으로, 절대적인 수동적 규정으로 보여준다. 연약한 상상, 연약한 유머, 연약한 색, 연약한 소리, 힘 빠진 어법은 부드러운 상상, 섬세한 유머, 안정된 색, 부드러운 소리, 간결한 어법과는 아주 다른 것이다. 역동적 숭고함은 자신의 힘을, 자기 행위를 스스로 시작하는 절대적 힘으로 드러낸다. 자기결정은 실재성에 있어서는 가상일 수 있지만 미적으로는 자신을 자기결정으로서 표현해야 한다. 기중기가 어떻게 배에서 커다란 짐을 들어올리는지 볼 때 우리는 그곳에서 어떤 숭고함도 발견하지 못한다. 왜냐하면 기계의 모습은 모든 그 어떤 자유로운 운동에 대한 생각을 떨쳐버리게 하기 때문이다. 반면에 화산이 용암과 돌과 화산재를 내부에서 위로 던져버릴 때 이것은 숭고한 드라마이다. 그도 그럴 것이 여기에서는 자유로운 근원적 진행과정이 일어나고 있기 때문이다. 지구 내부에서 가스의 탄력적 압력은 기계적으로도 작용하지만 자발적 힘으로 가지고 그렇게 하는 것이다. 이제 기계가 숭고함의 인상을 심어주지 못하기 때문에 연약함의 인상을 필연적으로 동반한다는 식으로 결론 내리는 것은 아주 서투른 짓이다. 이는 맞지 않다. 기계는 가장 커다란 일을 수행하는 데 있어서도 오직 다른 힘, 즉 인간의 지성과 의지에 예속되어 있다는 점 때문에 따라서 숭고함의 개념이 요구하는 바대로 행위의 시작을 자기 자신에서 취하지 못하기 때문에 숭고하게 나타나지 못한다. 반면에 엄청난 자연의 힘을 지배해서 그 힘의 필연성을 그런 정도로 자신의 자유 안에 예속시킬 수 있는 정신은 우리에게 숭고한 것으로 생각된다. 정신은 기계에 독자성의 가상을 부여할 수 있다. 그럴 때 이것이 숭고함과 유사한 인상을 불러일으킬 수 있는지의 여부는 보다 자세한 상황에 달려 있다. 왜냐하면 기계적인 것의 정확성에 대해 우리가 갖고 있는 의식은, 철로의 커다란 기차가 우리 옆을 쏜살같이 스쳐 지날 때 우리가 느끼듯이, 미적 작용을 부분적으로 다시 지양하기 때문이다. ― 유기적 생명체는 자신의 힘을 압도적 힘으로 현실화할 때 숭고하게 나타날 수 있다. 우리는 어떤 동물도 직접적으로는 숭고하다고 부를 수 없다. 그러나 독수리가 날개를 펴고 이제 숲과 산 위로 구름 위로 안정된 날갯짓으로 날아오르는 것을 볼 때, 육중한 코끼리가 석주 같은 발로 호랑이를 짓밟는 것을 볼 때, 사자가 안정되게 엄청난 도약을 해서 영양을 덮치는 것을 볼 때 이 동물들은 우리에게 숭고하게 보인다. 왜냐하면 이 동물들은 자신들에 내재해 있는 힘을 겉으로 드러내어 무한한 압도적 힘으로 표현하기 때문이다. 독수리에게는 비상(飛上)의 한계가, 코끼리와 사자에게는 다른 동물의 저항에 의한 한계가 아예 없는 것처럼 보인다.

정신이 자연의 필연성이나 다른 정신들의 자유에 대립해서 자신의 자유를 자신의 독자적 필연성으로 견지하고 있을 때 숭고하게 작용하며 폭력에 예속되어 있을 때에도 마찬가지이다. 자연은 자신의 가장 무시무시한 공포로도 자유의 절대적 힘에 미치지 못한다. 인간은 자연에 의해서 압도될 수 있지만 파멸 속에서 자신의 품위를 보존할 경우 자연에 패배할 수 없다. 인간은 자연에 반해서 자기 안에서 자유를 보전한다. 붕괴하는 우주의 잔해에 매장돼도 공포를 느끼지 않을 스토아학파의 현자가 지닌 숭고성은 이 점에 놓여 있다. 자유를 추상적 무감정의 상태로 표상할 필요는 없다. 생명의 한계, 고통의 가혹함을 느끼면서도 자유를 유지할 수 있다. 운명의 희생자는 자신이 자유를 통해 극복해야 할 그 필연성의 폭력이 가혹한 것일수록, 그리고 이 대립이 깊숙이 작용하면 작용할수록 보다 더 숭고하게 된다. 밝은 대낮에 완전무장을 하고 동료시민들에게 둘러싸여 땅의 갈라진 틈으로 뛰어내렸던 쿠르티우스[12] 같은 사람은 생명의 모든 가치를 가장 내적으로 느낄 것이다. ―그는 분명히 자연을 물리치기 위해서 자유의 용기를 지니고 칠흑의 심연으로 뛰어내렸다. ―신념의 숭고성은 또한 자유와 자유의 갈등에서 주로 불가피한 마음의 고통 너머로 자신을 승화시킴으로써 나타난다. ―이때 우리는 조그만 동물, 여성, 병자, 어린아이, 무경험자, 미숙한 사람의 상대적 약함에서 어떤 추도 발견하지 못한다. 왜냐하면 이 약함은 자연적 약함이기 때문이다. 그러나 이 자연스러움이 중단되고 실존이 힘을 요구하는데 그 힘이 충분치 못하면 약함은 모순을 내포하기 때문에 추한 연약함으로 넘어간다. 그러므로 여기서 분명히 관찰되는 경계선이 드러난다. 숭고함이 절대적 힘을 가지고 등장하면, 자체가 힘인 그외의 모든 것들은 이 절대적 힘에 비해서 상대적으로 약하게 나타날 수 있다. 이때 그와 같은 약함은 아직은 부

---

12) 역주: 쿠르티우스(Marcus Curtius). 고대 로마의 전설적인 영웅. 전설에 따르면 기원전 362년에 로마의 광장에 깊은 틈이 파였는데, 예언자들은 그 구덩이 안에 로마에서 가장 귀한 것을 집어넣어야 메워질 것이라고 말했다. 쿠르티우스는 용감한 시민보다 귀한 것은 없다고 부르짖으면서 완전무장을 한 다음 말에 올라타고 구덩이 속으로 뛰어들었다. 그러자 그 틈은 즉시 메워졌다. 그 장소는 나중에 라쿠스 쿠르티우스라는 연못이 되었고 기원전 1세기경에 말랐다.

정적 의미의 연약함이 아니다. 예컨대 생명의 모든 힘과 자유의 모든 에너지들은 그것들이 제아무리 크더라도 근원적 자연의 우위에 무력하다. 지진이 일어나는 대지, 밀려드는 홍수, 퍼져가는 불길이 그런 가차없는 힘들이다. 진동하며 입을 벌리고 짐승과 인간 도시들을 집어삼키는 대지는 숭고하지만, 대지 자신의 품에서 태어나고 그 등에 업힌 채 존재하고 있음에 기뻐하는 모든 것들에 대한 가차없음에서 추악하게 숭고하다. 두려움에 빠져 도망치고 미칠 듯한 절망감 속에서 그 어떤 구원의 그림자라도 찾는 생명체는 그런 대지에 무력한 모습을 보인다. 그러나 이 관계는 비교될 수 없는 것이기에 그것을 연약함으로 비난할 수 없다. 바다의 파도가 아주 커다란 배들을 가지고 놀아 돛대를 파괴하고 배들을 바위로 내던질 때 그 파도들은 무시무시할 정도로 숭고하며 헛되이 목숨을 구하고자 파도와 싸우는 인간들은 무력하다. 그들이 이루 측량할 길 없는 절망에 몸을 내맡기는 한에서만 그들은 연약하다. 대홍수 같은 물의 범람은 개인의 노력이 아무 쓸모없음을 표현할 수 있다. 그러나 그렇게 할 때 물의 범람은 또 죽어가면서도 그 폭력에 우월함을 보여주는 그의 자유를 표현할 수 있다.

지로데(Girodet)[13]는 루브르에 있는 그의 유명한 그림에서 대홍수의 한 장면을 그렇게 그렸다. 이 그림은 우리에게 한 가족이 죽어가면서도 여전히 신앙심을 견지하고 있음을 보여준다. 남자는 머리가 희고 이미 가사상태에 빠진 아버지를 어깨에 걸치고 있다. 그는 왼손으로는 말라비틀어지고 부러지기 시작한 나무 그루터기를 끼고 있다. 오른손으로는 아내를 파도에서 끌어내려 한다. 그러나 아내는 어머니로서 아이들을 내버려두려 하지 않는다. 한 아이, 젖먹이는 어머니의 가슴을 끌어안고 있고 다른 아이는 어머니의 머리카락을 붙잡고 있다. 어머니는 발로 바위 가장자리를 디디고 있다. 그러나 짐이 너무 무거워서 나

---

13) 역주: 지로데(Anne Louis Girodet-Trioson, 1767~1824). 프랑스 화가.

지로데 작, 〈대홍수〉

무는 완전히 부러질 것이다. ─ 그래서 모두 함께 죽을 것이다. 죽음
속에서도 가족은 한 가족으로 있게 될 것이다. 이 상황에서 동물은 다
른 모든 것에 대한 고려 없이 자기보존 본능만을 따를 수 있을 뿐이
다. 비교적 최근의 독일 화가가 우리에게 예컨대 산불을 그려주었듯이
말이다. 불은 결코 만족할 줄 모르는 복수심을 가지고 관목숲과 나무
를 먹어치우고 동물을 보금자리에서 쫓아낸다. 동물은 촘촘하게 무리
지어 털이 올올이 선 채 공포에 질린 눈을 하고 보금자리에서 뛰쳐나
오고, 곰과 황소와 표범과 노루와 늑대와 양이 서로 옆에서 뒤엉킨 실
타래처럼 커다란 무리를 지어 모두의 위험에 의해 강요된 평화를 숨쉼
으로써 예전의 자연을 망각한 듯 보인다. 지옥의 요소인 분노는 이렇
게 도망치는 짐승들의 공포로 그려진다.
  서로 싸우는 동물은 덩치가 클 때에만 숭고할 수 있다. 조그만 동물
은 강하고 용감할 수 있지만 그 힘은 스스로를 생산하고 스스로를 새

롭게 하는 무한성의 가상을 획득할 수 없다. 닭싸움은 결코 숭고하지 않다. 조그맣고 약한 짐승과 더 크고 강한 짐승의 싸움도 마찬가지로 숭고하지 않다. 고양이의 발밑에 있는 쥐와 독수리의 발톱에 잡혀 있는 토끼, 담비의 이빨에 끼여 있는 비둘기는 자신들의 분명한 죽음을 기다리며 몸을 떤다. 이 짐승들을 추하다고 할 수도 없다. 왜냐하면 싸움이 불공평하기 때문이다. 인간은 자연의 힘에 대립해서 자신의 자유를 보존해야 하고, 자연의 힘에 자신의 의식과 의지의 힘을 대립시켜야 한다. 인간이 자연의 힘 앞에서 두려워함으로써 그 힘에 복속될 때 그는 약한 모습을 보인다. 그러나 이 약함이 이미 추로서 명명될 수 있는지는 보다 자세한 상황에 달려 있는데, 즉 그의 두려움의 정도와 그 두려움의 정도를 표현하는 형태에 달려 있다. 몽둥이로 맹수를 공격하고 구멍 팬 나무 그루터기에 앉아서 불친절한 파도의 직경을 재는 용기를 가진 인간은 그 정반대되는 상황이 우리를 낙담시키는 정도만큼 우리를 승화시킨다. 그러나 근원적 자연의 적대적 힘에 대항하는 모든 싸움은 그것이 가장 영웅적인 것이라 해도 헛된 짓이다. 이때에는 자신을 보존하는 자유를 위해서 표면적 항복을 통해서 굽히지 않는 불후의 용기를 내적으로 간직하는 것 외에 다른 도리가 없다.

그렇지만 가장 심한 고통 속에서도 흔들리지 않는 신념은 아이스킬로스의 《프로메테우스》(*Prometheus*)와 칼데론의 《의지 견정한 왕자》(*Standhafter Prinz*)의 그것처럼 숭고하다. 스스로 굴복하는 약함은 그것이 우스꽝스럽게 되지 않는 한 추하다. 이 점은 이렇듯 보편적 관점에서 보면 사실이다. 그러나 개별적 관점에서 보면 역사는 무한히 다양한 상황들을 만들어내는데, 그 안에서 강제는 종종 신성한 의무로의 소명(召命)이라는 가장 달콤하고 유혹적인 형태를 띤다. 여기 정신적[14] 충돌의 영역에서는 약함이 인격적인 사랑스러움을 통해서 자유

---

14) 역주: moralisch는 18, 19세기에 "도덕적"이라는 의미만 갖는 것이 아니라 좀더 포괄적으로 "정신적"을 의미함.

의 가상을 획득하고 궤변을 통해서 힘의 형태조차 찬탈할 수 있는 상황이 가능해진다. 이는 수많은 장편소설의 잘 알려진 주제이다. 예술가는 그런 감상적 주인공들의 사랑스러움에서 추의 현상을 완화시키는, 즉 추를 흥미롭게 만드는 수단을 획득한다. 물론 경솔함, 동요, 일관성 없음, 주저함, 망각, 시기적절하지 않은 굴복, 성급한 행동이 그 자체로 정당하거나 사랑스러운 것으로 치부되어서는 안 된다. 사랑스러움은 반드시 정신과 환상과 개인적 처신에 놓여 있어야 하고, 의지의 연약함은 기질의 속성과 곤란한 상황에 의해, 다른 방향으로 단호하게 행동함으로써 부당한 짓을 할 수 있는 가능성에 의해 용서는 되지만 합리화되어서는 안 된다. 정신적 약함에 대한 미적 만족감은 어느 때라도 실제적 범죄가 되는 비천함으로 타락할 가능성이 있다. 이것은 〈크세니엔〉(Xenien)15)이 말해주듯이 오직 상황에 달려 있다. 정신적 약함에 대한 미적 만족감은 자기 앞에서 자신을 우아한 존재로 내세우는 궤변이 되며 그런 궤변 짓거리에서 가장 추악한 것이 나타나게 한다. 정신적 약함에 대한 미적 만족감은 안락함, 나태함, 용기 부족, 허영심에서 사안에 따라 천박함으로 타락하며, 아마도 그 자신은 혐오할지 모르지만 다른 이기적 관점에서 인정하는 타자의 의지에 종속되는 것을 참고 견딘다. 정신적 약함에 대한 미적 만족감은 이런 굴복을 정신적 사색과 허구적 병으로 감추며, 그리고 그 필연성을 개개인이 무력할 수밖에 없는 잔인한 운명으로 가정(假定)함으로써 감춘다. 그러나 우리는 표현의 대상인 약함과 미적 작업의 실수인 연약함을 구분해야 한다. 약함을 표현하는 것은 허용되어야 한다. 괴테가 묘사한 베르테르, 바이스링엔, 브라켄부르크, 페르난도, 에두아르도의 약함과 야코비가 묘사한 볼데마의 약함, 장 파울이 묘사한 로크바이롤의 약함, 그리고 조르주 상드가 흡사 사진으로 찍어낸 듯한 앙드레와

---

15) 역주: 〈크세니엔〉은 실러와 괴테가 공동으로 발간한 잡지의 이름이다.

스테니오의 약함 역시 표현될 권리가 있다. 그러나 표현 자체가 연약해질 경우, 즉 힘이 기대되는 곳에서 힘없고 약하며 힘 빠진 형태가 나타날 경우 그것은 다른 것이다. 이것은 결정적 실수로, 우리가 앞에서 모호하고 불분명한 것으로 설명한 미적 조형의 해체라는 결과를 낳는다. 그리고 이 미적 조형의 해체는 개별적 예술에 의해서 그 구성요소의 고유성에 따라 특화된다.

부정적 의미의 연약함과 강함은 서로 대립하기 때문에 그것은 예술이 한쪽에서 다른 쪽으로의 전이를 표현하도록 자극할 수 있다. 이를 심리적 진실성과 연계시키는 것은 보통 위대한 예술가만이 진실로 성공을 거두는 아주 어려운 과업이다. 연극을 통해 약함을 예찬한 이플란트와 코체부는 우리에게 거짓된 전이를 많이 제공했다. 바이런은 기이하게도 괴테에게 약함을 대상으로 한두 개의 희곡을 헌정했는데, 《사르다나팔》(Sardanapal)과 《이르너》(Irner)였다. 《사르다나팔》에서 자체로 고귀하나 너무 부드럽고, 인간적이나 너무 심사숙고하는 본성이 몸을 일으켜서 삶의 향락에 아무 근심 없이 몰두하다가 점차 진실한 제왕의 품위와 영웅적 용기와 용감함으로, 자기희생이라는 숭고함으로 발전해간다. 이 작품은 영혼의 그림이며 비할 수 없이 심오하고 아름답기에 왜 이런 것이 무대에 상연이 안 되는지는 완전히 수수께끼 같다. 반면에 《이르너》에서 작가는 자체가 마찬가지로 고귀한 본성이 어떻게 약함으로 인해서 천박함으로까지 휩쓸려가고, 남은 여생 동안 자신의 실수에 대한 수치스러운 기억으로 인해 질식하는지 보여주고 있다. 이르너는 심한 곤경에 빠져서 잠재적인 불구대천의 원수에게서 100듀카트를 훔친다. 그는 자신과 아내와 아들 앞에서 불구대천의 원수를 죽일 수 있는데도 돈만 훔쳤을 뿐이라고 자신의 행동을 합리화한다. 그러나 실러는 이미 살인이 더 큰 힘을 요구하기 때문에 절도보다 미적으로 더 높은 곳에 위치해 있다는 점을 충분히 보여주었다. 이르너가 슈트랄렌하임을 죽였더라면 그의 행동은 죄가 더 컸을

208

테지만 그럼에도 불구하고 천박함은 덜 했을 것이다. 그의 약함은 그로 하여금 단지 도둑질하게 만들었을 뿐이고 그 돈이 원래는 자기 소유라는 궤변은 양심 앞에서 버티지 못한다. 그의 아들 울브리히가 아버지가 모르는 사이에 살인을 완수한다. 이르너가 이 경악스러운 사실을 알아차렸을 때 그는 자신이 아들에게 가르쳐주었던 약함의 원칙을 변론으로 듣게 된다.

> 누가 제게 말해주었던가요,
> 상황이 수많은 범죄를 용서해주고,
> 열정이 우리들의 천성이며
> 하늘의 재화는 행운의 재화의 뒤를 따른다는 점을요?
> 누가 제게 인간성은
> 오직 신경의 굵기에 좌우된다고 알려주었나요?
> 제 자신을 호래자식으로 낙인찍을지 모르고
> 그 자신은 죄인이란 소인을 찍을 그 자신이 저지른 치욕으로,
> 제 자신을 방어하고 공개적으로 싸우는 제 모습을
> 보여줄 힘을 제게서 모두 빼앗아간 사람은 누군가요?
> 그가, 특히 마음은 따뜻하지만 약한 그가 스스로
> 하려 했지만 감히 하지 못한 행동을 하도록 자극했습니다.
> 당신이 생각했던 것을 제가 완수한 것이
> 그렇게 이상한가요?

약함과 연약함이 아무 생각 없이, 아니 진실로 선하다는 광증에 빠져서 어떻게 악으로 전이하는지를 조르주 상드는 《파데트》에서 훌륭하게 보여주었다. 실벵은 파데트에게 자신이 얼마나 약하고 감상적이며 주변사람에게는 얼마나 독재적이고 궤변적이며 이기적인지 알려준다. "약함은 그릇됨을 낳으니 이기적으로 배은망덕하게 처신하시오." 실벵은 마침내 자기 자신을 깨닫고 집에만 틀어박혀 있던 응석꾸러기

같은 이 남자는 이제 완전히 다른 인간이 되어 나폴레옹 전쟁의 전투 소음 속에서 파데트를 향한 사랑을 잊고자 노력한다.

연약함은 분명히 힘과 연계되어 있을 경우에 가장 추하게 나타난다. 힘은 연약함으로 자신을 더럽혀서는 안 된다. 그러나 그렇게 될 경우 힘은 더 약화된다. 이것은 자연의 경우에는 아무 의미도 없다. 왜냐하면 자연에는 자유의지가 없기 때문이다. 거대한 코끼리가 조그만 쥐 근처에서 두려움으로 인해 땀을 흘릴 때 그것은 코끼리의 연약함이 아니라 완전히 정상적인 본능이다. 왜냐하면 쥐가 코끼리의 코로 들어갈 경우 코를 갉아댐으로써 코끼리를 미쳐 날뛰도록 자극할 수 있기 때문이다. 그러나 제후나 영웅이나 고위 성직자가 자신의 기분과 약함에 좌우되면 그는 자신의 본질과 아주 강한 대조를 이루는 천박함으로 떨어진다. 예컨대 다윗 왕이 우리아의 아내인 밧세바를 거리낌없이 즐길 수 있기 위해 그를 배신하여 없앤 점은 특히 왕의 성향에서 연유하는 것인데, 이것은 약함이며 그는 이로 인해 천박함과 범죄로까지 몰락한다. 마이스너의 《우리아의 아내》(*Weib des Urias*)가 실패한 연극이라면 그 책임의 반은 소재의 선택에 있다.

연약함이 자신을 오인하여 강함처럼 처신하면 그것은 코믹으로 전도된다. 그러나 이 모순은 약함의 내용이 덕성의 요구를 너무 심하게 어기지 않을 경우에만 우스꽝스럽게 된다. 그렇기 때문에 여기에 적합한 것은, 본성이나 주변상황에 보다 더 예속된 무해한 종류의 연약함인 지적 연약함인데, 우리는 이를 무엇보다 소극에서 보고 있다. 약함의 전개가 허구적 운명과 연계되고 그럼으로써 그 전개가 필연성의 가상으로 둘러싸이면 그로 인해서 코믹한 효과는 더 강화된다. 이런 코믹의 훌륭한 걸작은 영원히 디드로의 《운명론자 자끄와 그의 주인》 (*Jacques le fataliste et son maitre*)으로 남아 있을 것이다. 주인이 하인 없이 살 수 없다는 점은 어느 누구에게도 해를 끼치지 않는 약함이다. 주인이 무엇보다도 이야기 듣기를 좋아한다는 점은 다른 사람들에게 그들이 지닌 만담능력을 전개할 계기를 부여하는 약함이다. 주인이 공공연히 자신을 통제하는 하인에게 그의 운명론의 잘못된 점을 설득하려는 점은 사랑스러운 약함이다. 디드로는 비할 수 없는 유머로 자끄의 운명론을 작품 속에 끌어들인다. 모든 일은 '이미 위에서 쓰여졌기 때문에 커다란 종이 꾸러미에 적힌 대로' 일어난다. 그러나 디드로가 하인과 여주인의 수다, 하인의 운명론, 주인의 비판에 인간 실존의 가장 심오한 문제를 연결시킬 수 없었더라면 디드로이지 않았을 것이다. 그 나라에서 어느 정도 상투적인 묘사에 따라 자끄가 단지 오만방자한 성향을 지녔다16)고 생각한다면 아주 잘못 생각한 것이다. 그의 근본

16) 《파우스트》에 나오는 괴테의 유명한 말에 따르면 법과 권리는 영원한 질병처럼 계속 유전된다. 그러나 인간과 책에 대한 판단 역시 영원한 질병처럼 계속 유전되는 것이다. 무지하고 편협한 사람들이 디드로와 그의 저작들은 알지 못한 채 정말 지저분한 언어로 그곳에 무신론자이자 《백과전서》 편집자이며 비도덕적 소설작가의 추악함이 있다고 낙인찍음으로써 자신들의 얼마 안 되는 용기를 가라앉히곤 하는 그런 대상이 디드로와 그의 저작들이다. 그의 이름과 그의 저작들은 단지 도덕적으로 분노하는 말투로만 언급해도 된다고 확정적으로 인정되었다. 나는 이미 예전에 다른 곳에서 디드로에 대해 내려진 보다 더 공정한 평가를 우리 독일에 도입하려고 했었다. 나는 레싱, 괴테, 실러, 바른하겐, 모리츠 아른트가 그에 대해서 어떻게 생각하고 있는지에 대해 주의를 환기시키고자 했다. 여기서는 《자끄》 때문에 디드로 자신이 냉소적이라고 비판받고 있는 데 대해서 그 스스로가 변호한 점 (전집(Œuvres), 내정에 의해 편집됨(éd. Naigeon), 11권, 333~335쪽) 만을 언급하고자 한다. 그 운명론자에게서 단지 냉소적 이야기만 전달되고 있다고 생각하면 그것은 잘못된 것이다. 여주인이 이야기하는 뽐머래 후작부인의 비극적 이야기가 전체 이야기의 3분의 1을 차지한다. 그 이야기는 실러에 의해 다음과 같은 제목으로 번역되었다: 《여성에 의한 복수의 기이한 실례》, 라이니쉐 탈리아(Rheinische Thalia)(1권, 27~29쪽). 주제는, 즉 사건의 객관적 연관관계라는 운명의 이념은, 원래가 그다지 장편소설이라고 할 수 없는 그 책의 첫 몇 마디에서 확인된다. "자끄는 말한다: 중대장이 여기 아래에서 우리에게 일어났던 좋은 일과 나쁜 일이 저기 높은 곳에서 이미 쓰여진 것이라고 말했습니다. 주인: 그것은 대단한 말이다. 자끄: 중대장은

텍스트는 오히려 운명의 이념이며 디드로 자신이 이것을 운명적이라는 수식어로 암시하려고 했다.

(3) 비천함 (Das Niedrige)

숭고함은 자신의 무한계성에서 위대하며 자신의 힘을 무저항적으로 드러내는 데 있어 위압적이고 자신의 무한성에 대한 무조건적 자기결정에 있어서는 위엄 있다. 위엄은 절대적 위대함과 절대적 힘을 하나로 합친다. 숭고한 위대함의 반대는 하찮음이며 하찮음은 자기본질에 필연적인 한계에 예속된다. 숭고한 강력함의 반대는 연약함이며 연약함은 자신에게 가능한 정도의 힘에 못 미친다. 위엄의 반대는 비천함이며 비천함은 자기결정에 있어서 우연적이고 제한적이며 하찮고 이기적인 동기에 의해 좌우된다. 비천하다는 것은 물론 상대적 표현이다. 그러나 이 표현이 비교법으로 사용되지 않고 그 자체로 사용된다면 그것은 불완전한 것, 사소한 것, 천박한 것 전반을 나타낸다. 독일어에는 관용적 용법이 생겨나서 '비천한'과 '낮은'을 구분하였는데, 첫 번째는 천박함으로, 두 번째는 단순한 것, 소박한 것, 밑의 것으로 이해되었다. 비천한 사고방식, 비천한 조처, 비천한 행동 등이 있는 반면 낮은 천장, 높이가 낮은 오두막, 낮은 신분 등이 있다. 예전에는 전반적으로 비천하다고 했었다. 위엄 있는 것은 그 조용한 위대함에 있어서 유일무이하고, 행동에서는 외부에 의해서, 우연에 의해서 좌우될 수 없는 것으로 절대적으로 안정적인 것이다. 그렇기 때문에 그것이 특별한 현존으로서 현상계에 속해 있는 한, 외부의 공격에 희생되는 측면을 가질 수 있다. 즉, 그것은 괴로워할 수 있고 고통을 느낄 수 있다. 그럼에도 불구하고 그것은 내적으로는 자신과의 동일성 속에서 자신을

튀어나오는 모든 총알은 목표를 가지고 있다고 덧붙였습니다."

지탱해나갈 수 있고, 자기실존의 헛된 부분들이 사라질 때에는 자신의
무한성에 확신을 가질 수 있다. 이로부터 위엄이 왜 바로 고통 속에서
자신의 위대함과 힘을 가장 훌륭하게 드러낼 수 있는지에 대한 피상적
모순이 설명된다. 반면에 비천함은 ① 곧바로 일상적인 것, 일반적인
것, 범속한 것이 되며, ② 상대적으로는 변화하는 것, 불안정한 것,
우연적인 것, 자의적인 것이 되고, ③ 자유를 이질적 필연성에 굴복시
키는 혹은 심지어는 그런 굴복을 야기하는 조야함이 된다. 이 모든 개
념들은, 우리가 마찬가지로 위엄 있는 것을 정도의 차별성에 따라 우
아한, 고귀한, 고상한, 존귀한, 존엄한 등으로 부르듯이 또한 수많은
다른 동의어로 지칭된다.

① 일반적인 것 (*das Gewöhnliche*)

일반적인 것이 보편적인 것의 경험적 실존을 이루는 한, 일반적인
것은 그런 이유로 아직은 추한 것이 아니다. 일반적인 것에 '추하다'라
는 술어는 상대적으로만 생길 수 있다. 즉, 일반적인 것은 특정한 조
건에서만 추하다. 위엄 있는 숭고함이 하나의 세계 전체를 자체에 포
함하고 있는 한, 그것의 그런 모습은 유일하다. 왜냐하면 경험적으로
자신과 동일한 것이 없다는 의미에서 유일하다는 것은 결국 라이프니
츠의 더 이상 나눌 수 없는 규칙[17]에 따르면 모든 실존이고, 가장 평
범한 실존 역시 유일한 것이기 때문이다. 그러나 위엄은 다른 현상들
과는 경험상 전반적으로 다를 뿐만 아니라 주어진 환경에서 비교될 수

---

[17] 역주: 라이프니츠의 "더 이상 나눌 수 없는 규칙"(*principium indiscernibilium*)
은 세계를 이루는 가장 근원적 요소를 규명하는 원칙이다. 세계를 이루는
가장 근원적 요소는 더 이상 나눌 수 없는 것, 즉 육체적인 것이 아니라 정
신적인 것이며, 또 자신만의 독특한 특성을 가진 개성적인 것이다. 둘이 동
일하면 그것은 둘이 아니라 하나일 뿐이다. 이에 "더 이상 나눌 수 없는 규
칙"은 세계의 근원요소인 정신적 단자(*Monade*)의 규칙으로 드러난다. 따라
서 이 모든 세계의 실존들은 독특하고 유일무이한 것으로 파악될 수 있다.

없는 것으로서 유일무이한 것이다. 산맥을 상상해보면 그것은 이미 그 크기로 인해서 숭고할 수 있다. 그러나 그 일련의 산 중에서 어떤 산 하나가 훨씬 높이 하늘에 머리를 치켜든다고 하면 그것은 숭고함 자체일 뿐만 아니라 위엄 있는 숭고함으로도 드러난다. 왜냐하면 그 산은 그 엄청난 무리에 자기 자신만의 표현을 부여하기 때문이다. 별 한가운데의 달은 유일무이한 것으로서 그렇게 조용한 위엄 속에서 빛을 발한다. 이것들은 공간영역의 예들이다. 그러나 공간적인 것에서 시간도 위엄 있게 나타날 수 있는데, 그 공간적인 것이 시간 속에서 생겨난 것으로서 일련의 무한한 햇수를 계속해서 우리에게 현재화할 때 말이다.

생겨남은 사라짐이기도 하다. 생겨난 것은 시간의 연속에서 동일하게 머물러 있음으로써 영원성의 외양을 획득하며, 시간의 흐름은 이 영원의 무한성에서 기원한다. 사해(死海) 동쪽의 스텝지대에는 4천 년 전에 바산(Basan)의 모압족 왕들이 들어오고 나간 바위문들이 여전히 경첩에 걸려 있다. 오늘날 그 문을 통과하는 자들은 가난한 목동들뿐이지만 그 문들이 그런 영원의 무한성이다. 숭고하게 작용하는 대상이 크고 강해야 한다는 점은 자명하다. 그것이 수천 년간 변화하지 않고 존재하더라도 지속성만이 그 대상을 숭고하게 만들어주지는 못할 게다. 예컨대 새로 지어진 베를린 박물관에서 전시되고 있는 이집트의 유대인들이 색칠했던 벽돌 중 하나가 그렇듯이 말이다. 하나의 벽돌은 영원성에 의해서도 숭고해지지 않는다. 역사에는 실제로 유일무이하고 종(種) 전체를, 전 세계를 자신 안에 집약하고 있는 완벽히 위엄 있는 인물과 행위와 사건들이 있다. 모세, 알렉산더, 소크라테스 같은 사람은 위엄 있게 숭고한 인물들이다. 그도 그럴 것이 이들은 실제적 의미에서 유일무이한 존재들이기 때문이다. 소크라테스가 도주하지 않은 사실, 그가 웅변술을 수단으로 재판관들을 매수하려고 하지 않았다는 사실, 그가 감옥 속에서 밝고 진지하게 죽음을 기다렸다는 사실

— 이 모든 것은 상술하자면 일반적이라는 낙인이 찍힌 인간들이라면
하지 못했을 것이다 — 은 그에게 위엄의 후광을 부여한다. 모스크바
의 화재는 아주 두려울 정도로 위엄 있는 사건이다. 왜냐하면 러시아
인들의 저항은 그 숭고한 희생에서 세계사적으로 유일무이한 방식으로
집약되어 있기 때문이다. 사람과 행위가 숭고함이라는 이념이 긍정적
으로 포함하는 그런 유일무이함을 표현하지 못하면 그 사람과 행위 역
시 위엄 있는 것이 아니다. 부정성으로 인해서 두드러지는 유일무이함
은 ‘위엄 있는’이라는 술어를 요구할 수 없다. 그것은 정반대로 추(醜)
로 떨어져버린다. 코모두스(Commodus), [18] 그리고 헬리오가발루스
(Heliogabalus) [19] 같은 세계의 주인들은 치졸하고 미친 듯이 행동하며
기분에 따른 독재로 위엄을 관철시키려고 할수록 위엄을 더 왜곡시켰
던 그런 정신적으로 비정상적인 사람들이었다. 이와 같은 왜곡에서 그
들은 유일하지만 이런 유일무이함은 미친 망상이라는 거대한 일탈의
서글픈 유일무이함이다. 헤로스트라트(Herostrat) [20] 가 에페수스의 아
르테미스 신전에 횃불을 던졌을 때 그는 자신의 목적을 이루었지만 이
비열한 행동은 그 뻔뻔스런 유일무이함으로 인해 모든 위엄의 정반대
가 된다. 진정한 위엄은 그 대립상과 마주하면 당연히 더욱 유일무이
한 것으로 나타난다. 그리스도가 비참할 정도로 호기심이 많은 헤로데

---

18) 역주: 코모두스(Marcus Aurelius Commodus Antoninus, 본래 Lucius
　　Aelius Aurelius Commodus, 161~192). 180~192년까지 로마를 통치한
　　황제로 네로, 칼리굴라처럼 폭정을 일삼은 폭군이었다.
19) 역주: 헬리오가발루스(Heliogabalus, 205~222). 218~222년까지 제위를
　　지킨 로마황제로 자신의 남성성을 부정하고 여자가 되려고 했던 비정상적
　　성격의 소유자로 군부의 반란으로 폐위된 후 암살당함.
20) 역주: 헤로스트라트는 그리스 사제로서 유명해질 목적으로 기원전 356년에
　　에페수스(에베소)의 아르테미스 신전을 불태운다. 이 신전은 길이, 폭, 높
　　이가 각각 140m, 80m, 35m로 세계 7대 불가사의 중의 하나였다. 그의 이
　　름은 훗날 명예욕에 사로잡힌 모든 범죄자를 지칭한다.

스 왕을 마주보고 자신의 무한한 위엄을 치명적인 침묵으로 감싸듯이 말이다. 헤로데스 왕은 체포되어 유죄판결을 받은 유대인에게 질문을 던지고 이 자는 그에게 어떤 대답도 하지 않는다. 보통의 경우에는 아주 친절하고 사랑의 숨을 쉬는 입술은 타락한 그림자 왕에게 열리지 않는다. —이 얼마나 두려운 위엄인가!

일반적인 것은 언급했듯이 곧바로 추한 것이 결코 아니다. 어느 누구도 일반적인 것의 개념에서 그와 같은 필연성을 입증해낼 수 없다. 일반적인 것은 심지어 비록 아름답지는 않을망정 귀여울 수 있다. 그러나 이미 수많은 견본으로 존재하면서 어느 쪽으로도 두드러지지 않는 일반적인 것은 미적으로 아무 의미도 없다. 그것에는 특징적 개별화가 없다. 미는 당연히 우리에게 보편적 사물의 진실성을 표현해주어야 하지만 이것을 개별적 자유의 형태로 표현해야 하며, 이 형태가 자신의 독특함으로 보편의 필연성을 유일무이하게 만든다. 일반적인 것, 일상적인 것은 구분이 없음으로 인해서 아무것도 말해주지 못하고 지루하고 천박하게 되고 그로 인해 추로 넘어간다. 이 점은 오해하지 말기 바란다. 미는 추가 되지 않는다. 이것은 불가능하다. 그러나 반복의 빈도수와 대량으로 있는 실존의 폭은 미를 등한시하게 한다. 왜냐하면 다른 것이라도 단순히 반복된 것이면 새로움의 매력이 없기 때문이다. 모든 예술은 동기에 있어서 특정한 권역 안에서 움직여야 할 것이다. 그런 한에 있어서 모든 예술은 창조의 한계를 갖고 있다. 그러나 사태의 개념이 내포하는 반복이라는 것이 예술에 대한 비난은 아니다. 문제의 관건은 예술이 항상 그 자체로 동일한 동기들을 개별화를 통해서 우리에게 새롭게 나타나도록 하는 것이다. 예컨대 다음의 사실을 기억해보라. 사람들은 모든 비극적 충돌을 계산했고, 벤야민 콘스탄트[21]에 따르면 28가지 이상의 경우는 가능하지 않다. 따라서 비극

---

21) 역주: 벤야민 콘스탄트(Benjamin Constant, 1767~1830). 지금의 스위스 로잔 출생으로 정치가, 소설가, 화가였음.

적 충돌들은 작가가 그것을 가지고 어떻게 시작하든 간에 항상 새롭게
다시 제공된 것들이다. 작가는 여기서 작품생산의 윤리적 한계를 가진
다. 그러나 그는 이 피할 수 없는 내용의 동일성을, 자신에 의해 선택
되었지만 그럼에도 불구하고 새롭고 유일무이한 경우로 나타나도록 처
리하는 법을 이해해야 한다. 피상적이고 형태적인 차이만을 단순하게
반복하는 것은 우리를 만족시키지 못한다. 이와 같은 반복의 이념 자
체와 필연성이 변화될 수 없음을 우리는 이해한다. 그러나 우리는 예
술가가 그것을 다시금 다른 식으로, 놀랍게 하는 방식으로 표현해주기
를 요구한다. 만일 우리가 로마문학에 대한 발렌틴 슈미트의 글, 던롭
의 《허구의 역사》(History of Fiction) 같은 글, 중세 단편소설에 대한
하겐의 글, 장편소설에 대한 볼프의 글 등에서 특정한 소재가 상이한
민족, 시대, 언어를 꿰뚫고 항상 동일하다는 점을 인식하면, 작가의
상상력이란 것을 아주 빈약한 것으로 생각할 수 있다. 하지만 그렇지
않다. 왜냐하면 상상력의 생산성과 창조력은 오히려 소재의 성질에 의
해서 조건 지워진 한계 안에서 작품을 만드는 아주 대단한 다양성을
획득할 줄 아는 데에서 드러나기 때문이다.

　　주인과 하인 같은 관계를 예로 들어보면 이 관계에는 특정한 한계,
특정한 동기가 존재한다. 주인과 하인은 고대의 소극에서 가장 커다란
소재이다. 주인과 하인, 이것은 세르반테스의 《돈키호테》, 디드로의
《자끄》(Jaques), 보즈의 《피크윅가》(Pickwickier) 등의 형식적 주제이
다. 그러나 이 작가들의 작품에서 주인들이 돈키호테, 주인, 피크윅
씨처럼 다르듯이 산쵸, 쟈끄, 샘웰러 같은 하인들도 다르다. 동기의
동일성은 이와 같은 상이성 속에 존재한다. 왜냐하면 이 동일성은 보
편적 상황과 떨어질 수 없는 것이기 때문이다. 그렇기 때문에 주인들
이나 하인들은 어느 정도의 유사성을 갖고 있다. 그러나 이들은 이런
유사성 안에서 자신들의 개성으로 다시 구분되고, 이 점에 상상력의
독창성이 놓여 있다. 디드로의 주인이 시계를 쳐다보고 한 줌의 코담

배를 들이마시며 쟈끄에게 그의 연애담을 계속 늘어놓을 기회를 줄 때 그는 독특한 등장인물이며, 비록 종(種)으로서는 돈키호테나 피크윅씨와 그 어떤 공통점을 갖고 있지만 개인적으로는 전혀 그렇지 않다. 후자와 전자와의 관계처럼 말이다.

단순한 복제로서, 형식적이며 한가로운 반복으로서, 심지어는 표절로서의 모방은 우리를 분노하게 만들며, 그래서 구츠코의 《우리엘 아코스타》(Uriel Acosta)에서 나오는 랍비 아키바의 목소리로 그들에게 역정을 내며 "모든 것은 이미 나왔던 거야!"라고 외치게 된다. 우리는 허용된 소재의 동일성과 있어서는 안 될 작업방식의 동일성을, 후자를 상투적인 것으로 지칭함으로써 구분할 수 있다. 모든 예술과 모든 시대에는 상투적인 것이 있다. 상투적인 것은 이미 그런 것으로 알려져 있고 인식되며 그런 것으로 낙인찍힌 통속성이다. 상투적인 것은 언젠가 새롭고 흥미로운 것이었지만 자주 반복되면서 소비되어 정신이 사라진 것이다. 그렇기 때문에 상투적인 것은 자신이 새로움이라고 참칭하자마자 우스꽝스럽게 되어버린다. 그러나 문학에서 이미지의 소재로 해, 바다, 산, 숲, 꽃 등과 같은 위대한 자연의 대상물들이나 그리스신화를 항상 다시 채택할 때 이것들을 상투적인 것의 범주에 집어넣어서는 안 된다. 이 둘은 교양을 쌓은 인류가 그것으로 모든 사람이 이해할 수 있게 자신을 표현하는 영원한 상징이 되어버렸다. 자연과 신들이 항상 아름답고 신비롭듯이 저 이미지 소재도 항상 달리 이용할 수 있고 새롭게 만들 수 있다. 실러와 휠덜린이 그리스신화를 보편정신으로 계속해서 창작해내고 낭만주의적 영혼을 불어넣지 않았던가?

레싱이 일반적인 것에 일반적이지 않은 것을 대립시켜놓을 때 우리는 이 견해를 반박할 수 없다. 왜냐하면 이 구분은 오직 한정적 판단이기 때문이다. 그러나 그가 그때 일반적인 것을 자연스러운 것으로 설명했을 때 이로부터 이끌어지는 결론은 일반적이지 않은 것이 자연스러운 것이어서는 안 된다는 것이다.

"만일 작가가 소박한 자연에서 발견한 것만을 무대 위에 올린다면 그는 관객에게 이들이 매일 보고듣는 것 외에는 아무것도 보여주거나 들려주지 못하게 될 것이다. 그렇다면 누가 바깥에서 훨씬 더 자주 발견하는 것을 보기 위해서 극장을 방문하겠는가? 그러므로 작가가 관객의 주의를 끌려면 등장인물에게 일반적이지 않은 윤곽을 섞어놓아야 한다. 그러나 일반적이지 않은 것이 자연스러움으로부터의 일탈 외에 달리 무엇이겠는가?"

여기서 자연스러움으로부터의 일탈은 일반적이지 않은 것을 특징지어야 한다. 사람들은 필연적으로 이런 일반적이지 않은 것을 통해서 마법과 기적 혹은 인위적인 것이나 비자연적인 것에도 이르게 된다. 왜냐하면 이것들은 분명히 가장 뚜렷한 자연스러움으로부터의 일탈이기 때문이다. 그러나 레싱은 이런 의도로 말한 것이 아니다. 글 맥락이 보여주듯이 그는 예술이 천박한 현실을 단순히 베낀다고 해서 예술이 되는 것이 아니며 그에 반하는 모든 예술과 문학은 일반적이지 않은 것이라는 점을 보여주려고 했을 뿐이다. 또한 일반적인 것과 다양화를 혼동해서도 안 된다. 미 자체는 미의 다양화를 통해서 변할 수 없다. 왜냐하면 미는 자기 안에서 무한하기 때문인데, 우리가 하늘의 푸름과 풀의 초록과 봄에 꽃이 피어남과 나이팅게일의 노랫소리를 항상 새롭게 고마워하며 즐기는 데 질리지 않듯이 말이다. 오늘날 소포클레스의 《안티고네》를 무대에 맞게 개작했을 때 우리는 진실로 미의 내부에 변함없이 존재하는 영원한 힘의 특별한 예를 체험한다. 현대 기법의 가장 중요한 면 중 하나는 기법에 의한 완벽화가 조형예술 작품들을 점점 더 세련되게, 하지만 원전에 충실한 채로 다양화할 수 있으며, 그래서 이런 것들의 감상을 점점 더 보편적으로 만들어준다는 점이다. 이와 같은 다양화는 비생산적인 약함에 의한 창의력 없는 모방으로 전형적 본보기들을 진부하게 재생산하는 것과는 다른 그 무엇이다. 중세의 민네[22]에 일반적인 것이 얼마나 많이 있는가! 이로 인해 실러는 민네에는 오직 다가오는 봄, 사라지는 겨울, 남아 있는 지루함 외에는 아무것도 없다고 냉소적으로 말했다. 실러는 만약 참새들이 연감(年鑑)을 쓸 수만 있다면 거의 같은 결과가 나올 거라고 했다. 페트라르카 풍의 소네트 수천 개, 비교적 이전 프랑스 연극에서 생산된 수백 개의 독재자 비극, 공장에서 찍어내는 우리들의 진부한 동화, 우리들의 엄청난 수의 체념적인 장편소설들, 현재 독일 회화에서 수없이 나타나는 결혼식장의 왕과 왕비, 유대인, 어머니(하우저의 〈베들레헴의 유아 살해〉[23]), 농부들 등은 그렇게 일반적인 것이 되어버렸다. 모방자들은 자신을 종종 고전적 예술가로 간주한다. 왜냐하면 인정된 권위자들이 생산해냈던 것과 거의 똑같은 것을 그들이 만들어내는 것 같기 때문이다. 그러나 바로 그 전범(典範)들과의 비정상적인 유사성이 그들에게서 나타나는 지루함이며, 이로 인해서 그들이 공정하지 않다고 비난하는 관객들은 그들 작품으로부터 멀어진다. 만일 그들 자신이 제공하는 것을 그들 스스로가 새롭게 만들어냈더라면 당연히 박수

---

22) 역주: 민네(Minne)는 중세 연애시 문학으로 상위 신분계층의 여성을 향한 기사의 사랑을 그렸다.

23) 하우저의 〈베들레헴의 유아 살해〉는 우리에게 단지 불행하기만 한 한 무리의 어머니들만을 보여주는데, 이들은 상처에서 피가 흐르는 아이들의 시체를 멍하니 바라보고 있다. 이 단조로움은 아름답게 채색된 그림에 그 어떤 극도의 황량함을, 말이 나왔으니 말이지만, 지루함을 부여한다. 나이가 든 르 브륀은 이 주제를 얼마나 다르게 다루었던가! 그의 그림에서 죽임을 당한 아이들과 슬퍼하는 어머니들은 똑같이 보이지만 자기 아이들을 구하려고 애쓰는 어머니, 병사들에게 몸을 던지는 어머니들, 병사들과 싸우는 어머니들도 보인다. 심지어는 말을 타고 질주하면서 아이들을 창으로 찔러대는 군인들이 그 무시무시한 명령을 쉽게 실행에 옮기지 못하도록 만드는 어머니의 사랑이 보인다. 게다가 시선은 넓은 공간 너머로 뻗어간다. 탁 트인 커다란 광장, 그림 배경에 있는, 군인들과 도망치는 여자들이 밀려닥치는 다리, 다양한 군상들도 보인다. 하우저의 그림은 감옥같이 폐쇄되어 있다.

220

갈채를 요구할 수 있었을 것이다. 그러나 예쁘게 다듬어지고 다채로운 색채를 띠며 올바른 대위법으로 맞추어졌고 멋지게 양식화된 그들의 작품을 지금 우리가 통속적이라고 생각할 때 그들이 우리를 원망해서는 안 된다. 신성한 노력을 기울여 이상(理想)을 추구하는 진정한 예술가는 당연히 하나의 이념도 항상 다른 각도로 표현한다. 그럼에도 불구하고 그 점에서 이상에 점점 더 가까이 가려는 이유로 인해서 그는 우리를 분명히 피곤하게 하지 않는다. 그의 각각의 창조물들은 그 근원이 되는 이미지를 새로운 측면으로 현시(顯示)한다. 페트라르카의 경우 그가 라우라를 향한 열정을 온갖 고저로 묘사했던 소네트와 칸초네는, 라파엘로의 마돈나들과 바이런의 음울한 주인공들과 리시푸스[24]의 신과 같은 알렉산더 석주들과 마찬가지로 질이 나쁜 반복은 아니었다. 평범함이나 완전한 무능력은 이미 만들어진 것을 아무 발전 없이, 생산적 심화 없이 반복해서 진정한 천재가 자신이 만든 것의 단순한 근원성을 통해 우리를 열광하게 하는 만큼, 그 자신도 모르는 자신의 일반성을 통해 우리를 실망시킨다.

평범함이 자신이 이룬 것의 일반성을 고백하지는 않지만 알아차리고 있다면 그 평면성을 숨기기 위해서 아마도 이질적 자극수단으로 그것을 장식할 것이다. 그러나 그것의 성공적 이용은 단지 기획의 평면성과 작업수행의 빈곤함만을 더 느낄 수 있게 만든다. 사이비 작가들은 오늘날 자신들에게 쏟아지는 위험한 칭찬으로 인해 스스로를 정신이 풍부한 존재로 착각하고 있다. 정신이 진실로 풍부함은 다양한 경험의 폭과 엄청난 싸움의 심연으로부터 획득되는 것인데, 이것은 얼마나 드물겠는가! 반면에 성찰과 관조, 문학과 철학의 혼합은 얼마나 일반적인가! 사람들은 혼란스런 다양성을 정신이 풍부한 것으로 좋아한다. 무능력에게는 지금 변증법적 성찰이 창조적 생산이라는 가상을 잠

---

24) 역주: 리시푸스(Lysippus). 기원전 4세기경에 활동한 그리스 조각가.

시 불러일으키는 수단이 되고 있다.

일반적인 것이 과장에 의해서 코믹하게 됨으로써 스스로를 벌하고 있다는 점은 이미 언급한 부분에서 밝혔다. 그러나 일반적인 것이 객관적으로 어쩔 수 없이 몰락하는 형태인 코믹은 일반적인 것의 공허함을 의식적으로 패러디하는 그런 코믹과 구분해야 한다. 일반적인 것이 자기 내용의 무가치함을 그 어떤 그릇된 열정의 과장을 통해서 확장하려 한다면 그것은 의도되지 않은 우스꽝스러움이다. 이 경우 추에 대한 우리들의 웃음은 그것에 대한 유죄선고이다. 그러나 내용상으로 일반적인 것을 숭고함의 형태로 보여주거나 거꾸로 당위적 내용에 따라 숭고한 것을 일반적 형태로 보여주면 이 두 경우에 코믹한 효과가 생겨난다. 첫 번째는 《개구리와 쥐들의 전쟁》(*Batrachomyomachie*)에서 개구리들이 호메로스의 영웅들의 언어로 말하는 것 같은 트라베스티의 경우이다. 두 번째는 그 자체로 숭고한 힘인 운명의 이념이 하찮은 대상에 사용되는 것 같은 패러디의 경우이다. 이렇게 나탈리스(Natalis)는 뜨개질로 뜬 양말 같은 연극으로, 플라텐(Platen)은 《포크》(*Gabel*)로 우리 운명론자들의 착각을 조롱하고, 바게센(Baggesen)은 《아담과 이브》로 우리 종교 서사시가 빠져 있는 과장된 장식을 조롱한다. 최초의 인간들은 분명히 소박한 숭고함의 대상이다. 신학을 연구하고 프랑스어를 배우는 것은 분명히 오늘날의 세계에서 매우 일반적인 일이다. 바게센은 이제 아담이 12시까지 신학을 공부하게 만든다. 그동안 이브는 패러다이스 정원 여기저기를 산책하는데, 이곳에서 동물들은 아주 점잖게 그녀의 비위를 맞추고 아부하면서 그녀의 예쁜 발을 핥는다. 아주 세련되게 처신하는 것은 알록달록하게 빛나는 뱀이다. 뱀은 자신이 프랑스어를 할 수 있고 파리에 대해 많은 것을 안다는 점을 통해서 이브에게 자신을 아주 흥미로운 존재로 만든다. 훌륭한 시민적 관습에 따라 12시 정각에 이브와 함께 점심을 먹는 아담은 비교적 오랜 시간 동안 그 위험한 친교관계에 대해서 아무것도 알지 못하다가 마침내 부인과 함께 산보하던 중에 우연히 그 사실을 알아차리게 된다. 이와 같은 전체의 작업은 오늘날 인간의 정형을 만들어낸다. 그러나 신학을 공부하고 12시 정각에 점심식사를 하며 프랑스어를 배우고 음식소화를 위해서 산책을 하는 이 모든 일반적인 것에 패러다이스 상황이라고 하는 상상적 전제조건들을 덧붙임으로써 아주 흥미로운 모순이 생겨나며, 작가는 이 모순을 통해서 의미심장하고 풍자적인 윤곽들을 집어넣을 계기를 획득한다. 그 중에서 뱀이 파리에 대한 설명으로 이브의 순진무구한 상상력을 중독시키고 그녀에게 바벨의 언어를 주입시키는 것이 가장 좋지 않은 윤곽들 중의 하나는 아니다.

일반적인 것은 아이러니컬하게 다루어짐으로써 코믹한 것으로 전환될 수도 있다. 우리가 미적 관점에서 일반적인 것으로 다루지 않았던 것이 실제로는 아주 중요할 수 있음을 이미 앞에서 암시했었다. 우리 모두가 종속되어 있는 필연성이 일반적인 것에서 나타나지 않는가? 그와 같은 것이 영주와 거지가 서로 만나는 요소가 아닌가? 우리 모두가 먹고 마시고 잠자고 소화시켜야 하지 않나? 우리 모두가 일을 해야 하지 않나? 적어도 무위(無爲)의 일을 하지 않나? 아이들은 태어나야 하지 않나? 여황제가 산통(産痛)이 없어지라고 명령할 수 있나? 우리 모두가 재산과 교육에도 불구하고 병들지 않을 수 있나? 우리 모두는 결국 죽어야 하지 않는가? 그렇기 때문에 이 일상성 역시 아주 진지하고 존중되어야 할 가치가 있는 것이 아닐까? 이런 상태들이 그 안정된 평등성을 바탕으로 역사의 서사적 요소가 되는 것이 아닐까? 예술이 이와 같은 측면에서 그런 것들을 파악할 때 그것들로부터 천박함은 모두 사라진다. 그래서 실제로 조각, 회화, 문학은 신의 수면(睡眠)과 인간의 노동, 만찬과 결혼식, 탄생과 죽음을 실증적이고 보편적인 의미에 따라 묘사했다. 호메로스가 어떻게 헤파이스토스로 하여금 전사(戰士) 아킬레우스의 방패에 평화의 축제와 그 진행순서 전체를 묘사하게 했는지 기억해보라. 헤시오도스의 《작품과 나날들》(Werke und Tage)

을 기억해보라. 전원시, 사회적 서정시, 풍자적 서정시를 기억해보라. 고대의 릴리프와 고대의 도자기 그림과 폼페이의 벽화가 어떻게 우리들의 일반적 상황들을 순전히 명랑하게 보여주는지 기억해보라. 기독교 문학과 조각과 회화가 인간의 삶에서 발생하는 모든 일반적 사건들을 족장들과 예수의 역사에서 추출해내어 그들의 이상적 가치에 따라 형상화했을 때, 일반적인 것이 예술에서 얼마나 완전히 긍정적 특징을 띠고 광범위한 영역을 차지하는지 우리는 인식하게 된다. 그러나 현세의 삶이 지닌 이런 서사적 요소들이 무한히 실용적인 중요성을 띠지만, 그럼에도 불구하고 그것들이 인간의 자연에 대한 종속성도 드러내서 지속적으로 반복해서 항상 다시금 먹고 마시고 일하며 잠자고 잉태하고 죽어야만 하는 우리들 현존재의 지루함을 내포하고 있는 일상적인 것들이라는 바로 그 이유 때문에 이 서사적 요소들은 이미 아이러니컬한 색채도 갖고 있다. 예술은 이중에서 자연과 우리의 관계, 유한성에 대한 우리들의 얽매임에 해당되는 점만을 보다 날카롭게 강조할 수 있으며 그러면 코믹이 순식간에 완성된다. 이때 풍속화도 생겨난다. 그러나 이것은 자유의 자연적 한계성을 우리에게 보여주기 때문에 우리로 하여금 미소 짓게 하는 그런 풍속화이다. 커다란 총체성 속에서 개별적 상태는 한순간에 불과하다. 하나의 상태가 상대적으로 순간적으로 얼마나 커다란 만족을 부여할지는 모르겠지만 그것은 보편적 관계로 해체되지 않을 수 없다. 이런 전이를 암시하는 것이 그것에 대한 아이러니이다. 문학적 풍속성으로서의 그림 같은 미는 서사적 의미로 진지하지 않고 품위 있지 않으며 아이러니컬한 의미로 코믹하지 않으면 천박하고 지루해진다. 꼼꼼하고 거칠며 일상적인 속성을 피함으로써 일반적인 것으로부터 벗어나라고 레싱이 코믹작가들에게 한 충고는 현재 우리 풍속화에도 해당될 것이다. 왜냐하면 현재의 풍속화는 이념이라고는 아예 없이 우리들의 가장 제한된 경험적 상태를 모사한 것에 불과하며 최소한의 이상적 변용(變容)도 최소한의 유머도 없이 여자 요리사들, 여자 과일장수들, 학교 꼬마들, 양말 구멍을 꿰매는 어머니들, 장화를 수선하는 구두수선공들, 잠옷 차림으로 명상하는 신부(神父)들, 주막 이곳저곳에 진을 치고 있는 한가한 자들 등을 그저 충실하게 묘사한 것이기 때문이다. 우리 독일인들은 우리들이 함께 한 그 어떤 위대한 역사도, 하늘까지 이르는 그 어떤 통일된 정열도 없다. 이 점이 우리 예술이 왜 그렇게 품위 있는 대상들을 다루지 못하고 일반적인 것을 대상으로 하고 있으며, 내용이 전혀 없는 장난이나 불평불만으로 쉽게 빠지는지를 설명해준다. 물론 헤겔과 호토(Hotho)는 풍속화에서 대상의 중요치 않음이 훌륭한 작업의 매력을 더 많이 허용한다는 점을 정당하게 강조했다.[25] 그러나 네덜란드 유

---

25) 헤겔(Hegel), 《미학》 III권(1838, 123쪽) : "그렇기 때문에 우리는 우리 앞에서 그 어떤 천박한 감정과 열정이 아니라 낮은 신분의 즐겁고 심술궂으며 코믹한 조야함과 자연의 친화성을 본다. 여기 이 근심 없는 느긋함 자체에는 이상적 계기가 있다. 그것은 모든 것을 똑같게 만들어주고 좋지 않은 모든 것들을 멀리하게 하는 삶의 일요일이다. 이렇게 마음 전체가 명랑한 사람들은 전적으로 악하거나 비열할 수 없다. 이런 점을 고려하면 악이 단지 순간적으로 드러나는 것인지 아니면 성격의 기본윤곽으로 드러나는지는 동일한 것이 아니다. 네덜란드인들의 코믹은 좋지 않은 것을 지양한다. 그러므로 성격이란 것이 이 순간 우리 앞에 있는 것과는 다른 그 어떤 것일 수도 있다는 점이 우리에게 곧바로 분명해진다. 그런 명랑함과 코믹은 이 그림들이 지닌, 값이 매겨질 수 없는 가치이다. 이에 반해서 이와 유사한 종류의 오늘날 그림에 대해서 신랄하게 비판을 가하자면 사람들이 일반적으로 그 어떤 내적 천박함과 좋지 않음과 악함을, 화해시키는 코믹 없이 표현하고 있다는 점이다. 예컨대 악한 계집은 술집에 있는 술 취한 남편과 싸워서 술집에서 나가게 만드는데, 정말이지 매섭게 한다. 여기에는 내가 이미 예전에 한번 다룬 대로 다음과 같은 내용 이외에는 아무것도 없다. 즉, 그는 칠칠치 못한 사내이고 그녀는 독심 품은 늙은 계집이라는 것이다." ― 호토, 《독일과 네덜란드의 회화의 역사》(베를린, 1842, 1권, 137~139쪽) : "천박한 일상성과 흥미롭지 않은 가상의 범주에 몰두하고 그로부터 자신 혼자만의 규범을 끌어내며 품위를 떨어뜨리는 열정을 위해 억지로 용기를 내는 예술가가 그 형식적 기법의 최고 정점에서도 이를 통해 이루는 것은 예술의

파의 풍속화에 대한 이들의 감탄을, 경험적 실재에 대한 단순한 모사도 이들을 곧장 만족시킬 수 있으며 세세한 부분의 이상적 구성이 훌륭한 작업에 도움이 안 된다는 고백으로 간주하면 이들 철학자에게 부당한 짓을 하는 셈이다. 이런 생각이 보편적 선입견이 되면 민족의 예술감각을 완전히 파괴할 것이다. 왜냐하면 그런 생각은 우리로 하여금 한계성을 궁극적인 것으로 존중하도록 만들고, 우리로 하여금 얄팍한 안락함, 전원적 도취 속에서 둔감하게 하고, 진정한 삶의 고통을 계속해서 이해할 수 없게 만들기 때문이다. 그러나 삶의 고통에 대한 감정과 인식이야말로 우리들의 현존에 진정한 명랑함을 부여할 수 있는 것이다. 이상성의 결여와 내용의 비속함은 모든 예술에서 세부적 부분을 확대하는 결과를 낳는데, 이미 문학의 경우에는 그것을 통한 장식이 행해지고 있다. 이로써 생겨나는 것은 일반적인 것 속에서의 정도를 넘어선 안주이다. 왜냐하면 그 어떤 것도 넘어서려 하지 않기 때문이다. 이처럼 질이 나쁜 완벽성을 향한 경향이 가장 견디기 힘든 지루함이다. 볼테르는 지겨운 장르를 제외한 모든 장르는 훌륭하고 용납된다고 말한 바 있다. 그런데 바로 이 사람이 지루함의 비밀은 모든 것을 말하는 데 있다고도 말했다. 이와 같은 시대에 비교적 지고한 본성들과 노력하는 정서들이 구역질 나는 것에서 출발해서 천박함과 일반적인 것으로 행하는 우상숭배를 거쳐서 유한적인 것에 대한 아이러니를 다시 과장하여 때로는 오만방자함으로, 때로는 위신(爲信)으로, 때로는 광증으로 타락한다 하더라도 우리는 놀라서는 안 된다. 그러므로 진정한 예술가는 일반적인 것의 실제적 정당화를 보편적 세상살이의 필연적 형태로 드러내는 방식으로 표현하거나 아니면 어떤 상태의 한계성을 아이러니컬하게 그 너머의 자유로 성찰하는 방식으로 표현하거나 아니면 그것을 곧장 코믹한 것으로 전환시키는 방식으로 표현한다.

영역 자체에서 벗어나는 것 외에 다름 아니다."

무릴로26)의 거지소년들은 무엇으로 인해 그렇게 유명해졌는가? 그 이유는 그들이 자신의 궁핍을 부끄럽게 여기지 않으며, 모든 외적 곤경에 대해 근심 없는 영혼의 즐거운 감정이 그들의 넝마 옷을 뚫고 나오기 때문이었다. 무릴로는 그들의 실존의 긍정적 면을 그렸던 것이다. 비아르는 무엇으로 인해 그렇게 커다란 명성을 얻었는가? 그 이유는 그가 일반적인 것에서 아이러니컬한 계기를 드러내보일 줄 알았기 때문이다. 그의 유명한 〈높이뛰기 선수협회〉(*Springergesellschaft*) 는 오늘 쏟아지는 폭우 때문에 헛되이 손님들을 기다린다. 몇몇의 올림포스 신들의 모습을 보여주는 밀랍인형들의 조명은 헛되이 아래를 비춘다. 협회 임원들이 지혜롭고 경험 많은 늙은 여자를 둘러싸고 바닥난 재정에 대해 철저히 확인해보고 있다. 어깨 밑에 막대기를 끼고 있는 밀랍인형 안내자가 기분이 좋지 않은 안색으로 우산으로 가려진 사람들이 그림자처럼 쏜살같이 지나치는 음울한 길거리를 내다보고 있다. 이 사람들이 삶의 경륜이 있고 실망에 익숙해 있으며 배고픔을 겪어봐서 곧장 기분을 망치지는 않지만, 현 상황이 이 순간 그들에게 아주 절망적인 것임을 우리는 보고 있다. 하지만 저쪽 바닥에 있는 저 모습은 얼마나 사랑스러운가! 사내아이의 복장을 한 어린 소녀가 자신 주변의 이 모든 비참함과 무관하게 앉아서 바이올린 연주에 몰두하고 있다. 그 아이는 이 비참함을 공유하게 될 것이다. 그 아이의 사정은 좋지 않게 될 것이고 별로 먹지도 마시지도 못하게 될 것이다. 그 아이는 얇은 옷으로 인해 추위에 떨 것이다. 하지만 그 아이는 예술을 위해 예술을 사랑하게 될 것이다. 이 검은 머리카락, 뭔가를 동경하는 얼굴 모습, 열정적 시선이 그 아이가 천재임을 우리에게 보장하고 있으며 우리를 모든 일반성으로부터 끌어내고 있다. 뒤셀도르프 화가들 중에서 하젠클레버의 코믹은 마땅히 강조되어야 한다. 그의 춤 연습시간, 화가 아

---

26) 역주: 무릴로(Batolome Esteban Murillo, 1617~1682). 스페인의 화가로 바로크시대에 작품활동을 했으며 주로 종교화를 많이 그렸음.

틀리에, 차 모임, 야간경비원 직업, 이 그림들은 얼마나 훌륭한가!

고대인들은 신과 영웅을 그린 웅장한 회화와 지저분한 회화를 대립시켜놓는다. 왜냐하면 지저분한 것은 일반적인 것과 비천한 것과도 연관 있기 때문이다. 이런 고대의 풍속화를 그링머스(W. Gringmuth)는 그의 논문에서,[27] 헤트너는《예술 입문》의 한 장(章)에서 보다 자세하게 기술하려고 했었다. 우리는 우리에게 전해내려온 화보집에서 고대인들이 무기를 끌고 다니는 사랑의 동신(童神), 신발수선공의 방, 그림 그리는 난쟁이, 피그미족과 닭과 두루미들의 싸움, 과일 정물화, 새, 도자기 등을 지저분한 장르에 포함시켰음을 알고 있다.

② 우연과 자의 (Das Zufällige und Willkürliche)

숭고함이 그 유일무이함에 있어서 위엄 있는 것이듯이 천박함은 그 한계성에서 일반적인 것이다. 위엄 있는 것은 창조적이며 자기가 스스로 결정하는 그 자신의 처신에서 돌발적이긴 하지만 우연적이지 않으며 자유롭지만 자의(恣意)적이지 않다. 모세는 황야에서 지팡이로 바위를 치고 바위의 메마른 가슴에서 갑자기 살아 있는 물줄기가 흘러나온다. 이 위엄 있는 행위는 우연한 것도 자의적인 것도 아니다. 우연한 것이 아닌 까닭은 모세가 신이 파견한 민족의 지도자이므로 민족을 돌보아야 하기 때문이며, 자의적인 것이 아닌 까닭은 민족이 갈증으로

---

27) W. Gringmuth, 《de Rhyparographia. Disputatio Philosophca》 (브라티슬라바, 1838, 8쪽). 이 철저하고 흥미로운 논문은 대부분의 학술논문이 처한 운명처럼 알려지지 않고 언급되지 않은 채 사라져버렸다. 그링머스는 서론에 추에 대한 다양한 정의를 수집해놓았고 스스로가 상당 부분에서 바이쎄의 관점을 따랐지만 코믹까지 이를 수는 없었고 마지막에 가서 자신의 견해를 다음과 같은 괴테의 시로 마무리한다.

그리고 마지막으로,
시인이 불쾌하게, 아름답지 않게
추하게 살아가도록 하는
많은 것을 증오하는 것은 필연적이다.

228

인해 죽기 직전이었기 때문이다. 위엄 있는 행위는 창조적 행위로서 그 자신에 대해 절대적 확신이 있으며 어떤 특별한 외적 중재 없이 목표에 도달한다. 근본적으로 그저 의지에 따른 단순한 행동을 통해서 그렇게 한다. 바티칸의 아폴로는 자신의 신전에서 악마를, 그것이 퓌토[28] 든 에린니엔[29] 이든, 내쫓는다. 그는 아직 손에 활을 들고 있긴 하다. 그러나 멀리 떨어져 있는 것을 맞추는 신인 그의 태도와 얼굴 표정은 자기 행위의 성공에 대해 미리 확신하고 있음을 단호히 말해준다. 그는 악마를 죽이려 하고 실제로도 죽인다. 위엄을 요구하는 본질에 그 어떤 의심이나 동요, 망설임도 끼어들어서는 안 된다. 위엄이 행위를 할 때에 우연과 자의에 내맡기면 그 위엄은 추해진다. 위엄의 행위는 힘들지 않아야 하지만, 그 쉬움은 알맞은 장소와 시간에 필연적이어야 한다. 그렇기 때문에 이른바 기계적인 신(*Deus ex machina*)과 그와 비슷한 모든 존재들은 위엄 있다는 인상을 주지 못한다. 위엄 있게 당연히 존재해야 하는 실존이 행위에서 의도한 바를 단 한 번이라도 이루지 못한다면 그것은 자신에게 전제된 확실함에 모순이 되며 그래서 추해지거나 코믹하게 된다. 사자가 잠복한 곳에서 영양을 향해 뛰어오르지만 너무 많이 뛰어올라 영양을 지나치고 영양이 그 밑으로 도망치고 있음을 상상해보면 그 백수의 제왕은 우스꽝스럽게 보일 것이다. 위엄은 또 행위의 형태에서 성급해서는 안 된다. 위엄 있는 행위의 자율성은 장중하게 드러나야 하기 때문이다. 내적으로 존재하는 절대적 확신은 또 조용하게, 그리고 외부적인 것과 상응해서 표현되어야 한다. 나무의 머리 부분은 이쪽저쪽으로 천천히 기울 때 그 흔들리는 모습이 위엄 있다. 소리는 스스로 지속되다가 적절한 휴지기에서 고요함이 다시 들어설 때 장중하다. 걸음은 지양된 떨굼이기 때문에

---

28) 역주: 퓌토(Pytho). 아폴로가 활로 쏘아 죽인 뱀.
29) 역주: 에린니엔(Erinnyen). 복수의 여신.

걸음걸이가 발을 앞쪽으로 떨어뜨리는 정도보다 더 많이 뒤에서부터 끌어올 때 장중하다. 그렇기 때문에 위엄 있게 있어야 할 개체를 불안정하고 성급하게 이쪽저쪽으로 이끌리는 개체로 보여주는 모든 움직임은 추하다. 왜냐하면 그런 움직임은 위엄의 본질인 절대적 자기확신에 모순되기 때문이다. 또 위엄의 언어는 짧고 간결하며 확고하고 적절해야 한다. 어휘의 풍부함과 제한적 어법은 그런 언어에 맞지 않다. 차라리 농담을 가지고 하는 유머러스한 유희가 그런 위엄의 언어에 걸맞는다. 왜냐하면 유희에서는 그 무엇에 대한 지배가 나타나기 때문이다. 수은처럼 유동적이고, 비틀대며 시끄러운 소리를 내고 자신의 감정을 통제하지 못하며, 자신이 모든 비천한 인간을 불안게 하는 방해적 요소임을 행동으로 드러내는 영주는 곧 우스꽝스럽게 된다.

즉각적이고 자기충족적인 위엄의 행위와는 반대로 천박함은 우연과 자의에 의해 두드러진다. 우연 자체는 자의와 마찬가지로 천박하지 않다. 그렇기 때문에 이것들 자체는 추하지도 않다. 이것들이 필연성과 자유의 자리에 들어설 때에 비로소 추하게 된다. 미는 강제는 아니지만 필연성을, 비규칙성은 아니지만 자유를 내용으로 가지고 있다. 자유의 필연성이 미의 영혼인 것이다. 그렇기 때문에 그것은 우연과 자의를 단지 비극적으로 혹은 코믹으로 전환시킬 수 있다. 필연성이 자유 현상과의 관계에서 어디로 튈지 모르는 메뚜기가 되면 운명은 우연적이고 자의적이게 된다. 반면에 우연과 자의의 일탈에 대해 객관적으로, 자체적으로 생겨나는 경계인 운명은 위엄 있게 작용한다. 이른바 우연이란 것은 비극적 전개에서 절대적 필연성이 자신을 감추는 형태일 뿐이다. 운명은 경계 자체뿐만 아니라, 우리가 자유의 본질을 통해서 필연적인 것으로 인정하는 그런 경계도, 즉 어떤 관점에서 고대의 숙명적 비극의 충동들이 윤리적 성격을 띠는지도 표현해야 한다. 비록 그런 도덕적 성격의 결여가 아직은 윤리적 모순이 아니라 도덕적으로 원하지 않았던 행동으로 간주되고, 이 행동의 이유가 신들의 영역으로까지 거슬러 올라가더라도 말이다. 그러나 우리의 의미에서 도덕적이지 않은 죄가 고대의 비극에 의해서는 죄로 인정된다. 유명한 소포클레스의 시구가 다음과 같이 더할 나위 없이 훌륭하게 표현했듯이 말이다.

하지만 이제 신들만 좋다면 우리는 고통을 감수하겠고 우리 자신이 오만방자한 자임을 인정하겠다. 30)

코믹에서 우연은 당연히 자의와 마찬가지로 절대적 수단이 된다. 왜냐하면 이것들만으로도 좋지 않은 우연과 자의의 추함을 주관적 과도함으로 패러디할 수 있기 때문이다. 우연적인 것과 자의적인 것이 추로부터 떨어져나와 코믹의 변용으로 승화되는 형태는 기괴함(*das Bizzare*), 이상함(*das Barocke*), 그로테스크(*das Groteske*), 익살스러움(*das Burleske*)이다. 이것들 중 그 어떤 것도 이상(理想)의 의미에서 아름답지 않다. 이들 모두에는 어느 정도의 추가 있지만 가장 명랑한 코믹으로 넘어가는 가능성도 있다.

기괴함은 변덕스러운 고집이다. 그 말은 분노, 악의도 뜻하는 이탈리아어 bizza에서 유래한다. 악의는 그 어떤 일회적인 것이기에 그 말은 특이함(*das Absonderliche*), 기이함(*das Seltsame*)으로도 전이되며, 변덕은 이것들을 드러냄으로써 우쭐댄다. 미가 이상의 표현을 지향한다는 점을 고려하면 기괴함이 아름다우리라고 기대할 수 없다. 기괴함은 오히려 코믹으로 기운다. 그럼에도 불구하고 기괴함은 너무 독특한 내용으로 인해서 순수하게 코믹한 경우가 드물다. 기괴한 행위는 개별화를 너무 과장하여, 그 결과 개별화는 추하게 나타나거나 적어도 추를 건드리게 된다. 그것은 자신의 기분에 따라 사람들이 떼어놓곤 하는 것을 결합시키고, 결합시키곤 하는 것을 떼어놓는다. 영국식 기인(奇人)은 기괴한 착상이 풍부하다. 임산부, 성숙해지는 소녀들은 비

---

30) 역주: Antigonae, V. 926f.

교적 빈번하게 기괴한 충동을, 예를 들면 담배를 즐기려는 욕망을 느낀다. 우울증 환자들은 기괴한 상상으로 인해 고통을 받는다. 열정으로서의 사랑도 너무 기괴한 행동을 하도록 자극한다. 그로 인해 뚤루즈 출신의 음유시인 페이르 비달(Peire Vidal)이 기억 속에 특별히 보존되어 있듯이 말이다. 우리는 그가 감상적으로 노래한 고루한 내용과 독일 민네 가수 중에서 울브리히 폰 리히텐슈타인의 내용을 비교해볼 수 있다.31) 건축과 조각에서 기괴함은 통할 수 없다. 왜냐하면 이 예술들이 사용하는 재료의 독특함과 진지함이 그런 일탈을 막기 때문이다. 회화에서 기괴함은 이미 중요한 활동영역을 갖고 있는데 특히 아주 독자적 색채를 통해서 그렇다. 음악에서 기괴함은 당연히 즐거움에 따라 부드럽고 신축적이며 불특정하고-특정한 소리의 요소로 음악의 끝 모를 변화를 풀어놓으며, 그래서 음악은 그 자신의 놀라운 수많은 창작물을 특히 카프리스(변덕)라고도 부른다. 마지막으로 기괴함에 속한, 뭐라고 정의할 수 없는 것이 자명하게도 문학에서 가장 다양하게 표현된다. 셰익스피어는 몇몇의 소극에서 그 정의할 수 없는 것이 휘황찬란하고 멋지게 자라도록 했다. 최근의 프랑스인 중에서 발자크는 기괴함을 이상화하는 기법으로 자신을 특화시킨다. 그는 그렇게 해서 슈베덴보리적인 것32)을 묘사하는 장편소설33)을 썼다. 이 소설의 여주

---

31) 페이르 비달(Peire Vidal)에 대해서는 다음의 책을 보라. 디에즈(Fr. Diez), 《투르바두르들의 삶과 작품》(Leben und Weke der Troubadours, 츠비카우, 1829, 149~151쪽). 리히텐슈타인의 정신나간 짓거리는 그의 여성숭배를 통해서 충분히 잘 알려져 있다.

32) 역주: 슈베덴보리(Emanuel Schwedenborg, 1688~1772)는 스웨덴의 신지학자(神智學者)로서 초자연적 환상을 통해서 신령계와 인간계의 관계를 밝히는 종교론의 기초를 세웠다. 칸트는 이에 그를 몽상가이자 종교적 광신자로 몰았다. 슈베덴보리적인 것이란 그런 기괴하고 망상적인 것을 통칭하며 그런 것을 추구하는 경향을 뜻한다.

33) 역주: 《루이 랑베르》(Louis Lambert)를 뜻한다.

인공은 천사 같은 본성 때문에 남자들에게 처녀 세라피타로 보이며 여자들에게는 청년 세라피투스로 보인다. 이와 같은 심리적 자웅동체[34]는 그때 기괴한 상황도 낳게 된다. 최근의 독일 작가 중에서는 구츠코가 기괴한 인물과 상황을 만들어내는 데 특출한 재능을 갖고 있다. 그의 마하구루, 윌리, 세라피네, 네로, 마다가스카르 왕자, 블라제도우, 《유령 기사들》(Ritter vom Geist)의 하커르트는 가장 탁월한 의미에서 기괴하며 종종 숭고함과 우스꽝스러움과 맞닿아 있다. 구츠코는 야행성이고 직업이 비밀경찰이며 추(醜)하고 심오한 정신을 갖고 있고 심술궂게 선한 하커르트라는 인물의 창조로 기괴함을 가장 훌륭하게 묘사해냈다. 그는 《마다가스카르 왕자》(Prinz von Madagaskar)에서 기괴함을 특별한 상황으로 옮겨놓았다. 신하들에게 사로잡혀서 노예로 팔려가는 왕자의 상황은 얼마나 기괴한가! 구츠코의 짧은 단편에서도 기괴함을 향한 경향은 핵심요소로 발견되며 나아가서 이 성향은 훌륭하게 서술된 저 카나리아에 대한 이야기까지 이어지는데, 이 새는 기이하게도 거울에 비친 자신의 모습에 반해서 마주보고 있는 자기 상의 비현실성에 대한 우울증으로 인해 죽는다. 구츠코는 이런 종류의 성격화에서조차 특별한 성공을 거뒀다. 그가 그린 스코트키(Schottky)의 초상화처럼 말이다. 이 그림의 상대가 될 수 있는 것은 아마도 오직 스콜이 그린 라우베의 초상화일 것이다.

기괴함은 강조된 모험성과 상상적 유연성으로 인해서 일반적인 것에 대한 아이러니가 되며, 이 방향에서 요염한 가식(假飾)에까지 도달한다. 이 요염한 가식이 얼마나 쉽게 결정적인 추가 될 수 있는지는 정말로 기괴한 형상들이 풍부한 티크(Tieck)의 작품에서 가끔씩 관찰된다. 그는 《고집과 변덕》(Eigensinn und Laune)이라는 소설에서 에멜린이라는 여주인공을 포주로 등장시킨다. 여기서 표현되는 변덕은 추

34) 역주: 자웅동체(Hermaphroditismus). 헤르메스와 아프로디테 사이에서 태어난 자식인 Hermaphroditos가 바로 남녀동체인 데서 파생된 개념이다.

한데 작가는 변덕의 동기를 밝히지 않는다. 반면에 그녀의 그밖의 착오들은 어느 정도 파악이 되게끔 그 연관관계가 묘사된다. 에멜린은 마차꾼과 결혼할 의지를 가질 수 있었고 경박한 상점점원으로 하여금 자신을 임신시키게 할 수 있었으며 돈을 주고 귀족이 된 자와 결혼할 수 있었고 후에 마차꾼 마틴임을 알게 된 장교와 관계를 가질 수 있었다. 하지만 그녀가 매춘 영업을, 그것도 사창가의 포주로 자신을 위해서 극도로 혐오스런 방식으로 영업을 할 정도로 그렇게 깊이 타락할 필요가 있었나? 이와 같은 결말은 기괴함 이상이다. 에멜린은 그때까지 고집과 변덕을 보여주지만 이처럼 사람을 분노케 하는 비열함은 아니었다. ─ 이상함(das Barocke)은 기괴함과 구분하기가 어렵다. 하지만 이상함의 본질은 아마도 특별한 형태를 통해서 일반적인 것, 우연적인 것, 자의적인 것에 의미를 부여하는 데 있다고 말할 수 있을 것이다. 이 말은 'barocco'라고 불리는 잘 알려진 결말 형태에서 파생된 것이다. 다른 견해에 따르면 그 말은 비뚤어져 있음을 의미하며, 액자 표면이 그림이나 거울에 비스듬한 상태로 경사져서 오늘날에도 바로크 액자라고 불리는 그런 두터운 액자에 사용된다고 한다. 하지만 그 말이 라틴어로는 어리석은 인간이란 뜻이고 이탈리아어로는 사기 도박꾼, 악당의 의미를 지닌 'baro'라는 말에서 연유한 것은 아닐까? 이상함이 우연한 게임에 사기 도박이라는 개념을 전이했던 것은 아닐까? 그것에는 어느 정도 자신의 한계를 넘어서는 자의(恣意)의 과감성과 경직성이 들어 있다. 과거에 있었고 유감스럽게도 오늘날에도 있는 종종 잔인하면서도 이상한 대중의 처형에서 우리가 발견하는 바와 같이, 그런 자의는 종종 코믹한 것으로, 하지만 잔인하고 음울한 것으로도 도약할 수 있다. 시리아의 저 고위관료는 심지어 칼로써 손수 범죄자들의 얼굴을 예술적으로 작업하는 데에서 노골적으로 아주 이상한 즐거움을 느꼈었다. 코, 귀, 입술에 자신이 보기에 적합한 형태를 부여하려는 목적에서였다. 유진 쉬는 때때로 정신적인 것을 많이 사용했으나 항상 소름 끼치는 식으로 이상함을 표현했었다. 그의 가장 완벽한 소설인 《마띨드》(*Mathilde*)에서 그는 폰 마란 아가씨의 뿌리 깊은 사악함을 기괴한 변덕과 이상한 전환으로 아주 특징 있게 묘사했다. 사탄 같은 이런 인물의 자의는 예컨대 그녀의 개인 사전에서만 발견할 수 있는 낱말의 창조에서도 드러나는데, 예컨대 그녀가 뭔가를 아주 주목할 만한 것이라고 생각하고 '그건 엄청나군!'(*C'est pharamineux!*)이라고 말할 때처럼 말이다.

그로테스크는 이상함, 기괴함과 친족관계에 있지만 그럼에도 불구하고 개별적 패러독스에 의해 그것들과 구분된다. 그로테스크가 오래전부터 코믹 속에서 존재해온 이후, 그 이름은 이탈리아에서 첼리니 시대에 상이한 재료를 기이하게 섞어 합치는 특별한 종류의 금은세공 작업을 통해 보존되었고, 그후 그 낱말은 다채로운 방식으로 전이되었는데, 인공동굴이나 정원 홀, 세면대 등은 그런 식으로 색채를 띤 돌, 산호, 패각, 광물, 이끼로 모자이크되었다. 그 이름은 이런 다채로운 혼합으로부터 다음 같은 모든 형태로, 즉 어떻게 전개될지 예상할 수 없고 기대할 수 없는 곡선과 도약의 기이한 뒤섞임이 우리 주의를 끌기도 하고 산만하게도 하는 그런 형태로 전이되었다. 기이한 몸동작에서 그들 자신이 우리처럼 뼈를 갖고 있다는 생각을 잊게끔 만드는 무용수들도 그때 그로테스크한 무용수로 불렸다. 다리 벌리기, 발동작, 흐느적거리기, 몸 회전, 개구리처럼 뛰기, 배 깔고 기기는 진실로 아름답다. 그것은 코믹하지도 않다. 그러나 그것은 모든 법칙을 조롱하듯이 보이는 자의로서는 그로테스크하다. 플뢰겔(Flögel)은 《코믹 문학의 역사》의 후편으로 《그로테스크한 코믹의 역사》라는 명칭으로 1788년에 출판된 자료모음집을 후세에 남겨놓았다. 이 역사서에서 그는 그리스인들의 사티로스극에서 출발해서 무엇보다 익살극, 인형극, 바보들의 축제, 바보들의 모임에 몰두했다. 그는 그로테스크한 코믹을 특히 비천한 코믹으로 이해했는데, 그것이 지저분하게 감각적인 것, 음란한 것, 조야한 것으로 넘어가기 때문이다. 뫼저(Möser)는 이미 1761년에 《하를레킨 혹은 그로테스크한 코믹의 변호》(*Harlequins oder Verteidigung des Groteskkomischen*)란 책을 쓰고 마찬가지로 그 개념을 리코보니(Ricoboni) 식의 이탈리아 가면으로 설명했다. 그 역시 그것을 똑같은 의미에서 비천한 코믹으로, 야비한 농으로, 애매모호한 암시로 받아들였다. 《하를레킨의 결혼 혹은 무대의 도덕》(*Heirat Harlequins oder Die Tugend auf der Schaubühne*)이라는 그의 작품(아베켄(Abeken)이 1843년 베를린에서 출판한 그의 전집 중 9권 107~109쪽에서)은 그러나 상당히 온건하게 처리되었다. 그로테스크는 많은 관점에서 보면 어린아이의 취향이고 중국식의 미학이다.

기괴함과 이상함과 그로테스크는 익살스러움(*das Burleske*)으로 넘어갈 수 있다. 부를라(Burla)는 이탈리아어와 스페인어로 조롱을 지칭한다. 익살스러운 풍은 이탈리아에서 프랑스로 건너왔고 이곳에서 특히 스카롱이 아이네이드(Äneide)를 트라베스티로 개작함으로써 유포되었다. 그 짧은 시들은 절대적으로 익살스러운 시로 유행했고, 심지어는 예수의 이야기도 아주 진지하지만 이미 제목이 알려주듯이[35] 익살스러운 시로 개작되었다. 익살스러움은 명랑한 캐리커처를 만드는 데 특별히 적합하고 패러디로 넘쳐나는 자의이다. 이런 이유에서 익살스러움은 이탈리아 가면극과 이와 유사한 모든 코믹의 영혼이 된다. 타락한 행동으로 인해서 우리가 라치(*lazzi*)라고 부르는 무언극은 익살스러움에 속한 것으로 이것의 원래적이고 고전적인 표현이다. 창조적 대담

---

35) 그로테스크 때문에 또 언급해야 할 것은, 레싱이 그의 짧은 논문에서 익살스러움의 기원을 이집트로부터 끌어왔다는 사실이다. 그러나 익살스러움의 기원 자체는 그 사안의 속성에 놓여 있다. 그러므로 그것은 마찬가지로 중국이나 인도에서도 도출될 수 있을 게다. 텍스트에서 인용된 책은 《익살스러운 시로서의 예수 그리스도의 수난》(*La Passion de Notre Seigneur J. C. en vers burlesques*)이며 1649년에 출판되었다.

236

함은 놀랍고 샘솟는 듯한 정신을 수단으로 말로 묘사할 수 없는 구부림, 도약, 바보짓, 얼굴 찡그림의 제스처를 만들어내야 하며, 이 제스처는 오직 움직임의 순간과 환경과의 대조에서 흥미를 유발시킨다. 익살스러움은 오늘날 코믹한 보드빌(Vaudeville)36)에서 비교적 세련된 삶의 터전을 마련했다. 프랑스인들은 특히 영국인들에 대한 패러디에서 익살스러운 창작물의 무한한 보고를 갖고 있다. 예컨대 〈스포츠와 경마장〉(Sport und Turf)이라는 보드빌이 그러하다. 그들은 패러디적 요소 때문에 익살스러움 전체를 사랑하며, 그래서 우리는 그들의 배우들이 배역에서 익살스러움을 어떻게 추출해내고 발전시켜나가는지 관찰해볼 수 있다. 보드빌의 하나를, 〈부엌에서의 명예욕〉(Ehrgeiz in der Küche)이란 작품에서 요리사 파텔을 예로 들어보면 자이델만이 고전적으로 연기했던 이 배역은 익살스러운 표정과 몸짓을 통한 연기자의 창조적 변덕이 없다면 완벽하게 연기되지 못한다. 파텔은 형태가 일그러진 푸딩 때문에 부엌칼로 자살하려고 한다. 요리예술의 명예와 그의 조상의 명예가 그에게 그렇게 하도록 명령하는 것이다. 이 장면은 위대한 비극의 장중함에 대한 익살스러운 패러디로 연기되는 그 순간 재미있어진다. 흰 앞치마를 두르고 흰 요리사 모자를 쓰고 부엌칼을 휘두르는 살집이 두둑한 파텔은 감동적인 독백을 하고, 이 독백 때문에 우리는 너무 웃은 나머지 거의 질식할 정도가 된다. ─ 연기자의 천재성이 익살스러움을 제어하고 있다면 말이다. 이런 것은 규칙으로 만들어질 수 없다. 〈옛날의 원죄〉(Les vieux péchés)라는 보드빌에서는 퇴역한 파리 무용수가 등장한다. 그는 다른 이름을 가진 부유한 연금생활자의 신분으로 어떤 지방의 도시에서 은퇴한 삶을 살다가 시민들의 존경심과 신뢰를 얻고 결국에는 시장으로 임명된다. 그때 이 훌륭한 인간은 감격에 빠지자마자 자신도 모르게 상징적 무용자세를 취하

36) 역주: 보드빌은 부왈로에게서 풍자적 노래라는 뜻으로 사용되며, 18세기 이후 노래와 기악연주가 결합된 장르로 오페라의 이전 장르라고 할 수 있다.

고 그 결과 행정가의 품위라는 장중함과 발레의 뻔뻔스러운 연속동작
은 극도로 익살스럽게 서로 모순이 되어버린다. 연기자의 변덕만이,
그의 익살스러운 우아함만이 이 모순을 견딜 수 없는 추한 모순이 되
지 않도록 할 수 있다. 혹은 늙은 연금생활자가 패니 엘스러37)를 뒤쫓
아 여행하는 중에 여관에서 그가 아침에 용모를 단정히 할 때 그녀가
근처에 있다는 생각으로 인해 황홀해져서 행복한 기억에 빠져들어 정
신을 놓은 채 목에는 이발소용 천을 두르고 손에는 면도칼을 들고 가
장 혐오스럽고 우스꽝스런 방식으로 그 사랑스러운 여자 무용수의 우
아하고 유혹적인 동작에 따라 춤추는 저 보드빌을 기억해보라.

 그와 같은 것이 익살스러운 것이다. 우리가 이 점을 보여주기 위해
서 연극영역에 들어섰을 때, 그것은 연극이 익살스러움의 에너지의 최
대치를 가능하게 해주기 때문에 그렇게 한 것일 뿐이며, 다른 예술장
르에서 익살스러움이 마치 가능하지 않다는 식으로 말한 것은 결코 아
니라는 점을 반드시 언급해야겠다. 심지어 문학은 익살스러움을 생산
해내는 억지 운율이나 언어의 혼합, 속어 같은 특정한 전형적 수단을
갖고 있다. 이에 대해서는 이미 앞에서 다른 상황에서 다룬 적이 있었
다.38) 여기서 이와 같은 미적 허용은 어디서 기인하는 것일까? 그것
은 분명히 우리가 그 자체로 추하다고 유죄판결 내리지 않을 수 없는
것에서 자유가 명랑한 유희로서 스스로를 유효하게 만들며, 자의의 의
식적 과도함을 통해서 추를 우스꽝스러움으로 변용한다는 점에 기인한
다. 예컨대 적절하지 않은 운율은 어느 누구도 아름답다고 하지 않을

37) 역주: 패니 엘스러(Fanny Elssler, 1810~1884). 당시 유럽과 미국대륙에
  서 엄청난 인기를 얻은 오스트리아 출신의 유명한 무용수.
38) 소극은 시대와 민족을 불문하고 그런 수단들을 가장 풍부히 사용했다. 어떤
  지나친 미학적 고고함이 깔보는 동정심을 가지고 소극풍의 것을 내려다보지
  만, 그와 같은 소극풍의 것은 이른바 세련된, 차원 높은 코믹으로서 정당한
  권리를 갖는다. 이 코믹은 최근에 우리들에게서 너무 세련되어버린 나머지
  지루하다고 부르는 편이 더 정확하다.

238

것이다. 억지 운율은 낱말을 올바른 운율로 만들기 위해 그것을 왜곡한다. 이와 같은 언어의 학대 역시 아름답지 않다. 하지만 그런 것은 언어가 스스로를 창조하고 그로 인해 낱말이 그런 식으로도 불릴 수 있는 자유에서 기인하는 것이기 때문에 우리는 웃지 않을 수 없다. 그와 같은 것은 피쉬아르트[39]가 만든 것들, 그와 유사한 괴물 같은 낱말들의 경우이다. 미뇽의 노래에 대한 유명한 패러디가 "이탈리아로, 이탈리아로, 저는 가고 싶어요, 노인 양반, 단지 언젠가로"[40]를 강조할 때 여기서 시간의 낱말 "언젠가로"는 있을 수 없는 전대미문의 낱말이다. 그러나 익살스런 변덕은 그것을 과감히 드러내어 우리들의 웃음을 도발한다.

기괴함, 이상함, 그로테스크, 익살스러움은 서로 친족관계에 있기 때문에 그런 친족관계는 소극, 희극적 오페라, 코믹한 소설이 극도로 다양하게 서로 넘나들고 있음을 우리에게 보여준다. 우리 경우에는 크라머와 장 파울과 티크가, 영국인의 경우에는 스몰렛(Smollet)과 스턴(Sterne)이, 프랑스인의 경우에는 스카롱(Scarron)과 뽈 드 콕(Paul de Kock)이 우리에게 그와 같은 혼합물을 제공했다. 이와 연관해서 티크는 전체적 구도에서는 별로 성공적이지 못한 반면에 그럴수록 세세한 부분에서는 더 성공적이다. 《시골의 모임》(*Die Gesellschaft auf dem Lande*)이라는 단편소설에서 목적격을 우아하고 친절하게 대해주는 청년으로, 여격을 앉아 있으면서 불쾌한 표정으로 자신의 무릎을 쳐다보는 수염 난 노인으로 형상화하는 것은 얼마나 이상한 착상인가! 그러나 이 점은 열정적 톤으로 익살스럽게 변호되는데, 그와 같은 창작이 그리스·로마신화와 북구신화와 기독교신화의 소재를 모두 소진

---

39) 역주: 피쉬아르트(Johann Fischart, 1546~1591). 독일의 법학자이면서 작가로서 무엇보다 어휘 창작기술이 대단히 뛰어난 사람으로 유명하다.
40) 역주: "언젠가로"(*einmaligen*)는 "언젠가"(*einmalig*)라는 독일어 시간부사에, 앞의 "이탈리아로"(*Italien*)에 맞추어 억지로 각운 en을 덧붙인 형태이다.

한 조형예술을 위해 아주 새로운 영역을 열어준다는 것이다. 제후 같은 동사 원형과 전제적 명령형이 조각가와 화가에 의해 멋지게 표현되는 미래는 어떤 미래인가? 이와 같은 말은 가장 세련된 익살스러움의 걸작이다. 뿔 드 콕은 뻔뻔스럽다는 평판이 있다. 그는 실제로도 그러하다. 그러나 그는 그럼에도 불구하고 코믹하고 무엇보다 그로테스크하고 익살스럽기 때문에 사람들이 잘 감내하는 다른 많은 작가들보다 훨씬 덜 위험하다. 그는 예컨대 소설 중 하나에서 젊은 남자로 하여금 마침내 정원 정자에서 애인과의 랑데부를 기대하게끔 만든다. 그 젊은 남자는 정자를 향해 가지만 길을 잃고 다른 방에 들어가서 소파 밑에 웅크리고, 잠을 자려고 누운 두 남녀의 애정을 함께 즐기며, 이들이 잠들었을 때, 그 방에서 빠져나와 계단을 발견하고 올바른 방을 찾고 애인을 발견한다. 그러나 그가 그녀와 침대에 누우려고 하자마자 화재가 일어난다. 소동이 벌어진다. 그는 도망쳐야 한다. 하지만 그는 급한 김에 애인의 옷을 집어들고 창으로 도망쳐서는 운 좋게 정원 울타리를 넘어 빠져나간다. 그때 그는 옷을 입으려고 한다. 그는 경악스럽게도 그것이 여자 옷임을 알아차리지만 어쩔 수 없이 이 옷을 입지 않을 수 없으며 이제 이런 그로테스크한 복장으로 파리로 가는 지름길에서 수천 가지의 모험을 한다. 여기서는 자의가 아니라 우연이 익살스럽다.

③ **조야함** (das Rohe)

천박함 자체는 그 자신의 필연성이 아닌 필연성에 자유를 예속시키는 것이다. 조야함으로서의 천박함은 자유를 지양하는 자연에 대한 복종이거나 혹은 자유에 반하는 강제를 야기하는 것이고 혹은 모든 자유가 기초해 있는 절대적 원인, 즉 신에 대한 믿음을 비웃는 것이다. ─ 위엄 있는 것 역시 고통에 빠질 수 있다. 그러나 그 자신을 외부 폭력의 희생물로 만들 수밖에 없는, 그의 유한하고 죽을 운명이라는 면에서만 그러하다. 반면에 그것은 자신 안에서는 자신을 자유로운 존재로 주장하고 그렇기 때문에 바로 고통 속에서 그로 인해 위축되지 않은 자기 행위의 무한성을 더욱 역동적으로 보존할 수 있다. 이에 대해 뤼케르트(Rückert)는 다음과 같이 아름답게 말하고 있다.

> 더러운 물결은 깨끗한 진주를 탁하게 만들지 못한다,
> 그 거품이 분노하면서 그 껍질에서 부딪쳐 터질지라도.

이미 서론에서 다루었듯이 자유가 처음에 자신을 불완전하게 표현하더라도 자신에 모순된 것은 아니다. 처음의 미성숙한 형상들은 가능한 발전의 보다 높은 단계, 최후의 단계와 비교해서 아름답지 않게 나타날 수 있고 형성력이 이 점에서 폭력적으로 드러나는 한, 조야한 형태를 가질 수 있다. 그때 그런 실존은 현실에서 자신의 개념에 완전히 상응하지 못하지만 그런 아직-상응하지-못함은 결코 모순이 아니며 오히려 본질과 현상의 현실적 일치로 가는 노정에 있다. 그때 우리가 언급해야 하는 조야함은 미와 정반대로 대립해 있는 추가 아니다. 그것은 실존이 자신의 개념을 순차적으로 완전하게 실체화하기 위해 거쳐야 하는, 종종 피할 수 없는 보다 아래 단계들이다. 이 조야한 기초는 미가 실제로 자신에게서 배제하지 못하는 처음 상태이다. 이것은 매끈하게 완성하기와 다듬어 완성하기, 즉 '광택 내기'라는 상태와 대비된다. 이런 의미에서 조야함은 그 안에 들끓는 생산력의 과도함이 주재하고 있는 한, 나아가 우리에게 미래의 훌륭함에 대한 보증이 될 수 있다. 어떤 기획의 위대한 내용은 힘찬 윤곽으로 드러날 수 있지만, 그 기획의 가능하고 그 윤곽에 이미 내재해 있는 미는 그것의 조야함에서 빛을 발한다. 조각가와 화가의 스케치, 건축 설계도면, 연극의 초안은 분명히 우리에게 태아의 형태이긴 하지만 이미 진정한 예술의 무한성 전체를 드러낼 수 있다. 우리는 민족의 예술적 노력이 만들

어낸 초기작품에서 표현의 조야함이 이미 종종 진실한 미의 전형과 결합되어 있음을 발견하며, 이 전형이 현상의 불완전성과 벌이는 싸움은 그 어떤 깊은 감동을 줄 수 있다. 우리는 심지어 전혀 아무런 거리낌 없이 조야한 위엄에 대해서도 말할 수 있다. 왜냐하면 그 위대함과 힘에는 보다 세련된 마무리 작업이 아직 부족하지만 이미 전체 형태의 자유롭고 독립적이며 대담한 기획이 관찰될 수 있기 때문이다.

그러므로 이런 종류의 조야함은 형태를 세련되게 만들기와 세부적인 것을 결정하는 마무리 작업과 관계 있다. 이런 조야함과 자유의 자기모순을 내포하는 조야함은 구분되어야 한다. 자유의 자기모순은 먼저 자유가 자기 자신에게 종속시켜야 할 수단인 감각적인 것에 그 자신을 종속시킴으로써 일어난다. 정신은 감각적인 것을 향유해야 한다. 이 향유에 완전히 빠져서 감각적인 것에 대한 자신의 자유로운 지배를 희생시키지 않으면서 말이다. 식탐과 알코올 중독과 외도(外道)의 추(醜)는 이들 개념과 반대인 자유와 연관 있다. 음식 섭취나 생식(生殖)은 그 자체가 순수한 자연의 필연성으로서 추한 것이 아니다. 이것들이 정신의 자유를 속박하는 한, 비로소 추가 된다. 그렇기 때문에 동물세계의 경우 이들의 추한 형태는 윤리 개념에 의해서 중재된 추로서 존재할 수 없다. 동물에게는 사유의 자유가 없어서 자신의 상태를 당위적 개념과 비교하지 못하기 때문이다. 하지만 우리가 우화의 세계처럼 비유적으로 우리들의 자유의 표상을 동물에 집어넣으면 이 허구의 힘으로 동물 역시 추한 모습이 될 수 있다. 그때 하이에나는 예컨대 식탐으로 흉측하게 나타날 수 있다. 그들의 욕구는 무덤도 내버려 두지 않고, 만족될 수 없는 그들의 식도는 시체도 삼켜버린다. 그러므로 여기서 우리들의 판단을 규정짓는 윤리적 계기가 들어서는 것이다. 그러나 음식 섭취와 생식은 그 자체로 자연의 필연적 행위이므로 코믹은 바로 이런 것을 특별한 수단으로 삼을 수 있다. 인간이 자유라는 엄격한 합법칙성에서 떨어져나와 안락하게 감각적 향유에 자신을 내맡기고는 그 죄를 자신에게서, 그가 오직 (자연에 의해: 역자) 만들어진 존재로서 종속관계에 있는 자연에 전가하는 방식을 통해서이다. 이를 위해서 프랑스식의 경솔함이 "그건 나보다 더 강해"라는 구문을 만들어냈듯이 말이다. 그러나 이는 기분이라는 요소가 없다면 가능하지 않다. 기분이 살아숨쉬지 않는 모든 권주가(勸酒歌)는 추하다. 코믹은 자연의 본능도 아이러니컬한 유희의 대상으로 삼을 수 있다. 코믹은 감각적 향유를 향한 열정을 마치 인간이나 신에게 더 상위의 것이나 더 중요한 것이 없는 듯이 웃기게 과장할 수 있다. 고대의 코믹작가들은 헤라클레스를 이런 방식으로 방랑자로 묘사했는데 그의 배고픔은 그 무엇으로도 해소되지 않는다. 아리스토파네스는 그런 아류의 소극을 비난했지만 그 방식은 예컨대 《개구리들》(Fröschen)에서 보존했다. 사티로스극 중에서 우리에게 남아 있는 것은 에우리피데스의 《퀴클롭스》(Kyklops)뿐이며 이 작품은 우리에게 폴리페모스의 거대한 조야함을 보여준다. 지식인이자 세상에 대해 해박한 지식을 지닌 의사 라블레(Rabelais)는 《가르강튀아와 팡타그뤼엘》(Gargantua und Pantagruel)에서 파리 시민들에게 자신들의 비윤리적 행위를 비추어준다. 그 방법으로서 라블레는 먹고 마시기를 진지한 대학의 학업으로 묘사하고, 대학의 주인공들은 철저한 연구의 열정을 가지고 그 학업에 전념한다. 임머만의 《뮌히하우젠》(Münchhausen)에서 우리는 하인 카를 부터포겔과 마주치고, 그는 자애로우신 숙녀 폰 포제무켈로부터 오직 버터빵과 그밖의 식료품의 향응을 받으려는 이유에서 그녀를 열정적으로 사랑하는 척한다. 성적(性的) 본능을 코믹하게 처리하는 데 있어서는 다음의 상황이 특히 유용하다. 즉, 자연의 필연성을 완전히 부인하고 그릇된 오만 속에서 자연의 필연성과 망상에 의한 비자연성을 대립시키며 이제 자연의 힘에 놀라서 반쯤은 부자유하게 자연의 필연성을 억지로 인정하게 되는 그런 상황이다. 이런 코믹한 윤곽은 이미 고대 인도의 저 참회하는 왕들의 이야기 속에 들어 있다. 이들은 자신의 힘으로 인해 신들에게 위험한 존재가 되고, 그래서 신들은 성스러운 고독함 속에 있는 이들을 유혹하기 위해서 이들에게 가장 매력적인 무녀들을 보낸다. 그와 같은 코믹한 윤곽은 중세의 수많은 이야기에 생명력을 부여했고 그런 코믹한 윤곽이 담고 있는 대립은 알렉산더가 아리스토텔레스에게 정부(情婦)를 보내는 다음의 짤막한 이야기에서 가장 우아하게 소개된다. 정부는 아양을 떨어 철학자를 그의 높은 추상성에서 밑으로 내려오게 해서 기꺼이 네 발로 기면서 사랑스러운 그녀를 자신의 등에 싣고 이리저리 운반하도록 한다. 이런 우아한 일에 전념하고 있는 그를 웃는 알렉산더가 놀라게 한다. 보카치오와 빌란트에게서 어떤 외설적 이야기들이 그런 요소에 기초해 있는지는 충분히 잘 알려져 있다.

생명보존 본능과 종족보전 본능은 이제 오직 윤리적 방식이나 혹은 코믹에 의해서 미적으로 가능하게 된다. 하지만 그 본능 충족의 자연스러운 결과가 우리에게 어떻게 미적으로 보다 더 조야한 것으로 나타날 수 있는 상태와 결부되는지 살펴보는 것은 분명히 흥미롭다. 자연은 예컨대 인간으로 하여금 동물처럼 남아도는 것을 배설하도록, 더욱이 먹고 마시기 자체보다 훨씬 더 절박한 방식으로 강요하며, 그런 이유로 우리도 이 천박한 필연성을 독일어로 필연적 욕구(용변)라는 특별한 낱말로 지칭한다. 거기서 유기체는 다음과 같은 것으로부터 해방된다. 즉, 그것은 삶을 위해 이용할 수 없었던 것, 상대적으로 죽은 것으로 자신에게서 배제하는 것, 유기체에 의해 생산된 비유기적인 것, 생명에 의해서 죽임을 당한 현존이다. 이 배설은 제아무리 필연적이라 해도 추하다. 왜냐하면 그것은 자연에 가장 비천하게 종속된 인간의 모습을 보여주기 때문이다. 인간은 그렇기 때문에 또 용변의 배설을 가능한 한 숨기고자 노력한다. 동물은 그런 행위에서도 자연스럽게 걱정이 없으며 오직 청결하고 항상 자기의 몸을 핥으며 가꾸는 고양이만이 비밀스런 장소에 배설해놓은 똥을 흙에 파묻는다. 어린아이는 처음에 동물처럼 행동하며 이 사랑스런 아이의 서투름은 관습적 형태의 폐쇄성과 비교해서 아주 불쾌하지만 재미있는 대조를 드러낸다. 그렇기 때문에 용변의 묘사는 어떤 상황에서도 미적이지 않다. 오직 코믹만이 그것을 감내하게 할 수 있다. 포터(Potter)는 "오줌 누는 암소"를 그렸고 이것은 최근에 어마어마한 가격으로 페테르부르크로 팔려갔다. 포터가 훌륭한 화가가 아니었더라면 그런 상태의 암소를 가장 정확하게 복사한다고 하더라도 그 점이 곧바로 예술작품의 가치를 올릴 수는 없었을 게다. 우리에게는 암소의 오줌 누는 행위가 없어도 무관할 수 있고 여기서 그 어떤 미적 충족도 생겨나지 않음을 우리 자신이 잘 알고 있다. 하지만 우리는 동물을 인간의 척도로 재단해서는 안 된다. 이것이 오줌 누는 암소가 왜 우리의 감정을 손상하지 않는지에 대한 이유이다. 여기서 우리는 거꾸로 다음과 같이 말해야 한다. "황소에게 허락된 것이라고 해서 주피터에게 허락된 것은 아니다." 유행의 물결이 스쳐 지나간 브뤼셀에 있는 유명한 분수는 오줌싸개라고 불린다. 왜냐하면 튼실한 어린아이가 물을 오줌처럼 뿜어대기 때문이다. 그러나 이와 같은 네덜란드의 코믹은 코믹이 아니다. 그도 그럴 것이 물은 깨끗해야 하고 반드시 물이어야 하는데, 그렇게 생겨난 물을 퍼서 마신다는 생각에는 어떤 역겨운 것이 섞이기 때문이다. 그에 반해 렘브란트가 독수리에 채여 하늘로 올라가 두려움으로 인해 놀라서 어린아이처럼 오줌을 싸는 가니메드를 그렸을 때 이것은 실제로 코믹하다. 아주 살이 통통한 아이는 높은 곳에서 천둥을 치는 제우스의 새가 그를 잡아채어 동그란 엉덩이 위의 셔츠를 발톱으로 잡아 하늘로 끌어올렸을 때 맛있게 먹던 포도를 왼손에 들고 있다. 아리스토파네스가 용변 보는 것을 무대에 어떻게 올렸는지는 이미 다른 관점에서 언급했다. 《칼렌베르크의 신부》(*Pfaffen von Kalenberg*), 《아미스 신부》(*Pfaffen Amis*), 《오일렌슈피겔》(*Eulenspiegel*)은 그런 상스러운 농담으로 넘쳐난다. 추하고 냉소적인 《모롤프》(*Morolf*)도 그의 이탈리아 동료

모두와 함께 이런 범주에 속한 인물이다.

식욕의 과도한 충족은 결과적 형태로서 뚱뚱하게, 그래서 추하게 만들 수 있다. 코믹은 완벽하게 확실한 효과를 내기 위해서 이런 기형을 늘 새롭게 이용한다. 이에 대해 아리스토파네스가 웃음을 억지로 짜내는 코믹작가는 너무 게을러서 뚱뚱한 배를 이용한다고 비난했지만 말이다. 뚱뚱한 배는 아주 많은 불편함을 동반한다. 그로 인해서 그 소유자는 자신의 발을 볼 수 없으며, 그렇게 익살맞게 작가에게서는 심미성을, 신부에게서는 정신적인 것을 빼앗고, 앞에다 두고 운반해야만 하며, 길모퉁이에서는 그 운반자보다 먼저 보인다. 이 뚱뚱한 배는 악당 펀치[41]의 뾰족한 배에 이르기까지 저열한 코믹이 좋아하는 대상이 되어버렸다. 뚱뚱한 배의 우스꽝스러운 점은 정신, 위트, 아이러니가 없다면 아주 얄팍한 것이 되지만, 폴스타프(Fallstaff)[42] 같은 인물에게서 그것은 유머러스한 위트의 무한한 보고(寶庫)가 된다.

술 취함은 그것이 인간의 자유를 향상시키고 보통의 경우 그를 협소하게 만드는 한계만을 제거하는 한, 사랑스럽게 보일 수 있다. 그렇기 때문에 열정적으로 술 취함은 심지어 형상을, 하늘을 바라보는 바커스 무녀들의 제식적 광란처럼 변용시킬 수 있다. 바커스의 열정으로 인해 질레노스(Silenos)[43]는 발을 사용하지 못하고 나귀에 실리는 도움을 받아야 하지만 그의 감각적 웃음은 신적인 술 취함으로 인해 정신의 현존이 더 강하게 긴장되며 결코 없어지지 않는다는 점을 보여준다. 술 취한 자가 의식에서 무의식으로 넘어가는 전이과정은 소극(笑劇)을 위한 병기창이, 누군가를 "거나하게 취한" 상태로 표현할 경우에는 보다 세련된 코믹을 위한 병기창 자체가 된다. 그러나 술 취함이 인간에게서 모든 의식을 빼앗는 정도에 도달하면 그것은 필연적으로 추해진

---

41) 역주: 펀치(Punch). 영국 인형극의 주인공.

42) 역주: 셰익스피어의 극중 인물 이름.

43) 역주: 질레노스. 주신(酒神) 바커스의 양육자 겸 종자.

다. 수많은 미학은 술 취한 자를 곧바로 마치 그저 우스꽝스러운 존재
인 듯이 언급하지만 이것은 결코 맞지 않다. 왜냐하면 인간을 동물에
근접시키는 인격적 자유의 몰락은 단지 추하게 나타날 수 있기 때문이
다. 이 상태가 우스꽝스러울 수 있는 경우는 오직 그가 자연과의 헛된
싸움에서 자유를 드러내고 그런 동안 우리가 이 모습에서 그의 모든
윤리적 능력이 없다고 봐주는 한에서만 그러하다. 술 취한 자의 중얼
거림과 말더듬음, 비트적거림, 비밀을 지키지 않고 다 털어놓음, 그의
독백, 자리에 없는 자와의 대화, 그의 십자군 전쟁과 횡단 전쟁의 처
음부터 끝은 이것들이 어느 정도 자기통제를 드러내주는 한 코믹하다.
술 취한 자는 이미 우연과 자의의 희생물이 될 수밖에 없지만 그럼에
도 불구하고 그는 그렇게 되고 싶어하지 않는다. 무의식이라는 안개
속에서 몰락하는 그런 자유의 가상은 우리에게 코믹하다. 그와 같은
표정과 음화(陰畵)는 없어서는 안 될 것이기 때문에 무언극배우들과
희곡작가들만이 그런 상태를 진정 성공적으로 이용할 수 있다. 이들은
또 아주 빈번히 그렇게 하기 때문에 이에 대한 예들의 열거는 그만둘
수 있을 정도이다.

　방귀는 어떤 경우에라도 추한 무엇이다. 그러나 그것은 스스로가 인
간의 자유에 반하는 그 어떤 무자의적인 것임을 주장하기 때문에, 즉
그것이 종종 경악스럽게도 적절하지 않은 장소에서 인간을 놀라게 하
고 신속하게 움직일 때 예기치 않게 몸에서 삐져나오기 때문에 그것은
예고하지 않고 거리낌 없이 당혹스럽게 만드는 심술궂은 코볼트의 속
성을 가지고 있다. 그렇기 때문에 코믹작가들은 그로테스크와 익살에
서 항상 그것을 이용하며, 최소한 암시를 통해서 그렇게 한다. 이와
같은 "소리 나는 서투름"에 의해서 가장 우스꽝스러운 장면들이 만들
어진다. 그 유명한 것들 중에서 산지기와 그의 개들에 대한 일화가 가
장 재미있다. 카를 포크트(Carl Vogt)는 그 일화를 《동물세계의 그
림》(*Bilder aus dem Tierleben*)[44]에서도 서술했다. — 우리는 보통의 경

우 나이, 교육, 재산, 신분에서 서로 다를지 모르겠지만, 이와 같이 어쩔 수 없는 우리 본성의 비천함에서는 우리가 서로 인간으로 만나기 때문에 관객들의 웃음을 끄집어내기 위해서 그에 대한 암시를 하지 않는 경우란 거의 드물다. 그래서 비천한 코믹은 그런 거칠고 촌스러운 것들과 지저분한 것들과 엉뚱한 것들을 특히 사랑한다. 가장 우아한 서커스단도 어릿광대를 통해서 그런 것들을 새롭게 만들어낸다. 위트가 없다면 적어도 분위기가 나지 않으면 그런 것들은 어디까지나 진부하고 보잘것없으며 반감을 불러일으키고 정말이지 역겹다. 위트라고 하는 신호용 벵골 꽃불은 당연히 냉소주의조차도 감동시킬 수 있다. 파리의 어떤 애견 미용사는 간판에다 서로의 엉덩이 냄새를 맡는 두 마리의 개를 그리게 했다. 하지만 그는 그 밑에 '개들에게 좋은 시간이 되기를'이라는 문구를 적어놓았고, 그래서 모든 사람들은 포복절도했었다.

극도로 주의를 기울이더라도 적절하지 않은 장소에서 적절하지 않은 시간에 인간에게 발생할 수 있는 그런 자연스러움과 구분되는 것은 음탕함이라는 천박함이다. 왜냐하면 이것은 후안무치하기 때문이다. 부끄러움은 성스럽고 아름답다. 그도 그럴 것이 그것은 본질적으로 자연을 넘어서는 정신의 감정을 표현하기 때문이다. 정신은 비자연적일

---

44) Carl Vogt, 《동물세계의 그림들》(프랑크푸르트 암 마인, 1852, 433쪽): "산지기 친구의 실제로 벌어진 진실한 이야기를 알지 못한단 말인가? 그는 방안에서 혼자 있다고 생각하고 소리 나는 서투름을 저지른다. 그리고 그는 놀랍게도 탁자와 의자 밑에 누워 있는 개들이 아주 갑작스럽게 큰소리로 구슬픈 비명을 지르고 분명한 두려움을 나타내보이면서 마침내 1층 거실의 열린 창문을 통해서 정원으로 뛰쳐나가는 것을 보게 된다. 산지기가 다시 방안에 들어섰을 때 그는 곧바로 개들이 그런 갑작스런 미친 짓을 한 원인을 알게 된다. 즉, 그는 그 짐승들 중 한 마리가 방을 더럽혔을 때마다 벌로 모든 개들을 때렸는데, 왜냐하면 그는 죄지은 놈을 찾아내고 싶지도 않았고 찾아낼 수도 없었기 때문이다."

수는 없지만 자연으로부터 자유로워야만 한다. 자연은 부끄러움을 알지 못하고, 독일식 표현에 따르면 사랑스런 동물은 부끄러움을 타지 않는다. 그러나 인간은 자신과 자연과의 상이성을 알면서 부끄러움을 탄다. 음탕함은 부끄러움을 의도적으로 손상케 하는 데 본질이 있다. 우연적이고 비의도적인 노출은 곧장 당혹스러움을 일깨우고 아마 난처한 코믹의 순간을 일깨울 테지만 음탕하지 않다. 아이들, 거리낌 없이 목욕하는 사람들, 벌거벗은 육체 전부를 보여주는 아름다운 조각이나 그림에서 어느 누구도 음탕함을 언급하지 않을 것이다. 왜냐하면 자연 역시 신성하고 성기 역시 코와 입처럼 그 자체로 바로 자연스러운 것이고 신에 의해 창조된 기관이기 때문이다. 그러나 조각의 성기에 붙어 있는 무화과 나뭇잎은 곧바로 음탕한 작용을 불러일으킨다. 왜냐하면 그 나뭇잎들은 성기를 고립시키고 그것에 주의를 쏟게 만들기 때문이다. 이를 마치 순결무구하게 되는 데 예술이 도움이 안 된다는 식으로 이해하지 않기를 바란다. 우리는 순결무구함과 점잔 뺌이 동일한 것이 아니라는 점만을 언급하려고 한다. 음탕함은 성관계로 인해 비로소 시작되는 것이다. 왜냐하면 성적인 감정이 남자의 성기를 발기시키고 이 상태에서 나머지 다른 형태와 불균형을 이루는 추한 형태를 그에게 부여하기 때문이다. 여자는 자연에 의해서 부끄러움을 더 많이 타도록 만들어졌지만 그녀로 하여금 부끄러움을 숨기게 강요하는 것은 월경이다.

학문적이거나 윤리적인 관점에서가 아니라 음욕 때문에 만들어졌고 언어와 그림으로 부끄러움과 성관계를 표현한 모든 것은 음탕하고 추하다. 왜냐하면 그것들은 자연의 신비를 세속화하기 때문이다. 남근과 관련된 모든 것은 종교에서는 비록 성스러운 것이지만 미적 관점에서는 추하다. 모든 남근의 신들은 추하다. 생식의 신은 경직된 직선의 성기 모습으로 추하다. 움직이는 성기로 음탕한 유희를 하는 고대 이집트인들의 가면과 현대 이집트인들의 모하바친(Mohabazzin) 혹은 거리

의 배우들은 추하다. 혹은 더 나아가 거대한 남성 성기를 가진 로마의
난쟁이, 즉 산니오(Sannio), 모리온(Morion), 드릴롭스(Drillops)는
추하다. 왜냐하면 그런 형상의 성기는 거의 그들 자신만큼이나 크기
때문이다.45) 성기의 과시가 이미 추한 것이라면 그 추함은 성관계가
특정한 방식으로 강조될 때 더 강화된다. 예컨대 남근을 요니로, 즉 여
성의 생식기에 삽입된 남근으로 표현하고 있는 인도의 링감처럼 말이
다. 물론 이것은 인도의 문화에서는 종교적 의미를 지닌다. 말이 나왔
으니 말이지만 유럽에서도 얼마나 많은 사람들이 그런 인도식 입장을
취하고 있는지, 군중들의 환상이 얼마나 지독하게 늘 남근 형상으로
더럽혀져 있는지는 정말이지 새롭고 깨끗하게 색칠해야 할 필요가 있
지만, 다음날이면 곧 다시 그런 형태로 더럽혀지는 벽과 성문 길이 있
는 모든 도시에서 관찰된다. 심지어 중세에는 한동안 디저트 사탕을
남근 형태로 만드는 것이 일반적이었다. — 그렇기 때문에 모든 성적인
그림, 시, 소설은 얼마나 많은 상상력과 위트와 기술적 완벽함을 쏟아
부어서 만들었든 간에 추하다. 이 범주에 속한 광범위한 소설문학을
볼프(O. L. B. Wolff)의 《장편소설의 역사》(Geschichte des Romans)46)
에서 일견해보라. 그림으로 아프로디테의 상이한 성관계 체위를 묘사
했던 포르노그라피는 알렉산더 시대에 시작했다. 현대의 경우에는 피
에트로 폰 아레조(Pietro von Arezzo)의 유명한 그림과 율리오 로마노
(Julio Romano)가 스케치한 인물, 라이몬디(Raimondi)가 판각한 인물
들은 그런 묘사의 초석이 되었다. 소설에서는 페트로니우스(Petronius)
가 《사티로콘》(Satyrikon)에서 어느 정도 대담한 직관을 가지고 그런
음탕하고 육욕적인 묘사의 토대를 만들어놓았지만 이는 그의 후계자들

---

45) 이 그림들은 라울로쉐트의 《비밀의 박물관》에서 화보 37, 40, 42번에 실려
 있다.
46) 볼프, 《기원에서부터 가장 최근 시기까지 장편소설의 보편적 역사》(예나,
 1841, 324~326쪽).

에게서 사라진다. 이런 수치스러운 장르를 가장 잘 특징짓고 있는 것
은 이른바 성욕의 노예들의 왕인 사드(Sade)가 그 장르의 가장 훌륭한
고전이 되었다는 점이다. 모든 것을 끝까지 즐겼던 저 방탕한 자들의
권태로운 신경은 그런 닳고닳은 환상에서만 자극을 받는다. 그런 음탕
한 서적과 그림들은 점점 더 광범위하게 퍼져서, 콜이라는 관광객이
서술하고 있듯이, 런던 거리에서는 심지어 청춘남녀들의 손에서도 이
미 돌아다니고 있다는 점은 비교적 최근의 서글픈 현상이다.

　우리들의 현대 발레 역시 그런 요소에 전염되어 사랑의 열정을 상징
적으로 표현하려 하지 않고 주로 육욕의 몸부림을 표현하려고 함으로
써 미적으로 타락했다. 남자 무용수와 여자 무용수들의 선회, 풍차 모
양의 몸짓, 하늘을 향한 파렴치한 발짓, 구역질 나는 서로간의 교차가
예술의 승리로 간주된다. 여기서는 이상적 미와 우아함이 아니라 천박
한 자극만이 언급될 수 있을 뿐이다. 오늘날 사회의 무용에서 샤휘
(*Chahut*)와 캉캉(*Cancan*)은 그런 관점의 필연적 귀결이다. 이는 크비
리누스 뮐러(Quirinus Müller)의 살아 있는 그림에 나오는 반라의 혹
은 나체의 인물들만이 추월할 수 있을 뿐이다. 프랑스의 쉬카
(Chicard)[47]는 비교적 최근 시기까지 그런 음탕한 경향의 최절정이었
다. 슈타르(Stahr)는 1851년의 《파리에서의 2개월》(*Zwei Monate in
Paris*)이라는 책 Ⅱ권 155쪽에서 그것을 다음과 같이 묘사하고 있다:

　"그 자체로 용서되는 감각과 피에 대한 도취와 정열의 도취에 매료된
　흔적은 전혀 없다. 넘쳐나는 힘을 몸동작의 거친 율동으로 용솟음치
　게 하는 젊음의 발산도 없다. 전혀 없다. 여기서는 오직 추와 비천
　함을 의식하고 생각하는 냉철한 노회함만이 있을 뿐이다. 이 쉬카
　는, 자신을 아이러니하게 만드는 경찰 윤리의 반신(半神)이다. 그의

───────────────

47) 역주: 쉬카는 그로테스크한 의상을 걸친 프랑스 카니발의 하를레킨을 지칭
　　한다.

옆에 서 있는 경찰 윤리 감시자들은 단지 포장으로 존재하면서 쉬카의 승리의 광휘를 고양시키는 데 기여할 뿐이다. 왜냐하면 모든 이들의 관심은 본질적으로 쉬카가 추악하고 비윤리적인 것을 어느 선까지 표현할 수 있을지에 놓여 있기 때문이다. 윤리 감시자들이 법에 따라 그의 예술적 행위를 중단시키고 그를 그의 승리의 무대 자체에서 멀리 떨어지게 하기 전까지 말이다. 그것은 돈을 대가로 대여된 윤리의 보호자이자 레이스가 달린 복장을 하고 검을 차고 있는 윤리이며 획일화된 도덕에 대한 비웃음이었고, 이 춤에서 모든 관심은 이 비웃음을 중심으로 돌고 있었다. 쉬카는 극한의 것을 감행했고 그래서 그가 승리자로 나타났다."

이 씁쓸한 묘사는 그러나 아주 편협하다. 이것을 탁실르 들로 (Taxile Delord)가 《프랑스 자화상》(*Français peints par eux mémes*)의 Ⅱ권 361~376쪽에서 한 쉬카에 대한 상세한 묘사와 비교해보라. [48]

---

48) 들로는 쉬카의 기원을 부르군트의 포도 수확기로 소급한다. 그는 쉬카의 노래와 춤을 사랑의 패러디로 파악한다. 371쪽: "그것은 전혀 춤이 아니다. 그것은 오히려 패러디이다. 즉, 사랑, 우아함, 고대 프랑스의 예절에 대한 패러디이며 ─ 당신은 조롱의 열정이 어느 정도까지 뻗어갈 수 있는지에 대해 놀랄 것이다! ─ 육욕에 대한 패러디이다. 모든 것은 우리가 샤휘라고 부르는 너무나 자유로운 이 희극에 하나로 뭉쳐 있다. 여기서 그림은 장면으로 대체된다. 춤은 추지 않고 반응을 보인다. 사랑의 드라마는 그 모든 갑작스런 전환을 표현하며, 결말을 예고하는 데 도움이 되는 모든 것들은 미리 짜여 있다. 무용수는 ─ 혹은 행위자라고 하는 게 더 나을지도 모르겠다 ─ 자신의 무언극을 진실성 있게 만들기 위해 근육을 이용한다. 그는 이리저리 움직이며 발을 구르고 그의 모든 움직임은 의미를 가지며 몸을 비트는 그의 모든 행위는 기호이다. 팔이 암시하는 것을 눈이 완성시킨다. 허리와 가랑이는 마찬가지로 나름의 수사적 비유를 가지고 있고 나름의 언어를 가진다. 관통하는 비명들, 경련적 웃음들, 목쉰 불협화음들, 상상할 수 없는 미친 짓들이 놀랍게도 하나가 된다. 그의 손뼉을 치는 행위, 팔을 흔드는 행위, 허리의 율동, 가랑이의 움직임, 발 구르기, 제스처와 목소리로 하는 모든 공격들은 몸을 마비시키는, 거칠 것 없는 사탄의 춤이다. 그는 위로 뛰

─심오하고 윤리적으로 진솔한 예술감각을 가졌던 그리스인들은 음탕
함을 대부분 사티로스와 파우넨 같은 반인 형상의 본질에 집어넣음으
로써 음탕함을 완화했다. 아래쪽은 염소의 발을 한 그런 개체들이 이
때 염소처럼 행동한다고 해서 우리가 값싸게 놀라서는 안 된다. 몇 점
의 폼페이 그림은 우리에게 숲속에서 사티로스들이 눈처럼 하얀 사지
를 아주 화려하게 내보이며 이끼로 된 침대에 누워 있는 님프에게 접
근하는 모습을 보여준다. 이 아름다운 존재는 보통 반쯤 누운 자세로
표현되며 종종 면사를 덮고 있고 이 면사는 육욕을 갈구하는 사티로스
가 들어올린다. 여기서 동물적인 것으로 추락한 추가 완전히 육욕으로
인해서 팔다리를 떨며 감각적 도취로 인해 경직되어 자아를 상실한 채
약간 잠이 든 미 앞에 서 있다. 이 풍성하고 음탕함이 절제된 그림들
은 폼페이 가옥의 비너스 침실(*cubiculis veneris*)에서 유래하는 저 에로
틱한 장면들과 얼마나 다르게 보이는가. 이곳에서 연인들은 다양한 체
위로 자연의 작품을 넘어서며 보통 아프로디테의 물약을 건네주는 하
인 한 명이 옆에 서 있고 그의 현존은 정말이지 음탕한 감정을 두드러
지게 한다. 구역질 날 정도다!

　정신은 음탕함을 완화하기 위해서 중의성의 계략을, 즉 피치 못할
냉소적 설정이나 인간의 성관계를 다소간 은폐하거나 감추는 암시의

─────────

고 미끄러지며 몸을 부벼대고 몸을 굽히고 몸을 꼿꼿이 세운다. 파렴치하
게, 미친 듯이, 이마에는 땀이 솟고, 눈은 불타오르며, 얼굴에는 미쳤다고
써 있다. 우리가 지금 막 묘사하고자 시도했던 이 춤은 이러하지만 이 춤의
뻔뻔스러움, 미적 거칠음, 정신적 파렴치함은 어떤 펜도 묘사할 수 없다.
페트로니우스의 시는 쉬카를 파악하는 데 훨씬 못 미친다. 쉬카는 심지어
피론의 불도 제압할 게다."그러나 들로는 이미 1841년 당시에 쉬카가 최고
의 전성기에 도달했다고 생각했다. "그는(쉬카는: 역주) 자신의 민속적 기
원을 부인할 정도로 충분히 자신에게 힘이 있다고 생각한다. 그는 불행하게
도 어느 시점부터 귀족적 성향을 보이는데, 즉 그는 그 남자, 그 예술가,
그날의 영웅을 유명하게 만들고 있는 것이다. ─쉬카는 몰락하고 있다."슈
타르는 오직 쉬카의 차디찬 몰락만을 보았던 것이다.

계략을 사용한다. 중의성은 우리에게 부끄러움을 심어주는 것을 간접적으로 보여준다. 중의성은 분명히 그런 부끄러움에서 기원하지만 성관계를 다루면서도 그 파렴치함에 이의를 제기하며, 쉽게 다른 관점으로 번역될 수 있는 다른 의미를 우선 포함하는 듯이 보이는 형태로 그 파렴치함을 감춘다. 그렇기 때문에 여기서는 상상의 유희가 바로 위트 있는 유사성을 통해서 정말이지 두드러질 수 있다. 쇼펜하우어가 양성(兩性)의 관계에 대해 무슨 말을 하고 있는지 생각해보면,49) 우리는 성적인 중의성이 무슨 이유로 문화와 신분의 상이성을 막론하고 모든 시대에 걸쳐 가장 특출한 중의성으로서 인류의 취향이 되었는지 이해하게 된다. 성적 중의성에 대한 즐거움은 그로부터 보다 지고하고 순수하며 이상적인 교양이 생겨날 때까지 문명의 발전과 더불어 지속적으로 늘어난다. 종교는 자신의 음탕함에 있어서 성관계를 감추지 않으며 따라서 남근, 링감, 생식의 신이 무엇인지는 상징 해석을 통해서 비로소 파악될 수 있는 것이 아니다. 종교들은 성관계에서 신적이고 성스러운 자연의 힘을 인식하고 개방적으로 그것을 유희의 대상으로 삼으려는 시도를 약화시켰다. 제물, 즉 어떤 젊은 여성들이 생식의 신에게 바쳐지는지 우리에게 표현해주는 고대의 그림과 부조와 보석세공50)에서 우리는 육욕적이지 않고 오히려 엄격한 처신을 발견한다. 조각과 회화는 물론 육욕적이고 음탕할 수 있다. 하지만 이것들이 중의성에 항복하는 정도는 무언극과 문학보다 훨씬 덜 하다.

---

49) S. Arthur Schopenhauer, 《의지와 표상으로서의 세계》(라이프치히, 1844, 2권, 531~564쪽). "이성간의 사랑이라는 이 형이상학"은 비록 때로는 냉소적이지만 자연과 인생으로부터 끌어낸 매력적 관찰로 가득 차 있다.

50) 피렌체의 갤러리에 있는 피티 궁전의 그림을 새긴 동판화 아래쪽에는 많은 양의 까메오들이 확대된 상태로 훌륭하게 새겨져 표현되어 있다. 이 훌륭한 까메오 작품들 중 아주 많은 것은 젊은 여성과 소녀를 제물로 표현하고 있는데, 이들은 자연의 힘에 호소를 하고 있지만 종교적 생각 외에는 다른 어떤 생각도 없음을 나타내는 절제와 우아함을 가지고 있다.

음악은 아예 중의성의 능력이 없다. 중의성은 우리들의 상상과 오성을 동시에 움직이며 암시에 의해서 상스러운 말과 동일한 것이 되지 않는다. 상스러운 말은 나름으로 중의성도 될 수 있지만 반면에 중의성이 거꾸로 곧바로 상스러운 말이 될 필요는 없다. 상스러운 말은 난잡함과 뻔뻔스러움과 거칠음을 가지고 있지만 위트를 포함한 중의성은 그것과 거리가 멀다. 이른바 천박한 코믹의 중요한 요소인 상스러운 말은 용변의 배설을 가장 즐겨 유희의 대상으로 삼는다. 상스러운 말은 인간에 대해서 인간이 그렇게 특권을 지닌 존재이긴 하지만 어쩔 수 없이 오줌을 누고 똥을 누러 간다는 점에 웃고 있는 것이다. 라블레는 상스러운 말을 얼마나 많이 내뱉고 중의성은 얼마나 아끼고 있는가! 셰익스피어의 작품에는 중의성이 얼마나 풍부하고 상스러운 말은 얼마나 적은가! 라블레의 작품에서 주인공이 예컨대 어떤 종류의 밑씻개가 가장 좋은 것인지에 관한 심오한 연구에 진지하게 몰두하고 양심적으로 카탈로그에 올린 긴 목록의 실험을 통해서 막 알에서 기어나온 어린 수탉의 엉덩이 털이 우리 엉덩이에 가장 좋다는 결론을 맺고 있는 점은 상스러운 말의 본질에 근거해 있다. 라블레가 이런 테마를 다룸으로써 이와는 별도로 종종 아주 철저하게 무(無)에 전념하는 불임(不姙)의 학문을 비웃고 있다는 점은 자명하다. 상스러운 말 자체는 자연적으로 생성됨으로써, 지나친 수줍음에 그 사랑스런 선함이 거짓임을 상기시키면서 점잔 뺌을 수정하는 풍자와 상이할 수 있다. 청교도적 엄격함의 무미건조함으로 인해 북아메리카에서 숙녀들이 있는 자리에서 속옷이나 팬티라는 낱말을 사용하지 못했을 때, 그 대신에 사용한 '말로 언급될 수 없는 것'이라는 표현은 팬티가 무엇인지를 사람들이 정말 잘 알고 있다는 점을 가장 잘 입증해준다. 알렉시스(W. Alexis)의 《폰 브레도우 씨의 팬티》(*Die Hosen des Herrn von Bredow*) 같은 소설 제목이 있다면 작가는 그로 인해서 북아메리카에서 영원히 사회생활을 하지 못했을 것이다. 아주 중요한 것은 상스러운 말을 어떻게 준비하느냐는 문제이다. 하이네는 그 기술에 엄청난 재능을 가지고 있다. 그가 여행도감에서 플라텐을 비난하는 논쟁을, 폰 슈나벨로 보프스키 씨에 대한 그의 기억을 떠올려보라. 그리고 뚱뚱한 함모니아가 그에게 카를 대제의 침실용 변기를 찾도록 명령을 내리는 겨울동화의 종결부를 기억해보라. 반면 중의성은 특히 다소간 은폐되어 있는 성적 암시의 영역에서 움직인다. 17세기와 18세기는 특이하게도 그것에 빠져 있었다. 롱사, 볼테르, 크레비옹, 그레세 등이 이에 속한다. 디드로의 작품(《수다스런 보석들》(*Les bijoux indiscrets*))은 당시의 중의적인 프랑스문학의 최고봉으로 인용되곤 한다. 하지만 이 작품을 사람들이 일반적으로 말하는 대로 소타드 풍의 창작물 범주에 집어넣으려고 한다면 크게 실수하는 것이다. 문학사가들은 그와 같은 대상을 알지 못하는 상태에서 상황에 쫓겨 자신의 판단을 퍼뜨린다. 그래서 책에는 진부한 상투어 같은 것이 전형적 설명으로 달라붙어 있게 된다. 《수다스런 보석들》은 사안에 따르면 몽테스키외의 "페르시아인의 편지"(*Lettres Persanes*)의 연장이다. 그것은 디드로 같은 사람의 온 정신이 설파하고 있는 그 시대의 정치적 부패와 끝없는 부도덕에 대한 풍자이자 당시 사회의 가장 비밀스런 악덕과 후안무치함에 대한 도덕적 재판이다. 하지만 그 작품의 포장용 실마리가 후안무치한 것이라는 점과 에로틱한 장면이 어느 정도의 재미를 부여한다는 점은 부인할 수 없다. 디드로는 술탄 몽고굴과 그의 애인 미르조자에게서 가장 사랑스런 관계와 현자 쿠쿠파의 마술반지에 의해 폭로되는 극단의 냉소주의를 훌륭하게 대립시켜놓는다. 즉, 그는 사랑과 애정을 육욕과 천박함에서 엄격히 떼어놓고 결코 그 경계를 넘어서지 않으며, 감각을 자극하는 흥분을 중요시하는 작가라면 정말이지 깊숙이 빠지는 곳에서 글을 중단한다. 그는 책 전체 내내 쓰디쓴 인식을 철저히 맛보게 하며, 이것을 술탄 자신이 다음과 같은 말로 요약한다.

　　"이 얼마나 경악스러운가! 남편의 명예를 실추시키고 국가를 배신하며 국민을 희생시키다니, 이런 악행이 알려지지 않고 덕으로 칭찬받다니, 그리고 이 모든 것이 보석 때문이라니."

　　그럼에도 불구하고 이 책은 불쾌한 인상을 남긴다. 인간적 정열의 심연을 드러내기 위한 철두철미한 허구는 절대적으로 추한 것이기 때문이다. 이와 같은 전제의 천박함은 전체 이야기 내내, 벤 존슨의 《에피코엔》(Epicoene, 혹은 《말없는 여자》, 티크에 의해 번역되고 그의 전집 12권에 수록되었음)에서 결혼계약이 부부관계가 없음으로 인해서 다시 철회되는 작품의 토대와 비슷하게 작용한다.

　　육욕이나 중의성의 의미에서 후안무치한 것은 아니지만 우리가 역사의 뮤즈로부터 거침없이 진지하게 받아들일 내용을 문학적으로 만들려고 하기 때문에 부끄러움의 감정에 깊은 상처를 주는 그런 묘사들은 원래 추에 속한 것들이다. 거꾸로 무죄가 되는 타락에 대한 노골적 묘사가 있다. 특정한 묘사에 대해서는 육욕에 베일을 씌움으로써 보다 자극적으로 표현했다거나 거꾸로 감각을 사로잡기 위해 유별나게 사치를 했다고 비난할 수 없다. 육체적이고 윤리적인 타락의 그림에서 나타나는 묘사의 충실함과 천박함에 대한 묘사의 고통스러울 정도로 정확한 해부는 그에 대해 우리가 다음과 같은 비난을 제기하지 못하도록 만든다. 즉, 우리가 완전히 노출되지 않은 자극에 의해서 유혹받거나 혹은 점잔 빼는 색채에 의해서 압도당한다는 그런 비난 말이다. 그러나 바로 이런 완화장치가 없기 때문에 그런 생산물들의 작용은 더 구역질이 난다. 수에토니우스(Suetonius)나 타키투스 같은 사람이 객관적 진리에 대한 사랑에서 우리에게 그 같은 것을 보고할 경우 우리는 인류가 실수로 인해 빠져들 수 있는 그런 잔인함에 소름 끼쳐 할 것이며, 그런 구역질 나는 것들이 그 안에서 문학적인 것을 찾아보라는 요구와 함께 우리에게 제공된다면 우리 자신은 윤리적으로 동시에 심미적으로 파괴됨을 느낄 것이다. 보몽(Beaumont)과 플레처(Fletcher)는 이런 실수를 자주 범했다. 그와 같은 실수는 로엔슈타인(Lohenstein)이 그의 희곡에서 범한 실수이기도 하다. 그와 같은 실수는 현재 아들 뒤마의 《춘희》(*Caméliendame*) 같이 최근에 프랑스에서 나타난 과잉 낭만주의의 수많은 작품에서 발생하는 실수이기도 하다. 그것은 유진 쒸가 자신의 《파리의 미스터리》의 많은 부분에서, 예컨대 병적인 사랑에 대한 의학적으로 정확한 묘사에서 범한 실수이다. ─ 일단 사태 자체에 놓여 있는 경악스러울 정도의 산문적인 것은 제아무리 상상력을 동원한다 하더라도 없앨 수 없다. 디드로의 《수녀》(*Réligieuse*)도 이에 대한 끔찍한 증빙자료이다. 이 책은 문화사적 시각에서 보면 분명히 18세기의 가장 중요한 유품 중의 하나이다. 왜냐하면 이 책은 수녀원의 무시무시한 비밀에 관한 내부적 지식에 있어서 캐나다 몬트리올의 검은 옷의 수녀에 관한 이야기를 넘어서기 때문이다. 그리고 그 묘사는 얼마나 간결하고 마음을 사로잡는가! 그러나 미적 관점에서 보면 이 묘사는 전적으로 비난할 만하다. 왜냐하면 수녀들을 강요하여 레즈비언의 죄를 범하게 하는 뚱뚱하고 육욕에 가득 찬 수녀원장은 비문학적 괴물이기 때문이다. 물론 디드로는 우리가 무슨 이유로 자신이 소설 하나를, 예술작품 하나를 썼다고 생각하는지 물어볼 수 있을 것이다. 그러나 디드로 자신은 내정(Naigeon)[51]이 보고하고 있듯이 그렇

---

51) 내정은 《디드로 전집》, 12권 255~266쪽에서 그가 무슨 이유로 이른바 디드로의 소설들을 "아주 노골적인 스캔들 텍스트"라고 평가하는지에 관한 변론을 그 어떤 것도 감추지 않고 드러낸다. 그 까닭은 그렇게 하지 않을 경우 문학사가 당연히 보여주고 있듯이, 이보다 더 분노할 사안과 이보다 질이 안 좋은 문체가 디드로라는 이름으로 독자들을 현혹시킬 수 있기 때문이라는 것이다. 263쪽에서 그는 자신이 그 책들에서 상상력을 위협할 수 있는 그런 것들에 대해 종종 디드로에게 이의를 제기했노라고 서술하고 있다. "그리고 이 자리에서 나는 ─ 이 관점에서 이 철학자의 죄를 무마시키기 위해서 ─ 다음과 같이 말하지 않을 수 없다. 즉, 그는 내 생각의 토대가 되는 이유

게 하지 않더라도 자신이 한 묘사의 위험성에 대해 확신하고 있었으며
나아가 그것을 수정하려고도 했다. 그러나 이 작업은 그를 죽음으로 몰
아간 병으로 인해서 중단되었다. 《운명론자 자끄》에서도 우리는 거기
서 나타나는 노골적 표현에 일종의 완화장치가 끼워져 있음을 발견한
다. 라틴계 문학에는 이미 중세의 콩트(contes)와 파브리오(fabliaux)52)
와 아르투어 기사들의 호색적 모험 이후부터 베랑제(Béranger)의 샹
송에 이르기까지 이어져오는 위험한 것, 상스러운 것, 중의적인 것,
음탕한 것을 애호하는 경향이 있다. 그런 작가가 그런 추한 소재를 제
아무리 기분 내키는 대로 우아하게 다룰 수 있다고 할지라도 그의 경
박한 주인공을 생각해볼 때 그는 프랑스인들이 그처럼 감각적으로 후
안무치한 표상들에 대해 느끼는 특별한 재미로부터 책임이 없다고 할
수 없다. 우리가 트리스탄 설화에서 발견하고 괴테의 《친화력》(Wahl-
verwandschaften)에 의해서 비극적으로, 도덕적으로 방향이 전환된 운
명적 사랑이라는 허구는 프랑스인들에 의해서 아주 중의적인 묘사를

들에 대해 놀란 채, 우아함과 부끄러움과 도덕적 훌륭함을 위해서 몇 가지
면을, 즉 가장 난봉꾼인 그 남자에게서는 차갑고 무의미하고 역겹던 면을,
그리고 그 단정한 여인에게서는 분노하게 하거나 혹은 이해되지 않는 면을
없애기로 결정했다는 것이다. 이렇게 정화된 작품이 자신의 효과를 상실하
지 않았음은 분명하다." 1768년에 출간된 《함부르크 희곡론》의 주 84, 85에
서 《수다스러운 보석들》의 일부를 번역했고 이로써 이미 당시에 독일 독자
에게 그런 책이 있다는 사실을 알려주었던 레싱은 내정의 생각에 동조를 하
며 다음과 같이 말했다. "이 책의 제목은 《수다스러운 보석들》이며, 디드로
는 지금 시점이라면 그 책을 아예 쓰려고도 하지 않았을 것이다. 그는 그 책
을 쓰지 않는 편이 나았을 것이다. 하지만 그는 그 책을 썼다. 그리고 그가
표절 작가가 되지 않으려면 쓰지 않을 수 없었을 것이다. 또 분명한 점은 오
직 아주 젊은 남자만이 그런 책을 쓸 수 있었다는 것인데, 그는 그 책을 썼
다는 점에 대해 언젠가 부끄러워할 것이다."
52) 역주: 콩트는 여기서 중세에 구전되고 텍스트화된 운문 이야기 모두를 지칭
하며, 파브리오는 후기 중세에 나타난 익살스런 운문 이야기들을 지시한다.

위한 불충분한 완화장치가 되어버렸다. 프랑스인들이 가장 즐겨 읽는 소설 중의 하나는 여전히 프레보 데그질(Prévost d'Exiles)의 《마농 레스코》(Manon Lescaut)이다. 두 연인은 마치 마법에 걸린 듯이 서로 관계를 맺고서 아주 종종 쓰디쓰게 되는 모든 운명의 전환을 꿰뚫고 죽을 때까지 서로에게 충실한 모습을 보인다. 하지만 어떤 방식으로 그렇게 하는가? 그들의 외적 난관이 아주 커질 경우 아름답고 사랑스러운 마농은 애인의 동의하에 규칙적으로 부유한 남자의 손에 자신을 내맡기고 그 대가로 그를 착취하며 그런 다음 매춘을 통해서 벌어들인 재산을 수단으로 다시 걱정 없는 삶을 준비하는 타개책을 생각해낸다. 자기 애인에게 충실하며 너무 충실한 나머지 애인을 위해서 매춘을 할 정도이다! 그리고 그는, 기사 데그리외는? 그는 사기로 돈을 번다! 지금도 여전히 계속 새롭게 발간되는 수많은 《마농 레스코》가 증명해주듯이 이와 같은 상황은 분명히 자극적이고 분명히 프랑스식이기도 하다. 그러나 그것들은 윤리적으로, 미적으로 분명히 천박하고 비천한 것이기도 하다. 연인들이 후에 아메리카로 이주해서 그곳에서 아주 도덕적인 인간이 되어 샤또브리앙(Chateaubriand)의 《아탈라》(Atala)의 전범에 따라 감동적 결말을 맞이한다는 점은 합리화가 아니라 윤리적·미적인 실수이다. 그도 그럴 것이 아메리카 땅에 있는 마농과 데그리외는 더 이상 앞과 동일한 인물이 아니기 때문이다. 조르주 상드는 잘못된 길에 빠져서 《레오네 레오니》(Leone Leoni)로 《마농》의 자매작품을 쓰려고 한다. 차이는, 줄리는 경건하며 데그리외와 똑같은 사기꾼인 레오니의 직업을 알지 못한다는 점이다. 하지만 그녀는 완전히 추한 존재로 타락해버린다. 왜냐하면 우리가 위에서 말했듯이 프레보 데그질의 작품에서 연인들의 공공연한 의견일치에 의해서 거꾸로 무죄가 되었던 것이, 줄리를 어떤 영국인에게 가장 잔인한 방법으로 팔아버리려는 레오니의 속임수와 강제에 의해서 견딜 수 없는 것이 되어버리기 때문이다. 마농의 충실함은 어떤 비자연적인 면도 갖고 있지

않지만 줄리가, 그녀 자신을 영업수단으로 비천하게 만들어버리려 하
고 가장 불명예적인 방법으로 속이는 윤리적 괴물에게 열정적으로 매
달리는 것은 사람을 분노케 한다. 53)

성적 천박함이란 이 전체 영역은 오직 코믹에 의해서 미적으로 해방
될 수 있다. 이 경우에 윤리적인 면은 무시되어야 하고 이 상황에서
그 자체로 존재하는 실제적 모순만이 견지되어야만 한다. 코믹은 사건
발생 자체만을 향해 있어야 한다. 왜냐하면 보다 심오한 모든 생각은
코믹을 방해하기 때문이다. 바이런은《돈 주앙》(Don Juan)의 아주 자
극적인 장면에서 그런 코믹을 활용했었고, 이 장면들은 우리를 분노하
게 하지 않고 웃게 만든다. 풍만한 스페인 여인 줄리아는 남편이 알구
아질(Alguazil) 가문의 사람들과 함께 자기 방으로 들어올 때 돈 주앙
을 이불 속에 집어넣고 사람들이 얼마나 후안무치하면 자신의 침대까
지 올 수 있는지에 대해 격렬하게 설교한다. 사람들이 방에서 침대 밑
에 이르기까지 샅샅이 수색하고 그 어떤 의심스러운 것도 발견하지 못
하는 동안 범인은 침대 속에서 땀을 흘리고 있다. 혹은 돈 주앙이 콘
스탄티노플의 여 술탄에 의해서 노예로 구매되어 여자로 변장한 상태
로 하렘에 숨겨진다. 그러나 그를 위한 침대가 아직 없기 때문에 첫날
밤에 임시적으로 하렘의 여자 노예 중의 하나와 함께 있게 되며, 이

---

53) 이런 판단에 있어서 나는 던롭(J. Dunlop),《산문 문학의 역사》(원제목:
허구의 역사(History of the fiction)), 1851년 베를린에서 출판된 리프레히
트(F. Liebrecht)의 번역본 397쪽의 견해에 동조한다. 프랑스인들은 여전
히 그 작품에 열광하고 있다. 생 뵈브는 우리들에게서도 비평가로서 아주
존경받는 사람이라고 생각되는데, 그는《문학 비평과 문학 초상》(브뤼셀,
1832, 2부, 176~178쪽)에서 그 작품에 대해 가능한 한 온갖 칭찬을 하고
있다. 그는 그 작품을 조그만 명작(名作)이라고 부르며, "그것의 화장하지
않은 신선함은 불후의 것이다"라고 한다. "마농 레스코는 계속 존재할 것이
고 그 작품은 취향과 무수한 유행의 변화에도 불구하고 근본적으로 독자적
운명을 통해서 우리가 작품에서 알게 된 그 용감하고 기분 좋은 냉정함을 견
지할 수 있다."

여자 노예는 그후 너무 기이하고 생생한 꿈을 꾼 나머지 비명을 지르고 침실 전체를 소란스럽게 만든다. 이 경우 코믹은 이미 언급했듯이 모든 윤리적 비판에서 벗어나 있어야 하지만 이런 해방의 가능성은 나머지 상황 전체에서도 존속해야 한다. 우리가 예컨대 여기 하렘에서 소녀로 변장하여 능동적인 행함 없이 백인 여자 노예와 함께 침대에 있게 된 돈 주앙으로 인해서 윤리적 요구의 망각을 놀랍지 않은 것으로 생각하듯이 말이다. 《돈 주앙》에서 바이런은 감각적인 것을 끝까지 탐닉하는 빌란트(Wieland)처럼 결코 육욕적으로 색칠하는 방식으로 묘사하지 않는다. 이 장르의 경우 비교적 최근의 작가 중 특히 뽈 드 콕(Paul de Kock)이 신선한 느긋함을 견지하고 있는데, 이것이 없는 그 장르는 철저히 반감을 불러일으키는 것이 된다. 그의 작품에서 상황의 우스꽝스러움이 그에게 중요하며 그가 감각적인 것을 비록 음탕하게 다루지만 그 배후에는 그 어떤 다른 생각도 없음이 느껴진다. 이런 식으로 그는 언젠가 어떤 노처녀에게 모든 성적 부도덕함은 오직 그렇게 많은 여자들이 팬티를 입고 있지 않다는 점에서 연유한다는 생각이 들게끔 한다. 그렇기 때문에 그녀는 팬티를 입지 않을 법한 여성을 결코 집에 받아들이지 않는다. 그녀가 하녀를 고용할 때 그 하녀는 팬티를 입겠다는 서약을 해야만 한다. 집안에 들어올 경우 그녀는 자신의 모습을 보이고 치마를 들어올려서 자신이 도덕에 맞게 팬티를 입고 있음을 보여주어야 한다. 젊은 아가씨는 곧바로 무엇보다도 칼렝송(Calençons)을 입고 있어야 한다. 왜냐하면 팬티 착용은 이 존경스러운 숙녀에게 우아함과 도덕성과 일치하는 것이기 때문이다. 그리고 숙녀는 젊은 아가씨에게 이와 같은 도덕적 원칙의 중요성에 대해서 광범위하고 자세한 설명을 해준다. 그러던 어느 날 질녀가 남자 사촌과 정원의 의자에 앉는다. 의자가 넘어가고 젊은이들은 아래로 쓰러진다. 그리고 이 우연에 의해서 남자 사촌은 여자 사촌이 팬티를 아주 즐겨 입는다는 사실을 발견한다. 이는 불행한 발견이다. 왜냐하면 이 발견이 그 현명한 여 교육자의 숭고한 의도와는 정반대의 결과를 초래할 것이라는 점을 우리가 예견하게 되기 때문이다. 우리는 앞에서 언젠가 뽈 드 콕이 자신의 코믹으로 인해서 그의 코믹이 그로테스크와 익살스러움의 경향을 띠는 까닭에 다른 많은 작가보다 훨씬 덜 위험하다는 점을 언급했었다. 이런 명랑한 기분을 그는 아주 솜씨 좋게 특히《하얀 집》(*La Maison Blanche*)이라는 제목의 소설에서 펼쳐보였다. 진정 코믹한 이 소설의 수많은 상황 중에서 우리는 우리 주제를 밝혀보기 위해 단 하나의 상황만을 설명하기로 한다. 벼락부자 로비노는 시골에 성을 한 채 사고 그 성에서 시골풍의 파티를 개최한다. 다른 여흥거리 중에서 기둥 타기도 있다. 그러나 상품을 따내려는 젊은이들 모두는 미끄러운 기둥에서 떨어진다. 그래서 어느 누구도 상품을 타가지 못하는 듯이 보인다. 그때 건장한 여자 요리사가 나타나서 치마를 꼭 묶고 단정하게 솜씨 있게 올라가서는 상품을 거머쥐고 아래로 미끄러져 내려오기 시작한다. 그러나 그 사이에 그녀의 옷이 위에서 걸려버리고 예기치 않게 그녀의 머리 위에서 접혀져 그 결과 관중들은 그 여자 승리자의 팬티를 입지 않은 지저분한 엉덩이를 보게 된다. 이렇게 극도로 우스꽝스러운 상황은 콕에 의해서 아주 자연스럽게 도입된다.

지금까지 조야함의 형태로 설명된 개념들은 자유가 감각적인 것에 예속되어 있다는 공통점을 가진다. 이것들과 상이한 것은 난폭함(*das Brutale*)인데, 상술하자면 다른 사람들의 자유에 가하는 강제에서 만족을 느끼는 난폭함이다. 위엄 있는 행동 역시 다른 사람에게 고통을 가할 수 있으나 그것은 다만 정의가 그렇게 하기를 요구하는 경우이다. 위엄은 그 자신의 자비가 용서할 수 있는 경우에 더 장엄하게 드러난다. 반면에 천박함은 자신의 이기심을 만족시키기 위해 다른 사람들의 고통을 야기함으로써 자신의 조야함을 완성시킨다. '난폭한'이라는 낱말은 이미 어원에 의해서 그 속성이 드러나는데, 비록 짐승들 자신이 짐승이란 이유로 난폭할 수 없음에도 불구하고 말이다. 오직 인

간만이 난폭해질 수 있다. 왜냐하면 인간은 자신의 자유로부터 벗어나
길을 잃고 짐승의 속성을 띠는 폭력으로 빠질 수 있기 때문이다. 만일
수고양이, 산돼지 수컷이 새끼를 잡아먹는다면 이는 비자연적이지만
난폭한 것은 아니다. 왜냐하면 동물은 자식을 사랑하는 능력이 없기
때문이다. 동물적 충동이 지닌 가차없음은 정말이지 난폭함의 본질이
다. 동물은 거리낌 없이 그것을 따른다. 그러나 인간은 그 충동을 자
신의 의지에 복속시켜야 한다.[54)]

  난폭함은 조야하다. 왜냐하면 난폭함은 폭력적 자의로, 그러므로
잔인하게 자유에 대항하고 이런 행위에서 즐거움을 느끼기 때문이다.
잔인함은 난폭함에서 희열이 되고 희열은 잔인함이 된다. 폭력이 그의
잔인함에서 고려될수록 탐닉이 그의 희열에서 정교해질수록 그것들은
더욱 잔인해지고 — 그리고 미적으로는 더욱 추해진다. 왜냐하면 그렇
게 되면 흥분으로 인해 그렇게 지나쳤다는 변명은 더 많이 없어지고
잔인함은 더 자아의식적이고 자유로운 의지의 소산으로 나타나기 때문
이다. 난폭함은 약자에 대한 강자의 힘, 여자에 대한 남자의 힘, 아이
에 대한 성인의 힘, 병자에 대한 건강한 자의 힘, 포로에 대한 자유인
의 힘, 무기 없는 자에 대한 무기 소지자의 힘, 노예에 대한 주인의
힘, 죄 없는 자에 대한 죄인의 힘을 오용하는 것이다. 이기심에서 약
자에 힘의 우위를 과시하는 강제는 천인공노할 난폭함이다. 그러나 난
폭함은 그 형태에 따르면 일부는 비교적 거친 것일 수 있고 일부는 비
교적 세련된 것일 수 있다. 비교적 거친 형태는 동물 몰이, 소싸움,
처형, 고문 등에서처럼 그것이 야기하는 고통이 곧바로 지각될 수 있
는 표현을 취할 때이다. 비교적 세련된 형태는 고통이 보다 심리적인
강제에 근거하고 있을 때이다. 첫 번째 형태는 범죄드라마, 기사소설,
도적소설, 무산계급의 소설, 노예들의 역사에서 지배적이다. 유진 쒸

---

54) 역주: 도덕적 의지는 자유를 필연적으로 전제한다. 자유가 없고 필연성만이
   존재한다면 '~해야 한다'는 의무는 불가능하기 때문이다.

가 《파리의 미스터리》를 썼을 때 거기에는 그의 모방자들도 범접하기 어려운 그런 가장 거친 난폭함이 얼마나 많았던가! 쉬는 난폭함의 묘사에 특출한 재능을 가지고 있다. 그는 종종 너무 강렬하지만 때로는 진정 조형적인 묘사를 한다. 《미스터리》에서 그렝갈레와 이인조(Coupe-en-deux)에 대한 이야기는 걸작이다. 이인조는 전적으로 푸른 수염의 남자, 즉 봉건시대에서 유래하는 음침한 폭군의 방식으로 다루어진다. 그는 의지할 데 없는 아이들로 동물곡예단을 조직하고 그 곡예단을 하루 종일 바깥으로 내보내는데, 한 아이는 거북이와, 다른 아이는 원숭이와 함께 내보낸다. 그들이 저녁에 돌아올 때 돈을 많이 벌어오지 못하면 고통을 받는다. 그때 그들을 기다리는 것은 극히 무시무시하고 잔인한 방식의 욕설, 학대, 매질, 굶주림이다. ─ 난폭함의 보다 세련된 형태, 즉 심리적 강제는 아마도 신앙과 사랑과 명예의 변증법이 다른 사람에게도 전대미문의 괴로움을 불러일으키는 칼데론(Calderon)의 희곡에서 가장 심오하게 형상화되어 있을 것이다. 왜냐하면 스스로에게 가하는 고통은 설사 오리게네스(Origenes)의 자기 거세(去勢)나 쉬소(Suso)의 가시허리띠 착용과 나무십자가 위의 수면 등으로 존재하더라도 난폭함이라고 불릴 수 없기 때문이다. 이 스페인 작가는 그의 엄청난 상상력으로 인해서, 그리고 그와 연관된 가톨릭 신앙에 대한 관심으로 인해서 관찰대상에서 난폭한 요소를 인정하지 않았고, 그것을 드러내지도 않았다. 그럼에도 불구하고 칼데론의 가장 유명한 희곡작품에서 신앙과 사랑과 명예의 변증법이 타락하여 사람을 분노하게 만드는 비인간성으로 귀결됨을 아주 철저한 노력을 기울여 증명한 논문도 우리는 갖고 있다. 우리가 언급하는 논문은 1848년에 출판된 율리안 슈미트(Julian Schmidt)의 《종교개혁과 혁명시대의 낭만주의 역사》(Geschichte der Romantik im Zeitalter der Reformation und der Revolution), 1권 244~302쪽이다. 우리는 여기서 이 날카로운 논리 전개의 결론부 290~291쪽에서 우리 테마와 연관되는 것만을 끌

어들이고자 한다. 율리안 슈미트[55]는 다음과 같이 말한다:

"명예와 신앙과 사랑, 이 멋진 상상의 꿈 배후에는 냉철하게 계산하
는 추상적 이기심이 숨어 있다. ― 외관상의 예배는 모든 자연의 힘
을 풀어놓고 그릇된 신앙의 음울한 매력은 삶을 사악한 정신들이 날

---

[55] 율리안 슈미트의 논문은 셰익스피어, 라신느, 볼테르, 그리고 독일 낭만주
의에 대해서 실제의 원전 연구로부터 도출된 흥미로운 것을 적지 않이 내포
하고 있다. 이 논문이 겉보기에 잘 알려져 있지 않다면 그것은 아마도 다음
의 두 가지 상황에 원인이 있을 것이다. 하나는 저자가 원래 역사적으로 논
거하지 않고 우리에게 그렇게 보이듯이 인위적 범주를 만들어 그에 따름으
로써, 세계사에 대한 나름의 생각을 가지고 그에게 접근하는 독자가 이해하
기 어렵다는 데 기인한다. 다른 하나는 저자가 그 자신에 의해서 관찰된 형
상들 중 그 어떤 것에도 재미를 느끼고 있지 못하다는 데 기인한다. 분명히
역사의 모든 현상에 대해 좋지 않은 기분으로 말하는 어조가 책 전체를 관통
하고 있다. 율리안 슈미트는 현상의 부정적인 면을 날카롭게 파악하고 생생
하게 묘사하는 재능을 갖고 있지만, 여기서 형성의 과정을 단지 해체라고
하는 음울한 색조로만 바라보는 루게바우어 식의 방법에 아주 경도되어 있
다. 그는, 낭만주의에 대해 가톨릭식으로 아주 열광하고 잘 알려져 있다시
피 빈《연감》(Jahrbücher)에서 칼데론 희곡을 최초로 완벽하게 개괄하고 분
류한 발렌틴 슈미트와는 분명히 정반대 노선에 서 있다. 율리안 슈미트는
중세문학의 지식에 있어서 영웅 같은 존재이다. 나는 이 기회를 빌어 내가
때때로 이미 제기했던 질문을 다시 하지 않을 수 없다. 우리 독일인들은 수
많은 책을 무한정 반복적으로 찍어낸다. 예컨대 모양 좋고 우아한 복사사업
이 되어버린 우리들의 수많은 시가선집(詩歌選集)을 생각해보라. 수많은
외국소설의 번역물을 생각해보라. 칼데론에 관한 슈미트의 논문, 실제적이
고 내용을 보충하기 때문에 오랜 기간 동안 중요할 딘롭의《허구의 역사》에
대한 그의 비평,《데카메론》에 대한 그의 논문, 낭만주의 문학의 역사에 대
한 그의 기고문들을 우리는 왜 한번 모아서 단행본으로 찍어내지 않는가?
문학을 공부하는 모든 이들은 그것에 대해 얼마나 고마워할까. 빈《연감》에
서 해당 권을 구하는 것이 얼마나 어려운지 나는 경험으로 알고 있다. 기고
문들만이 개별 소책자로 인쇄되어 있을 뿐이다. 딘롭에 대한 비평은 빈《연
감》의 4권에 걸쳐 있다. 칼데론에 대한 논문은 심지어 그《연감》의 소책자
에만 실려 있다.

뛰는 곳으로 이끈다. 칼데론의 작품에서 풍성하게 창조하는 상상에 대해 감탄하는 사람은 이 상상 속에 스페인의 타락을 감추고 있는 비밀이라는 낱말이 숨어 있다는 점을 잊지 말라. 이 현란한 언어는 그 화려함을 수단으로 종교재판이라는 신앙의 행위들을 자축하고 그 달콤한 속삭임으로 화염에 휩싸인 이단자들의 비명소리를 덮어버리고 제식에 피우는 아랍의 훈향처럼 가치 없는 광신(狂信)의 제단을 감추면서 그 위로 퍼져간다. ―절대적 부정성인 광신의 본질은 모든 구체적인 것에 반하는 추상성으로 자신을 표현한다. 그렇게 되면 삶은 추상적 존재에 대해 꿈을 꾸는 완벽한 의미의 꿈이 되어버린다. 현실은 순간에 내맡겨진다. 왜냐하면 절대적인 것은 현실을 인정하지 않기 때문이다. 그 대신에 현실은 절대적인 것에 의해서 제한되지도 않는다. 현실은 중용을 모르게 된다. 자연은 열정의 불꽃 속에서 아무 생각 없이 고삐 풀린 채 세속적 심성의 어두운 기원에서 신속하게 솟구쳐나와서 어제 좋아했던 것을 오늘 파괴해버린다. 피안보다 확실한 것은 존재하지 않는다. 이런 열정이, 즉 추상의 성스러움에 의해 굴절되지 않고 자신에게 몰두하는 주관성이 온갖 형태로 유희를 한다. 개개인은 사랑이나 증오, 고귀한 심성이나 악의에서 한계를 갖지 않는다. 삶의 불꽃은 그 어떤 실체성으로부터 영양을 공급받지 못한 채 인간의 가장 깊숙한 내면에서 더욱 제어되지 않는 힘을 가지고 불타오른다. 인간의 합리화는 자신과 현실을 도외시하는 것이다. 즉, 그가 세속적 즐거움의 잔을 끝까지 비웠을 때 그는 그 도외시의 날개에 몸을 싣고 기적을 통해서 하늘의 지복함으로 날아오르는 것이다. ―이 맹목적 힘에 의한 구원의 작용이 내적 분열 없이 외적 방식으로 드러나기 때문에 인간은 거리낌 없이, 생각 없이 자신의 적나라한 자연의 야수성 속에서 이 황량한 운명을 향해 나아간다. 한편으로는 호랑이처럼 피를 갈망하고 자기 주위에 대해 생각 없이 분노하며 미쳐 날뛰고, 다른 한편으로는 세상으로부터 이미 완벽하게 떨어져나와 순전히 초감각적 세계에서 움직이는 신성함을 따른다. 이 모든 형태들은 추상적인 것이다. 왜냐하면 이것들은 분열도 발전도 없기 때문이다. 이것들은 감정을 분노하게 만든다. 왜냐하면 동물적인 것이나 신적인 것은 정신에 반하는 자연으로 통하기 때문이다. 인간이 절대적인 것에 대한 인식을 추구하면 그는 마법에 손을 뻗친다. 부활이 이루어지면 그것은 기적에 의한 것이다."

— 슈미트가 칼데론의 작품에서 추상이라고 지칭한 것을 우리는 심리적 강제라고 부른다. 왜냐하면 행위의 동기는 사랑이 삶보다 앞서는지, 명예가 사랑보다 앞서는지, 신앙이 명예보다 앞서는지 등에 대한 계산에서 늘 취해지기 때문이다. 《고메즈 아리아스의 사랑》(*La Nina de Gomez Arias*)에서 여자가 심지어 자신을 무어인에게 노예로 팔아버리는 남자에게 아주 무시무시하게 학대당한 후 그럼에도 불구하고 그 남자를 용서했을 때 이것은 여성의 절대적 열정인 사랑의 힘이며 이것이 그녀에게 명예를 제쳐두도록 허락한다. 《자신의 명예를 지키는 의사》(*El Medico de Su Honra*)라는 우리에게 알려진 연극에서 돈 구티에는 아내가 왕자와 관계를 가짐으로써 정절을 깨뜨렸을 거라는 단순한 의심으로 인해서 그녀를 잔인하게 살해하고, 그의 분노가 근거 없음이 밝혀졌음에도 불구하고 태연한 태도를 견지했을 때, 이것은 그에게 명예를 위해 사랑을 희생시키라고 명령하는 명예에 대한 남자의 열정이다. 《의지 견정한 왕자》(*Principe Constante*)에서는 붙잡혀 있는 왕자 페르난도가 모로코의 공주로부터 사랑을 받았음에도 불구하고, 코이타를 넘겨줌으로써 풀려날 수 있는 가능성에도 불구하고, 극도의 곤경과 치욕을 감내하고 그 와중에 죽어갈 때, 이는 신앙이 기독교신자인 그에게 존엄을 위해 사랑과 자유와 생명을 무가치한 것으로 여기라고 요구했기 때문이다. 불명예, 살인, 학대, 순교의 난폭함은 이런 변증법에서 자기식의 방법을 갖고 있다. — 비교적 최근에 나온 우리들의 많은 비극도, 예컨대 할름의 《그리젤디스》(*Griseldis*)처럼 심리적 강제라는 보다 섬세한 난폭함에 오염되어 있다. [56] 이 작품과 셰익스피어

56) 헨네베르거(Henneberger), 《독일 희곡》(*Das deutsche Drama*)(8쪽): "이

268

의 《심벨린》(Cymbeline)에서 나타나는 유사한 테마의 처리방식을 비교해보면 우리는 여기서 파르치팔 쪽에서나 그리젤디스 쪽의 진실한 사랑이 비극적 열정을 불러일으키지 못함을 이해할 수 있다. 왜냐하면 그렇지 않을 경우 파르치팔은 아내를 괴롭히는 데 있어서 그렇게 잔인한 난폭함으로까지 나아갈 수 없을 테고 그리젤디스는 그에 대한 헌신에서 그렇게 품위를 해치는 굴욕에 이르기까지 자신을 낮출 수 없었을 테니 말이다. 오만한 파르치팔이 구사하는 아주 세련된 언어의 매력과 그가 아내의 정절을 시험하기 위해 점점 강도를 높여가는 시험은 우리를 매혹시킬 뿐 우리를 승화시키지는 못한다.

힘의 조야함이 순결무구함을 학대할 때 그 강제의 난폭함은, 그 순결무구함이 죄로 뒤덮여 있는 역사의 혼란 속에 아직 끼어들지 않고 있고 아직 스스로 죄를 짓지 않은 어린아이의 순결무구함일수록 혹은 그 순결무구함이 보편적 타락에서 벗어난 도덕의 자각적 고귀함일수록 더욱 추해진다. 여기에 속한 것은 예컨대 화가들이 즐겨 그렸고 마리니가 노래로 불렀던 베들레헴의 유아살해이다. 이와 같은 것은 보다 섬세한 야만의 형태로 표현될 수 있다. 유진 쒸가 《마틸드》(Mathilde)에서 저열한 괴롭힘을 묘사한 방식처럼 말이다. 마드모아젤 드 마랭은 그런 괴롭힘을 수단으로 양심적으로 세심하게 교육시킨다는 미명하에 어린 마틸드를 철저히 혹사시킨다. 그녀가 침대에 누워 그 어린아이의 아름다운 머리칼을 자르는 장면에서 그 괴물은 얼마나 한없이 난폭한가! 《파리의 미스터리》에서 쒸는 평판이 안 좋은 슈에뜨라는 인물로

작가는 아마도 그리젤디스가 이 모든 것이 단지 유희를 위한 것이었다는 것을 알았을 때 파르치팔을 거부함으로써 균형을 맞추려 했다고 대답할 수 있을 것이다." 그러나 — "여기서 우리에게 사랑이라는 이름으로 팔아치운 것이 실제로 이 여자의 진실한 사랑인가? 자신의 인격에 대한 권리를, 인간의 품위를 어느 정도까지 포기하는 그런 헌신이 사랑하는 이 자신의 품위에 대한 감정을 고양시켜주어야만 하는 자유로운 사랑이기보다는 오히려 동물의 본능적 매달림이라는 점을 우리가 망각할 수 있을까?"

그 악마적 이기심을 희화화하고 거칠게 묘사한 모방품을 만들어냈을 뿐이다. ― 자아의식적 자유의 위엄과 난폭함의 대조는 특히 예수의 수난사(*Passionsgeschichte*)를 통해서 예술의 대상이 되었다. 이런 대조는 고대예술에서 아직 두드러지지 않는다. 니오베, 디르케, 라오콘은 오만함으로 인해 죄를 짓고, 오이디푸스, 오레스테스는 자유의지에 따르지 않은 자유의지적 행동[57]을 통해서 죄를 짓는다. 마찬가지로 신에게 오만하게 굴어서 죄를 짓는 마르시아스[58]는 처벌의 종류로 인해서 우리의 동정심을 불러일으킨다. 왜냐하면 신 자신에게는 비록 그렇게 할 권리가 있지만 패배한 적의 피부를 칼로 도려내는 그런 처벌을 가하는 것은 오늘날 우리들의 감정에 어긋나기 때문이다. 그렇기 때문에 릴리프에 나타난 고대의 표현은 이 난폭한 광경을 아폴로가 칼을 들고 나무에 묶인 마르시아스 쪽으로 걸어가게 함으로써 완화시킨다. 그러나 예수의 수난에서 우리는 난폭함과 정반대되는 순결무구함을 관찰하게 되며 난폭함은 보다 섬세한 형태와 거친 형태를 통해서 순결무구함과 대립한다. 회화는 일찍이 이런 대조를 이해했고 특히 비교적 옛날의 독일 유파는 바리새인과 지식인과 병사에 악마 같은 외모를 부여하는 기초를 마련했었다.[59] 이런 대조는 예수의 이야기에서 시작해서

---

57) 역주: 이성에 따라 행동하지 않고 그외의 감정적 충동에 따르지만 의지적인 모든 행동을 지칭함.

58) 역주: 마르시아스(Marsyas). 피리의 명수로 아폴로에게 도전했다가 져서 산 채로 껍질이 벗겨짐.

59) 호토(Hotho)는 《독일과 네덜란드 회화의 역사》(*Geschichte des deutschen und niederländischen Malerei*, 160~162쪽)에서 아이크로부터 보쉬에 이르는, 그리고 보쉬로부터 숀가버(마틴 쉰)에 이르는 발전을 구분했다. 212쪽: "마틴 쉰은 성장(盛裝)을 한 사형 형리(刑吏)와 오만하게 이를 드러낸 그의 사내아이들, 그리고 고문하는 종들의 모습에서 철저히 자연에 충실한 묘사를 드러내고 있다. 그는 단지 이따금씩 수정을 가함으로써 관찰된 모습을 고양시킨다. 코끼리 모양의 입과 염소 모양의 머리와 뼈만 남은 몸통으로 기형을 강화한 것은 안과 밖의 뒤집혀진 상태를 표현한다." 다음의 글을 참

순교자와 성인들의 이야기로 온갖 방향으로 계속 발전했다. 여기서 예수에게 채찍질을 가하고 면류관을 씌우고 그에게 십자가를 짊어지게 했던 병사들에 의한 예수의 조롱은 수천 가지의 색조로 반복되었다. 병사들은 시뻘겋게 달아오른 집게로 집고 십자가에 못질하며 심지어 베드로의 경우 머리를 아래쪽으로 향하게 하고 화덕 받침대 위에서 지지며 피부를 벗겨내고 내장을 끄집어내고 머리를 자르고 고문대에서 사지를 비틀고 기름으로 삶고 땅속에 파묻었다. 이런 행위들은 미적으로나 윤리적으로 저주를 받아 마땅한 난폭함들이다. 천재적 예술가들이 이런 소재를 미적 요구와 화해시키려고 제아무리 노력을 기울였더라도 이것이 실제로 성공한 경우는 거의 없다. 하지만 전쟁 그림 역시 우리에게 살해와 죽음의 고통에 대한 모습을 다양한 형태로 보여준다고 말하지 말라. 전쟁에서는 폭력과 폭력이 서로 대립하고 병사와 병사가 서로 싸운다. 공격받은 자가 공격하는 자인 것이다. 그럼에도 불구하고 화가는 전쟁의 공포를 적절하게 다룬다. 그는 온갖 종류의 부상자들과 죽어가는 자들을 그리지만 특정한 사지절단은 우리에게 보여주기를 주저한다. 고대의 회화도 무시무시한 것을 거리낌 없이 표현했지만 오직 필연적인 것만을 표현했을 뿐이며 이에 대해 괴테는 필로스트라트(Philostrat) 그림에 대한 관찰에서 그것이 합당하다고 말한다. 39권 65쪽에서 그는 그 압데라[60]인의 살해의 경우에서 다음과 같이 말한다.

"이 그림은 무엇인가 의미 있는 것을 결코 간과하지 않고 오히려 강하게 관람자와 마주치게 하고 있다. 그래서 우리는 도적들이 수령이 오래된 나무에 전리품으로 걸어놓은 머리와 두개골을 발견한다. 히

조하라: 쿠글러(Kugler), 《회화의 역사서》(*Handbuch der Geschichte der Malerei*, II권, 베를린, 1837, 84~86쪽).

60) 역주: 압데라(Abdera)는 고대 그리스의 도시 이름이다.

포다미아[61]의 구혼자들의 머리도 마찬가지인데, 그것들은 그녀 아버지의 궁정에서 창에 꽂혀 있다. 그리고 그렇게 많은 그림에서, 먼지와 뒤섞여 계속 흘러내리고 고이는 피의 강물에서 우리는 어떻게 처신해야 할까? 그러므로 고대인들의 최고의 원칙은 무엇인가 의미 있는 것이지만 성공적인 형상화의 최고 결과는 미라고 우리는 말할 수 있다. 그리고 이 점은 우리 현대인에게도 동일하지 않을까? 왜냐하면 교회와 갤러리의 어디를 보나 완벽한 예술가들이 우리로 하여금 어쩔 수 없이 그렇게 많은 역겨운 순교를 고마워하며 기분 좋게 보게 하기 때문이다."

저항하지 않는 성인에게 선택된 고통을 가하는 난폭함은 오직 그 묘사가 외적 폭력에 대한 내적 자유의 승리를 드러내는 한, 미적 대상이 될 수 있다. 그렇기 때문에 사형 형리들은 그들의 잔혹한 일과 개인적으로 조화를 이루는 근육 없는 육체와 강인하고 감정 없는 얼굴과 조롱조로 웃는 얼굴 표정을 하고 있어야 하는 반면, 성인의 용모와 얼굴은 품위와 미를 통해서 우리를 사로잡아야 한다. 난폭함이 자유에 대해 아무런 힘을 가지고 있지 못함은 고문받는 자의 용모의 표현을 통해서 그의 태도의 고상함을 통해서 분명히 드러나야 한다. 자기확신적 신앙의 위엄은, 대립의 불균형과 유한성을 어느 정도 자체 내에 포함하고 있다는 이유로, 포승줄과 고통과 죽음과 비웃음을 결코 조롱해서는 안 되고 오히려 절대적으로 이것을 넘어서서 그 고통을 겪고 느끼면서 승리를 거두어야 한다. 난폭한 행위의 소름 끼치는 모습은 그런 숭고한 태연함의 모습에서 아무것도 아닌 것으로 사라져야 한다. 그런 무시무시한 것이 신적인 정신의 위대함과 힘 속에서 몰락하지 않는다

---

61) 역주: 히포다미아(Hippodamia). 외노마우스(Oenomaus) 왕은 히포다미아라는 예쁜 딸을 계속 자기 옆에 두고 싶어서 구혼자로 하여금 미르틸루스와 마차경주를 벌이게 하여 지면 모조리 죽인다. 결국 펠로프스가 내기에서 이겨 히포다미아를 아내로 얻는다.

272

면, 단순한 처형의 광경은 참기 힘들다. 그리스도와 선지자와 성자를, 적이 자신들을 고문하는 수단인 고통에 저항하고 추상적 냉혹함에 대항하는 데 쾌락을 느끼는 북미의 이로케젠 인디언으로 묘사하는 그런 화가들과 조각가들은 바로 그 소름 끼치는 광경으로 우리를 괴롭히는 자들이다. 절대적 진리를 위해 기꺼이 희생하는 정신의 영원불멸성이 자체로 그 잔인함을 없애야 한다. 그리고 그런 장면의 묘사는 분명히 문학보다는 조형예술에 그 효과적 대조로 인해서 훨씬 더 유리하다. 왜냐하면 그림이나 조각군은 전체 묘사 내내 끌고 와서 더 많은 거부감만을 불러일으키며 감동을 줄 수 있는 것을 단번에 우리에게 내주기 때문이다. 이것은 레싱의 원칙을 위배하는 것처럼 보이지만 성자들의 순교를 마치 회의록처럼 철저하게 묘사한 중세의 저 성담(聖譚)을 알고 있는 사람이라면 누구나 우리 생각에 동조할 것이다. 그것보다 지루하고 더 추한 것은 거의 없다. 이 영역에서 유래하는 수많은 소재들은 강한 대조의 계기를 제공하기에 화가들이 예전부터 특히 선호했던 것들이다. 하지만 이것들은 위험한 경계선상에 서 있고, 그래서 그것들이 형상화될 때 아주 빈번히 추로 타락해버린다. 얼마나 많은 화가들이 베들레헴의 유아 살해를 추악한 도살로 왜곡시켰던가! 얼마나 많은 이들이 헤로디아스62)를 순교자의 피 흘리는 머리가 아닌 화환이나 맛있는 음식을 접시에 담아 나르는 모습으로 그렸던가! 여기서 중세는 청춘과 미와 세속적 즐거움과 경솔함이 무감각하게 품위와 의무와 신에 대한 복종과 인내와 대립할 수 있어야 한다는 틈새를 발견했고, 그래서 아름다운 무희가 선지자를 사랑했지만 선지자가 그녀를 경멸해서 그를 죽여 복수하려 했다는 이야기를 지어냈다.

난폭함에서 현상의 극렬함을 완화시키기 위해서는 폭력적인 것과 정의를 연계시키는 것이 항상 가장 좋다. 왜냐하면 이런 상황은 단순

---

62) 역주: 헤로데 안티파스(Herode Antipas)의 의붓딸 살로메를 지칭함.

아폴로니오스 작, 〈파르네제의 황소의 군상〉

한 자의와 우연에 대한 생각을 멀리하게 하기 때문이다. 이 경우에 고대예술이 죄라고 하는 검은 실마리를 어떻게 견지하고 있는지에 관해서는 우리가 앞에서 주위를 환기시켰다. 조각가 아폴로니오스와 타우리스코스는 현재 나폴리에 있는 유명한 파르네제 가문의 황소 조각군에서 디르케를 표현했다. 암피온과 제토스가 그녀를 황소의 뿔에 묶고 그 황소는 이미 그녀의 사지를 산산이 찢을 돌진을 위해서 몸을 일으켜 세우고 있다. 이 여성은 얼마나 아름다운가! 그러나 그녀의 미는 힘센 청년들을 매료시키지 못한다. 이 청년들 역시 자신의 난폭한 작품에 대해 이를테면 기쁨을 느끼는 것이 아니라 고대의 법칙에 따라 의무를, 즉 어머니에 대한 복수를 행하는 것이다. 그들은 아폴로와 아르테미스가 니오베의 아이들을 죽일 때 했던 것과 같은 행위를 한다. 그렇기 때문에 이른바 문학적 정의(正義)가 없다면 그것은 우리에게 무책임한 난폭함으로 느껴진다.

　'추가 미이다'라는 원칙을 가지고 있는 현대 프랑스 비극 역시 그런 점이 없지 않다. 예컨대 빅토르 위고는 비극 《왕은 즐긴다》(Le Roi s'amuse)에서 그와 같은 실수를 범한다. 그는 이 작품에서 멋지고 기사적인 왕 프란츠 1세의 위엄과 트리불르라는 추하고 꼽추인 어릿광대를 대립시켜놓는다. 하지만 그는 왕을 온갖 여자에게 아첨을 떨며 변장을 하고 가장 지저분한 술집까지 들어가서 가장 천박한 술집 접대부의 꽁무니를 뒤쫓아다니는 방탕한 진짜 깡패로 강등시킨다. 그런 왕은 왕이 아니다. 왜냐하면 우리가 그를 최초로 알게 되는 그 방종의 술자리에서부터 그가 살해당하는 하급 술집에서의 구역질 나는 모험에 이르기까지 그에게서는 그 어떤 고상한 본질의 흔적도 발견하지 못하기 때문이다. 그러나 아주 독기 서린 즉흥적 말을 모든 사람에게 뿌려대고 아주 악의에 찬 충고를 해대며 왕에게 치욕을 당한 딸로 인해서 불행해진 상 발리에를 비웃는 트리불르는 사랑스러운 아버지이면서 오직 돈벌이를 위해 하고 있는 어릿광대역 외에도 진실로 선지자적이며 인본적인 의식을 갖고 있는 인물이다. 그에게는 그를 불행으로 인도하는 아름다운 딸이 있고 왕은 그녀를 마음에 들어 한다. 교회에서 그녀를 본 왕은 블롱쉬가 그의 궁중 어릿광대의 딸임을 알지 못한다. 그는 변장을 하고 그녀에게 접근한다. 트리불르의 냉소적인 말로 모욕당한 궁중관리들은 그녀를 급습해서 재갈을 물리고 납치해서 왕에게 데려간다. 왕은 울며 간청하는 그녀를 방으로 데려가서 문을 잠그고 사랑의 감정을 갖고 그녀에게 치욕을 가한다. 그러는 동안에 바로 이 문은 궁중관리들이 감시하고, 그런 예감을 갖고 그녀에게 가려는 트리불르를 막는다. 이보다 더 난폭한 상황을 생각해낼 수 있을까? 이제 어릿광대는 집시 살타바딜을 금화 20냥으로 사주하여 왕을 살해하게 한다. 그러나 이 자는 우연과 착오로 인해서 트리불르의 딸을 살해하는데, 그녀는 왕이 자신의 명예를 탈취해갔음에도 불구하고 그를 사랑하고 있었다. 살타바딜은 시체를 부대 자루에 집어넣는다. 트리불르는 그 속에 왕의 시체가 있을 거라고 생각하고는 부대를 센 강에 던져버리려고 한다. 그러나 자신의 복수심을 완전히 만족시키기 위해서 그는 살해당한 자를 다시 한번 보려고 한다. 칠흑처럼 어두운 밤이라서 이것은 당연히 불가능하다. 하지만 능수능란한 작가는 곧장 천둥 번개를 치게해서 번개 불빛으로 이따금씩 환하게 만든다. 트리불르는 부대를 비수로 찢어 열고 자신의 딸을 발견한다. 그녀는 아직 약간 숨이 남아 있고, 하반신이 아직 부대에 담겨 있는 상태로 왕에 대한 감상적 열정에 사로잡혀 몇 마디 감동적인 말을 한다. 왕은 술집에서 살해당해야 했지만 집시의 누이동생인 마젤론의 집에서 밤을 보내려고 몰래 빠져나간 상태였다. 그런 후 트리불르의 딸은 죽는다. 그녀에게 서둘러 온외과의사는 직업적 판단으로 그의 딸이 이제 정말로 죽었다고 아버지에게 설명한다. 그러자 트리불르는 자살을 실행하지도 못하고 의식을잃는 반면, 마젤론으로 인해 죽음으로부터 목숨을 구한 왕은 자기 주변에서 일어난 이런 사건 진행에 대해서는 알지 못한 채 잠을 푹 자고노래를 부르며 그곳을 떠난다! 그가 처벌되지 않는다는 것은 분명히이 비극에서 가장 사악한 난폭함이며, 이것은 정말이지 천박함의 전범이다!

우리가 계속해서 이 작가의 다른 희곡들을 다룬다면 우리 주제에서너무 벗어나게 될 것이므로 빅토르 위고 이후 문학적 정의의 훼손이프랑스인들에게서 드문 경우가 아니라는 언급으로 만족하자. 라헬의가장 빛나는 배역 중의 하나는 스크리브 자신이 그녀를 위해서 썼던아드린느 르쿠브뢰 역이다. 작센의 원수가 아첨을 떠는 상대인 아드린느는 연극배우인데, 그녀는 질투심 많은 원수의 애인인 기혼의 영주부인에게서 독이 든 화환을 받는다. 화환은 그녀를 확실하게 죽이는 반면에 영주부인은 자유의 몸으로 빠져나간다. 그러나 이 작품의 본래적핵심은 결코 이런 불협화음이 아니라 불행한 여자의 죽음을 열정적으로 정확하게 표현하는 것이다. 독이 작용하는 모든 단계는 마지막 숨에 이르기까지 그 잔혹한 전개과정에서 너무 정확하게 연기되었다. 아

들 뒤마의 《춘희》에서도 충실하게 묘사된 로레트의 죽음은 관객에게
가장 흥미로운 난폭함이었다.

추의 개념을 발전시키는 것이 우리 과제이지만, 잔인함과 육욕의 결
합에 의해서, 그리고 육욕의 부자연성에 의해서 생겨나는 난폭함의 형
태에 계속해서 몰입하는 것은 제아무리 학문적 용기를 내더라도 불가
능하다고 주저함 없이 고백하련다. 예술사 연감들은 유감스럽게도 그
런 생산물로 넘쳐난다. 독일문학에서는 로엔슈타인의 《아그리피나》
(Agrippina)를 상기시키는 것으로 만족하자. 63) 이 분야에서 애호되는
난폭함은 당연히 더 거친 것이든 더 세련된 것이든 간에 강간이다.

난폭함 역시 코믹으로 전환될 수 있다. 이런 전환은 패러디의 형태
가 가장 일반적이다. 비교적 최근에 뮌헨의 〈플리겐데 블래터〉
(Fliegende Blätter)64)가 거리 가수의 발라드와 희비극적인 간단한 액션
으로 난폭함을 종종 재미있게 풍자하고, 파리와 런던의 인형극장이65)
그런 패러디를 통해서 상황의 부자연성과 비극이 시대적으로 빠져드는
과장되고 잘못된 열정을 의도적으로 비판했듯이 말이다. 그러나 코믹
한 전환은 패러디가 없어도 가능할 수 있다. 《사비니 여인들의 납치》
(Raub der Sabinerinnen)는 그 자체로 폭력이다. 처녀들에 대한 갑작스
런 공격은 난폭하다. 하지만 양성간의 근원적 관계가 여기에 끼어들면
서 두려움과 공포는 완화된다. 그런 이유로 조각가와 화가는 이 사건

---

63) S. J. B. Rousseau, 《희곡론적 평행선들》(Dramaturgische Parallelen, 뮌
  헨, 1834, I권, 189~191쪽): 올로아리투스가 마지막에 아그리피나를 향
  해 비수를 뽑아들었을 때 그녀는 다음과 같이 외친다.

  살인자여, 죄를 지은 이 사지를 찔러라
  그 아이가 빨게 될 이 가슴의 젖을 찔러라
  벌레 같은 아이를 낳을 이 벌거벗은 배를 찔러라

64) 역주: 〈플리겐데 블래터〉는 1844년 이래로 뮌헨에서 발행되는 풍자 잡지다.

65) Ch. Magnin, 《유럽 인형의 역사》(Histoire des Marionettes en Europe)(파
  리, 1852, 147~149쪽).

을 즐겨 다룬다. 그도 그럴 것이 그들은 이 사건을 통해서 두려워하는 얼굴 표정을 달콤한 불안에 대한 표현으로, 부끄러움의 발현을 자기도 의식하지 못하는 헌신(獻身)으로 미화할 수 있는 기회를 얻기 때문이다. 마지막으로 대담한 로마인들에 의해서 납치되는 것이 너무 불쾌한 것만은 아니다. 프로제피나66)의 납치, 유로파67)의 유괴 등이 이와 비슷하다. 라이네케가 이제 그림의 아내를 그가 보는 가운데 얼음 위에서 강간할 때 이것은 무조건적으로 난폭한 것이지만 보다 자세한 상황에 의해서 코믹하게 된다.68) 폭력적이지만 난폭하다고 할 수 없는 행동들도 많이 있다. 이런 행동들은 예술의 코믹한 대상이 될 수 있을 뿐이다. 치과의사를 표현하는 네덜란드 유파의 그림들 모두가 여기에 속한다. 치과의사들이 치료하는 순진한 아이들은 아주 버릇없이 비명을 지르며 농부들은 처형장으로 끌려가는 불쌍한 죄인들처럼 처신한다.

우리는 지금까지 음탕함과 난폭함을 조야함의 형태로서 관찰했지만 아직 조야함의 형태가 하나 남아 있다. 그것은 오만방자함(*das Frivole*)이다. 이것은 숭고함이 성스러움인 한, 절대적 자의로 인해서 숭고함과 모순이 되며 그럼으로써 우주의 가장 내적인 버팀목을 건드린다. 자연과 역사는 결국 도덕적이고 신적인 진리가 있다는 전제하에서만 의미를 갖는다. 오만방자한 자는 진리를 확신할 수 없기 때문에 그런 진리의 현존을 부인하는 자가 아니라 한없는 오만함으로 인해서 성스러운 것에 대한 믿음을 조롱하는 자이다. 그렇기 때문에 무신론자가 되는 회의주의자는 결코 오만방자할 필요가 없다. 그러나 성스러움이 존재하는 현실이 자신을 불편하게 하기 때문에 성스러움을 조롱의 대

---

66) 역주: 프로제피나(Proserpina). 주피터와 케레스의 딸로 후에 저승의 왕인 플루토의 아내가 된다.

67) 역주: 유로파(Europa). 페니키아의 공주로 황소로 변한 제우스에 의해 크레타로 납치되어 미노스를 낳게 된다.

68) 생선을 좋아하는 기레문트 부인은 얼음 속에서 얼어버린다.

상으로 만드는 이기주의자는 오만방자하다. 자의가 모든 자유와 필연성의 토대 자체인 존재를 비웃음으로써 불경을 저지르는 반면에, 진지한 노력의 슬픈 결론일 수 있는 학문적 무신론에는 종교적 절망이 각인되어 있을 수 있다. 오만방자함은 추하다. 왜냐하면 그것은 자연과 역사에 모든 위엄을 빌려주는 신의 위엄을 흉내내는 원숭이이기 때문이다. 오만방자함은 자신을 절대적인 것으로 설정한다. 자연의 경우 그런 오만방자한 추의 형태는 있을 수 없다. 왜냐하면 자연은 의식이 없는 것으로서 자신의 독자적 필연성을 비웃을 수 없기 때문이다. 예술 중에서 문학이 오만방자함을 묘사하는 데에 가장 적합하다. 왜냐하면 문학은 언어를 통해서 생각 속으로 들어갈 수 있기 때문이다. 오만방자함은 자체가 아무것도 아닌 웃음을 위해서 성스러움을 희생시킨다. 오만방자함에게 명예와 우정과 조국애와 종교에 대한 신실함은 고루함이자 약함일 뿐이며, 강인한 정신은 이것을 천박한 대중의 선입견으로 간주하고 그것을 넘어선다. 그러나 이 정신의 강인함은 신적인 것을 주관적으로 제멋대로 순전히 아무것도 아닌 상상으로 경시하고, 그럼으로써 민중에게 존엄하고 최고의 존재로 존중하라고 객관적으로 요구하는 것을 근본적으로 천박한 것으로 설명하는 자의 외에 아무것도 아니다.

절대적 존재의 실존에 대한 인간의 신앙과 인간이 그 신앙에서 빠질 수 있는 오류는 아주 잘 구분할 수 있다. 인간이 신앙에서 오류에 빠질 수 있는 까닭은 인간이 자유로운 존재이기 때문이며, 그리고 인간에게 자신을 믿도록 외적으로 강요하는 것이 신적인 존재의 본질과 모순되기 때문이다. 따라서 개별적 관점에서 보면 인간은 결코 항상 절대적 진리를 신앙의 내용으로 가질 수 없다. 인간은 진리를 광증으로 착각하게 되며, 심지어는 이 광증을 그릇된 종교로 신성화할 수 있다. 종교들은 개별적 관점에서 상이한 내용을 가지고 있지만 종교라는 점에서, 그리고 인간과 절대자와의 관계를 설정한다는 점에서 동일하다.

진실한 불교신자, 유대교신자, 이슬람신자는 진실한 가톨릭신자, 루터교신자, 감리교신자 등과 마찬가지로 신앙의 진리를 위해서 기쁘게 죽어간다. 마찬가지로 윤리의 개별성에 있어서 민족들은 상이하지만 각각의 민족에게 해당되는 하나의 윤리는 신성하다. 야만인은 윤리적 관점에서 손님에게 자기 딸을, 자기 아내를 동침하라고 열정적으로 제공하고, 다른 관점은 이것을 능욕으로 간주한다. 같은 민족의 윤리는 시대가 상이하면 상이한 내용을 띠었다. 우리의 경우 18세기에도 어린 아이들이 부모에게 감히 너라고 말하면 그것은 모든 권위를 오만방자하게 허물어뜨리는 행위로 간주했고, 심지어는 제후 가문의 가족구성원들도 그랬다. 윤리라는 것은 민족의 의지가 관습으로부터 취하는 형태이기 때문에 민족은 자신의 윤리들이 서로 아주 어긋나더라도 그것들을 존중한다. 그래서 그 윤리의 보편적 필연성 속에서 태어나고 그 윤리 속에서 교육을 받은 개인을 바로 그런 이유로 비웃는 것은 당연히 오만방자함으로 간주된다. ─위대한 종교개혁가들의 경우처럼 결코 오만방자함이 아니라, 오히려 극도의 윤리성과 종교성에서 비롯할 수 있는 민족 윤리와의 갈등, 민족 신앙과의 갈등도 당연히 생각해볼 수 있다. ─오만방자함은 먼저 윤리에 대한 존중과 신적 존재에 대한 신앙을 어리석음과 사기와 광증과 자기기만으로 표현하는 데 재미를 느끼고 있음을 드러내는 진지함의 결여이다. 오만방자함은 정신의 가장 내적인 진실함에서 기원하는 저 숭고한 회의의 성스러운 싸움이 아니다. 그것은 정신적 방탕함이 갖는 불순한 즐거움이며, 그것은 어리석은 유령인 절대자로부터 자신을 해방시키고, 우연과 자의가 근본적으로 모든 사건의 유일무이한 요인으로서 덧없는 쾌락적 삶을 허용한다는 데서 정말이지 아주 만족해 한다. 그렇기 때문에 오만방자함은 잔인함에 대한 욕구를 통해서 미적으로 자신을 드러내며 이런 욕구에 자극된 오만방자함에 의해서 신앙은 한계성으로, 윤리는 도착적인 것으로 파괴된다.

    그러나 구체적 현상을 염두에 둘 때 어떤 것이 오만방자한 것인지에
대해 판단을 내리기란 매우 어렵다. 왜냐하면 정신의 역사에서 구체적
인 것에 있는 진리에 대한 인식은 잘못 인식된 것과의 갈등에서, 미덕
의 실천은 특권을 가진 악덕과의 갈등에서 오만방자하다는 가상을 획
득할 수 있기 때문이다. 영원한 진과 선이 종종 경험세계에서 그들로
참칭하는 진부함과 비열함에 대항해서 하는 자체로 정당한 논쟁을 바
로 후자가 오만방자한 것이라고 외친다. 물론 이 논쟁이 인간의 윤리
적이고 정신적인 불행을 끝없이 고통스러워하는 서글픈 윤곽을 늘 띨
수는 없다. 인간적 논쟁인 이 논쟁은 논쟁의 적대자들의 오만에 대해
서도 웃고 풍자로 대응하지 않을 수 없게 된다. 그렇게 되면 이 풍자
는 분명히 오만방자함이라고 비난받는다. 여기서 이제 특정한 경우에
다시 섬세한 경계선이 생겨난다. 왜냐하면 자체로 진지하게 논증하는
논쟁이 위트를 즐기려는 마음으로 인해서 곧 오만방자한 뒷맛을 자체
적으로 가지는 의견표명으로 옮아갈 수 있기 때문이다. 아리스토파네
스 같은 사람이 갖고 있는, 모든 것을 파괴하는 분노의 열정은 그의
적대자에게 가하는 조롱이 흘려보내주는 즐거움으로 충만해지고 동시
에 그 코믹한 요소로 인해서 그리스의 관점에서 보면 신랄한 오만방자
함의 숨을 내쉬는 전환을 많이 만들게 된다. 69) 적대자의 비윤리성과
무신론에 보내야 하는 웃음은 본의와 달리 윤리와 신앙 자체도 대상으
로 삼게 된다. 하이네는 가차없는 조야함으로 성스러움도 위트의 제물
로 삼아 실제로 오만방자하게 됨으로써 종종 아주 천박해졌다. 그의
문학은 이 오만방자한 지류(支流)가 없었다면 더 많은 문학성을 띠었
을 게다. 70) 오만방자함의 사실성은 특정한 난폭함을 통해서 드러난

---

69) 아리스토파네스가 없애려고 했던 그 요소에 그 자신이 전염되어 있다는 점
    은 다음의 글이 아주 잘 증명했다. 뢰처(Th. Rötscher), 《아리스토파네스
    와 그의 시대》(*Aristophanes und sein Zeitalter*, 베를린, 1827).
70) 하이네는 아주 불필요하게 돌발적으로 장난치고 가장 고귀한 감정의 흐름

다. 오만방자함은 이 난폭함으로 인간이나 민족에게 성스러운 것으로 인정되는 것을 파괴하고 성스러운 것을 우스꽝스러운 어리석음으로 전락시키는 데 즐거움을 느낀다. 그렇기 때문에 오만방자함이라는 개념은 보편적으로 보면 비록 아주 특정한 개념이지만 개별적으로 보면 이 오만방자함이 현실화될 경우 그에 대한 처벌을 규정하는 입법의 상이성으로 인해서 아주 실제로 그렇게 보이듯이 상대적인 개념이다. 아주 제한된 관점에서 오만방자한 것으로 간주되고 그 관점에서 당연히 유죄판결을 받는 것은 보다 높고 자유로운 관점에서 보면 더 이상 그런 의미를 지니지 않는다. 여기서 우리는 오직 그 사태의 심미적인 면만을 파악해야 하며, 심미적인 면은 다음에 토대를 두고 있다. 즉, 진실로 미적인 것은 오직 진실로 선한 것과 통일성을 이룰 때에만 완성될 수 있고, 따라서 이 원칙에 어긋나는 심미적 생산물은 실제로도 아름다울 수 없고 그 결과 다소간 추하다는 것이다.

윤리나 신앙을 다른 관점에서 우스꽝스럽게 느낀다는 것은 아직 오만방자함이 아니다. 윤리에 종속되어 있는 것에 대해서 그 실천을 조롱하려고 할 때, 신앙에 예속되어 있는 것에 대해서 그 신뢰를 조롱하려고 할 때 비로소 오만방자하게 된다. 다호메이(Dahomey)와 베넹(Benin)[71]에서 왕에게 선물을 받은 자는 누구든지 장군이든 장관이든 공개적으로 왕 앞에서 춤을 추어야 한다고 우리는 앞에서 설명했다. 이것이 프랑스 외교관 부에(Boué)에게 제아무리 우스꽝스럽게 보였을

한가운데서 인상을 찌푸리게 하는 그런 경솔함을 통해서 정말이지 고통을 불러일으킨다. 그는 한 무리의 순박한 초보작가들을 유혹하여 그의 이 산문적 핵심요소들을 가장 본질적인 문학으로 간주하게 했다. 이에 관해서는 다음의 글을 참조하라. 프루츠(Prutz), 《독일 현대문학에 대한 강의》(*Vorlesungen über die deutsche Literatur der Gegenwart*, 라이프치히, 1847, 238~240쪽).

71) 역주: 다호메이와 베넹. 서아프리카의 프랑스 식민지로 동일한 지역에 대한 두 명칭임.

지라도 그는 아마도 웃지 않으려고 조심했을 게다. 러시아의 창녀들이 누군가에게 몸을 제공할 때 그들은 걱정하며 성 니콜라우스의 그림을 베일로 가린다. 왜냐하면 그들은 그 성자 앞에서 부끄러움을 느끼기 때문이다. 이 점이 제아무리 우스꽝스럽게 보일지라도 누가 감히 그들이 있는 자리에서 그 성스러운 수치심을 비웃으려고 하겠는가? 이렇게 연약한 질료에서는 판단과 처신을 제아무리 조신하게 하더라도 충분할 수 없다. 그러나 다른 국가의 윤리나 지난 과거의 윤리를, 타민족의 종교적 표상이나 극복된 형태의 종교적 표상을 정신의 진리와 자유의 우스꽝스러운 모순으로 다룰 수 있는 권한을 코믹에 부여하지 않으면 예술뿐만 아니라 학문도 트라피스트파(派)(Trappisten)[72]의 생활방식처럼 해야 한다. 농담은 도덕적으로 협소하게 생각하는 고루한 사내들과 어리석게도 맹신적 경건함에 물든 자들에 의해서 수난을 당한다. 왜냐하면 이 둘의 근시안적 사고는 농담의 유연한 유희를 이미 훌륭한 윤리와 진정한 신앙에 대한 위험한 공격으로 보기 때문이다. 그저 이들의 뒤만 쫓아간다면 우리는 가장 평범한 산문의 정체(停滯) 속에서 질식하지 않을 수 없다. 이런 면에서 개개의 구절을 고립시키고 개개의 낱말을 수용하는 것보다 문학 예술작품의 공평무사한 평가에 더 많은 피해를 주는 것은 없다. 베랑제(Béranger)가 복고주의 치하에서 피소된 소송과정은 문학의 역사에 이 문제에 대한 아주 중요한 자료를 제공한다. 여기서 마르샹(Marchangy)과 샹파네(Champanhet)는 고소를 아주 재치 있게 논증하고, 뒤펭(Dupin)과 바르트(Barthe)와 베르비예(Berville)는 프랑스 상송의 역사를 아주 흥미롭게 준거하면서 이들에게 대응한다.

여기서 우리가 설명해야 할 것이 오직 오만방자함의 개념뿐이라면

---

72) 역주: 트라피스트파. 예컨대 항시적 묵언과 채식을 명하는 극히 엄격한 규율에 따라 생활하는 가톨릭의 한 지파. 1665년에 프랑스 수도원 La Trappe의 이름에 따라 명명됨.

그에 관해서 보다 상세히 다루었을 것이다. 그러나 오만방자함은 우리에게 훨씬 더 중요한 총체성의 하나의 계기일 뿐이다.[73] 우리는 몇 가지 예를 통해서 지금까지의 논의를 보여주는 것으로 제한하겠다. 하이네가 〈논쟁〉(*Disputation*)이라는 시에서 수도사로 하여금 랍비에 대항해서 기독교신앙을 변호하기 위해 다음과 같이 말하도록 했을 때,

> 나는 너의 정령들에
> 너의 어두운 지옥의 소극에 저항할 수 있다,
> 왜냐하면 예수 그리스도가 내 몸 안에 계시면서
> 당신의 몸을 누리셨기 때문이다,

중세나 스페인의 예전 상황에서는 이런 내용에 대해 반박할 것이 없다. 그러나 하이네가 수도사로 하여금 다음같이 계속 말하게 했을 때,

> 그리스도는 내가 좋아하는 음식이시며,
> 아마도 사탄이 요리했을
> 하얀 마늘 소스로 인해
> 리바이어든보다 훨씬 더 맛있을 것이다,

"좋아하는 음식"이라는 표현은 전적으로 오만방자하며 여기서 묘사될 내용인 광신의 천박함을 통해서 합리화될 수 없다. ― 우리는 하이네에게 성만찬식을 그의 신앙의 계기로 삼으라고 요구할 수 없다. 그러나 문학은 그의 대화상대인 수천 명의 독자들에게는 성스러운 것을 조롱하지 말라고 그에게 요구할 수도 있다. 그 자신의 생각을 표현하는 수단

---

73) 베랑제, 《전집, 그랑빌과 라페에 의해 삽화가 그려지고 편집됨》(*Œuvres complètes de P. J. de Béranger, édition ilustrée par Grandville et Raffet*, 파리, 1837, 1, Ⅲ, 195~380쪽). 당시의 시대사를 위해 대단히 중요한 서류이다.

인 무미건조함과 원칙적 단순함은 상처를 깊게 할 뿐이다. 아주 대단한 문학적 미로 가득 찬 설화시 〈비츨리푸츨리〉(Vitzliputzli)에서 기독교, 성만찬에 대한 그의 증오감은 다음의 구절에서 터져나온다.

> 그 작품의 제목은 "인간제물"이고,
> 소재, 줄거리는 태곳적 것이다;
> 그 연극은 기독교식으로 처리됨으로써
> 그다지 잔혹하지 않다,
>
> 왜냐하면 피는 포도주로
> 그리고 등장한 시체는
> 아무런 해가 되지 않는
> 멀건 밀가루죽으로 성체변질되었기 때문이다 —

여기서 종교적 관점을 완전히 떠나보자. 오직 미적 척도만을 갖다 대보자. 이 척도에서 보면 우리는 이 시를 질이 나쁜 시로 유죄판결을 내린다. 그도 그럴 것이 이 시구절에서 무엇이 문학적이란 말인가? 이 시구절은 그 서투름에 있어서 기독교를 믿는 식인종에 관한 다우머의 평판 나쁜 논문을 베낀 것같이 들리지 않는가? 하이네는 혐오감이나 경멸은 단 한마디도 말하지 않는다. 그는 정확한 역사가처럼 보고한다. 그러나 종교적 신비성에 대해서 그것이 마치 맛있는 대상인 양 말하는 차가운 이 낱말에 이루 말할 수 없는 오만방자함이 놓여 있지 않은가!

우리가 언급했듯이 작가를 문맥 속에서 파악하지 않고 그에게 단지 겉보기에 있는 오만방자함이 실제로 있다고 함으로써 그를 아주 부당하게 평가할 수 있다. 앞에서 인용한 시의 두 번째 연은 아예 없앨 수 있다. 그러면 시는 아무것도 잃지 않고 오히려 많은 것을 얻게 될 것이다. 그러나 우리는 어떻게 하이네가 부당하게 평가될 수 있는지에 대한 예를 하나 그의 경우에서 끌어내 제시하려고 한다. 그는 시 〈창조자〉(Der Schöpfer)에서 신이 어떻게 해, 별, 황소, 사자, 고양이를 창조했는지 설명하고 다음과 같이 계속 써간다:

　　그후 황무지에서 번성하도록
　　인간이 창조되었다.
　　그런 다음 인간의 우아한 모습에 따라
　　그는 원숭이들을 창조했다.

　　사탄은 그를 유심히 보고 웃었다.
　　이런! 주인이 자신을 모방하시는군!
　　황소의 모습에 따라
　　마지막으로는 송아지들까지 만드시네!

　이 시가 동물숭배가 지배적인 종교에 대한 풍자임을, 즉 이스라엘 사람들조차 그 주위에서 춤을 추는 황금 송아지에 대한 풍자임을 누구나 곧 알아본다. 이제 사람들은 사탄이 신을 비웃는 것을 오만방자함으로 생각할지도 모른다. 그러나 이 시는 4개의 보다 짧은 시로 되어 있고 두 번째 시에서 신이 응대한다.

　　그리고 신이 악마에게 말했다.
　　나, 주인은 나 자신을 모방한다.
　　태양의 모습을 따라 나는 별을 만들었고
　　황소의 모습을 따라 나는 송아지를 만들었으며
　　앞발을 갖고 있는 사자의 모습을 따라
　　나는 조그만 사랑스런 고양이를 만들었고
　　인간의 모습을 따라 나는 원숭이를 만들었다.
　　그러나 너는 전혀 아무것도 창조해낼 수 없다.

이 대답은 사탄이 받아 마땅한 것이고, 신이 그를 부정하는 내용으로서 그에 대한 조롱으로 받아들여야 한다. 그러나 이제 하이네 식의 악의를 정당하게 이해하기 위해서는 전체의 결말 부분을 보아야 한다. 계속해서 보다 큰 것에서 보다 작은 것으로 넘어가는 이 짧은 연작시의 4번째 시에서 그는 신으로 하여금 결국 다음같이 말하게 한다.

> 창조 자체는 쓸데없는 움직임이고
> 그것은 짧은 기간 안에 쉽게 졸렬해진다.
> 그러나 계획과 심사숙고,
> 이것이 비로소 누가 예술가인지 보여준다.
>
> 나는 혼자서 300년 동안
> 매일같이 사색했다,
> 어떻게 하면 법학박사를
> 그리고 심지어는 조그만 벼룩을 가장 잘 만들지를.

이 시의 핵심은 괴테로 거슬러 올라가며, 괴테는《벼룩》(Flöhe)에 대한 법학 논문을 썼고 이 논문은 1839년 베를린에서 출판되었다.

오만방자함은 아주 당연히 종교적·도덕적 허무주의를 결합시켜서 서로를 강화하도록 만든다. 대부분의 상스러운 문학작품들은 물질주의적이면서 심미적인 작품들이다. 고상한 멜랑콜리와는 정반대되는 둔감하고 음울한 무감각성이 그런 작품들을 뒤덮고 있으며, 특히 평판이 나쁜《철학자 테레제》(Thérèse Philosophe)의 경우처럼, 그런 작품들의 절망적 성찰에는 반쯤 미친 듯한 광증이 보다 빈번히 요동치고 있다. 프랑스문학은 음탕함과 신성모독을 극단적으로 하나로 합친 죄를 범했다. 볼테르의《오를레앙의 처녀》(Pucelle d'Orléans)는 이 노선의 시작이었고 에바리스트 파르니(Evariste Parny)의《신들의 전사(戰士)》(Guerre des Dieux)는 이 노선의 최정점이다. 이 두 작가가 신앙심 깊은 체하기와 기형적 수도원 생활과 미신적 도착(倒錯)과 교회적 광신을 조롱하고 있음은 인정할 수 있다. 그러나 그들이 신에 대한 신앙 자체와 기독교의 근본사상을 해체시킨 방법에 대해서는 오만방자하다고 고소를 늘 제기해야 할 것이다. 그들의 우아한 언어의 훌륭함과 예리한 위트와 우스꽝스럽고 지옥 같은 창조물들의 풍부함과 묘사의 정확성이 천박함의 감정을 지양할 수 없으며 그들은 이것을 통해서 우리의 품위를 떨어뜨린다. 파르니는 그리스 신들로 하여금 기독교의 삼위일체의 존재들과 싸우게 하고, 후자가 난폭하고 거대한 스칸디나비아의 신들에게 거의 패배하도록 만든다. 그는 이교도들의 신들을 조롱하지만 이는 그렇게 함으로써 기독교신앙의 신화를 더 비웃기 위한 목적을 위해서이다. 그가 그리스도를 파란 끈으로 장식된 어린 양으로, 마리아를 중세에서 그렇게 지칭했듯이 "달콤한 여성"으로 설정하는 점은 당연히 기대할 수 있는 내용이다. 왜냐하면 감각적 요소와 정신으로서의 신 개념 사이의 모순이 그의 추상적 오성에 풍부한 자양분을 제공하기 때문이다. 그는 하느님 아버지를 노년의 연약한 흔적을 이따금씩 보여주는 약간 고루한 유대 신으로 표현한다. 이 신은 지상에 있는 것을 정확히 보기 위해서 안경을 사용해야 한다. 그의 천둥은 이미 써서 낡아버렸다. 그의 팔은 더 이상 튼튼하지 않다. 언젠가 그의 아들이 성직자를 죽이려는 도둑을 보게 된다. 아들은 그에게 번개를 가지고 끼어들라고 요구한다. 그는 죽음의 빛을 던지지만 강도를 맞추는 대신에 성직자를 맞춘다 등등. 새로운 신인 기독교 신들이 고대 신들의 주의력을 점점 더 자극한다. 고대 신들은 그들을 알아보기 위해서 올림포스의 저녁만찬에 그들을 초대한다. 호기심이 있는 마리아는 이 기회를 빌어서 올림포스 신들의 궁전을 구경하고 아폴로는 그녀의 뒤를 몰래 따라가서 그녀를 강간한다. 강간은 파르니가 열정적으로 좋아하는 것이다. 그는 극히 상이한 상황에서도 그것에 재미를 느낀다. 그는 신들의 싸움 한복판에서 천사 가브리엘로 하여금 아르테미스를 강간하게 한다. 이 불순한 정신은 파르니로 하여금 오래된 성서 외전의 설화를 극도의 관심을 가지고 광범위하게 그리도록 해서 그리스도를 마리아와 로마 기사 판테라스(Pantheras) 사이의 사생아로 만든다. 그는 이 불순한 정신으로 인해 사티로스(Satyros)들뿐만 아니라 프리압(Priap)을 세례받게 해서 수도사로 비만하고 육욕적인 삶을 살게 하는 허구를 만들어낸다. 목양신 파운(Faun)이 작품을 쓴다면 파르니처럼 쓸 것이다. 왜냐하면 그는 프리압을 통해서 마침내 신들간의 평화를 재건하기 때문인데, 이는 콘스탄틴 치하에서 수많은 사람들이 올림포스 신들에게서 빠져나가 기독교 신들에게로 전향한 이후이다:

> 이쪽이 마음에 들어 저쪽을 심판하네:
> 인간이 판결을 내렸네: 좋은 것인지 나쁜 것인지는 중요하지 않다

하지만 파르니는 이것으로 만족하지 않는다. 그는 에필로그에서 오만방자한 비웃음을 지으면서 방법적으로 철저해지고자 신성한 가수의 얼굴 표정을 하고 세계의 종말과 주의 심판을 극도로 생생하게 묘사하고는 마지막으로 천국으로 자리를 옮긴다.

> 비교적 현명한 나는 시험 없이 신앙을 가졌다
> 그리고 빛나는 천국으로 올라간다.
> 나는 들어선다, 그리고 천국의 정원인 에덴에서
> 신성한 제느비에브 옆에 앉아 있는 동안
> 지옥은 예수의 대표자들을 학대한
> 우리들의 당찬 적대자들을 받아들인다,
> 지옥은 우리 조상의 문화를 조롱한 자들,
> 우리 어머니들의 딸들을 사랑한 애인들을
> 그리고 나의 솔직한 시를 비웃은 자들을
> 받아들인다,

　　영원토록: 아멘

　사람들은 진정한 오만방자함에 관한 이 단 하나의 예에 만족할 것이다. 왜냐하면 이 예는 위트가 가장 김빠진 요점의 졸렬함으로 오그라들고, 미가 진짜 천박한 상상력의 상투적 나체화로 오그라드는 영역으로 우리가 계속해서 가지 못하게 막아주기 때문이다. 우리 독일인들도 비록 이따금씩 오만방자함을 시도했지만 프랑스인들과 비교하면 우리는 그들의 어리석은 학생에 불과했을 뿐이다. 우리가 가장 메마른 합리주의와 원칙적 무신론을 보여줄 때조차도 우리들의 정서는 순결무구한 모순 속에서 자신을 드러낸다. 투명한 수면은 정체한 듯 보이지만 깊은 곳은 땅밑을 흐르는 물줄기가 비밀스런 생명을 얻는 산의 호수처럼 말이다. 비교적 최근의 작가인 루돌프 고트샬(Rudolph Gottschall)은 예컨대 여신을, 자세히 말하자면 옛날 프랑스혁명의 이성의 여신을 노래했다. 하지만 작가는 이 소재를 얼마나 정결하게, 얼마나 낭만적으로, 얼마나 비극적으로 파악했던가. 이성의 여신이 오랫동안 고통스런 경험을 겪고 자신의 내면으로 침잠하도록 그는 얼마나 노력을 기울였는가. 그 결과 그녀는 감각의 아름다운 환상으로 나타날 뿐만 아니라 정신과 마음을 쏟아서 여신이라는 이름에 걸맞은 존재가 되려 하며, 로베스피에르가 남신을 최고의 존재로 믿으라는 포고령을 내렸을 때 이 미친 짓으로 인한 피치 못할 실망감에서 미칠 듯한 절망 속에서 몰락해간다. 모든 국민들에게 자신을 드러내 보여주려는 그녀의 결단을 작가는 어떻게 진정 독일적인 방식으로 남편에 대한 사랑으로 동기 유발 했던가. 그녀는 그 결단을 통해서 남편을 죽음에서 구해낼 수 있기를 기대했었다. 작가는 철학적으로는 포이어바흐(Feuerbach)의 입장에 서 있다. 그러나 그의 인간적이고 혁명적인 열정은 내면에서 꺾여, 일부는 가장 부드러운 비가(悲歌)적 음색으로, 일부는 회의적 광증의 열광적 감정 폭발로 사라져간다. 그의 이성의 여신 마리는 거품

에서 태어난 아프로디테의 미와 귀족성과 마돈나의 내면성을 하나로
통일시킨다. 그도 그럴 것이

> 헬라의 인장이 찍혀 있는
> 고귀한 모습에
> 몽환적 사고가
> 음울한 외투를 덧씌우고 ―
> 마돈나의 빛처럼
> 머리를 둘러싼 후광이
> 사고의 고통과 삶의 곤경과
> 마음의 고통을 알리며
> 빛을 번쩍이기 때문이다.

　오만방자함이 진리에 의해서 수정될 때, 따라서 피상적으로만 신성
함에 대한 불경일 때 그것은 코믹한 것으로 넘어갈 수 있다. 이럴 때
코믹한 것은 본질과 형태 사이에 있을 수 있는 모순을 드러낸다. 이로
부터 기원하는 작품들은 그것에서 논쟁적 도발을 느낀 사람들에게 실
제로는 그렇지 않은데도 오만방자하게 보일 수도 있다. 이 작품들은
비록 신성에 대한 표상의 불일치성을 공격하지만 도덕성에는 결코 상
처를 주지 않는다. 루키아노스(Lukianos)는 고대 올림포스의 내적 모
순들을 거리낌 없이 파헤치는 명랑한 방법에 있어서 특별한 힘을 소유
하고 있다. 그의 신에 대한 풍자는 이교(異敎)의 해체에 필연적 요소
로 생각되지만 당시의 그리스인들에게는 오만방자함으로도 생각될 수
있다. 그의 《비극적 제우스》(Tragischer Zeus)에서 그는 스토아 철학
자 티모클레스(Timokles)와 에피쿠로스 철학자 다미스(Damis)로 하여
금 신들의 존재와 그 섭리에 대해서 공개적으로 싸움을 벌이도록 했
다. 스토아 철학자는 일반적인 목적론적 논거들을 내세우고 적대자의
야비함에 대해 엄청난 욕을 해댔지만, 세계와 항해사가 조종하는 배에

대한 자신의 비교가 다미스의 변증법에 의해 침몰된 후에는 단지 제단이 존재하기 때문에 신들 역시 분명히 존재해야 한다는 결론으로 후퇴할 수밖에 없었다. 제우스는 이 논쟁에 커다란 흥미를 느낀다. 왜냐하면 점증하는 계몽으로 인해서 점차로 인간 제물의 수가 줄어들기 때문이다. 그래서 헤르메스는 야만인들의 신까지 포함한 신들 모두를 회의에 초대해야 했다. 그들은 찾아왔고 그들을 조각한 재료의 가치에 따라 서열이 매겨진 결과 금과 은으로 된 야만인 신들이 아름다우나 단지 대리석이나 동으로만 되어 있는 그리스 신들보다 앞선 자리를 얻는다. 상이한 제안들이 설명되고 그에 대한 논쟁에서 그리스 신들이 갖고 있는 신성의 연약한 면이 풍자된다. 아폴로에게서는 그가 주는 신탁의 불분명한 중의성이, 헤라클레스에게서는 그의 물리적 힘의 조야함 등이 말이다. 논쟁을 벌이는 철학자들이 아테네에서 싸움을 다시 시작할 때 인간과 신들의 아버지는 그 결말에 대한 두려움으로 인해서 결국 그 자신과 신들은 자신들의 현존을 변호해주지만 침착한 태도를 잃은 듯한 티모클레스를 위해서 기도하는 것 외에는 더 이상 할 수 있는 것이 아무것도 없다는 점을 알게 된다.

> "그러니까 최소한 우리 자신의 본질인 것을 — 그러니까 기도를 그를 위해 하자. 하지만 다미스가 듣지 못하도록 우리끼리 조용히!"

2) 역겨움 (*Das Widrige*)

천박함의 마지막 개념에 대한 규정을 다루었을 때 우리는 어쩔 수 없이 이미 역겨움이란 개념을 천박함과 비교해서 미적으로 더 추한 것으로 언급해야 했다. 숭고미의 실제적 반대는 유쾌미이다. 숭고함은 무한성으로 뻗어나가는 반면에 유쾌함은 유한성의 한계 내에서 자신을 맞춰간다. 전자는 크고(위대하고) 위압적이고 위엄 있으며, 후자는 귀엽고 유희적이고 매력적이다. 숭고함의 부정적 반대, 즉 천박함은 위대함에는 하찮음을, 위압적인 것에는 연약함을, 위엄 있는 것에는 비천함을 대립시켜놓는다. 유쾌미의 부정적 반대는 역겨움이다. 왜냐하면 그것은 귀여움에는 졸렬함을, 유희적인 것에는 허무하고 죽어 있는 것을, 매력적인 것에는 추악한 것을 대립시켜놓기 때문이다. 유쾌미는 처음부터 우리에게 다가와서 우리를 사로잡는 감각적 즐거움을 주는 모든 면을 의도적으로 드러냄으로써 우리를 초대해서 자신을 향유하도록 한다. 숭고함의 근접하기 어려움은 우리를 천박한 한계에서 벗어나게 하며 우리 마음을 경탄과 경외심으로 채운다. 유쾌함의 매력은 우리를 자신 쪽으로 오게 해서 자신을 향유하도록 유혹하고 우리의 모든 감각에 비위를 만족시킨다. 반면에 역겨움은 우리를 밀쳐내는데, 그도 그럴 것이 그것은 자신의 졸렬함을 통해서 불쾌함을, 자신의 죽어 있음을 통해서 전율을, 자신의 추악함을 통해서는 혐오감을 일깨우기 때문이다.

형태의 통일성과 대칭적 구조와 조화로운 율동이 없음은 추하지만 아직 역겨운 것은 아니다. 조각은 예컨대 파손될 수 있고 후에 복원될 수 있다. 복원이 잘 되지 않을 때 그것은 형상에 이질적 윤곽을 부여하고, 부분들간의 관계가 원래의 예술작품과 비례적으로 완전히 걸맞지 않고 복원된 부분들이 원작품의 나머지 부분들과 너무 눈에 띄게 차이 날 때, 그 이중성은 미적이지 않지만 역겹지 않을 수 있다. 이 이중성은 복원이 원래의 이념을 곧바로 지양하는 경우에 비로소 역겨움이 된다. 하나의 형상이 부정확할 수도 있어서 그 현상으로 표현되어야 했던 정상성과 다소간 모순이 될 수 있지만 이런 이유로 그런 자신에 놀라 뒷걸음질 칠 필요는 없다. 커다란 부정확성들은 심지어 다른 면에서 그 자신과 결합된 커다란 미로 인해 망각되기까지 한다. 부정확함이 형상의 총체성을 파괴할 때, 그것이 작품 전체에 걸친 미숙함을 드러낼 때, 그 미숙함이 우스꽝스럽게 되지 않을 경우 우리의 분노를 자아내는 그런 오만불손한 미숙함을 드러낼 때, 부정확함은 비로소 역겹게 된다. 천박함은 추하다. 왜냐하면 그것은 하찮음과 연약함과 비천함으로 부자유를 표현하기 때문이다. 이 부자유는 자기 자신의 한계를 넘어설 수 있는데도 그렇게 하는 대신 우연과 자의의 무미건조함에, 무기력이라는 곤궁에, 감각적인 것과 거친 것의 비천함에 머무른다. 천박함은 아름답지 않지만 그런 이유로 아직 역겨운 것은 아니며, 오만방자함은 심지어 감각적 매력을 통해 우리를 사로잡으려 하고 형태적 사랑스러움을 통해 우리로 하여금 신성함에 대한 그의 조롱을 받아들이게 만들려고 한다.

역겨움은 유쾌한 미에서 이것의 부정적 대립으로 생겨난다. 양적 숭고함의 실제적 반대로서의 유쾌함은 총체성이 쉽게 조망되고 부분들이 예쁘게 작업되어서 우리들이 독일어로 귀엽다고 지칭하는 저 조그마함(Das Kleine)이다. 조그마함 자체, 즉 조그만 집, 조그만 나무, 조그만 시 등은 조그맣다는 이유로 아직 귀여운 것은 아니다. 부분들의 마감작업이 부드러움과 정결함을 보여주는 저 조그마함이 비로소 귀여운 것이다. 자연은 수많은 달팽이집과 조개껍데기를 얼마나 귀엽게 만들었는가! 수많은 식물들의 잎과 꽃은 그 조그마함에도 불구하고 개별적 상황에서 예쁘고 알록달록하게 자신을 드러냄에 얼마나 귀여운가. 알렉산더앵무새, 카나리아, 금붕어, 볼로니아 개, 발발이, 사구앙 등은 서로 다른 형태를 띠고 미세한 부분이 예쁜 까닭에 얼마나 귀여운가. ― 역동적 숭고함의 실제적 반대로서의 유쾌함은 유희적인 것이다. 힘으로서의 숭고함은 자신의 무한성을 커다란 것의 창조와 파괴에서 표현한다. 그러므로 숭고함은 자기 행위의 절대적 자유에서 자신의 권력을 가지고 유희한다고 말해도 부당하지 않다. 신학자와 작가들이 세계 창조 자체를 신에 의한 사랑의 유희로 표현했듯이 말이다. 숭고함 자체는 진지하고, 유희라는 표현은 숭고함에 있어서 신에 의한 생산의 절대적 손쉬움만을 나타낸다. 단순한 유희로서의 유희에 속한 것은 바람이 구름과 파도와 꽃과 유희하듯이 목적의 진지함이 빠진 움직임이다. 변화의 불안정성은 형태에서 형태로 넘어가는 유희에서 단순한 바뀜 때문에 넘쳐난다. 그것은 본질에서는 아무것도 변화하지 않는 우발적 움직임일 뿐이다. 유희가 현존의 피상적인 것에 대한 달콤하고 꿈 같은 향유를 제공하는 반면, 이 현존은 그 자신의 근본적 확고함에서 동일자로 머무른다. 그렇기 때문에 유희의 진행은 스스로부터 위험을 배제함에 틀림없다. 숲의 거대한 나무들을 휘어지게 하고 망가뜨리는 폭풍은 무시무시한 진지함 속에서 겉으로만 그것들과 유희하듯이 보이는 반면, 온화한 서풍은 실제로 꽃을 애무하며 그 주위에서 유희한다. 배들을 구름까지 밀어올리고 곧 다시 입을 벌린 심연으로 떨구며 미친 듯이 날뛰는 바다의 파도가 겉으로만 이것들과 유희하듯이 보이는 반면, 조용히 해변을 철썩거리는 파도는 실제로 해변 모래와 유희한다. 목적 없는, 그래서 위험 없는 유희로서의 유쾌한 유희인 모든 유희들은 자신이 만들어내는 변화를 곧바로 아무것도 아닌 것으로서 명랑하게 철회함으로써 변화와 장난을 친다. 특히 미개민족이나 문명민족이 똑같이 아주 열정적으로 사랑하는 저 그로테스크한 변장처럼 유희가 경악하게 만드는 때조차도 유쾌한 유희는 만족만을, 웃음만을 불러일으키려 한다. 유희적인 것은 아름답다. 왜냐하면 그것은 우리들에게 본질의 여러 면을, 본질의 통일성은 건드리지 않는 변화무쌍한 변화의 가상으로 보여주기 때문이다.

마지막으로 위엄 있는 숭고함의 실제적 반대는 유쾌미가 포함하는 매력적인 것이다. 귀여운 것도 유희적인 것도 매력적일 수 있음은 자명하다. 그러나 매력적인 것은 그 자체로 형상의 예쁨과 움직임의 명랑한 유희를 하나로 묶어줄 수 있다. 많은 미학자들이 매력적인 것에 대해 어떤 종류의 선입견들을 갖고 있는지는 기이할 정도이다. 그들은 종종 그것을 경멸한다. 매력적인 것이 감각성으로 인해서 미적 영역에 실천적 요구를 제기한다는 이유에서이다. 우리는 이 비난이 부당하다고 생각한다. 왜냐하면 냉소적으로 보면 순수하지 않은 심성에게는 가장 이상적인 미조차도, 즉 마돈나도 매력적일 수 있기 때문이다. 물론 숭고함은 그것이 자연에 속한 경우에도 감각적인 것을 자신의 무한성의 작용으로 사라지게 만드는 반면, 매력적인 것은 우리에게 미적 현상에서 그 감각적인 면을 유혹적으로 우아하게 드러낸다. 하지만 이 매력이 죄 없는 매력일 수는 없는가? 감각적인 것이 곧바로 악과 동일한 것이 되어야 하나? 감각적 미에 대한 무해한 향유는 존재하지 않는가? 많은 사람들은 매력적인 것을 단지 들라크루와가 아름다운 나체의 여인을 그린 방식처럼 생각하는 것 같다. 그녀는 욕실 거울 앞에서 물결치며 아래로 내려온 머리를 빗고 있으며 그러는 동안 거울 뒤에서 부유한 은퇴자의 가면을 쓰고 우아한 뿔로 과도하게 장식된 악마가 기회를 엿보고 금 두루마리를 쌓아올리고 있다. 화가는 이를 통해서 그림 전체를 얼마나 혐오스럽게 망치고 있는가! 그가 아름다운 여인을 육체적으로 매력 있게 거리낌 없이 드러냈더라면 사람들은 그 순수하고 우아한 형태에 매혹되었을 것이다. 화가는 어둠 속에서 웅크리고 있는 저 흉측한 존재를 통해서, 정말이지 사람들에게는 훌륭하다고까지 생각될지 모르지만 내게는 몰취향적인 프랑스식 알레고리로 우리로 하여금 욕망의 음탕함과 정조의 매매를 생각하지 않을 수 없게 만든다. 위대한 화가들과 조각가들은 허튼 짓 하지 않고 나체의 아름다움이 지닌 매력을 표현했고 바로 그렇게 함으로써 순수했다. 하지만 그들은 감각적인 것이 정신의 우월성을 인정하는 그런 상황에서도 감각적인 것을 집어넣을 줄 알고 있었다.

　예컨대 티치아노 베첼리(Tiziano Vecelli)[74]는 필립 2세와 그의 애인을, 애인이 완전 나체로 안락의자에서 쉬고 있는 모습으로 그렸다. 필

---

74) 역주: 티치아노 베첼리(Tiziano Vecelli, 1477~1576). 이탈리아 르네상스 시대 때 가장 지도적 위치에 있던 화가로 Tizian이라고도 불린다.

립 2세는 안락의자 가장자리에 앉아 뒤쪽을 바라보고 있다. 이 장면은 탁 트인 아름다운 풍경으로 뻗어간다. 그러나 그는 그때 이 사랑하는 연인들을 어떻게 그렸던가? 그들은 음악을 연주하고 있다. 필립 2세는 기타를 연주하면서 그녀를 향해 막 사랑스럽게 시선을 돌리고 있는데, 영감을 얻었다는 신호를 보내기 위해서이다. 반면에 그녀는 악보를 옆에 있는 쿠션 위에 두고 피리를 들어올린다. 이 그림은 무한히 매력적이지만 그 자유롭고 개방적인 매력은 어떤 욕망도 불러일으키지 않는다. 왜냐하면 미의 감각적인 면이 여기서 제아무리 강하게 드러나더라도 사랑하는 이들의 정신과 마음에 예속되어 있기 때문이다. 감각적인 것이 우리를 감각적 존재로서 얽어매는 경향을 띠면 이로써 매력은 그 단순성이 방해를 받는다. 많은 작품들이 이 점에서 이미 심각하게 흔들리고 있는데, 이름을 거명하자면 비교적 최근의 파리 회화유파의 작품들이 그러하다.

엥그레(Ingre)의 유명한 〈오달리스크〉(Odaliske)가 그런 그림이다. 형상은 기법과 마찬가지로 비할 데 없이 뛰어나지만 전체 상황은 감각성만을 내뿜고 있다. 폐쇄되어 있는 좁은 방, 육중한 비단 방석과 커튼, 보이지 않는 탁 트인 자연, 날씬하면서 풍만한 나체의 미인이 아무 일도 하지 않고 몸을 뻗고 있는 침대 옆 양탄자 위의 잼, 과일, 유리잔, 그녀 앞쪽 벽에 걸려 있는 헤로인 파이프. 하렘의 비너스가 파이프로 헤로인을 피웠다니! 엥그레는 이 모든 것을 오리엔트의 풍속대로 아주 충실하게 그렸다고 할 수 있다. 분명하다. 하지만 그렇게 함으로써 이 그림은 우리에게 여자 노예만을 보여줄 뿐, 자유로운 미는 보여주지 못하고 사람의 마음을 답답하게 하는 억압이 이 그림에서 사라지지 않는다. 오달리스크는 그저 갇혀 있고 처박혀 있는 아름다운 인간 암사슴 같다. 그녀는 보통 아무 일도 하지 않기 때문에, 그녀가 무엇인가를 한다면 먹고 마시고 헤로인을 피울 뿐이다. 헤로인 파이프와 비교하면 필립의 애인이 손에 들고 있는 저 피리는 얼마나 정신이

엥그레 작, 〈오달리스크〉

풍부하고 얼마나 아름다운가! 미의 필연적 형태 중의 하나인 매력적인
것은 다른 모든 형태와 자연스럽게 연계되고 아주 상이한 정도로 발전
한다. 그렇기 때문에 우리는 매력이라는 낱말의 사용을 아주 광범위하
게 확장해서 귀여운 것과 유희적인 것도 거리낌 없이 매력적이라고 지
칭한다. 그럼에도 불구하고 보다 정확히 하자면 매력은 오직 미의 감
각적 요인이 우세한 곳에만 있다고 인정된다. 그와는 정반대로 위엄
있는 숭고함은 정신의 심연으로, 절대적 자유로 더 많이 회귀할수록
더 커지듯이 말이다. 이런 이유에서 우리는 봄과 청춘과 여성을 가을
과 노년과 남자보다 더 매력적으로 느낀다. 매력은 감각적 에너지를
상승시키기 좋아하고 알록달록한 것을 사랑하며 특히 대조적인 것을
사랑하는데, 예컨대 하얀 대리석 조각이 정원 대지의 녹색과 대조를
이루면 더 매력적으로 보이듯이 말이다. 하지만 그렇기 때문에 은폐도
매력을 숨김으로써 그것을 어느 정도 도발적으로 우리에게 보여주는
한 매력을 상승시킨다. 마치 고대의 로마 작가들이 이미 이와 비슷하
게 도망치는 미가 더 큰 매력을 가진다고 노래했듯이 말이다.

　유쾌미의 부정적 반대는 역겨움이다. 자세히 말하자면 ① 귀여움의 부정으로서는 졸렬함이고, ② 유희적인 것의 부정으로서는 공허함과 죽어 있음이며, ③ 매력적인 것의 부정으로서는 추악함이다. 졸렬함은 세밀한 짜임새와 부분들의 발전이 없음이고, 죽어 있음은 움직임이 없고 현존의 구분되지 않음이다. 추악함은 추한 형상으로도 나타나는 부정적인 것에 의한 삶의 실천적 파괴이다. 숭고함의 관점에서 보면 졸렬함은 위대함과, 죽어 있음은 강력함과, 추악함은 위엄 있음과 대립한다. 숭고함의 탁월성은 자신에게서 모든 천박함을 배제하는 반면, 역겨움은 그것들을 자기 안에 받아들인다. 숭고함은 유한한 것을 자신의 무한성의 이상으로 변용시키는 반면, 역겨움은 유한한 것의 오물 속에 깊이 빠져든다. 숭고함은 우리를 신적인 힘으로 긴장시켜 영웅적 행위로 나아가게 하는 반면, 역겨움은 기형과 무기력함으로 우리를 피로하게 만들어 우울증에까지 이르게 한다.

(1) 졸렬함 (*Das Plumpe*)

귀여움은 예쁨으로 인해서 우리 마음에 드는 조그마함이다. 졸렬함은 질료의 기형이나 움직임의 어색함으로 인해서 우리 마음에 들지 않는다. 귀여움은 부분들을 주의를 기울여 완성한 것이기 때문에 섬세함이라고도 지칭되는데, 졸렬함이 구분들의 발전이 없음으로 인해서 거칠음이라고도 지칭되듯이 말이다. 그러므로 졸렬함은 형태가 없는 것이 아니라 형상은 가지고 있지만 질료가 우세하게 드러나는 어색한 형상이다. 졸렬함 역시 움직일 수 있지만 그 움직임이 어색하고 난폭하며 둔중한 것이다. 줄기가 휘어져서 그로써 형상을 갖추지 못한 버드나무 그루터기는 졸렬해 보인다. 악어, 하마, 나무늘보, 바다사자 등은 그 움직임이 졸렬한 동물들이다. 왜냐하면 그들의 질료에는 짜임새와 탄력성이 없기 때문이다. 졸렬함의 원인은 질료의 크기나 형태의 단순성이 아니라 비례관계와 기형이다. 이집트의 피라미드는 졸렬함이 전혀 없는 크고 극도로 단순한 덩어리이다. 반면에 천장부로 지구를 모방하려 했던 아시아의 스투파는 그 육중하고 둔감한 비례관계로 인해서 졸렬한 모습을 보인다. 배가 튀어나왔고 발은 짧고 크며 목이 없이 웅크리고 앉아 있는 자세의 카리브 지역의 신들은 졸렬해 보인다. 힘은 자기 에너지를 표출할 때 졸렬함에 빠질 위험이 있다. 조형예술에서 헤라클레스와 질레노스의 경우처럼 말이다. 우악스러움(Das Derbe)도 때때로 루벤스의 작품에서 나타나듯이 졸렬함의 경계를 건드린다. 그의 강건한 영웅들의 모습과 비교해서 그의 여성상들도 당연히 플랑드르 형을, 즉 넓은 등과 풍만한 가슴과 부푼 허리와 둥근 형태의 엉덩이와 팔을 가져야 했으나, 이 반항적 풍만함은 졸렬함을 자라지 못하게 만드는 삶의 내면성과 짜임새와 유연함과 정신적 긴장감을 담고 있어야만 했다. 이 점을 인식하려면 그저 그와 마르텐 드 포스(Maarten de Vos)를 비교하면 된다. 포스의 형상들에서는 풍만하게 넘쳐나는 살집이 사지를 뒤덮은 결과로 인해 비례관계는 눌리고 둔중해 보인다.

움직임으로서의 졸렬함은 당연히 먼저 자체로 졸렬한 형상과 결부되어 있다. 하마, 악어, 펭귄, 북극곰, 모양이 흉한 견조(駃鳥)[75]들에게서는 졸렬한 움직임만을 기대할 수 있을 뿐이다.

그러나 자체가 아름답고 예쁜 형상에서도 졸렬한 움직임이 나올 수 있으며 이 움직임은 형상과의 모순 속에서 더 추하게 나타날 수밖에 없다. 정반대로 자체가 졸렬한 덩어리인, 예컨대 로마인들이 훈련시킨 밧줄 위에서 춤추는 코끼리의 예쁜 움직임은 형상에서 나타나는 졸렬함의 인상을 필연적으로 감소시킴에 틀림없다. 어떤 요소가 자체로 형태의 섬세함과 움직임의 경쾌함과 우아함을 많이 보여줄 수 있음에도 불구하고 조야함과 거칠음을 전개하고 있을 경우 우리는 그것을 더

---

75) 역주: 견조. 크기 1.8m로 바다에 뛰어들어 먹이를 잡는 바닷새 종류.

역겹게 느낀다. 이것은 특히 농담이나 위트라는 요소의 경우이다. 졸렬한 농담과 졸렬한 위트는 추하다. 왜냐하면 유희로서의 농담과 위트의 개념에는 이미 경쾌함이 이것들의 본질적 속성으로 들어 있기 때문이다. 예컨대 모롤프(Morolf)의 천박함은 그런 졸렬함으로 표현된다.

졸렬함은 종종 촌스러움(Das Bäurische)으로도 불린다. 그러나 촌스러움의 의미를 졸렬함으로 확장시키려 한다면 그것은 아주 잘못된 처사이다. 촌스러움은 우악스럽고 힘이 있을 수 있지만 모양이 흉할 필요는 없다. 신분제 조직의 위계질서에서 온갖 종류의 귀족은 자신보다 아래 계급의 처신을 졸렬하고 서투른 것으로 간주한다. 그러나 농부는 원래 시골귀족과 같다. 농부가 자유 지주(地主)로 등장하는 곳에서는 비록 자연의 정복자로서 힘은 있지만 품행과 예의범절에 있어서는 졸렬함밖에 가지고 있지 못하며, 오히려 자신의 힘과 재산에 대한 자부심에서 자연스러운 품위를 지닌다. 노르웨이와 북부 독일의 마르쉬 지방과 베스트팔렌 지방과 스위스의 자유 농민이 보여주듯이, 그리고 포스가 《전원》(Idyllen)에서 홀슈타인 농부를, 임머만이 《뮌히하우젠》에서 베스트팔렌 농부를 그렸듯이 말이다. 임머만의 동네 면장은 우리에게 남자의 완벽한 존엄성을 보여주는데 심지어는 카를 대제의 검을 갖고 재판정에 앉아 있다. 그리고 그의 딸 리스베트는 갈퀴질, 우유 짜기, 바느질, 실 잣는 일, 요리를 아주 잘하며, 이런 생업으로 인해서 정신의 귀족성과 처신의 사랑스러움을 손상시키지 않는 농촌 처녀의 완벽한 우아함과 품행의 섬세함을 보여준다. 작가가 정당하게 동네 면장을 통해서 강조하려는 것은 면장이 모든 일을 "예법에 따라", 즉 관습의 척도에 따라, 일의 본질이 요구하는 몸가짐의 리듬에 따라 행하려 한다는 것이다. 조르주 상드 역시 《앙지보의 방앗간 주인》(Meunier D'Angibault)의 베리의 농부들과 《앙트완느 씨의 죄》(Péché de Mr. Antoine)의 쟌느 등에게서 이들 본질의 관습적 면을 아주 정확하게 특징적인 것으로 드러냈다. 예법을 무시하는 것은 보기 흉하다.

농부는 도시적인 것, 능숙한 유연함, 도시풍의 우아한 달변과는 정반대로 촌스럽고 교양 없으며 상스럽고 시골풍이라고 할 수 있다. 그의 형상과 모습이 미적으로 역겹게 되는 경우는 봉건귀족이 과도한 짐을 지게 하여 그의 모습을 기형으로 만들고 과도한 세금으로 그의 골수를 빼먹었을 때, 그리고 귀족 자신이 그를 대할 때 모질고 조야하게 굴어서 그를 모질고 조야하게 만들었을 때, 그를 오만함으로 자신으로부터 소외시켰을 때에 비로소 그렇게 된다. 그때 고루하고 꼴사나운 존재로서 조롱되는 그는 촌스럽게 되며, 그래서 신의 대지를 자신의 손으로 일구고, 이 고귀한 작업으로 전체 시민사회의 기반을 경작하는 농부라는 드높은 이름은 그때부터 욕이, 특히 서류 귀족이나 금권 귀족의 오만방자함에 의해 욕이 되어버렸다. 이제 촌스러움이란 개념이 비천함의 개념과 연계되는 한, 우리는 이 비천함의 개념에 대한 앞의 설명을 참조하라고 할 수밖에 없다.

졸렬함이 그로테스크와 익살에서 어느 정도까지 우스꽝스럽게 되는지도 그 맥락에서 이미 다루었다. 졸렬함은 저열한 코믹을 위한 중요한 열쇠이다. 그러나 육중한 형상의 기형과 움직임의 서투름이 코믹하게 되기 위해서는 어느 정도 한계 내에 있어야 한다. 그것은 난폭해서는 안 된다. 어린아이는 졸렬함과 능숙함의 코믹한 대립을 거리의 곰과 원숭이에서 최초로 보게 된다. 야생의 맹수가 어린이가 하듯이 두 발로 통나무 위를 걷고 물 긷는 하녀처럼 물지게를 목에 걸 때 그것은 어린아이에게 얼마나 우스꽝스럽겠는가! 반면에 곰의 등에서 엉덩이를 두들기고 호두를 까먹으며 조그만 총을 쏘는 빨간 외투의 조그만 원숭이는 그에게 얼마나 영리하고 예쁘게 보일까! 코믹작가들은 졸렬함과 고아함을 대조시킴으로써 늘 커다란 이점을 취했다. 그들은 특히 전이과정에서 항상 시골사람/소도시 주민과 도회지 사람/대도시 주민을, 보충역과 훈련된 군인을, 당황한 하급공무원과 고위관료 등을 대조시켰다. 촌사람은 특히 프랑스인들에게 모든 교육이 온갖 가능한 종류로 파리에 집중되어 있기 때문에 전형적으로 코믹한 인물형이다. 아리스토파네스는 희극에서 아티카 언어의 섬세함과 대조되게끔 라코니엔인, 트리발인들로 하여금 자기 사투리로 말하게 함으로써 그들의 졸렬함을 강화했다. 모든 모방예술은 졸렬함이란 확실한 효과수단을 갖고 있다. 글룩(Gluck)의 〈타우리스의 이피게니아〉(*Iphigenie auf Tauris*)에서 스키타이 춤은 그리스 춤과는 대조적으로 비할 데 없는 효과를 가지고 있다. 글룩은 이 작품을 위한 음악에서 멜로디와 악기 설정으로 미개민족의 크고 자연적인 힘이 지닌 둔중함과 폐쇄성을 아주 독창적으로 묘사했다. 곡예사와 곡마사들은 종종 졸렬함을 그로테스크한 위장으로 이용해서 그로부터 본모습을 드러내는 부드러운 움직임과의 대조를 통해서 더 많이 놀라게 한다. 곡마사들은 보통 처음에는 승마를 전혀 할 수 없는 어리석고 졸렬한 악마처럼 처신한다. 그러나 그들은 일단 말에 올라타면 대담하게, 그리고 극도로 과감하게 모든 것 이상을 보여준다.

(2) 죽어 있음과 공허함 (*Das Tote und Leere*)

삶은 죽음과 대립하고, 삶에서 유희의 명랑함은 일의 진지함과 대립한다. 유희적인 것의 목적 없는 불안정성에 대한 미적 반대는 생명 없음과 자유로운 움직임이 없음에 대한 표현인 죽어 있음과 공허함이다.

죽어 있음은 그 자체로 아직 당장은 결코 추가 아니다. 말이 나왔으니 말이지만 인간의 경우 죽음은 심지어 모습을 아름답게 해주는 결과를 가져다줄 수 있다. 죽은 자의 어린 시절의 본 얼굴이 고통의 굴곡과 싸움의 상처에서 우러나와 다시 한번 우리에게 미소를 짓는다. 죽어감 역시 비록 죽음으로의 전이과정이지만 그 자체가 필연적으로 추한 것은 아니다. "고대인들은 죽음을 어떻게 형상화했는가"(*Wie die Alten den Tod gebildet*)라는 논문에서 레싱은 아주 정확하게 다음과 같

이 말하고 있다:

> "죽음은 무시무시한 것이 아니다. 그리고 죽어감이 죽음으로의 행보
> 외에 아무것도 아닌 한, 죽어감 역시 그 어떤 무시무시함을 가질 수
> 없다. 단지 그런 식으로 죽어감이, 즉 바로 지금 이런 자세로, 이런
> 혹은 저런 의지에 따라 욕을 들으며 고문을 받으며 죽어감이 무시무
> 시할 수 있고 실제로 그렇게 된다. 하지만 죽어감이 이런 것일 때,
> 공포를 야기했던 것은 죽음인가? 전혀 그렇지 않다. 죽음은 이 모든
> 공포로 인해서 가장 희구된 종말이다. 언어가 이 두 상태를, 즉 어
> 쩔 수 없이 죽음으로 귀결하는 상태와 죽음 자체의 상태를 동일한 낱
> 말로 지칭할 때 그것은 단지 언어의 빈곤함에 기인한 것이다."

레싱이 계속해서 분석한 바에 따르면, 그리스인들은 죽어야만 하는
슬픈 필연성을 케레(Kere)라고 부르며 죽음 자체와 구분했다. 그들은
전자를 탐식하는 이빨과 날카로운 손톱으로 무장한 아주 소름 끼치는
여자로, 후자는 얼마 남지 않은 횃불을 꺼뜨리는 우아한 반신(半神)으
로 잠의 형제로 형상화했다. 하지만 그들은 또 영혼이 빠져나가는 죽
음의 시선을 메두사의, 생각하는 메두사의 잘려진 머리로 표현했다.
죽어가는 자의 머리에서는 이어서 페가소스가 뛰쳐나왔고 아테네는 뱀
으로 감겨 있는 머리를 방패에 집어넣었다. 그도 그럴 것이 유일하게
죽을 수 있는 고르고넨 딸[76]을 원래 죽인 존재는 생각의 전투 여신인
그녀였기 때문이다. 앞에서 우리는 다른 관점에서 그리스인들이 무시
무시한 것 자체를 가장 고귀한 미로 형상화하는 데 성공한 형태로서
메두사를 꼽았다. 강하고 경련으로 떨리는 입술, 집정관과 같은 턱,

---

76) 역주: 여기서 고르고넨 딸(Gorgonentöchter)은 메두사를 지칭한다. 왜냐하
면 고르고넨 딸들은 그리스신화에 나오는 바다의 신 포르키아스와 케로의
세 딸, 즉 스테노, 유리알레, 메두사이며, 이중에서 메두사만이 유일하게
죽을 수 있는 존재이기 때문이다.

제우스의 이마를 연상시키지만 약간 내려앉은 이마, 고뇌에 찬 듯이 구르는 커다란 눈동자, 어두운 색의 뱀 머리카락을 가진 위압적인 머리는 죽임을 당한 상태에서도 여전히 죽음과 파멸의 빛을 발한다. 비교적 훗날의 이상적 메두사 상은 강해 보이는 얼굴 윤곽과 독특한 슬픔을 훌륭하게 합일시켰다. 테르니트(Thernite)가 《벽화》(Wandgemälde), 2권에서 색으로 충실하게 모방한 메두사 상에서는 죽어가는 얼굴 모습의 회색, 초록색, 탁한 노란색이 감동적인 효과를 낸다. 하지만 이 무시무시함은 전체 구상이 갖춘 가장 완벽한 심리적 진실성과 숭고한 위대함으로 인해 매력적인 것으로 완화되었다. ― 기독교 예술은 한층 더 나아갔다. 그도 그럴 것이 기독교 예술의 전체 세계관에 따르면 진실한 삶은 올바른 노력에 의해서 매개되는 것으로 파악되기 때문이다. 죽었지만 영원한 삶으로 부활하는 신적인 인간이 이 예술의 구심점이 된다. 그렇기 때문에 예수의 시신은 죽음이라는 모든 진실에도 불구하고 여전히, 그 시신에 생기를 넣어주었고 미래에도 넣어주게 될 불후의 정신을 비추어준다. 감긴 눈은 다시 떠지고 창백하고 늘어진 입술은 다시 움직이며 굳어 있는 손은 다시 축복을 내리고 생명의 빵을 떼어주게 된다. 조각가와 화가는 이때 이런 가능성을 시신에 남겨진 생명으로 표현해서는 안 된다. 왜냐하면 그렇게 하면 그것은 단지 거짓 죽음이 되기 때문이다. 오히려 그 가능성은 오직 이 시신에서 유일하게 일어나는 기적으로 나타나야 한다. 이것은 절대적으로 어려운 조형 예술 전체의 과업이자 가장 천재적인 능력만이 감당할 수 있는 것이다. 물론 신앙은 이런 미적 요구와 직접적으로 아무 연관이 없다. 비교적 낮은 신앙 차원에서는 예수의 죽음을 아주 분명하게 표현하는 것이 매우 적절할 수 있다. 정말이지 살이 빠지고 상처로 찢겨지고 고통으로 파괴된 시신은 바로 그 무시무시함을 통해서, 하지만 세계의 구원자가 이 형상으로 현존해 있음을 보여주는 모순을 통해서 대중들에게 훨씬 더 큰 감동을 줄 수 있다. 미적으로 완성된 예술작품은 잘 알

려져 있다시피 기적처럼 만들어진 작품이 아니라, 강한 형태로 무신론
자들의 마음을 마력적으로 사로잡는 매력을 가지며, 아주 기이하고 종
종은 아주 추한 형상들이다. 죽어가고 있고 죽은 예수의 정형(定形)은
당연히 마리아로도, 더 나아가서는 성자로도 전이된다. 죽음에서 비
롯하는 생명이 여기 어디에서나 근본사상이 된다. 그렇기 때문에 그것
은, 폼페이의 여러 벽화들이 표현하고 있듯이 페르세우스가 안드로메
다에게 수면에 비친 모습으로만 감히 보여주고자 했던, 완전히 역전된
죽음을 바라보는 메두사의 머리이다. — 늙은 크로노스의 기독교적 변
형인, 무자비한 낫을 들고 있는 인물이나 해골로서의 죽음도 마찬가지
로 원래 추한 것은 아니다. 인간의 해골은 아름답다. 단지 전통적 공
포로 둘러싸여 있는 필연적 사멸(死滅), 무덤의 어두움, 시신의 부패,
해골에 수반된 심판에 관한 상상들이 추한 것이다. 해골은 피어나는
생명과의 관계에서 상대적으로 꺼림칙하게 여기는 표현으로서만 추하
다. 그렇기 때문에 회화는 '사자(死者)의 춤'(Totentänze)에서 죽음을 생
명을 지우는 힘으로서 최고의 생명력을 갖도록 개별화시킬 수 있었다.
파괴의 열정은 살이 없는 해골의 뼈에 모든 신분계층과 모든 연령대와
모든 상황의 생명을 덮치고 무덤 속으로 가게 만드는 무적의 힘을 부
여한다. 77) 이와 같은 이념은 죽음 자체를 드러나게 할 뿐만 아니라 그

---

77) 지금은 사자의 춤(Totentänze, danses macabres)에 관한 서적들이 아주 많이
나와 있다. 현재 독창적 관찰 역시 없지는 않다. 하지만 독일에서 완성된
사자의 춤 중에서 가장 최근의 것(레텔의 목판화를 말하는 것은 아니다) 이
간과되어, 이것과 보다 앞서 나온 것들과의 연관관계가 밝혀지지 않은 것
같다고 여기서 반드시 밝혀야겠다. 그것은 유화이며 주로 베허라는 화가의
것이다. 그 일련의 그림들은 상당히 대작이고 종종 아주 밋밋한 것들이다.
그것들은 18세기의 뷔르거의 발라드 풍으로 그려졌고 독일 중심부에 위치한
에어푸르트의 아우구스트 수도원 복도에 걸려 있다. 바젤의 사자의 춤에서
시작하면 에어푸르트를 지나, 역시 사자의 춤이 발견되는 뤼벡에 이르기까
지 똑바른 대각선을 그을 수 있다. 에어푸르트의 것은 적어도 그 완벽성 덕
택에 석판인쇄로 찍어졌다. 홀바인(Holbein)의 사자의 춤에 관해서 나는

것을 삶의 다양성과의 대조에서, 삶의 다양성과의 싸움에서 드러나게 하며, 이로 인해 죽음은 무시무시할 정도로 아름다워진다.

우리가 여기서 보고 있는 죽어 있고 공허한 것이 곤경 너머에서 제멋대로 유희하는 삶의 추상적 부정인 한, 그것의 모든 관계를 언급할 수는 없다. 모든 형성과 모든 변화와 모든 싸움은 이미 매력을 가지고 있다. 하지만 삶이 즐거운 자기 감정의 명랑함에서 유희의 무목적성을 가지고 움직일 때 삶은 그 안에서 진정 자신을 삶으로서 향유한다. 물이 소곤거리며 돌을 지나칠 때, 꽃 자신이 조용히 공물로 바치는 향기를 풍기고 나비들이 흔들리는 꽃대 주위를 팔락이며 날아다닐 때, 제비가 건물 천장 박공 부분에서 짹짹거리며 인사할 때, 비둘기들이 하늘의 푸름을 꿰뚫고 빛나는 원을 지치지 않고 그릴 때, 개가 씩씩하게 푸른 잔디에서 뛰어놀 때, 소녀가 공을 던지고 사내아이들이 힘센 팔다리의 힘을 격투기로 시험할 때, 소녀와 사내아이들이 넘치는 흥겨움을 노래로 불러 없애거나 혹은 춤을 추어 소진할 때 — 그때 삶은 명랑한 유희에서 자신을 향유한다. 반면에 조용히 저쪽으로 흘러가는 개천, 정체되어 있는 늪, 타버리고 먼지로 뒤덮인 풀밭, 회색의 하늘, 소리 없는 황무지, 기계화된 공장에서의 기계적인 작업, 오직 한숨으로만 깨뜨릴 수 있는 병동의 정적은 얼마나 슬프고 얼마나 추한가!

추하게 죽어 있음의 본질은 다양한 차별성을 보이는 자기결정의 부족이다. 그렇기 때문에 그것은 자체 안에 생명을 어느 정도 전제하고, 이 전제는 죽어 있음의 무차별성과 모순이 된다. 이 점은 다양한 방식으로 생겨날 수 있다. 일단 기초 자체는 훌륭할 수 있으나 처리작업은 흐릿하고 공허할 수 있다. 비교적 위대한 천재가 작품을 시작했으나 그것을 완수하지 못하고 재능이 별로 없는 자가 작품 완성을 넘겨받은 경우처럼 말이다. 실러의 미완성 작품 《데메트리우스》(*Demetrius*)와

《독일문학의 역사에 관하여》(*Zur Geschichte der deutschen Literatur*, 쾨니히스베르크, 1836, 25쪽)에서 분석을 한 바 있다.

말티츠(Maltitz)에 의한 그것의 완성처럼 여기서 전체의 기획은 아무 죄도 없지만 표현이 의도의 정점에 도달하지 못하고 차갑게 우리를 방기한다. 혹은 기초가 형편없을 경우에는 처리작업의 외적 풍부함이 내적 빈곤을 감추어야 한다. 근본적인 죽어 있음과 이국적 장식의 사치 사이의 알력은 공허함의 인상을 강화할 뿐이다. 팔라디오(Palladio)가 시작한 건축양식이 베르니니(Bernini)에 의해서 기형이 됐을 때 나타나는 풍성하게 부풀려진 장식이 독자적 건축술의 창조에 혼이 부족함을 감출 수 없었듯이 말이다. 혹은 아무 영감도 없는 사건들을, 참아내기 힘들 정도로 광범위하게 6운각의 시구로, 각운이 있는 8행의 시구로, 니벨룽엔의 시구로 중얼대며 쏟아내는, 저 끝없는 서사시들의 군단을 기억해보라. 쿤체의 《사자왕 하인리히》(Heinrich der Löwe)[78]나 신의 명령에 따라 혜성이 지구로 점점 다가와서 자기 쪽으로 수면의 상승을 야기하는 보드머의 《노아의 방주》(Noachide) 같은 것 말이다. 물이 얼마나 많고, 온갖 종류의 불행이 얼마나 많으며, 좋지 않은 6운각의 시구들이 얼마나 많은가! — 문학적 공허함은 얼마나 넘쳐나는가! 전통적인 웅장한 어휘들을 모자이크식으로 쌓아놓아 열광을 불러일으키는 저 아무 생각 없는 송시들을 기억해보라, 술 마시고 노래하고 노래하고 술 마시라는 명령을 계속해서 우리에게 반복해대는 저 차가운 노래들을 기억해보라, 무대 위의 비참한 인간들에게 일층 객석에서 10탈러를 미리 던져줄 수 있다면 곧바로 막을 내릴 그런 서투른 어리석음과 거지 같은 열정의 천박한 비극을 기억해보라, 자체로는 아주 순수한 착상을 청중이 절망할 때까지 착취해대는 저 김빠진 소극(笑劇)을 기억해보라. 이것들은 얼마나 죽어 있고 공허한가! 마지막으로 죽어 있음은 형태와 내용의 부족에서도 기인할 수 있다. 보다 정

---

78) 《사자왕 하인리히, 21개의 노래로 된 영웅시》(Heinrich der Löwe, Heldengedicht in 21 Gesängen, 슈테파누스 쿤체에 의해 역사적·토포스적 주석이 달림, 3부, G. Basse 근처의 크베어딩엔, 1817, 8쪽).

308

확히 말하자면 기초의 죽어 있음과 처리작업의 죽어 있음은 무시무시한 조화를 이룰 수 있다. 이것은 수많은 비유적 작품들의 경우다. 이 작품들은 진정한 문학적 관점이 부족한 점을 악행, 도덕, 예술, 학문의 의인화로, 힘들게 건강부회식으로 짜 맞추어진 상징으로 대체하려고 애를 쓴다. 개별적 부분을 제외한다면 프랑스 중세 때에 아주 인기가 있었던 장미 소설이 그런 종류이다.[79] — 나아가서 이는 예술을 단지 어떤 경향성의 수단으로 삼는 수많은 작품들의 경우다. 우리는 결코 경향성 자체를 멸시하는 그런 부류가 아니다. 왜냐하면 예술가는 그가 그 안에서 살고 있는 시대의 흐름에서 벗어날 수 없기 때문이다. 경향성은 또 자체에 이념을 내포하고 있다. 하지만 경향성을 어떤 파당의 폐쇄적 독단론으로 혼동해서는 안 된다. 예컨대 귀족주의와 민주주의의 대립을 그 내면에서 진실하게 형상화하여 온갖 형태로 전달하려는 우리 시대의 경향성은 가장 훌륭한 장편소설 2개를 낳았는데, 프루츠(Prutz)의 《어린 천사》(Das Engelchen)와 구츠코의 《유령 기사》이다. 하지만 이 작가들은 오직 경향성에서 벗어나 이상(理想)으로 상승함으로써 성공을 거두었다. 반면에 경향성이 배타적 파당의 강령으로 추락할 경우 그런 경향성은 그 산문적 의도로 인해서 분명히 문학을 죽이게 된다. 이런 제한적 의미의 경향성은 비유 짓거리와 유사한 결과를 초래한다. 형상들이 바로 기획단계에서 승리나 패배가 중요한 개념의 제물이 되어버리는 것이다. — 나아가 수많은 조각과 회화작품의 경우에 내용과 형태의 사산아(死産兒)들은 교육적 훈련으로 인해서, 모델의 포즈와 환영의 주름살에 부자유하게 종속됨으로 인해서 생

---

79) 이델러(S. J. L. Ideler), 《최초의 시작으로부터 프란츠 1세에 이르기까지의 고대 프랑스 민족문학의 역사》(Geschichte der Altfranzösischen Nationalliteratur von den ersten Anfängen bis auf Franz I, 베를린, 1842, 248~250쪽). 말이 나왔으니 말이지만 창백한 비유 짓거리는 유럽에서 14세기부터 16세기까지 일반적이었다.

겨난다. 그것들은 예술작품이 되는 대신에 단지 제품이 되어버린다. 그런 교육적 형상의 표현은 마치 가식적으로 그렇게 표현된 듯한 느낌을 준다. 음악과 문학도 분명히 이와 마찬가지이다. 자체가 비생산적이고 단순히 모방만 하는 평범함이 자신의 무기력함을, 아무것도 잉태하지 못하고 내적으로는 비어 있는 상태로 외적으로는 틀에 박힌 채, 위대한 전범(典範)의 이념을 반복하여 드러내 보인다면 말이다. 원본에서는 생생한 삶의 유희인 것이 모방자의 복사에서는 죽어 있는 제품이 아무것도 잉태 못하는 절충주의의 황량한 혼합물이 된다. 살아 있는 창조는 비밀에 가득 찬 원천에서 기원해 계곡물처럼 환호의 엄청난 소리를 내며 솟구쳐오르고, 모방은 정밀한 배수로로 유도된 물처럼 소리 없이 슬며시 사라진다. 창조자는 이념의 계시로 인해서 스스로 영감을 받고, 모방자는 이 영감에서 영감을 받는다. 모방자가 동시에 딜레탕트라면 우리가 앞에서 정확함의 개념에서 상기시켰던 그 많은 것이 더 첨가된다. 창조적 천재를 채워주는 것은 자신이 사태의 필연성과 하나가 됨을 느끼는 자유를 갖춘 이념의 힘이며, 천재는 이 자유를 가지고 기획의 새로움과 위대함과 대담함에서 경험적 일상성과 기술적 법칙을 위배하기도 한다. 자신에게 경험적 이상이자 이념의 대용품인 기존의 작품에서 유쾌함을 느끼는 모방자는 진실로 생산적인 열정을 가질 수 없다. 자신이 그런 열정을 갖고 있노라고 속일 경우에도 말이다. 자립하지 못한 모방은 원본의 실수뿐만 아니라 원본의 훌륭함도 일반적으로 과장하며, 그래서 그 부적절함으로 인해 원본의 훌륭함조차 실수로 역전시켜버린다. 바로 이 점에 의해 원본에서 여전히 이쪽으로 흘러나왔던 원천적 삶의 나머지 부분은 완전히 죽임을 당한다.

우리가 살아 있는 것을 그 상이한 측면에 따라 상이하게 명명했듯이 죽어 있는 것도 마찬가지로 공허함, 비어 있음, 헐벗음, 메마름, 거칠음, 황량함, 서리 낌, 차가움, 무미건조함, 활기 없음, 둔중함, 냉담함 등으로 부르고, 역겨움의 질적 특성에 대한 이 동의어들을 다양하게 서로 연계시킬 수 있다. 하이네가 《아타 트롤》 (*Atta Troll*) 에서 다음같이 노래하듯이 말이다.

> 커다란 북의 진동과
> 동으로 된 세면대의 울림이 소리를 내네,
> 비어 있음이 공허함과
> 그렇게 서로 기분 좋게
> 결합된 곳에서.

죽어 있음은 지루함을 통해서 코믹한 것으로 넘어간다. 죽어 있음, 비어 있음, 차가움은 자유로운 구분과 자발적 발전이 없음으로 인해서 흥미 없어지고 지루해진다. 지루함은 추해지거나 아니면 그 반대로 죽어 있음과 공허함과 동어반복의 추가 우리 마음속에 지루함의 느낌을 불러일으킨다. 미는 우리로 하여금 시간을 망각하게 만든다. 왜냐하면 미는 영원한 것이자 자족한 것으로 우리를 영원성 속에 집어넣고 우리를 지복함으로 채워주기 때문이다. 어떤 광경의 공허함이 너무 커져서 우리가 시간을 시간으로서 알아차리면 우리는 순수한 시간의 내용 없음을 느끼게 되는데 이 감정이 지루함이다. 따라서 지루함 자체는 결코 코믹하지 않다. 그러나 코믹으로의 전환점은 이를테면 동어반복과 지루함이 자기 패러디로서 혹은 아이러니로서 생산될 경우, 그래서 아주 끔찍한 발라드가 그저 다음의 시구로 생겨날 경우이다.

> 에두아르드와 쿠니군데,
> 쿠니군데, 에두아르드;
> 에두아르드와 쿠니군데,
> 쿠니군데, 에두아르드!

(3) 추악함 (*Das Scheußliche*)

미가 예쁜 형상의 사랑스러움과 움직임의 우아한 유희를 하나로 합친다면 그것은 매력적이다. 이 유희가 반드시 움직이는 유희일 필요는 없다. 유희에서는 최대의 정지(停止)가 지배적일 수 있다. 하지만 유희는 삶의 자유를 영혼이 넘치게 표현해주어야 한다. 고대인들과 티치안과 네처와 루벤스가 그렸던 잠자는 님프를 우리가 기억해보면 수면은 결코 죽음이 아니다. 잠자는 님프에게서는 또 생명의 충만함이 부드러운 피부를 탄력 있게 만들며 가슴을 올렸다 내렸다 하고 약간 열린 입을 통해서 밀물처럼 들어오고 썰물처럼 나가며 눈꺼풀을 떨리게 한다. 예쁜 형상은 이런 생명의 유희에서 매력적이게 된다. 우리가 생명을 빼앗아버리더라도 그 죽어 있는 형상은 마찬가지로 예쁠 것이다. 왜냐하면 우선 그 죽어 있는 형상의 비례관계가 아무것도 바뀌지 않을 것이기 때문이다. 그러나 우리는 그 형상을 더 이상 매력적이라고 부를 수는 없을 것이다. 데깡(Décamps)은 젊고 아름다운 소녀를 비어 있는 다락방에서 관에 누워 얇은 면사로 덮여 있는 시신(屍身)으로 그렸는데, 그녀의 우아한 모습이 면사를 통해서 비친다. 여기서 어느 누구도 매력에 대해 말하지는 못할 것이다. 왜냐하면 매력은 오직 살아 있는 것에만 거주하기 때문이다. 혹은 우리가 형상을 아름답지 않은 것으로 가정하면 이 형상도 매력적이지 않은 것으로 생각된다. 늙은 여자, 호라티우스가 말한 바 있는 음탕한 늙은 여자도 잠자면서 숨을 쉬고 마찬가지로 시든 가슴을 올렸다 내렸다 한다. 하지만 그녀는 그럴수록 더욱 우리에게 추해 보인다. 매력은 분명히 형상의 예쁨도 요구한다. 왜냐하면 우리가 숭고하게 아름다운 여인을 상상해보면 그녀의 사지(四肢)의 힘과 형태의 엄격함은 향유하라고 초대하기보다는 거부하게 만드는 무엇인가를 갖고 있기 때문이다. 헤라가 제우스에게 사랑의 매력을 불러일으키기 위해서 먼저 아프로디테에게서 우아함을 발하는 허리띠를 빌려야 했다고 고대인들이 신화에서 표현했듯이 말이다.

　매력적인 것에 반대되는 것은 추한 움직임 속에서 항상 새로운 일그러진 형태나 일그러진 소리나 일그러진 낱말만을 생산해내는 기형으로서의 추악함이다. 추악함은 숭고함처럼 우리로 하여금 경외심을 갖고 거리를 두게 하는 것이 아니라 자신에게서 우리를 반발시켜 떨어져나가게 만든다. 그것은 유쾌함처럼 유혹하며 자신에게 오도록 우리를 잡아끌지 못하고 우리로 하여금 자신에 대해 소름 끼치게 만든다. 그것은 완전한 미처럼 우리 본질의 가장 내면적인 곳에서 절대적 화해를 통해 우리를 만족시키지 못하고 오히려 그 내면의 깊은 곳에서 극단적 알력을 불러일으킨다. 추악함은 특히, 기분 좋은 유흥만을 목적으로 한 예술이 악의 표현을 포기하지 않고 피상적이고 제한적인 세계관 속에서 움직일 때 갖지 않을 수 없는 그런 추이다. 추악함은 이때 ① 관념적으로는 절대적인 무의미에서의 이념의 부정인 몰취향적인 것이고, ② 실재적으로는 이념의 감각적 현상의 모든 미에 대한 부정인 구역질 나는 것이며, ③ 관념적·실재적으로는 진과 선이라는 이념의 개념에 대한 부정으로서의 악이며 동시에 현상의 미 속에 있는 악이란 개념의 실재성이다. 악은 실제적이고 절대적인 반(反)이념으로서 추악함의 최고봉이다. 예술은 이 모든 추의 형태를 특정한 조건하에서 이용해도 된다. 보편적 조건들은 우리가 서문에서 설명했다. 그 조건들은 그것 없이는 추 전반의 표현을 허락하지 않는 그런 것들이다. 그러므로 추악함은 결코 자체 목적이 되어서는 안 된다. 그것은 따로 떨어져 존재해서는 안 된다. 그것은 자유를 총체적으로 표현하는 필연성을 통해서 이끌어내야 하며, 마지막으로 그것은 모든 현상 전체와 마찬가지로 이상화되어야 한다. 하지만 지금은 추악함의 미적 가능성의 특별한 조건들이 무엇인지 살펴보도록 하자.

① 몰취향적인 것 (*Das Abgeschmackte*)

보편적 추악함은 이성과 자유에 반한다. 몰취향적인 것으로서의 추악함은 이런 반항을, 특히 인과율에 대한 이유 없는 부정을 통해서 오성에 모욕을 가하고, 그리고 여기서 비롯하는 무연관성을 통해서 상상에 모욕을 가하는 형태로 표현한다. 그것은 몰취향적인 것, 부조리, 말도 안 됨, 불합리, 고지식함, 무미건조함, 미쳐 있음, 광분이며 혹은 우리가 그밖의 경우 어떤 식으로 부르던 간에 그것은 추악함의 관념적인 면이고 그 안에 있는 미적 알력의 이론적이고 추상적인 토대이다. 모순 전반이 부조리한 것은 아니다. 왜냐하면 그것은 우리가 이미 대조의 개념에 대한 해명에서 보았듯이 합리적으로 정당한 것일 수 있기 때문이다. 선은 악과 정당하게 모순이 되고, 진(眞)은 거짓과 모순이 되며, 미는 추(醜)와 모순이 된다. 하지만 이른바 자체적 모순 (*contradictio in adjecto*)은 자기파괴적인 모순이고 그런 것이 몰취향적인 것의 내용을 이룬다. 논리는 모순과 반대를 구분한다. 즉, 모순은 판단하는 자의 편에서 술어를 그저 단순하게 무규정적으로 부정하는 것인 반면, 반대는 술어를 그 자체 내에서 그와 반대되는 것을 통해 실제적으로 부정하는 것이다. 앞의 모순이나 뒤의 반대는 부조리하지 않지만, 예컨대 '하얀 것은 검다' 혹은 '선은 악하다'라고 내가 말하려고 할 때처럼 술어를 통해서 주어 자체를 부정하는 그런 모순은 부조리하다. 그러나 자체로 아주 올바른 오성에 의한 규정이 최종적 규정은 아니다. 왜냐하면 극단적인 것들은 서로 넘나들 수 있기 때문이다. 모든 가정주부가 거리낌 없이 흰색의 빨래에 대해서 이것이 새까맣게 되었다고 말하듯이, 자체가 선(善)인 법이 추상적 고집에 의해서 잔인해짐으로써 악하게 되듯이, 추가 미적 총체성 내에서 올바른 작업을 통해 미의 의미를, 추한 미의 의미가 아니라 아름다운 추라는 의미를 획득할 수 있듯이 말이다. 단순한 오성은 별로 불합리하지 않으며 오히려 자체가 합리적인 수많은 것을 불합리한 것으로 여긴다. 우리는 몰취향적인 것의 경계를 정확히 인식하고 우스꽝스러움과 몰취향적인 것의 친족관계를 이해하기 위해서 유한성 속에 존재하는 이런 변증법을 유념해야 한다.

　보다 심오한 동기부여가 없는 완전한 무의미, 우연한 모순들의 순전한 혼란이 예술에서는 절대적으로 비난받을 만한 것임을 앞에서 이미 말한 내용에서 분명히 했다. 누가 그런 것에 관심을 갖겠는가! 예컨대 훌륭한 논문 "서로 넘나드는 정신건강과 정신병"(*Psychische Gesundheit und Irresein in ihren Übergängen*, 1845, 54~56쪽)에서 주의력 결핍으로 인해 괴로워하는 남자 선생의 그런 무의미한 것들을 열거한 혼바움(Hohnbaum) 같은 정신과 의사를 제외한다면 말이다. 이 남자는 종종 맹세하며 다음과 같이 말한다.

　　"예루살렘은 그 당시 터키의 적들의 수중에 있었습니다. 보세요, 이 문장은 분명히 꼬여 있습니다. 꼬인 것이 전혀 없는데도 불구하고 말입니다. — 한니발은 강을 왼쪽 강기슭에 묶고 코끼리들이 강을 더 잘 건너갈 수 있게끔 그 위에 모래를 뿌리게 했습니다. — 황후는 죽고 태어나지 않은 아이를 남겼습니다. — 스파르타인들은 당시에 모자에 털모자를 쓰고 다녔습니다. — 아약스가 돌맹이 하나를 집어들고 아약스의 머리에 던져서 그가 죽었습니다 등."

　이미 말했듯이 이런 것들에 관심을 가질 수 있는 것은 미학이 아니라 오직 심리치료일 뿐이다. 금세기의 적지 않은 시문학의 일부가 원래 이런 범주에 속해 있다는 점은 부인할 수 없다. 미신적이고 고루한 반동의 편에서, 그리고 무신론적이고 자유주의적인 혁명의 편에서 쓰여진 작품들이, 즉 장편소설들이 영국과 프랑스와 독일에는 충분히 있다. 이것들은 정치와 심리적 관점에서 단지 시대 분위기의 징후로서 주목을 받아 마땅하지만 예술작품으로서는 당연히 주목을 받아서는 안 되는 것들이다. 이 소설들에서 분노한 정신들의 자기분열은 의상분일증(意想奔逸症)이라는 혼란에 이른다. 그래서 마거(Mager)는《비교적 최근과 현재의 프랑스 민족문학의 역사》(*Geschichte der Französischen Nationalliteratur neuerer und neuester Zeit*, 1839, II권, 374쪽)에서 곧바로 정신병에 걸린 장편소설들이란 범주를 설정하는 데 주저하지 않았다.

우리는 그렇기 때문에 이런 바보짓 같은 불합리함이 지닌 절대적 불가해함을, 환상적 세계관으로 인해서 당연히 오성과 모순이 되는 그런 모순으로 혼동해서는 안 된다. 후자는 오직 유한적인 것의 한계를 대상으로 하는 유희에서 이념의 본질을 표상(表象)시키려 하기 때문에 오성과 모순이 된다. 여기에 속한 것은 보다 차원 높은 이념을, 즉 자연으로부터의 정신의 자유를 그런 환상적 형태로 표현하기 위해서 객관적 인과의 법칙을 부정하는 기적적인 것(*das Wunderbare*)이다. 진정한 기적은 윤리적 · 종교적 내용의 무한성으로 인해서 좋지 않은 미러클과 구분되는 반면에, 미러클은 불합리성 자체로서 부조리함을 절대화한다. 우리는 이런 구분을 그리스신화와 인도신화라는 두 신화의 형태에서 분명히 보고 있다. 앞의 신화에서 나타나는 기적적 계기들은 항상 심오한 이념과 연관 있는 까닭에 그 계기들은 식자층에게 그 이념에 대한 가장 아름답고 보편적인 상징이 된다. 반면에 뒤의 신화는 부조리한 식인식물들로 너무 칭칭 둘러싸여 있어서 의미 있는 것이 제아무리 그 기반에 있다고 하더라도 눈으로 볼 수 없을 정도이다. 성경의 내용들이 이야기해주는 기적과 다소간 부조리한 외경의 내용은 이와 비슷하게 구분된다. 성담에도 이런 두 방향이 있다.

동화문학의 기적적인 것은 완전히 기이한 것과 모험적인 것으로 해체되고 그 개별적 내용들로 인해 종종 완전히 부조리로 빠져든다. 하지만 동화문학이 현실적으로 작가가 의도한 내용을 갖고 있는 한, 그 기적적 요소도 우리가 앞에서 부정확함에 대해 다루었을 때 동화에 되

316

돌려주어야 했던 그런 상징적 진실성을 갖는다. 이런 상징성은, 즉 어린이의 부드러운 환상을 통한 이념의 반영은 진정한 동화와 자연스럽고 윤리적인 삶의 커다란 힘들을 본능적으로 조화시키는 반면, 우리들의 교육적 오락작가나 살롱 다탁에 걸맞은 장정본 소책자 작가들이 지금 아주 종종 양산하는 동화는 이런 힘에서 벗어나고 자신의 힘을 유치함에서 추구한다. 청춘을 망치는 이런 작가들은 작품이 부조리할수록 더 문학적이라고 생각하는 듯하다. 칼로호프만(Callo-Hoffmann)의 방향을 극단적으로 몰고 갔던 이와 같은 제멋대로의 상상 짓거리에서 진실한 인과의 흔적은 결국 모두 사라져버리고 마침내 가장 일반적인 가구들조차 생각하고 말하기 시작한다. 그렇기 때문에 슈트루벨페터호프만(Strubelpeterhoffmann)[80] 같은 방식은 아주 특별한 영향을 끼쳤다. 왜냐하면 이런 방식은 머리를 솟구치게 만드는 무의미를 일종의 비문(碑文) 문학과 벽화그림으로 다시 순수하게 이야기해주어서 아무 생각 없는 우아한 동화작가들의 칭얼거림을 아이러니컬하게 만들 수 있었기 때문이다. 왜 어른들이 이상하게도 슈트루벨페터 3연작을 어린아이들과 마찬가지로 즐겨 읽었는지가 이로부터 설명된다. 한 떼의 모방자들이 그 방식을 또다시 유치한 것으로 강등시켰을 때까지 말이다. ―그러나 이런 주제 이탈에서 다시 부조리의 개념으로 돌아가면, 동화와 신화에서 원래 부조리의 근원을 이루는 것은 절대적 상상의 자의(恣意)를 개념 없이 현실화하는 마법이다. 마법은 몰취향적 행동이다. 왜냐하면 그것은 결과를 결코 그 어떤 연관관계도 없는 원인을 통

---

80) 역주: 슈트루벨페터는 하인리히 호프만(Heinrich Hoffmann)의 동화에 나오는, 버릇없고 어린이로서 해야 할 일을 하지 않고 자신의 수프를 먹기 싫어해서 무덤 속에 들어간 인물로, 솟구친 머리와 긴 손톱을 가지고 있다. 여기서 동화의 작가 이름까지 붙여 만든 슈트루벨페터호프만은 나쁜 습관의 무시무시한 종말을 보여주는 특정한 동화적 글쓰기 방식을 일컫는다. 로젠크란츠는 이와 같은 슈트루벨페터호프만 방식으로 위에서 언급한 나쁜 습관을 가진 동화작가를 비판하고 있다.

해서 불러일으키기 때문이다. 마법사가 반지를 돌리면—그는 가장 순종적인 정령으로 나타난다. 그가 성난 호랑이를 조그만 막대기로 건드리면—곧바로 호랑이는 그림 기둥으로 굳어버린다. 그가 그 자신도 이해하지 못하는 아주 의미 없는 말을 내뱉으면—땅에서 궁전이 솟구쳐나온다. 그러므로 마법에는 실천적 인과율이 지양되어 있기 때문에 그것의 작업방식이 있다고는 하지만 그 주문과 정령 불러내기와 행위들이 전혀 오성적이지 않음은 필연적이다.

우리가 앞에서 진정한 기적과 미러클의 구분으로 설명했고, 진정한 동화와 신경질적이고 미친 상상 짓거리라는 병적인 가짜 생산품의 구분으로 설명했던 그 두 방향이 여기에서도 발견된다. 상술하자면 마법이 인간에게 보다 차원 높은 정신세계를 열어주는 방향을 취하고 알려져 있지 않은 건너편 세계의 문을 열어주려 할 때, 이 문지방에서 어느 정도의 무시무시한 진지함은 포기되지 않는다. 왜냐하면 이 시도에는 일종의 숭고한 과감함이 자리하고 있기 때문이다. 그러나 마법의 목적이 무가치하고 지저분하며 하찮게 이기주의적이고 심지어는 비윤리적일 때, 그 수단 역시 어리석고 미쳐 있으며 기괴하리라는 점은 정상이다. 괴테의 파우스트가 대지의 정령을 불러낼 때 이는 숭고한 계기인데 불려나온 형상의 숭고성이 그 계기에 상응하고 있다. 그러나 동일한 파우스트가 마녀로 하여금 마시면 모든 여성의 몸에서 헬레나를 보게 하는 한 잔의 물약을 제조하게 할 때, 우리는 이 마녀의 부엌에서 이 철학자와 모순이 되는 부조리를 곧바로 알아차리게 된다.

광증의 뒤죽박죽인 생각과 몰취향적 표상과 무의미한 행위는 슬픈 현실이 된다. 회화와 음악은 이 상태를 상대적으로만 표현할 수 있다. 도니제티는 오페라 〈안나 볼린〉(Anna Boleyn)에서 이 여자의 발작하는 광증을 특히, 슬퍼하며 떨리다가 갑자기 높이 치솟아올라가고 그런 다음 낮은 음으로 내려가는 소리로 표현하려고 했다. 여기서는 문학만이 그 완성을 과감하게 시도해볼 수 있다. 그러나 문학은 부조리를 단

318

지 정신의 불구에 대한 상징적 표현의 수단으로 삼아야 한다. 미쳐버린 지성에서 융해된 뒤죽박죽인 조합과 비약, 그리고 불가능한 종합은 그 자체로 소름이 끼친다. 우리는 겁내며 몸을 떨면서 우리 시선을 부조리가 입을 벌리고 있는 심연에서 다른 곳으로 돌린다. 문학은 미친 자의 연관관계 없는 허튼 소리에서 그 인간이 빠져 있는 엄청난 모순에 대한 분노가 관찰되도록 광증을 어떤 무시무시한 운명의 결과로 보여주어야 한다. 그런 혼미함에서 우리 쪽으로 거품을 튀기는 산만함뿐만 아니라 그런 전율스러운 분열이 만들어낼 수 있는 힘에 대해서도 우리는 공포를 느낀다. 레싱은 특정사물에서 오성을 잃지 않는 사람이라면 전반적으로 어떤 오성도 잃지 않는다고 말했다. 그러나 그는 이성에 대해서 말한 것이 아니라 특정한 사물에서 오성을 잃는 것이 대단히 이성적이라는 점을 암시했던 것이다. 상술하자면 무시무시한 것과 모든 오성의 경계를 넘어서는 것과 구체적 경우에 이성의 부재를 이해할 수 없는 오성을 잃는 것이 대단히 이성적이며, 그 결과 오성을 미치게 만드는 것이 비이성으로서의 이성임을 암시했던 것이다. 특정한 사물 — 레싱은 이것으로 겉보기에 이념의 실재성 자체를 파괴하는 듯한 모순들의 존재 외에 달리 무엇을 의미했겠는가? 단지 겉보기에 그렇다. 왜냐하면 예술은 이념의 진리를 붙잡아야 하며, 미친 자의 허튼 소리에서는 그 배후에 항상 이념이 실재하고 있음을 알려주어야 하기 때문이다. 셰익스피어는 이를 광증의 방식이라고 부른다. 예술은 쇼펜하우어가 아주 적합하게 표현한 바에 따라 천재라는 존재와 친족관계에 있는 그 같은 배후를 파악해야 한다.[81]

그러므로 우리가 미적으로 요구해야 하는 것은, 미친 자의 모험적 말에서 이념이 희미한 빛을 발해야 하며, 그의 산산조각 난 문장과 혼미한 뒤죽박죽과 생략된 감탄사와 기이한 제스처에 아직 이성이 이지

<hr>

81) 쇼펜하우어(A. Schopenhauer), 《의지와 표상으로서의 세계》(*Welt als Wille und Vorstellung*, 1819, 262~264쪽).

러진 모양으로 자기 자신을 비추고 있어야 하고, 따라서 이성이 이 불행한 자에게도 가능한 것으로 존재해야 한다는 것이다. 그렇기 때문에 졸도와 뇌연화증 등 단지 육체적 원인에 의해서 생겨난 광증의 부조리는 결코 미적 대상이 될 수 없다. 왜냐하면 그것에는 이성이라는 요소가 빠져 있기 때문이다. 하찮은 계기와 천박한 열정에서 생겨나는 미친 듯한 격앙 역시 미적 객체가 될 수 없다. 이 두 상태는 단순히 추할 뿐이다. 그러나 엄청난 운명의 모순이나 중대한 행위의 결과로 복수의 여신이 인간을 광증에 빠뜨리면 이성은 계속해서 그의 불합리한 행동이나 혼란스런 말을 통해서 순간순간 빛을 발할 것이다. 세상에 이성이 있고 신이 살아 있다면, 무시무시한 것과 비자연적인 것과 악마적인 것이 가능할까? 순결무구함이 죄로, 법이 불법으로 조롱되고 비열함이 신성시되어도 될까? 진실한 작가는 그렇게 공포스러운 사물 세계에 대한 경험으로 인해 파멸한 불행한 자로 하여금 인간과 신에 반하는 가장 지독한 파렴치함을 말로 내뱉도록 만든다. 그외에도 인간이 자신 안에 숨기고 있는 것, 경건함과 윤리와 법과 신앙을 통해서 신성모독적 파렴치함으로서 자신 안에서 억누르고 있는 것, 현존하는 인정된 세계 질서와 비교해서 어리석음과 고지식함인 것은 마음을 뒤흔드는 파렴치함이라는 척추와 다리를 가지고 스스로 분열된 지성의 무정부 상태에 의해서 말로 끄집어내어진다. 비극적 광증은 세계 질서를 뒤엎는다. 왜냐하면 광증과 만나는 것에 따르면 부조리가 왕이 되어야 하기 때문이다. 친구는 친구를 배신하고 그의 아내를 유혹한다. 애인은 정절을 깨뜨리고 아내는 남편을 독살하며 주군이자 왕인 손님은, 자기 피로 그를 지켜야만 하는 자에게 맞아 죽고 아버지는 그가 모든 것을 희생한 아이들에 의해서 아버지가 아니라고 부인된다. 밤처럼 시커먼 이런 행위들은 우주의 영원한 법칙을 뒤흔들지 않는가? 하지만 그 행위들은 날카롭고 창백한 반항적 현실 속에 존재하며, 선의 성스러움과 이성의 힘을 믿는 연약한 사람을 바보라고 조롱하는 듯하다.

　예술은 광증이 최종적인 말을 하도록 내버려두어서는 안 된다. 예술은 광증으로 어둠 속에서 걸어오는 복수의 여신의 저주를 표현해야 하거나 그것을 보다 차원 높은 총체성에서 용해시켜야 한다. 미친 짓과 꿈과 어리석음을 세계의 본래적 진리로 간주하게 할 정도로 계몽과 합리성에 저항하고, 그렇게 스스로가 명명한 아이러니를 행하는 것은 비교적 근자의 낭만주의가 빠진 위험한 잘못된 길이며, 추한 생산물이라는 결과만을 가져올 수밖에 없는 자체가 미친 견해이다. 미친 자는, 보통 철학적 회의주의에서만 나쁜 것이 되지 않거나 혹은 겁먹은 영혼의 혁명적 선언문으로 꿈에서만 떠올릴 수 있는 생각을 거리낌 없이 솔직하게 표현하는 특권을 가지고 있다. 그러나 모든 것을 혼란하게 뒤섞는 광증이 아름답게 되려면 그것은 상규에서 벗어난 충동적 생각을 절대적 공허함으로 사라지게 하지 않고 오히려 다시 그 자신 안으로 들어가도록 중력으로 끌어당기는 미적 개체화라는 구심점을 가져야 한다. 작가는 미친 자에게 보편적 관심을 불러일으키는 주제를 부여해서 그가 이것을 변화시켜 부조리에 빠지도록 해야 한다. 그렇게 해서 감옥에서 그레트헨의 광증은 남자를 향한 사랑 때문에 어머니와 아이에 대한 사랑에 상처를 준 그런 생각의 구심점이 된다. 그렇게 해서 《빌헬름 마이스터》에서 아우구스티노의 광증은 운명론에 대한 생각의 구심점이 되며, 그렇게 해서 리어 왕의 광증은 왕으로서, 그리고 아버지로서의 손상받은 권위의 구심점이 된다. 그렇기 때문에 광증의 표현은 무한히 어려워서 셰익스피어와 괴테와 조르주 상드 같은 위대한 거장들에게서만, 화가 중에서는 카울바흐(Kaulbach)의 〈바보들의 집〉(*Narrenhaus*) 등에서만 성공할 수 있다. 스크리브와 멜르비예의 작품 《그녀는 미쳤다!》(*Elle est folle*)는 심리적으로 극도로 정확하다는 이유에서뿐만 아니라 광증을 다시 해소하기 때문에 보통의 경우 부조화를 아끼지 않는 비교적 최근의 프랑스 연극에서 두드러진 것이다. 여기서 어떤 남자가 아내를 미쳤다고 간주하는 광증에 빠져 있지만,

그 자신은 누군가를 바다에 밀어넣어 죽였다는 망상을 하기 때문에 미쳐 있다. 서투른 자가 광증을 묘사하는 어려운 과업을 시도하면 어리석음의 가장 추악한 면이 드러난다. 이는 일반적으로 수많은 느낌표와 말줄임표의 사용으로 인해서 너무 형편없게 되는 나머지, 사람들은 그에 대해서 웃을 수조차 없고 오히려 가슴이 답답하게 되는 멍청함에 가까운 것을 느끼게 된다.

비극성은 이성의 분열과, 코믹은 오성의 모순과 관련 있다고 말할 수 있다. 그렇기 때문에 코믹은 몰취향적인 것을 긍정적으로 아주 솜씨 있게 이용할 수 있다. 어리석음과 미쳐 있음과 돌아버림과 불합리함은 코믹에 부조리를 충분히 제공할 수 없다. 칼데론이 과도하게 즐거워하는 어리석음을 수단으로 자신의 희곡 《질투는 심지어 낌새만 있더라도 살해한다》(Zelos aun del ayre matan) 를 자신의 익살극 《체팔로와 프로크리스》(Cefalo y Procris) 에서 희화화했듯이 말이다. 그러나 단순한 부조리는 아직 우스꽝스러운 것이 아니다. 부조리가 특정한 관계에서 자신을, 겉보기에 현실적으로 보이지만 자체로는 있을 수 없는 것으로서 지양함으로써 비로소 우스꽝스럽게 된다. 광증은 돈키호테 같은 사람의 광증처럼 자체로 종종 숭고할 수 있지만 그 마무리에서 코믹해질 수도 있다. 그러나 바보스러움 자체도 허튼 소리와 산만함과 쓸데없는 상상으로 극도로 코믹해질 수 있다. 바보들은 특권을 지닌 코믹의 애인이다. 지성(知性) 의 오만함은 부조리와도 유희할 수 있다. 여기에 속한 것은 옛 독일어로 거짓의 동화, 기적의 동화라고도 불리며, 오늘날에는 화려한 어리석음이라고 불리고, 프랑스어로는 무의미시(cog à l'âne) 라고 불리는 저 이질적인 것들이 하나로 엮인 것이다. 시골도시풍의 희극들, 유대인 위트들, 한스부어스트[82] 의 어리석음들도 여기에 포함된다. 후자는 특히 어릿광대인 그가 기적을 행하는 의

---

82) 역주: 한스부어스트(Hanswurst) 는 독일식 어릿광대이고, 뒤에 나오는 튀르뤼팽(Turlupin), 타바랭(Tabarin) 은 프랑스식 어릿광대 이름이다.

사와 함께 만들어낸 어리석음들이다. 프랑스의 장터에서는 어릿광대
가 주연을 맡았다.[83] 옛날의 무의미 시에 있는 이런 종류의 몰취향적
인 것은 항시적 자체 모순인 헛소리 지껄이기로 지칭된다(볼프(O. L.
B. Wolff), 《고대 프랑스의 민요》(*Altfranzösische Volkslieder*, 라이프치
히, 1831, 118쪽):

    나는 바뇰레로 갔다,
    그곳에서 나는 당근을 심고 있던,
    당나귀 한 마리를 보았다.
    내 변종의 포도여, 너를 너무 사랑하는 나머지,
    정말이지 나는 헛소리를 지껄이고 있어.

    나는 조금 더 가서,
    가보트[84]를 추고 있던,
    한 뭉텅이의 건초를 발견했다.
    내 변종의 포도여, 나는 …

---

[83] 어릿광대 튀르뤼팽은 타바랭, 고티에(Gautier), 가르귀이유(Garguille), 그
로 귀욤므(Gros Guillaume), 그리고 지금은 그로부와오(Grosboyaux)라고
도 불린다. 베돌리에르(Émile de la Bédollière)는 《프랑스인의 자화상》
(*Les Français peints par aux mêmes*)(Ⅰ권, 드 프로방스, 150~152쪽)에서
오늘날의 사기꾼에 대한 묘사에서 종종 옛날부터 전승된 수많은 헛소리들의
예를 전해주고 있다. 어릿광대 노래의 예를 하나만 들어보면 다음과 같다:

퇴비 더미 위에 있는 세 마리의 돼지 새끼들
문으로 통하는 길처럼 즐기고 있다.
나는 그에게 말했다: 내 어린 것, 헌 병아,
내게 1파운드의 버터가 있었으면.

나는 네 나막신에 기름을 부을 거야
네 머리 클립을 주름잡힌 옷깃으로 움직이게 하기 위해서지.
내 재킷은 무릎에 구멍이 났어,
아, 너희들, 타다 남은 양초를 내게 되돌려 줘.

[84] 역주: 가보트(*gavotte*). 17세기 프랑스 춤의 일종.

프랑스에서 유래하여 사람들이 여전히 즐기고 있고, 우리에게도 전수된 옛날의 소극 《거짓말쟁이와 그의 아들》(*Der Lügner und sein Sohn*)에서 느긋하게 하나로 수집된 프랑스인들의 헛소리들도 그런 명랑한 부조리들이다. 아버지와 아들은 어리석은 발명에서 서로를 뛰어넘으려고 경쟁한다. 폰 크락 씨는 벼에 레몬 줄기를 접붙이고 럼주를 주는 방식으로 펀치나무를 기른다. 아들은 길모퉁이에서 십자포화를 가할 수 있는 총을 가지고 있다고 한다. 우리들의 그런 헛소리들은 예전에는 《오일렌슈피겔》에, 훗날에는 뷔르거와 리히텐베르크를 거쳐서 《뮌히하우젠》에서 수집되었다. 뮌히하우젠은 콩 넝쿨을 타고 달까지 올라가려 하고 자신의 땋은 머리로 늪에서 빠져나오려고 한다. 그의 말은 문이 닫히는 바람에 몸의 반쪽을 잃어버린다. 앞의 몸은 조용히 서서 관정(管井)에서 물을 무한정 마시는데, 물이 계속해서 뒤로 새기 때문이다. 그의 사냥개는 다리가 닳아 짧아질 정도로 달려서 그레이하운드에서 닥스로 바뀐다. 그는 버찌씨를 발사해서 노루의 머리를 맞춘다. 다음 해에 그는 노루와 마주치고 노루는 뿔 사이에 버찌나무를 얹고 다닌다. 우리는 이와 같은 사냥꾼 거짓말에서 '헛소리다'라고 외치지만 이 헛소리는 우리를 아주 즐겁게 해준다. 임머만은 《뮌히하우젠》에서 사냥꾼 허풍을 패러디하지 않는다. 그러나 그는 그 대신에 거짓말로 일확천금을 노리는 우리들의 시대정신으로 혹은 더 낫게는 비(非)정신으로 보편적인 거짓의 재미있는 단면을 남작에게 보여주는데, 뮌히하우젠이 늙은 폰 포제무켈 남작에게 공기로 돌을 만드는 공장을 지으라고 설득할 때처럼 말이다. 왜냐하면 뮌히하우젠은 결론 내리기를, 모든 질료는 4가지 화학원소로 되어 있고 공기는 그런 원소들을 내포하고 있어서 공기가 가장 훌륭하고 가장 싸며 어디에나 있는 돌의 재료가 되기 때문이라는 것이다! ─ 저열한 코믹은 당연히 부조리를 비정상적으로 많이 이용한다. 말을 더듬으면서 약속하면서 심문하면서 외국어를 더듬대면서 특히 마법의 부조리를 흥겹게 조롱하면서 말이다. 이 관점에서 보면 파우스트의 인형극에서 카스파는 가장 재미 있는 인물 중의 하나이다. 카스파는 강신술과 마법연구 전체를 희화화 한다. 그는 악마들을 시켜서 자신을 개선하지 않고 오히려 잔인할 정 도의 웃기는 방식으로 '페르리페, 페르라페'라고 주문을 외며 이들을 조롱한다.

   ② 구역질 나는 것 (*Das Ekelhafte*)

   몰취향적인 것은 추악함의 관념적인 면이고 오성에 대한 부정이다. 구역질 나는 것은 몰취향적인 것의 실제적인 면이고, 육체적 혹은 정 신적 부패로부터 생겨나는 기형을 통해서 현상의 미적 형태를 부정하 는 것이다. '명칭은 보다 차원 높은 것에서 유래해야 한다'라는 옛 규 칙에 따라 우리는 역겨움과 천박함의 보다 차원 낮은 단계를 구역질 나는 것이라고 지칭한다. 왜냐하면 형태의 파괴를 통해서 우리들의 미 적 감정에 상처를 주는 모든 것은 우리에게 구역질을 불러일으키기 때 문이다. 그러나 좁은 의미의 구역질 나는 것의 개념을 위해 우리는 부 패의 개념을 추가해야 한다. 구역질 나는 것이 시듦과 죽음뿐만 아니 라 오히려 이미 죽어 있는 것의 부패인 그런 죽음의 과정도 포함하기 때문이다. 자체로 죽어 있는 것이 살아 있다는 가상은 무한히 역겹고 구역질 나는 것이다. 비논리적 혼란의 부조리는 코믹으로 방향전환을 하지 않는 한, 혐오감도 불러일으킨다. 그러나 그 부조리의 작용은 그 자신의 지적 요소 때문에, 우리 감각이 자신에 적대적인 존재를 향유 할 수 있다고 하고, 그래서 감각적 부조리라고도 부를 수 있는 구역질 나는 것의 작용보다 격렬하지 않다. 부조리가 제아무리 지성의 파편 덩어리라고 하더라도 사람들이 그것에 대해서 여전히 비판적 관심을 가질 수 있는 반면, 구역질 나는 것은 우리의 감각을 분노하게 만들고 우리를 절대적으로 밀쳐낸다. 자연의 생산물로서의 구역질 나는 것, 즉 땀, 침, 똥, 궤양 등은 유기체가 자신에게서 배출해서 부패에 넘기는 죽어 있는 것이다. 비유기적 자연 역시 상대적으로 구역질 날 수 있지만 유기적 자연과의 유비관계나 연관관계에서만 상대적으로 그럴 뿐이다. 그러나 부패의 개념은 자체로 비유기적 자연에 적용될 수 없고, 그런 이유로 돌, 금속, 흙, 소금, 물, 구름, 가스, 색은 전적으로 구역질 나는 것이라고 부를 수 없다. 이것들은 후각기관과 취향 판단 기관[85]과의 연관관계에서 단지 상대적으로 그렇게 불릴 수 있을 뿐이다. 불을 뿜는 화산의 위엄 있는 광경과 정반대인 물과 재의 혼합물을 분출하는 화산은 우리에게 역겹다. 왜냐하면 침침한 색의 분출물이 흘러나옴은 유비적으로 우리에게 물을 상기시키고, 여기서 물 대신에 액체상태의 불투명하고 죽어 부패한 물고기와 뒤섞여 있는 진흙이 마치 부패하고 있는 듯한 흙의 모습을 보이기 때문이다. 알렉산더 훔볼트 (A. v. Humboldt)의 《안데스 산맥의 전경》(*Vues des Cordillères*)에서 그런 물과 재의 혼합물의 분출에 대한 묘사를 보라. 하수구에서 오물들이 모이고 온갖 종류의 식물과 동물의 찌꺼기들이 덩어리째, 그밖의 부패하는 문화의 잘린 토막들과 함께 추악한 혼합물로 합쳐지는 도시 구덩이에 고인 물 역시 극도로 구역질 난다. 가장 낮은 것이 가장 위로 오게끔, 하수도의 똥오줌뿐만 아니라 빛을 싫어하는 동물들, 즉 썩은 것을 먹고사는 쥐, 들쥐, 두꺼비, 지렁이의 모습이 드러나게끔, 파리 같은 대도시를 뒤집을 수 있다면 이것은 엄청나게 구역질 나는 광경이 될 것이다. 이 관점에서 보면 후각이 특별한 감수성을 갖고 있음은 분명하다. 분뇨의 안 좋은 냄새는 순전한 자연상태의 분뇨를 그 단순한 형태보다 더 역겹게 만든다. 예컨대 화석분(化石糞), 즉 노아의 홍수 이전 동물들의 화석화된 똥은 그 어떤 구역질 나는 것이 더 이상 없고 우리는 그것을 마음 놓고 다른 화석 옆 우리들의 광물 수집품 속

---

85) 역주: 취향 판단 기관(*Geschmacksorgane*)이라고 하는 것은 여기서 후각을 제외하고, 대상에서 유쾌함을 느낄 수 있는 시각, 청각, 미각을 모두 포함한다.

에 놓아둔다. 피사에 있는 캄포 산토 공동묘지의 훌륭한 그림에서 시체를 보여주는 열린 무덤 옆으로 걸어가면서 손으로 코를 막고 있는 자신만만한 사냥꾼 무리가 보인다. 우리는 이것을 잘 보긴 하지만 냄새를 맡지는 못한다. 이마에서 흐르고 가슴에서 진주처럼 빛나는 노동의 땀은 비록 아주 존중할 가치가 있지만 미적으로는 그렇지 않다. 심지어 땀이 쾌락에 섞여 들어가면 그것은 예컨대 하이네가 부부관계를 갖는 젊은 부부에게 다음의 노래를 불러줄 때처럼 절대적으로 구역질 나는 것이다.

> 과도하게 열을 내지 않게,
> 심장이 너무 강하게 뛰지 않게,
> 너무 냄새나는 땀을 흘리지 않게,
> 그리고 가슴이 답답해지지 않게,
> 신이 너희를 보살펴주시기를.

오물과 똥은 미적으로 구역질 나는 것이다. 황제 클라우디우스가 죽어가면서 '제기랄, 오줌을 싸버렸군!' 하고 외쳤을 때 황제로서의 모든 위엄은 소멸되었다. 요르단(Jordan)[86]이 《데미우르고스》(*Demiurgos*, 1852, 237쪽)에서 하인리히로 하여금 언젠가 용변을 보던 아내 헬레네와 마주친 일로 인해 그녀에게서 떠나가도록 동기부여했을 때, 이 점은 너무 끝없이 구역질 나고 천박하며 후안무치하기 때문에 다방면으로 분명히 최고의 교양을 쌓은 작가가 어떻게 그렇게 몰취향적으로 될 수 있는지 거의 이해하지 못할 정도이다. 그가 비록 루시퍼로 하여금 지나칠 정도로 재미있는 이것에 대해 명랑하게 웃게 했을지라도 말이다. 이와 같은 불가해함은 가장 강력한 냉소적 선언문으로 의도된 것

---

[86] 역주: 요르단(Carl Friedrich Wilhelm Jordan, 1819~1904). 독일 작가이자 정치가.

이다. 하지만 우리는 구역질 나는 것에 대한 예를 그의 작품에서 더
이상 끌어내지 않겠다. 민중의 지저분한 언어는 욕을 할 때 궁극적 수
단으로서 당연히 똥을 사랑하며 이것으로 그 어떤 것의 절대적 형편없
음을 표현하고 자신의 최대한의 불쾌감을 표시한다. 이를테면 괴테도
그런 방식으로 자신을 무시하는 적들을 〈크세니엔〉에서 다음과 같이
용서했다.

> 네 적들에 대해 내게 말해보아라, 왜 너는 전혀 아무것도 알고 싶어
> 하지 않니?
> 네가 그곳으로 가려 하는지 내게 말해보아라, 그들이 길에서 … 하는
> 그곳에?

그러나 문학은 이것을 그로테스크한 코믹의 경우에만 사용할 수 있
다. 우리가 앞에서 아리스토파네스의 《의회의 여자들》에서 블레퓌로
스를 그런 예로 인용했듯이, 혹은 하인리히 호프만이 아리스토파네스
풍의 희극 《허무맹랑한 자들》(Die Mondzügler, 1843)에서 서로 싸우
는 철학자들에게 오물의 근원개념을 정의하는 숙제를 내줌으로써 현대
철학의 변증법을 조롱하듯이 말이다. 어떤 철학자는 그때 예컨대 사람
들이 그 낱말의 성별(性別)87) 조차도 올바로 파악하지 못하기 때문에
오물의 의미를 전혀 이해하지 못한다는 점을 증명하려고 한다.

> 주체와 객체, 이 둘은 절대적으로 동일하다,
> A는 어떻든 간에 B와 전혀 구분될 수 없다.
> 객체인 B는 오물이다. 하지만 그것이 순수한 진리인가?
> 내가 A, 즉 주체란 점은 명백한 분명함이다.

---

87) 역주: 독일어의 명사는 모두 남성, 여성, 중성 중의 하나이고 따라서 오물
역시 명사로서 특정한 성을 가져야 한다.

그리고 그럼으로써 나 자신이 오물이며, 나 자신, 나는 동일하다.

이것은 제아무리 불합리하더라도 증명된 진리이다!
이제 어떤 남자가 너희에게 오물을 만들어주었다고 가정하면
그 남자가 바로 자기 자신을 창조했다는 결론이 그로부터 도출된다.
이제 나는 그런 창조를 분명히 진리에 맞게 성별이 없는 것이라고 부르겠다.
내가 그것을 남성 명사로 하거나 여성 명사로 하면 그것은 부당하다.
이 전체 결론을 한 낱말로 요약하자면,
이후부터 나는 오직 중성인 오물만을 옳은 것으로 인정하겠다.

　부패는 기독교를 통해서, 성경 자체가 그에 대해 이미 썩는 냄새가 난다고 한 나사로의 부활을 회화가 과감히 그리려고 시도함으로써 분명히 예술의 실제적 대상이 되었다고 말할 수 있을 것이다. 이 모든 것에 앞서서 잊지 말아야 할 것은 다만 회화가 그 냄새를 표현하지 못한다는 점이고, 다른 하나는 오직 부패가 외견상으로 시작된 것이라는 점이다. 이 소재에서 원래 긍정적인 것은 항상 죽음이 그리스도에게서 흘러나오는 신적인 생명에 의해서 극복되는 모습이다. 수의에 둘러싸인 채 열린 무덤에서 걸어나오는 나사로는 무덤 주변에 서 있는 살아 있는 군중들과 극도로 회화적인 대조를 이룬다. 나사로는 약간 유령과 같은 형상과 창백한 얼굴 윤곽으로 그가 이미 죽음의 노획물이었음을 당연히 드러내야 하지만 동시에 생명의 힘이 어떻게 그의 내면에 있던 죽음을 또다시 지양했는지 보여주어야 한다.
　병에 대해서는 이미 서론에서 다루었다. 병 자체는 필연적으로 역겹거나 전혀 구역질 나는 것이 아니다. 병이 비로소 그렇게 되는 경우는 그것이 유기체를 부패의 형태로 망가뜨리고, 나아가서는 악덕이 병의 원인이 될 때이다. 학문의 목적을 위한 해부학과 병리학의 그림에서는 가장 추악한 것도 당연히 합리화된다. 반면 예술의 경우에 구역질 나

는 병은 윤리적이거나 종교적인 이념이 반대 균형추로 함께 놓이는 조건하에서만 표현될 수 있다. 종기로 뒤덮인 욥 같은 자는 신정론(神正論)[88]의 불빛 아래에서만 모습을 드러낸다. 하르트만 폰 데어 아우에(Hartmann von der Aue)의 《불쌍한 하인리히》(*Der arme Heinrich*)는 무엇 때문에 독일인들이 그 책을 가장 빈번하게 찍어내고, 원본과 극히 다양한 형태의 개정판으로 청춘남녀들에게 수천 번씩 제공하였는지 이해하기 힘들게 만드는, 난폭함이 묘사의 대상이다. 그럼에도 불구하고 그 작품에는 주변환경이 아주 역겹더라도 자발적 희생의 이념이 확고하게 그려져 있다. 인간의 외로움을 그린 극도로 감동적인 그림인 크사비에 드 매스트르(Xavier de Maistre)의 〈아오스타의 문둥병자〉(*Le Lépreux de la Ville d'Aosta*)는 절대적 체념이라는 이념에 기초해 있다. 고대의 필록테테스는 발로 인해 고통을 받는데, 레모스 근처 크뤼세 섬에서 이아손이 세운 제단을 그가 그리스인들에게 보여주었다는 이유로 뱀이 그곳에서 그를 물었기 때문이다. 비윤리적 원인에 근거해 있는 구역질 나는 병들은 예술이 스스로 배제해야 한다. 쉬가 《파리의 미스터리》에서 생 라자르에 대해 정확하게 의료적인 묘사를 하고 독일 여류 작가인 줄리 부로우(Julie Burow)가 《여자 없이》(*Frauenlos*)라는 장편소설에서 병원의 매독 병동에 대한 정확한 묘사를 시도한 것처럼 문학이 그런 것들을 묘사할 경우 문학은 매춘을 하는 것이다. 이것들은 부패에 대한 병적이고 열정적인 관심에서 도덕적 타락의 처참한 상황을 문학적인 것으로 간주하는 시대의 실수들이다. 기이한 형태 파괴와 혹으로 자신을 드러내는 기물(奇物)의 특성을 가진 병들 역시 미적 대상은 아니다. 예를 들어 발이나 팔이 관처럼 부풀어올라 원래의 형

---

88) 역주: 신정론(神正論, *Theodizee*)은 신의 의지나 행동은 항상 정의롭다는 담론이다. 따라서 욥을 괴롭히는 신은 악신이 아니라 욥의 경건함을 시험하는 정의로운 신인 것이다. 이에 세상의 악을 신의 선으로 설명하는 신정론에서 욥의 일화는 가장 즐겨 인용되는 대상이 된다.

태가 완전히 사라지는 상피병(象皮病)처럼 수치스러운 것이 아니라도 말이다.

그러나 예술은 아마도 근원적 힘으로서 수천 명을 감염시키는 병을 표현할 수는 있을 것이다. 부분적으로는 단순한 자연적 폭력의 운명으로, 부분적으로는 신의 처벌 재판정으로 나타날 수 있는 방법을 통해서 말이다. 이 경우에 병은 구역질 나는 형태를 자체에 포함할 때조차도 소름 끼치게 숭고한 특성을 지닌다. 병든 대중은 곧 특이한 광경을 제공하며 성별과 나이 차이와 신분에 따른 회화적 대조가 생겨난다. 그러나 미적 관점에서 나사로의 부활은 이 모든 장면에 규범적 정형을 부여하는데, 생명은 죽음에 대한 영원한 힘으로서 승리를 확신하며 죽음과 대면해야 한다. 그러나 라페[89]가 그린, 마인츠의 프랑스 혁명군에게 티푸스로 인해 발생한 것 같은 그런 집단적 죽음의 광경은 우리의 마음을 짓누르지만 정신의 신적인 자유에서 흘러나오는 생명의 빛은 질환과 죽음의 고통을 극복하게 만든다. 화가들은 병에 걸린 사막의 유대인들이 야훼의 명령에 따라 모세가 그들을 치유하기 위해서 세운 동(銅)뱀을 올려보는 모습을 그렇게 그렸다. 여기서 병은 신과 모세에게 불평한 데에 대한 벌이다. 불 같은 뱀에 물린 상처에 대한 치유는 그들이 한 회개에 대한 보상이다. 〈성자 로쿠스가 페스트 환자들을 어떻게 치유하는가〉(Wie der heilige Rochus die Pestkranken heilt)라는 루벤스의 그림에서 그려진 죽음에서 삶으로의 전이과정은 추악한 병에 대한 공포를 미적으로 구역질에서 해방시킨다. 그로스(Gros)의 〈자파의 페스트 환자들 사이에 있는 나폴레옹〉(Napoleon unter den Pestkranken zu Jaffa)이라는 그림 역시 이 분야의 훌륭한 그림이다. 혹이 달려 있고 창백하며 피부는 흐린 푸른빛과 보랏빛의 농담을 띠고 있고 시선은 메말라 불타오르며 얼굴 윤곽은 절망으로 이지러진 병자

---

89) 역주: 라페(Denis Auguste Marie Raffet, 1804∼1860). 프랑스 화가.

그로스 작, 〈자파의 페스트 환자들 사이에 있는 나폴레옹〉

들은 얼마나 소름 끼치는가! 하지만 이들은 남자고 병사이며 프랑스인
들이다. 이들은 보나파르트의 군인들이다. 이들의 영혼인 보나파르트
는 그들 사이에서 모습을 보이고 음험하고 가장 추악한 죽음의 위험을
겁내지 않는다. 그는 그들과 전쟁터에서 빗발처럼 들이치는 총알을 함
께했듯이 그 위험을 함께한다. 이런 생각은 용감한 자들을 매료시킨
다. 지치고 무거운 머리들이 위로 치켜세워진다. 거의 꺼져가거나 열
정적으로 빛을 발하는 시선들이 그를 바라본다. 축 처진 팔은 감동을
받아 그를 향해 뻗고, 이것을 향유한 후에는 행복해 하는 웃음이 죽어
가는 자들의 입술 주변에 맴돈다. ―그리고 이 소름 끼치는 형상들
한가운데에 연민으로 가득 찬 거인 보나파르트가 꼿꼿이 서서 반은 벌
거벗은 채로 그의 앞에서 몸을 일으킨 병자의 혹에 손을 갖다댄다. 그
로스는 병동의 둥근 막사에서 개활지가 바라보이는 모습과 병원의 답
답함을 떨쳐버린 도시와 산과 하늘의 모습을 얼마나 아름답게 그리고
있는가! 이와 비슷하게 셰익스피어는 《햄릿》의 마지막 부분에서 부패
하기 시작한 독살된 남자 시체들이 몸이 오그라든 채로 여기저기 널려

있을 때, 강한 트럼펫의 소리를 울려퍼지게 하고 청춘처럼 명랑하고 순수한 포틴브라스를 새로운 생명의 시작으로 등장시킨다. 부상자들만이 누워 있는 병동은 그런 구역질 나는 장면이 없으며, 그렇기 때문에 종종 거부감 없이 그려진다.

구토 역시 이미 앞에서 언급했다. 그것은 아무 죄 없는 병에 의한 감염의 결과이든, 폭식의 결과이든 간에 항상 극도로 구역질 나는 것이다. 그럼에도 불구하고 문학과 회화는 그것을 표현했다. 홀바인은 〈사자의 춤〉에서 주저하지 않고 그림 전면에 나오는 미식가로 하여금 먹은 음식을 다시금 토하게 했지만 회화는 단순한 자세로 구토를 암시할 수 있다. 네덜란드인들 역시 시장 장면이나 술집 장면에서 그런 것을 그리는 데에 수치스러워하지 않았다. 그런 역겨운 모습의 허용여부는 주로 그밖의 구성적 측면들과 이것들을 지키는 양식에 달려 있다. 왜냐하면 호가르트(Hogarth)의 《펀치 사교 모임》(*Punschgesellschaft*) 이나 호메로스가 침대에 누워 바닥에 놓인 그릇에 토하는 그리스 화병 그림처럼 코믹한 전환도 가능하기 때문이다. 어떤 여성적 인물이, 즉 문학이 호메로스의 신적인 머리를 받치고 있다. 그릇 주변에는 토사물을 열심히 다시 입으로 집어넣는 난쟁이 인물들이 많이 서 있다. 이들은 위대한 시인이 냉소적으로 내버린 찌꺼기로 먹고사는 훗날의 그리스 작가들이다. 이것 역시 호메로스의 신격화이다. [90] 그러나 문학이 구토를 서술할 뿐만 아니라 무대에 올릴 정도로까지 나아가면 그것은 미적 척도를 넘어섬이며 이는 코믹한 효과도 낼 수 없다. 헵벨은 《다이아몬드》(*Diamanten*)에서 그런 요소를 집어넣었다. 다이아몬드를 삼킨 유대인은 무대에서 그것을 다시 토해낸다. 그리고 그는 그것을 토해낼 뿐 아니라 심지어는 손가락까지 입속에 집어넣는다. 그것은 너무

---

90) 파노프카(Panofka), 《고전 예술작품에 있는 패러디와 캐리커처》(*Parodieen und Karikaturen auf Werken der klassischen Kunst*, 베를린, 4, 1851) 도상 1, 세 번째 인물에서 모사되어 있다.

역겹다! 출산은 필연적인 자연적 행위로서 거부감을 갖고 있지 않다. 그것이 한스 작스(Hans Sachs) 의 《바보들의 자르기》(*Narrenschneiden*) 에서나 프루츠의 《정치의 산실(産室)》(*Politischer Wochenstube*) 에서처럼 코믹하게 전환되더라도 말이다.

구역질 나는 것은 또 비자연적인 것과 섞일 때 미적으로 있을 수 없는 것이 된다. 민족이나 개인이 권태증에 걸려 있는 시대는 가장 격렬한, 그렇기 때문에 종종 가장 혐오스럽기까지 한 자극수단을 통해서 이완된 신경을 자극한다. 가장 최근에 유행하는 런던의 한가로운 자들의 여흥인 들쥐 싸움은 얼마나 추악한가! 죽음의 공포에서 야수 같은 개에 저항하는 일단의 들쥐보다 더 구역질 나는 것을 생각해낼 수 있을까? 손에 시계를 들고 벽이 세워진 구덩이 주위에 서 있는 도박꾼들은 그럴 거라고 많은 사람들이 말할 수 있을 것이다. 그러나 퓌클러무스카우(Pückler-Muskau) 는 그의 첫 번째 불후의 명저인 《어떤 죽은 이의 편지》(*Briefe eines Verstorbenen*) 에서 보다 더 구역질 나는 그 어떤 것에 대해서 서술한다. 상술하자면 그는 파리 몽파르나스 가(街) 에서 고루한 시민들이 들쥐 한 마리를 어떻게 총으로 쏘는지를 본 것이다. 그들은 이 쥐를 비스듬한 널빤지에 묶어놓았고, 쥐는 절망 속에서 이 좁은 공간을 왔다갔다 했다. 여흥을 위해서 들쥐를 쏘다니! 가장 구역질 나는 짓이다. 페트로니우스[91] 는 유베날[92] 풍과 유사한 쓴맛을, 엄청난 적나라함을 보여주는데, 이것이 그의 권태로운 타락의 묘사에 음울한 자극을 부여한다. 그의 《트리말키오의 손님접대》(*Gastmahl des Trimalchio*) 의 한 장면이 그와 같은 세계의 가장 내적인 비정신을 어느 정도 상징적으로 묘사해준다. 손님들은 처음에 돼지 한 마리를 살아 있는 상태로 보고, 그 돼지는 잠시 후에 식탁에 오른다. 그

---

91) 역주: 페트로니우스(Petronius) 는 로마 네로 황제 시대에 삶의 여흥과 쾌락의 마이스터였다. 고대 악한 소설인 《사튀리콘》(*Satyrikon*) 을 집필했다.

92) 역주: 유베날(Juvenal). 1∼2세기경의 로마 풍자시인.

334

것은 내장을 뺀 상태가 아니다. 주인은 화가 나서 요리사를 오라고 해
서는 그 건망증에 대해, 손님들을 그렇게 모욕한 것에 대한 사과의 표
시로 그들의 발치에 머리를 조아리도록 한다. 주인의 신호에 따라 요
리사는 무시무시하게 내장을 빼내는 일에 착수한다. 그리고 이 구역질
나는 내장은 어떤 종류의 것인가? 사람들은 그 내장이 자연스러운 내
장의 형태가 남아 있는 최고의 소시지임을 발견한다. 모든 이들은 열
광한다. 사람들은 그런 요리사를 데리고 있는 주인을 칭찬하고 요리사
는 자기 목숨을 유지할 뿐만 아니라 심지어는 은 왕관으로 대관식을
올리고, 코린트 동으로 된 큰 물통을 선물로 받는다. 돼지 내장을 맛
있는 요리로 만들면 너는 그런 구역질 나는 시대의 위대한 자가 되리
라. 이 시대는 페투스93) 같은 사람을 처형하려 하지만 네게는 월계관
을 씌워주리라!94) ─성관계에 대한 냉소주의는 자연과 결정적 비자연
사이에서 구역질 나는 쾌락을 위한 자리를 마련하는데 여기서 그것을
다루지는 않겠다. 95) 코믹이 그런 것을 음담패설을 통해 익살로 몰고

---

93) 역주: 페투스(P. Clodius Thrasea Paetus)는 56년에 시저에 대항해서 카토
의 전기를 집필한 로마의 집정관으로 66년에 네로의 명령으로 국가모반죄로
고발당한 후 유죄선고가 내려지자 스스로 목숨을 끊는다.
94) 부르만(Burmann)의 페트로니우스 전집은 드물다. 그렇기 때문에 이 장면
을 읽지 못하거나 읽을 수 없는 사람은 로마에서 인쇄되었다는 《사튀리콘》
(Satyrikon)을 하이네가 번역한 《엔콜프의 사건들》(Begebenheiten des En-
kolp)에서 그 부분을 읽어볼 수 있다.
95) 여기서는 무엇인들 말하지 못할까! 특히 회화가 이용하고 우리가 그 모습에
습관적으로 익숙해진 소재들이 여기에 속한다. 이것들은 근본적으로 그저
구역질 나는 것이라고 지칭될 수 있을 뿐이다. 늙은 왕 다비드에게 끌려간
수나미틴, 자기들과 동침하도록 딸들이 술 취하게 만든 산 동굴 속의 롯 등
등이 그것이다. 그러나 또 아주 많은 양의 추악한 침대에서의 집단성교와
극도로 역겨운 풍성함으로 가득 찬 파렴치한 그림들이 여기에 속하는데, 이
것들은 말로 언급할 수 없을 정도다. 단지 하나의 예를 들어보겠다. 1823년
에 나는 괴팅겐대학의 소장품 중에서 다른 어떤 것을 보여주는 활판(滑瓣)
에 의해 가려진 그림 한 점을 보았다. 안내자는 이것을 아주 특별히 기이한

갈지라도 코믹 자체는 그것에서 추를 제거할 수는 없다. 뮈리네가 키
네시아스의 욕망을 극도로 부풀리고 그런 다음 그를 내버려두는, 자체
가 극도로 코믹한 아리스토파네스의 《뤼시스트라타》(*Lysistrata*)의 그
장면이 이런 범주에 속한다.[96] 이런 상황과 이런 감정에 나이까지 덧
붙이면 역겨움이 자라난다! 호라티우스는 에포덴의 8번째 송시에서
그것을 묘사하고 있다.[97] 인간 의지의 자유에 의한 혹은 더 정확히 말

것이라고 언급했다. 루이 15세는 퐁파두르 부인이 반지 사이로 오줌을 눌
수 없을 거라고 그녀와 내기를 했다. 그림은 그때 퐁파두르 부인이 그 실험
을 어떻게 시도하고 있는지 그리고 있으며, 폐하께서는 두 무릎을 꿇고 육
욕에 찬 호기심을 갖고 반지를 친히 들고 계시다!

96) 드로이젠의 1838년판 《아리스토파네스》(Ⅲ권, 204쪽)에 따라 나는 키네시
아스의 분노에 가득 찬 독백의 처음 부분만을 여기에 옮기겠다. 이 독백은
주당인 키네시아스를 패러디한 것이 분명하다.

그 여자는 몰락시켰네, 나를 완전히 파멸시켰네!
다른 무엇보다 그녀는 나의 그것을 껍질이 완전히 벗겨진 채로 서 있도록 하네!
오, 나는 어떻게 되나! 괴롭다! 어디에 사정을 할까,
가장 달콤한 여인네에게 그렇게 지독하게 속임을 당하다니!

97) 호라티우스, 8 에포덴.

오랜 삶으로 인해 이끼가 껴 있는 너는 여전히 묻는구나,
나를 그렇게 차갑고 무기력하게 만드는 것이 무엇인지를?
너의 치아는 이미 시커멓고,
노년의 추함이 네 이마에 고랑을 파고
너의 엉덩이가 마른 암소처럼 깡마른 살로 치욕스럽게 벌어져 있는 지금.
분명히 네 가슴은 유혹하지만 네 시든 가슴은
단지 암말의 젖 같다,
그리고 너의 축 처진 배, 두터운 종아리에서
깡마르게 올라온 너의 허벅지도 마찬가지다.
너는 부자일 수 있고, 승리로 장식된 조상의 영정이
너의 장례행렬 때 너와 동행할 수 있으며,
어떤 로마의 여인이라 하더라도 너같이
육중한 진주목걸이가 어울리지 않을 수 있다,
정말이지, 너의 스토아적인 팸플릿들은
비단 베개 사이 어디에나 있을 수 있다:
이 모든 것은 능숙하지 않은 몽둥이를 완전히 차갑게 내버려두고,

하자면 인간 의지의 오만방자함에 의한 자연법칙의 전도(顚倒)인 비자연은 전적으로 구역질 난다. 남색, 음탕하게 세련된 성교 등은 추악하다. 포르노그라피를 만드는 자들도 성교 체위 혹은 서로 엉킨 끈 같은 성교 체위라고 불리는 그런 에로틱한 장면들을 표현한다. 이에 대해선 라울로쉐트(Raoul-Rochette)가 지적으로 우아하게 설명한, 엔느와 바레의 헤르쿨라네움98)과 폼페이의 《비밀 박물관》(Musée secret), 《파리 1840년》을 읽어보라. 플리니우스(Plinius)의 보고에 따르면 예컨대 티베리우스는 엄청난 가격으로 파르하시우스의 그림을 사서 자신의 침실에 걸어놓았다. 이 그림은 애틀랜타가 어떻게 입으로 구역질 나고 음탕하게 멜레아거의 의지에 복종하는지 묘사한다. 파노프카와 같은 생각으로99) 이것을 패러디로 간주하는 것은 우리에게 너무 불쾌하다.

> 그렇기 때문에 그것은 오랫동안 딱딱하게 서 있지 못한다.
> 그것을 자부심 있는 배의 안식으로부터 유혹해 끌어내기 위해서
> 너는 입의 노력을 필요로 하나니.
> (시몬의 번역)

고백하건대, 이 추악한 묘사에서는 단 한 점의 문학성조차 발견할 수 없다.

98) 역주: 헤르쿨라네움(Herculaneum). 이탈리아 베수비오 화산 근처의 폼페이와 같은 성격의 로마 유적지.

99) 파노프카는 같은 곳, 4쪽에서 처녀성의 패러디를 보고 있다. 왜냐하면 처녀성의 특징이 애틀랜타에 너무 훌륭히 들어맞기 때문이다. 성교 장면, 성교 체위, 서로 엉킨 끈 같은 성교 체위 때문에 그것들이 아주 단순히 성교 전반도 의미하고 있음을 반드시 언급해야겠다. 하지만 플루타르크에 따르면 그것들은 여기서 의도된 부차적 의미를 갖고 있다. 그 의미는 루크레티우스 카루스(Lucretius Carus)의 《자연의 사태들에 관해서》(De Rerum Natura, 4권, 1263~1265절)에서 다음과 같이 묘사된다.

> "그리고 즐김을 위한 유혹의 행위가 어떤 방식으로 완수되는지도 극도로 중요하다. 왜냐하면 대부분의 경우 사람들은 여자들이 야생 짐승과 네 다리 달린 것들의 방식에 따라 엎드려서 허리를 치켜올리면 정자들이 자기 자리를 얻을 수 있기 때문에 더 많은 것을 얻는다고 생각하기 때문이다." (마틴(J. Martin)의 번역)

루크레티우스는 이 점을 넘어 계속해서 자신의 관점에 따라 자연철학적 설명으로 나아간다.

③ 악 (Das Böse)

　몰취향적인 것은 이론적 추악함이다. 구역질 나는 것은 감각적 추악함이지만, 이것은 우리가 알아본 바와 같이 그 비자연적 극단에서 이미 실천적 추악함, 즉 악과 연계되어 있다. 악한 의지는 윤리적 추이다. 악한 의지는 대자적 의지로서 순수한 내면에 속해 있다. 그러나 이것이 미적으로 가능하기 위해서는 일부는 내면에서 나와 형상의 추로 상징적으로 자신을 드러내야 하고, 일부는 행위로서 외화되어 범죄가 되어야 한다. 이미 호메로스는 테르지테스의 싸우기 좋아하는 본질이 그와 일치되는 형상으로 나타나도록 그를 묘사하였는데, 《일리아스》 2권 214절은 다음과 같다:

　　항상 거꾸로였고 질서를 따르지 않았으며 제후들과 싸웠고,
　　그에게서 뭔가가 그저 보이면 그것은 아르게이어인들의 눈에는
　　우스꽝스러운 것이었을 게다.
　　일리오스의 앞에서 가장 추한 남자인 그가 왔다. 그는 사팔뜨기였고
　　다리 하나는 불구였으며 어깨 주변에 혹이 있었고 가슴 쪽은
　　좁았으며 위로 머리가 뾰족이 튀어나왔고 정수리에는
　　머리털이 듬성듬성 나 있었다. 그는 특히 펠레우스의 아들인
　　오디세우스에게 역겨운 존재였다.

　우리는 우리 연구를 위해서 미적 관점을 윤리적 관점 앞에 두어야 한다. 그러므로 여기에서는 악이라는 개념의 설명을 기대해서는 안 된다. 이 개념은 윤리학에 속한다. 미학은 그 개념을 전제하고 오직 그 모습의 형태에 전념해야 하는데, 그 형태가 도덕적으로 추한 내용을 미의 법칙과 어울리는 적합한 방식으로 표현할 수 있는 한 말이다. 여기서 문제의 관건은 범죄적인 것, 유령적인 것, 그리고 악마적인 것이라는 개념들이다. 범죄적인 것은 상술하자면 악한 의지의 경험상 객관적인 현실이다. 그러나 범죄적인 것이란 현실은 선한 의지로서의 의지

의 이념과 비교하면 그런 현실 개념의 비실재성이다. 현상으로서의 현
실적인 그것의 본질은 비본질의 무(無)이다. 행위자에게 이런 무의 확
실성은 그의 악한 양심이다. 선의 이념에 실제적 손상을 가함으로써
자체가 무인 그 어떤 것을 만들어냈다는 의식은 악의 죄와 떨어질 수
없으며, 그렇기 때문에 그것에 달라붙어 있는 악의 가상적 현존은 그
자체로 유령적인 것이다. 범죄자의 표상은 죄로부터 무시무시한 지옥
의 어둡고 복수하는 본질의 표상을 생산해낸다. 마침내 의지가 무의
세계의 창조자로서 행동하고 그에 역겨운 즐거움을 느끼면서, 자신을
원칙적으로 악한 의지로 인식한다면 그 의지는 악마적이다. 그 의지는
그 부정성으로 악마적이기도 하며 이 악마적인 것은 그 모습으로 유령
적인 것이기도 하다.

- **범죄적인 것** (*Das Verbrecherische*)

미가 가장 심오한 토대에서 선과 하나임은 미적으로 말하는 플라톤
의 개인적 취향일 뿐만 아니라 완전한 진리이기도 하다. 그렇기 때문
에 추가 그 자체로 악과 동일하다는 점 역시 진리인데, 이를테면 악이
극단적 추이고 절대적 추이며 윤리적 추이고 종교적 추인 한 말이다.
하지만 이런 동일성을 계속 밀고 나가서 추의 원인이 악에 있다고 한
다면 그것은 그 개념을 과장한 것이며, 이는 어쩔 수 없이 비진리적이
고 폭력적인 추상화로 귀결될 수밖에 없다. 왜냐하면 서론에서 설명했
던 바와 같이 추는 다양하게 다른 방식으로 현존재의 자유 전반에서도
생겨날 수 있기 때문이다. 사람들은 추 자체와 당연히 악에 의해서 비
로소 생겨날 수 있는 추라는 모습의 최대치를 혼동한다. 왜냐하면 악
은 이념이 자기 자신과 갖는 가장 깊은 모순이기 때문이다. 정신의 근
원적 거짓말인 악은 오성과 상상력에게 흥미로울 수 있지만 그런 형태
로서 필연적으로 가장 근원적인 혐오를 불러일으킨다. 악한 의지는 악
한 행위를 통해서 스스로에게 객관적 실존을 부여하며, 이 실존의 이

유 없는 자의는 우주 전체가 오직 그 목적을 위해 존재하는 자유의 절대적 필연성을 파괴한다. 범죄는 필연적 자유와의 연관관계를 스스로 지울 수 없다. 왜냐하면 범죄는 단지 자유에 대한 자아의식적 저항을 통해서 범죄가 되기 때문이다. 범죄는 이런 연관관계를 통해 미적 대상이 될 수 있다. 그도 그럴 것이 범죄의 내재적 반대인 진실한 자유도 그 관계를 통해서 모습을 드러내야 하며, 그래서 범죄에서 그 관계의 비어 있음과 거짓을 공공연하게 만들어야 하기 때문이다. 범죄가 미적으로 가능해지려면 심각한 범죄가 되어야 한다는, 실러 이후 아주 종종 반복된 요구도 그런 연관관계에 토대를 두고 있다. 왜냐하면 그럴 때 범죄는 용기, 계략, 영리함, 힘, 인내를 비범할 정도로 요구하며, 그럼으로써 적어도 자유의 형태적 면을 포함하기 때문이다.

여기서 암시된 개념들은 아리스토텔레스의 시학 이후로 아주 종종 다루어졌으며 마지막으로는 피셔(Vischer)가 철저히 다루었다. 우리 주제의 그 어떤 점도 이와 같은 정도로 작업이 완수되지 못했고 보편적 생각으로 일반화되지 않았다. 그렇기 때문에 우리는 여기서 단지 몇 가지만을 언급하는 것으로 그치겠다.

일반적인 것이라는 천박함의 범주에 속하는 모든 종류의 범죄들은 일상성과 사소함으로 인해서, 범죄의 실천이 요구하는 지성과 의지를 얼마 동원하지 않음으로 인해서, 내용상 미적 객체가 될 수 없다. 그런 범죄들의 토대를 이루고 경찰과 교정 재판소의 서류에만 자양분을 공급하는 하찮은 이기주의는 예술이 전념하기에는 너무 아래 단계의 것이다. 그런 이기주의의 범죄들은 그것들이 제아무리 거칠음과 무교육과 부패와 곤궁과 한계와 습관적이 된 악당 기질에서 나왔다 할지라도 거의 범죄적 행위라고 할 수 없다.

천박한 범죄는 부차적으로 비교적 고차원적인 동기와 결합하여 에피소드로서 보다 커다란 맥락의 지엽적 부분으로서 미적 대상이 될 수 있다. 왜냐하면 그것은 그때 보다 포괄적인 관계에서 윤리사(倫理史)

340

적 계기로 드러나기 때문이다. 증오, 복수심, 질투심, 도박벽, 명예욕은 소유와 즐김을 위한 절도, 위조, 사기, 거친 음탕함, 살인보다 더 미적이다. 그렇기 때문에 그런 것들은 서사적이고 드라마적인 오락문학에서 엄청난 활동영역을 가지고 있다. 범죄 자체는 당연히 혐오의 대상이지만, 자신의 모습을 드러내는 문화사적이고 심리적이며 윤리적인 구성을 통해서 그것은 곧 보다 고차원적인 이해관계를 갖게 된다. 영국인들은 예전부터 이런 장르의 대가였다. 우리는 이미 이들의 옛날 발라드에서 범죄적 성향과 마주치게 된다. 셰익스피어 시대 이전과 이후의 무대는 그런 드라마로 넘쳐나며 그 중의 많은 것은 《피버샴의 아든》(Arden von Feversham)100) 이라는 비극처럼 심지어는 미지의 작가들 것이다. 훗날 장편소설이 그와 같은 드라마의 과업을 떠맡으며 최초의 소설가들은 우리 고전주의자들이 거의 건드리지도 않은 이 장르에서 작업하는 것을 거부하지 않았다. 불위(Bulwer)의 《폴 클리포드》(Paul Clifford), 《유진 아람》(Eugen Aram), 《밤부터 아침까지》(Von der Nacht zu Morgen), 혹은 보즈의 《올리버 트위스트》(Oliver Twist)가 그런 소재들이다. 불위는 《펠햄》(Pelham)에서 가장 유행을 탔던 귀족주의와 동시에 조직적 절도와 강도라는 가장 극단적인 타락을 극히 상세하고 폭넓게 묘사했다. 영국인들 다음으로는 프랑스인들이 7월 혁명 이후에야 비로소 그런 동기를 마음에 들어 했다. 재치 있는 독재와 궁중 반란과 사랑, 그리고 방종과 세련된 예절로서의 호색은 그때까지 그들이 선호하는 테마였다. 무산계급의 세계사적 등장에 대한 의식으로 인해서 비로소 범죄를 문학적으로 다루려는 경향이 그들에게도 신속하게 발전했는데, 그것의 사회적 속성에 따라 처음에는 마찬가지로 드라마에서, 그 다음에는 소설에서 그렇게 되었다. 카지미르 델라빈느(Casimir Delavigne), 알프레 드 비니(Alfred de Vigny),

---

100) 《피버샴의 아든》은 티크의 《셰익스피어 입문》(Vorschule Shakespeare's) (1823, Ⅰ권, 113~115쪽)에 번역되어 있다.

알렉상드르 뒤마(Alexandre Dumas), 빅토르 위고, 그리고 유진 쒸가 그런 경향의 고전적 작가였다. 하지만 이들보다 질이 떨어지는 뒤마누 와(Dumanoir), 피아(Pyat), 멜르비예(Melesville) 등처럼 불레바 극 장, 특히 포르트 생마르탱(Porte St.-Martin)과 앙비귀 꼬믹(Ambigu comique)을 위해서 일하던 수많은 희곡작가들이 이들에 가세했다. 《검은 의사》(*D'Arlington, Le Docteur noir*), 《기아 협정》(*Le Pacte de Famine*), 《런던의 시장》(*Marie Jeanne, Le Marché de Londres*), 《넝마 주이》(*Le Chiffonier*), 《두 명의 탈옥수 혹은 생탈데롱의 방앗간》(*Les Deux Forçats ou le Moulin de St-Alderon*), 《뜨거운 방》(*Marie Lafarge, La Chambre ardente*), 《철가면의 남자》(*L'Homme en Masque de Fer*) 등 이 그런 소름 끼치는 작품들이며, 이 작품들의 가장 강렬한 대조가 관 객들의 신경을 몇 시간 동안 긴장시킨다. 아사(餓死)에까지 이르는 궁 핍, 경솔함으로 인해 저질러진 범죄, 그러나 또 냉혹한 계산에 따라 저질러진 범죄, 사기 도박, 어음 위조, 독살과 자살에 이르기까지 온 갖 형태의 살인과 미식(美食)과 잔인함과 아이 절도와 근친상간과 간 통과 배신과 난폭한 정신의 모든 추악함들이 이 드라마에서 표현되었 고, 그 대부분은 매한가지로 독일의 공연목록으로 채택되었다. 그러 나 독일인들은 범죄의 공포를 프랑스식으로 아주 노골적으로 다루지 않음으로써 그것의 문학적 작업에서 훨씬 더 끔찍한 작품들을 생산하 게 되었다. 왜냐하면 독일에서는 그 흉악한 행동들의 극악무도한 동기 부여를 일반적으로 간단히 처리하거나 심지어는 억압해서 그 극악무도 한 동기부여가 보다 더 심리적으로 정당화되기 때문이며, 그래서 우리 가 보는 이 치욕스런 행위들의 극단적 면은 그것을 완성하는 아주 형 편없는 독창적 방식을 통해 관심을 얻기 때문이다. 7월 왕정하에서 독 의 꽃을 그렇게 많이 피워낸 오늘날 프랑스인들의 이른바 사회 소설은 우리가 이미 몇 페이지씩 아주 빈번히 건드렸기 때문에 우리는 여기서 소설들의 제목만 밝히겠다. 이 분야에서 가장 무시무시한 작품인 오귀

스트 뤼체(August Luchet)의 《가문의 이름》(Le Nom de Famille)은 다
행스럽게도 우리가 아는 한 독일어로 번역되지 않았다. 영국인과 프랑
스인들의 소설들이 나타나는 동안에, 그것들의 윤리적·미적인 가치
를 판단할 수 있기도 전에, 그것들을 번역하려는 독일인들의 유치한
욕심은 아마도 이 분야에서 우리 자신이 내보이고 있는 약점을 설명해
줄 것이다. 이런 독일인들의 유치한 욕심은 지난 10년간 위대한 민족
의 경우라고 보기에는 전대미문일 정도의 경쟁으로까지 발전했다. 오
직 기사 소설과 도적 소설에서만 우리도 어느 정도 순박한 독창성을
띤, 가장 분노할 범죄를 가지고 있다. 그러나 이 독창성은 영국인과
프랑스인들의 관심을 불러일으켜서 그들에게 번역하고 싶은 마음을 심
어주기에는 너무 몰취향적이다. 101)

---

101) 영국과 프랑스의 장편소설과 단편소설과 관련된 독일인들의 아무 생각 없
　　는 번역 광기는 우리 문학에, 나아가서는 우리 삶에 깊숙이 자리잡은 암적
　　요소이다. 우리가 영국인과 프랑스인의 것을 얼마나 많이 번역하고 그들이
　　우리의 것을 얼마나 많이 번역하는지 한번 통계적으로 비교해보라. 중간
　　정도의 작가들보다 못한 자들의 가장 비참한 졸작들이 곧바로 독일어로 번
　　역되며, 그래서 대여 도서관의 도서목록을 철저히 읽어보면 뽈 드 콕, 달
　　랭쿠르, 뒤마, 페발, 제임스 등이 마치 우리들의 고전작가라고 거의 믿게
　　될 정도다. 외국 문학계가 막스 발다우의 《본성에 따라》, 아우어바흐의
　　《새로운 삶》, 구츠코의 《유령 기사》, 프루츠의 《작은 천사》, 슈티프터의
　　《연구》 등을 가져간다고 할 때 번역물이 10개라도 나오는지 스스로에게
　　물어보라. 이 책들 중의 하나라도 영어나 프랑스어로 번역되어 있는지 스
　　스로에게 물어보라. 가장 많이 인정받은, 비교적 옛날의 우리 민족의 고전
　　적 작가들조차 항상 얼마 안 되는 작품만이, 심지어는 보다 더 재미를 위
　　해서 글을 썼던 단지 몇 개의 단편소설만이, 즉 《푸른 책》(Le Livre bleu)
　　만이 번역되어 있다는 점을 기억해보라. 게다가 독일인들의 3분의 1이 (브
　　뤼셀 판, 베를린 판, 라이프치히 판의) 원본도 읽을 정도로 영어와 프랑스
　　어를 충분히 이해하고 있는 반면, 단지 소수의 영국인과 프랑스인이 독일
　　어를 배우고 있다는 점을 생각해보면, 상황이 첨예한 불균형을 이루고 있
　　다는 점을 고백해야 할 것이다. 경찰의 간섭을 통해서는 여기서 아무것도
　　이룰 수 없는데, 경찰의 간섭은 본성상 너무 피상적이며 우회로를 통해서

시민사회의 영역에서 벗어나면 범죄는 국가나 종교라고 하는 보다 차원 높은 영역에서 획득되는 동기에 의해서 다시 미적인 것이 된다. 왜냐하면 그런 토대를 통해서 개인은 하찮은 이기주의적 힘과 부차적 우연성이라는 제한된 영역에서 벗어나게 되기 때문이다. 저질러지는 범죄는 소재상으로 시민영역의 그것과 같은 배신, 간통, 폭행, 살인이다. 그러나 그 범죄들은 그 근원을 보편적 상황에서 취하고 있기 때문에 특정한 필연성의 권리를 획득한다. 그리고 국가와 사회의 커다란 변혁들이 뛰어난 인물들의 삶과, 특히 제후들의 삶과 직접적으로 관계맺고 있음으로써 우리의 관심은 커진다. 삶의 커다란 힘들이 서로 뒤섞임으로써 개인으로 하여금 죄를 짓게 하는 갈등이 가능해진다. 하지만 그는 천박한 의미의 죄를 짓는 것이 아니다. 여기에는 세 가지 경우가 가능하다. 첫째로 범죄는 범죄가 아닌 것으로서 저질러질 수 있다. 그것은 죄이기는 하지만 저질러지면서 범죄로 완성되지 않은 죄이다. 두 번째로 범죄는 자신의 악의(惡意)를 가장 완벽하게 의식하면서 저질러질 수 있다. 셋째로 죄의 본질이 난폭함의 제물이 되는 순결무

금지된 재미를 보려는 욕망만을 일깨운다. 오직 내면으로부터, 진실한 교육을 통해서, 오직 민족적 감정의 강화를 통해서, 우리 자신에 대한 존경을 통해서, 우리 조국에 대한 (우리들이 일반적으로 조국에 취하고 있는, 우리들의 모든 힘과 윤리적 힘을 뿌리째 썩게 만드는 아이러니컬한 입장 대신에) 실제적 사랑을 통해 그에 대항해서 실질적인 그 무엇을 이룰 수 있다. 그러나 본문에서 언급한 기사 소설과 도적 소설은 우리 민족의 하층 계급들 대부분이 얼마나 더럽고 유치한 상상을 하고 있는지 증명해준다. 하나만은 우리가 잊어서는 안 된다. 그것은 이 소설들이 교육을 전혀 받지 못했거나 충분히 교육을 받지 못한 사람들을 매혹시킬 수 있는 어느 정도의 거친 문학성과 강렬한 모험성을 갖고 있으며, 비록 선한 의도를 갖고 있고 도덕적 교훈을 주지만 무미건조하며 경제적으로 시간과 돈의 가치를 특히 요구하는 예컨대 고트헬프(Gotthelf)의 《페프로이데 치즈 공장》(*Die Käserei auf der Vehfreude*)이나 그와 비슷한 두꺼운 작품들은 자체가 저질적인 신부(神父) 라이브록의 작품들과 경쟁을 할 수 없다는 점이다.

구함에 있을 수 있다. 첫 번째 경우는 소포클레스의 《오이디푸스》가, 두 번째의 경우는 셰익스피어의 《리처드 3세》가, 세 번째의 경우는 레싱의 《에밀리아 갈로티》가 가장 유명한 예이다. 이로써 우리는 비극적인 것에 이르렀으며, 이것의 본질은 특별한 설명을 필요로 하지 않는다. 첫 번째 경우의 범죄는 미적으로 가능하다. 왜냐하면 그것은 비록 개인의 자유에 의한 작품이기는 하지만 본래적으로 행위[102]가 아니기 때문이다. 그것은 원래 실천적 인과율 망(網)의 필연성에 의해서 완수되는 것이다. 그리고 이로써 그 범죄에는 개인의 추가 제거된다. 두 번째 경우에 범죄는 정반대의 것에 의해서, 상술하자면 가장 완벽하게 의식된 자유에 의해서 미적으로 가능해진다. 그 악한은 자연스럽게 자기 행위의 내용을 통해서 우리에게 혐오감을 일깨울 뿐이다. 그러나 우리는 그 행동의 형태를 통해 형식적 면에서, 상술하자면 자기결정이라는 면에서 완벽성의 정상에 있는 자유를 보게 된다. 다른 관점에서 보면 복잡한 전체 상황 속에 있는 그 악한이 그 상황에 부당한 자신의 행동을 통해서 신적인 정의의 기관이 될 수도 있다는 점이 그를 미적으로 견딜 수 있게 만들어주는 것은 아니다. 하지만 그의 비범한 지성과 엄청나게 강한 의지는 악마와 같은 인상을 불러일으킨다. 왜냐하면 그 자신의 부정적 내용과 모순 속에 있는 주관적 자유의 완벽성으로 인해 우리는 그것 자체를 모방할 가치가 있다고 판단하기 때문이다. 마치 그리스도가 부정(不正)한 청지기를 그렇게 판단했듯이 말이다.[103] 세 번째 경우에 범죄에서 추의 지양은 순수함, 미덕, 순결무구함이 범죄에 희생됨으로써 이루어진다. 범죄의 추가 여기서 순

---

102) 역주: 여기서 행위는 철저하게 의식을 수반한 자유의지의 행위를 뜻한다. 오이디푸스의 경우에 그가 한 짓이 행위가 아닌 까닭은 그것이 운명에 의한 신탁의 결과로, 필연적 인과율의 산물로 간주되기 때문이다. 그래서 범죄로서 완수되지 않은 것으로 설명되고 있다.

103) 역주: 누가복음 16장 1~8절.

결무구함의 자유를 공격하지만 헛수고로 끝날수록 더 추악하게 나타난다. 승리하는 순결무구함의 자기 확실성은 그것의 외적 파멸에서도 범죄와 대비되어 우리로 하여금 자유롭게 숨을 쉬게 한다. 이 경우에 비극은 서사문학에 허용되는 많은 것을 자신에게서 배제한다. 왜냐하면 드라마가 발췌하면서 정곡을 찌르면서 작업해야만 하는 곳에서 서사문학은 전달 내용의 전 범위를 자신 속에 수용할 수 있기 때문이다. 우리는 이 점도 예로써 분명히 하고자 한다. 셸리(Shelly)는 《상시》(Cenci)에서 극도로 역겨운 소재를 문학적 숨결로 표현하는 기이한 기술을 입증했지만, 소재는 드라마에 적합하지 않다. 센느인들의 독재자인 늙은 상시는 연회에서 두 아들의 죽음을 전해듣고 이에 대해 공개적으로 하늘에 감사한다. 모든 사람들이 경악하며 자리를 뜬다. 그는 자기 딸 베아트리체의 몸과 정신을 파멸시키기 위해서 강간할 것을 결심한다. 베아트리체와 그녀의 오빠 지아코모는 계모인 루크레치아와 동맹을 맺고 도적떼를 시켜 그를 살해한다. 살인은 발각되고 죄지은 자들은 처형된다. 이것은 저 유명한 무서운 이야기의 주요내용을 몇 마디 말로 요약한 것이다. 이 소재는 드라마에 맞지 않다. 악마 같은 아버지가 딸을 강간하려는 부자연성 때문뿐만이 아니라 오직 소설이 소름 끼치는 주변상황 모두를 표현할 수 있기 때문이다. 이 주변상황이 이 불행한 여인의 상황 전체를 절대적으로 예외적인 상황으로 만든다. 이 주변상황이 늙은 프란체스코가 자기 가족을 고문하는 수단인 고통을 비견될 수 없는 지옥으로 변모시킨다. 이 주변상황이 살인을 드러나게 하고, 이 주변상황이 그렇게 많은 명망 있는 로마인들의, 심지어는 몇 명의 추기경의 중재에도 불구하고 교황으로 하여금 베아트리체와 루크레치아와 지아코모에 대한 사형판결을 확정짓게 할 수 있었다. 셸리는 이런 점들을 단지 암시만 할 수 있었으며, 아버지를 살해하려는 베아트리체의 결정을 유발하는 3막이 특히 그런 암시로 인해서 가장 고통스러운 막이 된다. 상술한 이 같은 이유 때문에 회화도 많은 범죄를 우리에게 보여주어서는 안 된다. 그것은 오직 서사적 이 야기에서만 가능할 뿐이다. 고대인들은 화가 티모마코스가 아약스를 정신병으로 인해 피비린내 나는 광란을 벌인 후의 모습으로 그렸고, 메데아를 아이들의 살해를 완수하기 전의 모습으로 그렸다는 점에 대 해 칭찬했다. 후자는 헤르클라네움 그림 중 하나가 똑같이 우리에게 묘사해주고 있다. 아이들이 선생님의 감독하에 책상에 앉아 주사위를 갖고 놀고 있는 동안, 그녀는 자신과의 싸움에서 음울한 시선으로 바 라보며 불길한 칼을 손에 들고 떨면서 옆에 서 있다. 화가가 서로를 설명하는 데 도움되는 연속된 장면을 표현할 수 있다면 그에게도 어느 정도의 서사는 가능하게 된다. 구 베를린 박물관 현관에 있는, 코르넬 리우스가 완성한 쉰켈 풍의 프레스코 벽화나 게으른 도제와 열성적인 도제의 전기(傳記)에 대한 호가르트의 연속 그림처럼 말이다. 후자는 풍속화 소설이며, 여기서 우리는 개별적 계기들을 그 연관관계를 통해 서 이해할 수 있다. 호가르트는 특징적인 것을 극단적으로 몰고 가는 방법에 따라 게으른 도제 쪽의 경악스러운 면을 빼놓지 않았고, 그래 서 범죄자의 비참함을 가장 노골적인 색채로 그렸다. 예컨대 게으른 자가 더러운 다락방에서 창녀와 침대에 누워 있는 장면에서 요강이 음 식 부스러기 사이에 놓여 있고, 고양이가 자신의 보금자리 옆을 쏜살 같이 지나가는 쥐를 따라 벽난로를 통해 쫓아가고 있으며, 게으른 자 가 놀라서 일어나는 반면, 창녀는 훔친 귀고리를 멍청하게 즐거워하며 허영에 찬 시선으로 바라보고 있다.

일반적으로 미학에서는 비극적인 것이라는 개념의 경우에 단지 비 극만을 언급하고 있다. 그러나 발라드와 소설에서 아주 커다란 부분을 차지하는 비극적인 것의 서사적 표현도 당연히 고찰되어야 한다. 그리 고 매한가지로 비극적인 것에는 전통적으로 이미 특정한 범주의 무시 무시한 것이 속해 있는 데 반해서 무시무시한 것 자체는 비할 데 없이 더 크고 더 다양하다. 우리는 범죄와 관련해서 먼저 천박하고 절대적으로 산문적인 범죄를 구분했다. 이런 범죄는 아우어바흐가 최근에 쓴 몇 가지 마을 이야기에서 시도했듯이 심리묘사를 제아무리 섬세하게 하더라도 거의 관심을 끌지 못한다. 둘째로 우리는 시민사회의 얽힌 관계에서 이기주의적 열정에서 기인하는 범죄 종류를 구분했다. 셋째로 우리는 비극적 범죄, 즉 사회와 국가와 교회의 공적 상황에서 정당성을 부여받는 비극적 범죄를 구분했는데, 이 정당성은 리처드 3세나 맥베스 같은 자에게조차도 없다고 할 수는 없다. 범죄가 사회와 국가와 교회의 커다란 이해관계와 깊이 한데 녹아 있을수록 그것은 수천 명에게 전개될 결과로 인해서 더 무시무시해지지만 또 더 이상적으로 되며, 이런 열정에 의해서 추가 사라진다. 이 범죄는 제한적 이기주의의 의도라기보다는 피에스코, 발렌슈타인, 맥베스, 푸가초프의 경우처럼 주변상황으로 인해서 주인공이 저지르는 실수의 작품으로 나타난다. 소재적 관점에서 보면 숭고한 비극의 범죄들은 천박한 시민 비극의 영역에 있는 것과 동일하다. 그것은 마찬가지로 절도, 살인, 간통, 그리고 배신이다. 하지만 그것들이 고귀하게 나타나는가? 혹은 이 표현이 너무 지나쳤다면 어쨌든 왜 고상하게 나타나는가? 무슨 까닭으로 왕관의 절도와 한 쌍의 은수저 절도가 다른가? 분명히 다른 이유에서가 아니라 객체의 속성이 완전히 다른 열정을 필연적으로 만들고 죽음과 삶을 둘러싼 투쟁을 내포하며 하찮게 사적인 열정의 경우에는 있을 수 없는 그런 관계 속으로 우리를 집어넣기 때문이다.

　범죄의 비윤리적인 면은 그것의 윤리적 의미가 얼마간 제거되지 않고 그 사건이 다른 관점에서 표현되지 않으면 코믹으로 전환될 수 없다. 예컨대 거짓말이 통제되지 않은 상상력의 과장으로, 상황에 쫓긴 거짓말로, 장난과 농담으로 나타나는 경우처럼 지적인 계기만이 두드러져야 하는데, 왜냐하면 이 경우에 거짓말에서 윤리적 계기라는 중력이 처음부터 제거되기 때문이다. 그래서 우리는 오직 오성의 측면에서 거짓말에 대해 즐거움을 느끼게 된다. 플라우투스(Plautus)와 테렌티

우스(Terentius)의 작품에 등장하는 허풍쟁이 군인이 스스로 아주 무해한 주체로서 자체 모순으로 인해 곧 자신의 생명을 없애는, 졸렬하게 창작된 허풍을 통해서 우리를 재미있게 할 때 결코 범죄를 저지르는 것이 아니다. 거짓말은 비도덕적인 것이고 앞으로도 그럴 것이지만 폴슈타프나 뮌히하우젠이나 이와 유사한 다른 인물에게서 나타나는 무해한 해학으로서 거짓말은 우스꽝스러운 것이다. 베네딕스(Benedix)[104]는 희극《거짓말》(*Das Lügen*)의 토대를 아주 솜씨 있게, 여성적 방식에 따라 몇 가지 거짓말을 하고도 마지막으로 변덕으로 인해서 다시 한번 거짓말을 하는 신부(新婦)를 현장에서 붙잡은, 진실을 아주 사랑하는 남자가 극히 아무 연관 없어 보이는 거짓말을 한다는 점에 설정하고 있다. 이 아무것도 아닌 거짓말은, 즉 어느 날 저녁 말을 타고 소녀에게 달려갔다는 이 거짓말은 가장 쓰디쓴 결말을 낳아 사람들이 그를 심지어 감옥에 가두려고 한다. 그때 그는 확언하기를, 거짓말이 일종의 기술인지 알아보기 위해서 말을 타고 갔다는 이야기를 지어냈을 뿐이라고 한다. 그러나 사람들은 항상 그를 철저히 진실만을 말하는 친구로 알고 있었기 때문에 이번에 실제로 거짓말을 했다는 그의 말을 처음에는 절대로 믿지 않으려 한다. 슈미트의《경솔한 거짓말쟁이》(*Der leichtsinnige Lügner*)에서처럼 누군가가 경솔한 성향으로 인해서 아무에게도 피해를 주려는 의도 없이 거짓말을 한다면 그 거짓말은 도덕적 실수라기보다는 자연의 생산물로 나타난다. 그것은 우리가 기질상의 실수라고 부르는 것이 된다. ― 배신이 코믹하게 되기 위해서는 거짓말처럼 처리되어야 한다. 이를테면 단지 장난스러운 배신행위로 말이다. 술수는 연약함과 허영심과 그릇된 자기확신과 위선을 자신의 그물로 잡아내기 위해서 사기를 친다. 마담 오르공이 남편에게 겉으로만 경건한 척하는 남자의 비열한 면을 확신시키려고 남편을 식탁

---

104) 역주: 베네딕스(Julius Roderich Benedix, 1811~1873). 독일의 희극작가, 연극배우, 무대연출가.

밑에 숨기고 겉과 속이 다른 위선자의 주제넘은 설명을 겉으로 수용하면서 받아들이는 척할 때, 우리는 이런 폭로에서 윤리적으로, 심미적으로 즐거움을 느낀다. 《세비야의 이발사》(*Barbier von Sevilla*)의 바르톨로 박사처럼 재산 때문에 젊고 아름다운 조카딸들을 억지로 결혼시키려는 늙은 후견인들은 그 박사와 마찬가지로 기만당해 마땅하며, 우리는 소유욕이 강한 그 늙은이에 대항해서 복잡다단한 책략으로 그에게 피해를 입히는 모든 계교에 곧바로 공감을 느낀다. — 간통은 실제의 간통으로서는 결코 코믹한 처리가 아니라 비극적 처리만을 허락한다.[105] 간통은 무수히 많은 중세의 이야기와 프랑스의 콩트와 이탈리아의 단편소설[106]과 독일의 골계에서 이를테면 연인들에게 방해가 되는 장애물을 극복하는 오성의 측면에서만 표현되었다. 윤리적 계기는 완전히 무시되며, 이와 같은 윤리적 계기의 제거를 통해서 당연히 코믹이 가능해진다. 물론 코체부(Kotzebue)는 그의 연극 《인간의 증오와 후회》(*Menschenhass und Reue*)에서 간통을 비극적이지 않고 코믹하지도 않은 방식으로도 표현했다. 이를테면 간통은 경험적 세상사(世上事)처럼 용서되는데 — 아이들 때문이다. 마이나우와 오일알리는 4년 후에 다시 만난다. 그들의 만남은 심경을 뒤흔드는, 다시 헤어지자는 결정으로 끝을 맺는다. 그때 코체부의 진정한 주인공들인 아이들이 이쪽으로 달려와서 — 엄마와 아빠를 결합하게 한다. 이로써 코체부는 극도로 슬프지만 아주 일반적인 사실만을 표현했다. 즉, 많은 결혼이 내적으로는 망가져 있으며, 아이들에게 죄를 공개적으로 고백하면 그

---

105) 간통에 대해서는 《연구》(*Studien*, I권, 베를린, 1839, 56~90쪽)에 실린 내 논문을 참조하라.

106) 이에 관해서는 폰 뷜로(v. Bülow)의 《단편소설집》(*Novellenbuch*, 전 4권)을 참조하라. 혹은 이탈리아 단편소설에 관해서는 아달베르트 슈티프터(Aldalbert Stifter)가 《이탈리아 단편소설보고》(*Italienischer Novellen-schatz*, 라이프치히, 1851, 전 6권)에서 훌륭하게 선정한 작품들과 번역을 참조하라.

들의 효심을 망칠 것이라는 생각이 부모들을 그냥 피상적으로 하나로 묶어주지 않을 경우, 외적으로도 붕괴할 거라는 사실 말이다. 비극적 포기라는 칼날 끝을 부러뜨리는 그런 동기가 이 연극에 전 유럽에 걸친 전례가 없는 성공을 부여했고 숙녀들에게도 오일알리의 모자를 유행시켰음이 분명하다.

마지막으로 살인은 오직 패러디로서만 코믹하게 나타날 수 있다. 살인은 우리가 비교적 최근에 《뮌헨너 플리겐데 블래터》(*Münchener Fliegende Blätter*)와 《무젠클랭에 아우스 도이치란트 라이어카스텐》(*Musenklänge aus Deutschlands Leierkasten*)과 《뒤셀도르퍼 모나츠헤프텐》(*Düsseldorfer Monatsheften*) 등에서 아주 소름 끼치고 금지된 수많은 살인 노래로 듣고 있듯이 그런 익살스런 유희로 과장되고 있다. 하지만 '익살스런'이란 낱말이 이 경우에 그다지 잘 들어맞지 않는다면 그것을 희비극적이라고 할 수 있을 것이다.

- ■ 유령적인 것(*Das Gespenstische*)

생명은 천성적으로 죽음을 두려워한다. 죽어 있는 것에 대해서는 이미 앞에서 다루었다. 죽어 있는 것이 속성과 반대로 다시금 살아 있는 것의 모습을 띨 때 유령적인 것이 된다. 죽어 있는 것이 그럼에도 불구하고 살아 있다는 모순은 유령에 대한 공포의 전율을 불러일으킨다. 죽은 생명은 그 자체로 유령이 아니다. 우리는 시체 옆에서 거리낌 없이 밤을 지샐 수 있다. 그러나 바람 한 줄기가 시체 덮개를 움직이거나 빛의 어른거림이 시체의 윤곽을 불분명하게 만들 때, 그밖의 경우에는 우리가 아주 아늑한 기분을 느낄 수 있는, 죽어 있는 것에 생명이 깃들어 있다는 단순한 생각이 먼저 자체로 유령적인 면을 가질 수 있다. 죽음과 더불어 우리에게 현세는 끝난다. 이미 죽어버린 자로 인해서 저승의 문이 열린다는 것은 무시무시한 비정상성의 특성을 띤다. 저승에 속한 죽어버린 자는 우리가 알지 못하는 법칙을 따르는 듯이 보인다. 부패에 내맡겨진 현존으로서의 죽음에 대한 혐오감과 성별(聖別)된 본질로서의 죽음에 대한 외경심은 미래에 대한 절대적 신비로움과 뒤섞인다. 우리는 우리의 미학적 목적을 위해 망령과 유령에 대한 표상을 구분해야 한다. 로마인들이 이와 비슷하게 유혼(幽魂)과 요괴를 구분했듯이 말이다. 근원적으로 다른 질서에 속한 정령들에 대한 표상은 비록 어떤 기이함과 또 오싹한 무엇인가를 갖고 있지만 자체에 유령적인 것을 전혀 갖고 있지 않다. 악마, 천사, 코볼트는 선천적으로 자신들의 본질 그대로이며 죽음을 통해서 비로소 그렇게 된 것이 아니다. 그들은 망령 위에 위치해 있다. 유령과 살아 있는 것 사이에는 뱀파이어라는 독특한 표상이 있다. 뱀파이어는 젊고 따뜻한 생명체를 공격하고 그의 피를 빨아먹기 위해 완전히 살아 있는 듯한 가상을 띠고 때때로 무덤에서 나오는 사자(死者)로서 표상된다. 뱀파이어는 이미 죽었지만 죽어 있음의 본질에 반하여 자양분, 나아가서는 피어나는 생명 자체를 갈구한다. 무덤에 대한 환상은 괴테의 《코린트의 신부》(Braut von Korinth)와 바이런의 단편소설과 마르쉬너의 《뱀파이어의 오페라》(Oper der Vampir)를 통해서 우리에게도 충분히 잘 알려져 있다. 그리스와 세르비아 민족에게 설화로서의 무덤에 대한 환상은 라틴계 민족의 늑대인간에 대한 전설과 동일하다. 《천일야화》(Märchen von Tausendundeiner Nacht)에는 시체를 즐기고, 그 결과 죽음의 부패로 삶을 만족시키려는 욕구를 가진 인간, 이른바 굴렌인에 대한 표상도 있다. 이런 오리엔트의 요괴들은 뱀파이어보다 더 역겹다. 그들이 더 부자연하기 때문이다. 단순한 망령으로 나타나는 죽은 자는 낯선 자의 인상을 줄 수 있지만 전적으로 추할 필요는 없다. 그는 본질적으로 살아 있을 때 가졌던 형상을 가질 수 있지만 단지 창백하고 무색으로 희미할 뿐이다. 아이스킬로스는 《페르시아인》(Perser)에서 합창단으로 하여금 다레이오스(Dareios)[107]의 망령을 하계에서 불러내어 그가 합창단과 아토사에게 모습을 드러낼 때, 합창단으로 하여금 단지

다음같이 말하게 한다(690절) :

> 보기가 겁나고,
> 말 건네기가 겁나네,
> 오, 당신, 존경하는 늙은 왕이시여!

그러나 작가는 그 어떤 말로도 이 형상 자체에 역겨운 무엇인가가 있음을 인식하게 하지 않는다. 《오디세이》에서 하데스에서 나와 오디세우스의 제물 무덤으로 들어가는 망령들의 경우도 마찬가지로 그렇다. 엔도르의 무당이 사울을 위해서 모습을 드러나게 한 사무엘 망령의 경우도 그렇다. 괴테가 우리 과제에 아주 중요한 《무용수의 무덤》(*Der Tänzerin Grab*, 전집 44권, 194~196쪽)에 대한 고찰에서 망령적·유혼적인 것의 본질을 아주 훌륭하게 다루었기에 다음의 내용을 강조하지 않을 수 없다. 세 그림이 있다. 이것은 서로 순환적인 삼중주이다.

> "예술성이 풍부한 소녀가 이 세 그림 모두에서 모습을 드러낸다. 더욱이 첫 번째 그림에서는 부유한 남자의 손님들로 하여금 삶을 철저히 즐기도록 매혹적인 모습으로 나타난다. 두 번째 그림은 그녀가 어떻게 지옥에서 부패와 파멸의 영역에서 초라하게 예술을 계속하는지 보여준다. 세 번째 그림은 그녀가 어떻게 겉모습에 따라 복원되어 저 영원한 망령의 세계로 가게 되는지 보여준다."

첫째 그림은 그녀를 연회석상에서 모든 연령층의 경탄을 자아내는 바커스 신의 소녀 역을 맡은 여무용수로 묘사하고 있다. 두 번째 그림

---

107) 역주: 다레이오스는 살라미스 해전에서 대패한 페르시아 왕 크세르크세스의 아버지 다리우스를 지칭한다. 아토사(Atossa)는 다리우스의 아내이다.

은 위의 세계에서 하계로 넘어가는 과정에 있는 그녀를 붙잡고 있다.

"첫째 그림에서 여무용수가 우리에게 부유하고 삶의 활력이 넘치며 풍성하고 유연하며 우아하고 파도치듯이 물 흐르듯이 보였다면, 여기서 우리는 슬픈 유혼의 제국에서 그 모든 것의 반대를 보고 있다. 그녀는 한 발로 버티고 서 있지만, 다른 발은 지지대를 찾듯이 앞발의 허벅지를 누르고 있다. 왼손은 충분한 힘이 없는 듯 허리에 얹혀 있다. 우리는 여기서 미적이지 않은 십자 형태를 발견하며, 사지(四肢)는 지그재그형이고, 보통의 경우에는 우아한 자세로 움직이는 들어올린 오른팔조차 기이하게 표현되고 있다. 버티고 서 있는 발과 얹혀 있는 팔과 접힌 무릎, 이 모든 것은 불쌍한 유혼들의 진실한 모습을 정체적인 것으로 움직이면서도 움직일 수 없는 것으로 표현하고 있는데, 이 유혼들은 완전히 속이 보이는 해골로 나타나지 않으며 쓰러지지 않을 만큼 비참하게 움직일 수 있을 정도의 근육과 힘줄이 이들에게 남아 있다. 그러나 이 여무용수는 이 역겨운 상태에서도 자리에 있는 관중들에게 살아 있듯이 계속해서 매력적으로 예술성이 풍부하게 움직여야 한다. 이쪽으로 서둘러 오는 군중들의 욕망과 조용히 관람하는 자들이 그녀에게 보내는 박수갈채는 여기서 두 요괴를 통해 아주 멋지게 상징되고 있다. 각각의 형상은 그 자체로, 그리고 또 이 세 형상 모두가 함께 훌륭하게 구성되어 있으며, 각각의 의미에서 전체적 하나를 표현한다. — 하지만 이 표현은 어떤 것인가? 모든 것을 고귀하게 만들고 고양시킬 수 있는 신적인 예술은 역겨운 것, 혐오스러운 것도 거부하지 않을 수 있다. 바로 여기서 예술은 자신의 통치권을 위압적으로 행사한다. 그러나 예술은 이것을 행할 수 있는 단 하나의 길만 가지고 있다. 즉, 예술이 추를 코믹하게 다루지 못하면 그것은 추의 주인이 되지 못한다. 제욱시스(Zeuxis)[108]가 자신이 가장 추하게 그린 헤쿠바 그림을 보고 포복절

---

108) 역주: 제욱시스(Zeuxis). 소크라테스 당시 그와 교제관계를 갖고 있던 그리스의 유명한 화가로 스승 아폴로도로스가 발견한 관점과 농담을 더 발전

도할 정도로 웃었듯이 말이다. —자리에 있는 그 추악한 유혼에게
젊은 여성의 근육으로 옷을 해 입힌다면—하를레킨과 컬럼바인이
우리를 평생 동안 즐겁게 해줄 수 있었던 수단인 그런 코믹한 자세
중의 하나를 보게 된다. 두 주변부 형상을 그와 같은 방식으로 다루
면, 여기서는 대부분 그런 종류의 표상에 매혹당하는 천민을 의중에
두고 있음을 알게 된다."

"내가 여기서 꼭 필요한 정도 이상으로 광범위하게 다루고 있음을
용서하기 바란다. 모든 이들이 바로 그림을 처음 본 순간 내가 생각
한 고대의 이런 유머러스하고 엉뚱한 필치를 인정하지는 않을 것이
다. 그러나 고대의 이 유머러스하고 엉뚱한 필치의 마력에 의해서
인간의 연극과 정령의 비극 사이에 유혼의 소극이, 미와 숭고함 사
이에 흉측한 것이 생겨난다. 그러나 나는 이 세 상태를 미적으로 연
관시키는 것보다 더 경탄할 만한 것을 쉽게 발견하지 못하겠다고 고
백하고 싶다. 이 세 상태는 인간이 자신의 현재와 미래에 대해서 알
고 느끼고 추측하고 믿을 수 있는 그 모든 것을 포함한다."

"마지막 그림도 첫째 그림처럼 자기 자신을 스스로 말해주고 있다.
카론(Charon) 109)은 여무용수를 망령의 제국으로 건네주고는 어찌
됐든 누가 다시금 건너편에서 데려다 달라고 서 있는지 알아보기 위
해서 곧바로 뒤를 돌아본다. 사자들에게 호의적이고 그렇기 때문에
또 그들의 업적을 저 망각의 제국에서 보존하는 신이 흡족한 마음으
로, 여무용수가 자신의 삶 동안 찬미를 받은 역할들이 기록되어 있
을 두루마리 양피지를 펼쳐본다. —케르베루스는 그녀가 있을 때 짖
지 않고 그녀는 다시 곧 새로운 찬미자들을 발견한다. 이들은 아마
도 그녀보다 앞서서 이 은밀한 영역에 들어온 예전의 찬미자였을 것
이다. 마찬가지로 그녀에게는 하녀도 부족하지 않게 된다. 여기에서
도 한 명이 그녀의 뒤를 따르는데, 그녀는 예전의 역할을 계속 수행
하면서 여주인을 위해 숄을 대령해놓고 있다. 주변환경들은 놀라울

시켰다.
109) 역주: 카론(Charon). 하계의 스틱스 강을 건네주는 나룻배 사공의 이름.

정도로 아름답고 의미심장하게 모여 있고 배치되어 있지만 이것들은
앞의 그림들처럼 본 그림의 테두리만을, 어디에서나 그렇듯이 여기
에서도 두드러진 저 형상의 테두리만을 이루고 있을 뿐이다. 여기서
도 그녀는 바커스 신의 무녀 같은 움직임에서 위압적 모습을 보여준
다. 이 움직임은 아마도 바커스 춤을 표현하는 궁극적 움직임이 될
터인데, 그도 그럴 것이 이것을 넘어서면 왜곡이 생겨나기 때문이
다. 여무용수는 여기에서도 그녀에게 영감을 주는 예술적 황홀경의
한가운데에서 현재의 상태와 그녀가 막 떠나온 상태의 차이를 느끼
는 듯하다. 자세와 표현은 비극적이며, 그녀는 여기에서도 마찬가지
로 절망하는 여인을 신에게 강한 영감을 받은 여인으로서 표현할 수
있을 것이다. 그녀가 첫째 그림에서 의도적으로 몸을 돌림으로써 관
객들을 희롱한 것처럼 보였듯이 이 그림에서 그녀의 마음은 실제로
다른 데 가 있다. 그녀의 찬미자들은 그녀 앞에 서서 그녀에게 박수
갈채를 보내지만 그녀는 그들에게 신경 쓰지 않으며 모든 외부세계
에서 벗어나 완전히 자기 자신 속에 침잠해 있다. 그리고 이렇듯 그
녀는 말은 없지만 무언극식으로 충분히 명료하고 진정 이질적으로
비극적 정신으로 자신의 표현을 종결짓는다. 이 정신은 그녀가 오디
세이의 아킬레스와 공유하는 것으로서, 사자들 가운데서 최고로 훌
륭한 여무용수로 인정받는 것보다는 살아 있는 자 가운데서 여무용
수의 하녀로 숄을 대령하는 것이 더 낫다는 정신이다."110)

---

110) 괴테의 이와 같은 멋진 묘사를 나는 원래 각주로 돌려야 했다. 왜냐하면
그것은 너무 커다란 지면을 앗아가기 때문이다. 그러나 나는 결국 단지 몇
명만이 각주에 신경 쓸 뿐이기 때문에 독자들을 본문에 접근시키는 것이
낫겠다는 생각을 했다. 차라리 괴테의 전집을 참조하게 하는 것이 나았을
것이라고 말하지는 말라. 왜냐하면 다른 책을 참조하기에 우리는 게으르지
않은가! ─ 그리고 또 누가 이 전집을 수중에 갖고 있을 것인가! 말이 나왔
으니 말이지만 나는 이런 이유로 존경하는 내 독자들을 비난하지 않으며,
대부분의 독자들이 여기까지 온 이 순간까지 괴테의 이《무용수의 무덤》에
대해서는 알고 있는 바가 전혀 없으리라고 나는 확신한다. 왜냐하면 사람
들이 괴테의 짧막한 논문들을 전반적으로 거의 읽지 않기 때문이다.

    망령은 그 이름이 이미 말해주고 있듯이 붙잡을 수 없는 것이다. 망령은 비록 우리가 보고들을 수는 있지만 붙잡지는 못하기 때문에 그 질료적 한계가 확실하다. 망령은 어느 곳이든 오고 가며 시간상으로는 그에게 유리한 밤의 어둠에 거의 얽매어 있지 않다. 음울하게 그림을 그리려는 생각은, 특히 해골과 수의를 사랑하는 발라드처럼, 망령으로 무덤 같은 것을 반영하지만, 때로는 바로 뷔르거의 《레노레》(Lenore) 처럼 망령을 겉보기에 완벽한 실제의 형태로도 등장하게 한다. 무채색들, 즉 검정색, 하얀색, 회색은 모든 민족에게 망령 세계의 색이다. 그도 그럴 것이 그외의 모든 실제의 색들은 살아 있는 것, 낮, 현세에 속한 것이기 때문이다. 윤리적 관계가 망령을 이승과 결합시키고 이 관계가 역사에 대한 관심에서 그가 지금 안식을 취하고 있어야 할 저승으로부터 다시 이승의 분주한 생활로 돌아오라고 그를 부를 경우, 망령은 유령이 된다. 절대적이고 자유로운 안식과 지복함은 역사를 극복한 정신만이 발견할 수 있을 뿐이다. 인간이 자신의 역사를 끝까지 다 살지 못했다면 상부 세계에서 자신의 드라마를 완결 짓도록 상상이 그를 무덤에서 돌아오게 만든다. 상상은 그의 나머지 역사의 해결을 보편적 재판의 불특정한 시간대로 연기하지 않는다. 상상은 문학적 정의로서 여기서 그 해결을 곧바로 마무리 짓게 한다. 이에 따라 죽은 자는 시작한 것으로서 종결해야 하거나 아니면 죄로서 속죄해야 할 그 무엇을 행하거나 혹은 그 무엇이 그에게서 발생한다. 외적으로 보면 죽음이 그를 잡아채 역사적 관계에서 떨어져나오게 했지만 내적 필연성의 통일성이 그를 아직 놓아준 것은 아니어서 그는 다시 등장하고 자신의 속죄를 추구하는 권리도 그렇다. 잠이 살아 있는 자들을 사로잡는 밤에 그는 정당함이 입증되지 않은 자신을 아직은 영원히 묻어줄 수 없는 대지의 품에서 기어나와 꿈꾸는 자들과 비몽사몽간에 있는 자들의 침소에 접근한다. 그는 아내나 혹은 아들에게 음험한 손에 의해 나아가서는 이들에 의해 가해진 피 흘리는 상처를 보여준다. 그는 자신을 바라보게 하는 고통을 통해서 살인자를 불안하게 만든다. 그는 가족들에게 자신에게 가해진 치욕에 대해 복수해줄 것을 요구한다. 그는 살아 있는 자들에게 중요한 증거나 보물을 남겨둔 장소로 안내하는 자신의 뒤를 따라오라고 신호하거나 혹은 그가 남몰래 저지른 범죄를 밝히고는 죄로부터 자신을 구해주고 자신이 회개하는 데 도와달라고 간청한다. 그도 그럴 것이 죽은 자는 이미 육체가 없고 힘이 없으며 빛을 두려워해서 스스로 더 이상 낮처럼 밝은 현실에 간섭할 수 없기 때문이다. 그는 살아 있는 자가 자기 자신의, 즉 죽은 자의 권리와 사랑 또한 침해하지 않도록 간청하고 애원하고 유도할 수 있을 뿐이다. 죽은 자의 정령은 맥베스의 식탁에 내려앉은 뱅크보의 망령처럼 아무 말 없이 살아 있는 자에게 자기 죄를 숨길 수 있거나 아니면 햄릿의 아버지처럼 둔중한 한탄의 목소리로 말할 수 있다. 그렇다면 유령의 본질은 무엇인가? 그것은 죄의식의 반영이고, 저 화가가 자신이 추적하고 있는 살인범의 또 하나의 이미지를 재치 있게 현상수배 그림으로 그렸듯이 달려드는 정령의 이미지로 투영된 자기분열로 인한 불안이다. 살인범은 음울한 밤에 도망을 친다. 거대한 크기의 현상수배 그림이 그의 뒤를 쫓는다. 이 전단은 그러나 좀더 자세히 보면 살인범 자신이기도 하며 자기 죄의 무한한 반영이다. 그는 자신에게서 도망치며 자신의 현상수배 그림을 만든다. 이런 윤리적 계기는 유령적인 것에 이상적 신성(神性)을 부여한다. 그 계기는 윤리적 힘의 영원한 토대에 거주하는 저 필연성의 무게를 그 망령의 속성에서 철저히 느끼게 해야 한다. 유령에는 살아 있는 것들의 모든 의견과 모든 조롱과 공격을 넘어서는 이해관계가 공시되어야 한다. 맞아 죽은 영지 관리자(콤터)의 정령이 그런 고귀함으로 경솔하게 후안무치한 행각을 벌이는 돈 주앙과 대조되듯이 말이다.

그렇기 때문에 유령적인 것의 표현은 비정상적으로 어렵다. 레싱은 《함부르크 희곡론》(*Hamburgische Dramaturgie*, X.~XII.)에서 유령적인 것에 관한 미학 이론을 제공했다.

> "유령을 믿는 씨앗은 우리 모두에 있으며, 그(극작가)가 작품을 보여
> 주는 관객들에게 가장 많다. 이 씨앗들을 배아로 발아시키는 것은
> 오직 그의 기술에 달려 있다. 그것들을 현실적으로 만들기 위한 토
> 대에 신속히 생동감을 부여하는 것은 오직 그의 특정한 수완에 달려
> 있다. 그가 그런 수완을 갖고 있다면 우리는 천박한 삶 속에서 우리
> 가 원하는 것을 믿을 수 있으며, 극장에서는 그가 원하는 것을 우리
> 가 믿지 않을 수 없다."

레싱은 볼테르와 셰익스피어를 서로 대비시킨다. 첫 번째 사람은 유
령의 본질을 놓친 자로, 두 번째 사람은 그것을 올바로 이해하고 거장
의 방식으로, 레싱의 생각에 의하면 거의 유일하게, 표현해낸 자로 말
이다. 볼테르는 그의 《세미라미스》(Semiramis)에서 니누스의 망령을
밝은 대낮에 제국의 모든 신분계층의 사람들이 모인 자리에서 우레를
동반하며 무덤에서 나오게 만든다.

> "유령들이 그렇게 대담하다는 사실을 볼테르가 언젠가 어디서 들어보
> 았던가? 어떤 할머니도 망령들이 햇빛을 두려워하고 많은 군중들이
> 있는 곳을 결코 찾아가지 않는다는 점을 말해줄 수는 없었나? 그러
> 나 볼테르도 그것을 분명히 알고 있었다. 그런데 그는 그런 일반적
> 상황을 이용하기에는 너무 비겁하고 너무 구역질 나는 자였다. 그는
> 우리에게 어떤 정령을 보여주려고 했으나 그것은 보다 고귀한 종류
> 의 정령이어야 했으며, 이 정령은 보다 더한 고귀함 때문에 모든 것
> 을 망가뜨렸다. 유령들의 모든 전통과 모든 훌륭한 관습에 어긋나는
> 것들을 자신에게서 꺼내는 유령은 내게 결코 진정한 유령으로 생각
> 되지 않으며, 여기서 환영을 장려하지 않는 모든 것은 환영을 방해
> 한다."

레싱은 니누스와 햄릿의 아버지를 비교하는 것으로 국한하고 있다. 후자의 정령은 자신의 힘을 통해서, 그리고 그것이 햄릿에게 끼친 영향을 햄릿이 우리에게 표현하는 방식으로도 작용하지 않는다는 섬세한 주석을 레싱은 달고 있다. 니누스의 정령은 피의 치욕을 막고 자신의 살해범에게 복수를 하려는 목적을 가지고 있다. 이 정령이 문학의 기계적 연결고리로서만 존재하는 반면, 햄릿의 아버지는 우리에게 그의 운명에 대해 관심을 갖도록 하며 소름과 연민도 불러일으키는 실제로 행동하는 인물이다. 레싱의 견해에 따르면 이때 볼테르가 범한 중요한 실수는 그가 정령의 모습에서 세계 질서법칙의 예외를, 즉 기적을 보고 있는 반면, 셰익스피어는 아주 자연스러운 사건을 보고 있다.

> "왜냐하면 가장 지혜로운 존재[111]에게는 그와 같은 비정상적인 길이 불필요한 경우가 명백히 훨씬 더 고상하며, 그래서 우리는 그런 존재에 의한 선의 보상과 악의 처벌이 사물의 정상적 질서에 함께 엮여 있다고 생각하기 때문이다."

우리가 앞에서 영원히 윤리적 힘의 필연성도 유령적인 것에 이상적 신성을 부여할 수 있다고 한 말로 표현하려 했던 내용이 이것이다. 정령의 독자적 충동은 자기 내면에서 기원하여 그밖의 경우에는 한계가 되는 무덤을 뚫고 나와야 한다. — 하지만 우리는 레싱의 견해를 간략하게 비판해야겠다. 그는 망령과 유령의 구분을 여기서 신경 쓰지 않고 방치했다. 말이 나왔으니 말이지만 그는 유령적인 것의 전율스러운 면에 대한 묘사에서, 아주 정당하게 거장으로 칭찬했던 작가의 작품에서 뱅크보의 정령이 밝은 불빛이 밝게 비칠 때 식탁에 앉아 있다는 점을 생각하지 못했다. 그는 유령을 많은 군중의 눈앞에 등장시킨 것을 볼테르에게서는 서투름으로 비난했다.

---

111) 역주: 이는 세계를 창조한 절대자로서의 신을 의미함.

"모든 사람들이 그것을 보았을 때, 그 광경이 냉랭한 발레의 대칭이 아니라면 공포와 경악을 갑작스럽게 다양하게 표출해야 한다. 둔한 엑스트라들이 단번에 그렇게 하도록 훈련을 시켜보라. 그들이 제아무리 훌륭하게 훈련되더라도 상술한 효과에 대한 다양한 표현이 얼마나 주의를 분산시키는지, 그래서 주요인물들에게 주의를 쏟지 못하게 하는지 생각해보라."

　　이때 레싱은 아이스킬로스의 《페르시아인》에서 다레이오스(다리우스)의 정령을 생각이나 해보았을까? 그 정령은 아토사 외에도 합창단 전원에게 모습을 보이지 않았나? 그러나 다레이오스가 바로 유령으로 등장하는 것은 아니다. 그와 아토사 사이의 죄에 대해서는 아무런 언급도 없으며 그녀는 오직 그에게만, 즉 위대한 제왕에게만 한없는 고통을 한탄하려고 한다. 유령은 오직 한 명이나 혹은 약간 명의 인물과 관계를 맺는데, 이 점에서 레싱의 생각은 올바르다. 왜냐하면 유령은 이들과 특정한 관계를 맺고 있기 때문이다. 셰익스피어는 이 배타적 관계를 항상 심층 심리적으로 다루었다. 햄릿이 보는 것은 아버지의 정령이지, 어머니의 정령이 아니다. 뱅크보는 맥베스가 보며 손님들은 보지 못한다. 브루투스의 천막에서 한 명씩 차례대로 나간다. 사내아이 하나만 남지만 그도 잠이 든다. 브루투스는 혼자 남고 이때 결정적 전투의 여명이 틀 때, 살인자인 그에게 시저의 정령이 나타난다.
　　유령적인 것의 윤리적이고 미적인 본성을 졸렬한 손이 작업하면 그 본성은 보다 비천한 단계로, 즉 귀신적인 것(*Das Spukhafte*)으로 떨어진다. 이것은 특히 《판톨리노 혹은 자정의 무시무시한 유령》(*Pantolino oder Das furchtbare Gespenst um Mitternacht*), 《돈 알루와조 혹은 교차로에 나타난 예기치 못한 형상》(*Don Aloyso oder Die unerwartete Erscheinung am Kreuzwege*) 같은 독일 기사 소설과 도적 소설들이 사랑하는 종류의 것이다. 귀신적인 것은 내용에서나 형태에 있어서 평균적으로 부조리하다. 그것은 살아 있는 자를 흉내내며, 그와 현실적으로 관련 있는 사물을 통해서라기보다는 무시무시하고 불합리하며 저승의 진지함에 아양을 떠는 사물을 통해서이다. 우리 낭만주의는 유령적인 것을 특히 이런 방향으로 타락시켰다. 가장 기이한 어리석음, 가장 흉측한 미친 광증이 천재적인 것으로 간주되었다. 그 결과 사람들이 윤리적인 것을 생각하는 한, 이것을 단지 불길한 것으로, 항상 추악한 형상으로만 형상화할 수 있었다. 예컨대 하인리히 폰 클라이스트의 《슈로펜슈타인가(家)》(*Familie Schroffenstein*)에서 잘려진 어린아이 손가락처럼 말이다. 《오레스테이아》112) 에서 클리타임네스트라가 아들의 손에 의해 부상을 입은 채 비수를 들고 나타났을 때, 이는 진실을 통해서 마음을 뒤흔드는 환영이다. 그러나 베르너(Werner)의 《이월》(*Februar*)에서처럼 칼로 또다시 살해당해야 한다면 그것은 비합리적이고 귀신적인 연관관계이다. 그래서 이런 경향은 인형, 호두까기인형, 자동인형, 밀랍인형 등도 아주 좋아한다. 호프만의 《호두까기인형》(*Nussknacker*)은 이와 비슷한 귀신 형상들을 아주 많이 끌어들인 결과, 임머만이 《뮌히하우젠》에서 체격이 크고 허풍 떨기 좋아하는 인물인 루스폴리를 통해서 그것을 풍자할 수 있었다. 그런 착상들은 속이 비어 있고 내용이 없을수록 종종 더 환상적인 것으로 간주되었다. 적어도 귀신적인 것의 무시무시한 면이 보다 더 올바로 파악되고, 이념의 울림을 갖춘 요소들이 민족의 상상력을 통해서 이미 많이 만들어진 것은 다행이었다. 이렇게 해서 한동안 아르님의 골렘이 유행하였는데, 이것들은 이마에 붙어 있는, 정령들의 왕인 살로모의 주문이 적혀 있는 쪽지를 통해서 가상의 생명을 획득하는 진흙의 형상들이다. 이 분야에서 최고의 것은 아마도 셸리 부인이 《프랑켄슈타인 혹은 현대의 프로메테우스》(*Frankenstein oder der moderne Prometheus*)

---

112) 역주: 《오레스테이아》(*Orestie*). 유일하게 남아 있는 아이스킬로스의 3부작 비극작품이다.

라는 제목의 두터운 장편소설로 이루어냈을 것이다. 이 소설은 또 추의 이념을 흥미로운 방식으로 가공해냈다는 점 때문에 더 언급되어야 마땅하다. 자연과학자가 한없이 노력을 기울여 자동인간인형을 완성시킨다. 이 기계는 자율적 존재가 되어 스스로 보고 듣고 말하고 움직이는 위대한 순간이 도래한다. 창조자는 이 광경을 견뎌낼 수 없다. 그는 침실로 뛰어들어가고 열병에 걸린 듯한 긴장감에도 불구하고 여기서 피로로 인해 잠이 든다. 마침내 그가 다시 깨어나 실험실로 되돌아갔을 때 그는 실험실이 비어 있음을 발견한다. 즉, 자동인형은 그 사이에 실제로 생명력을 갖고, 완전하게 만들어진 인간으로서 모든 감정의 범주를, 콩디악(Condillac)이 자신의 유명하고 민감한 사안이 된 기념비적 저작에서 묘사했던 바에 따라, 신속하게 다 거친다. 자동인형은 프랑켄슈타인 씨의 정장을 걸치고 방에서 나와 달빛을 받으며 바깥으로 나가서는 외로운 산 속에서, 숲 덤불 속에서 길을 잃고 헤매고 인간, 심지어는 동물들도 절대적으로 이질적 존재인 그것을 피하게 된다. 그것이 창조자의 의도에 따라 강하게, 그리고 아름답게도 만들어졌지만 그것은 살아 있는 역겨운 괴물의 모습을 띤다. 생명의 움직임은 그의 모든 형태와 윤곽을 유령으로 왜곡시킨다. 마지막으로 그것은 외만 곳에서 살고 있는 목사 가족에 관심을 갖고 몰래 관찰한다. 그것에는 호감을 표현하려는 욕망이 생겨나고 이를 밤에 나무땔감을 날라다주는 방식으로 표시한다. 초겨울의 어느 날 아침 가족은 이곳에서 그저 숨어 엿들어서 말하기뿐만 아니라 읽기도 배운 호의적인 괴물을 알아차리지만, 이 존재에 공포를 느끼고 집을 불태우고 밤사이에 떠나버린다. 이에 대한 모든 심리적 비판은 유보하겠다. 왜냐하면 셸리 부인이 아주 상세하게 바로 자동인형의 심리적 측면에 초점을 맞추었을지라도 인과율에 대한 보다 진지한 숙고는 처음부터 허구에 기초해 있고 이야기가 보다 상징적인 특성을 띤 작품에 들어 있지 않기 때문이다. 그렇기 때문에 우리는 그외의 미적 결점도 언급하지 않고 계속 보고를 하겠다. 입고 달아났던 프랑켄슈타인의 옷 속에 있는 편지에서 괴물은 자신의 탄생 비밀을 알게 된다. ─ 그도 그럴 것이 그렇지 않다면 그것이 무엇 때문에 글 읽는 법을 배웠겠는가? 자신을 그렇게 비참하게 만들었던 자신의 창조자에 대한 복수심이 그를 프랑켄슈타인의 아들에 대한 살해로 몰아간다. 그것은 산속에 혼자 있는 프랑켄슈타인 자신과 만나 그를 동굴로 끌고 들어가서 그로 하여금 자기와 결합하기에 적합한 존재를 마찬가지로 추하게 만들어주겠다는 맹세를 하게 만든다. 그렇게 하지 않을 경우 그가 귀하게 여기는 모든 이들을 살해하겠다고 한다. 현대판 프로메테우스는 이것 역시 실행에 옮겼고, 그 여성으로 인해서 혹시 추악한 인종이 생겨날지도 모른다는 무시무시한 생각이 마음속에서 떠오를 때는 이미 완성단계에 근접해 있었다. 그는 자신이 일하는 중에 몰래 살펴보는 괴물의 정찰하는 눈에 의해 감시당하고 있음을 알았을 때 그에게서 끝없는 분노가 터져나왔고, 그 감정으로 인해서 그는 자신의 피조물을 다시 파괴하고 그 자동인형의 부분들을 광주리에 담아 배에 싣고 그것과 함께 홀로 호수로 떠난다. 여기서 그는 자기 작품을 물속에 가라앉히지만 그것이 비록 기계 여성이었을지라도 거의 범죄를 저지른 듯한 감정을 느낀다. 여기서 다루지 않지만 이어지는 아주 환상적인 사건 전개에서 괴물은 프랑켄슈타인의 애인을 살해하고 그런 다음 북쪽지방의 안개 속에서 길을 잃는다. 이렇게 복잡하고 여성적으로 과장된 구성은 스스로를 매력적으로 만드는 대담함과 심오함을 많이 가지고 있다. 인간 기술의 가장 농익은 생산품은, 그것이 창조자의 기적의 행위와 경쟁을 하려고 할 때, 바로 그 도달된 인공적 생명으로 인해서 절대적 고독감에서 어떤 존재와도 자연스런 유대관계를 느끼지 못하고 자신이 극도로 비참함을 느끼는 괴물이 된다. 프랑켄슈타인이 부단한 노력을 기울여 작업의 승리에 근접하는 바로 그 순간, 그는 자신의 피조물로 인해 몸을 떨며 한 번은 도망가고 두 번째에는 그것을 파괴한다. 그리고 이렇게 파괴할 때 그는 단지 자신의 안녕과 관련된 결과를 두려워하는 것이 아니라 살인했을 때처럼 온몸에 전율을 느낀다. 귀신적인 것에 대한 묘사는 여기 이런 감정에서 정점에 도달한다. 왜냐하면 귀신적인 것의 본질은 죽은 것이 살아 있는 것으로서 움직이는 데 있을 뿐만 아니라, 특히 죽어 있는 사물들, 빗자루, 칼, 시계, 그림, 인형들이 생명력을 얻는 데 있고, 그리고 이상한 소리들이 기이하고 아주 전대미문의 말로 표현할 수 없는 미스터리들을 감추며 울린다는 점에서 한층 더 강화되기 때문이다. 그도 그럴 것이 여기서는 특정한 윤리적 관계가 존재하고 있더라도 이성이 너무 과도하게 사용되기 때문인데, 특정한 시간에 방구석에서 목을 그르렁대는 소리가 울려퍼지는 클라이스트의 《로카르노의 거지 여자》(Das Bettelweib von Lacarno)에서처럼 말이다. 그런 소리가 울리는 까닭은 사람들이 언젠가 이곳에서 가난한 여자 거지를 굶어 죽도록 방치했기 때문이다. 그후 그녀의 죽음의 탄식은 같은 시간에 연민을 느끼라는 소름 끼치는 거창한 경고로 들린다. 아무 내용 없고 아주 즐거운 기분에서 나는 소리는 이런 호프만 류의 낭만주의자들에게는 정말이지 낭만적인 것이다. 자기들의 꽃이 장미나 제비꽃이 아니라 전반적으로 "푸른 꽃"인 것처럼 말이다. 추상적인 것일수록 더 수수께끼 같아진다. 분명히 셸리 부인은 실제로 보다 심오한 환상을 갖고 있다. 그녀의 작품에서 그 표상은, 즉 프랑켄슈타인에 의해서 존재로 불려나온 새로운 종을 통해서 인간 종족에게 영원히 지울 수 없는 분열, 즉 신에 의해 창조된 자연적 인간과 계산에 의해서 만들어진 인공 인간 사이에 분열의 토대를 마련하는 표상은 프랑켄슈타인의 내면에서 얼마나 위대하게 등장하는가. 추한 남자에게는 당연히 또다시 추한 여자를 주고, 그래서 추를 이 종족의 규범으로, 이상으로 설정하는 필연성은 얼마나 심오한 동기유발인가!

귀신적인 것이 얼마나 쉽게 코믹한 것으로 전환될 수 있는지에 대한 설명은 불필요하다. 왜냐하면 강신술(降神術)에 대한 풍자가 그와 같은 것을 충분히 회화화하고 있기 때문이다. 113) 그러나 예술은 풍자 외에도 가장 우스꽝스러운 혼란을 준비하기 위해 충분히 종종 유령적인 것과 귀신적인 것을 이용하는데, 그 중에서도 바이런의 《돈 주앙》의 마지막 노래가 아마 장면적으로, 심리적으로 가장 수미일관하게 작업한 것이고 가장 우아하게 표현한 것일 게다. 돈 주앙은 성에서 귀신으로 나타난다는 수도사를 자신의 두 눈으로 보겠다고 결심한다. 고풍의 가구가 있는 고딕식의 방, 달빛, 책상 위의 두 개의 권총, 밤 12시, 복도에서 기이하게 나는 쏴~ 하는 소리, 귀신이 접근한다. 그것은 수도사였다! 뒤집어쓴 두건 속에서 불꽃 같은 두 눈동자가 보고 있다. 돈 주앙은 벌떡 일어선다. 수도사는 어두운 복도로 다시 물러난다. 기사가 뒤쫓아가 환영을 공격해서 그와 싸운다. ─ 그리고

> 그 유령은 ─ 본래 그러하듯이 ─ 귀여운 영혼처럼 보였네,
> 가리비 모양의 순례자의 모자 속에 감추어진 영혼처럼 귀엽고,
> 마치 피와 살의 형태가 수도사복에서 몰래 빠져나온 듯이.
> 턱에는 보조개가 파였고 백조의 목을 하고 있네,
> 그때 회색의 껍질이 내려앉고, 기이한 비밀이
> 드러났네 ─ 대체 무슨 이유로! 그렇게 하는 것이 좋았을까? ─
> 가슴은 풍만하고 종아리는 통통한 유령은
> 아주 명랑하신 선제후 마님 피츠펄크셨네.

---

113) 여기에 기초한 소극과 오페라는 대단히 많다. 빈(Wien) 소극은 이 점을 예컨대 장밋빛 유령에서 극도로 코믹하고 유쾌하게 적용했다. 무엇보다도 장례행렬이 무대에 등장한다. 완전히 분홍색 옷을 입은 사자(死者)가 유령으로 손에 노래책과 손수건을 들고 살아 있는 자들 틈에 껴서 함께 걸으며 자기 자신에 대해 슬퍼한다.

■ 악마적인 것 (Das Diabolische)

우리는 악을 먼저 범죄적인 것으로 관찰했었다. 순수하게 부정적인 정신적 태도로서의 악은 상징적으로 형태가 망가진 형상을 통해서나 아니면 객관적으로 어떤 행동을 통해서 표현되지 않고서는 결코 미적 대상이 되지 못할 것이다. 그러나 우리는 범죄적인 것이라는 명칭도 다음의 이유로 선택했었다. 인간이 자기 내면에서 철저히 원칙적으로 악하게 되지 않고서도, 악마처럼 되지 않고서도 뒤섞인 흥분과 열정에 의해서, 주변상황의 갈등에 의해서 악한 행위로 빠져들 수 있다는 점을 암시하려고 했기 때문이었다. 오이디푸스, 오레스테스, 메데이아, 오셀로, 칼 모어 등은 악에서 즐거움을 느끼는 악한 심성을 갖고 있다고 할 수 없는데도 범죄를 저질렀다. 우리는 유령적인 것을 범죄적인 것 뒤에 놓아두었는데, 유령적인 것은 본질적으로 그 어떤 죄에 가득 찬 연관관계에 의해서 매개되기 때문이다. 우리는 유령적인 것을 악마들의 제국과 구분했다. 우리는 그것을 또 망령들의 제국 전체와 구분했다. 괴테의《파우스트》에서 나타나는 지령(地靈) 같은 정령의 현상, 아이스킬로스의《페르시아인》에서 나타나는 다레이오스 같은 망령의 현상은 전율을 불러일으킬 수 있지만 동시에 숭고하게 아름다울 수도 있다. 망령은 죽은 자가 자신의 역사를 아직 완전히 다 살지 못했을 때, 따라서 계속되는 역사의 실제성에 여전히 얽혀 있을 때에 비로소 유령이 된다. 우리는 여기서도 악에 의해, 이를테면 현상 자체에 내포된 악에 의해 직접적으로 야기되지 않는 그런 현상들을 배제하지 않기 위해서 조심해서 보다 더 포괄적인 규정을 이용했었다. 왜냐하면 예컨대 뱅크보 자신은 악하지 않고 범죄적이지도 않지만 분명히 모습을 드러내기 때문이다. 우리는 계속해서 그 어떤 중요한 이해관계로 인하여 이승으로 다시 쫓겨난 사자의 불안을 강조했었다. 그러나 유령적인 것이 귀신적인 것인 한, 그것 역시 아직은 곧장 악 자체의 영역에 속한 것이 아니라, 오히려 앞에서 우리가 관찰한 부조리의 영역에 속한다. 내적 분열의 반영인 유령적인 것은 레싱이 올바로 말하고 있듯이 공포와 동정심을 일깨우고 있음으로 인해 미적으로 아름다울 수 있다. 죽음, 부패, 죄, 악의 표상과 연관 있는 유령적인 것은 우리들의 혐오감을 불러일으킨다. 모차르트의 〈돈 주앙〉에서 영지 관리자의 망령 형상이 훌륭하게 보여주듯이 거슬리지만 윤리적 이해관계와 연관 있고 자체가 죽음을 넘어서는 정의의 품위를 표현하는 유령적인 것은 추에서 벗어난다. 광증은 이론의 여지없이 자아상실에서 그 어떤 유령적인 것을 갖고 있다. 그러나 미친 자는 죽은 자와는 정반대로 하나의 표상에서 소외되어 있다. 이를테면 유령은 저승에서 이승으로 되돌아오고, 그것은 한쪽에서 다른 쪽으로 엄청난 비약을 한 것인 반면, 미친 자는 아직 살아 있지만 자신의 광증으로 인해 현실에서 벗어나 있으며, 실제 현실의 살아 있는 이해관계 측면에서 보면 병적으로 죽어 있다. 인간의 마음을 그 모든 높고 낮음에서 철저하게 알고 있는 셰익스피어의 측량할 수 없는 위대함은 여기서도 가장 훌륭한 예들을 우리에게 제시해준다. 맥베스 부인이 어느 날 저녁 침상에서 일어나 몽유병에 걸린 상태에서 조그만 손에서 핏자국을 씻어내고 싶어할 때는 우리 혈관의 피를 굳어버리게 만드는 유령적인 것과 아주 근접한 현상이다. 죄의식, 몽유병, 정신분열의 시작이 여기서 뒤섞여 무시무시한 효과를 낸다. 리어 왕은 볏짚으로 된 왕관을 쓰고 나뭇가지로 몸을 지탱하며 탁 트인 언덕에서 미친 연설을 내뿜어낼 때 유령적인 인상을 심어준다. 그러나 이와 같은 장면에서 이들이 속해 있는 엄청난 연관관계를 관통하고 있는 것은 여전히 이성이다. 반면에 귀신은 어리석음과 무시무시함으로 넘어간다. 그렇다고 해서 또 귀신의 미적 권리를 부인하는 것은 아주 편협한 것일 게다. 상상력은 귀신에게서도 놀라운 미를 이끌어낼 수 있었다. 부분적으로는 민족 동화에서, 부분적으로는 티크가 루넨베르크의 금발 에크베르트, 성배 등에 관해 쓴 훌륭한 상상적 이야기처럼 위대한 거장의 예술적 문학작품에서 말이다.

추를 유령적인 것과 동일시하고, 후자를 다시 악과 동일시하는 개념 규정이 잘못된 편협성이라는 점은 이제 이 논리 전개에서 분명해진다. 바이쎄는 그의 이론에서 민족들의 종교적 상상 속에 있는 지옥에 대한 표상으로 인해서 지옥의 거주자들을 악마의 무리로, 진정한 유령으로 간주하는 실수를 범했는데, 이것은 미적으로 정당화될 수 없다.

> 《미학》 Ⅰ권, 188쪽: "이와 같은 심연의 형상들은 유령들이다. 이 것들은 객관적이어서 상상의 주관성에서 떨어져나온 독립적 실존을 가지고 있는 듯이 가장하며, 이 거짓을 통해 개별적으로 무한한 특 수성으로 발전하면서 자신들이 모습을 드러내는 유한한 정신들을 저 극악무도한 심연으로 끌고 가겠다고 위협한다."

> 196쪽: "그렇기 때문에 모든 추한 것의 보편적 수식어로서 추는 유령 적인 것이고 무시무시한 것이다. 이 표현들은 신비하거나 비밀스런 미의 속성과 대비될 수 있다. 이처럼 유령적 속성으로서의 추는 모 든 아름다운 형태의 형성에 들어가서 그것을 방해한다. 모든 개별 형태에 특별한 변증법적 위치를 알려주는 진실한 의미 대신에 스스 로 최고의 자리를 점유하는 상상의 내용 없는 방종을 그 형태 형성 속에 집어넣는 방식을 통해서 말이다. 말이 나왔으니 말이지만 유령 적 상상이 자신들의 존재영역에서 무(無)에서 벗어나 비교적 높은 차원의 미적 현실영역에 들어선다는 것은 그 안에서 미의 이념이 본 질적으로 존재하는 형태들을 파괴하는 것이다. 따라서 이런 일이 발 생하는 궁극적이고 충분한 이유는 그 이념 안에서가 아니라 그 바깥 에서 혹은 그 이념 너머에서, 이를테면 악의 본질성과 개념에서 찾 아야 한다."

우리는 이에 대해 아무것도 반대하지 않을 뿐만 아니라 악에 절대적 거짓과 유령적 계기가 있다는 점에 대해 완전히 같은 생각이다. 그러 나 유령적인 것을 단지 거짓으로, 추를 단지 유령적인 것으로 간주하는 것은 그 미학자의 착오처럼 보이며 그 착오가 틀렸다는 점은 그의 후계자 루게(Ruge)와 또 그의 완성자 피셔(K. Fischer)에 의해서 비로소 밝혀진다.[114]

이제 계속해서 악마적인 것을 다룰 수 있게 됨으로써 우리는 또다른 철학자와, 즉 헤겔과 논쟁을 벌여야 한다. 왜냐하면 그의 《미학》 I권, 284~286쪽의 자세하고도 아주 강조된 부분에서 악은 전반적으로 미적 관심을 불러일으킬 수 없다고 되어 있기 때문이다. 사안 자체의 중요성과 우리가 헤겔의 견해에 부여하고 있는 가치에 비추어볼 때 우리가 그의 말을 인용하고 이에 대해 몇 마디 언급하는 것은 아마도 용인될 것이다.

> "부정적인 것의 실재성은 비록 부정적인 것의 본질과 속성에 상응할 수는 있지만, 내적 개념과 목적이 이미 그 자체로 아무것도 아닌 것이라면 그 내적인 추는 그것의 외적 실재성에 진실한 미를 허용하지 않는다."

부정적인 것이 실제적 형태를 가질 수 없음은 당연하다. 추한 그 내면이 외적으로도 그에 상응하는 형상으로 반영되어야 한다는 점도 당연하다. 그러나 이제 차이는 미적으로 나타난다. 이를테면 예술이 외면을 내면에 상응하게 형성한다면 질 나쁜 것의 외적인 것 자체는 그런 의미에서 당연히 아름다워서도 안 되고 아름다울 수도 없는데, 진과 선도 마찬가지인 것처럼 말이다. 그러나 부정적인 것을 완전히 그 본질에 맞게 형상화하는 예술가가 그 부정적인 것을 아름답게 표현하

---

114) 루게, 《새 입문》(*Neue Vorschule*), 106쪽: "문학과 그밖의 예술, 정신태도, 그리고 행위의 모든 추는 실제로는 가상적 실존, 정신의 가상적 현실, 유령의 가상의 실존만을 가지고 있다. 유령은 현상이지만 정신의 진실하고 실제적인 현상이 아니며 따라서 결코 현상이 아니다."

는 사람이라고 판단해서는 안 되는가? 그것은 숭고하거나 유쾌한 형태를 통해서 아름답게 한 것이 아니라 천박하고 역겨운 형태를 통해서 그렇게 한 것이지만, 그는 그 형태를 바로 그것의 부정적 내면이 분명히 추하게 드러나게끔 그렇게 선택하고 그렇게 통일했으며 그렇게 형상화하는 법을 알고 있다. 악에 대한 묘사가 서투른 자 모두에게 성공할 수 있을 정도로 그렇게 쉬운 것인가? — 헤겔은 계속 말한다.

> "소피스트 철학은 성격상 숙련성과 강인함과 에너지를 통해서 부정적인 것에 실제적인 면을 집어넣는 시도를 할 수는 있다. 그럼에도 불구하고 우리가 얻는 것은 단지 가짜 무덤의 모습일 뿐이다. 왜냐하면 그저 부정적인 것은 전반적으로 자체가 희미하고 무미건조하기 때문에 그것이 다른 사람의 반응을 끌어내기 위해서 어떤 행위의 동인으로 사용되든 아니면 단순한 수단으로 사용되든 간에 우리를 빈털터리로 내버려두거나 아니면 우리를 다시 밀쳐내기 때문이다. 잔인함, 불행, 폭력의 쓰디씀, 압도적 힘의 가혹함은 그 자체가 성격과 목적의 내용적 위대함을 통해서 승화되고 지탱될 경우에 표상에서 합쳐지고 감내될 수 있다. 그러나 악 자체와 질투와 비겁함과 저열함 등은 역겨울 뿐이며, 그렇기 때문에 악마는 대자적으로 질 나쁘고 미적으로 사용 불가능한 형상이다. 그도 그럴 것이 그것은 거짓 자체일 뿐이고, 그래서 극도로 산문적인 형상이기 때문이다."

여기서 잠시 멈추어보자. 악이 윤리적으로, 종교적으로 비난의 대상인 점은 자명하다. 그러나 신플라톤주의자들은 심지어 그것의 경험적 실존에 주의를 기울이지 않고 그것을 단지 비존재자로 간주했다. 악이 미적으로 역겹다는 점은 우리도 인정한다. 역겨움에 대한 우리 논문 전체가 악과 악마적인 것의 개념에서 정점에 도달한 정도로 말이다. 하지만 그런 이유로 악이 미적으로 사용 불가능한 것인가? 현상의 세계에서 부정적인 것은 실제적인 것과, 악은 선과, 하나의 본질은 항상 다른 것의 현상을 통해서 보여주는 관계 속에 있지 않나? 이때 헤겔도 조심스럽게 악마는 대자적으로 질 나쁜, 미적으로 사용 불가능한 형상이라고 말하고 있다. 악마는 대자적으로 분명히 홀로 존재하는 것으로, 전체 세계 연관관계로부터 떨어져나온 것으로, 예술의 고립된 대상으로 의미를 지닌다는 것이다. 이에 대해 반대할 것은 아무것도 없다. 우리는 이미 서론에서 악과 추는 오직 커다랗고 신적인 세계 질서의 총체성으로 사라지는 계기로서만 생각해야 한다고 했다. 하지만 여기 이 조건 내에서 악마적인 것이 또 그렇게 절대적으로 미적이지 않은 것인가? 미적이지 않다고 주장하려고 하는 자는 예술에 도덕적 전시만을 요구해야 할 것이며, 다음과 같은 것은 아예 요구해서는 안 될 게다. 즉, 우리가 절대적으로 긍정적인 이념의 영원히 동일한 근원을 현상들의 투쟁을 관통하여 관조하도록 예술이 세계의 모습을 그 피조물들로 반영하기를 말이다. 악이 우리를 빈털터리로 내버려두고 우리를 자신으로부터 밀쳐낸다는 점은 옳다. 열정적 소피스트 철학이 질 나쁜 것의 내적 공허함을 덮을 수 없다는 점은 옳다. 그러나 그런 판단을 우리 마음속에서 결과로 생기게 하는 질 나쁜 것의 표현이 미적으로는 흥미로울 수 없나? 악이 위선적으로 발전시키는 형식적 정신, 악이 자신의 목적을 추구하는 형식적 에너지, 악이 그것을 수단으로 가차없이 범죄에 범죄를 더하는 폭압적인 크기, 이 모든 것이 미적으로 사용 불가능한 것인가? 중세의 모든 드라마 예술이 이 "산문적" 요소로 인해 육성될 수 있었던 것은 어찌 된 일인가? 또 영국의 고전적 무대가 오직 악마와 그의 악한 어릿광대들의 변형으로 인해 미스터리극에서 도덕극으로, 후자에서 본래적인 소극과 비극으로 옮아갈 수 있었던 것은 어찌 된 일인가? 하지만 해명이 다음에서 이어질 것이기 때문에 질문은 절제하겠다. 헤겔은 계속 말한다:

"증오의 복수 여신들이 바로 그러하고, 그리고 비슷한 종류의 힘들의 훗날 알레고리들도 그러하다. 그러나 이런 것들은 긍정적 자립성이나 버팀목이 없어서 이상적 표현을 위해서는 나쁜 것들이다. 이런 관계는 개별적 예술들의 경우에도 마찬가지이다. 그리고 이런 예술들이 자신의 대상을 보여주거나 보여주지 않는 방식은, 즉 허락된 것과 금지된 것의 커다란 차이는 확인될 수 있다."

만일 "증오의 복수 여신들"이 혹시 에우메니덴[115]을 의미한다면 헤겔은 결정적으로 실수를 한 것이다. 왜냐하면 그런 신들은 존속 범죄의 감시자로서 법과 신성한 윤리의 위반에 대해 복수를 하는 본질적으로 긍정적인 힘이기 때문이다. 광명의 신이 이 밤의 마녀들을 추악한 존재라고 부르는데도 불구하고 이들은 무서운 모습으로 숭고하고 미적으로 형상화되었다. 하지만 헤겔은 여기서 그리스인들보다는 로마인들과 프랑스인들의 경우를, 예컨대 일종의 신화로서 그런 알레고리적 형상들을 풍부하게 담고 있는 볼테르의 《앙리아드》(Henriade)를 생각했다. 하지만 그런 알레고리들이 미적으로 흐릿하고 무미건조한 것이라면 그 원인을 바로 알레고리의 속성에서 찾을 수는 없나? 하나씩 알레고리로 표현된 미덕들이 악덕들보다 미적으로 더 훌륭하다는 말인가? 알브레히트 뒤러, 루벤스 같은 가장 생산적이고 형태를 가장 풍부하게 사용하는 천재가 알레고리의 산문적인 면을 지양할 능력이 거의 없다는 말인가? 헤겔은 어떤 것은 인정한다. 이를테면 상이한 예술들이 여기서 상이하게 처신해도 된다는 점을 말이다. 분명히 그렇다. 하지만 문학은 바로 악을 생산해내는 독특한 광증을 그 궁극적 근원에서 보여줄 수 있기 때문에 악을 전적으로 흥미롭게 형상화할 수 있다. 문학은 조형예술처럼 알레고리와 상징적 수단으로 자구책을 마련할 필요

---

115) 역주: 에우메니덴(Eumeniden). 복수의 여신으로 Furien 혹은 Erinnyen 이라고도 불리며 Uranos의 피에서 태어나고 무엇보다 윤리적 질서의 보호자이다. 따라서 인간의 모든 부정을 벌하는 여신으로 특히 존속 범죄나 살인은 가차없이 처벌한다.

가 없으며, 악한 자아의식의 독자적이고 부정적인 심연으로 하여금 스스로 말하게 할 수 있다. 괴테의 메피스토의 위대함은 바로 항상 부정하는 악한이 말하는 수단인 아이러니컬한 명증성에 놓여 있지 않은가? 우리 철학자는 계속해서 말한다:

> "그러나 악은 보편적으로 자체로 황량하고 내용이 없다. 그도 그럴 것이 진정한 예술은 우리에게 자신 안에서 조화의 모습을 보여주어야 하는 반면, 악에서는 단지 부정적인 것과 파괴와 불운 외에 나오는 것이 없기 때문이다."

악이 내용을 가지고 있지 않다는 보편적 확언을 우리는 받아들이겠지만 결과를 통한 그것의 증명은 거부한다. 불행과 파괴도 선에서 다양한 방식으로 나올 수 있지 않은가? 예술작품의 조화는 불행과 파괴로 인해서 방해되는 것인가? 모든 비극에는 한없이 많은 비참함이 없는가? 그리고 이 비참함이 비극의 미적 조화를 방해하는가? 헤겔은 말한다:

> "특히 비열함은 고귀함에 대한 질시와 증오에서 기원하고 정당한 힘도 자신의 질 나쁜 혹은 수치스러운 열정을 위한 수단으로 역전시키기를 스스로 거리껴 하지 않음으로써 경멸의 대상이 된다. 그렇기 때문에 고대의 위대한 작가들과 예술가들은 우리에게 악과 극악무도함을 보여주지 않는다. 반면에 셰익스피어는 우리에게 리어에서 예컨대 악의 무시무시한 전모(全貌)를 보여준다."

이제 헤겔은 늙은 리어가 너무 어리석어서 나라를 분할하고 코르델리아를 오인했다고 비난하고, 그 미친 행동이 결국 광증 자체를 낳지 않을 수 없었다고 초지일관하게 생각한다. 우리는 위대한 호메로스가 이미 《테르시테스》(Thersites)에서 고귀함에 대한 질시와 증오에서 기

374

원하는 그 비열함을 우리에게 보여주지 않았는지에 대해서는 신경 쓰지 않겠다. 우리는 에우리피데스의 몇몇 등장인물에 신경 쓰지 않겠다. 왜냐하면 헤겔이 혹시 그를 더 이상 고대의 위대한 작가군에 포함시키지 않을지 모르기 때문이다. 그러나 헤겔이 마치 셰익스피어가 "악의 무시무시한 전모"를 보여줌으로써 미적인 죄를 저질렀다는 식으로 그를 고대의 위대한 작가들과 대비시키려고 했다는 점을 우리가 진지하게 믿어야 하겠는가? 헤겔이 셰익스피어에 대해 더할 나위 없이 경탄한 미학의 수많은 부분들은 그 견해와 모순이 될 것이며, 당면한 경우에 대해서는 Ⅲ권, 571~573쪽의 특정한 언술이 있다. 그러면 우리는 어떻게 생각해야 할까? 헤겔에게는 부정적인 것이 동기로 수용되는 줄거리보다 전적으로 윤리적으로 정당한 긍정적 힘들에서 충돌이 생겨나는 그런 줄거리가 무조건 문학적으로 더 높은 위치를 차지했다는 점을 우리는 분명히 인정해야 한다. 안티고네에 대한 그의 한없는 숭배는 바로 이런 이유에서 이 작품을 전반적으로 "가장 훌륭하고 가장 만족할 만한 예술작품"이라고 《미학》 Ⅲ권, 556쪽에서 설명한다. 나아가서 우리는 그가 비록 무미건조한 모든 도덕화에 대해, 특히 이 플란트나 코체부의 느슨하고 용서를 갈구하는 도덕의 궤변적 수다에 대해 가장 확실한 적대자였긴 하지만, 그럼에도 불구하고 바로 그런 이유로 최고의 윤리적인 중력을 갖고 있는 남자였다는 점을 인정해야 한다. 그는 플라톤의 정신116)과 유사한 의미에서 비윤리적인 것에 대해 견딜 수 없을 정도로 분노했고, 기독교 중세시대 동안에 완성된 악의 코믹한 처리에 대해서는 전혀 이해하는 바가 없었다. 낭만파의 아이러니도 그에게서는 본질적으로 "무미건조한 장난"으로 몰락한다. 그

---

116) 역주: 본문에는 원래 반신 혹은 천재성이란 의미의 Genius로 나와 있지만 이 반신의 의미는 사람으로 하여금 생각하게 하고 말하게 하고 글을 쓰게 하는 주체를 의미한다. 이런 의미에서 Genius를 정신이라고 번역해도 무방할 것이다.

에게는 오직 네덜란드의 풍속화만이 내용의 고귀함과 품위에 신경 쓰지 않아도 되는 특권을 갖고 있으며, 그밖의 경우 그것은 그가 끊임없이 요구하는 것이었다. 헤겔이 여기서도 강조하는 고대인들은 운명이란 이념 때문에 악을 여전히 자유롭고 주관적인 형태로 표현할 수 없었다. 현대인들은, 헤겔이 다른 글에서 아주 잘 다루었듯이, 기독교의 중재를 통해서 자신들 세계관의 기원이 된 자유의 이념 때문에 악을 필연적으로 자유에 대한 표현의 범주 속에 수용해야 했다. 왜냐하면 자유의 주관적인 면은 바로 악으로 자신을 배타적 자유로 공표하고, 그 부정성으로써 선의 긍정적 힘들에 의한 파멸의 운명을 스스로 준비하기 때문이다. 헤겔이 그렇게 추악하게 여겼던 질시의 비열함은 고대인들에게는 신들 자신의 질시에 해당되고 기독교인들에게는 악마에 해당된다. 그렇지 않다면 어떻게 해서 다른 누구도 아닌 가장 위대한 예술가들이, 즉 오르카냐, 단테, 라파엘로, 미켈란젤로, 피에르 코르네이유, 라신느, 말로우, 셰익스피어, 괴테, 실러, 코르넬리우스, 카울바흐, 모차르트가 악을 범죄적인 것과 유령적인 것으로서뿐만 아니라 또 악마적인 것으로서도 묘사하는 데 그렇게 열심이었겠는가![117)

개별적인 열정의 악, 특수한 질 나쁜 악, 잠정적 흥분의 악과 구분되는 악마적인 것으로서의 악은 선을 증오하고 그의 부정을 절대적 목

---

117) 괴테 역시 자신의 전기 15. 책에서 악마가 일신론의 껍질이듯이 거인들은 다신론의 껍질이며, 악마는 결코 문학적인 형상이 아니라고 말한다. 그러나 악마는 바로 껍질로서 자기본질이 아닌 것이 되며, 문학과 예술의 계기가 된다. 모든 추는 그 자체로 아름답지 않고 비문학적이며 비예술적이다. 그러나 그것은 특정한 연관관계 내의 특정한 조건하에서 미적으로 가능해지고 작용을 한다. 예컨대 카인, 즉 동생의 살인자는 대자적으로 추악하다. 그를 궤변으로 나쁜 길에 빠뜨리는 루시퍼는 대자적으로 추악하다. 그러나 바이런의 《카인의 비밀》(Mysterium Kain)에서 카인은 아벨, 아다, 실라를 통해서, 그리고 루시퍼는 카인을 통해서 문학적이 된다. 말이 나왔으니 말이지만 기독교의 악마주의 역시 단순한 일신론의 악마주의와는 다르다.

적으로 삼으며 해악과 악을 야기함에 즐거워한다. 이렇게 자신의 개념
과 분리될 수 없는, 선에 대항하는 의식성에 악이 캐리커처로 넘어가
는 토대가 놓여 있다. 악은 오직 자아의식적인 비틀린 이미지로서만,
즉자적으로 이 비틀린 이미지 속에 당연히 존재하는 신적이고 근원적
인 이미지에 대한 자아의식적인 비틀린 이미지로서만 가능하다. 그것
은 곧바로 선을 상기시키는데, 이것의 파멸이 그의 즐거움이다. 선은
반대 의미인 악을 미소 짓게 하고, 그의 이빨을 드러나게 한다. —그
러나 악은 선에서 벗어날 수 없다. 왜냐하면 선이 존재하지 않는다면
악은 결코 악 자신이 되지 못하기 때문이다. 악은 그러는 한 미쳐 있
는 것이다. 악마적인 것은 이때 악마의 악령들에 의해 점유되고 이것
들에 의해 추악한 행위를 하도록 강요되는 인간의 표상 속에서 범죄적
인 것을 반복한다. 미친 자118)는 열정 속에서 미쳐 날뛰며 유희하고
술 마시고 저주하고 심지어는 짐승 인간의 극복되지 않는 야수성으로
까지 타락한다. 그의 몸속에서 원래 행동하는 자는 표상에 따르면 악
령이거나 그를 소유하고 있는 수많은 악령들이어야 한다. 그러나 이
모든 것을 행하는 자는 더 본래적으로는 인간 자신이다. 왜냐하면 그
가 어떤 실수를 저지름으로써, 그가 그 어떤 악령, 지배욕, 육욕 등에
게 자신에게 들어오라고 허락함으로써, 그래서 잘 알려져 있다시피 그
때 악덕들은 미덕과 마찬가지로 서로 친근한 까닭에 곧 다른 악덕들이
연계됨으로써, 표상이 그런 상태의 부자유를 자신의 자유로 삼기 때문
이다. 따라서 악령의 소유가 된다는 것, 즉 미친다는 것은 자신의 자
유의 힘으로, 그리고 자유를 위해서 그가 마땅히 그래야 하는데도 악
을 자신으로부터 배제하지 않는 인간의 죄이다. —유령적인 것이라는
요소는 마녀 짓거리119)에서 악마적인 것을 반복한다. 이른바 흑마술

---

118) 역주: 미친 자(Der Besessene)는 이 문맥에서 악령에 의해 점유된 자이다.
119) 역주: 여기서 마녀 짓거리, 마녀라는 개념은 그 행위와도 의미상으로 연결
　　 되어 요술로도 번역될 수 있다.

은 진정한 자유와 지복함을 희생시켜 지옥 악령들의 힘을 부릴 수 있
게 되어 추악한 이기심의 후안무치한 모든 욕망을 충족시키는 것을 목
적으로 한다. 인간은 이런 마법으로 인해서 주관적 자유를 잃어버리지
는 않으며, 이 자유는 미친 상태에서 몰락한다. 그는 명료한 의식을
가지고 악을 원하며 악마와 계약을 맺는다. — 악마적인 것이 자기 자
신을 그 자체로 솔직히 알고 있고, 그러기를 바라고, 또 그렇다고 고
백하며, 그리고 그것이 신적인 세계 질서의 악의에 찬 파괴에 만족을
느끼는 식의 즉자적·대자적으로 악마적인 것을 우리는 사탄적인 것이
라고 부른다.

　여기서 이와 같은 상태들을 심리적으로, 윤리적으로 혹은 종교철학
적으로가 아니라 미적으로 관찰해야 한다는 점을 잊지 말자. 미쳐 있
음에 대한 표상에는 여전히 인간적인 것과 악마적인 것의 이원론이 들
어 있다. 미친 자는 마치 악령들이 자신을 소유하고 있으며 자신에 대
해서 자의적 통치권을 행사하는 것처럼 표상한다. 동일한 유기조직 속
의 상이한 인격체의 그런 이원성은 당연히 아름다울 수 없다. 한편으
로는 동일하게 머물러 있는 미친 자의 형상, 다른 한편으로는 인간을
소유하고 있는 악령들의 힘이 생산해내는 상규를 벗어난 운동성이 존
재한다. 그러므로 회화나 문학이 그런 분열을 우리에게 보여준다면 자
연의 형상과, 악령들에 의해 만들어진 인공적인 것 같은 형상을 구분
해야 한다. 그러나 악령들은 인간이 그들에게 자신 속으로 들어오라고
허락을 하지 않으면 인간을 소유할 수 없기 때문에 이런 구분은 분명
히 근본적으로 다시 사라진다. 모든 종교는 이런 견해에서 일치한다.
인도의 종교 자체도 죄를, 그러므로 인간의 자유를 이 경우에 전제로
삼고 있다. 날라스, 니샤다의 제후이자 다마잔티의 빛나는 남편은 이
미녀가 신보다 그를 선택한 행복으로 인해서 신들의 질투를 불러일으
켰다. 그들은 그에게 그 어떤 해를 가하고자 오랫동안 그를 노린다.
왜냐하면 인도의 신들은 그리스 신들과 마찬가지로 질투심 있고 복수

심이 있기 때문이다. 고귀한 자는 자기 카스트의 모든 의무를 엄격하게 이행한다. 마침내 12년 후 그는 한 번 소변을 보고 청결의 규칙을 망각하고는 오줌에 젖어 있는 풀을 발로 밟는다 ― 그리고 이로써 악한 악령에게 자신 속으로 들어오는 기회를 부여한다. 이미 항상 그의 주변에서 노리고 있던 음험한 칼리는 그를 소유하고 그를 우선 도박으로 타락시킨다. 사람들은 이에 대해서 합리적으로 종교가 그런 부조리한 규칙을 만들어낸다고 생각할 수 있다. 《날과 다마잔티》(*Nal und Damajanti*)의 독일 번역자들은 진정한 인도식의 파국을 아주 부당하게 생략했다. 봅(Bopp)은 1838년의 번역에서 그 파국을 소심하게 주석으로 달아놓았다. 하지만 여성의 눈이 그로 인해 탈선할 수 있기 때문에 다음 같이 라틴어로 해놓았다:

> "그곳에서 소변을 보고 이 소변을 발로 밟은 자 나이스하두스는 저녁에 발을 청결하게 하지 않고 자리에 앉았고 이 기회를 빌어서 칼리가 그의 몸속에 들어갔다."

그러나 육체적 청결은 실제로 여전히 전인성을 교육하는 종교들이 거기에 커다란 비중을 두어서는 안 될 정도로 그렇게 사소한 것이 아니다. 그리고 의무의 이행은 모든 의무의 현실화를 요구한다. 인도의 작가는 이제 날라스로 하여금 실제로 극도로 사소한 법칙을 위반하게 함으로써 바로 이 법칙의 신성함을, 즉 법칙에서 그 어떤 것도, 가장 하찮은 것조차도, 무관한 것이 아니라는 점을 마음속에 새겨두도록 하며, 동시에 날라스가 단지 그렇게 가벼운 죄에, 진실로 사소한 죄에 빠졌다는 점을 통해서 그를 높이 치켜세우려고 한다. ― 생명의 단절, 미친 시선, 사지의 경련, 의식의 어두움이 구속해주는 힘의 작용을 통해서 정신이 충만하고 사랑의 능력이 있는 사고에 길을 양보하기 시작하는 순간 예술은 악령으로부터의 해방을 가장 효과적으로 표현할 수 있다. 눈은 아직도 반은 몽롱하지만 입은 곧 악령에게 빠져나갈 공간을 마련해주기 위해 열린다. 악령과 함께 비틀림의 추가 사라진다. 루벤스, 라파엘로는 이 주제를 그렇게 다루었다. 라파엘로의 그리스도의 변용(變容)에서 사람들은 산꼭대기에서 구속자의 아른거리는 후광의 형상을 본다. 아래 산기슭에는 악령이 깃든 자 주위에 한 무리의 사람들이 모여 있는데, 이 자는 친척과 그림 전면에서 무릎을 꿇고 있는 어머니에 의해서 치료를 위해 사도들에게 건네지고, 사도들은 진실로 유일하게 해방시킬 능력이 있는 그 사람이 있는 위쪽을 가리키고 있다.

악마적인 것에는 유령적인 경향도 있다. 왜냐하면 악마적인 것은 긍정적 세계 질서에 원칙적으로 반하기 때문이다. 이런 경향은 마술적인 것 전체와 구분해야 하는 마녀에게서 특별한 형상을 취한다. 우리가 앞에서 살펴보았듯이 마술은 자체에 부조리를 갖고 있다. 그러나 말이 나왔으니 말이지만 그것은 마술을 거는 자들의 미와 진정 유용한 의도와 선한 목적과 여전히 조화를 이루고 있으며, 그래서 백마술로 표상될 수 있고, 일상적 행위들이 속박되어 있는 중간단계를 뛰어넘게 할 수 있는 기술을 지닌 차원 높은 학문으로 표상될 수 있다. 로버트 그린의 《배코 신부》가 그러하고, 셰익스피어의 《폭풍》에서 프로스페로가 그러하며, 아르투스 전설에서 메를린이 그러하고, 케를링엔의 전설에 나오는 말라기스가 그러하며, 《오르트니트》(Ortnit)[120]에 나오는 엘버리히가 그러하고, 로만-이탈리아 전설에 나오는 비르길리우스가 그러하다. 마술 자체는 또 귀여운 작업으로서 명랑하게 수행될 수 있다. 《천일야화》에서 많은 여성들이 그렇게 묘사되었듯이, 루키아노스의 동명의 이야기에 나오는 루키우스의 술집 여주인이 애인에게 날아가기 위해 아주 매력적으로 새로 변신하는 반면, 그 애인은 연고를

---

120) 역주: 독일 영웅담의 하나로서 오르트니트 왕에 대한 이야기이며 작자는 미상이다.

잘못 사용하는 바람에 당나귀가 되듯이 말이다. 마녀의 행위, 요술(妖術)은 완전히 다르다. 넓은 범주에서 우리는 그것을 이른바 흑마술로 이해해야 하는데, 이것은 상술하자면 자신의 악한 공작을 위해 지옥의 악한 정령들의 도움을 얻는 것을 목표로 한다. 이 마술은 의식적으로 악을 원하고 자신의 악행들을 함께하기 위해 악령들을 부른다. 약점은 무의식적으로 혹은 반의식적으로 항상 원하지 않으면서 악령들에게 입구를 열어주지만, 요술에 자신을 내맡기는 자는 자아의식적으로 인간의 범주에서 벗어나 심연의 세력들과 동맹을 맺는다. 이런 표상을 우리는 이미 고대인들에게서도 발견한다. 그러나 이 표상은 기독교 중세의 이원론에 의해서 가장 추악한 상상의 형태적 체계로 완성된다. 오리엔트와 고대인들에게서 기품 있는 귀부인의 사악한 반대 형상으로서 피해주기를 좋아하는 늙은 여자는 이미 악한 시선과 요술 물약과 요술 주문으로 화를 일으키는 마녀의 전형이 되어버렸다. 마녀라는 말은 헤카테라는 밤의 늙은 여신에서 유래한다고 한다. 아리스토파네스가 이미 그렇게 종종 《테스모포렌축제의 여자들》(*Thesmophorien*), 《의화의 여자들》(*Ekklesiazusen*)과 《뤼시스트라테》(*Lysistrate*)에서 묘사했듯이, 악한 노파는 전율을 불러일으킬 정도로 추한데, 뺨 역시 홀쭉하기 때문뿐만이 아니라 청춘의 행운과 청춘의 미를 비열하게 질시하는 여자로 등장하고, 포주로서 사랑스러운 처녀성을 사탄처럼 즐거워하며 망가뜨리고, 자신의 나이에도 불구하고 여전히 불순한 욕망으로 괴로워하고 그것의 만족을 노리기 때문이다. 악한 노파는 포주 행각을 통해서 자신의 천부적 적대자로 보고 있는, 자연적으로 건강한 여인에게 추악한 복수를 하고 마술에 의한 억지를 통해서 자연이 그녀 자신에게 당연히 더 이상 부여하지 않고 싶어하는 그런 즐거움에 도달하고자 한다. 이 파렴치한 인격이 마녀의 근본적 토대를 형성한다고 말할 수 있을 게다. 그러나 이제 그녀가 악마들과 악마 자체와 관계를 맺고 있다는 표상이 추가된다. 가톨릭교회나 프로테스탄트교회의 정통적 상상은 마녀 짓거리를 완전히 악마숭배로 형상화시켰다. 외딴 산봉우리에서 거행되는 발드 교도들의 집회가 마녀들의 연회라는 표상을 최초로 불러일으켰다. 이것은 프랑스에서는 보데리(Vauderie)라고도 불렸고 북부 독일의 전설은 그 장소를 브로켄 산으로 옮겨놓았다. 이곳 마녀들의 교회에서 기독교 전체의 제식은 가장 구역질 나는 냉소주의에 의해 희화화되어야 했다. 형태적으로는 비록 인간의 형상을 하고 있지만 염소의 얼굴과, 손에는 맹금의 발톱, 거위나 말의 발을 한 악마가 숭배된다. 사람들은 그의 생식기나 엉덩이에 키스를 한다. 세례와 만찬은 두꺼비와 고슴도치, 쥐 같은 것들에 세례를 베풀어서 풍자된다. 악마가 성찬용 빵 대신에 건네는 것은 신발 뒤축과 같은 것으로 검고 쓰고 질기다. 그가 마시라고 주는 것은 마찬가지로 검고 쓰며 구역질을 불러일으키는 것이다. 사탄 역시 그리스도의 희생 죽음을 희화화하기 위해서 자기 자신을 희생하는데, 이는 엄청난 악취가 나는 염소인 자신을 불태우는 방식을 통해서이다. 악마의 교회는 광란 속에서 음탕한 춤과 포옹으로 예배를 드린다. 이런 것들은 그러나 다음과 같은 독특함을 지닌다. 즉, 악마들의 정자는 이들이 신에 의해 저주받은 주체로 생산적이지 못하기 때문에 차가우며, 그래서 먼저 정자를 받아들이기 위해서 수쿠부스로서 여성의 형상을 취해 남자 마술사로 하여금 자신과 동침하게 해야 하고, 그런 다음에야 비로소 인쿠부스로서 남자의 형상으로 여자 애인들의 짐승 같은 육욕을 만족시킬 수 있다. 그렇기 때문에 지저분한 식도락과 폭음과 온갖 종류의 음란함과 신적인 질서의 체계적 전복과 신에 대한 자의식적인 부정은 예술에 의해서 마녀의 형상과 용모로 표현되었다. 테니에(Teniers), 특히 알브레히트 뒤러의 스케치처럼 말이다. 빈에 있는 카를 대공의 스케치 수집품 중에 가치를 따질 수 없는 뒤러의 스케치 몇 점이 있다. 여기서 소용돌이치는 머리카락과 처진 눈, 암소 젖 형태의 짐승 같은 젖가슴, 나무 끄트러기 모양의 치아가 난 눌린 입, 남이 안 되는 것을 아주 좋아하고 통제되지 않는 욕심의 얼굴 표정을 하고 있는 마녀들이 전율을 불러일으킨다. 문학은 마녀 짓거리를 특히 비교적 옛날 영국 희곡에서 미들턴이 쓴 《마녀》(Hexe)와 로울리와 데커와 포드가 함께 집필한 《에드먼턴의 마녀》(Hexe von Edmonton)와 셰익스피어의 《맥베스》(Macbeth)와 헤이우드의 《랭커셔의 마녀》(Hexen von Lancashire) 121)에서 철저하게 작품화했다. 마지막 작품은 분명히 마녀가 사회를 혼란에 빠뜨리는 온갖 종류의 몹쓸 짓거리들을 모아놓은 갤러리이다. 그 짓거리들은 예컨대 어느 가문에서 그 가문의 윤리적 질서 전체를 전복시킨다. 아버지와 어머니는 아들과 딸들을 무서워하며 아들은 남자 하인을, 딸들은 하녀 등을 무서워한다. 하이네는 마녀 연회 장면의 본질적인 것을 무도시(舞蹈詩) 《파우스트》에 담았다. 실제로 마녀가 존재한다는 가정의 근거 없음과 특히 마녀 재판의 무시무시함은 훌륭한 독일 소설 《파이트 프라저》(Veit Fraser)에서 아주 분명하게 표현되었다. 이 소설은 《사회의 어두운 면들. 기이한 범죄와 법률사건들의 갤러리》(Nachtseiten der Gesellschaft. Galerie merkwürdiger Verbrechen und Rechtsfälle, 1844, 9~11권)에 실려 있다. 마녀적인 것에 대해 보다 광범위하게 알아보는 것은 그만둘 수 있다. 왜냐하면 지난 30년간 괴테 《파우스트》의 수많은 주석자가 마술과 마녀의 부엌과 블록 산 정상의 발푸르기스 밤에 관한 수많은 종류의 메모와 주석을 열심히 모아놓았기 때문이다. 이것은 마이어의 《괴테 파우스트에 관한 연구》(Studien zu Goethes Faust,

---

121) 티크(Tieck), 《셰익스피어 입문》, 1권에서 번역되었다. 울리치는 《셰익스피어의 드라마 예술》(Shakespeares dramatische Kunst, 1839, 221쪽)에서 맥베스에 나오는 마녀들에 대해 아주 정확하게 다음과 같이 말하고 있다: "그의 마녀들은 잡종 피조물이며, 반은 속세의 피조물의 어두운 면에 속한 자연의 힘을 지닌 존재이고, 반은 악에 빠진 깡마르고 비열한 인간형상이다. 이들은 악의 반향(反響)인데, 이 소리는 악의 가슴과 유령제국으로부터 인간의 가슴에 답하고 이 속에서 악을 유혹해내어 결단과 행위로 발전시키고 완성케 한다."

1847)에서 가장 완벽하게 수행되었다.

이제 미적으로 보았을 때 마녀의 연회보다 더 추악한 것은 생각될 수 없을 것이다. 그래도 사탄적인 것으로서의 악마적인 것의 형상화는 분명히 정신적으로 더 아래로 내려가는 것이다. 어리석은 도구를 가진 마녀 짓거리는 주로 조야한 욕망의 범주에서, 음탕하고 남이 안 되는 것을 좋아하는 여인들의 영역에서, 상상적 거짓의 세계에서 유희한다. 마녀 짓거리에서 사탄적인 것은 비록 숭배의 중심이지만 교회의 제식에 대한 풍자 정도의 것이다. 정신적 내용은 거의 없다. 반면에 원래 사탄적인 것은 무의지의 의식을 드러낸다. 그것은 상대적으로 이질적인 힘들에 의해서 조종되는 미친 자의 연약함에서 나오는 것이 아니다. 그것은 마녀처럼 사악한 즐거움에 의해서 악에 대한 헌신으로 나아가는 것이 아니다. 사탄적인 것은 악을 자아의식적으로 자유롭게 발현시키는 데서 최고의 즐거움을 찾는다. 절대악은 개념에 따르면 당연히 절대적 부자유이기도 하다. 왜냐하면 절대악의 본질은 정말이지 오직 진실한 자유의 부정에, 선을 원하지 않는 의지에 있기 때문이다. 그런 까닭에 우리는 그것의 의지를 앞에서 무(無)를 원하는 의지로서 무의지라고 불렀다. 그러나 그것은 오직 실체 없는 의지의 이런 심연 속에서만, 우리가 이런 표현을 써도 된다면, 자유를 느낀다. 왜냐하면 그것은 오직 자기 자신만을, 오직 절대적으로 배타적인 이기주의만을 체감하기 때문이다. 모든 사물의 신성한 토대로서의 선은 사탄적인 것에게 신에 의해서 창조된 모든 한계를 무너뜨리고 자연의 모든 질서의 토대를 파헤치며 정신의 모든 교육과 부끄러운 마음을 비웃으며 파멸시킬 것만을 상기시킨다. 그러므로 우리는 당연히 절대악에서 최대의 추를 기대할 수 있다. 그러나 이 관점에 놓여 있는 형이상학적 추상화가 추를 다시 완화시킨다는 점은 제아무리 이율배반적으로 들릴지라도 사실이다. 사탄적 주체는 타락을 향한 열정을 분명히 가지고 있는데, 이 열정이 그의 모습에 모든 추악함에도 불구하고 형태적 자유를 어느 정도 부여하며, 이 자유가 사탄적 주체를 사람들이 생각하는 정도보다 더 미적인 대상으로 만들어준다. 사탄이 도를 넘어서 신의 자리를 차지하려고 제아무리 애를 쓰더라도 부정, 절대적 반박이라는 괴물 같은 것 이외에는 아무것도 이루어낼 수 없고, 독창성을 획득하려는 그의 노력이 선험적으로 실패하는 이유로 인해서 항상 단지 일그러진 형상이 될 뿐이며, 이 형상이 횡령한 위엄은 곧바로 "불쌍하고 어리석은" 악마의 코믹함으로 전환된다. 상상은 악마를 ① 초인간적으로, ② 인간 이하로, ③ 인간적으로 표현했다.

질시와 교만으로 인해서 진정한 신으로부터 떨어져나온, 보다 차원 높은 정령 세계의 일원인 악마는 초인간적이다. 종교적 상상은 그런 사탄적 주체들을 거대한 형태로 표상했다. 비교적 저차원의 자연 종교에서 악의 힘은 최고의 신들에게도 부여되었고, 그래서 우상들의 형상은 무시무시함으로 공포와 전율을 불어넣는 것을 목표로 만들어졌다. 몽고의 강고르(Ghangor)와 멕시코의 휘칠로포호틀리(Huitzilopochtli)는 얼마나 전율스럽게 우리를 바라보는가! 이것들의 강렬한 시선은 얼마나 무시무시하게 우리를 바라보며, 이것들의 잔인한 혀는 복수심으로 인해 얼마나 피에 굶주린 채 우리를 원하고, 이것들의 날카로운 이빨은 얼마나 위협적으로 우리를 향해 미소 짓고 있으며, 이것들의 어울리지 않는 앞발은 얼마나 난폭하게 맹목적인 억제 불가능성을 보여주고, 인간과 동물 형태의 얼룩덜룩한 혼합물인 몸체는 얼마나 혼란스러워 보이며, 인간 해골과 으깨진 시체로 이루어진 장식물은 얼마나 소름끼치는가! 이런 야수의 형상은 비교적 고등 종교에서는 없어진다. 거짓말과 질시와 교만은 사탄적 정령들의 항시적 모습으로 나타나며, 살인은 결과로서 나타난다. 표상의 정령화는 형상을 보다 불특정적으로 만들고, 그보다는 악한 행동으로 만들어낸다. 인도의 칼리, 페르시아의 에쉠, 배가 튀어나오고 하마의 머리로 형상화되었으며 그리스인들이 티폰이라고 불렀던 이집트의 세트의 경우처럼 말이다. 그리스인

들에게서 악은 자연적이고 윤리적인 척도에 대한 부정으로 파악되었지
만 특별한 개성적 존재로 집약되지 않았다. 부정적인 것의 추는 상이
한 주체들에게 상이한 계기에 따라 분배되었다.[122] 인도의 신들을 연
상시키는 팔다리가 많은 헤카톤샤이렌[123]들은 거인으로 새로운 신들
과 전쟁을 벌였지만 악하지는 않았다. 모양이 흉하고 눈이 하나만 있
는 퀴클로펜들은 악하지도 조야하지도 않았다. 그라이엔들은 흰 머리
카락을 한 아름다운 뺨을 가진 소녀들이었고, 포르키아스는 이가 하나
만 있었으며, 하르피엔들은 구역질 날 정도였고, 사이렌들은 아름다
운 가슴을 지닌 처녀들이면서 하반신은 물고기 꼬리로 끝나고, 라미엔
과 엠푸젠들은 자신들이 유혹한 젊은 청년들의 피를 갈망했고, 술과
육욕에 빠진 사티로스들은 염소의 발을 하고 있었다 — 하지만 이 모든
우화적 존재들은 우리들의 의미에서 악하지는 않았다. 헤시오도스가
제신계도(諸神系圖)에서 카오스의 묘사 후에 열거하는 밤의 아이들은
무시무시하지만 악하지 않다. 재해의 근원이 원래 악이 아니라는 점은
프로메테우스 신화에서 표현되고 있다. 이제 충분히 다루었다. 우리
가 그리스인들에게서 만나는 모든 윤리적 깊이에도 불구하고 사탄적
악의 표상은 그들에게 이질적인 것이었다고 우리는 판단하지 않을 수
없다. 그리스인들에게는 신에 대한 부정이 그런 사악함에 가까운 것이

---

122) 매르커(S. F. A. Märcker), 《그리스인들의 개념에 따른 악의 원칙》(*Das
Princip des Bösen nach den Begriffen der Griechen*, 베를린, 1842, 58~
162쪽). 151~156쪽에서 매르커는 추를 악과 구분해서, 그리고 악과 연관
해서 다루었다. 그가 지혜에 대해 플라톤의 《히피아스 마이》 289, B에서
따온 부분은 아주 중요하다: (가장 아름다운 소녀가 신과 비교해서는 추한
존재임을 [우리는 인정해야 하는가?]) 이를테면 신의 힘이, 정의의 힘이
무시무시한 것으로 표상되는 한 말이다.

123) 역주: 헤카톤샤이렌(Hekatoncheiren). 우라노스와 가이아의 세 아들인 비
아레오스, 가이에스, 코토스를 통칭하는 개념으로 이들은 100개의 팔과 50
개의 머리를 가진 존재들이다.

다. 반면에 스칸디나비아의 신화에서 악의 표상은 로키에게 훨씬 더 집약되어 있다. 로키는 선하고 친절한 발두르를 정말 사탄식으로 증오했다. 신들은 즐거운 유희로 인해 대담해져서 발두르에게 화살을 쏘기로 결정했다. 그러나 그보다 앞서서 모든 사물들이 그에게 피해를 주지 못하도록 서약을 받았고, 로키의 간계는 단지 싱싱한 나뭇가지 하나만 열외시킬 수 있었다. 이것이 불운의 화살이 되었다. 로키는 발두르를 쏘라고 눈먼 신 회두르에게 그것을 주었다. 신들은 그때 로키를 바위에 묶고 고통을 주는 뱀 독이 그에게 떨어지도록 하여 그를 처벌하기는 했다. 그러나 선신 발두르의 죽음과 더불어 세계의 파국이 시작되어 불가항력적으로 세계의 멸망과 아젠들의 대전(大戰)으로 치닫는다. 악의에 의해서 희생된 선신의 죽음 후에 세계가 더 이상 존속할 수 없다는 사고는 대단히 아름답고 심오하다. — 히브리의 일신론에서 야훼로부터 욥을 시험하라는 임무를 받은 사탄은 천사일 뿐 결코 신으로부터 떨어져나온 악령이 아니다. 유대인들은 후에야 비로소 조로아스터교로부터 사탄의 왕인 에쉠(Eschem)의 표상을 수용한다. 이슬람에서도 에블리스(Eblis)는 알라와 좋은 관계에 있다. 그는 마호메트교로 개종하지 않을 사람 모두를 지옥에 떨어뜨릴 수 있게끔 악으로 유혹하겠다고 알라에게 맹세를 한다. 터키인들과 전 북아프리카의 카라괴즈(Karageuz, gargousse)는 중국 그림자 인형극의 주인공으로 물론 악마이긴 하지만 단지 뻔뻔스럽고 익살스러운 주체로 나타난다.124) —

---

124) 카라괴즈 그림자 인형극의 모사(模寫)는 《화보집. 세계 잡지》(L'Illustration. Journal Universel, 파리, 1846, N. 150, 301쪽)에서 보라. 모르낭(M. F. Mornand)은 자신의 《아프리카 여행의 기념품》(Souvenirs de voyage en afrique)에서 이 악마에 대해 다음과 같이 말하고 있다: "모든 악덕과 수치스러운 짓의 그로테스크한 연관관계인 그는 우리에게서 창작된 모든 상이한 형태들을 하나로 통일시키는데, 아이들에게 공포를 불어넣고 천민들을 즐겁게 하며 겨울 저녁 시간에 효과가 커지는 이야기들로 늙은 여인네들의 주의력을 호도하기 위해서 혹은 — 정치적 공세에서 — 국가전복이 가

기독교에서야 비로소 악 역시 자유의 절대적 깊이를 수단으로 자신을
자기 안에 고립시키는, 절대적으로 부정적인 자아의식의 형태로 완성
된다. 인간적 모습으로 나타나는 신에게 절대악도 인간적 형상으로 나
타날 수 있었다. 비록 처음에는 어두운 회색 색조로만 다른 천사들과
구분되며 강하고 날개가 달린 천사의 형태를 띠었지만 말이다. 사탄은
아브락사스와 오래된 세밀화에서 그렇게 등장한다. 악마적인 것은 또
한 악의 삼위일체로서 갑옷을 입고 왕관을 쓰고 왕홀을 갖고 혀를 내
미는 역겨운 세 명의 동일한 인물로도 형상화되었다. 이런 그림을 디
드롱(Didron)이 《기독교 성상학》(Iconographie crétienne)에 실었다.125)
화가들은 보다 훗날에 악마의 날개도 《피사의 캄포 산토》(Campo
Santo Pisano)126)에서처럼 박쥐의 날개로 형상화했는데, 강한 대조를

까워졌을 때 신뢰하지 않고 깨어 있는 대중들의 주의력을 호도하기 위해서
혹은 아주 종종 우리 현대인들의 특징이 되는 그런 독특한 어리석음의 근
원에 자양분을 주기 위해서이다. 카라괴즈는 북아프리카의 하를레킨이며
파일라스이고 폴리치넬르이며 크로크미텐느이고 바르브블뢰이며 카르투슈
이고 마이외즈이자 로버트마카이어이다. 그러나 그는 이런 속성을 수단으
로 관객들에게 약한 경탄만을 불러일으킬 뿐이다. 하지만 그럼에도 불구하
고 그는 파렴치함의 본보기이기 때문에 박수갈채를 받는다. 그는 이런 배
역으로 가장 도발적이고 추악한 냉소주의가 지닌 것들을 무대에서 생산해
낸다. 그의 가치, 그의 행동은 구역질 날 정도로 지저분하다. 그는 부끄러
운 감정과 자연에 모욕을 가하면서 심지어는 파시페(헬리오스의 딸이자 미
노스의 부인으로 후에 포세이돈의 벌로 인해서 미노타우루스를 생산한다:
역자)의 우화에 속한 괴물들까지 풍자한다.

125) 디드롱, 《기독교 성상학》(파리, 1843, 4, 545쪽). 생식기들의 자리에 머
리도 있는데, 이것은 혀를 내밀고 있다. 말이 나왔으니 말이지만 중세의
세밀화 화가들은 악마를 정말로 추악하게 그릴 때 경건한 작품을 완성할
수 있다고 믿었다. 그들이 경건한 광증에 빠진 결과, 악마가 그렇게 하는
자신들에게 분노할 것이라고 가정했기 때문이다. ─그리고 악마를 분노케
하는 것은 그 당시에 어느 정도의 공로로 인정받았다.

126) 역주: 피사에 있는 옛 공동묘지 이름.

388

향한 노력으로 인해 예술이 다른 동물의 형태도 취할 때까지 말이다. 단테는《지옥》에서 일군의 상상적 형상들을 이용했다. 인간 모습으로 형상화하는 작업은 초인간적인 것에서도 현저하게 나타나는 경향으로 서 악마가 신을 모방하여 자기도 아들을 낳기를 원함으로써 중세 메를린 신화의 계기가 되었다. 그런 이유로 악마는 케르마텐의 아주 경건한 수녀와 그녀가 모르는 사이에 동침을 하는데, 선의 힘과 악의 힘을 합치기 위해서였다. 성스러운 처녀에 의해 수태되고 잉태된, 이런 결합의 결실인 메를린은 악마의 아들로서 신의 아들의 제국을 파괴해야 했다. 결과는 당연히 그와 정반대였다. 고대 프랑스의 메를린에 관한 이야기는 잘 알려져 있다시피 슐레겔(Fr. Schlegel)이 독일어로 번역했다.127) 셰익스피어와 로울리의《메를린의 탄생》(*Die Geburt des Merlin*)128)이라는 재미있는 희곡은 악마를 훌륭하게 묘사했고 지옥의 특정한 가상적 위엄도 부족하지 않게 했다. 그러나 이 위엄은 아들이 하느님 아버지와 아주 당차게 조우하는 것을 전혀 막지 못하는데, 이는 이미 여러 번 우리가 비난한 스크리브의《악마 로버트》에서 아들이 아버지에 의해 감상적으로 다루어지는 것과 정반대이다. 임머만의《메를린》은 악마의 이념을 충분히 깊게 이해하지 못했다. 작가는 신화의 기독교적 의미 속으로 충분할 정도로 깊숙하게 들어가지 못했고 지나치게 영지주의적인 우주진화론의 상상에 머물러 있었다.

사탄에 대한 인간 이하의 형상화는 본질적으로 고대의 사티로스 가면에서 시작했으며 이로부터 단순한 염소로 넘어가는 것은 그저 당연한 귀결이었다. 피퍼(F. Piper)가《최고(最古) 시대부터 16세기까지의 기독교 예술의 신화와 상징성》(*Mythologie und Symbolik der christlichen Kunst von den ältesten Zeiten bis ins sechzehnte Jahrhundert*, 1권, 1847, 404~406쪽)에서 그 점을 증명했다. 니콜라 피사노(Nicola Pisano)는

127) 그의 전집 7권에도 있다.
128) 티크의《셰익스피어 입문》2부에 번역되어 있다.

1260년 피사의 설교단의 최후 심판에서 베젤붑을 사티로스로 형상화했다. 그때까지 이런 형상화는 중단되어 있었다. 그런 다음 14세기에 우리는 피사의 캄포 산토에 있는 성자 라니어리의 이야기에서 악마의 형상화가 여기서부터 새로이 지속적으로 증가하고 있음을 발견하게 된다. 사자와 용도 사탄의 상징이 되었다. 나아가 예술가들은 동물의 형태뿐만 아니라 심지어 통, 맥주잔, 항아리 같은 죽어 있는 사물을 인간의 머리, 인간의 형상과 가장 기이한 방식으로 서로 뒤섞었다. 그들은 이렇게 모자이크된 구성물로 악의 무한한 부조리와 분열을 상징하려고 했다. 히에로니무스 보쉬, 브뢰헬, 테니에, 칼로는 이 영역에서 그로테스크한 흉측한 형상들을 얼마나 많이 몽환적으로 기이하고 진기하게 만들어냈던가! 이런 상상적 기형은 또 성자를 자기 소유로 삼으려는 악마들에 의한 성자의 유혹에 대한 묘사와 저주받은 자들의 고통을 보여주는 지옥에 대한 묘사에도 마찬가지로 적용되었다. 사람들은 악덕과 그에 대한 벌의 상징적 묘사에 지칠 줄 몰랐다. 단테는 《지옥》에서 여전히 고대의 요소를 많이 갖고 있는데, 이 요소들은 플랙스맨(Flaxman)이 지옥을 그렸던 스케치에서 아주 두드러진다. 여기에서는 여전히 눈으로 보고 군상으로 나누는 조형방식이 지배적이다. 브뢰헬은 기독교의 지옥 형태를 프로제피나의 고대 타타루스 섬의 도착으로 뒤바꿔놓았다. 아주 사랑받는 성자 안토니우스 유혹 사건의 경우에는 아름다운 여인으로 그 이주자의 육욕을 자극하려는 악마가 주위에서 환호하는 코볼트와 유충과 남자 악마와 여자 악마 무리의 중심이 되고 있으며, 이들은 우리에게 성자의 내면에서 일어나는 전투를 표현해준다. 그러나 이 매혹적인 미인은 조그만 특징들로 그녀가 기원한 고향을 드러내준다. 그래서 풍성한 곱슬 머리카락에서 튀어나온 뿔이 있고, 그래서 비단 옷의 질질 끌리는 옷자락 밑에서 튀어나온 꼬리가 있으며, 그래서 옷 사이로 드러나는 말발굽이 있다. 그러나 이런 상징적 수식어들보다 그 은자(隱者)에게 잔을 건네는 그녀의 자세와 몸짓

과 윤곽이 죽음과 비참함을 자기 안에 숨기고 있는 지옥 미인의 가상
적 본질을 인식하게 한다. 칼로[129]가 이 주제를 다루었을 때 그는 넘
쳐나는 훌륭한 착상들을 보여준다. 그는 커다란 바위 협곡을 그렸고,
이것은 뒤쪽으로 발정 난 불과 갈수(渴水)로 괴로워하는 세계의 전경
을 보여준다. 그림 오른쪽에서 성자 안토니우스가 구석으로 내몰린 상
태로 자신을 쇠사슬로 묶어 데려가고 싶어하는 악덕에 대항해서 저항
하는 모습이 보인다. 그는 막 육욕의 악마에게 승리를 거둔 듯하다.
바위의 어두운 구석에서 주둥이 위에 안경을 걸친 들쥐 모양의 짐승이
몸을 일으켜 세우고 음험하게 기습적으로 총을 쏘려고 장전하고 있다.
은자의 동굴 위 바위가 끝나는 부분에 기이한 신앙 공동체가 모여 있
다. 튀어나온 배, 긴 목, 인간 같지 않으면서도 인간 같은 얼굴을 한
벌거벗은 새 같은 형상이 미사 경본을 낭독하고 있다. 이보다 더 위선
적인 것이 표상될 수는 없다. 이 신부(神父)를 온갖 종류의 악마들이
둘러싸고 있는데, 그 어떤 것도 같은 모습은 아니지만 그럼에도 불구
하고 가장 천박한 감각성과 위선의 역겨운 모습에서 모두 동일하다.
어떤 것은 손을 펼치고 있고, 어떤 것은 여행 당나귀 등위에서 무릎을
꿇고 면죄를 선포하는 듯하다. 몇몇은 자신의 긴 코로 클라리넷을 연
주하고 있으며 다른 것들은 얼굴 대신에 엉덩이를 가지고 이것을 북
삼아 두드린다. 우리 쪽에서 보았을 때 그림 아주 왼쪽에 바위가 있는
데 이것은 여러 절단면을 지닌 채 위로 솟아나 있다. 이곳 돌출부에는
아주 이상한 병사 복장을 한 존재가 있다. 이것은 위를 쳐다보고 있

---

129) 나는 성앙트완느 사제의 유혹에 관해 피코(P. Picault)가 판 커다란 동판
화를 소장하고 있다. 칼로는 이 놀라운 그림을 왕의 설교자인 앙트완느 드
세버 사제에게 다음과 같은 격언과 함께 바쳤다: 사람들이 나에게 반대할
때 내 마음은 두려워하지 않으리. ─ 유령극이란 명칭 때문에 나는 또, 중
세 때에는 적어도 4명의 악마가 나오는 그런 신비극들이 대형 유령극이라
고 불렸다는 점을 언급해야겠다.

칼로 작, 〈성 안토니우스의 유혹〉

고, 그곳에서 괴물 한 마리가 미소 지으며 그 존재의 열린 입안으로 똥을 떨어뜨리고 있다. 이 존재는 그런 내려보냄과 전달로 인해서 지복함을 느끼고 있다. 완전히 그림 전면에는 전체가 장갑판과 기계장비로 이루어진 네 발 달린 긴 동물이 있다. 그것은 경솔한 사내가 도화선으로 엉덩이에 점화했기 때문에 목구멍에서 창, 총, 화살, 온갖 종류의 화약을 내뿜고 있다. 반계몽적인 가재 한 마리가 연기를 내뿜는 횃불을 들고 앞으로 달려간다. 그러나 이 모든 것의 정중앙에는 추악한 승전 행렬의 모습이 보인다. 동물 해골의 목과 머리 위에 거울을 든 벌거벗은 형상이 앉아 있다. 비너스인가? 극도로 기이한 두 존재가 해골 마차를 끌고 있다. 하나는 완전히 홍역에 걸리고 주름진 진정한 괴물이며, 다른 하나는 코끼리 같은 발과 지팡이를 짚고 있는 새 발톱을 가지고 있다. 극도로 자의적인 상상에서 태어난 이 모든 것들 위에 지옥의 용이 공중에 떠 있으면서 악마들을 토해내고 이것들은 공중에서 곧 다시 그 수가 늘어나고 있다. 사악한 생각이 일련의 다른 사악한 생각들을 무한히 만들어내듯이 말이다.

사탄의 초인간적 형상화는 근본적으로 그것의 인간 이하적 형상화와 마찬가지로 단순하고 다양하다. 그러나 후자가 제아무리 상상적으로 상궤를 벗어난다 하더라도 그것은 분명히 인간적 형상화와 연관이 없을 수 없다. 왜냐하면 악마의 인간적 형상화를 신적인 필연성으로부터의 추락으로 규정하는 인간의 자유가 항상 문제의 관건이기 때문이다. 그렇기 때문에 회화는 스스로 인식의 나무에서 내려와 시조(始祖)들에게 궤변을 늘어놓는 천국의 뱀에게, 간계의 일환으로 아첨을 떨며 악한 의도로 친근한 모습을 보이는 인간 머리를 부여했다. 정신의 인격성을 관찰하는 데 있어서 인간 형태 외에는 다른 어떤 형태도 우리에게 존재하지 않기 때문에 악마적인 것을 결국 인간적 형상으로 표현하는 것은 그저 예술의 어쩔 수 없는 귀결이다. 그러나 근본적으로 악한 천사로서의 악마의 형상은 결코 다른 것이 아니다. 상상에서 악마가 모든 형상을, 그러니까 인간적 형상도 가질 수 있다는 표상 역시 인간화의 전이과정을 만들어낸다. 여기서 예술에는 상이한 출발점 두 개가 있는 것 같다. 하나는 사탄적인 것을 수사(修士)의 형상으로, 다른 하나는 사냥꾼의 형상으로 표현하는 것이다. 전자는 교회의 형상화이고, 후자는 세속적이고 민족적인 형상화이다. 예컨대 우리는 부와 세레(Boisserée)가 수집한 그림 중에서 파테니에에 의한 그리스도의 유혹에서 전자의 형태와 만난다. 이 그림에서 수사의 옷을 입은 악마에게는 상징으로 단지 손에 달린 조그만 새 발톱만이 남아 있다. 말이 나왔으니 말이지만 이 그림에서 악마적인 것을 표현하기 위한 모든 힘은 형상과 얼굴 모양을 개별화하는 데 쏟아붓는다. 이것은 부가적인 명료화에 의지하는 표현보다 당연히 훨씬 더 어려운 작업이다. 네덜란드의 화가인 크리스토프 반 지헴(Christoph van Sichem)도 파우스트와 대립한 악마를 그런 식으로 프란체스코 수도회의 수사로 그렸다. 이는 감각적이고 교활함으로 가득 찬, 강인하고 둥근 얼굴을 하고 있으며 두껍고 포동포동한 짧은 손가락으로 인해서 뻔뻔스러운 느낌을 주는 작은 손을 지닌 작달막하고 가로로 퍼진 형상이다.[130] 오래된 파우스트 전설의 메피스토펠리스는 파우스트 박사와 함께 세계의 근원, 정령들의 질서, 원죄의 본질, 저승의 모든 비밀에 대한 사변적 신학을 많이 추구했기에 이런 심오한 것들에는 수사의 형상이 아주 잘 들어맞는다. 하이네는 무도시(舞踏詩) 《파우스트》, 87쪽에서 1604년의 영국인 말로우의 비극 《파우스트》에서도 보이는 이런 오래된 전설의 측면을 괴테가 틀림없이 알고 있지 못했으며, 그가 자신의 파우스트를 위한 요소들을 오직 인형극에서 따왔지 민중본에서 따오지 않았다고 주석을 달고 있다:

> "그렇지 않을 경우 그는 메피스토를 그렇게 지저분하게 웃기고 그렇게 냉소적으로 삭막한 가면을 쓴 모습으로 등장시키지 않았을 게다. 이 자는 결코 일반적인 지옥의 깡패가 아니다. 그는 그 스스로가 자신을 그렇게 부르듯이 섬세한 정신이며 아주 고상하고 우아하며, 명부의 계급질서에서 지옥 정부의 높은 지위를 차지하고 있는데, 이곳에서 그는 제국수상이 될 자질이 있는 그런 정치인들 중 한 명이다."

이 비난은 분명히 틀렸다. 왜냐하면 괴테의 메피스토에게는 비록 정통적 신학은 없지만 형이상학적 윤곽이 결코 없지 않기 때문이다. ― 두 번째의 세속적 출발점은 야성적 사냥꾼의 표상에 있는 것 같다. 이 자는 남부 독일 학교의 그림에서 뇌조 깃털이 달린 뾰족한 모자와 꼭 끼는 초록색 복장으로 등장하며 저 창백하고 말라 있으며 교활하고 날

---

130) 샤이블레(Scheible)의 《파우스트 박사》(*Doctor Faustus*) (슈투트가르트, 1844, 23쪽)에 모사되어 있다(모음집: 《수도원》 (*Das Closter*)의 2부로도 있다). ― 사냥꾼의 정형에 대해서는, 한스 홀바인에게서 그런 형상을 "이탈리아식의" 얼굴로 인용하고 있는 쿠글러(F. Kugler), 《회화의 역사》(*Geschichte der Malerei*) (2권, 79쪽)도 보라.

카로운 사티로스 같은 얼굴을 하고 아주 길고 깡마른 손과 홀쭉하고 해골만 남은 듯한 팔다리를 갖고 있다. 이것들은 레취(Retzsch)와 아리스 쉐퍼(Arys Scheffer)의 그림에 의해서, 그리고 이들을 추종하는 연극적 표현에 의해서 우리에게 악마의 전형적 가면이 되어버렸고, 자이베르츠(Seibertz) 역시 괴테의 파우스트에 대한 삽화에서 이 같은 "잘못된 종아리를 지닌 남작"의 범주에서 벗어나지 못했다. 악마의 민중신앙 속에 자리잡은 야성의 악마 자신은 원래 오딘이기 때문에 이런 의인화의 형태에 근접해 있었다. 칼데론의 《기적을 행하는 마술사》(Magico Prodigioso)에서 성자 키프리아누스를 유혹하려는 악령은 완전히 인간의 형상으로 나타난다. 종교 서사시인들에게서 사탄은 당연히 초인간적 형상으로 등장하는데, 밀턴에게서는 전투적인 지옥의 제후로, 클로프슈토크의 아바도나에서는 슬픈 감정에 휩싸인 데미우르고스로 등장한다.

그러나 이렇게 악마적인 것이 의인화된 화신은 인간이 악마가 됨으로써 악마적인 것이 수용하는 그런 형태와는 다시 구분된다. 인간이 악마가 된다는 것은 얄팍한 도덕과 어리석을 정도로 선한 신학에 따르면 전혀 가능하지 않지만 실제로는 너무 종종 현실이 될 뿐이다. 우리 인간들이 우리의 신적인 근원에 대해서 분노해 하며 이기(利己)에 대한 굶주림을 결코 채울 수 없다는 점은 정말이지 놀랍지만 사실이다. 여기서 문제가 되는 것은 육욕, 지배욕 같은 개별적 악의 계기가 아니라 절대적이고 의식적인 이기심의 심연이다. 이 형태로부터 하나의 방향은 행동으로, 또다른 방향은 사탄적인 것에서 아름다운 황홀경을 느끼는 것으로 나아간다. 전자에서 예술은 유다, 리처드 3세, 마리넬리, 프란츠 모어, 비서 부름, 프란체스코 센치, 보트랭, 루가르토 등과 같은 인물을 생산하고, 후자에서는 로쿠아롤, 맨프레드 등과 같은 분열된 영혼을 생산한다. 전자의 행동하는 악한들에서는 부정적 원칙에서 어느 정도의 순수한 건강성이 여전히 남아 있지만, 후자의 명상적 악마들에서 악은 절대적이고 속이 비어 있는 아이러니라는 궤변론적 유희를 거쳐 추악한 부패로 넘어간다. 불안하게 지쳐 있고, 쾌락을 갈망하면서 성불능이고, 과도하게 만족하여 권태를 느끼며, 고상하게 냉소적이고 목적 없이 교양을 쌓고, 모든 약점에 고분고분하며, 경솔하게 악덕을 짓고, 고통을 가지고 장난치는 오늘날의 인간으로부터 사탄적 냉담함의 이상(理想)이 발전했다. 이 이상은 영국인, 프랑스인, 독일인들의 소설에서 고귀한 존재로 여겨 달라고 요구하며 등장하는데, 특히 주인공들은 일반적으로 여행을 많이 하며 아주 잘 먹고 마시고 가장 세련된 화장을 하고 파출리 향수 냄새를 풍기며 고상하고 신사적인 예의범절을 갖추고 있다. 그러나 이런 우아함은 사탄적 원칙이 의인화된 모습의 가장 최근의 형태일 뿐이다. 차후에 회개의 달콤한 전율을 즐기기 위해 의도적으로 죄를 감행하는 이런 악마주의에서 나타나는 "아름다운 구토"와, 인간에 대한 경멸과, 오직 보편적인 흉악무도함의 황폐화된 감정에 탐닉하기 위한 악에 대한 헌신과, 도덕을 고루한 자들에게 넘기는 천재적 파렴치함과, 실제 역사의 가능성에 대한 두려움과, 자연과 역사에서 현현하는 살아 있는 신에 대한 불신앙과, 분열되고 찢겨진 염세주의자들의 모든 추는 그 특성들이 슈미트(J. Schmidt)에 의해서 《낭만주의 역사》(*Geschichte der Romantik*, 1848, 2권, 385~389쪽)에서 훌륭하게 묘사되어 있다. 그는 미학적 사탄주의의 시작을 러브레이스(Lovelace) [131]에서 보고 있다.

악마적인 것이 코믹한 것으로 해체된다는 점은 이미 악마적인 것의 근원적 모순에 기초해 있다. 우주에서 예외 상태의 토대를 마련하려는 악마적인 것의 시도는 이때 활동하는 형식적 오성과 의지가 클수록 더

---

131) 역주: 러브레이스는 사무엘 리차드슨의 소설 《클라리사, 고상한 여자의 이야기》(*Die Geschichte der Clarissa, eines vornehmen Frauenzimmers*)에 나오는 인물로서 파렴치함과 냉소주의로 인해서 여성들에게 극히 위험한 존재가 되는 남자이다.

어리석게 나타난다. 신의 지혜와 전능(全能)의 숭고함과 비교할 때 악
마적 지성과 힘은 단지 사륙배판의 전지(全知)와 축소판의 전능에 불
과하다. 악마적 지성이 자신의 목적을 위해 사용하는 수단은 결국 그
와는 정반대의 것이 현실화되는 데 기여한다. 기독교 예술은 악마를
특히 이와 같은 측면에서 표현했다. 중세는 코믹을 본질적으로 이 점
에서 발전시켰다. 악마에게는 어리석음이라는 악덕이 배당되었고, 그
로부터 훗날의 클라운과 뤼펠132)이 생겨났다. 악마는 대단한 노력에
도 불구하고 어디에서나 실패하며, 한동안 당혹한 상황들을 마련해놓
은 후 결국에 가서 웃음의 대상이 된다. 각 민족은 설화에서 그를 불
쌍하고 어리석지만 흥겨운 악마로 만들었다. 벤 존슨의 《어리석은 악
마》(*Dummer Teufel*, 보데생(Baudissin)에 의해 《벤 존슨과 그의 유파》
(*Ben Jonson und seine Schule*)라고 번역되었음)에서 악마는 온갖 인간에
의해 기만당하고 마침내 감옥에 들어가는데, 여기서 사탄이 그를 풀어
준다. 영국의 퍼핏-쇼에서 펀치는 심지어 악마를 때려죽이고 다음과
같이 노래한다:

　만세! 곤경은 끝났네,
　악마도 죽었기 때문이지!

　악마라는 등장인물은, 기독교신앙이 그것의 힘을 극복할 수 있었던
악마라는 등장인물은 중세에 비판을 가능하게 해주었는데, 이것은 보
통 조롱의 대상이었다. 훗날 이 코믹은 인간의 구체적 개성으로 옮아
갔고 악의 어두운 측면도 실제의 인간으로 옮아갔다. 그렇기 때문에
악마는 점차 예술에 불필요한 존재가 되었다. 그는 코믹에서도 특정한
문학이 오직 이상하고 익살스러운 구성을 통해서만 허용하는 비유적
인물로 오그라들었다. 예컨대 그라베가 소극에서 악마의 할머니에게

132) 역주: Clown, 어릿광대, Rüpel, 버릇없는 놈.

지옥을 박박 문질러 청소하려는 생각이 나게끔 만든 것처럼 말이다. 아드님은 그 사이에 위 세상으로 보내진다. 그러나 그곳은 추웠기 때문에 지옥의 따뜻함에 습관이 잘못 들여진 악마는 몸이 굳어버리고 이 상태로 길가에 누워 있다. 오래전에 악마에 대한 믿음에서 해방된 아주 계몽된 마을 교장 선생님이 그를 발견하고 그를 호기심 많은 존재로 간주하고 그런 진기한 존재를 발견한 데 대해 아주 즐거워하며 집으로 데려간다. 여기서 이제 악마는 몸이 풀리며 이것이 너무나 우스꽝스러운 상황을 야기한다. 파리 사람들은 악마적 요소도 우아함을 갖춘 아주 사랑스러운 스케치로, 이른바 악마극(Diablerie)으로, 그림자 인형극(Ombres chinoises)의 방식에 따라 환상적 그림자 인형으로, 형상화할 줄 알았다. 그들은 저 브뢰헬-칼로호프만 식의 풍자화라는 지류도 만들었으며 프랑스인들은 언젠가 이것을 진정한 낭만주의로 끈덕지게 고집했다. 우리는 이 짧막한 악마의 미학적 현상학의 말미에 그런 성향을 지닌 니콜렛(Nicolette)의 악마극을 서술하고자 한다. 이것은 레발트의 《유로파》(Europa, 1836, I.) 첫 번째 책의 부록을 통해서 우리 독일인도 접근이 가능하게 되었다. 우리는 다양한 자세를 취하고 있는 사랑에 빠진 연인들을 보여주는 빛나는 무도 파티에 있게 된다. 춤추는 자들이 다양한 복장을 하고 뒤섞여 있는 중에 갑자기 세 명의 무시무시한 악마가 나타나고, 이들은 서로 걸터앉아 손풍금과 호각과 터키 북과 트라이앵글로 추악한 음악을 연주하기 시작한다. 그들 뒤에 손에 커다란 종을 든 웃긴 놈이 나타난다. 그 뒤에 요리용 포크와 쇠사슬로 그 음악에 박자를 맞추는 악마가 따른다. 솥을 북처럼 두드리고 물통 대신에 스튜 냄비를 사용하고 깔대기로 나팔을 부는 다른 악마들이 이 오케스트라를 보강한다. 그때 그저 불쾌하지만은 않은 모습의 미쳐 있고 거친 마녀 세 명이 웃으면서, 울부짖으며 몸으로 저항하는 썩은 냄새를 풍기는 악마를 회랑으로 끌고 온다. 그들은 밧줄 하나로 악마의 몸을 감고 옥죈다. 정중앙으로 들어서자마자 모든 여자들이 몰려들어서 자신들이 젊어지도록 자선을 베풀어 달라고 악마에게 간청한다. 그때 이 악마는 여자들 모두를 붙잡아 커다란 광주리 속에 가두고 회랑의 한가운데에 거대한 절구통을 갖다놓는다. 절구통에서 관 하나가 그 앞에 누워 있는 수혈자의 몸속으로 뻗어 있다. 한 악마가 이제 여자들을 절구통에 던져넣는다. 추악한 악마 시조(始祖)가 그 안에서 야만적 비웃음을 터뜨리며 이들을 절구로 빻는다. ― 이때 가장 거리낌없는 상상만이 생각해낼 수 있을 법한 가장행렬(假裝行列)이 이어진다. 먼저 의족을 한 악마가, 그 다음에는 난쟁이 해골 위에 앉은 중국인이 담배를 피우며 열을 지어 온다. 아마존 여전사(女戰士)는 의족을 한 꽃다발 위에 앉아 오고, 귀여운 창녀가 등에 악마를 업고 오고, 늙고 명망 있는 신사가 우산을 들고 칼을 차고 오디새에 앉아 아주 고상하게 종종걸음으로 오며, 마지막으로는 새 악마, 원숭이 악마, 개 악마들과 해골들, 꽃불, 공기 정령들의 긴 행렬이 뒤따른다. 이 멋진 유령들 한가운데에 그릇을 손에 든 배불뚝이 베젤붑이 등장한다. 기수 장화를 신은 거대한 해골이 샴페인병을 들고 그의 맞은편에 자리를 잡는다. 코르크 마개가 허공으로 튀고, 파리, 전갈, 뱀, 어린 악마들, 이, 벼룩들이 병에서 쏟아져나와 준비된 그릇 속으로 들어간다. 마지막에 바람의 정령이 나타나서 매혹적인 독무(獨舞)를 춘다. 그러나 갑자기 채찍을 든 악마가 튀어나온다. 바람의 정령은 날개를 잃고 그 대신 팔을 얻는다. 채찍이 소리를 내고 이제 여무용수는 팔로 서서 걷고 춤을 추어야 한다. 비슷하게 생긴 바람의 정령들이 지옥의 풀무와 악마의 숨결에 쫓겨서 공중 곳곳에 떠다니는데, 때로는 칼끝 위에 떠다니고 때로는 바퀴를 통과해 떠다니다가 마침내 악마들이 비늘이 나 있는 용의 유령을 타고 나타나서 무용수들을 용의 발톱으로 공격하고 이들을 잡아채간다:

"그것이 지상에서 미가 겪는 운명이다."

3) 캐리커처

미(美)는 숭고함으로 혹은 유쾌함으로 나타나거나 혹은 숭고함과 유쾌함의 대립을 자기 안에서 완벽한 조화로 화해시키는 절대적인 것으로 나타난다. 이 절대적인 것 속에서 숭고함의 무한성은 숭고함처럼 그렇게 초월적이지 않고 유쾌함처럼 그렇게 안락한 접근이 가능하지 않은 기품이 되고, 유쾌함의 유한성은 우아함이 된다. 그러나 기품은 우아할 수 있으며 우아함에는 기품이 있을 수 있다. 차자로 태어난 추(醜)는 개념상 미의 개념에 종속되어 있다. 숭고함은 추를 비천함으로, 유쾌함은 그것을 역겨움으로, 절대미는 그것을 캐리커처로 역전시키며, 여기 캐리커처에서 기품은 거만함이 되고, 매력은 교태가 된다. 그러는 한, 캐리커처는 추의 형상화에서 선두주자의 위치를 차지하지만, 바로 이런 이유로 캐리커처는 자신에 의해서 비틀린 실제의 반대 이미지를 특정하게 반영함으로써 코믹으로 넘어간다. 추의 어떤 면이 우스꽝스럽게 될 수 있는지는 우리가 이미 지금까지 밝혀왔다. 무형과 부정확, 천박함과 역겨움은 자기파괴를 통해서 겉보기에 불가능한 현실을 생산해낼 수 있고, 이를 수단으로 코믹을 생산해낼 수 있다. 이 모든 규정은 캐리커처로 넘어간다. 캐리커처도 이런 개념들의 모든 단계를 거쳐서 무형이 되고 부정확해지고 천박해지고 역겹게 된다. 캐리커처는 지칠 줄 모르고 이런 것들을 카멜레온식으로 전환하고 결합한다. 조그만 위대함, 연약한 강인함, 난폭한 위엄, 숭고한 무, 졸렬한 우미(優美), 귀여운 거칠음, 의미 있는 무의미, 비어 있는 충만함과 수천 가지 다른 모순이 가능해진다.

그런 한에 있어서 우리는 지금까지 캐리커처 개념도 간접적으로 다루어왔다. 그러나 보다 정확히 하자면 그 개념의 본질은 형상의 계기를 무형으로까지 과장하는 데 있다. 그러나 이러한 정의(定意)는 비록 보편적으로 올바를지 몰라도 아직은 제한되어야 한다. 상술하자면 과

장은 한계를 갖고 있다는 것이다. 그것은 즉자적으로는 양적 한계인
데, 특정 양으로서의 질이 증가하는 변화이든 아니면 특정 양으로서의
질이 감소하는 변화이든 말이다. 변화는 질의 본질 자체와 결부되어
있다. 무제한의 변화는 무한한 증가나 감소로 결국 양의 질을 파괴하
기에 이른다. 그도 그럴 것이 질과 양 사이에는 내적 관계가 있기 때
문이다. 질은 그 자체로 양의 한계이다. 그렇기 때문에 단순한 질이
비교급을 가져야 한다면 이것은 우스운 것이다. 물론 질은 상대적으로
자기 안에 단계들을 가질 수 있다. 그러나 그것은 절대적으로는 단 하
나의 질일 수밖에 없다. 금은 그 자체로서 금 이상일 수 없으며 대리
석은 대리석 이상일 수 없고 전지(全知)는 전지 이상일 수 없으며 삼
각형은 삼각형 이상일 수 없다. 저 서투른 사냥꾼이 총알을 구입하기
위해서 상점주인에게 온다. 상점주인은 그에게 여러 종류의 총알을 보
여준다. 한 종류는 훨씬 비싸지만 또한 더 좋은 것이다. 이런 정도의
차이는 여기서 가능하다. 하지만 이때 상점주인이 맞추면 더 잘 죽는
다는 이유로 한 종류를 특별히 추천한다면 이런 비교는 우스꽝스럽다.
왜냐하면 죽은 그 어떤 것도 죽는 것 이상으로 더 잘 죽을 수 없기 때
문이다. 그러나 여기서 이런 우스꽝스러운 비교급을 또 완전히 다른
조명으로 보여주는 보다 자세한 정황들이 곧장 문제의 관건이 된다.
러시아인에게는 사형제도가 철폐되었기에 러시아인 한 명에게 수천 번
의 채찍질형이 선고되고, 그래서 병사들이 사형수 수레에 실려 그들의
열을 통과해 지나가는 시체만을 채찍질로 때린다면, 오직 벌을 완벽하
게 완수할 목적으로 그렇게 시체를 죽을 때까지 때리는 행위는 분명히
우스꽝스럽지 않다. 그렇기 때문에 확대·강화하는 것으로서, 그리고
축소·약화시키는 것으로서의 과장 자체는 결코 캐리커처가 아니다.
운동을 통한 육체의 강화는 오랜 질병 환자의 사라지는 힘과 마찬가지
로 비틀기가 아니다. 로스차일드 가문 정도의 재산은 커다란 부채와
마찬가지로 캐리커처가 아니다. 스위프트의 브롭딩낵133) 거인들과 릴

리퍼트의 소인들은 상상의 피조물들이지만 결코 캐리커처가 아니다. 병든 유기체는 고통받는 신체기관의 움직임을 과장하고, 열정적 유기체는 그의 흥분을 일으킨 대상에 대한 감정을 과장하며, 악한 유기체는 질 나쁘고 타락한 습관에 대한 자신의 종속성을 과장한다. 그러나 어느 누구도 결핵을 깡마름의 비틀기로, 애국적 희생을 조국애의 비틀기로, 낭비를 기부의 비틀기로 지칭하지 않는다. 그러나 과장은 너무 불특정한 상대적 개념이다. 이 개념을 고집하면 홍수, 폭풍, 화재, 전염병 등도 캐리커처가 되어야 할 것이다. 그러므로 캐리커처 개념의 토대가 되는 과장 개념에는 또다른 개념이, 즉 형상의 요소와 형상의 총체성 간의 불균형이란 개념이, 그러므로 형상에 당연히 존재해야 하는 통일성의 지양이 포함되어야 한다. 상술하자면 전체 형상이 균형 있게 모든 부분에서 확대되거나 축소될 때 비례관계는 자체로 동일하게 존재하며 그 결과 저 스위프트의 등장인물들처럼 본질적인 추도 생겨나지 않을 것이다. 그러나 한 부분이 정상적 관계를 지양하는 방식으로 통일성에서 벗어난다면 다른 부분들에서 정상적 관계 자체가 계속해서 존속하기 때문에 전체의 추한 변위(變位)와 비뚤어짐이 생겨난다. 불균형은 우리로 하여금 비례적 형상을 계속 생각하도록 강요한다. 예컨대 뚜렷한 코는 대단히 미적일 수 있다. 그러나 그것이 너무 크면 얼굴의 나머지 부분은 그에 비해서 너무 보이지 않게 된다. 불균형이 생겨나는 것이다. 우리는 자신도 모르게 코의 크기와 얼굴의 다른 부분들의 크기를 비교하고 코가 그렇게 커서는 안 된다고 판단한다. 그러나 이때 코의 과도한 크기는 그것뿐만 아니라 그것이 속해 있는 얼굴도 캐리커처로 만든다. 그랑빌이 〈인간 삶의 조그만 곤경〉(*petites misèresde la vie humaine*)에서 그런 커다란 코에 의해 야기된, 사회적으로 난처한 상황들을 아주 재미있게 표현했듯이 말이다. — 따

---

133) 역주: 브롭딩낵(Brobdignac)은 걸리버 여행기에 나오는 거인국 이름이다.

라서 과장은 불균형으로 귀결되지 않을 수 없다. 그러나 여기에서도 다시 제한이 요구된다. 상술하자면 단순한 불균형은 또 단순한 추만을 결과로 가져올 수 있지만, 이것이 결코 캐리커처로 명명될 수 없다는 것이다. 그렇지 않다면 모든 천박함, 모든 역겨움은 이미 캐리커처라는 명칭을 요구할 수 있을 것이다. 왜냐하면 이것들은 분명히 보편적으로 미의 비틀기이기 때문이다. 삶 속에서 단순한 추가 또 캐리커처라고 언급되고 그런 것으로 비난된다고 해서 캐리커처라는 개념을 학문에서 보다 엄격하게 파악하지 않아도 된다는 것은 아니다. 이곳에서는 자신을 특정한 실제적 대립으로 드러내고 자기 형태를 추로 망가뜨리는 그런 기형만이 캐리커처로 명명될 수 있다. 그러나 부분적 비정상, 불규칙성, 불균형은 그렇게 되기에 불충분하다. 그보다는 형상을 비트는 과장이 역동적으로 작용하는 과장으로서 그 형상의 총체성을 함께 비틀어야 한다. 과장을 통한 유기조직의 해체는 조직적이어야만 한다.

이 개념이 캐리커처 생산의 비밀이다. 캐리커처의 부조화 속에서 전체의 한 요소에 잘못 집착함으로 인해서 다시 어느 정도의 조화가 생겨난다. 한 지점의 이른바 미친 경향은 다른 부분들에게도 스며드는 것이다. 이에 잘못된 무게중심이 생겨나서 이것이 형상 안에 있는 모든 것을 자기 쪽으로 끌어당기기 시작하고, 이로써 많든 적든 간에 전체를 관통하는 비틀기가 만들어진다. 이렇게 역전된 방향으로 활동하는 기형의 영혼은 개별적인 추, 특히 눈에 띄는 추를 만들어낼 뿐만 아니라 그 비정상적 왜곡을 전체에 퍼뜨린다. 일반적으로 우리는 여기서 기형화의 두 가지 방식을 인식하게 되는데, 그것은 찬탈(簒奪)과 하향화이다. 전자는 자신의 본질적 힘으로 할 수 있는 것보다 현상을 더 차원 높은 형태로 끌어올린다. 후자는 그 자신의 본질의 힘으로 할 수 있는 것보다 현상을 더 차원 낮은 형태로 떨어뜨린다. 찬탈은 어떤 존재를 존재 자신의 본래적인 있음이 허락하는 것보다 더 많은 빛을 내려고 하는 모순으로 밀어올린다. 찬탈은 그 존재에 근원적으로 속해 있지 않은 본질을 자극한다. 하향화는 어떤 존재로 하여금 그 자신의 처음 관점에 따르면 이미 지나온 어떤 영역을 자신의 본질적 영역으로 다루게 하는 모순 속에 던져넣는다. 그렇기 때문에 찬탈과 하향화는 강화(强化)・약화와 동일하지 않다. 강화는 정상적 승화이다. 예컨대 하르트만 폰 아우에가 독일어로 개작했고 지금도 민중본으로 통용되고 있는 《바위 위의 그레고리우스》(Gregorius auf dem Steine) 같은 중세 이야기는 고대 오이디푸스 이야기를 기독교적으로 강화한 것이지 결코 오이디푸스의 캐리커처가 아니다. 마찬가지로 에우리피데스가 오레스티와 오이디푸스의 소재를 다룬 방식은 아이스킬로스 식의 오레스티 표현과 어긋나고, 소포클레스 식의 오이디푸스 표현에 어긋나는 것으로 문학적 약화이지만 결코 그것의 캐리커처는 아니다. 따라서 너무 높게 혹은 너무 낮게 만드는 기형화의 방향을 캐리커처의 방향으로 정하기 위해서는 규정이 하나 더 요구된다. 이것은 비틀기로 인해서 필연적으로 수반되는 특정한 비교가 될 것이다. 성찰적 개념들인 모든 추의 규정들은 자신들에 의해서 부정적으로 정립된 미의 저 실제적 개념들과의 비교를 자체에 포함하고 있다. 하찮은 것은 위대한 것에, 연약한 것은 강한 것에, 비천한 것은 위엄 있는 것에, 졸렬한 것은 귀여운 것에, 죽어 있고 비어 있는 것은 유희하는 것에, 추악한 것은 매력적인 것에 척도를 두고 그 속에서 자신을 성찰한다. 반면에 캐리커처는 자신의 척도를 더 이상 보편적 개념에만 두지 않는다. 그것은 아주 보편적인 의미와 커다란 범주를 가질 수 있지만, 단순한 개념성의 영역을 벗어나야 하는, 이미 개체화된 개념과의 특정한 관계를 요구한다. 가족, 국가, 춤, 회화, 욕심 등의 개념 자체는 캐리커처가 될 수 없다. 비튼 이미지에서 비틀린 원(原) 이미지를 보기 위해서는 그 이미지의 개념과 비틀기 사이에 적어도 칸트가 《순수이성비판》에서 인지도식(認知圖式)이라고 명명한 그 개체화가 들어서야 한다. 원 이미지는 단순한 추상적 개념으로 머물러서는 안 된다. 그것은 이미 어떻게든 개체적 형상을 획득하고 있어야 한다. 그러나 우리가 여기서 비튼 이미지에 대한 원 이미지라고 부르는 것도 배타적으로 이상적인 의미에서가 아니라 그저 실제적 배경을 지닌 의미에서 취해질 수 있다. 왜냐하면 원 이미지는 자체가 전적으로 경험적 현상일 수 있기 때문이다. 아리스토파네스는 《구름》에서 철학이 아닌 것과 소피스트 철학부류와 불공정한 로고스에 채찍질을 가한다. 그는 소크라테스를 철학자들을 비튼 이미지로 상정한다. 투기장에서 외투를 훔치고 벼룩의 도약을 계산하고 똑바르지 않은 것을 똑바로 하게 가르치는 이 소크라테스는 물론 열광적 향연을 함께 즐겼던 그 소크라테스와 동일인물이 아니다. 그러나 어떤 관점에서 보면 그는 바로 그 소크라테스이다. 왜냐하면 그의 형상, 그의 맨발, 그의 지팡이, 수염, 대화술은 분명히 그에게서 빌려온 것이기 때문이다. 바로 이렇게 함으로써 그는 진정한 캐리커처를 만들어냈다. 철학 자체는 캐리커처로 만들 수 없지만 분명히 철학자와 가장 보편적이고 명백하며 대중에게 가장 일반적인 철학현상의 형태들은 그 철학자의 모습, 그의 독단론, 그의 방법론, 그의 삶의 방식을 통해서 캐리커처로 만들 수 있다. 팔리소(Palissot)가 《철학자 루소》(*Philosoph Rousseau*)에서 자연의 복음을, 그룹페가 《바람》(*Winde*)에서 헤겔의 강단 태도 역시 캐리커처로 만들었듯이 말이다. 아리스토파네스에게 소크라테스는 인지도식이었고 문학적 개체화로 넘어가는 전이과정이었다. 소크라테스는 철학과 세련미를 충분히 가지고 있어서 《구름》의 공연 때 그 자리에 있었고 심지어는 관객들이 쉽게 비교하도록 하기 위해 자리에서 일어났다. 아리스토파네스가 추상적 소크라테스만을 설정했더라면 그런 인물에게는 개체적 심화가 없었을 것이다.

그러나 우리는 이제 곧바로 실제의 현상세계에 속한 캐리커처와 예술세계에 속한 캐리커처 사이의 차이를 인정해야 한다. 현실적 캐리커처는, 그것이 찬탈에 의한 것이든 아니면 하향화에 의한 것이든, 우리에게 현상과 본질의 모순도 표현해준다. 그러나 그것은 아주 부자유스러운 캐리커처이다. 모든 부패한 문화에서 항상 생겨나는 저 고등 협잡꾼, 저 건방진 아이들, 저 학자인 체하는 자들, 저 가짜 철학자들, 저 가짜 국가와 교회 개혁자들, 저 가짜 천재들, 저 억지로 꾸민 사랑스런 미인들, 늙은 여인네들의 저 영원한 18세, 저 과도하게 교양이 있는 자들 등 모두는 자기개념의 모순을 그저 현실화한 작품들일 뿐이며, 이런 모든 존재들은 이론의 여지없이 캐리커처이다. 그러나 이들은 경험적 존재로서 모든 면에서 현실과 얽혀 있는 까닭에 종종 극도로 훌륭하고 많은 그밖의 관계들도 계속해서 자신 안에 포함하고 있다. 그렇기 때문에 미적 캐리커처는 경험적 존재의 우연성을 정화시켜 문제의 관건인 그런 일면성을 의미심장하게 드러내는 예술의 생산품으로서 현실적 캐리커처와 구분되어야 한다. 그러므로 캐리커처 창조를 위한 예술의 관점은 풍자적 관점이다. 그러므로 풍자에 속한 모든 개념들은 캐리커처에도 속한다. 풍자에 가능한, 모든 색조(色調)의 변화는 캐리커처에도 가능하다. 그것은 명랑하고 음울할 수 있고, 고상하고 비천할 수 있으며, 날카롭고 온화할 수 있고, 거칠고 점잖을 수 있으며, 졸렬하고 위트 있을 수 있다. 그러나 폴랭 파리(Paulin Paris)가 《프랑스 캐리커처 박물관》(musée de la caricature en france) 1쪽에서 다음 같이 말했을 때처럼 캐리커처를 회화작품에서만 찾는다면 그것은 잘못된 제한이다.

"캐리커처는 가장 포괄적인 의미에서 자연의 모방과 감정과 윤리의 표현에 풍자의 특성을 부여할 수 있는 그런 예술이다. 이 예술이 회화의 발명보다 훨씬 더 최근의 것 같지는 않다. 사람들은 이상(理想)을 미와의 관계에서 파악한 후에 물리적이고 정신적인 추와 이상의 관계를 규정하려는 욕구도 느끼지 않을 수 없었다. 그럼에도 불

406

구하고 — 이탈리아어에서 기원한 — 캐리커처라는 낱말은 프랑스어
에서는 상당히 새로운 것이다. 16세기 이후에 예술 언어의 일부가
된 그것은 오늘날에야 비로소 학문적인 것이 되었고, 이런 속성을
띤 그것은 가장 일반적인 대화의 표현으로 자리를 잡았다."

이렇게 캐리커처를 회화로 제한한 것은 폴랭 파리가 자신의 소설
《포벨, 인간 삶의 순례 여행》(Fauvel, le pélérinage de la vie humaine)
과 《사자의 춤》(la danse macabre)을 풍자적 작품으로 언급함으로써 실
제로 곧바로 스스로에 의해서 반박되었으며, 세밀화는 이들 작품에서
회화의 소재를 얻었고, 글씨는 그것으로 장식되었다. 문학은 회화와
마찬가지로 캐리커처를 만들어낼 수 있는데, 표현수단의 보다 차원 높
은 정신성 때문에 훨씬 더 넓은 범위와 훨씬 더 인상적인 깊이를 가지
고 그렇게 할 수 있다. 플뢰겔(C. F. Flögel)의 《코믹 문학의 역사》
(Geschichte der komischen Literatur, 1784, 전 4권)는 특히 풍자문학의
역사를, 따라서 문학적 캐리커처의 역사를 담고 있다. 그러나 캐리커
처라는 낱말에 관한 한, 우리 독일인들은 분명히 먼저 프랑스어라는
우회로를 통해서 이탈리아어에서 수용했다. 이탈리아어에서 그것은
과적(過積)의 caricare라는 낱말에서 유래한다. 프랑스인들은 캐리커
처로 짐(charge)이라는 유사한 낱말을 사용한다. 우리 독일인들은 그
전에 캐리커처의 의미로 엉덩이 그림(Afterbildnis)이라는 표현을 사용
했다. 화가 중에서 호가르트보다 훨씬 전에 레오나르도 다 빈치가 추
를 캐리커처의 수단으로 주목하는 특별한 방향으로 나아갔다. 여기에
속한 그의 스케치들은 대부분 습작이며, 카일루스 이후로 비교적 빈번
히 간행되었다.

자연에 대해서는 단지 비유적으로 그것이 캐리커처를 만들어낸다고
말할 수 있다. 자연의 실재가 자신의 개념에 도달하지 못하면, 우리가
앞서서 확인한 바 있듯이, 그로부터 추 혹은 특정한 조건하에서 코믹

한 것도 생겨날 수 있다. 하지만 실제적 캐리커처라면 그것은 형상의
기형화가 자유에서 비롯한다는 가능성을 전제한다. 우리는 원숭이를
인간의 비틀린 이미지라고 부르지만 우리는 이것이 단지 위트로 말할
수 있는 내용임을 아주 잘 알고 있다. 원숭이는 결코 추하고 타락한
인간이 아니며 원숭이를 풍자한다는 것은 불가능하다. 왜냐하면 원숭
이는 그 자신과 상이하게 될 수 없고, 따라서 우리는 원숭이에게 원숭
이는 조금만 되고 보다 더 인간이 되라고 요구할 수 없기 때문이다.
그러나 풍자는 분명히 타락한 인간을 원숭이로 하향화할 수 있다. 왜
냐하면 그는 자신의 개념에 반해서 스스로를 그렇게 하락시키기 때문
이다. 바보에 대해서는 이미 보다 더 정당하게 인간의 캐리커처라고
말할 수 있다. 왜냐하면 바보는 본질상 이미 인간이지만 현상적으로는
동물성으로 하강한 반면, 원숭이는 형태상 인간에 근접하면서 본질상
인간과 구분되는 상태로 머물러 있기 때문이다. 많은 동물들의 모습이
그 정형에 대한 총체적 비틀기로 보일 때 여기에는 일반적으로 인간이
그들에게 가하는 강제가 섞여 있고, 이 강제는 다시 모든 미적 자유를
지양한다. 우리가 동물 전시에서 돼지를 보고, 파리의 마르디 그라
스[134]에서 자신의 지방(脂肪) 속에서 질식하는 황소들을 볼 때 우리
는 이런 고기 덩어리들을 단지 추하게 혹은 코믹하게 느끼지만 이것들
은 본래적 캐리커처가 아니다. 예전에 연대의 트럼펫 팡파르 소리에
대항하는 즐거움에서 소리 내어 울던 말이 이제는 혹사당하는 짐말이
되어 거리를 따라 쓰레기 마차를 끄는 것을 보는 것은 슬픈 광경이다.
향락적 실내생활로 인해서 비만해지고 후안무치해지고 숙녀들의 애무
로 인해서 본성이 미쳐버린 몹스[135]는 우리에게 추악한 부자연성을
표현하지만, 그것을 우리는 비유적으로만 캐리커처라고 부른다.

---

134) 역주: 마르디 그라스(Mardi Gras). 부활절 47일 전의 화요일로서 가톨릭
　　 의 축제일이다.
135) 역주: 몹스(Mobs). 개의 일종.

그러나 예술은 분명히 인간에 대한 풍자를 트라베스티하고 패러디하는 캐리커처로 표현하기 위해서 바로 이 동물의 세계를 즐겨 이용한다. 풍자는 즉자적으로 아무것도 아닌 것을 그 자체의 과장을 통해서 조롱하는데, 그 아무것도 아닌 것은 이런 과장으로 인해서 자신의 무기력함을 드러내고 그럼으로써 우스꽝스러움으로 건너간다. 동물은 특정한 일면성과 악덕을 정말이지 단호히 표현하는 데 적합하다. 동물의 비유는 인간의 보다 차원 높고 고귀한 속성들보다는 그의 자기 탐닉적이고 제한된 이기주의의 발흥(勃興)을 적절하게 표현할 수 있다. 그러나 동물의 세계는 훌륭한 속성과 미덕도 표현할 정도로 충분히 크고 다양해서 인간이 하는 짓에 대해 상당히 완벽한 대립상을 제공할 수 있다. 오리엔트와 고대, 중세, 현대는 동물 가면으로 그런 대립상을 반영하기를 똑같이 아주 좋아했다. 호메로스 유파 시인들의 《개구리와 쥐의 전쟁》(*Batrachomyomachie*)은 그런 문학작품 중에서 가장 오래되고 가장 훌륭한 것 중의 하나이다. 옛날 희극은 합창단에서 그런 동물 가면을 사용했는데, 아리스토파네스의 벌과 개구리들이 우리에게 아직 남아 있듯이 말이다. 폼페이 벽화의 조그만 풍속화에서 우리는 그로테스크하고 패러디로 넘어가는 많은 동물 장면을 발견한다. 후투리 새 한 마리가 되새, 나비, 그라이펜이 끄는 쌍두마차를 오만하게 몰고 간다. 오리 한 마리는 물을 마시고 싶어서 물통 쪽으로 걸어간다. 유리 뚜껑이 오리를 방해하자 오리는 완전히 실망하여 거기에 서 있다. 탁월한 그림 한 점은 어깨에 아버지 안키세스를 메고 어린 아스카니우스를 손에 잡은 채 불타는 트로야의 폐허를 떠나는 경건한 아이네아스를 조롱하는데, 이것은 훌륭한 그림이다. 아이네아스와 아스카니우스는 개의 두상을 한 원숭이로, 안키세스는 늙은 곰으로 묘사되어 있다. 이 자는 조국의 가신(家神)들[136] 대신에 주사위 놀이기구를 불

---

136) 역주: 가신(Penaten)은 고대 로마의 신으로 가문 조상의 혼령들이며 부엌을 담당하여 아궁이의 불이 꺼지지 않도록 쥐들이 반찬을 먹지 않도록 돌

길에서 구해낸다. 라울 로쉐트가《폼페이 비밀 박물관》, 223~226쪽에서 시도하듯이, 이 그림을 왕의 가문과 부수적으로는 비르길리우스에 대한 풍자적 캐리커처로서 해석하는 것은 우리에게 너무 억지처럼 보인다. 경건한 아이네아스 자신은 왜 조롱당해서는 안 되는가? 고대인들은 그런 그림에서 신들 역시 예외로 하지 않았는데 말이다. 중세의 조각은 유대인과 신부(神父)들을 조롱하기 위해서 교회에 유사한 흉측한 형상들을 많이 갖다놓았다. 문학은 늑대와 여우의 우화에서 동물 형태를 통해서 세상사의 흐름에 대한 패러디를 보편적 이미지로 요약했다. 이 이미지는 오늘날의 회화에서 카울바흐의 천재성을 통해 삽화로 그려졌을 뿐만 아니라 집중적으로 문학으로 계속 창작되었다. 그는 동물들을 자연에 충실하게 인간적으로 정확히 묘사했고 이때 독자적 창작으로 인해 두드러지는 놀라운 유머를 만들어냈다. 코끼리가 샴페인 한 병을 목구멍에 들이붓는 대규모 연회는 대단히 재미있지 않은가! 엄마 사자가 침대에 누워 있고 사자들의 왕인 노벨은 코에 안경을 걸치고 걱정하며 주변을 배회하고 어린 왕세자가 막 요강에 앉아 있는 왕가의 정물화는 얼마나 재미있나! 프랑스인의 경우에는 그랑빌이 이 장르에서 정치적 동물을 통해서, 그리고 라퐁텐느의 우화에 대한 삽화로써 아주 비범한 것을 이루어냈다. 인간 형상과 의복을 동물 형태와 융합시키는 그의 예술은 모방하기 불가능하다. 그는 예컨대 두 마리의 수탉을 주먹으로 때리려고 서로에게 덤벼드는 농부로 그렸다. 하지만 그가 이 형상들에 수탉의 머리를 올리고 닭 발톱을 채워놓음으로써 농부들은 수탉으로 머물러 있다.

패러디적 캐리커처의 또다른, 적지 않게 효과 있는 수단은 샤를 마냉(Charles Magnin)의《고대부터 현대까지 유럽 인형의 역사》(His-toire des Marionettes en Europe depuis l'antiquité jusqu'à nos jours, 파리,

---

본다. 제단은 아궁이이고 집이 이사하면 함께 이사한다. 전설에 따르면 아이네아스가 가신들을 트로야에서 로마로 데려간다고 한다.

1852) 에서 확인할 수 있듯이 예전부터 인형들이었다. 생제르맹과 생로랑에서 1년에 한 번 열리는 시장 극장의 인형들은 오레스티, 메로페 등과 같은 고귀한 비극뿐만 아니라 예컨대 몰리에르의 《억지 의사》(*Médecien malgré lui*) 같은 더 고귀한 소극도 패러디했는데, 마넹은 그 극장의 연대기를 152~169쪽에서 발췌하고 있다.

패러디와 트라베스티 사이에는, 패러디는 단지 보편적인 것만을, 그러나 트라베스티는 특수한 것도 역전시킨다는 차이가 있다. 그렇기 때문에 트라베스티는 항상 패러디이기도 하지만 패러디는 트라베스티가 되지 못한다. 셰익스피어의 《트롤리우스와 크레시다》(*Trolius und Cressida*) 는 일리아스의 영웅들을 패러디하고 있지만 이들을 트라베스티하는 것은 아니다. 고귀한 제후들은 감각적이고 난폭한 싸움패로, 헬레나와 크레시다는 헤프고 이중적인 창녀로 나타난다. 초라하고 소리 질러대는 테르시테스는 유명한 영웅들의 멍청한 짓거리에 대해 풍자적으로 논평하면서 위트 있게 노래한다. 셰익스피어는 호메로스에게서 인물들의 특징이 되는 윤곽들을 과장했고 이런 과장을 통해서 이들의 영웅적 열정을 우스꽝스럽게 만들었다. 아약스의 힘에 대한 자부심, 아가멤논의 통치자 직위, 메넬라오스의 간부(姦夫) 행각, 아킬레스의 파트로클로스에 대한 우정, 디오메데스의 기사도적인 모험 여행은 가장 과시욕에 가득 찬 상투어로 해체되고 비윤리적인 것이 이 모든 관계에서 노골적으로 밝혀진다. 캐리커처로 만든다는 것은 패러디로 만든다는 것이다. 반면에 트라베스티적 캐리커처는 내용을 뒤집기 위해서 그 내용의 세세한 부분까지 추적하는데, 스카롱과 블루마우어가 비르길의 《아에네아스》(*Aeneas*) 를, 필리퐁과 우아르가 쒸의 《영원한 유대인》(*Juif errant*) 을 대상으로 삼았듯이 말이다. 그들은 이 다양한 층위의 소설을 중요 사안에서 차근히 다시 한번 서술한다. 그러나 그들은 이때 구성상의 모든 실수와 모든 모순과 비개연성들을 드러내고 등장인물에 있는 추를 과장을 통해서 극도로 재미있게 밝힘으로써 이 소설을 9권의 조그만 책으로 요약했다. 동물사육사 모로크, 늙은 병졸 다고베르, 맑은 아드리엔느 폰 카르도빌, 꼽추 여인 마이외, 인도의 왕자 찰마, 특히 난폭한 힘을 갖고 있고 모든 이들을 간계로 속이는 예수회 수사 로댕은 필리퐁의 스케치에서 가장 추악하고-우스꽝스러운 흉측한 형상으로 재창조되었다. 이것은 패러디이기도 하지만 트라베스티적인 패러디이다. [137]

흉측한 형상이라는 개념에 관한 한, 칸트는《미와 숭고함의 감정에 대한 관찰》(*Beobachtungen über das Gefühl des Schönen und Erhabenen*)에서 그 개념을 너무 광범위하게 확장시킨 듯하다. 그때 그는 다음과 같이 말한다:

"무시무시한 숭고함의 속성은 그것이 완전히 부자연적인 경우에는 모험적인 것이다. 숭고함이 별로 혹은 전혀 해당되지 않음에도 불구하고 부자연적 사물들에서 그것이 의도되는 한, 이것들은 흉측한 형상이다."

"나는 이 점을 — 예를 통해서 어느 정도 납득할 만하게 만들겠다. 왜냐하면 호가르트의 붓을 가지고 있지 않은 자가 스케치로도 표현하지 못하는 것은 서술로 대체되어야 하기 때문이다. 우리들의, 우리 조국의, 혹은 우리 친구들의 권리를 위해서 위험을 과감하게 시도함은 숭고하다. 십자군전쟁, 낡은 기사도는 모험적인 것이다. 명예의 역전된 개념에서 비롯하는 후자의 불쌍한 찌꺼기인 둘의 결투는 흉측한 형상이다. 정말로 질린 나머지 무거운 심정으로 세계의

---

137) 미학자들에게 패러디와 트라베스티라는 개념은 논리학자에게 연역과 비유라는 개념과 같은 상황이다. 한 사람이 패러디라고 부르는 것을 다른 사람은 트라베스티라고 부르며, 거꾸로도 그러하다. 트라베스티의 경우에 그것이 패러디이기도 하다는 근본적 정의는 변화하지 않지만, 보편적 의미에서 그럴 뿐만 아니라 그 명칭이 암시하듯이 동일한 내용에 다른 형태의 옷을 입혀서 바로 내용에도 다른 식으로 질적 변화를 준다는 의미에서 그러하다. 패러디는 진지할 수 있으며 트라베스티는 항상 우스꽝스럽다.

소음에서 거리를 취함은 고귀하다. 늙은 은자(隱者)들의 세상을 등진 예배는 모험적인 것이다. 살아 있는 성자(聖者)들을 가두어놓기 위한 수도원과 그와 같은 무덤들은 흉측한 형상이다. 원칙으로 자신의 열정을 억압함은 숭고하다. 고행과 서약과 수사로서의 다른 덕행은 흉측한 형상이다. 성골(聖骨)과 성목(聖木)과 같은 종류의 모든 잡스러운 것들과 티베트의 위대한 라마의 성스러운 배변도 열외 없이 흉측한 형상이다. 위트와 섬세한 감정의 작품 중에서 비르길과 클로프슈토크의 서사시들은 고귀하고 호메로스와 밀톤의 서사시들은 모험적이며 오비드의 변신은 흉측한 형상이고 프랑스식 어리석음의 요정(妖精) 동화는 지금까지 부화된 것 중에서 가장 형편없는 흉측한 형상이다. 아나크레온 파의 서정시들은 대개 유치하다."

특히 정신적 관점에서 보면 부자연한 것이지만 숭고함으로 오인된 흉측한 형상에 대한 이런 견해는 그 개념의 미적 규정의 경계를 넘어서 지나치게 멀리 나아간다. 칸트의 견해에 따르면 우리가 상상적인 것 모두를 흉측한 형상이라고 명명한다고 해도 많이 빗나간 것은 아니다. 우리는 그 명칭을 일부는 파동적(波動的)인 것으로 넘어가는 그런 비틀기에, 일부는 자체가 정상적인 혹은 고귀한 형상을 역겨운 추로 기형화시키는 그런 비틀기에만 부여한다. 흉측한 형상은 퇴퍼(Töpffer)의 천재적 스케치와 장파울의 많은 등장인물들처럼 첫 번째 형태로 극도로 코믹할 수 있다. 그것은 두 번째의 형태에서는 다른 관계 때문에 또 우리를 웃게 하고, 적어도 미소 띠게 할 수 있지만 불쾌한 뒷맛을 남긴다. 이로 인해 우리는 그런 형상에 기분 좋게 머물지 않고 서둘러서 그로부터 벗어나 곧바로 다른 형상으로 가게 된다. 짧은 대화소설 《선한 여자들》(Die guten Weiber)에서 괴테가 이 점을 다루었다(전집 15권, 263~265쪽). 괴테는 여기서 어떤 모임을 추에 대한 찬성하는 측과 반대하는 측으로 서로 싸우게 한다. 여기서 환상과 위트는 미보다 추에 더 많이 몰두하는 것으로 생각된다. 추에서 많은 것이 만들어질 수 있으나 미에서는 아무것도 만들어지지 않는다고 한다. 물론 미는 우리를 그 어떤 존재로 만들어주지만, 추는 우리를 파멸시키며, 캐리커처는 전적으로 혐오스럽고 사라지지 않는 인상을 남긴다고 한다. 대화에 참여한 한 사람이 다음과 같이 말한다. "하지만 왜 이미지들이 우리 자신보다 더 훌륭해야만 한다는 거지? 우리 정신은 상대방이 없으면 존립할 수 없는 두 측면을 가지고 있는 것 같아. 빛과 어둠, 선과 악, 높음과 낮음, 고상함과 비천함, 그리고 수많은 다른 대립들은 오직 상이한 비율로 섞인 채 인간 본성의 정수를 이루고 있는 듯해. 화가가 천사를 하얗고 빛나고 아름답게 그릴 때 악마는 검고 어둡고 추하게 그리려는 그의 착상을 어떻게 안 좋게 생각할 수 있겠어.

아말리: 추한 예술의 친구들이 보다 훌륭한 영역에 속한 것 역시 자신들의 영역으로 끌어들이지만 않는다면 그에 반대해 할 말은 없어.

자이톤: 나는 그들이 그 점에서 아주 올바로 행동하고 있다고 생각해. 하지만 아름다운 예술의 친구들이 자기들에게 속할 수 없는 것도 자기들 쪽으로 끌어가고 있지.

아말리: 하지만 훌륭한 사람들의 이미지를 그렇게 안 좋게 망가뜨리는 비틀기를 나는 결코 용서할 수 없어. 내가 하고 싶은 대로 할 수 있다면, 납작코의 깡마른 남자보다는 키가 큰 피트를, 잘 먹어 뚱뚱한 돼지보다는 많은 관점에서 훌륭한 여우를 고려하지 않을 수 없을 거야.

앙리에뜨: 그것은 내가 말했던 바야. 그런 모든 흉측한 형상의 이미지들은 없어지지 않는 인상을 심어주지. 내가 이따금씩 머릿속에서 그런 것을 즐기고 그런 유령들을 불러내고 그것들을 더 안 좋게 비틀고 있다는 점을 부인하지 않겠어."

캐리커처가 과적(過積)으로 인해서 생겨난다면 우리는 흉측한 형상을 극단적 캐리커처로 보고 싶다. 여기서 괴테의 글에서 인용한 마지막의 말들이 그 전이과정을 올바로 묘사하고 있듯이, 흉측한 형상으로 인해서 과장은 과장되고 그럼으로써 과장은 파동적인 것, 안개 같은 것으로 넘어간다. 흉측한 형상은 그 자체로 물론 추하지만 그 자신의 기괴하고 그로테스크한 형상화로 인해서 코믹의 훌륭한 수단이 될 수 있다. 셰익스피어는 흉측한 형상을 얼마나 풍부하게 갖고 있는가!

《헨리 4세》(*Heinrich IV.*)와 《윈저의 명랑한 여자들》(*Lustige Weiber von Windsor*)에서 하사관 님, 바르돌프, 도르트헨 라켄라이써, 샤알, 지원병, 《두 명의 베로나인》(*Die beiden Veroneser*)에서 하인 란체, 《사랑의 즐거움과 고통》(*Liebes Leid und Lust*)에서 나타넬, 홀로페르네스, 둠, 쉐델, 《공연한 큰 소란》(*Viel Lärm um nichts*)에서 재판관이면서 경찰인 사람 등은 분명히 우리가 웃지 않을 수 없는 흉측한 형상 외에 다름 아니다. 피쉬아르트와 라블레의 가르강튀아와 팡타그뤼엘은 흉측한 형상이다. 티크와 보즈의 작품에서는 흉측한 형상이 넘쳐날 정도이다. 회화 역시 유쾌한 흉측한 형상들을 수없이 태어나게 했다. 그저 브뢰헬과 테니에의 구성들을 기억해보라. 흉측한 형상들과 전적으로 투쟁을 벌이는 듯한 조형예술조차도 이것들을 상이한 형태로 문명화시켰다. 이미 우리가 비교적 종종 언급한 바 있는, 석공들의 풍자가 자유롭게 발현된 저 괴물 같은 형상들, 이것들이 가장 기이하고 가장 무시무시한 흉측한 형상 외에 달리 무엇이겠는가! 당탕[138]이 조각한 니자르, 포니샤르, 리스트, 브로엄 등의 입상들은 흉측한 형상들이다. 무언극의 코믹은 흉측한 형상을 결코 배제할 수 없다. 도미니코(Dominico)가 파리의 이탈리아 극장에서 폴리치넬로의 의상과 아를레치노의 성격으로 조합해 만들었던 욕심 많고 입이 크며 헐렁한

---

138) 역주: 당탕(Jean Pierre Dantan, 1800~1869). 프랑스의 조각가로 무엇보다 정치인들을 풍자적으로 모사한 캐리커처 조각으로 유명하다.

옷을 입고 무례하며 단순히 교활하고 폭행당하는 피에로 형상은 본질적으로 흉측한 형상이다.

우리는 캐리커처를 자유의지적이지 않은 캐리커처와 예술에 의해서 의도적으로 만들어진 캐리커처로 구분했다.[139] 그러나 이 구분을, 캐리커처가 되지 않으려 하는데도 어쩔 수 없이 실제로 캐리커처가 된 그런 것들이 예술작품에서는 가능하지 않다는 식으로 간주하는 오해가 생길지도 모른다. 이는 거의 맞지 않는 경우이며, 그와는 정반대로 많은 예술작품들이 자신의 의도와 완전히 달리 캐리커처가 되어버린다. 이런 현상의 원인은 숭고함과 유쾌함의 극단을 자기 안에서 없애는 절대미의 본질에 있다. 진정한 미를 생산한다는 것은 극도로 드문 구상의 심오함과 생산력을 요구한다. 평범한 자질은 미에 대한 느낌을 충분히 갖고는 있지만 그것을 독자적으로 생산해내는 독창성은 충분히 갖고 있지 못하다. 그렇기 때문에 평범한 자질은 특히 속이 빈 고귀한 경향과 작품 작업의 형태적인 깨끗함을 통해서 이상에 침잠하게 된다고 잘못 생각하는 가짜 이상주의를 좋아한다. 이런 이상주의는 근본적으로 오직 비유적인 보편성을 가진 형상을 생산하지만, 이것들은 삶의 현실에 존재하는 것으로 통용되기를 요구한다. 이것들은 그저 알레고리가 되는 것이 더 나을 게다. 왜냐하면 그것들은 그럴 때 자신과 모순이 되지 않을 터이기 때문이다. 그렇게 되면 그것들은 단지 추상적인 것들일 게다. 그것들은 그렇게 되는 대신에 우리로부터 완벽하게 고유한 생명력을 지닌 진정한 자연의 형상으로 인정받기를 요구하며 그럼으로써 추로 떨어진다. 왜냐하면 그것들은 현실적 이상성의 가상(假像)을 사용하여 우리를 속이기 때문이다. 모든 실재적 부정확함의 부재(不在), 잘 알려진 고귀한 형태의 개별적 사용, 모든 과잉을 멀리함, 선택된 표현의 온건함, 세세한 부분들을 매끄럽게 만드는 청결성

---

139) 역주: 앞에서 캐리커처는 실제적인 현상세계에서 나타나는 캐리커처와 예술에 의해 만들어진 캐리커처로 구분되었다.

416

은 안에 내용이 없다는 점을 드러내지 않고 해당 예술가로 하여금 그
자신이 이상적 캐리커처만을 만들어냈다는 점을 감지하지 못하게 만든
다. 평범한 자질이 특히 진정한 이상을 그처럼 생명이 없는 그림자로
현실화시키는 오류에 빠져 있다는 점을 우리는 앞에서 의도적으로 언
급했다. 상술하자면 천재 자신도 이런 잘못된 길로 빠져들지 않는다는
보장은 결코 없다. 왜냐하면 절대미는 실제로 자기로부터 모든 극단을
배제하고, 절대적 조화의 필연성은 모든 역동적 힘과 독특함을 잘못된
우아함, 얄팍한 형태의 유희, 병적으로 고귀한 형상화로 해체할 수 있
는 평균화의 충동을 생산할 수 있기 때문이다.

불임의 미를 그렇게 많이 생산해내고, 생산의 힘을 내시(內侍)의
이상으로 그렇게 종종 잘못 인도하며, 한동안 모든 것을 피곤하게 하
고 쇠약하게 만들었을 때에는 야성적이고 자연적이며 거칠게 경험적인
질풍-노도-시기140) 같은 반응을 일반적으로 수반하는, 그와 같은 섬
세한 종류의 비틀기는 겉으로 보기에 최고의 것을 제공하는 까닭에 아
주 특별한 주의력을 기울인 비평을 요구한다. 개개의 예술은 당연히
자신의 표현매체에 따라 이런 이상성을 특화시킨다. 이에 대한 연구는
개별적 예술이론에 넘겨야 한다. 하지만 이 점을 분명히 하기 위해서
몇 가지 예를 들어보겠다. 고대의 예술이 몰락했을 때 그것은 분명히
캐리커처 외에는 아무것도 아닌 자웅동체의 것을 생산하는 폐해에 빠
졌다. 미의 독특함은 오직 성별의 구분에서만 이상으로 완성될 수 있
다. 훔볼트(W. v. Humboldt)가 훌륭한 논문 "남성적 형태와 여성적
형태에 관하여"(*Über die männliche und weibliche Formen*)(실러의 《호

___
140) 역주: 질풍 노도 시기(*Sturm-und-Drang-Periode*)는 독일 18세기 중엽의
문학사조로 차디찬 의고전주의적 형식미나 계몽주의의 도식적 교훈의 내용
주의에 반해서 자연의 감정을 토대로 그것에의 도취와 발산을 주된 흐름으
로 삼는다. 이때 예술가들은 저마다 자신이 기존의 시학에 얽매이지 않아
도 되는 천재라고 외친다.

렌》(*Horen*), 1795, 지금은 그의 전집 1권 1841, 215~217쪽)에서 아주
철저하게 보여주었듯이 말이다. 기품은 오직 남성에서만, 우아함은
오직 여성에서만 절대적 순수성으로 승화할 수 있다. 청년으로서의 남
성적 형상은 청년기에 어느 정도의 여성적 부드러움을, 숙녀로서의 여
성적 형상은 노년기에 어느 정도의 남성적 엄격함을 가질 수 있는데,
성별 타입의 개성적 진리를 손상시키지 않고 말이다. 그러나 남성적이
고 여성적인 이상의 미로부터 남성적이지도 않고 여성적이지도 않으며
오히려 자웅동체적일 수밖에 없는 제3의 이상을 조합한다는 것은 잘
못된 길로 이끄는 성찰의 유혹이며 이는 필연적으로 비틀기로 귀결될
수밖에 없다. 남색에 빠져든 남성(性)만을 찬양할 수 있었던 것은 부
자연한 시작이다.[141] 조각과 회화는 이와 같은 거짓 이상을 찬양하는
데 대단히 많은 비용을 들였지만 최고의 완벽함을 띤 작품에서도 그것
은 캐리커처이다. 이런 잡종 형상의 미는 바로 모든 것을 창조하는 절
대미라고 참칭해야만 하는 까닭에 유령적인 전율과 구토를 야기하는
추 자체를 갖고 있다. 아마존의 여전사가 활을 더 잘 당길 수 있기 위
해서 한쪽 가슴을 잘라낼 때 그녀는 그럼에도 불구하고 여성이고 펜테
질리아처럼 사랑할 능력이 있는 여성이다. 남자가 폭력적으로 거세되
면 이 내시는 불행한 사람으로서 여성화된 것이다. 그러나 남자이면서
동시에 여자인 자웅동체는 괴물이다. 우리는 폼페이 벽화에서 많은 자
웅동체들도 발견하지만 그런 이중적 이상에 대한 건강한 자연의 구토
가 적확하게 표현된 것도 단 하나뿐이다(《비밀 박물관》 13. 도상, 68
쪽). 여성의 머리장식과 귀고리를 하고 여자 젖가슴 같은 가슴 융기가
있으며 허리 부분은 넓은 자웅동체가 풍경화 속에서 부풀어오른 쿠션
을 깔고 누워 있다. 여성의 외모에 속은 사티로스가 그에게서 이불을
걷어낸다. 그 자웅동체는 욕망의 시선으로 그를 쳐다보지만 기대한 대

---

141) 역주: 그리스 시대에 남색은 남성의 일반적인 사랑의 형태였으며, 《향연》
　　　에서는 고귀한 사랑의 형태로 주장된다.

로 물의 요정을 발견하지 못한 사티로스는 경악해서 도망치며 감히 뒤돌아보지 못하고 방어하듯이 손을 뒤로 뻗친다. 예술이 진정한 예술성을 포기하지 않으려면 개체화를 중단해서는 안 된다. 예술은 본질을 표현해야 하나 구체적 현상으로 해야 한다. 보편적인 것은 보편적인 것으로서 학문의 사안이지 예술의 사안이 아니다. 그렇기 때문에 예술은 개체성을 빨아들이는 그런 보편화를 조심해야 한다. 조르주 상드는 《콘수엘로》(*Consuelo*) 후속편인 《루돌프슈타트의 백작녀》(*Gräfin von Rudolfstadt*)에서, 특히 에필로그에서 자체로는 고귀하나 비예술적인 비틀기로 타락했다. 콘수엘로는 친가라로, 그녀의 남편은 트리스메기스투스로 마침내 순수한 인간, 인간 그 자체가 된다. 트리스메기스투스가 외친다:

> "나는 인간이 아닌가? 인간의 본성이 무엇을 원하고, 그러므로 또 무엇을 현실화시키는지 왜 내가 말해서는 안 되는가? 그렇다, 나는 인간이다. 나는 인간이 무엇이 되고자 하는지, 인간이 무엇을 해내는지 말할 수 있다. 구름이 솟아오르는 것을 보는 사람은 번개와 폭풍을 예언할 수 있다. 나는 내 마음속에 무엇이 담겨 있으며 그로부터 무엇이 생겨나는지 알고 있다. 나는 인간이며, 그래서 내 시대의 인류와 관계를 맺고 있다. 나는 유럽을 보았다."

순전히 산문적인 추상이다! 그런 작품들은 고상할 수 있고 아름다울 수 있지만 그 고상함과 그 미는 비틀기라는 잘못된 길로 추상에 빠져든 것이다. 우리는 여기서 조각가 클레싱어(Clésinger)의 조상(彫像)이 1847년의 파리 살롱에서 불러일으킨 커다란 소동을 기억하게 된다. 왜냐하면 그 입상에 신화적 상황이나 혹은 다른 식의 상황이 표현되지 않았던 이유로 말미암아 전시 허락을 받지 못할 뻔해서 인기를 끌었기 때문이다. 그것은 장미가 뿌려진 침대에 누워 육욕의 꿈속에서 자세를 전환하는 풍만한 여인이었다. 이것은 현실이었지만 어느 누구도 이를 현실이라고 곧바로 고백하고 싶어하지 않았다. 그때 비평은 뭐라고 했나? 비평은 클레싱어가 아주 새로운 길을 열었다고 주장했다. 친구들은 그전에 조각가에게 카탈로그의 품위를 지키도록 겹쳐진 한쪽 발을 뱀으로 하여금 휘감게 하라고 충고했다. 그렇게 되면 사람들은 클레오파트라나 에우리디케를 생각할 수 있을 터이기 때문이었다. 그래서 그 조상은 《뱀에 물린 여자》(*La femme piquée par un serpent*)라는 제목을 얻었다. 비평은 다음과 같은 점을 열거했다. 이 대작은 그 어떤 여신도 님프도 드리아데도 오레아데도 나페도 오케아니데도 아니고,

> "그저 여인이다. 그는 이 과감한 여인에게서, 이 미친 여인에게서, 이 대단한 여인에게서 그것이 충분한 주제임을 발견해냈다."
> "그리스적이지도 않고 로마적이지도 않으며 입은 반쯤 열려 있고 눈은 무언가를 고대하며 콧날은 떨리고 있고 미지의 감정을 불러일으키는 매혹적이고 달콤한 얼굴 표정을 하고 있으며 발에서 심장에까지 작용하여 피를 뜨겁게 만들어서 혈관에 피를 흐르지 못하게 하는 가짜 사랑의 묘약에 의해, 중독(中毒)에 의해 야기되고 육욕을 불러일으키는 무기력에 빠져 있는 이 정형에 그들은 경탄하고 매혹되었다."

독이라는 허구의 도움을 빌리긴 했지만 이 매력이 육욕적 매력이라는 점은 충분히 노골적으로 언급되었다.

> "아주 정확성을 기하는 자라면 이제 다음 같은 질문을 던질 수 있을 게다: 뱀이 덧붙여진 이 조상이 무엇을 표현했던가? 우리는 그 점을 단정적으로 말할 수 없다. 자, 상관없다! 그녀는 사랑의 신 아모르의 화살통에서 나온 금화살에 가슴을 맞았다."

이제 마지막으로 여기서 노정된 새로운 방향을 묘사하지 않을 수 없다. 하지만 이것은 그저 보편성을 넘어서고 있을 뿐이며 이 보편성은 그저 여인을, 여인 자체를 표현한다는 점과 연계된 위험을 우리에게 명백히 보여준다.

"이 조상으로 클레싱어는 이론의 여지없이 자신의 독창성을 증명했다. 아테네와 로마의 고대는 그의 작품에서 발견되지 않는다. 르네상스도 발견되지 않는다. 그의 기원(起源)은 피디아스도 장 구종도 아니다. 그는 다비드와도 전혀 유사하지 않으며 프라디에라는 때늦게 나타난 영웅과는 더 비슷하지 않다: 아마 — 호의적으로 본다면 — 그의 작품에서 쿠스통이나 클로댕과의 관계를 어느 정도 발견할지 모른다. 그러나 그는 훨씬 더 남성적이고 훨씬 더 자유분방하며 훨씬 더 명랑한 매력을 지니고 있고, 자연과 진리에 대해서 느끼는 것과는 완전히 다른 감동을 준다. 어떤 조각가도 현실을 그렇게 긴밀한 포옹으로 파악해내지 못했다! 아름다운 여인을 장식 없이, 흥분 없이, 인위성 없이, 우리 시대의 머리와 몸으로 창조해내는 문제를 그가 해결했다. 누구나 자기 애인이 아름다울 경우 이 여인에게서 자기 애인을 알아볼 수 있다."

추상적 이상주의의 비틀기가 천재를, 천재와 세상의 싸움을 대상화한다는 점은 거의 맞다. 천재는 그 자신이 이상적 힘이다. 그러니 천재 자신을 표현한 곳에서보다 이상이 더 빛나게 전개될 수 있는 곳이 어디겠는가? 이 결론은 아주 설득력이 있어서 우리는 예술창작 역사의 내용을 이루는 다수의 시, 단편소설, 장편소설, 희곡이 그의 공(功)이라고 생각한다. 그러나 이런 창작은 자체로 그 어떤 조용한 것이고 비밀에 가득 차 있는 것이며 보이지 않는 것이고 하나의 상태이기 때문에, 예술가들에게 자신의 감정과 노력과 엄청난 의지를 낱말로 선포하는 계기를 제공한 상황으로 예술가들을 집어넣을 수밖에 없다. 그리고

이것을 다시금 호의적이지 않은 상황과 오인과 곤경과 가난과 사회의
그릇된 정황과 그런 것들을 통해서 하는 것보다 어떻게 더 잘할 수 있
겠는가. 이렇게 해서 원래 그와 같은 천재들을 전혀 소유해서는 안 될
배은망덕한 세상에 마땅히 진실을 말하고, 그럼으로써 이 분노한 정신
의 자부심을 충족시키는 슬픈 계기들이 계속 생겨나지만, 이 분노한
정신은 그렇게 마음속 깊이 경멸하는 세상의 박수갈채를 포기할 만큼
자부심이 충분하지는 않다. 완전히 캐리커처로 침몰되지 않는 한, 항
상 캐리커처와는 단지 선 하나의 간격만큼만 떨어져 있는 세계고(世界
苦) 의 이상을 표현하기 위해 이런저런 형태로 작품화되지 않은 유명한
예술작가는 아마 괴테의 《타소》(Tasso) 와 욀렌슐라거의 《코레기오》
(Corregio) 이후로는 거의 없을 것이다. 가장 많이 언급되는 그런 고상
한 비틀어진 이미지 중의 하나는 알프레드 드 비니(Alfred de Vigny)
의 《채터튼》(Chatterton) 이다. 프랑스 극장에서 그가 묘사된 작품이
상연된 후, 줄르 자넹(Jules Janin) 은 레발트의 《일반 연극리뷰》(All-
gemeine Theaterrevue, II권, 1836, 218쪽) 에서 다음과 같이 말했다.

> "이 채터튼은 허영심으로 인해 몰락하는 풍부한 재능을 갖춘 일종의
> 바보이다. 채터튼은 자신의 미래를 바라보는 남자처럼 의식과 용기
> 를 가지고 일에 착수하는 대신에 인간과 세계에 대해서 불평하기 시
> 작한다. 어느 화창한 날 그는 더 오래 기다리고 싶지 않기 때문에 자
> 살한다. 물론 이 점은 비난할 만하다. 그러나 이것은 형편없는 비가
> (悲歌) 를 위한 소재가 되어서는 안 될 슬픈 예이다. 사람들은 전반
> 적으로 젊은이들에게, 사회가 그 자신을 위해 아무것도 하지 않았던
> 사람들에게 빚진 것이 없다는 점을 지겹도록 이야기한다. 젊은이들
> 은 머릿속에서 몇 개의 시나 산문을 느끼면 사회가 그들에게 팔을 벌
> 리고 지갑을 열고 곧바로 다가와야 한다고 믿는데, 그 반대로 그들
> 이 세상에 다가갔어야 했다. 천재는 천성적으로 인내심이 있다. 불
> 후의 천재일수록 기다리는 법을 더 잘 이해한다. 늙은 호라티우스처

럼 차례가 자기에게 왔을 때까지 굳건하게 기다리지 않을 천재가 세상 어디에 있는가? 청춘 자체가 이미 아주 커다란 재산이란 점을 통찰하지 못하고, 하늘에 배은망덕하게 자신이 행복함을 느끼지 못하는 젊고 인내심 없는 정신들을 당신들이[142] 분노로 몰고 가는 것은 아닌가? 당신들의 흉물스러운 불평이, 당신들의 거짓된 불만이 자살 행위를 부추기는 것이 아닌? 퀼베르, 말필라트르, 샤테르통의 죽음은 이미 많은 해를 끼쳤다. ─ 이런 관점에서 보면 알프레드 드 비니의 채터튼은 비난받을 만하고 살인적인 구성물이다. 입을 옷과 먹을 빵이 없다는 이유로 전체 5막 동안 돌아다니면서 사회에 반항해서 절규하는 작가를 상상해보라. 그러나 그는 일거리를 가지고 있다. 왜 그는 일을 하지 않는 건가? 그가 어떤 특권을 가졌기에 사람들이 그를 그의 작품을 통해서 인식하기도 전에 사람들이 그에게 먼저 다가가야 했다는 것인가? 엄격한 신봉자라면 채터튼을 감옥에 집어넣을 것이다. 그는 분명히 감옥에 들어가야 할 게다. 그곳에서 그는 먹고 자게 되며 완전히 마음 내키는 대로 창작할 수 있다. 채터튼보다 더 위대한 작가들은 사슬에 묶인 채 더 불편하게 살았다. 쉐리댄[143] 자신은 오잘리엔눔(Osalienum)의 죄수가 아니었나, 그리고 그런 이유로 해서 원래의 자신보다 못한 존재였나? 시장은 채터튼에게 제1시종의 자리를 제공하고 채터튼은 거절한다. 루소는 내세울 만한 것이 더 없었다. 그는 하인 제복을 입었지만 그럼에도 불구하고 장자크였고 그가 자살했을 때에 이는 남몰래 은밀하게 했는데, 시점은 그가 《엘루와즈》(*Héloise*)와 《에밀》(*Emile*)과 《사회계약론》(*Contrat social*)을 쓴 이후였다.˝

비틀기를 통해서 미의 이상 자체를 현실화시키려는 견해를 갖고 있

---

142) 역주: 세계고를 느끼고 이에 대해 불만을 늘어놓는 비틀린 이미지들을 늘어놓는 작가들, 예컨대 드 비니 같은 작가를 의미한다.

143) 역주: 쉐리댄(Thomas Sheridan, 1687~1738). 스위프트의 절친한 친구로서 포도주를 너무 좋아한 풍자시인이자 독설가.

던 예술가들이 만드는 비틀기에 대해서는 이 정도로 해두자. 비교적 은밀한 이런 형태의 캐리커처들과 비평조차 굴복시킬 수 있는 현혹에 대해서는 이 정도로 해두자. 소재에 의해서 끌려나오는 거의 필연적인 캐리커처에 관해서는 이 정도로 해두자. 그러나 이 모든 토대로부터 도출되는 결론은 상술한 것 전체가 의도적인 캐리커처 생산의 경우에 가능하다는 점이다. 의도적인 캐리커처는 그 형태가 비록 미에 대해 부정적이더라도 예술작품으로서 미의 보편적 법칙에 예속되어 있기 때문에 당연히 질 나쁜 캐리커처도 있을 수 있다. 그런 것들은 경향성의 악의와 형상의 추에 머물러 있으며 익살스러운 방종의 명랑함으로 승화하지 않는 것들이다. 그런 것들은 산문적 비꼼으로 분노하게 하고 상처를 주는 한정된 의도의 유한성에서 벗어나지 못하는 것들이다. 그런 것들은 또 전제된 반대 이미지 속에 자신의 윤곽을 충분히 명료하게 반영하지 못하고, 그래서 충분히 위트 있지 못하며 자신의 둔감함으로 인해서 연관관계의 불안정성과 해석의 어려움을 야기하는 것들이다. 나아가서 그런 것들은 묘사의 약점 때문에 상징적으로 덧붙여진 것들의 외양으로 자신을 둘러싸게 해야 하고, 그런 덧붙여진 것들을 과도하게 쌓아놓아 다시금 올바른 관계에서 벗어나는 위험에 빠지는 것들이다. 마지막으로 질 나쁜 것들은 형상의 비틀기가 원래 존재해야 했던 개념에 대한 실제의 아이러니로 시작되는 지점을, 그것이 내부에서 전개되는 지점을 고착시키거나 찾아낼 줄 모르는 그런 것들이다. 캐리커처에 관해서는 마치 재능이 별로 없는 자들만이 캐리커처를 다룰 수 있고, 캐리커처를 다루는 것이 취향을 타락시킴에 틀림없다고 말하는 소리가 들린다. 이런 진부한 견해는 오직 질 나쁜 캐리커처와의 관계에서만 의미가 있다. 왜냐하면 훌륭한 캐리커처는 진실로 — 모든 선이나 미처럼 — 어렵기 때문이다. 플라톤이 《향연》에서 이미 말하고 있듯이 가장 훌륭한 비극작가가 또 가장 훌륭한 희극작가라는 점을, 즉 코믹은 비극과 같은 정신의 심연에서 기원하고 같은 힘을 필요로 한다는 점을 우리는 명심해야 한다. 고대의 비극작가들은 3부작을 위해서 세간의 사티로스극을 창작했다. 그것들 중 다수는 사라져버렸다. 단지 하나만이, 에우리피데스의 퀴클로펜만이 남아 있다. 그것은 캐리커처가 그와 같은 장르의 영혼이었다는 점을 우리에게 충분히 보여준다. 그러므로 질 나쁜 캐리커처뿐만 아니라 캐리커처 전반에 대해서 과소평가를 하는 자라면 고대 비극작가들의 이름을, 아리스토파네스와 메난드로스의 이름을, 호라티우스와 루키아노스의 이름을, 칼데론과 셰익스피어의 이름을, 아리오스토와 세르반테스의 이름을, 라블레와 피쉬아르트의 이름을, 스위프트와 보즈의 이름을, 티크와 장 파울의 이름을, 브뢰헬과 테니에의 이름을, 칼로와 그랑빌의 이름을, 호가르트와 가바르니의 이름을 자기 옆으로 스쳐 지나가게 해보라. 그런다음 자기가 여전히 진정한 캐리커처의 창조를 부차적인 작품활동으로 간주하는 용기를 가질 수 있는지 자문해보라. 물론 이상적 내용과 위트와 자유와 대담성이나 귀여움과 유머러스한 유연성이 없다면, 그곳에서 캐리커처는 당연히 추악하고 고통을 주는 흉측한 형상일 뿐이며 다른 모든 질 나쁜 예술작품과 매한가지로 지루하고 견디기 힘들다.

캐리커처는 이념을 비이념의 형태로, 본질을 그것의 역전된 현상으로 표현해야 하지만 비이념과 형태를 구체적 매체로 반영해야 한다. 달리 말하자면 캐리커처는 개체화의 기술을 이해해야 한다는 것이다. 캐리커처는, 만족을 자신 속에 갖고 있고 자신의 독자적 형태의 기분 좋은 소리에 만족하는 진정한 미에 대립적인 유희이다. 캐리커처는 불안정하게 자신 너머를 지시한다. 왜냐하면 그것은 자신을 수단으로 그어떤 다른 것을 표현하기 때문이다. 그것은 내적으로 분열되어 있지만 이런 분열에서 자기 자신과 상대적으로 조화로운 형상이긴 하다. 캐리커처의 근원인 경험적 중재는 무한히 상이한 중재일 수 있다. 상태, 행위, 교양의 경향성은 어떤 내용이든 그것에 계기를 부여할 수 있다. 우리는 이웃 민족들이 그들의 고유성을 비틀린 이미지로 요약하고 있음을 알고 있다. 프랑스인은 영국인을 캐리커처로 만들고, 영국인은 프랑스인을 캐리커처로 만든다. 비교적 특출난 도시들은 자신들의 비틀린 이미지를 만들어내어 그 속에서 자신의 독특함을 아이러니컬하게 비웃는다. 로마시대 민중 소극의 정형들은 예컨대 비교적 새로운 이탈리아 가면으로 전승되는데, 이탈리아의 주요도시들이 그렇게 되도록 기여한다. 아를레치노는 옛 로마의 산니오이고, 판탈로네는 베네치아의 상인이며, 도토레는 볼로냐 출신이고, 벨트라모는 밀라노 출신이며, 스카피노는 베르가모 출신의 교활한 하인이고, 카피타노이자 스카라무키아는 나폴리 출신이다. 풀치넬라는 아케라 출신의 아풀리엔풍 익살꾼이며 고대의 마쿠스이다. 타르타길리아는 말더듬이이고, 브리겔라는 페라라 출신의 사기꾼이자 포주이며, 파스카리엘로는 나폴리 출신의 수다쟁이 바보이다. 겔소미노는 로마와 피렌체의 귀여운 주인나리이다. 메체티노와 피에로는 파리의 이탈리아 극장에서 이탈리아 가면이 변형된 것이다. 이런 가면들은 많은 관점에서 가장 완벽한 캐리커처들이다. 이것들은 추의 모든 뉘앙스를 포함하며 코믹으로 해소된다. 이것들은 모든 것을 패러디로 만들지만 그 모든 것을 역사적 토대를 지닌 구체적 개별화를 통해서 패러디로 만든다. 런던, 파리, 베를린 같은 대도시들은 그네들의 코크니[144]와 길거리의 어중이떠중이들과 주정꾼들을 통해서 스스로를 조롱한다. 이와 같은 문화 중심지에서 계속되는 사회의 해체에서 이미지 비틀기의 소재는 무한하다. 매이휴(Mayhew)는 그의 아주 중요한 런던 빈민들에 관한 작품으로 런던의 비참한 길거리와 초라한 집에서 사는 특징적 인물들을 묘사하려는 생각을 실천에 옮겼고, 그 결과 우리는 유령이 출몰하는 런던 문명의 하데스에 대해 무시무시할 정도로 사실에 충실한 모사를 볼 수 있게 되었다. 런던 문명의 무산계급은 거의 캐리커처로만 형상화되어 있

---

144) 역주: 코크니(Cockney). 런던 이스트엔드에 거주하는 하층계급에 대한 별칭이다.

다. 이 캐리커처들은 거의 완전히 독특한 감각적 윤곽을 띤 흉측한 형상들일 뿐이며, 크루생크(Cruiksank)와 피즈(Phiz)의 비틀린 그림들이 보여주는 그 감각적 윤곽은 우리를 역겹게 한다. 특히 방임된 아이들은 참혹한 인상을 심어준다. 이들은 궁핍과 곤경과 범죄와 음주, 그리고 간헐적인 포식으로 인해 황폐화된 삶이 일찍이 찾아와 완전히 노인 같은 모습을 보인다. 몇몇의 형상들은 비교적 고귀해 보이지만 그럴수록 더 마음을 뒤흔들어댈 뿐인데, 예컨대 길모퉁이에서 기독교 팜플렛을 팔고 있는 저 거지 힌두교신자처럼 말이다. 런던 안개 속의 이 어둡고 깡마른 형상은 섬세한 골격과 종교적 한계성을 갖고 있고, 보다 드높은 정신이 완전히 꺼지지 않은 기억으로서 시선을 던지는, 감동적으로 멜랑콜리한 얼굴을 하고 있다! ― 프랑스인들은 작품 하나를 만들어냈다. 이것은 오직 사실에 충실한 조각칼로 현실을 우리에게 모사해주고 있는 듯하지만 현대 사회의 수많은 정형이 들어 있는 캐리커처의 요소를 감추지 않는다. 우리가 말하는 것은 《프랑스 자화상: 19세기의 풍속 백과사전》(*Les Français pents par eux mémes*: *Encyclopédie morale du dix neuvième siècle*)이다. 우수한 예술가들이 그린 가장 뛰어난 모사 그림들이 수록되어 있고 고전적 작가들이 쓴 이 작품은 1841년부터 4절판의 8권으로 출판되었고 당연히 심리학자와 도덕가와 작가와 종교인과 공무원들에게 겉으로 보기보다 훨씬 더 잘 알려져 있다. 이 저작 중 세 권은 시골의 정형을 포함하고 있다. 군대와 갈레선의 노예들과 생라자르와 그와 유사한 것들에 대한 항목은 학문적으로 가장 철저하게 쓰여져 있다. 1845년에 4절판의 두 권으로 출판된 《파리식의 악마 혹은 파리와 파리시민들》(*Diable à Paris oder Paris et les Parisiens*)은 그 후편으로 볼 수 있지만, 그저 보다 더 오락적인 목적만을 위한 것이며 거의 캐리커처만을 다루고 있고, 비교적 세련되거나 조야한 무산계급을 거지와 창녀들에 이르기까지 보여주고 있다.

상이한 사회 신분 역시 민족과 도시처럼 서로를 캐리커처로 만들고 있음을 우리는 발견한다. 농부, 군인, 교장, 이발사, 구두수선공, 재단사, 방물장수, 문인, 삼류시인, 문지기, 간수 등이 비틀린 이미지로 고착된다. 이 비틀린 이미지들은 시대에 따라 변형되지만 항상 같은 방향에서 새로워진다.

마지막으로 성별과 연령대의 상이함이 캐리커처를 위한 소재를 제공한다. 여기에는 열정들도 포함될 수 있을 것이다. 테오프라스토스가 《인물》(*Charaktere*)에서 묘사했고 그 뒤에는 라 브뤼에르가, 그 다음에는 라베너가 묘사했듯이, 그리고 메난드로스와 디필로스가 기초를 닦은 소극의 내용을 이루듯이 말이다.

우리는 그 같은 상태와 행위를 구분해야 한다. 행위는 원래 역사적 캐리커처의 내용을 형성하며, 민족과 정부의 공적 행위에서 나타나는 모순을 풍자한다. 런던의 《펀치》(*Punch*), 파리의 《소란》(*Charivari*), 베를린의 《쨍그랑》(*Kladderadatsch*) 같은 시대적 캐리커처는 이로써 정치와 교회의 부조리에 대한 연대기가 된다.

교양의 성향은 종종 지나치게 흥미롭고 지나치게 많은 캐리커처의 소재를 제공하는데, 더욱이 이중적 방식으로 그러하다. 한 번은 성향 자체에 대한 조롱을 통해서, 하지만 그 다음에는 문명과 비문명 사이에, 문명과 과(過)문명 사이에 존재하는 모순의 풍자를 통해서이다. 성향 자체는 그 특성이 풍자에 의해 편협성으로 국한되고, 그래서 이런 고착화에서 과장되는 한, 캐리커처로 만들어질 수 있다. 그러나 교양이 그 시작의 불완전함과 그 결말의 지나친 성숙도에서 비틀기에 가장 적당한 소재를 제공한다는 점은 그것의 본성에 기초해 있다. 전자의 방향을 따르는 캐리커처들은 대부분 문명화된 민족들이 자연의 민족들과 교류하는 곳 어디에서나 생산된다. 그것들은 다른 관점에서 보면 우리에게 종종 아주 고통스러운 모습을 제공할 수 있다. 왜냐하면 강하고 비교적 아름다운 존재가 이질적 교양에 사로잡혀 망가져서 추악하고 우스꽝스럽게 흉측한 형상으로 기형화되는 것이 보이기 때문이

428

다. 캐틀린(Catlin)은 《북아메리카의 인디언》(*Indianer Nordamerikas*, 베르크하우스 출판사의 독일판, 1848, 306~308쪽)에서 온갖 장식물이 달린 화려한 전통의상을 입고 워싱턴으로 왔던 애시니보인족(族)의 추장 웨이-춘-초에를 모사한 그림과 이야기를 수록하고 있다. 하지만 추장은 연방의 여러 도시에서 비교적 오랫동안 체류를 한 후 어떤 모습으로 자기 종족에게 되돌아갔던가?

> "그가 증기선의 선상에서 모습을 드러냈을 때 그의 어깨에는 엄청난 견장이 달려 있고, 금띠로 장식된 아주 고급의 파란 천으로 된 양복을 입고, 목에는 빛나는 검은 목 장식끈을 하고, 발은 굽이 높은 한 쌍의 방수 장화에 억지로 끼워맞춰져서 그의 걸음걸이는 불안정하고 비틀거렸다. ─그는 머리에 폭이 넓은 은색띠가 둘려 있고 2피트 길이의 빨간 깃털장식이 달린 높은 비버 모자를 쓰고 있었다. 딱딱하고 곧추서 있는 양복 옷깃은 그의 귀까지 닿았고 빨간색으로 장식된 길게 땋아진 머리칼이 등에 늘어져 있었다. 그는 목에 파란 끈에 묶인 커다란 은메달을 걸고 있었고 오른쪽 어깨에 걸려 있는 넓은 폭의 띠에는 면이 넓은 칼이 매달려 있었다. 손은 염소가죽으로 된 장갑을 끼고 있었는데, 오른손에는 커다란 부채를, 왼손에는 푸른색 우산을 들고 있었다. 워싱턴 사람들은 이 불쌍한 웨이-춘-초에를 그렇게 성장(盛裝)시켰었다!"

캐틀린은 캐리커처의 이미지 하나를 보여준다. 칼이 주인공의 다리 사이에서 질질 끌린다. 그는 여송연을 피우고 두 개의 양복 호주머니에서 브랜디병이 빠끔히 얼굴을 내민다. 그러나 진정한 캐리커처는 그가 집에 도착했을 때 비로소 완성된다. 이곳에서 그의 부족들은 그가 양키들에 대해서 보고한 내용 때문에 그를 거짓말쟁이로 간주한다. 그가 도착한 다음날 아내는 양복의 불필요한 부분인 품 부위로 한 쌍의 각반을, 은색의 모자띠로는 한 쌍의 바지대님을 완성한다. 그렇게 짧아진 양복은 그때부터 동생이 입는 반면, 그 자신은 활과 화살통은 갖고 있지만 양복 없이 나타나고, 놀라는 친구들은 비싼 단추가 달린 고급 와이셔츠에 대해 경탄한다. 칼은 여전히 자기 자리를 지키고 있지만 그는 이미 정오에 장화를 가죽신과 바꾸었고 이런 옷차림으로 브랜디통 옆에서 친구들과 이야기하며 앉아 있다. 그의 애인 중의 한 명은 그의 아름다운 비단 목 장식띠를 바라보고 있다. 다음날 그가 양키 두 들과 워싱턴 행진곡을 휘파람으로 불며 브랜디통을 팔 아래에 끼고 옛날 지인(知人)의 오두막 쪽으로 비틀대며 걸어가는 것이 보인다. 하얀 와이셔츠의 한 부분이 혹은 전에는 바람에 날렸던 부분이 도발적으로 줄어들어 있다. 금띠로 장식된 파란색 바지는 한 쌍의 편한 각반으로 변했다. 이때 그는 화살과 화살통을 몸에 걸치고, 땅에 질질 끌렸던 폭 넓은 칼은 그의 다리 사이로 끼어들어 그를 안전하게 "저 불안한 땅의 표피" 위를 지나도록 이끌어주기 위한 방향타로 이용된다. ― 이렇게 이틀이 지나고, 술통은 비워졌으며 아주 멋졌던 양복차림에서 그에게 남은 것이라고는 그가 아주 좋아해서 어떤 날씨에도 가지고 다녔던 우산뿐이었다. 그에 반해 그가 입고 있는 것은 가죽옷이다!

예술이 이런 모순들을 다룬다면 예술은 그 속에서 문명의 모자람 자체도 함께 조롱하는 아이러니를 갖고 있어야 한다. 프랑스인들은 예컨대 마르케사스 군도를 획득한 후 그런 의미의 일련의 캐리커처를 만들었다. 그들은 문신을 새긴 야만인이, 그리고 이들이 어떻게 바로 저 인디언 추장처럼 유럽의 의상을 입고서 가장 멋진 캐리커처로 꼴사납게 되어버렸는지, 그들이 창문세(窓門稅)[145]에 대해 얼마나 행복해했는지, 백인 아이들에게서 드러나는 프랑스 문명의 발전이 그 아버지들을 얼마나 놀라게 했는지를 그림으로 그렸다. 한 장의 그림에서 마르케사스 귀족이 비록 장화를 신었지만 그외에는 셔츠만 걸치고 몽둥

---

145) 역주: 창문세. 창문의 수에 따라 부과된 옛날 세금제의 일종이다.

이를 들고 집에서 뛰쳐나오려고 하고, 그 집의 문을 통해 바깥에 있는 그의 부인이 프랑스식의 우아한 태도로 부드럽게 마주보고 있는 것이 보인다. 그러나 다른 프랑스 남자가 그를 만류하며 그에게서 몽둥이를 빼앗으려고 한다.

'불행한 자여! 당신은 대체 무엇을 하려고 하는 겁니까?
제기랄! 내 아내의 애인을 호되게 때려주려고 그런다.
그렇게 하면 당신의 명예가 손상될 텐데요. 유럽의 유행에 따라서 당신의 경쟁자에게 결투 입회인을 보내세요. 내일 아침에 그 장소로 가세요, 그 신사가 당신 머리에 총을 쏘겠죠. ─ 그러면 어쨌든 당신은 완전히 만족할 겁니다!'

다른 그림에는 끈으로 묶는 흰 바지차림에 노란 조끼를 입고 딱딱한 넥타이를 매고 있으며 꼭 끼는 연미복을 간신히 껴입은 유행의 희생자가 보인다.

'하지만 재단사여, 당신이 내게 가져다준 이 옷을 입고 팔이나 다리를 움직인다는 것은 절대로 불가능하오.
그것은 그래야 합니다. 파리에서 부자들은 다른 식으로 옷을 입지 않습니다. 옷을 간신히 껴입을수록 더 좋은 평가를 받고 사람들은 행복해 한답니다!'

과(過) 문화로서의 기형화가 잘못된 감상성과 잘못된 관습과 잘못된 학식과 미친 정치적 웅변과 이단적 광신의 정신병과 사치의 몰취향성과 유행에 따른 치유법의 경쟁과 예술의 착오 자체로 제공하는 소재는 당연히 훨씬 더 다양하다. 이런 캐리커처들은 일반적으로, 이미 정신이 그런 병들을 극복하면서 보여주는 반응이 외화(外化)된 것들이다. 그래서 여류작가는 작가로 활동하는 여성들에 대한 풍자로, 프루돔 씨는 모든 것을 더 잘 알고 있다는 비평가들에 대한 풍자로, 머리에 커다란 곰가죽 모자를 쓰고 코에는 대화용 안경을 걸친 제복차림의 마이외 씨는 의용병에 대한 풍자로, 《최고의 공화국을 찾고 있는 장 파투로》(*Jean Paturot à la recherche de la meilleure des républiques*) 는 사회주의자와 공산주의자들에 대한 풍자로 기능한다. 이 캐리커처들은 때로는 아주 개인적인 것이 될 수도 있다. 예컨대 슐레겔(A. W. Schlegel)이 코체부의 문학작품을 조롱했던 것처럼 혹은 백작녀 한한이 자신의 소설에서 적당한 남자를 찾으려는 자신의 노력을 그녀 자신의 소설 《디오게나》(*Diogena*) 에서 재치 있게 조롱한 것처럼 말이다.[146] 그녀는 수많은 남자와 심지어는 북아메리카의 인디언 추장과도 시도를 해보지만 실패한 후에는 마침내 중국인에게서 적당한 남자를 발견한다.

캐리커처는 작업에서 예술의 보편적 법칙을 따라야 한다. 그것은 인물을 묘사할 수 있고 상징할 수 있으며 이상화할 수 있다.

인물 묘사는 보통 특정한 개인에 대한 풍자에서 비롯하는 개인적 캐리커처에 속한다. 그러나 그 방향은 일반적으로 국가와 교회와 예술 내에서 분파(分派) 간의 싸움과 관련 있기 때문에 거기에는 증오가 커다란 몫을 차지한다. 이로부터 도출되는 결론은 비틀린 이미지를 미적으로 완성하는 작업이 적게 독화살을 쏘려는 물질적 이해관계에 예속되어 있다는 것이다. 그렇기 때문에 해당 인물과 외양이 어느 정도 유사성을 띠면 만족하게 된다. 그것이 풍자적인 공격을 위해 겉모양으로 쓰이기에 충분하다면 말이다. 이런 종류의 거의 모든 캐리커처의 예술적 가치는 극히 얼마 안 된다. 프롱드의 난과 위그노 전쟁과 로(Law)의 현금 사기 시대에서 비롯하여 최초의 혁명에 이르기까지 비

---

146) 역주: 백작녀 한한(Gräfin Hahn-Hahn)은 파니 레발트(Fanny Lewald) 혹은 이두나 백작녀 한한(Iduna Gräfin Hahn-Hahn)이라고도 불리는 여류소설가로 적당한 남자를 찾으려는 자신의 노력을 자기가 쓴 소설 《디오게나》(*Diogena*) 에서 스스로 조롱하고 있다.

틀린 이미지들이 원본에 따라 모사되어 있는《프랑스 캐리커처 박물관》같은 그런 모음집들을 훑어보라. 마찬가지로 원본에 따라 재현된 혁명시대의 캐리커처들을 오귀스탱 샬라멜(Augustin Challamel)의《명사(名士) 의회부터 제국에 이르기까지 프랑스 공화국의 역사박물관》(*Histoire Musée de la république Française depuis L'assemblée des Notables jusqu'à L'empire*, 파리, 1842, 2권)에서 보라. 뵈티거(Böttiger)가 지난 세기말과 금세기 초 바이마르에서 발행한 잡지 〈런던과 파리〉(*London und Paris*)의 캐리커처들을 보라. 비슷한 풍자 서적과 비방문과 노래들을 묘사한 그런 그림들과 비교해보라—어디에서나 무엇보다도 오직 적대자에게 여론을 통해서 한 방 먹이려는, 쓰디쓰고 날카로우며 산문적인 어조와 마주치게 되지 않나. 그렇기 때문에 이 범주에서는 심지어 원수를 웃음의 제물로 삼으려는 특정한 수단이 반복된다.

　수단의 이런 궁색함은 명랑함과 무해함으로 승화하지 못하는 개인적 풍자의 이기주의적 관점에서 비롯한 결과이다. 두 번째 종류의 미적 작업은 다음과 같은 점으로 인해서 인물 묘사와 구분된다. 그것은 비틀기를 보편적 비틀기로, 즉 한 부류에 속한 개인들을 위해 상징적으로 기능하는 전형으로 간주한다. 여기서 직접적 연관의 씁쓸함은 사라지고, 문학은 넓은 활동영역을 확보한다. 이와 같은 상징적 표현은 역사의 주요인물들의 몰락을 모순으로 표현하는 역사의 변천을 따르는 것인데, 이 모순은 경험적으로 피할 수 없는 역사적 한계에서 점차로 발전하는 것들이다. 예컨대 완전한 시민권자들 혹은 엉터리 시민권자들에 관한 우리 독일의 민중본은 이런 식으로 그런 종류의 캐리커처가 된다. 이것은 고루함에 깊이 빠져 있는 속물근성의 시민들을 그 어떤 개인적 연관관계 없이 진정한 유머로 괴롭힌다. 베른허(Wernher)의 중세 고지독일어로 쓰여진 시《헬름브레히트》(*Helmbrecht*)는 농민계급과 기사계급이 방탕에 빠져 황량하고 임시변통적인 도둑의 삶으로 타락해감을 그런 식으로 훌륭하게 묘사했다. 그런 식으로 7월 왕국147)

의 시대는 로베르 메케르,[148] 즉 일반적 조직 사기라는 전형을 만들어
낸다. 메케르는 동료 베르트랑과 연단에서, 주식시장에서, 살롱에서,
카지노에서, 의사와의 상담에서, 무개차 등 어디에서나 함께한다. 메
케르는 뚱뚱하고 연미복을 입고 있으며 윤이 나는 모자를 쓰고 두터운
비단 목도리를 두르고 번쩍번쩍 빛나는 브로치를 달고 가급적 사람들
의 마음을 끌고자 하는 타입이고, 그의 도우미 베르트랑은 해진 옷을
입고 꼭 맞는 모자를 쓰고, 모든 가능한 것들을 집어넣을 수 있는 자
루 형태의 긴 가방들을 갖고 있고, 타박타박 걷는 걸음걸이, 드러난
깡마른 목덜미, 완연히 장난꾸러기 같은 순결무구함을 띤 수상한 얼굴
표정을 하고 있다. 미국에서는 조나단 형제로, 영국에서는 존 벌 형제
로, 독일에서는 미셀 형제로 불리는 경우처럼, 민족들이 시대적으로
서로 상이하게 만들어내는 이미지들도 이 범주에 속한다. 중국에서는
심지어 정부가 아편의 흡연을 억제하기 위해 상징적 캐리커처를 사용
한다. 아편을 즐김으로 인해서 마침내 인간의 모든 감정과 모든 책임
의식과 모든 현실로부터 유리되어 추악한 해골로 수척해져가는 불행한
자의 파멸을 단계별로 그림으로 묘사하게 함으로써 말이다.

캐리커처의 이상적 작업을 우리는 상상적 작업이라고도 부른다. 과
장의 과도함은 비틀린 이미지를 자기목적으로 삼고, 추를 때로는 무해
한 우연으로, 때로는 최고의 필연성으로 묘사한다. 비틀기는 자기 자
신을 파멸시킨다. 왜냐하면 그것은 천박한 현실의 한계에서 벗어나 동
화적 자유로 유희하며 넘어가기 때문이다. 오직 위대한 예술가만이 자

---

147) 역주: 7월 왕국은 1830년부터 1848년까지의 프랑스를 지칭한다. 1830년 7
　　월 혁명 후에 루이 필립 오를레앙 공작이 권력을 쥐고 왕으로 선포된다.
　　그는 국민과의 긴밀한 관계를 과시하고자 프랑스의 왕이 아니라 프랑스인
　　들의 왕이라는 칭호를 사용한다. 1848년에 제2공화국이 들어선다.

148) 역주: 로베르 메케르(Robert Macaire)는 유명한 드라마 등장인물 이름이
　　며 삽화신문 〈르 샤리바리〉(Le Charivari)에서는 7월 왕국의 사업수완이
　　능한 시민으로 은행가, 주식투자자로 등장한다.

434

체의 유머를 통해서 보통의 경우에는 절대미만이 할 수 있는 것 같은
바로 그런 지복함을 우리에게 불러일으키는 그런 놀라운 추의 변형들
을 생산해낼 천재성을 충분히 갖고 있다. 이 작업의 자유와 위대함은
형태와 내용의 부정적인 것을 그 자신의 코믹으로 극복한다. 내용적
관점의 상상력과 형태적 오성성(悟性性)의 관계는 어린 데뷔로가 콘스
탄티노플에서 형을 극도의 위험에 빠뜨렸을 때 그와 형의 관계와 같
다. 데뷔로의 아버지는 가족과 함께 터키 황제 앞에서 육체적 곡예를
해야 했다. 그래서 그들은 어느 날 커다란 홀로 인도되었지만 이곳은
완전히 비어 있었다. 여기서 아버지는 비단 장막 앞에서 가족과 함께
가장 위험한 곡예를 했다. 무엇보다 형은 이빨로 사다리를 물고 동생
이 사다리를 타고 올라간다. 성공적으로 위에 도달한 상태에서 그는
되돌아가는 것을 망각한다. 왜냐하면 사다리의 맨 위 디딤판에서 갑자
기 장막 뒤에 있는 술탄의 하렘 전체를 보기 때문이다. 형은 계속 신
호를 보내고 그가 거의 실신할 지경에 결국 동생은 위에서 경악에서
깨어나 정신을 차리고 아래로 내려온다. 줄르 자넹(Jules Janin)이 《데
뷔로, 너푼짜리 극장에 관한 이야기》(Débureau, histoire du théatre à
quatre sous), 3장에서 서술하는 이 이야기는 그 자체가 하나의 상징이
다. 아래에 있는 것은 계산적이고 균형을 잡는 오성이고, 그 다음으로
무미건조하고 미적이지 않은 사다리는 수단이며, 미의 모습에 매혹되
고 자신을 망각한 상상력이 위에 있다.

회화의 산물인 캐리커처는 의도를 명확하게 하기 위해서 아주 종종
언어의 도움을 기꺼이 받아들인다. 이런 결합으로부터 점차로 개별적
인 그림 위트뿐만 아니라 완전히 연속된 캐리커처들이, 완전히 서로
연관된 그림 언어와 언어 그림의 이야기들이 생겨났다. 가바르니가 그
런 이중의 예술에서 특별한 천재지만 퇴퍼가 유머에서 그를 넘어선다.
《가바르니 선집(選集), 현시대 관습에 관한 연구》(Œvres choisies de
Gavarni, études de moeurs contemporaines, 4절판 4권, 1846)는 우리에

게 무서운 아이들(*enfants terribles*), 매춘부, 대학생, 사육제, 부두 노
동자, 여배우, 클리시, 저녁의 파리 등을 아주 위트 있게, 그러나 신
랄히 보여준다. 반면에 퇴퍼는 재미있는 《목판화 이야기들》(*Histoires
en estampes*)에서 셰익스피어로 하여금 폴스태프를, 장 파울로 하여금
카젠베르거 박사를, 티크로 하여금 허수아비 레데브린나를 창작하게
한 저 명랑한 경망스러움으로 넘쳐난다. 피셔(Vischer)는 슈베클러
(Schwegler)의 《현대 연감(年鑑)》(*Jahrbücher der Gegenwart*, 1846,
554~566쪽)에 실려 있는 가바르니와 퇴퍼에 관한 논문에서 이 전체
장르의 특징을 너무 훌륭하게 집어내어 우리는 이를 참조하라고 하지
않을 수 없다. 그도 그럴 것이 우리는 기껏해야 이 논문을 그저 반복
할 수 있을 뿐이기 때문이다. [149]

---

149) 피셔는 같은 곳, 같은 쪽에서 가바르니를 퇴퍼와 비교하고 후자의 유머를
훌륭하게 표현했다. 퇴퍼의 스케치들은 단지 신속하게 펜으로 그린 것들이
다. 그것들은 종종 작은 점과 짧은 선으로만 되어 있는 것처럼 보이지만
이야기도, 자보 씨와 졸리부 씨와 펜슬 씨에 관한 그 재미있는 이야기도
있다. 뮌헨에서 발행되는 슈나이더와 브라운의 〈플리겐데 블래터〉(*Flie-
gende Blätte*)에 이 이야기들이 실림으로써 퇴퍼의 방식은 그때부터 우리들
에게서 거의 대중적인 인기를 끌었다. 이것들의 특성을 설명하기 위해서
피셔의 묘사에서 몇 마디 말만 인용해보기로 하자. 피셔는 퇴퍼의 중요한
계기로서 작업방식의 서사성을 강조한다. 이것이 그로 하여금 또 에피소드
를 따라가게 만드는 것이다. "페스투스 박사에서 천문학자들이 물에서 구
출되었을 때 우리는 그들의 가발이 어떻게 되었는지도 계속해서 알게 된
다. 이것은 길고 극도로 재미있는 또다른 이야기가 된다. 크레펭 부인은
피치 반창고를 붙이고 그것을 잃어버린다. 후에 그것은 계속해서 상이한
손을 거치며, 마침내 그녀의 아이들의 예전 교육자였고 그 이후 세금 추적
자가 되는 보니숑의 피부에서 순환운동을 끝낸다. 그러나 이렇게 해서 그
는 또 서사적 상세함을 수단으로 주도 동기들의 모든 것을 끌어낸다. 그는
그것들을 물레에 감아놓았던 것처럼 그것들을 또 마지막 실에 이르기까지
다 풀어낸다. 결국 퇴퍼의 모든 방법은 전적으로 가장 좁은 의미에서 순차
적인 것이라고 불릴 수 있다. 우리는 완벽히 계속적인 작업, 계속적인 진
행, 확장된 순서의 인상을 받지만 독자를 피곤하게 만들지 않기 위해서 구

간별로 휴지기를 설정하는 소설과 같은 방식이다. ―행실이 나쁜 아들의 개개의 새로운 단계가 아버지가 그에게 가한 엉덩이 차기로 끝을 맺으며 그때 오직 한 사람의 발과 다른 사람의 엉덩이만이 보이는 《알베르의 이야기》(Histoire D'Albert) 처럼 말이다. ―자보 씨가 다시 자세를 취하고, 비외 부와 씨가 셔츠를 바꾸는 등의 반복되는 계기들도 마찬가지이다. 그러나 퇴퍼는 순차적인 것을 상상적 방식으로 즐겨 사용해서 동일한 줄거리를 줄로 나뉜 여러 구역에서 직접 연관된 여러 계기로 묘사한다. 알베르는 제일 먼저 포도주 장수에게 그 다음에는 《그림의 형이상학》(Métaphysique pittoresque) 을 편집한 책장수에게 자신이 여행자임을 밝힌다. 그가 어떤 가정으로 들어가는 것이 보인다. 그는 주제넘는 행위로 이 가족들을 못살게 군다(assasine). 이때 퇴퍼는 다음 장에 줄을 쳐서 열한 개의 좁은 칸을 만들어놓는다. 첫 번째 칸에서 알베르 씨는 여전히 몸 전체가 보인다. 여기에 다음과 같은 사족이 달려 있다: 그는 일층에서 못살게 군다. 두 번째 칸에서는 단지 몸의 반만 나온다: 일층과 이층의 중간층에서. 세 번째 칸에서는 깊숙이 몸을 숙인 자세로 단지 엉덩이 부분과 다리만 나온다: 이층에서 ― 그리고 이렇게 우아하게 끝없이 계속되다가 결국에는 사라지는 점만 보인다. 펜슬 씨는 아름다운 자연을 그린다. 그림을 완성했을 때; 그는 자기 작품을 극도로 만족하며 본다. 또다시 그림이 나온다. 그는 그것을 다른 쪽에서 바라보고 마찬가지로 만족해 한다. 그는 그것을 어깨 너머로 보고 마찬가지로 만족해 한다. 그는 그것을 심지어는 뒤집어서 비어 있는 뒷면을 보고 만족해 하면서 자신이 여전히 만족하고 있다고 언급한다. 퇴퍼는 자기가 하고 있는 일을 충분히 잘 이해하고 있어서 텍스트에서도 마찬가지로 낱말들을 매번 반복한다. 이렇게 해서 펜슬 씨에서 화를 내면서 질투에 차 있는 졸리부와 역시 항상 삽입구로 된, "왜냐하면 아, 눈먼 열정 때문이지"라는 구문과 함께 입장한다. ―이제 우리는 미친 듯한 엄청난 우연의 유희, 자연법칙의 상상적 지양(止揚) 을 강조해야 한다. 이 지양은 첫 번째 발단 부분에서 중심인물 자신의 운명이 엮이고 꼬이면서 시작된다. 미쳐버린 세계의 쏜살같이 구르는 바퀴는 중심인물의 조그만 손가락, 상의 한쪽을 잡아채서는 가차없이 함께 계속 돌려버린다. 불가능한 것이 마치 자명한 것처럼 다루어진다. 이 책자의 여러 부분에서 거의 모든 이야기는 공중에서 진행되는데, 악당 같은 남서풍이 허공의 높은 곳에서 몇 명의 인물들을 바람을 불어넣어 만든다. 이 인물들은 정말이지 육체적으로 파괴될 수 없다. 이들이 코믹한 신이 아니었다면, 바보의 올림포스 신전에 있는 불사(不死) 의 존재가 아니었다면, 이들은 수백 번씩 먼지로 갈아지고 죽

상상적 캐리커처는 비틀기로 모든 윤리적 위험성을 지워버린다. 그것은 처음부터 천박한 오성성을 건너뛰는 장점을 허락하며 자기 자신을 패러디한다. 이때 특징적인 것의 과장은 그런 배제를 통해서 완전히 지양되거나 혹은 아주 극단적인 것으로 상승해서 가장 극단적인 추가 나타나는 양상을 보일 수 있다. 왜냐하면 추는 모든 중용을 부정하는 것이기 때문인데, 플라톤이 이미 《소피스트》(*Sophistes*) 228, a에서 그것을 — 너는 이를테면 추를, 모든 기형에서 드러나는 올바른 중용(中庸)의 부족과는 다른 그 어떤 것으로 간주하느냐 — 모든 면에서

으로 으깨지며 숨이 차 죽고 땀으로 해체되지 않을 수 없었을 것이다. 중력은 더 이상 존재하지 않는다. 그러나 하나의 중력은 아직 남아 있다. 사람들은 자기가 진 짐으로 인해서 땀을 흘리고 헐떡거린다. 그러나 제대로 한번 결심하면 불가능한 것을 이루어낸다. 더 이상 그 어떤 욕구도 없지만 한 가지 욕구는 아직 남아 있다. 문제의 관건은 단지 그것을 커다란 노력을 기울여, 즉 어느 정도의 인내를 통해서 극복하는 것이다. 사람들은 며칠간, 몇 주 동안 굶을 수 있고 물을 마시지 않을 수 있으며 속이 비어 있는 나무 그루터기에 숨어 있을 수 있고 거대한 망원경을 타고 하늘을 순항할 수 있으며 자물쇠가 채워진 가방에 들어 있는 채로 그 구멍을 통해 두 팔을 자유롭게 사용할 수 있고 산책을 할 수 있다. 퇴퍼는 아리스토파네스, 칼로, 비교적 최근의 그로테스크한 스케치 화가들 몇 명과 같은 방식으로 상상적이지는 않다. 그는 절대적으로 있을 수 없는 형상들, 즉 개구리 인간, 조류 인간 등을 만들어내지 않는다. 그의 이미 현대적인 소재영역은 이런 것을 감내하지 못한다. 그러나 완연히 수미일관하게 보이는 몇 가지 동기 속으로 끼어들어, 불가능한 것이 가능해지고 최초의 1인치의 선만 그으면 그로부터 몇 마일이 몰래 생겨나는 전이(轉移)를 통해서 그는 중력의 법칙, 욕구의 법칙, 인간 힘과 인간 현혹의 한계의 법칙을 해체하고, 우리가 주위를 돌아보기도 전에 우리를 독자적 세계 안으로, 즉 공상의 나라 속으로 집어넣는다. 이곳에서 우리는 매순간 삶의 가장 일반적인 것, 없어서는 안 될 모든 것들을 기억할 뿐만 아니라 튕겨나와서 그것들을 넘어서게 된다. 이로써 이제 코믹의 자유와 순수성과 유머의 독립적이고 완전하며 절대적인 세계가 완벽해진다. 또 그래서 풍자의 쓰디씀과 악의적인 것도 사라져버린다. 그도 그럴 것이 우리가 가능해져버린 불가능성들의 자유로운 두 번째 세계 속으로 이렇게 완전히 현혹돼 빠져들기 때문이다."

438

기형인 추의 종족들이라고 지칭했듯이 말이다. 그러나 이는 분명히 착
오일 것이다. 상술하자면 상상의 과도함은 자기 안에서 다시금 중용을
생산해낸다. 과장 속에서 형상들은 분명히 다시 서로 어떤 비례적 관
계에 들어서지 않을 수 없기 때문이다. 이로 인해서 아주 특별한 자유
와 과감함이 가능해지지만 작업의 우아함도 가능해져서 캐리커처들은
유한한 매체로뿐만 아니라 오히려 즉자적·대자적으로 이념의 무한성
자체로, 즉 진과 선과 미로 나타난다. 그리스인들의 옛 희극이 이런
이상적 상상에서 아주 경탄할 만한 것을 이루어냈듯이, 우리 독일인도
그저 어느 정도 더 많은 민족적인 힘과 더 많은 통일적인 노력을 기울
일 경우에, 그리고 최고의 힘이 하찮은 것들이나 완전히 지엽적인 단
명(短命)의 것들로 소진되지 않을 수 있다면, 우리의 소질에 따라 바
로 이 방향에서 불후의 것을 만들어낼 수 있을 것이다. 우리는 장 파
울, 티크 등 이 분야에서 인정받은 거장들 외에도 언젠가 스트라니츠
키(Stranitzky)가 설립한 빈의 레오폴트슈테터 극장을 그런 불후의 것
으로 간주하는 데 주저하지 않는다. 이 극장은 캐리커처를 가장 순수
한 코믹의 하늘에 옮겨놓고, 모든 편협한 오성의 날카로움으로부터 해
방시켜서, "기형인 과도의 모든 종족"을 가장 순수한 즐거움의 원천으
로 삼는 훌륭한 소명(召命)을 보여주었다. 보이어를레(Bäuerle)는 이
미 그 극장이 파산에 근접하고 있음을 지적했다. 극장이 라이문트와
함께 다시 한번 최고의 번성기를 구가했지만, 네스트로이와 함께는 파
멸로 치닫고 있다는 것이다. 이것은 독자적 논문으로 다루어져야 마땅
하다. 그러나 캐리커처와 작별을 고해야 하고 이것의 우스꽝스러움으
로의 계속적 진행을 암시만 해야 하는 이 자리에서 우리가 할 수 있는
것은 아니다. 그렇기 때문에 그에 관한 논의를 계속 전개해가는 것을
유보하고 더 나은 이해를 위해서 몇 가지 대략적 윤곽만 제시하겠다.
《린다네》(Lindane)에서 겁 많은 슬리퍼 제조공은 요정의 나라에서 영
웅적 행위를 완수해야 한다. 운명이 언젠가 그를 선택해서 귀찮고 거

슬릴지라도 영웅 노릇을 하도록 했던 것이다. 그는 숲을 지나가야 한다. 여기서 그의 두려움은 캐리커처가 된다. 어떤 방식으로 그렇게 할까? 완전히 상상적인 방식을 통해서이다. 그는 총 한 자루를 들고 오랫동안 데리고 있던 도제 한 명과 같이 간다. 그들이 숲속에 들어갈 때 그는 당연히 아주 무서워한다. 그 어떤 특정한 위험은 전혀 없다. 그 어떤 것도 위협하지 않는다. 그러나 숲 자체, 두려움 자체는 있을 수 있는 위험으로부터 무엇인가를 지켜야 할 이유를 충분히 제공한다. 도제는 총을 쏴야 한다. 그러나 어디로 쏘아야 하는가, 어느 곳에서도 의심스러운 것이 나타나지 않는데 말이다. 그는 공중에 대고 닥치는 대로 난사한다. 반면에 슬리퍼 제조공은 한없이 무서워한다. 그리고 저기를 봐라 — 이는 이제 상상에 따른 전개인데 — 무엇인가가 하늘에서 떨어진다. 새를 보기 위해서 과감하게 좀더 가까이 접근한다. 그러나 새는 정말이지 전혀 새처럼 보이지 않는다. 그것은 네 개의 다리를 가지고 있다. 그것은 또 진짜 깃털이 전혀 없고 뻣뻣한 털만 있다. 이걸로 충분하다, 새는 돼지였다! 있을 수 없는 일이지만 실제가 그렇다. 우리는 당연히 웃지만 슬리퍼 제조공은 더 무서워한다. 혹은 라이문트의 《알프스 왕과 인간의 적》(*Alpenkönig und Menschenfeind*)에서 폰 라펠코프 씨는 자기로 변장한 알프스 왕을 통해서 자기 자신이 말하고 행동하고 고함치고 미쳐 날뛰는 모습을 본다. 그러나 그때 그는 이 분신이 과장되어 있다고 생각한다. 그는 알프스 왕이 자기 자신을 너무 지나치게 캐리커처화하고 있다고 생각한다! 우리가 말하고 싶은 바는, 이 유머가 얼마나 진실하고 얼마나 심오하며 얼마나 철학적이냐는 것이다! 정말이지 우리 모두가 자신을 한번 객관적으로 볼 수 있다면, 비록 우리가 우리 자신의 모습을 보지만 마찬가지로 분명히 결코 우리가 원래 존재하는 그런 식으로가 아니라 약간 과장된 상태로 본다고 생각하지 않을까?

2. 결 론

올림포스 신들은 지금까지 상상력에 의해 생산된 형상들 중에서 가장 아름다운 형상들이었다. 그럼에도 불구하고 그들 중에는 다리를 저는 헤파이스토스가 있었다. 이 절뚝발이 신은 가장 아름다운 여신, 즉 거품에서 태어난 아프로디테와 결혼했을 뿐만 아니라 또 소질이 있는 조형예술의 신이기도 해서 가장 아름다운 형상을 만들어낼 줄 알았다. 그리고 신들이 비록 아름답고 불후의 존재였을망정 그들은 가끔씩 웃음을 터뜨리는 것이 품위를 해친다고 여기지 않았다. 호메로스는 이 웃음을 지울 수 없는 웃음이라고 명명하는데, 헤파이스토스가 자기 아내와 아레스를 그물로 잡았을 때 지었던 웃음 같은 것 말이다. 그리스 신화는 이렇게 미와 추와 코믹의 관계를 인정하고 있다. 그러나 그리스신화는 또, 아테네우스(Athenäus) 150) 의 《지식인의 연회》(*Deipnosophisten*, 14권, 2쪽)에 수록되어 있는 특별한 신화에서도 그렇게 하고 있다. 이에 대해 보츠(Bohtz)는 그의 저서 《코믹한 것과 희극에 대하여》(*Über das Komische und die Komödie*, 1844, 51쪽)에서 주의를 환기시키고 있다. 파르메니스코스는 트로포니오스의 동굴로 들어가서 전율스러운 불가사의한 것을 본다. 그후로 그는 더 이상 웃을 수 없었으며 델피 신전에서 신탁을 묻고, 신탁은 집에 있는 어머니가 웃을 수 있는 능력을 다시 그에게 부여할 거라고 대답해준다. 파르메니스코스가 델로스로 갔을 때 그는 신의 어머니, 라토나의 그림을 찾는다. 그가 본 것은 조야한 나무 그루터기 속의 그림이었는데, 아름다운 석주

---

150) 역주: 아테네우스. 이집트의 나우크라티스 출신의 그리스 문법학자로 2세기 초에 로마와 알렉산드리아에서 살았다. 그의 《지식인의 연회》는 사회, 정치, 학문과 관련된 주제에 관해 쓰여졌지만 전승되지 않은 텍스트들을 일종의 대화체 형태로 발췌하고 있다.

를 볼 것이라고 기대했던 그는 그로 인해 자극받아 가장 격렬한 웃음을 터뜨린다. 이렇게 해서 신탁은 약속을 지킨다. 아름다운 아폴로의 어머니와 나무 그루터기는 이질적으로 보인다. 그러나 합치될 수 없는 이것은 여기서 현실이었고 이 현실은 있어서는 안 될 현실로서 우스꽝스러운 것이었다. 이 신화가 우리를 말 없게 만드는 추와 우리 마음을 명랑하게 뒤흔드는 코믹한 것과의 연관관계에 대한 이야기가 아닌가?

우리는 추를 먼저 전반적으로 부정적인 것, 불완전한 것의 개념에서 찾았다. 추는 결코 근원적인 것이 아니라 미가 그의 존재의 조건인 그 어떤 부차적인 것에 불과하다는 점이 드러났다. 우리는 이때 자연의 추가 때로는 추의 직접적 형태로 때로는 병이나 기형화의 중재를 통해서 현실화된다는 점을 확인했다. 자연의 추는 실수, 무지, 미숙함이 아니라 광증과 악으로만 이해될 수 있었던 정신의 추와 구분됐다. 미의 생산자인 예술이 추를 자신의 대상으로 삼을 수 있어야 한다는 점은 모순인 것 같았다. 그러나 그런 형상화의 가능성뿐만 아니라 그것의 필연성도 한편으로는 현상세계의 보편적 이미지를 자기 안에서 반영하는 예술 내용의 보편성에서, 다른 한편으로는 추를 수단으로 가지지 않을 수 없는 코믹한 것의 본질에서 도출되었다. 그때 예술들이 표현매체의 상이성에 의해서 질적으로 서로 구분되기 때문에 이로부터 추를 만들어내는 가능성에 대한 상이한 비율이 도출되었다. 여기서 조각과 음악에는 최소치가, 조각에는 중간치가, 회화와 문학에는 최대치가 주어졌다. 이상(理想)의 뒷전에 머무르거나 혹은 이상을 망가뜨리는 가능성 전반에서 예술들은 물론 동등하지만, 건축술, 조각, 음악은 그들의 기술을 통해서 추를 더 많이 방어할 수 있다.

모든 아름다운 것은 조형(造形)을 필요로 하기 때문에 보편적 비례관계나 통일성, 대칭, 조화의 관계에 기초해 있다. 그렇기 때문에 추는 통일성을 완성하는 것을 막거나 기형과 부조화를 이루는 모순의 혼란을 생산해냄으로써 통일성을 형상 없는 것으로 해체하는 무형(無形)

에서 시작된다.

그럼에도 불구하고 추는 보편적으로 기준(基準)에 적대적일 뿐만 아니라 특별한 경우에도 정상적 형상에 대해 부정적으로 관계하는데, 이 정상적 형상은 자연의 법칙성에 의해서 항상(恒常)적 전형으로 만들어지든지 아니면 문화의 관습화에 의해서 미적 작업의 관습적 비율로, 특정한 취향으로 만들어지고, 우리는 이것을 정확성이라고 부른다. 이런 정상성에 대한 부정은 부정확함이며 이것은 개별 예술과 양식 종류에서 특별하게 세분화된다.

비례관계에 대한 저 부정, 물리적이고 관습적인 규범에 대한 이 부정은 그 토대를 먼저 기형화에, 즉 자기해체를 외적 기형성으로만 드러내는 내적인 것의 부정적 과정에 두고 있다. 현존과 생명과 정신의 자유는 숭고함을 천박함으로, 유쾌함을 역겨움으로, 미를 비틀린 것으로 역전시킬 수 있다. 숭고함, 유쾌함, 미가 그 자체로 숭고하지 않고 유쾌하지 않고 아름답지 않다는 말이 아니라, 하찮음은 위대함에서, 연약함은 강력함에서, 비천함은 위엄 있는 것에서, 졸렬함은 귀여움에서, 죽어 있는 것은 유희하는 것에서, 추악한 것은 매력적인 것에서 자신의 객관적 기준을 가지고 있다는 말이다. 선(善)의 자유로운 자기파괴인 악은 우리에게 추악함의 정점으로서 표현되었다. 악마적인 것으로서의 악은 절대적인 가상적 자유로 드러났는데, 이것은 의식을 가지고 원칙적으로 선을 부정하며 자기 고통의 심연 속에서 진실한 만족을 찾는다.

악이 내용과 형태의 정반대의 반영을 본질적으로 자신 안에 포함하고 있는 한, 그것은 우리를 캐리커처로 넘어가게 했다. 악마의 표상은 절대적 캐리커처의 표상이다. 왜냐하면 악마는 진리의 허구적 파괴로서 거짓이며 무(無)에 대한 의지로서 무의지이고 미의 실제적인 파괴로서의 추이기 때문이다. 그러나 캐리커처는 추의 모든 형태를, 하지만 미의 모든 형태도 자기 안에 수용할 수 있어서 역겨움을 우스꽝스러움으로 해체한다. 캐리커처가 그 자신의 비틀기에서 아름답게 되고 불후의 명랑함으로 가득 차게 됨은, 그러나 오직 캐리커처를 상상적인 것으로 과장하는 유머에 의해서만 가능하다. 자기연민적인 교만으로 인해 흉측한 형상도 갖게 되는 족쇄 풀린 유머의 자유분방함은 가장 순수한 사색이 없으면 안 된다. 그러므로 그것은 마치 곧 지상에서 벗어나 모든 것이 기원한 신적인 에테르로 되돌아가려는 듯이 산 정상에서 발을 올리면서 머리는 신적인 감동에 사로잡혀 과감하게 하늘의 별을 향해 들어올리는 바커스의 무녀와 같다.

카를 로젠크란츠와 《추의 미학》

　카를 로젠크란츠(Johann Karl Friedrich Rosenkranz, 1805～1878)는 1805년 4월 23일 독일 마그데부르크(Magdeburg)에서 태어났다. 로젠크란츠가 성장한 시기는 역사적으로 보았을 때 전쟁으로 점철되고, 그리고 무엇보다도 나폴레옹 시대가 저물어가는 무렵이었다. 그가 1830년 이후 학자로서의 길을 걷기 시작했을 때는 유럽에서 자유주의의 물결이 팽배한 7월 혁명 당시였고, 그의 학문적 노정이 최고조에 도달한 때는 1848년이었는데, 이때 "새로운 독일"(*Das neue Deutschland*)은 이미 계속된 혁명으로 인해서 기초가 흔들리던 시기였다. 1878년에 쾨니히스베르크(Königsberg)에서 사망하기 전에 그는 비스마르크의 독일제국이 완성되는 것을 목격하였다.

　그가 살았던 시기는 무엇보다도 빈곤과 소외계층의 사회적 문제가 점차 고조되던 시기였으며, 정신사적 측면에서 보았을 때는 독일의 지성이랄 수 있는 괴테, 칸트, 헤겔의 사후였던 시기였기 때문에 독일의 "지성 위기"(*intellektuelle Krise*)의 시기라고 할 수 있다.

　로젠크란츠는 1824년 베를린에 있는 외삼촌 집에서 거주하면서 대학공부를 시작하였다. 처음에는 헨릭 스테펜의 국가철학을, 프리드리히 폰 하겐과 카를 라흐만에게서 독일 고대사, 프리드리히 폰 라우머에게서는 독일 호엔슈타우퍼 가(家)의 역사강의를 들었다. 그후에는 그가 매주 일요일마다 다닌 교회(*Dreifalitigkeitskirche*)의 설교인인 슐라이어마허(Schleiermacher)의 설교에서 감명을 받아 비교적 오랫동안 신학공부에 전념하였으며, 동시에 문학과 철학에도 활발한 흥미를 느끼고 독학으로 장 파울, 프리드리히 슐레겔, 세르반테스, 단테, 셰익스피어를 읽어나갔다. 1826년에 그는 갑자기 할레(Halle) 대학으로 학교를 옮기고 헤르만 힌리히스에게 헤겔철학 강의를 듣는다. 그는 훗날 이 "도피"의 이유를 문학으로부터 철학으로의 경도로 설명하고 있다. 하지만 그는 평생 동안 문학적 성향에서, 좀더 자세히 말하자면 그가 지칭한 "낭만주의적 문학의 성향"에서 벗어난 적은 결코 없었다.

그가 할레대학에서 전념한 분야는 철학, 무엇보다도 헤겔철학이다. 헤겔철학은 그의 기본적인 낭만주의적 세계관을 고전적이고 관념주의적인 방향으로 이끈다. 그럼에도 불구하고 서로 상치되는 이 두 기본적 방향은 로젠크란츠의 독특한 정신세계에서 그가 죽을 때까지 존속하면서 그의 저작에 지속적으로 영향을 끼친다. 그는 1828년에 독일 중세문학의 시기설정이라는 주제로 박사학위를 받으며, 놀랍게도 같은 해에 스피노자(Spinoza)에 대한 논문으로 교수자격시험을 통과한다. 그는 1831년에 할레대학에서 교수로 임용되고, 1834년에는 칸트가 갖고 있었던 쾨니히스베르크대학의 철학 정교수 자리의 후임자로 초빙받아 간다. 그는 쾨니히스베르크를 제2의 고향으로 삼고 거의 떠나지 않는데, 예외는 1848년에 잠시 프로이센 왕국의 내각에 참여하기 위해 베를린에 갔다가 곧 돌아왔던 경우였을 뿐이다.

로젠크란츠는 40년간의 학자로서의 삶 동안 65종의 저서를 출판하였고, (학술) 잡지에는 250개의 논문을 기고하였다. 하지만 남아 있는 것은 극히 드물며, 그 중 하나가 이번 동서양명저 번역지원 도서목록에 들어 있는 저 유명한 《추의 미학》(*Ästhetik des Häßlichen*) 이다.

로젠크란츠 이전의 미학이 진(*das Wahre*)과 선(*das Gute*)과의 관계에서 미(*das Schöne*)를 대상으로 삼고 있음은 자명한 사실이다. 따라서 추(醜)는 결코 미학의 대상범주가 될 수 없었고 그에 따라 미학에서 추를 배제하는 것은 당연한 귀결이었다. 그것은 미학이란 학문분야를 최초로 개척한 바움가르텐(Baumgarten)에게서도 드러난다. 그는 1750년에 "미학의 목적은 감각적 인식 자체의 완전성이다. 그에 따라 감각적 인식의 불완전성, 즉 추는 피해야만 한다"고 쓰고 있다. 이런 문맥에서 볼 때 로젠크란츠가 자신의 저작에 "추의 미학"이라는 제목을 붙인 데에는 미의 노선에 서 있던 미학전통을 의식적으로 도발하려는 목적이 있는 듯하다. 그에 걸맞게 전통적으로 미에 관한 논의가 중심을 이루던 미학/미학사의 흐름에서 볼 때 로젠크란츠는 《추의 미학》을 통해서 헤겔 미학을 급진적으로 확장시키고, 그럼으로써 예술소통에서 추의 가능성을 공고하게 다져놓는다.
　　물론 추에 관한 논의가 로젠크란츠에 의해서 최초로 시작된 것은 아니다. 이미 레싱이 《라오콘》에서 예술을 논할 때 추에 관한 논의를 그에 관한 범주 몇 가지를 중심으로 다룬 바 있었다. 하지만 그것은 당시의 독일 계몽주의 문학에서 생겨난 미학적 문제의 해결을 위한 시도였다. 즉, 도덕적 개선을 목적으로 삼고 있던 계몽주의시대에서 관객이나 독자들이 기괴하고 잔인하며 무시무시하고 구역질 나는 장면에 열렬히 반응하며 재미를 느끼는 역설적 상황에 대한 성찰에서 비롯한 것이었다. 그 결과 레싱이나 고트쉐트는 도덕적 목적을 추구하는 가운데 상응의 법칙에 따라 수용가능한 정도 내에서 추를 인정하고 그 범주들을 다루었다. 하지만 도덕적으로 순화된 추는 어디까지나 제한적일 수밖에 없었고, 이런 제한적 수용은 프리드리히 실러의 미학이론에서도 매한가지로 이어진다. 물론 실러에게 있어서 문학의 목적이 도덕적 개선이 아니라 심미적 자율성에 기초한 즐거움이었던 까닭에 저열하고 추한 것을 다루는 정도는 훨씬 완화됐지만(〈저열하고 비속한 형식의 사용에 관하여〉) 인간 총체성의 형성이라는 예술의 규정적 이념 (*regulative Idee*) 은 추(醜)로의 경도를 막는 역할을 담당했다. 프리드리히 슐레겔에 이르러 추는 긍정적 의미에서 현대문학의 경향성으로 파악된다. 그는 〈그리스 문학의 연구에 대하여〉에서 예술소통의 코드가 더 이상 아름다움이 아니라 흥미로움이라는 논의를 진행시키는 과정에서 흥미로움으로 파악될 수 있는 심미적 범주는 당연히 추를 포함하고 있음을 논증한다.

추(醜)가 문학적 소통에서 자신의 심미적 지평을 점차 넓혀갔던 반면, 철학적 미학은 이와는 다른 전개양상을 띤다. 앞서 언급한 바움가르텐의 미학은 말할 필요 없이 미를 중점적으로 논의하고, 예술의 자율성을 논증한 칸트의 형식미학도 오직 아름다움만을 다루고, 추는 완전히 배제한다. 그 까닭은 아름다움의 범주가 자연의 인과율의 세계(진의 영역)와 도덕의 자유의 세계(선의 영역)를 연결시키는 현상적 증거로서 논의되기 때문이다. 칸트의 《판단력 비판》에 따르면 자연의 미가 인간/정신이 만들어낸 인위적 미의 토대가 되며, 이때 미는 내용적인 것이 아니라 형식적인 것으로서 인간의 인식적 능력을 끝없이 자극하여 활성화시키는 작용을 한다. 반면에 정신과 이성이 강조되는 헤겔 미학에서는 정신에 의해 생산된 미가 의식/정신이 존재하지 않는 자연의 미보다 우위에 서며, 이때 이 미는 (정신의) 보편적 이념의 감각적 표현이라고 정의된다. 이로써 헤겔 미학은 관념주의적 내용미학의 범주에 속하며, 그 결과 추의 범주는 당연히 미학의 영역에서 배제된다.

헤겔의 제자이면서도 근본적으로 낭만주의적 성향을 가지고 있던 로젠크란츠는 《추의 미학》을 통해서 이와 같은 헤겔의 관념주의적 미학의 흐름에 제동을 건다. 달리 표현하자면 아름다움이 중심범주가 되고 있는 미학에 추를 미학의 필수불가결한 일부로 포함시킴으로써 미학의 완성을 지향하는 것이다. 물론 로젠크란츠의 미학에서 추(醜)는 자체로 독립적이고 자율적인 심미적 범주가 되지는 못한다. 그의 저서는 이 점을 확연히 드러내주는데, 추가 미(美)의 부정성(*Negativität des Schönen*) 내지는 부정적 미(*Negativschöne*)로서 파악됨으로써 자신의 현존을 위해서는 필연적으로 미를 전제하는 상대적 개념에 불과하기 때문이다. 《추의 미학》은 이러한 추의 개념을 미로부터 변증법적으로 이끌어내어 추가 코믹으로 전이되는 과정을 — 그러므로 다시금 미로 회귀하는 과정을 — 입증하고 예를 통해서 구체화하는 것을 목적으로 삼는다. 추의 존재적 근거가 아름다움에 놓여 있는 점을 비추어 볼 때 로젠크란츠의 《추의 미학》은 여전히 한 발을 관념주의적 전통에 딛고 있다고 말할 수 있을지 모른다. 하지만 《추의 미학》이 과거의 것을 답습하는 것은 아니다. 이는 어디까지나 추의 가능성을 새롭게 이끌어내기 위한 전략으로 생각할 수 있다.

따라서 《추의 미학》은 비록 미를 빌려 추를 설명하고 있지만, 그리고 추를 여전히 완전히 독립적인 심미적 형상으로 설명하고 있지 못하지만, 그럼에도 불구하고 한 가지 분명한 것은 《추의 미학》이 과거의 것을 변형해서 그것으로부터 새로운 가능성을 타진해보는 시도라는 것이다. 즉, 《추의 미학》은 추의 심미적 완성을 지향한 과도기적 미학인 것이다. 이 부분은 추의 미학 이론부분에서 아주 분명히 확인해볼 수 있다. 그럼에도 불구하고 《추의 미학》의 놀라운 업적은 무엇보다도 추의 단계적 구분과 범주화, 그리고 무엇보다도 이론부분의 입증을 위해 이용되는 방대한 실증적 예들이라고 할 수 있다. 여기서 왜 하필이면 1853년에 로젠크란츠에 의해서 《추의 미학》이 쓰여졌을까? 라는 의문이 생겨난다.

앞에서 언급했듯이 추(醜)를 미학체계로 끌어들인 것은 낭만주의였다. 낭만주의는 고전적 표현형태의 규범을 파기하면서 오랜 세월 동안 이어져 내려왔던 진, 선, 미의 통일성을 위기에 빠뜨린다. 그럼으로써 동시에 추의 영역을 열어놓기는 하지만 그렇다고 추를 실제로 다룬 것은 아니었다.

로젠크란츠의 《추의 미학》이 비로소 추를 여러 상이한 범주로 구분하여 자세히 분석함으로써 추의 미학적 가능성을 열어주었고, 그럼으로써 추의 미학은 문화적으로 내지는 문화사적으로 아주 중요한 위치를 차지하고 있다. 이 《추의 미학》은 무엇보다도 심미적인 것과 미를 동일시했던 전통이 무너진 그 시점을 지시해주고 있는 것이다. 즉, 《추의 미학》은 19세기 중엽에 나타난 "추한" 사회현상과 밀접히 연관되어 있다. 로젠크란츠는 당시에 나타난 사회의 제 문제들을 당시의 어떤 철학자들보다 민감하게 받아들이고 있었다. 그는 1830년의 프랑스혁명 후에 이미 이른바 "프랑스적 문제"들이 결코 프랑스에 국한되는 것이 아니라 보편적 유럽의 문제임을 인식하고 있었다. 따라서 그는 넘쳐나는 부유한 계층의 부(富)와 무산계급의 빈곤의 대립을 해결해야 한다고 보고 있었다. 이런 사회문제들에 대한 자유주의적 해결은 3월 혁명 이후 몽상으로, 불가능한 것으로 입증되었다. 이에 1848년 이후 부정성의 철학이 보다 첨예화되기 시작했고, 로젠크란츠 역시 사회의 부정적이고 "추한" 변화를 심각하게 받아들였다. 그에 따르면 이전 시대의 헤겔은 칸트와 마찬가지로 이성의 지배를 의심할 필요가 없어 행복한 사람이었다. 그러나 헤겔의 아름다운 변증법이 화산폭발, 태풍, 맹수, 선모충병, 문둥병, 콜레라 같은 현상에서 도대체 무슨 소용이 있고, 헤겔철학의 그 웅장한 구조에 따라 우리가 우리들의 모든 고통, 병, 죽음, 전쟁 등을 이성적 현실로 인식해야 한다면 그것이 대체 무슨 도움이 되겠느냐는 회의(懷疑)에 빠져든다. 계몽주의자이자 헤겔학파의 한 사람인 그는 물론 이런 의구심을 세계의 합리성으로 해결하려는 노선에 서 있다. 그럼에도 불구하고 그의 회의하는 질문은 남게 된다. 아름다움이 과연 추의 봉기를 억제할 수 있는 힘을 여전히 갖고 있는지에 대해 회의하고 있는 것이다.

　19세기 중엽에, 특히 40년대 이후 극명한 모습을 보여주는 도시화와 빈곤화, 그리고 사회화는 시대적인 "추한" 현상들을 보여주고, 이와 같은 사회적 문제들은 한편으로는 예술로 다른 한편으로는 부정성의 철학으로, 그리고 미학적으로는 추의 미학으로 표출된다. 로젠크란츠의 《추의 미학》은 이렇게 사회에서 드러난 추한 다양한 현상들을 언표화, 범주화하고 있는 것이다. 따라서 《추의 미학》은 새로운 문화현상을 미학의 범주로 포착한 최초의 시도인데, 이에 《추의 미학》은 문제 자체를 선입견 없이 받아들여 다루려는 개방적 태도를 분명히 한다. 그 결과 《추의 미학》을 통해서 언표화되기 시작한 추의 부정성은 미학에서뿐만 아니라 예술에 새로운 지평을 열어놓아, 예컨대 니체는 담론 차원에서, 보들레르는 문학적 표현에서 그 전통을 이어나간다. 1857년에 발표된 보들레르의 〈악의 꽃〉은 추의 또다른 형태의 미학이 된다.

■ ■ ■
찾아보기
(용 어)

ㄱ

ㅈ

ㅊ

찾아보기

(인 명)

지은이 약력

카를 로젠크란츠(Johann Karl Friedrich Rosenkranz)

1805년 4월 23일 마그데부르크에서 세무 공무원의 아들로 출생하였다. 1824년 베를린에 있는 외삼촌 집에 거주하면서 대학공부를 시작했고 1826 년 할레대학으로 학교를 옮겨 헤겔철학 강의를 듣는다. 그가 할레대학에 서 전념한 분야는 철학, 무엇보다도 헤겔철학이다. 헤겔철학은 그의 기본 적인 낭만주의적 세계관을 고전적이고 관념주의적인 방향으로 이끈다. 그 럼에도 불구하고 서로 상치되는 이 두 기본적 방향은 로젠크란츠의 독특 한 정신세계에 존속하면서 그의 저작에 지속적으로 영향을 끼친다. 그는 헤겔철학의 계승자로서 헤겔의 철학을 보수적 시각으로 체계화한 인물들 과 친교를 맺고 그 노선을 따른다. 1831년 할레대학의 교수로 임용되고, 1834년에는 쾨니히스베르크대학의 철학 정교수 자리로 초빙받는다. "심리 학 혹은 주관적 정신에 관한 학문", 《체계로서의 교육학》, 《추의 미학》 등 다양한 인문학 분과의 주제와 관련된 250개의 논문과 65편의 저서를 남겼 다. 그는 1879년 6월 14일 쾨니히스베르크에서 죽음을 맞았다.

옮긴이 약력

조경식

충남 대전 출생으로 연세대 독어독문학과를 졸업하고 독일 쾰른대학에서 석사(1993), 박사학위(1996)를 받았다. 현재 여러 대학에 출강하고 있으 며 전공영역은 미학, 문예이론, 18세기 독문학, 문화학이다. 저서로는 《문학의 자기준거성》(Die Selbstreferenz der Literatur), 《유럽의 파시즘》 (공저), 《기억과 망각》(공저) 등이 있으며, 역서로는 《남성의 역사》, 《캠퍼스》, 《언어의 기원에 대하여》가 있다.